letras mexicanas

OCTAVIO PAZ

OBRAS COMPLETAS

EDICIÓN DEL AUTOR

OBRAS COMPLETAS DE OCTAVIO PAZ

(8 volúmenes)

Nota del editor

Esta nueva edición de las *Obras completas* de Octavio Paz retoma las publicadas primero por Círculo de Lectores en Barcelona, entre 1991 y 2003, y después por el Fondo de Cultura Económica en México, entre 1994 y 2004. Puesto que al preparar esa versión en quince tomos el autor seguía escribiendo, algunos de sus textos no pudieron ser recogidos en el volumen temático que les habría correspondido. En los meses finales de su vida, Paz revisó y reestructuró sus obras completas para que todos los escritos que decidió incluir aparecieran en el contexto adecuado. Entre 1999 y 2005, Galaxia Gutemberg/Círculo de Lectores publicó por vez primera una edición en ocho tomos; la que el lector tiene en sus manos sigue el mismo orden pero con un diseño y un cuidado editorial propios.

Octavio Paz estaba seguro de que «los grandes libros —quiero decir: los libros necesarios— son aquellos que logran responder a las preguntas que, oscuramente y sin formularlas del todo, se hace el resto de los hombres». El Fondo de Cultura Económica reafirma estas palabras al publicar una obra que da testimonio de una larga y diversa experiencia vital y de sus variados intereses en las letras hispánicas y la historia de los pueblos de México y América Latina, así como en las artes y las culturas de Norteamérica, Europa y Asia. Esta edición, obra del propio Paz, reagrupa en ocho volúmenes la poesía, la prosa, el arte verbal y el pensamiento del Nobel mexicano; con ella conmemoramos el centenario del nacimiento de una figura capital de la literatura del siglo XX.

FONDO DE CULTURA ECONÓMICA
Ciudad de México, 2014

OCTAVIO PAZ

OBRAS COMPLETAS

IV

Los privilegios de la vista

ARTE MODERNO UNIVERSAL

✦

ARTE DE MÉXICO

FONDO DE CULTURA ECONÓMICA

Los privilegios de la vista, tomo I. *Arte moderno universal:* primera edición
(FCE/Círculo de Lectores), 1994
Los privilegios de la vista, tomo II. *Arte de México:* primera edición
(FCE/Círculo de Lectores), 1994
Segunda edición (FCE), 2014

Paz, Octavio
    Obras completas, IV. Los privilegios de la vista. Arte moderno
universal. Arte de México / Octavio Paz. — 2ª ed. — México : FCE,
2014.
    856 p. : ilus. ; 21 × 14 cm — (Colec. Letras Mexicanas)
    ISBN: 978-607-16-1885-6 (Obra completa)
    ISBN: 978-607-16-2368-3 (Volumen IV)

    1. Arte — Ensayos 2. Arte — México — Ensayos 3. Literatura
Mexicana - Siglo XX I. Ser. II. t.

LC PQ7297   Dewey M863 P348o V. 4

Para la procedencia de las lá,
véase «Créditos de laminas»

Distribución mundial en español (excepto España)

© 2014, Marie José Paz, heredera de Octavio Paz

© 2014, Fondo de Cultura Económica
Carretera Picacho-Ajusco, 227; 14738 México, D. F.
Empresa certificada ISO 9001:2008

Comentarios: editorial@fondodeculturaeconomica.com
www.fondodeculturaeconomica.com
Tel. (55) 5227-4672

Diseño de portada: Paola Álvarez Baldit
Dibujos de portada y cartera: José Moreno Villa

ISBN 978-607-16-1885-6 (Obra completa)
ISBN 978-607-16-2368-3 (Volumen IV)

Impreso en México · *Printed in Mexico*

ejecutoriando en la revista
todos los privilegios de la vista
LUIS DE GÓNGORA

PRÓLOGO

Repaso en forma de preámbulo

Las relaciones entre la poesía moderna y las otras artes han sido íntimas, constantes. Baudelaire no es menos leído por sus poemas que por sus reflexiones sobre la pintura; tampoco es fácil olvidar que le debemos varios ensayos memorables en torno a Wagner y la música. Esta doble afición reaparece en Mallarmé. No es excepcional la actitud de los dos poetas: todos hemos sentido la atracción, a veces simultánea, hacia el color y hacia la nota. Al mismo tiempo: es claro que hay periodos en los que la poesía está más cerca de la música y otros de la pintura. El simbolismo, por ejemplo, tuvo afinidades profundas con la música; la pintura misma fue vista, en esa época, como música para los ojos. (Pienso en Monet.) En el periodo siguiente, con la aparición del cubismo, la relación se invierte y la pintura desplaza a la música. No enteramente, como lo muestran, entre otros, los casos de Stravinsky y Schönberg. El poeta representativo de ese momento, Apollinaire, es el autor de un libro que fue el manifiesto de los nuevos artistas: *Les Peintres cubistes* (1913). Un poco más tarde, como siempre, los surrealistas extremaron la nota. Mejor dicho: el color. Fueron sordos, no ciegos: Breton escribió *Le Surréalisme et la peinture* pero no dijo una palabra de la música. Después de la segunda Guerra Mundial los lazos entre las artes del oído, los ojos y la palabra se han aflojado aunque, aquí y allá, no han faltado las tentativas por rehacer el triángulo de Baudelaire. Un triángulo que es un misterio como el de la Trinidad: poesía, música y pintura son tres artes distintas y una sola verdadera.

La comunidad de ideas y ambiciones estéticas de los artistas y los poetas fue el resultado espontáneo de una situación histórica que no es fácil que se repita. Entre 1830 y 1930 los artistas formaron una sociedad dentro de la sociedad o, más exactamente, frente a ella. La rebelión de las comunidades artísticas contra el gusto de la Academia y de la burguesía se manifestó, con brillo y coherencia, en la obra crítica de algunos poetas:

Baudelaire, Apollinaire, Breton. He mencionado únicamente a poetas franceses porque el fenómeno se produjo más acusada y decisivamente en París, que fue durante ese siglo el centro del arte moderno. Estos poetas fueron no sólo la voz sino la conciencia de los artistas. Después de la segunda Guerra Mundial el foco artístico mundial se desplazó hacia Nueva York. Ahora bien, sería inútil buscar en la tradición angloamericana una relación semejante a la que unió, en las grandes ciudades del continente europeo, a los poetas con los músicos, los pintores y los escultores. No hay en lengua inglesa ningún gran poeta que sea, como Baudelaire, también un gran crítico de arte. Lo más grave fue el cambio de la situación social de los artistas: en Nueva York las galerías de arte, unidas estrechamente a los grandes consorcios económicos, dirigen y promueven los movimientos artísticos (a veces los inventan), dominan a los museos y se han apropiado de las funciones que antes correspondían a los críticos. Los poetas han dejado de ser la conciencia del arte moderno. (Pero ¿el arte moderno tiene todavía conciencia?) La gran rebelión del arte y la poesía comenzó con el romanticismo; un siglo y medio después los artistas han sido asimilados e integrados en el proceso circular del mercado. Son un tornillo más del engranaje financiero.

En México se repitió el fenómeno francés aunque en escala reducida y con ciertas diferencias, una de ellas considerable. Nuestro primer poeta realmente moderno fue José Juan Tablada. No es extraño que también haya sido un crítico de arte agudo y vivaz. Crítico no de oficio sino en el sentido de la tradición iniciada por Baudelaire: la pintura vista desde la poesía. Aparte de haber escrito el primer libro en castellano sobre Hiroshige (1914), temprano e insigne descubrimiento, fue autor de una *Historia del arte de México* que todavía puede leerse con provecho. Otro y no pequeño mérito: fue uno de los primeros en defender y exaltar a Orozco y a Rivera, después a Tamayo y a Covarrubias. Algunos de los poetas de la generación siguiente —Gorostiza, Villaurrutia, Cuesta— comenzaron escribiendo con inteligencia y tino sobre los pintores de su época. El único que persistió fue Villaurrutia; fue asimismo el más agudo y sensible, el más luminoso. A la misma generación pertenece otro poeta y crítico que, aunque nacido en Guatemala, es también mexicano: Luis Cardoza y Aragón. Sus textos, menos precisos que los de Villaurrutia, son más vastos y, a veces, más inspirados. Villaurrutia no tocó, por timidez o por desdén, varios temas primordiales y su crítica sufre por esta limitación; a la de Cardoza, en cambio, la daña la bandería ideológica. Apenas escrita esta frase me detengo: ¿no soy injusto? Sólo a medias. Es verdad que la ideología no le impidió ver la pintura de Tamayo, percibir su intensa originalidad y exaltar sus valores plásticos y poéticos; en cambio, nunca criticó la nociva influencia moral y artística de la ideología comunista en la pintura de Rivera y Siqueiros. Con esta salvedad, la crítica de Cardoza y Aragón me parece la más viva de ese periodo. Escrita en una prosa veloz, prosa de poeta verdadero, su crítica es una serie de disparos verbales que, casi siempre, dan en el blanco.

Más arriba aludí a una diferencia de monta entre la situación de México y la de París. Esa diferencia fue la función preponderante, exagerada y al fin nociva de la ideología política. La relación de los pintores muralistas con los poetas abundó en equívocos y en conflictos, incluso con el más cercano a ellos: Cardoza y Aragón. Los pintores no toleraban sino de mala gana a los poetas. Éstos hablaban y opinaban no en nombre de una doctrina sino de su gusto, que es lo más libre, individual y caprichoso. Los pintores pretendían ser, al mismo tiempo, artistas, críticos y doctrinarios. En París la comunidad de ideas y gustos entre los cubistas y el poeta Reverdy fue real e íntima; nada más natural que fuese el teórico de las nuevas concepciones estéticas. Pero el cubismo no era un partido político ni estaba al servicio de una ideología: las opiniones de Reverdy no eran artículos de fe. En cambio, Rivera, Siqueiros y el mismo Orozco —que fue el menos dogmático— cubrían de oprobio a los que no compartían sus ideas. A pesar de estas escaramuzas —unas pintadas y otras rimadas— la crítica de los poetas es parte de la historia del arte moderno de México. Así lo dirá el estudio que un día ha de escribir sobre estos temas un norteamericano o un japonés. (Los mexicanos han mostrado un desgano congénito para estas tareas.) Tablada, Villaurrutia y Cardoza supieron ver, comprender y decir lo que vieron.

A ejemplo y semejanza de estos poetas mexicanos, durante muchos años he escrito sobre pintura y escultura. A diferencia de ellos, también he escrito con frecuencia de las artes y los artistas de fuera. Siempre he tenido presente que el arte de México es un capítulo del arte universal; desde el siglo XVI las relaciones de los artistas mexicanos con el arte de Occidente, primero a través de España y después directamente, han sido constantes y fecundas. En cuanto al arte precolombino: para comprenderlo plenamente y apreciar lo mismo su gran originalidad que sus puntos fuertes y débiles, debemos compararlo con los de otras antiguas civilizaciones. No necesito, por lo demás, justificar el interés apasionado que he sentido y siento por el arte europeo: es parte —y parte central— de mi herencia de hombre americano. Tampoco debo defender o explicar mi inclinación hacia el arte moderno: es el arte de mi tiempo. En muchas obras modernas encuentro, con frecuencia, los mismos sentimientos ambivalentes que me inspira nuestra época: amor y aversión, fascinación y asco. Por último, nada más natural que la atracción que siento por las artes de otros pueblos y culturas, de los primitivos a las altas civilizaciones. Uno de los rasgos constitutivos de la modernidad ha sido la recuperación de tradiciones ajenas a la occidental. Después de cada una de esas incursiones en mundos extraños, he regresado a México, polo magnético; asimismo, movido por un impulso no menos poderoso, tras cada inmersión en México, he sentido la necesidad de salir a respirar el aire del mundo. ¿Pasiones contradictorias? Yo diría: complementarias. El combate entre una y otra, sus reconciliaciones y separaciones sucesivas, crea un espacio vivo, un equilibrio hecho de contrastes y afinidades.

Además de la pintura y la escultura, he tenido otras dos pasiones: la arquitectura y la música. Hay entre ellas un parentesco indudable y no vale la pena repetir una demostración hecha varias veces, algunas inolvidables como aquella que compuso Valéry en su diálogo *Eupalinos o el arquitecto*. Todos sabemos que las dos artes se fundan en el número y la proporción. Cierto, las otras participan también de estas propiedades y sin ellas no serían *artes*; sin embargo, en ninguna se confunden tan plenamente con su ser mismo como en la música y la arquitectura: ambas *son* proporción y número. Otro parecido, no estético sino social: las dos artes colindan con la política. Platón y Confucio insistieron en las virtudes morales de la música. En efecto, no sólo es capaz de excitar o de calmar las pasiones colectivas sino que, por ser número y medida, es una expresión sensible de la justicia. Impartir justicia es introducir la armonía entre los hombres. Por su parte, el arquitecto construye casas de gobierno, templos, escuelas, plazas públicas, teatros, jardines, estadios, fortalezas; en todos esos edificios el espacio puro, geometría de figuras abstractas regidas por el número y la proporción, se convierte en un espacio público poblado por los hombres y sus pasiones. Destino terrible de la arquitectura: en la plaza perfecta como un círculo o un cuadrilátero, ante el Palacio de la Justicia y el Templo, geometrías vueltas bulto y presencia, el pueblo vitorea al demagogo, apedrea al hereje, condena al sabio o es asesinado por la soldadesca. La arquitectura es testigo, no cómplice de estos extravíos, y más, es un silencioso reproche: aquellos que son sabios y buenos ven en el equilibrio de sus formas la imagen de la justicia.

Desde mi adolescencia he visitado muchos monumentos, unos en pie y otros caídos; los tratados y las historias de la arquitectura me han fascinado siempre, no tanto por sus teorías e hipótesis como por sus láminas que, inmediatamente, nos hacen visible la virtud cardinal del arte de la construcción: la creación de un espacio puro dentro del espacio natural; al trato con los arquitectos le debo placer y enseñanzas; ahora mismo, desde hace quince años, soy amigo del arquitecto Teodoro González de León —una inteligencia clara y ordenada como una arquitectura de Paladio y afinada como una sonata... Pero una cosa es la afición y otra la competencia: escribir sobre la arquitectura exige conocimientos que no tengo y una entrega total.

Sucede lo mismo con la música. A veces he pensado, vanidosamente, que quizá en algunos de mis poemas podrían percibirse ecos de lo que he sentido y pensado al oír a Haendel o a Webern, a Gesualdo o una *raga* india. Pero nunca creí que pudiera escribir con dignidad sobre temas musicales. No sentí esta duda ante la pintura: ¿por qué? Tal vez porque el código de la pintura es más sensual, menos abstracto y riguroso que el de la música. El lenguaje de la pintura —líneas, colores, volúmenes— entra literalmente por los ojos: su código es primordialmente sensible; el de la música está hecho de unidades sonoras abstractas: la gama de las notas. Los significados de la pintura están *a la vista;* los de la música no son inmediatamente traducibles a ningún otro sistema de significación. Es inimaginable un Panofsky de la música, capaz de desentrañar el origen y el significado de cada figura sonora. La iconología estudia representaciones estáticas y la música es tiempo, movimiento.

La paradoja de la música, arte temporal como la poesía, consiste en que su manera propia de transcurrir es la recurrencia. El parentesco entre la música y la poesía consiste en ser ambas artes temporales, artes de la sucesión: tiempo. En las dos la recurrencia, la frase que vuelve y se repite, es un elemento esencial; los motivos se enlazan y desenlazan para volver a enlazarse, son un camino que sin cesar regresa al punto de partida sólo para partir de nuevo y volver otra vez.[1] La diferencia entre ambas está en el código: la gama de las notas y la palabra. La poesía está hecha de frases

---

[1] Me he ocupado del tema en «Intermedio discordante», en *Claude Lévi-Strauss o el nuevo festín de Esopo*, México, 1967; incluido en el volumen VI, *Ideas y costumbres*, de estas *Obras completas (OC).*

rítmicas (versos) que no sólo son unidades sonoras sino palabras, racimos de sentidos. El código de la música —la gama de las notas— es abstracto: unidades sonoras vacías de significado. Por último, la música es arquitectura hecha de tiempo. Pero arquitectura invisible e impalpable: cristalización del instante en formas que no vemos ni tocamos y que, siendo tiempo puro, *suceden.* ¿Dónde? Fuera del tiempo... Por todo esto no me he atrevido a hablar de ella.

Para *ver* de verdad hay que comparar lo que se ve con lo que se ha visto. Por esto ver es un arte difícil: ¿cómo comparar si se vive en una ciudad sin museos ni colecciones de arte universal? Las exposiciones itinerantes de los grandes museos son un fenómeno nuevo; cuando yo era un muchacho sólo disponíamos de unos cuantos libros y de un puñado de reproducciones mediocres. Ni yo ni nadie entre mis amigos habíamos visto nunca un Tiziano, un Velázquez o un Cézanne. Nuestro saber era libresco y verbal. Sin embargo, nos rodeaban muchas obras de arte, la mayoría modestas, algunas considerables y unas pocas excelsas. Yo crecí en Mixcoac, un pueblo que hoy es un suburbio de la ciudad de México. Los balcones de mi casa daban a la plazuela de San Juan. Aunque la infame manía gubernamental le ha arrancado su viejo nombre, todavía están en pie los fresnos eminentes, el solar de muros rosados del siglo XVIII y la pequeña iglesia del XVII. Unos quinientos metros más allá se encuentra la blanca capilla de San Lorenzo, que es la más antigua del barrio. Es una suerte de palomar para ángeles de juguetería. Hacia el sur, a quince minutos de marcha, hay otra plaza vasta y aireada; la limitan, en un costado, los muros rojos de una fábrica del siglo XVIII y, enfrente, las tapias y verjas de viejas casas del siglo pasado; al fondo se levanta un convento dominico del XVI. El claustro es noble y severo; la iglesia, esbelta y graciosa; el atrio, enorme y con seis árboles venerables.

Abundaban las villas, casi todas de inspiración francesa, construidas al finalizar el siglo pasado y rodeadas de jardines con altos árboles melancólicos. Los jardineros de Mixcoac eran famosos y uno de ellos, obligado a emigrar por los transtornos revolucionarios, ganó reconocimiento y desahogo en Los Ángeles. Mixcoac había sido un cacicazgo indígena antes de la Conquista y poseía, en una de sus orillas, una pirámide diminuta como la iglesia de San Juan. El arqueólogo Manuel Gamio, que comenzaba entonces sus trabajos, era amigo de mi familia y nos visitaba. Con la tropilla de mis primos y primas, yo lo acompañé varias veces al viejo santuario. Se levantaba en un llano amarillo y reseco que antes había sido un lugar acuático. Era difícil, al ver aquella desolación, imaginar el brillo de la laguna, los juncos, las cañas y las yerbas, los pájaros y las atareadas piraguas. Mixcóatl, la divinidad tutelar, era un dios celeste y guerrero; su cuerpo azul era el firmamento y los círculos blancos pintados en su pecho simbolizaban las constelaciones. A lo lejos, un bulto enorme y violáceo: el Ajusco y sus confederaciones de nubes flotantes. Me falta mencionar otra enseñanza de Mixcoac: la feria y los fuegos de artificio. Más allá de la plazuela de San Juan, alrededor de la capilla de San Lorenzo, al lado de unas enormes excavaciones hechas por una fábrica de adobes y ladrillos (hoy, felizmente, convertidas en el parque Urbina), había un barrio en donde vivían y trabajaban familias de coheteros. El oficio era todavía hereditario y familiar. Entre ellos había una familia de artífices impares: los Pereira. Los días de los santos patrones y los aniversarios patrióticos, los llamaban de muchos municipios. En aquellos años los habitantes del Distrito Federal no habíamos perdido el derecho democrático más elemental: elegir a nuestros alcaldes y regidores. Se olvida con frecuencia que el derecho a elegir a nuestras autoridades incluye la libertad de honrar, en público y a nuestra manera, a nuestros héroes y a nuestras divinidades. En Mixcoac los coheteros de San Lorenzo eran, naturalmente, los encargados de la pirotecnia en los días de fiesta. Todavía recuerdo maravillado sus invenciones, como aquella cascada de plata y oro, un 12 de diciembre, cayendo sobre la fachada de la iglesia: agua de luz sobre la piedra, bautismo de fuego inocuo sobre las torres y los follajes verdinegros de los fresnos... Así comenzó mi aprendizaje. Los primeros objetos que vi fueron las muestras humildes y dispares del arte indígena y del español, del criollo y del afrancesado de nuestros abuelos. No fue un mal comienzo.

El pueblo de Mixcoac no era una excepción. Las otras poblaciones de las cercanías —Tacubaya, San Ángel, Coyoacán, Tlalpan— tenían también sus conventos y sus iglesias, sus casas solariegas y sus viejas haciendas, sus santuarios y ruinas prehispánicas. Lo mismo puede decirse de la mayoría de las ciudades y villas del valle de México y, en verdad, de casi todo el territorio patrio. Hoy siguen en pie muchos de esos edificios, pero son incontables los que han sido demolidos o deshonrados por la barbarie, la incuria y el afán de lucro.

En 1930 comencé a estudiar el bachillerato en el Colegio de San Ildefonso (Escuela Nacional Preparatoria). Durante esos dos años y los cinco siguientes, pasados en facultades universitarias, me familiaricé con el barrio que hoy llaman «el centro histórico de la ciudad»: palacios, iglesias, edificios públicos, conventos, mercados. En muy pocas ciudades del mundo pueden verse, en un espacio relativamente reducido, tantas obras de mérito, casi todas regidas por la misma estética y, no obstante, cada una distinta y singular. Algunas son soberbias —la plaza del Zócalo y los edificios que la limitan, sobre todo la masa ondulada y rosa del Sagrario—, otras íntimas —el jardín y la iglesia de Loreto— o nobles como el edificio de la Inquisición o suntuosas como el palacio de los condes de Calimaya. En la antigua Casa de la Moneda —patio de arena roja, palmeras y grandes macetas con plantas verdes— habían instalado las antigüedades mexicanas. Allí pude ver por primera vez, con horror y pasmo, la escultura precolombina. La admiré sin entenderla: no sabía que cada una de esas piedras era un prodigioso racimo de símbolos. Poco a poco entreví sus enigmas. Entre mis compañeros había un joven interesado en nuestro pasado artístico: Salvador Toscano. Con él y otros recorrí, los domingos y días de asueto, el valle de México y distintos lugares de Puebla y Morelos: pirámides, conventos, iglesias, capillas abiertas. Toscano murió pronto pero, al menos, tuvo tiempo para escribir y publicar, en 1944, su *Arte precolombino de México y América Central*, primera tentativa de comprensión estética y no meramente arqueológica de las culturas mesoamericanas.

Mi relación con el arte moderno de México fue íntima y diaria. Todos los días, mientras estudié en San Ildefonso, veía los murales de Orozco. Al principio con extrañeza e incredulidad, después con más y más comprensión y entusiasmo. Además de las pinturas de Orozco, que no sólo son las más numerosas sino las más originales y potentes, hay murales de Fernando Leal, Fermín Revueltas y otros. En el colegio «chico» David Alfaro Siqueiros dejó unos murales; no llegó a terminarlos pero son notables por su energía casi escultórica. En el Anfiteatro Bolívar del colegio está el primer mural de Diego Rivera, pintado a la encáustica, lleno de reminiscencias, de Picasso a Puvis de Chavannes.

Tal vez no sea ocioso recordar que José Vasconcelos fue el iniciador del movimiento muralista. Era ministro de Educación Pública del régimen de Álvaro Obregón y en 1921 decidió encargar a los pintores más conocidos en esos días la decoración mural de varios edificios públicos. Ministro de una revolución triunfante, soñaba con el renacer de nuestro pueblo y de nuestra cultura. Probablemente es más exacto hablar de fundación que de renacimiento; aunque la base de la construcción histórica que soñaba era nuestro pasado indoespañol, el Vasconcelos de esos años estaba poseído por un ideal que no es exagerado llamar cósmico. Sus modelos eran no los imperios mundiales del pasado sino las grandes construcciones religiosas, y sus héroes se llamaban Cristo, Buda, Quetzalcóatl. Su llamamiento a los pintores correspondía a la visión de un arte orgánico, por decirlo así, que fuese la natural expresión de la nueva sociedad universal que comenzaba en México y que se extendería a toda la América hispana y lusitana. En su decisión influyó sin duda el antecedente del *Quattrocento* y, sobre todo, el del arte bizantino. Su visita a Santa Sofía lo movió a escribir páginas exaltadas y luminosas. También debe de haber pesado en su ánimo el ejemplo de los conventos de Nueva España, muchos de ellos decorados con pinturas murales. Idea admirable aunque puede dudarse de su tino: ¿por qué entregar los muros de San Ildefonso y de San Pedro y San Pablo, monumentos de nuestro pasado, a la furia creadora pero irreverente de unos artistas jóvenes? Quizá porque no había otros edificios disponibles. Sin embargo, por encima de esta incongruencia estética, Vasconcelos nos legó una lección ética y política: dejó en libertad a los artistas a sabiendas de que sus ideas eran muy distintas a las suyas.

Las primeras pinturas murales son las de San Ildefonso y fueron pintadas a la encáustica por Fernando Leal, Fermín Revueltas, David Alfaro Siqueiros y Diego Rivera. El primer fresco de verdad, en el mismo edificio, fue obra de Jean Charlot, pero usó cemento y otros ingredientes que dañaron los colores. En realidad, el primer fresco fue el de Ramón Alva de la Canal. Tuvo el buen sentido de escuchar a uno de los albañiles que trabajaban con él y se sirvió de la técnica popular con que se pintaban las pulquerías. Rivera aprovechó más tarde, con talento, esta técnica. Por desgracia, antes de adoptarla, en varios muros de la Secretaría de Educación Pública usó un compuesto de jugo de nopal y colorantes. Fue idea de Xavier Guerrero, según parece; el resultado fue una pifia: al cabo de poco tiempo las pinturas se cubrieron de ampollas y para salvarlas hubo que cubrirlas con una delgada capa de cera. ¿Por cuánto tiempo? El fresco de Alva de la Canal, terminado en 1922, es excelente. Está en el pasaje que conduce del patio central a la calle, enfrente del mural de Revueltas: *Alegoría de la Virgen de Guadalupe*.

Al lado de San Ildefonso se encuentran la iglesia y el convento de San Pedro y San Pablo. Fue escuela de los jesuitas y allí estudió en el siglo XVII, entre otros, el padre Antonio Núñez de Miranda, el severo director espiritual de Sor Juana. En mi tiempo el convento se había convertido en escuela secundaria. En la iglesia, Roberto Montenegro terminó, en 1921, el primer mural del movimiento. Lo pintó al temple y pronto empezó a desprenderse. En el convento antiguo, Atl pintó unos murales curiosos (pero nada más curiosos) y Montenegro su *Fiesta de la Santa Cruz*. En un extremo aparecía José Vasconcelos, el gran protector de los muralistas. Más tarde, según parece por órdenes de otro ministro de Educación, Narciso Bassols, se borró la figura de Vasconcelos y se pintó en su lugar la de una mujer. Nadie, que yo sepa, protestó.[1]

Mis vagabundeos me llevaron a recorrer no sólo el México del Palacio Nacional, la catedral, Santo Domingo y sus alrededores sino otros barrios alejados del centro y de la zona del sur, que hasta entonces había sido mi patria chica: Tacubaya, Mixcoac, San Ángel, Tizapán, Coyoacán, Tlalpan. A veces me aventuraba por el norte, que en aquellos años terminaba pronto en la desolación de salitre y arenales que había dejado la desecación de los lagos. Uno de mis paseos favoritos rehacía el itinerario de los derrotados españoles en su huida durante la Noche Triste. Al anochecer, con algún amigo, dejaba San Ildefonso y discurría por la calle de Tacuba, llena de ecos y presencias del antiguo México, el precortesiano y el de Nueva España. También son notables algunos palacios de fines del siglo XIX, en los que triunfa, como en los cuerpos y las modas femeninas de esa época, una estética de formas opulentas y perifollos que ayer nos hacía sonreír y hoy nos emociona. Nos demorábamos en las librerías de viejo de la avenida Hidalgo, entre las dieciochescas espesuras de la Alameda Central y la pequeña y más bien melancólica plaza de San Juan de Dios: a sus costados, frente a frente, dos iglesias hundidas a medias como pesados barcos encallados. Una de ellas está consagrada a San Antonio, patrón de distintas clases de mujeres: las casaderas, las abandonadas y las de vida airada. Seguíamos y, al llegar al jardín y panteón de San Fernando, hacíamos un alto para conversar y descansar. Las altas verjas, las estatuas y la pompa republicana bajo la arboleda sombría me hacían pensar, más que en la gesta de los liberales, en un poema de Gutiérrez Nájera:

> ¿No ves cual prende la flexible hiedra
> entre las grietas del altar sombrío?
> Pues como enlaza la marmórea piedra
> quiero enlazar tu corazón, bien mío.

[1] Véase Laurence E. Schmeckebier, *Modern Mexican Art*, The University of Minnesota Press, Minneapolis, 1939.

Proseguíamos y, casi sin darnos cuenta, llegábamos al puente de Alvarado, lugar famoso en donde Tonatiuh, el conquistador rubio, salvó la vida al apoyarse en su lanza, como el atleta en su garrocha, para saltar de un borde al otro del canal cenagoso. Un poco más lejos estaba otro edificio memorable: Mascarones. Este antiguo palacio hospedó durante unos años a la Facultad de Filosofía y Letras, a la que yo, al final de este periodo, concurría a veces para oír a los maestros españoles y conversar con José Luis Martínez, recién llegado de Guadalajara. El edificio de piedra rojiza es al mismo tiempo severo y fastuoso; a pesar de la suntuosa fachada, tiene una suerte de reserva como la de los criollos ceremoniosos y soberbios que la construyeron. Pero la severidad y el empaque desaparecían apenas transponía la gran puerta. En el primer patio habían trazado un diminuto jardín que me encantaba por la perfección de sus proporciones y por la serenidad casi espiritual que lo envolvía. Todavía, si cierro los ojos, respiro el aire fresco, oigo las voces y las risas de los muchachos y muchachas conversando acodados en los barandales, veo un cielo azul y unas bancas rojas, veo un arbolillo de un verde transparente que se mece en la luz de octubre y que casi habla y casi vuela.

Más allá de Mascarones comenzaban otros mundos. Los recorría con los amigos que vivían en esos barrios. Uno era San Rafael, todavía rico en suntuosos vestigios porfirianos, aunque ya dañados irreparablemente por la incuria; el otro, la secreta Santa María. Con su alameda provinciana, su extraño museo y su parroquia, Santa María es un pueblo más que un barrio. Al recorrer sus calles solitarias, invariablemente recordaba a López Velarde. Allá vivían, entre otros notables, el novelista Mariano Azuela, el poeta modernista Rafael López y Carlos González Peña, al que debemos la *única* historia moderna de nuestra literatura. Esos interminables paseos eran propicios al intercambio de ideas y confidencias, a las controversias y a las repentinas y efímeras iluminaciones. La conversación es el gran don que ofrecen las relaciones entre los hombres, cuando se olvidan de Etéocles y de Polinices, de Abel y de Caín. La amistad: el fervor compartido ante un poema, una novela, una admiración, una idea, una indignación. Al filo de la medianoche, yo dejaba a mis amigos y, con la cabeza en llamas, cruzaba las calles desiertas para alcanzar, más allá del Paseo de la Reforma, entre Chapultepec e Insurgentes, el último tranvía rumbo a Mixcoac.

Pero nuestras correrías no eran visitas arqueológicas ni confundíamos a la ciudad con un museo. Todo nos llamaba y todo, por un instante, nos retenía: las ferias y las fiestas de cada barrio, las cantinas y las cervecerías, los cafés y las fondas modestas, los bailes de las vecindades, la salida de las escuelas de muchachas, los cines y el burlesque, los parques y las callejuelas solitarias... *Multitude-solitude: termes égales et convertibles.* Y Baudelaire añade: «aquel que no sabe poblar su soledad tampoco sabe estar solo en medio de la muchedumbre». Pero no todo era sublime en esos callejeos. Tampoco sórdido. Entre uno y otro extremo se extendía el territorio impreciso e inmenso del aburrimiento. Enfermedad de los adolescentes: el aburrimiento abre con gesto distraído las puertas de la poesía o las del libertinaje, las de la meditación solitaria o las de las diversiones crueles y estúpidas.

El mercado Abelardo Rodríguez fue decorado en 1933 por un grupo de discípulos y seguidores de Diego Rivera. Aunque entre esas pinturas hay una, primeriza, de un gran artista: Isamo Noguchi, las recuerdo ahora por Pedro Rendón. Era un muchacho carirredondo, de ojos humildes, ademanes tímidos, ropa estrecha y olor a fritura. No caminaba: rodaba lentamente y con cierto ritmo de globo. Su mansedumbre nos parecía bovina, pero tal vez era angelical. Era el bobo del barrio. También era pintor y poeta. Hacía poco había tenido su día de gloria. No sé si movido por su amor a la mistificación y a imitación de las *blagues* del Montparnasse de su juventud o para fastidiar a los artistas de la nueva generación, Diego Rivera proclamó a Pedro Rendón como el mejor pintor joven. A instancias suyas las crédulas autoridades municipales le dieron un muro del mercado para que lo pintase. Al poco tiempo, con la misma desenvoltura con que lo había encumbrado, Diego lo dejó caer. La gente comprendió vagamente que había sido víctima de una farsa y Pedro se encontró de pronto sin amigos ni valedores. ¿Se dio cuenta alguna vez de que era el hazmerreír del barrio universitario? No lo creo. Pero en su desvalimiento, acuciado por la necesidad, recorría las escuelas y facultades con sonrisa plácida y ojos ansiosos. A veces conseguía que lo invitasen a comer un taco y beber un tepache. A cambio, tenía que escribir un soneto en el que era obligatorio que figurase el nombre del benefactor o el de algún amigo o amiga. Pedro lo escribía como el perrito salta el aro y menea la cola. ¿Cuántos sonetos escribió para mí y mis amigos? Pedro: perdónalos, perdóname. Como el burrito de Tablada en su paraíso de alfalfa, tú estás ahora en una alta y reluciente taquería en donde, al fin en paz, ya lejos de la mofa y del escarnio, comes las tortas compuestas del otro barrio.

A un paso de San Ildefonso, en la Secretaría de Educación Pública, podíamos ver los frescos de Rivera, una de sus obras más logradas. Sólo la supera, quizá, la capilla de Chapingo. En los frescos de Educación Pública, las numerosas influencias de Diego, lejos de ahogarlo, le prestan alas y le permiten manifestar sus grandes dones. Esas pinturas son como un inmenso abanico desplegado que muestra, sucesivamente, al artista vario y único: al retratista que en ciertos momentos hace pensar en Ingres; al diestro discípulo del *Quattrocento* que, si a veces se acerca al severo Duccio, otras reinventa —ésa es la palabra— el arte colorido de Benozzo Gozzoli y su seductora combinación de naturaleza física, animal y humana; al artífice de los volúmenes y las geometrías que fue capaz de trasladar al muro la lección de Cézanne; al pintor que prolongó la visión de Gauguin —árboles, hojas, agua, flores, cuerpos, frutos— y la hizo reflorecer, y, en fin, al dibujante, al maestro de la línea melodiosa. Regalos del tiempo: en esos años Rivera pintaba los muros del Palacio Nacional y yo pude verlo, encaramado en un andamio, vestido con un astroso *overall* iridiscente, armado de gruesos pinceles y rodeado de botes de pintura, ayudantes y curiosos atónitos.

Los azares de las amistades literarias y artísticas me hicieron conocer a varios pintores y visitar sus talleres. Uno de ellos fue Manuel Rodríguez Lozano, cuyos cuadros de grandes dimensiones me recordaron inmediatamente los del Picasso neoclásico, que yo había podido conocer gracias a las reproducciones que entonces empezaban a circular. Rodríguez Lozano fue un excelente dibujante, un artista incorruptible y un hombre de rara y cáustica inteligencia. En las salas de exposiciones y en otros sitios públicos entreví en varias ocasiones a Julio Castellanos, Agustín Lazo y Carlos Orozco Romero. Años después los vería y conversaría con ellos en el Café París, en la tertulia que presidía Octavio G. Barreda. Ellos me mostraron que la pintura no era ni podía ser únicamente la pintura mural: había otros mundos, otros planetas, otras revelaciones. En esos años llegó de Guadalajara un joven brillante, casi un adolescente: Juan Soriano. Pronto fuimos amigos. Su conversación era un surtidor de fuegos de todos los colores, algunos quemantes; su pintura tenía la poesía de los patios con altos barandales por donde se asoman, ojos grandes y moños enormes, niñas con cara de vértigo.

En 1937 estuve en España y vislumbré los museos de París y Nueva York. Mi estancia en Nueva York fue muy corta y apenas si tuve tiempo de recorrer, una larga mañana, algunas salas del Metropolitan. Mi sorpresa fue mayor que mi deleite; vi muchas cosas admirables pero ¿las vi realmente? En París pasé dos meses y dispuse de ocio para visitar museos y galerías. En el primer momento libre me precipité —ésa es la palabra— en el Louvre. A la salida, cansado y encantado, tuve la sorpresa de encontrarme con el poeta Miguel Hernández y con el pintor Miguel Prieto. Fue un encuentro casual y, al mismo tiempo, asombroso. Me pareció dueño de una significación secreta, como si hubiese sido preparado por el magnetismo de aquellos años: todos estábamos imantados por el doble amor a la poesía y a la Revolución. Unos meses antes, en Valencia, había conocido a Miguel Hernández y había tenido ocasión de conversar con él durante dos o tres paseos. Hernández y Prieto regresaban de Moscú; habían pasado unas semanas en la Unión Soviética, invitados a no sé qué reunión y se habían detenido unos días en París antes de volver a España. Caminamos juntos unas calles y decidimos entrar en un café para celebrar nuestro encuentro y continuar nuestra conversación. No hablamos apenas de arte —aunque a Miguel Prieto no le faltaban ganas de comentar lo que había visto en el Louvre— sino, como era natural en esos días, del curso de la guerra en España. Miguel Hernández no dudaba de la victoria y desechó con un ademán de confianza mis tímidas dudas y reparos. Creí entender que lo que había visto en Moscú y Leningrado no le había gustado del todo, a pesar del entusiasmo con que se refería a la Unión Soviética. Me dijo: «Es magnífico lo que ellos han hecho pero nosotros, te lo aseguro, si ganamos la guerra, lo haremos mejor. ¡No, no los vamos a imitar! Somos de otra cultura... Nosotros y vosotros, porque la suerte de la Revolución española es también la suerte de Hispanoamérica...» Tal vez no se daba cuenta de que por su boca no hablaba el marxista sino el español, no el camarada sino el amigo de Neruda y de otros poetas hispanoamericanos que había conocido en Madrid. A Miguel Hernández no le gustó París y no se cansó de decir pestes de Francia y los franceses. De nuevo: la confusión entre sus antiguos rencores hispánicos y su justa indignación ante la deserción de los gobiernos democráticos de Gran Bretaña y Francia, que habían abandonado al pueblo español. Pero ¿para qué recordar esas ingenuidades y simplezas? No creo que nadie haya buscado en Miguel Hernández ecuanimidad en los juicios ni claridad en las ideas; no era inteligente pero, a su manera carnal y solar, era profundo. Hablar con él era tocar un roble. El roble no produce ideas sino hojas, ramas, palabras vegetales y aéreas, silencios.

He contado mi encuentro con Miguel Hernández en el otoño de 1937 porque está asociado a mi primera visita al Louvre. Las verdaderas revelaciones vinieron después. Entre todas ellas, dos me abrieron las puertas de la comprensión del arte moderno. Una fue el Pabellón Español en la Exposición Universal. Fue obra del arquitecto Josep Lluís Sert, al que muchos años después tuve la fortuna de frecuentar en Cambridge. El pabellón exponía una obra de Miró (perdida según parece) y, sobre todo, el mural de Picasso: *Guernica*. Fue la primera obra monumental moderna que vi. Todavía guardo, intacta y viva, la impresión que me causó; una impresión sin cesar reavivada (y rectificada) en cada una de las visitas que, después, hice al Museo de Arte Moderno de Nueva York. Otra experiencia también memorable: por accidente entré en una galería en la que se exhibían algunas obras surrealistas; entre ellas me atrajo, como un imán, un cuadro de Max Ernst que pertenece a una ciencia recóndita: la arqueología del sueño. Me refiero a *La Ville entière*, templo maya soñado por el delirio de un geómetra, roca tatuada por una mano alternativamente helada y llameante, arquitectura dormida sobre la palma de una mano vasta como el desierto.

Regresé a México ese mismo año. Comenzaron a cambiar mis ideas políticas y estéticas. Contribuyó a ese cambio la amistad con varios poetas y escritores españoles que, huyendo de la guerra y la dictadura de Franco, se habían instalado en México. Después, un encuentro que me afectó profundamente: llegaron a nuestro país el poeta surrealista Benjamin Péret, el peruano César Moro, el escritor revolucionario Victor Serge, Jean Malaquais y otros. Trabé amistad con ellos, abrí los ojos y vi con extrañeza el mundo que me rodeaba: era el mismo y era otro. Mi admiración por los muralistas se transformó primero en impaciencia y, después, en reprobación. Con la excepción honorable de Orozco, unos eran los apologistas y otros las tapaderas de la dictadura burocrática de Stalin. Además, se habían vuelto la nueva academia, más intolerante que la otra. Me parecían el equivalente estético del Partido Nacional Revolucionario, que en esos días había cambiado su nombre, no su composición, por el de Partido de la Revolución Mexicana. Mis reservas frente a los muralistas eran políticas, morales y estéticas pero, sobre todo, eran legítimas y necesarias: su retórica ahogaba a los artistas jóvenes. Yo quería respirar el aire libre del mundo. No tardé en respirarlo.

En 1943 abandoné México por muchos años. Viví los dos primeros en los Estados Unidos, al principio en San Francisco y después en Nueva York. Allá comenzó mi segundo aprendizaje. Pasaba mañanas enteras, una o dos veces por semana, en el Museo de Arte Moderno. Iba también al Metropolitan y a los otros museos, aunque no con tanta frecuencia. Ante los cuadros de Picasso, Braque y Gris —sobre todo del último, que fue mi silencioso maestro— entendí al fin, lentamente, lo que había sido el cubismo. Fue la lección más ardua; después fue relativamente fácil ver a Matisse y Klee, a Rousseau y a Chirico. Los cuadros de Kandinsky me parecieron girándulas y me recordaron los fuegos de artificio que había visto en las noches de feria de Mixcoac:

> Astros de plata que en lucientes giros
> batieron, con alterno pie, zafiros.

Mi aprendizaje fue también un desaprendizaje. Nunca me gustó Mondrian pero en él aprendí el arte del despojamiento. Poco a poco tiré por la ventana la mayoría de mis creencias y dogmas artísticos. Me di cuenta de que la modernidad no es la novedad y que, para ser realmente moderno, tenía que regresar al comienzo del comienzo. Un encuentro afortunado confirmó mis ideas: en esos días conocí a Rufino Tamayo y a Olga, su mujer. Los había visto fugazmente en México, unos años antes, pero sólo entonces pude tratarlos de verdad. Ante su pintura percibí, clara e inmediatamente, que Tamayo había abierto una brecha. Se había hecho la misma pregunta que yo me hacía y la había contestado con aquellos cuadros a un tiempo refinados y salvajes. ¿Qué decían? Yo traduje sus formas primordiales y sus colores exaltados a esta fórmula: la conquista de la modernidad se resuelve en la exploración del subsuelo de México. No el subsuelo histórico y anecdótico de los muralistas y los escritores realistas sino el subsuelo psíquico. Mito y realidad: la modernidad era la antigüedad más antigua. Pero no era una antigüedad cronológica, no estaba en el tiempo de antes, sino en el ahora mismo, dentro de cada uno de nosotros. Ya estaba listo para comenzar. Y comencé...

Llegué a París en diciembre de 1945. Continuación del aprendizaje/desaprendizaje. El surrealismo me atrajo. ¿A destiempo? Yo diría: contra el tiempo. Fue un antídoto contra los venenos de esos años: el realismo socialista, la literatura comprometida a la Sartre, el arte abstracto y su pureza estéril, el mercantilismo, la idolatría de los grandes tirajes, la publicidad, el éxito. Contra el tiempo: contra la corriente. Aprendizajes y desaprendizajes:

Recorrer con André Breton las salas de una exposición de arte esquimal y recordar ahora no lo que dijo sino el tono grave de su voz, su actitud

de reverencia y nostalgia ante la lejanía *otra:* el antiguo espacio sagrado
poblado de seres cambiantes, territorio de la metamorfosis;

   oír a Kostas Papaioannou hablar del arte bizantino como la transustanciación de la materia temporal en vibración luminosa —el ser en su
esencia es claridad radiante, luz inteligente— y un mes después contemplar, en Ravena, los mosaicos de San Vitale;

   la aparición repentina, en los llanos de Madhya Pradesh, del castillo
de Datia, joya negra engastada sobre una peña;

   las correrías en Afganistán con Marie José y, una mañana de 1965,
en las ruinas de Surkh Kotal, la visión de las cabras negras sobre las colinas quemadas, frente a las terrazas construidas por el rey Kanishka (en
Mathura vimos, esculpida en piedra roja, su estatua decapitada de guerrero nómada);

   los tres minutos de recogimiento en Bashō An, la diminuta choza
sobre la colina de pinos y rocas en las inmediaciones del templo Konpuku-
ji, cerca de Kioto, en donde vivió Bashō una temporada, reconstruida
un siglo después por Buson —al verla me dije: «no es más grande que un
haikú» y compuse estas líneas que clavé mentalmente en uno de los pilares:

> El mundo cabe
> en diecisiete sílabas,
> tú en esta choza;

   el desembarco, en Bombay, en 1951, y en la cueva de Elefanta mi pasmo ante la energía cósmica hecha piedra y la piedra hecha cuerpo vivo;

   la lectura deslumbrada, irritada, escéptica, entusiasmada, en 1948, de
La Monnaie de l'absolu de André Malraux;

   la velada en una casita de Utopia Road, tediosa como un argumento de
filosofía utilitaria —pero en el *basement* Marie José y yo vimos a Joseph
Cornell inventar, con tres canicas, un mapa del cielo y dos viejas fotografías, jardines astronómicos donde Almendrita juega al aro con los anillos
de Saturno;

   una tarde en el departamento de Marcel Duchamp, en Nueva York:
Teeny Duchamp en un ángulo de la pieza soleada, callada bahía de luz
rubia; la risa de John Cage mientras discute una jugada de ajedrez con
Merce Cunningham; Marcel y su perfecta cortesía, un poco *vielle France*,
al ayudar a Marie José a ponerse el abrigo o su amor por una (no imposible) geometría asimétrica y una lógica de excepciones; la conversación...

¿pero, de qué hablamos esa tarde: de la decepcionante exposición de Dalí o de la retrospectiva de Magritte, de las ideas de Equis o de las manías de Zeta?... no, no recuerdo lo que dijimos, recuerdo lo que no dijimos, lo no dicho y, no obstante, dicho... no un intercambio de ideas, noticias, gustos, antipatías sino el fluir de lo tácito, el silencio que cubre de arena cada palabra. Marcel Duchamp: maestro del arte no de pensar sino de ver, no de ver sino de respirar;

el periplo de veinticinco años: circulaciones, circunnavegaciones, circunvalaciones y circunvuelos en Asia, Europa y América:

la exploración del túnel de las correspondencias, la excavación de la noche del lenguaje, la perforación de la roca: la búsqueda del comienzo, la búsqueda del agua.

OCTAVIO PAZ

México, a 1 de marzo de 1986

Los privilegios de la vista

I

ARTE MODERNO UNIVERSAL

Aviso

Los privilegios de la vista reúne en dos partes mis escritos sobre las artes visuales. El título viene de un poema de Góngora dedicado a San Ildefonso y escrito para un certamen poético en 1616. En un pasaje el poeta andaluz describe al santo que recorre con los ojos los esplendores de una capilla recientemente consagrada a la Virgen y dice:

> ejecutoriando en la revista
> todos los privilegios de la vista.

Ver es un privilegio y el privilegio mayor es ver cosas nunca vistas: obras de arte.

Desde muy joven sentí invencible atracción por las artes plásticas y muy pronto empecé a escribir sobre ellas, nunca como un crítico profesional sino como un simple aficionado. He dividido esos escritos en dos partes. La primera consiste en ensayos, artículos, notas y poemas que tienen por tema distintos aspectos, obras y personalidades del arte moderno universal; la segunda está dedicada al arte mexicano, desde el periodo precolombino hasta nuestros días. Ninguna de las dos partes es sistemática. No me propuse construir una teoría; tampoco trazar una historia. Esto es particularmente cierto por lo que toca a la primera parte, que es una colección de ensayos, apuntes y poemas escritos en respuesta a los más diversos estímulos: comentarios a una exposición, prefacios, homenajes a varios artistas, contribuciones a simposios. Componen esta primera parte cuatro secciones: «Mirador», ensayos de cierta extensión; *Apariencia desnuda*, dos ensayos que forman un pequeño libro sobre Marcel Duchamp; «Corriente alterna», notas y anotaciones escritas al margen, y «Tributos» poemas que proceden todos de *Obra poética (1935-1988)*, excepto *Mar*

Celo que se publicó en *Vuelta* (núms. 133-136, diciembre de 1987 y enero de 1988).

El texto que abre este volumen, «Repaso en forma de preámbulo», es el prólogo de las dos partes. En él aludo tanto al arte universal como al de mi país. Es natural que haya interpenetración entre las dos partes; algunas de las notas de la primera parte («Alegoría y expresión», «El grabado latinoamericano», «Imágenes de la fe») podrían figurar también en la segunda. Todas las obras de arte pertenecen a un suelo y a un momento, pero todas ellas tienden a trascender ese suelo y ese momento: son de aquí y son de allá. De ahí que sea muy difícil señalar con claridad las fronteras entre lo nacional y lo universal: no son categorías separadas sino, felizmente, en perpetua relación.

OCTAVIO PAZ
México, 1991

Advertencia del editor

Los privilegios de la vista I. Arte moderno universal constituía el volumen 6 en la primera edición de las *Obras completas* (1994). En esta nueva edición se incluyen los textos que por afinidades temáticas corresponden a esta parte y que en la edición anterior se publicaron en el volumen 14, *Miscelánea II. Últimos escritos.* Estos textos son: «Baudelaire y Catlin», «Rupturas y restauraciones» y «Roberto Matta: vestíbulo».

Al final de cada uno de los ensayos, el lector encontrará la información concerniente a la procedencia de los textos. Tras la fecha en que se escribió se da la referencia del libro donde se recogió o fue publicado por primera vez. Los libros de procedencia son los siguientes: *Al paso, Apariencia desnuda, La obra de Marcel Duchamp, Convergencias, Corriente alterna, In/mediaciones, Obra poética (1935-1988), Las peras del olmo, Puertas al campo, El signo y el garabato* y *Sombras de obras.*

MIRADOR

Presencia y presente:
Baudelaire crítico de arte

En su primer texto sobre las artes plásticas (Salón de 1845), ante una tela que representa al emperador Marco Aurelio en el momento en que, moribundo, confía el joven Cómodo a sus amigos estoicos, Baudelaire escribe con su natural impetuosidad: «Estamos aquí en pleno Delacroix, es decir, tenemos delante de los ojos a uno de los ejemplos más completos de lo que puede el genio en la pintura». Unas líneas después, con una sola frase, explica la razón de su fascinación ante este cuadro del género histórico-filosófico: «Esta ponderación del verde y del rojo complace a nuestra alma». No el tema ni las figuras sino la relación entre dos colores, uno fresco y el otro cálido. La presencia que convoca la pintura no es la imagen de la historia ni la de la filosofía sino el acorde entre un azul y un encarnado, un amarillo y un violeta. El cuerpo y el alma —o sea: la tradición pagana y la cristiana— reducidos a una vibración visual: música para los ojos. Diez años más tarde, otra vez ante la pintura de Delacroix, es aún más explícito y terminante:

> Ante todo hay que subrayar, y esto es muy importante, que visto a una distancia muy grande y que impida analizar o incluso comprender el tema, un cuadro de Delacroix produce inmediatamente en el alma una rica impresión, feliz o melancólica... Parece que este color —pido perdón por estos subterfugios de lenguaje para expresar ideas en extremo delicadas— piensa por sí mismo, independientemente de los objetos que reviste.

Ver un cuadro es oírlo: comprender lo que dice. La pintura, que es música, también y sobre todo es lenguaje.

La idea de lenguaje contiene a la de traducción: pintor es aquel que traduce la palabra en imágenes plásticas; el crítico es un poeta que traduce en palabras las líneas y los colores. El artista es el traductor universal.

Cierto, esa traducción es una transmutación. Ésta consiste, como es sabido, en la interpretación de signos no lingüísticos por signos lingüísticos —o a la inversa. Cada una de esas «traducciones» es realmente otra obra, no tanto una copia como una metáfora del original. Más adelante tocaré este tema; por el momento señalo que, con la misma vehemencia con que sostiene que la analogía (la «traducción») es la única vía de acceso al cuadro, Baudelaire afirma que el color piensa, *independientemente* de los objetos que reviste. Mi comentario comenzará por un análisis de esta afirmación.

En el seno de la experiencia sensible la analogía entre pintura y lenguaje es perfecta. Éste consiste en la combinación de una serie limitada de sonidos; aquélla en la combinación de una serie de líneas y colores. La pintura obedece a las mismas reglas de oposición y afinidad que rigen al lenguaje; en un caso la combinación produce formas visuales y en el otro formas verbales. Como la palabra, depositaria de una gama de sentidos virtuales, uno de los cuales se actualiza en la frase de acuerdo con su posición dentro del contexto, el color no posee valor por sí mismo: no es sino una relación, «el acuerdo de dos tonos». Por esto no puede definirse de manera absoluta: «los colores no existen sino relativamente». Otro tanto debe decirse del dibujo, que no es sino un sistema de líneas, un conjunto de relaciones. Ahora bien, en cuanto se abandona la esfera de lo sensible —sonido en el lenguaje, color y dibujo en la pintura— se advierte una diferencia notable: una frase (combinación de palabras) se traduce por otra frase; un cuadro (combinación de colores y líneas) se traduce por una frase. El tránsito de lo sensible a lo inteligible no se realiza en el interior de la pintura sino fuera de ella: el *sentido* se despliega en un universo no-pictórico. O dicho de otra manera: el lenguaje de la pintura es un sistema de signos que encuentran su significación en otros sistemas. El mismo Baudelaire lo dice: el color es una vestidura o, para emplear de nuevo la metáfora musical, un acompañamiento.

Todas las obras pictóricas de todas las civilizaciones, salvo las puramente ornamentales y las del periodo moderno, presentan dos niveles: uno propiamente pictórico y otro extra o metapictórico. El primero está compuesto por las relaciones entre los colores y las líneas; esas relaciones construyen o, más exactamente, *tejen* el segundo nivel: un objeto real o imaginario. El nivel pictórico nos remite a una representación y ésta a un mundo que ya no es el de la pintura. Por supuesto, toda representación es simbólica y de ahí que el objeto pintado no sea nunca ni una copia ni una reproducción del original. Otra particularidad notable: a medida que el objeto es menos representativo, la pintura tiende a ser menos pictórica y a confundirse más y más con la escritura. Por ejemplo, el arabesco en la civilización islámica, los colores en los muros de Teotihuacan y en los códices mexicanos, la pintura tántrica en la India hindú y budista. En esta última los colores y las líneas piensan y hablan por sí mismos porque, en la frontera entre la palabra y la pintura, se articulan como un discurso. Al contemplar un rollo de pinturas tántricas, a la inversa de lo que ocurre con uno de pintura china, no vemos una sucesión de escenas y paisajes sino que *leemos* un ritual. La pintura se libera de la tiranía de la representación sólo para caer en la servidumbre de la escritura. Así pues, los valores plásticos no son autónomos: construyen siempre una representación de un objeto real o ideal. Sin ellos, no habría representación; sin ella, la pintura no significaría.

El objeto, aquello que se presenta a los ojos o a la imaginación, nunca aparece tal cual es. La forma de aparición de la presencia es la representación. El ser es invisible y estamos condenados a verlo a través de una vestidura tejida de símbolos. El mundo es un racimo de signos. La representación significa la distancia entre la presencia plena y nuestra mirada: es la señal de nuestra temporalidad cambiante y finita, la marca de la muerte. Asimismo, es el puente de acceso, ya que no a la presencia pura y llena de sí, a su reflejo: nuestra respuesta a la muerte y al ser, a lo impensable y a lo indecible. Si la representación no es abolición de la distancia —el sentido jamás coincide enteramente con el ser— es la transfiguración de la presencia, su metáfora.

Ninguna civilización puso en duda la relación entre lo pictórico y lo metapictórico, los valores plásticos y la representación. La conciencia más o menos clara de esa relación impedía, me parece, la confusión entre uno y otro nivel: lo distintivo, lo «digno de verse», no eran ni el asunto ni el objeto representado sino la pintura misma, aunque invariable y necesariamente en relación con aquello que representaba. El color y la línea constituían a la representación y ésta los significaba. Pero apenas la pintura comienza a conquistar su autonomía, esta relación se vuelve contradictoria. A pesar de que el proceso se inicia en el Renacimiento, desde el punto de vista de la crítica el principio de la escisión es la estética de Kant: la contemplación de lo bello carga el acento sobre lo pictórico. Al mismo tiempo, la filosofía moderna somete las certidumbres, sistemas y creencias tradicionales a un análisis radical; los antiguos significados se disgregan y, con ellos, las representaciones. A partir de Baudelaire la relación se rompe: colores y líneas cesan de servir a la representación y aspiran a significar por sí mismos. La pintura no teje una presencia: ella misma es presencia. Esta ruptura abre un camino doble que es también un abismo. Si el color y el dibujo son realmente una presencia, cesan de ser lenguaje y el cuadro regresa al mundo de las cosas. Tal ha sido la suerte de una buena parte de la pintura contemporánea. La otra dirección, presentida por Baudelaire, se condensa en la fórmula: el color piensa, la pintura es lenguaje. Es la otra vía del arte moderno, la vía purgativa.

Al renunciar a la representación que la significaba, la pintura se convierte en un haz de signos proyectados en un espacio vacío de significaciones. El antiguo espacio habitado por la representación se despuebla o, mejor dicho, se cubre de enigmas: ¿qué es lo que dice la pintura? Las relaciones entre el espectador y la obra sufren una inversión radical: la obra ya no es una respuesta a la pregunta del espectador sino que ella misma se vuelve interrogación. La respuesta (o sea, la significación) depende del que contempla el cuadro. La pintura nos propone una contemplación —no de lo que muestra sino de una presencia que los colores y las formas evocan sin jamás manifestar del todo: una presencia realmente invisible. La pintura es un lenguaje incapaz de decir, salvo por omisión y alusión: el cuadro nos presenta los signos de una ausencia.

La primera consecuencia de la ruptura fue la sustitución de la interpretación literal por la analógica, el fin de la crítica como juicio y el nacimiento de la crítica poética. No menos decisiva fue la ocultación de la presencia. La pintura antigua no sólo aludía a una presencia sino que, al representarla, tejía una transparencia: no la encarnación de la presencia sino su transfiguración. Si la representación otorgaba sentido a la pintura, ésta animaba a la primera: le infundía vida. Al darle forma, la transformaba en imagen visible y palpable. Desde Baudelaire la pintura piensa y no habla, es lenguaje y no significa; es materia y forma resplandecientes, pero ha dejado de ser imagen. Concluyo: la originalidad de Baudelaire no consiste únicamente en haber sido uno de los primeros en formular una estética del arte moderno; hay que agregar que nos propuso una estética de la desencarnación.

Toda la obra crítica de Baudelaire está habitada por una tensión contradictoria. La oposición entre lo pictórico y lo metapictórico, resuelta al fin en beneficio de lo primero, se reproduce en la relación también contradictoria entre «lo eterno y lo transitorio»: el modelo ideal y la belleza singular. Como en el caso del color, lo eterno y lo transitorio se rehúsan a toda definición por separado. Lo eterno es lo indefinido por antonomasia, aquello que sirve de fondo a lo moderno para destacarse. Las descripciones de Baudelaire son negativas y tienden a subrayar el carácter estático e indiferenciado tanto de lo eterno como del ideal clásico de belleza. En cambio, lo moderno y su equivalente en el espacio: lo singular y lo bizarro, son dinámicos y afirmativos. Son la ruptura —una ruptura que asegura la continuidad; son la novedad —una novedad que reintroduce en el presente un principio inmemorial. La actitud de Baudelaire implica de nuevo una inversión de la perspectiva tradicional. Antes el pasado, supuesto depositario de lo eterno, definía al presente; y lo definía de un modo estricto: la creación artística era una imitación de los arquetipos, fuesen éstos las obras de la Antigüedad o la naturaleza misma. Ahora lo eterno depende del presente: por una parte, el presente es la crítica de la tradición, de modo que cada momento es, simultáneamente una refutación de la eternidad y su metamorfosis en una novedad transitoria; por la otra, lo eterno no es uno sino plural y hay tantas bellezas como razas, épocas y civilizaciones: «todo pueblo es académico al juzgar a los otros, todo pueblo es bárbaro cuando otro lo juzga». Redención del arte de los pueblos no-europeos: «lo hermoso siempre es bizarro». Pero ¿qué es lo bizarro? Otra vez: no es nada, excepto una relación.

No es difícil comprender la reticencia de Baudelaire ante las definiciones: es imposible edificar un sistema fundado en el valor de lo transitorio y lo particular porque uno y otro, por naturaleza, son aquello que escapa a la definición, la cantidad incógnita que disgrega a los sistemas. Precisamente porque lo moderno y lo bizarro son realidades cambiantes e imprevisibles, aunque presentes siempre, todo sistema es quimérico, sin excluir a los que pretenden fundarse en un canon eterno. El sistema es «una suerte de condenación que nos empuja a una perpetua abjuración... Para escapar al horror de esas apostasías filosóficas, me he resignado orgullosamente a la modestia: me contento con sentir». ¿Una estética que renuncia a la reflexión, un arte acéfalo? Más bien, una estética inclinada sobre los horrores y las maravillas de la sucesión, un arte fascinado por la renovada aparición del signo de la muerte en toda forma viviente.

Puesto que la modernidad es indefinible, Baudelaire nos da una enumeración. Lo antiguo es la pompa pública; lo moderno es la vida privada. En un caso, jerarquía y ceremonia; en el otro, democracia y sencillez. Por su color y su corte, los trajes antiguos hacen de la vida un espectáculo y exalta al que los viste; los modernos, negros o pardos, son la expresión de la igualdad universal y sirven no para exponer sino para ocultar. La moda antigua separa, señala: distingue; la moderna es «una librea idéntica de desolación... un inmenso desfile de enterradores, políticos enterradores, enamorados enterradores, burgueses enterradores. Todos celebramos un entierro». Aquí interviene de nuevo la ley del contraste u oposición complementaria: en una sociedad uniformada, los seres que concentran la singularidad no son los individuos representativos, como en la Antigüedad, sino los excéntricos y los marginales: el *dandy*, el artista, los criminales, *les filles entretenues*, el solitario perdido en la multitud, el mendigo, el hombre errante. No los hombres notables: los seres excepcionales. La hermosura moderna es la extrañeza. De paso, ¿qué diría Baudelaire ante la socialización del dandismo en Carnaby Street? Nuestra modernidad es el reverso de la suya: hemos convertido a la excentricidad en un valor de consumo popular. Tres momentos de Occidente: en el antiguo régimen, la vida privada vivida como ceremonia; en el siglo XIX, vivida como novela secreta; en el XX, la vida privada vivida en público.

Para Baudelaire lo moderno es lo contrario de la publicidad; es lo insólito, a condición de que sea privado y aun clandestino. De ahí la importancia de afeites y máscaras que, a un tiempo, revelan y ocultan. En las mujeres, lo moderno es la «distinción secreta», una suerte de «heroísmo infernal o divino»: la alcoba como cueva de hechicera o santuario de sacerdotisa sangrienta. También son modernos el «humor», la melancolía, el desdén, la sensibilidad desollada, las sinestesias, la espiritualidad, el gusto por los infinitos, la ensoñación, el viaje —no para conquistar tierras sino para fugarse del mundo del progreso. En suma: la subjetividad, la belleza interior. Hecha de contrarios, la modernidad es también la actualidad callejera, la multitud heteróclita y las modas. Hay una muerte antigua y otra moderna. Hércules se suicida porque «las quemaduras de su túnica eran intolerables», Catón porque «no puede hacer ya nada por la libertad» y Cleopatra porque «pierde a su trono y a su amante... pero ninguno se destruye a sí mismo para cambiar de piel en vista de la metempsicosis», como el héroe de Balzac. ¿Qué es entonces la modernidad si no es el apetito por el cambio —y más: la *conciencia* del cambio? Los antiguos tenían una idea del pasado y desde ella juzgaban los cambios del presente; los modernos tienen una idea del cambio y desde ella juzgan al pasado y al presente. Esa conciencia tiene otro nombre: *desdicha*. Es la marca que llevan grabada en la frente los elegidos y en ella se resumen lo bizarro, lo irregular y lo disforme, todos los atributos de la belleza moderna. El signo de la modernidad es un estigma: la presencia herida por el tiempo, tatuada por la muerte.

En la Antigüedad, destino pagano o providencia cristiana, el hombre no podía escapar de la eternidad; el hombre moderno está condenado al ahora, a la inestabilidad. No hay reposo. No importa: hay un instante en el que el tiempo, ya que no puede detenerse, se vuelve sobre sí mismo; un instante no fuera del tiempo sino antes de la historia y que es el *reverso* del presente. Es el instante original y en él la modernidad se descubre como Antigüedad sin fechas: el tiempo del salvaje. Al destruir la idea de belleza eterna, la modernidad abre las puertas al mundo de los bárbaros: el arte más moderno será así el más antiguo. De ahí la grandeza de Delacroix: su pintura es «pintura de caníbal». Con una suerte de entusiasmo rabioso, Baudelaire exalta el «salvajismo» del pintor, su afinidad con el sacerdote azteca y su cuchillo de obsidiana, el carácter destructor y «moloquista» de su obra, semejante al «himno triunfal» del incendio. Las manchas de color de Delacroix suscitan en el espíritu la ferocidad de ciertos crepúsculos tropicales, la densidad de la ceniza caliente sobre las ruinas. El instante original no detiene al tiempo: es la otra cara de la actualidad, como la barbarie es el anverso de la civilización. Prisioneros de la relación, uno depende del otro: el salvaje no es sino el punto de vista del civilizado. Además, como no tardarían en comprobarlo los descendientes de Baudelaire, el «salvajismo» no es menos diverso que la modernidad: hay tantos estilos artísticos como sociedades primitivas. El salvajismo es otro espejismo de la modernidad. Al mismo tiempo es una crítica de la modernidad. Salvajismo, modernidad y tradición son manifestaciones del arte crítico, es decir, del arte polémico e histórico. Al introducir las nociones de *modernidad* y *salvajismo* en el arte, Baudelaire inserta la crítica en la creación, inventa el arte crítico. Antes la crítica precedía o sucedía a la creación; ahora la acompaña y es, diría, su condición. Del mismo modo que la crítica se vuelve creadora por la analogía, la creación también es crítica por ser histórica. En lucha constante con el pasado, el arte moderno está en lucha consigo mismo. El arte de nuestra época vive y muere de modernidad.

Lo mismo desde la perspectiva del lenguaje que desde la de la historia, la reflexión de Baudelaire desemboca en una paradoja insostenible y que, no obstante, es la realidad misma de la pintura moderna: el triunfo de lo pictórico equivale a la desencarnación de la presencia, la victoria de la modernidad es su ruina, el instante original no disuelve sino que afirma a la historia, la estética de lo particular se niega a sí misma y el accidente creador se convierte en repetición mecánica. Desgarrado por la enemistad de los contrarios, Baudelaire busca en la analogía un sistema que, sin suprimir las tensiones, las resuelva en un concierto. La analogía es la función más alta de la imaginación, ya que conjuga el análisis y la síntesis, la traducción y la creación. Es conocimiento y, al mismo tiempo, transmutación de la realidad. Por una parte, es un arco que une distintos periodos históricos y civilizaciones; por la otra, es un puente entre lenguajes distintos: poesía, música, pintura. Por lo primero, si no es «lo eterno» es aquello que articula todos los tiempos y todos los espacios en una imagen que, al cambiar sin cesar, se prolonga y se perpetúa. Por lo segundo, convierte la comunicación en creación: lo que dice sin decir la pintura se transforma en lo que pinta, sin pintar, la música y que, sin mencionarlo nunca expresamente, la palabra poética enuncia.

La diferencia con la antigua analogía reside en lo siguiente: el artista medieval poseía un universo de signos compartidos por todos y regido por una clave única: el Libro Santo; el artista moderno maneja un repertorio de signos heterogéneos y, en lugar de sagradas escrituras, se enfrenta a una multitud de libros y tradiciones contradictorias. Por tanto, la analogía moderna desemboca también en la dispersión del sentido. La traducción analógica es una metáfora en rotación que engendra otra metáfora que a su vez provoca otra y otra: ¿qué dicen todas esas metáforas? Nada que no haya dicho ya la pintura: la presencia se oculta a medida que el sentido se disuelve.

En muchos de sus poemas y reflexiones críticas, Baudelaire ha dicho de manera inequívoca cuál es el *sentido final* de la analogía. Particularmente explícitas son las páginas que dedica a la música de Wagner. Más que una reflexión sobre la analogía, esas páginas son el relato de una experiencia única y que no hay más remedio que llamar: la *desencarnación de la presencia.* Al escuchar la obertura de *Lohengrin,* se siente desencadenado «de los lazos de la gravedad», de modo que, mecido por la música, se descubre

en una soledad con un horizonte inmenso y una vasta luz difusa: la inmensidad sin más decoro que ella misma. Pronto experimenté la sensación de una claridad aún más viva; la intensidad de la luz aumentaba con tal rapidez que las palabras de los diccionarios no bastarían para expresar esa sobre-abundancia, sin cesar renaciente, de ardor y blancura. Entonces concebí plenamente la idea de un alma moviéndose en una atmósfera luminosa, un éxtasis hecho de voluptuosidad y saber...

Las sensaciones de altura y voluptuosidad se asocian estrechamente a las de pérdida del cuerpo y a esa luz blanca que es la abolición de todos los colores. Vacío de sí mismo, su ser reposa en una inmensidad que nada contiene excepto ella misma. Una y otra vez la noción de *tiempo* se transforma en la de un espacio que se extiende «hasta los últimos límites concebibles». Una experiencia de frontera; el espacio se extiende tanto que en verdad es invisible e inconcebible: el no-espacio, el no-tiempo. Y en esta anulación consiste el éxtasis del conocimiento: anegado en el espacio flotante, el poeta se desprende de su identidad y se funde con la extensión vacía. El arte crítico culmina en una última negación: Baudelaire contempla, literalmente, *nada*. Mejor dicho: contempla una metáfora de la nada. Una transparencia que, si nada oculta, tampoco nada refleja —ni siquiera su rostro interrogante. La estética de la analogía es la estética de la aniquilación de la presencia.

El pensamiento de Baudelaire otorgó una conciencia crítica y estética a casi todos los movimientos artísticos de nuestra época, desde el impresionismo hasta nuestros días. La idea de la pintura como un lenguaje autónomo y autosuficiente ha sido compartida por la mayoría de los artistas de nuestro tiempo y fue el fundamento de la pintura abstracta. Otro tanto debe decirse del valor, a un tiempo polémico y mágico, de la palabra *modernidad* y de sus descendientes: lo nuevo, la vanguardia (aunque Baudelaire no ocultaba su repulsión por esta última). Apenas si vale la pena recordar que una nota constante del arte moderno ha sido el empleo de procedimientos y estilos cada vez más alejados de la tradición renacentista y grecorromana, del arte negro al precolombino y de la pintura infantil a la de los esquizofrénicos: pluralidad de las ideas de belleza. La preeminencia de la espontaneidad, la comunicación entre la vigilia y el sueño, la nostalgia de una palabra perdida en el origen de los tiempos y la exaltación de la infancia son temas que reaparecen en el impresionismo, el surrealismo y el expresionismo-abstracto. La reducción de la belleza a lo singular, lo característico o lo disforme: expresionismo. La función creadora de la analogía, la estética de la sorpresa: Breton, Apollinaire.

En cierto modo podría decirse que el arte moderno ha realizado a Baudelaire. También sería legítimo decir que lo ha desmentido. Las dos afirmaciones no se excluyen; más bien son complementarias: la situación en 1967 es tanto la negación de la de 1860 como su resultado. En las últimas décadas la aceleración de los cambios ha sido tal que equivale prácticamente a la refutación del cambio: inmovilidad y repetición. Lo mismo ocurre con la producción cada vez más numerosa de obras que se pretenden excepcionales y únicas: aparte de que la mayoría son hijas de la imitación industriosa y no de la imaginación, el conjunto da la sensación de un enorme amontonamiento de objetos heteróclitos —la confusión de los desechos. Marcel Duchamp se pregunta: «nos inunda un océano de cuadros... ¿dónde están los graneros y los sótanos que podrían contenerlos?» La modernidad termina por negarse a sí misma: la vanguardia de 1967 repite las gestas y los gestos de la de 1917. Vivimos el fin de la idea de arte moderno. Así, lo primero que tendrían que hacer los artistas y los críticos es aplicar a esa idea la crítica rigurosa que Baudelaire hizo a la de tradición.

La estética de la modernidad es contemporánea de ciertos cambios en la producción, distribución y valoración de las obras. La autonomía de la pintura —su separación de las otras artes y su pretensión de constituirse como un lenguaje autosuficiente— es paralela al nacimiento del museo, la galería comercial, el crítico de profesión y el coleccionista. Es un movimiento que, como todos sabemos, comienza en el Renacimiento y cuyo apogeo coincide con el del capitalismo y el mercado libre. Otro tanto hay que decir de la evolución de las formas de producción artística, desde los talleres renacentistas y del periodo barroco hasta el productor individual de nuestros días. Pero lo que me interesa destacar es un fenómeno doble: por una parte, los cuadros dejaron de pertenecer a un sistema de significaciones y creencias comunes para convertirse en expresiones más y más individuales tendientes a satisfacer a consumidores también individuales; por la otra, arrancados del antiguo espacio colectivo, templo o palacio, se constituyeron por sí mismos en espacio autónomo. Lo mismo en el sentido espiritual y social que en el material los cuadros se volvieron objetos transportables. Esta circunstancia facilitó su ingreso en la circulación mercantil.

Ambivalencia del cuadro: es arte, objeto único; es mercancía, cosa que podemos transportar y colgar en esta o aquella pared. Nada más natural que una sociedad que adora las cosas y que ha hecho del intercambio económico la forma más alta de la comunicación, edifique museos y multiplique las colecciones privadas: son la contrapartida de los bancos y los almacenes. El fetichismo de las cosas es distinto a la idolatría de las imágenes. El primero es una pasión de propietario esclavo de aquello que posee, independientemente de la significación del objeto; la segunda es una pasión religiosa por lo que representa el objeto. Las obras de arte son únicas pero, asimismo, son intercambiables: se venden; los ídolos no son únicos ni intercambiables: una imagen puede cambiarse por otra sólo mediante el rito apropiado. Nuestra sociedad exalta al pintor y sus obras a condición de transformarlos en objetos de cambio.

La crítica de la estética de la modernidad exige igualmente una crítica del mercado y del carácter mágico-mercantil de la obra. Una y otra vez los artistas se han rebelado contra esta situación. Dadá minó la noción de *obra* y mostró el carácter irrisorio del culto al arte; el surrealismo resucitó a la imagen y desvalorizó a lo pictórico. No obstante, los *ready-mades* de Duchamp y las visiones de Ernst y Miró figuran en los museos. En los últimos años, desde una perspectiva distinta, otros artistas jóvenes se esfuerzan por escapar de la jaula del mercado. Entre esas tentativas destaco, por el radicalismo de su programa, la del *Groupe de recherche d'art visuel*. Estos artistas se han atrevido a meterse en el terreno del toro, como dicen los aficionados a la tauromaquia. O sea: atacan al sistema en sus principios. En primer lugar, vuelven al trabajo de equipo. Ya Baudelaire, ante el espectáculo de cientos de pintores en busca de una imposible y al fin de cuentas inane originalidad, señalaba que más les hubiera valido trabajar honorablemente en el taller de un maestro. La pintura también habría ganado: «una producción vasta no es sino un pensamiento con mil brazos». El *Groupe de recherche d'art visuel* sustituye el taller por el laboratorio, la producción artesanal por la investigación, la idea del maestro-patrón por la asociación de artistas y coloca en el centro de sus preocupaciones a ese *pensamiento* de que habla Baudelaire y que no es sino otro nombre de la imaginación. Fin de la superstición del oficio: «aquel que no posee sino habilidad es un tonto». Fin del fanatismo de la cosa única, tanto por la multiplicación de ejemplares de cada obra cuanto porque cada uno de ellos es un objeto que nos invita a completarlo y transformarlo. Fin de la idea de espectador en beneficio de la de juego creador: el *Groupe* propone situaciones que provocan la reacción conjunta de los participantes.

La obra se disuelve en la vida pero la vida se resuelve en la fiesta. Esta palabra evoca inmediatamente a uno de los mitos de la modernidad: el salvaje de Baudelaire, «el hombre de la lejanía» de Breton. Sólo que ahora no se trata de volver al arte de los primitivos ni de resucitar sus creencias sino de encontrar, gracias precisamente a nuestras máquinas, una forma colectiva de consumir y consumar el tiempo. Le Parc ha dicho que un cuadro dura lo que dura una mirada. Es verdad, si esa mirada es un signo de inteligencia que cruzamos con la obra... Ignoro si los productos del *Groupe* terminarán en los museos, como los de sus predecesores. Es lo más seguro. No importa: he citado la tentativa de estos jóvenes artistas porque su programa me parece un síntoma, entre otros, de la desaparición de la «idea de la modernidad», tal como la concibieron Baudelaire y sus sucesores, de los impresionistas a los pintores abstractos. Estoy cierto de que asistimos al fin del «objeto de arte» y al de la concepción del arte como mera producción de objetos. La noción de sustancia se disgrega no sólo en la física y en la filosofía contemporánea sino aun en el mundo de la economía: el valor de uso desplaza más y más al valor de cosa durable. Diré finalmente que mi idea de la fiesta difiere de la que nos proponen estos jóvenes artistas. La fiesta que sueño no sólo sería repartición y consumación del objeto sino que, a diferencia de la de los primitivos, *no tendría objeto:* ni conmemoración de una fecha ni regreso al tiempo original, sería —no hay más remedio que forzar el lenguaje para decirlo— disipación del tiempo, *producción de olvido.*

La resurrección de la fiesta es uno de los *desenlaces* del arte contemporáneo, lo mismo en el dominio de las artes visuales que en el de las sonoras y verbales: disolución de la cosa artística en la corriente temporal y cristalización del tiempo histórico en un espacio cerrado. La fiesta suprime, por un instante, la oposición entre la presencia y la representación, lo atemporal y lo histórico, el signo y el objeto significado. Es una presentación pero asimismo es una consumación: la presencia encarna sólo para repartirse y consumirse entre los comensales. Se cierra así, en uno de sus extremos, la querella entre lo eterno y lo transitorio. Pero de las cenizas de la fiesta renace la discordia entre lo pictórico y lo metapictórico. ¿Hay otra vía?

A tientas y guiado por el principio de analogía, que es también el de oposición complementaria, aventuro una hipótesis: el otro polo de la fiesta es la contemplación. Si la primera satisface una carencia en nuestra sociedad de masas, la segunda satisface otra en nuestra sociedad de solitarios. El arte de la contemplación produce objetos pero no los considera cosas sino signos: puntos de partida hacia el descubrimiento de otra realidad, sea ésta la presencia o la vacuidad. Escribo *hacia el descubrimiento* porque en una sociedad como la nuestra el arte no nos ofrece significados ni representaciones: es un arte en busca del significado. Un arte en busca de la presencia o de la vacuidad donde se disuelven los significados. Este arte de la contemplación rescataría la noción de *obra* sólo que en lugar de ver en ella un objeto, una cosa, le devolvería su verdadera función: la de ser un *puente* entre el espectador y esa presencia a la que el arte alude siempre sin jamás nombrarla del todo.

Después de más de cien años de modernidad, nuestra situación es semejante a la del personaje de *Kantan,* esa pieza de teatro Nô traducida admirablemente por Waley: un joven caminante se hospeda en un mesón y, fatigado por el viaje, se tiende en una estera; mientras la mesonera le prepara un puñado de arroz, sueña que asciende al trono de China y que vive, como si fuese inmortal, cincuenta años de gloria: los pocos minutos que tardó el arroz en cocer y él en despertar. Como el peregrino budista, podemos preguntarnos: ¿algo ha cambiado? Si respondemos: nada ha cambiado porque todos los cambios están hechos de la sustancia del sueño, afirmaremos implícitamente que hemos cambiado. Antes de soñar ese sueño no hubiéramos podido contestar así; para saber que los cambios son quimeras, debemos cambiar. Si respondemos por la afirmativa, también incurriremos en contradicción: nuestro cambio consiste en darnos cuenta de que todos los cambios son ilusorios, sin excluir al nuestro. El arte y la crítica del siglo XX han vivido prisioneros de esta paradoja. Tal vez la única respuesta consista en no hacerse la pregunta, levantarse y echarse a andar de nuevo en busca de la presencia, no como si nada hubiese pasado sino como si hubiese pasado todo —ese todo que es idéntico a la nada.

Delhi, diciembre de 1967

[«Presencia y presente: Baudelaire crítico de arte» se publicó en *El signo y el garabato,* Joaquín Mortiz, México, 1973.]

Baudelaire y Catlin

En el Museo Franz Mayer, que es uno de los mejores de nuestra ciudad, la National Gallery of Art de Washington presentó durante el pasado mes de julio una exposición de las pinturas sudamericanas de Georges Catlin, el célebre pintor de los indios americanos. Se trata de óleos sobre cartón, pintados durante el viaje que hizo Catlin a la región amazónica y a otros lugares sudamericanos entre 1854 y 1860. Aunque estos cuadros son quizá inferiores a los de su primera época (los paisajes de América del Norte y los soberbios retratos de jefes pieles rojas), poseen sin embargo un indudable mérito artístico y un no menos indudable interés antropológico. El silencio de nuestros críticos de arte y de nuestros antropólogos ante esta notable exposición es signo de los tiempos: ¿pereza, ignorancia, apatía, indiferencia? Cierto, su silencio es menos grave, moralmente, que el de la inmensa mayoría de nuestros intelectuales y comentaristas políticos ante la rehabilitación de Nagy, la publicación del *Archipiélago Gulag* en Rusia, las elecciones en Polonia, las huelgas en Siberia, la matanza de Pekín, y sobre todo, ya que les toca más de cerca, los fusilamientos de La Habana. ¿Esto último no merece siquiera un comentario o una explicación de aquellos que apenas hace unos meses criticaban y se burlaban de los escritores que habían pedido al dictador cubano que celebrase un plebiscito? ¿Todavía les parece una blasfemia comparar a Castro con Pinochet? Pero volvamos a Catlin. En su momento fue admirado y aplaudido en Europa, especialmente en París y en Londres. Baudelaire se ocupó varias veces de este curioso artista. He aquí lo que escribió en su crónica del Salón de 1846:

> Hay en el Salón dos curiosidades asaz importantes: los retratos de *Pequeño lobo* y de *Grasa del lomo del búfalo*, pintados por Catlin, el cornaca de los salvajes. Cuando Catlin vino a París, con sus iowas y su museo, se propagó el

rumor de que era un buen hombre que no sabía ni pintar ni dibujar, y que si había hecho algunos esbozos pasables era gracias a su valor y su paciencia. ¿Ardid inocente de Catlin o estupidez de los periodistas? Hoy está probado que Catlin sabe pintar muy bien y dibujar muy bien. Esos dos retratos bastarían para probármelo, si mi memoria no me recordara muchos otros fragmentos igualmente hermosos. Sus cielos, sobre todo, me impresionaron por su transparencia y su ligereza.

Catlin ha expresado de modo superior el carácter altivo y libre y la expresión noble de esa buena gente; la construcción de su cabeza está perfectamente bien comprendida. Por sus bellas actitudes y la soltura de sus movimientos, esos salvajes nos hacen comprender la escultura antigua. En cuanto al color, tiene algo de misterioso que me gusta más de lo que sería capaz de decir. El rojo, el color de la sangre, el color de la vida, abundaba de tal modo en ese museo sombrío que era una ebriedad; en cuanto a los paisajes —montañas boscosas, sabanas inmensas, riberas desiertas— eran monótona, eternamente verdes. El rojo, ese color tan oscuro, tan espeso, más difícil de penetrar que los ojos de una serpiente, y el verde, ese color calmo y alegre y sonriente de la naturaleza, los reencuentro cantando su antítesis melódica hasta sobre el rostro de esos dos héroes. —Una cosa es cierta: todos sus tatuajes e iluminaciones estaban hechos según las gamas naturales y armónicas.

Creo que lo que ha inducido a error al público y a los periodistas a propósito de Catlin es que no hace una pintura fanfarrona, a la que todos nuestros jóvenes los han acostumbrado tan bien que es por ahora la pintura clásica.

Años más tarde, en 1859, al ocuparse de otro pintor, el olvidado Fromentin, recuerda a Catlin en estos términos:

El espíritu de Fromentin tiene algo del de la mujer, apenas lo necesario para añadir gracia a la fuerza. Pero hay una facultad que ciertamente no es femenina, y que posee en un grado eminente: escoger las parcelas del bien perdidas sobre la tierra, seguirle la pista a lo bello por todos lados donde ha podido deslizarse a través de las trivialidades de la naturaleza caída. Además, no es difícil comprender con qué amor aman las noblezas de la vida patriarcal, y con qué interés contempla esos hombres en que subsiste todavía algo del antiguo heroísmo. No es sólo de telas deslumbrantes y de armas curiosamente trabajadas de lo que sus ojos están prendados, sino sobre todo de esa gravedad y ese dandismo patricio que caracterizan a los jefes de las tribus poderosas. Tales se nos aparecían, hace cosa de catorce años, esos salvajes de Norteamérica conducidos por el pintor Catlin que, incluso en su estado de decadencia, nos hacen soñar con el arte de Fidias y las grandezas homéricas. Pero ¿para qué extenderme sobre este tema?

[«Baudelaire y Catlin» se publicó en *Vuelta*, núm. 154, México, septiembre de 1989.]

El pensamiento en blanco

Vivimos el fin del tiempo lineal, el tiempo de la sucesión: historia, progreso, modernidad. En la esfera del arte la forma más virulenta de la crisis de la modernidad ha sido la crítica del objeto; iniciada por Dadá, hoy culmina en la destrucción (o autodestrucción) de la «cosa artística», cuadro o escultura, en aras del acto, la ceremonia, el acontecimiento, el gesto. La crisis del objeto es apenas una manifestación (negativa) del fin del tiempo; lo que está en crisis no es el arte sino el tiempo, nuestra idea del tiempo. La idea de *arte moderno* es una consecuencia de la idea de *historia del arte*; ambas fueron invenciones de la modernidad y ambas mueren con ella. La sobrevaloración de la novedad se inscribe dentro de una concepción historicista: el arte es una historia, una sucesión de obras y estilos regida por ciertas leyes. La expresión más inmediata de lo nuevo es el arte instantáneo pero asimismo es su refutación: en el instante se conjugan todos los tiempos sólo para aniquilarse y desaparecer. ¿Otro arte alborea? En algunas partes, especialmente en los Estados Unidos, asistimos a distintas tentativas de resurrección de la Fiesta. Estas tentativas, ¿expresan una nostalgia por un pasado irrecuperable o son la prefiguración de los ritos futuros de una sociedad apenas en gestación y que, si no más feliz, quizá será, al menos, más libre que la nuestra? No lo sé. En todo caso, reconozco en ellas al antiguo sueño romántico, recogido y transmitido por los surrealistas a la juventud actual: borrar las fronteras entre la vida y la poesía. Arte de encarnación de las imágenes que podría satisfacer la necesidad de ritos colectivos de nuestro mundo. Al mismo tiempo, ¿cómo no imaginar otro arte, en el polo opuesto, destinado a satisfacer una necesidad no menos imperiosa: la meditación y la contemplación solitarias? Ese arte no sería una recaída en la idolatría de la «cosa artística» de los últimos doscientos años; tampoco sería un arte de la destrucción del objeto sino que vería en el cuadro, la escultura o el poema, un punto de partida.

¿Hacia dónde? Hacia la presencia, hacia la ausencia, hacia allá... No la restauración del objeto de arte sino la instauración del poema o el cuadro como un signo inaugural que abre un camino. Mis reflexiones sobre el arte tántrico se inscriben dentro de estas preocupaciones.

La visión del cuerpo humano como el doble del universo es central en el tantrismo y se desdobla en una fisiología mágica y una alquimia erótica. El universo respira como un cuerpo y el cuerpo está regido por las mismas leyes de unión y separación que animan a las sustancias y producen sus incesantes metamorfosis. La alquimia sexual culmina, en el budismo tántrico, en la transmutación del semen en «pensamiento de la iluminación» *(bodhicitta):* el esperma asciende y estalla silenciosamente en el cráneo del adepto. La copulación ritual es un homólogo de la meditación y termina, como ésta, en el desvanecimiento en la vacuidad: el pensamiento en blanco. En el tantrismo hindú, el yoguín ofrece su esperma como una «amorosa oblación al fuego» y lo abandona en su pareja. El cuerpo de la mujer como un homólogo del altar védico y el rito sexual vivido como una metáfora del antiguo sacrificio ígneo. Ambos rituales tienden a la abolición de los contrarios que nos constituyen y que sin cesar se combaten y nos desgarran —a nosotros y al mundo: lo femenino y lo masculino, el esto y el aquello, lo bueno y lo malo, el sujeto y el objeto.

Rito de la transgresión, el tantrismo es una tentativa por unir lo que fue separado y volver al andrógino primordial, a la indistinción original —antes de las castas, antes del tú y del yo, antes del acá y del allá. Pero ese regreso es una transmutación; la vuelta a la unidad del principio es sobre todo un internarse en una región desconocida, en aquello que no cambia y que está antes de todos los principios y después de todos los fines: Nirvana, brahmán. La reconquista del tiempo original, ese tiempo que contiene a todos los tiempos, se resuelve en la disolución del tiempo. El budismo tántrico concibe ese estado como *śunyata:* vacuidad idéntica al Cero idéntica a la vulva; el tantrismo hindú lo concibe como *ananda:* unión con el ser idéntico al Uno idéntico al falo. La *stupa* redonda y el *linga* erecto. Nueva inversión de los signos: el Cero rebosa, pleno, colmado; el Uno, transparente, está vacío. Un monismo que postula la abolición del sujeto y otro que predica la desaparición del objeto: las dos caras de la no-dualidad, el doble rostro de la India antigua.

Fisiología mágica y alquimia sexual, el tantrismo es asimismo una astrología corporal. El cielo y la tierra, el sol y la luna, los astros y los planetas son cuerpos en perpetua, rítmica conjunción y disyunción. El cuerpo humano, a su vez, es un espacio poblado de constelaciones de signos. El tantrismo recoge e interpreta literalmente la antigua metáfora: estrellas: signos: destinos. Es una metáfora que también aparece entre nosotros: en las lenguas romances signo viene de *signum*, señal celeste, constelación. En español todavía sino, doble de signo, quiere decir destino. El espacio celeste no es solamente el teatro del erotismo cósmico sino que él mismo es extensión sensible y vibrante como piel humana; del mismo modo, por ser una constelación de signos, el cuerpo humano es un universo semántico, un lenguaje. Cada correspondencia engendra otra: si el arquetipo semántico del cuerpo es el cielo estrellado, el cuerpo es el arquetipo erótico del lenguaje. Ese lenguaje es un hermetismo —*sandhabhasa*: «lenguaje crepuscular» o, según quieren los intérpretes modernos, «intencional»— que consiste en atribuir significados eróticos y materiales a términos que en general designan a conceptos espirituales y objetos rituales.

Profanación del lenguaje sagrado: reencarnación o, más exactamente, *reincorporación* de la palabra. El cielo es signo, lenguaje; el lenguaje, cuerpo. *Padma* es loto pero en *sandhabhasa* es vulva; *sukra* (semen) designa a *bodhicitta* (pensamiento de la iluminación); *surya* (sol) es *rajas* (menstruo); *upaya* (método de la meditación) es *vajra* (rayo) que es *linga* (falo). El erotismo verbal produce toda suerte de asociaciones y criaturas semánticas. Como los cuerpos, el lenguaje produce y se reproduce; en cada sílaba late una semilla *(bija)* que, al actualizarse en sonido, es una vibración que emite una forma y un sentido: Nuestra Señora Prajñaparamita brota de un loto rojo de ocho pétalos que a su vez brota de la sílaba *AH*. El tantrismo es un sistema de metáforas encarnadas.

El «lenguaje intencional» y las metáforas de los tantras no sólo se proponen ocultar al intruso el verdadero significado de los ritos sino que son manifestaciones verbales de la analogía universal en que se funda la poesía. Los textos tántricos, desesperación de los filólogos y de los exégetas, están regidos por la misma necesidad poética que llevó a nuestros poetas barrocos a inventar un lenguaje dentro del lenguaje español, la misma que ha inspirado a Mallarmé y a Joyce: la concepción de la escritura como el doble del cosmos. Pero el hermetismo poético más próximo al del tantrismo, en Occidente, es el *trobar clus* de los poetas provenzales. Como el tantrismo, la erótica provenzal es una transgresión, tanto por su exaltación del adulterio como por otros rasgos, tal esa curiosa ceremonia del *asang* que es la contrapartida del *coitus reservatus* en el rito budista.

La diferencia sería la siguiente: en Provenza estamos ante una poética que desemboca en una erótica; en el tantrismo, ante una erótica que culmina en un ritual de transmutación de la naturaleza humana. Hay además otra diferencia: en la poesía provenzal, sin duda por influencia de la mística sufí —infusa, por decirlo así, en las formas poéticas árabes que adoptaron los provenzales— el hermetismo tiende a idealizar y espiritualizar al lenguaje; en el tantrismo, las palabras se vuelven corpóreas.

La posición de la pintura y de la escultura, dentro del tantrismo, es semejante a la de la poesía. Como los poemas, las formas plásticas sólo son inteligibles en relación con el contexto: son partículas; como los poemas, cada pintura y escultura es por sí misma un microcosmos del sistema: un todo autosuficiente. La relación entre el universo y el cuerpo humano y entre éste y el poema, se repite en el caso de la pintura y la escultura. Todo, de los signos celestes a los círculos y triángulos del mandala, es una metáfora y en esta propiedad —que hace de los cuerpos constelaciones de signos y de los haces de signos realidades corpóreas— reside el secre-. to de las transformaciones y las metamorfosis. La analogía es un río de metáforas.

La tradición tántrica nos ofrece dos tipos de obras plásticas: unas son representaciones más o menos realistas de símbolos, mitos y divinidades; otras, más que representaciones, son asociaciones, configuraciones de signos. Las obras de la primera categoría, tanto por su función icónica como por su carácter figurativo, son semejantes a las imágenes religiosas de Occidente. Las de la segunda categoría ofrecen más de una sorprendente afinidad con el arte moderno, en especial con las obras surrealistas y con las de ciertos pintores abstraccionistas. En unas y otras el secreto de su irradiación está en lo que llamaría la sintaxis que ha escogido la visión pictórica para desplegarse: la preeminencia de la metáfora convierte al cuadro en un tatuaje que nos invita tanto a descifrarlo como a contemplarlo. Es el arte de Klee y de Max Ernst, el de Miró y el de Victor Brauner. Es la pintura de Michaux y también su poesía. Intrusión del elemento verbal en la pintura, profanación de la pintura por el signo.

Las afinidades entre el arte tántrico y el moderno no deben ocultarnos sus radicales diferencias. A la inversa de lo que ocurre con la pintura moderna, que es (o pretende ser) un lenguaje que no expresa sino a la pintura misma, las obras tántricas son el vehículo de un sistema ya constituido y al que nada puede agregarse. Es difícil —mejor dicho: es imposible— traducir un cuadro moderno al lenguaje verbal; no lo es traducir una pintura tántrica. La escultura y la pintura son uno de los lenguajes del tantrismo, un lenguaje no menos estricto y complejo, preciso y precioso, que los de la poesía y el rito erótico. Lenguajes verbales, lenguajes corporales, lenguajes pictóricos —para no hablar de los sonidos y de las gamas de vibraciones que constituyen, por sí mismos, otros mundos semánticos: todos ellos son traducibles, todos ellos son lenguajes en el interior de otro lenguaje que los comprende a todos: el sistema tántrico. La pintura moderna se presenta como un lenguaje irreductible a otros lenguajes; la pintura tántrica es una traducción. No del mundo sino del lenguaje que es el mundo. Poema, rito, texto especulativo, pintura: lenguajes de un lenguaje, versiones de una Palabra dicha desde el principio, una e invariable. El parecido entre las obras tántricas y las de algunos artistas modernos de Occidente se desvanece.

Nuestra pintura quiere ser un lenguaje sin cesar de ser una presencia; la oscilación entre estas dos exigencias incompatibles constituye toda la historia del arte moderno, desde Baudelaire hasta nuestros días. La pintura tántrica no aspira tanto a la presencia como al signo. En Occidente se pasó de la pintura de la presencia a la pintura *como* presencia; quiero decir, la pintura dejó de representar a esto o aquello, dioses o ideas o muchachas desnudas o colinas o botellas, para presentarse ella misma: la pintura no quiere ser representación sino presencia. Baudelaire fue el primero en advertir el cambio y, también, el primero en advertir la contradicción. El color, dijo, piensa por sí mismo. Ahora bien, si el color realmente piensa, se destruye como presencia, se transforma en signo. El lenguaje, los signos, no son la presencia sino aquello que la señala, aquello que la *significa*. La pintura moderna vive en esa contradicción entre lenguaje y presencia; más exactamente: vive gracias a ella. Es lo contrario del arte tántrico que, si se desvía de la representación, no es para constituirse como presencia sino en beneficio del signo.

La renuncia a la pintura *como* presencia, en el tantrismo, no es renuncia a la presencia: el signo tántrico, como todos los signos, es un puente, y ese puente nos conduce a otro signo: no a la presencia sino a las puertas de la presencia. Frente a la presencia pintada del arte de Occidente, el tantrismo evoca otra presencia que está más allá de la pintura. El signo, cualquiera que sea, tiene la propiedad de llevarnos más allá, siempre más allá. Un perpetuo *hacia...* que nunca es un aquí. Lo que dice la escritura está más allá de lo escrito y aquello que presenta la pintura tántrica no está en ella. Donde termina el poema, comienza la poesía; la presencia no son los signos pintados que vemos sino aquello que invocan los signos. Por tanto, la verdadera analogía (si es que debemos buscar una analogía) no se establece tanto con la pintura moderna de Occidente sino con la poesía: los signos tántricos, sean pintados o esculpidos, son una escritura hermética, son poemas sin cesar de ser objetos plásticos. Están en el otro extremo de la caligrafía china y árabe: en un caso se parte de la letra hacia la pintura y en el otro, el del arte tántrico, de la pintura hacia la letra. Y del mismo modo que la caligrafía china no es enteramente pintura, tampoco la pintura tántrica es del todo escritura: la primera nos exige que, al contemplarla, la *leamos*; la segunda que, al leerla, la *contemplemos*.

La metáfora de la pintura como escritura nos lleva, sin que apenas nos demos cuenta, a la metáfora del principio: la escritura como cuerpo. Leer la pintura es contemplarla: tocarla como si fuese un cuerpo. A su vez, la imagen del cuerpo nos conduce a otra: la del viaje y la peregrinación. Tocar un cuerpo es recorrerlo como un país, penetrarlo como las calles y las plazas de una ciudad. El poeta Saraha descubre en sí mismo una geografía sagrada:

> Anduve con los peregrinos, vagué por los santuarios:
> No encontré ninguno más santo que mi cuerpo.
> Aquí están el Jamuna sagrado y la madre Ganga,
> Aquí Prayaga y Banaras, aquí el Sol y la Luna.

Los lugares de peregrinación de los adeptos tántricos son secretos y están distribuidos en los cuatro puntos cardinales según un orden simbólico. La leyenda quiere que Sati, la mujer de Shiva, se autoinmole y que el dios, loco de pena, cargue sobre sus hombros el cadáver y, danzando furiosamente, lo disperse por toda la India: en un sitio cayeron los senos de la diosa, en otros la boca y la lengua, en otro el sexo... En cada uno de esos lugares se edificó un santuario. La geografía religiosa del tantrismo es un homólogo del rito del sacrificio. (Otro ejemplo de geografía mítico-corporal: en algunos tantras budistas el lugar de predicación de la doctrina es la vulva de Prajñaparamita = Perfecta Sabiduría = otra-orilla-alcanzada = vacuidad.) Saraha no sólo convierte a su cuerpo en una geografía sagrada sino que ese cuerpo es el lugar de reunión de los miembros esparcidos de la diosa. La operación es una reconstitución: la vuelta de los tiempos es un regreso a la unidad. La analogía es más notable si se recuerdan dos antiguos textos. El primero: Sati es hija de Daksa que, según un himno védico (Rig Veda 10.72), es uno de los nombres del dios creador y el origen de la diosa madre. El segundo: el mundo y la humanidad, según otro himno védico (Rig Veda 10.90), nacieron por el autosacrificio de un demiurgo que despedaza su cuerpo de manera semejante al de Sati: «su boca fue el brahmán, de sus brazos nació el guerrero, de sus piernas el artesano, el servidor nació de sus pies... el aire salió de su ombligo, de su cabeza brotó el cielo, la tierra de sus pies: así se hizo el mundo».

Cada vuelta en la espiral de las analogías nos regresa al punto de partida y, simultáneamente, nos enfrenta a una perspectiva desconocida: la imagen del cuerpo como peregrinación nos devuelve a la imagen del cuerpo como escritura. Escribir o leer es trazar o descifrar signos, uno detrás de otro: caminar, peregrinar. Por su naturaleza misma, la escritura va siempre más allá de ella misma; lo que buscamos no está en la escritura, excepto como señal o indicación: la escritura se anula y nos dice que aquello que buscamos está (es) *allá*. Camino de los signos: al fin de la escritura, al fin de la peregrinación por el cuerpo, nos espera otro signo. A diferencia de los otros, ese signo ya no es el antecedente ni el consecuente de otro signo. Ruptura de la sucesión, interrupción del transcurrir, alto en la peregrinación, fin de la escritura y comienzo de la pintura: en ese signo confluyen todos los signos y la lectura se resuelve en contemplación. Pero el signo pictórico tántrico tampoco es el lugar de aparición de la presencia: la pintura se apoya en un texto, depende de una escritura y su función consiste en anular esa escritura y, así, anularse ella misma; la peregrinación por el lienzo o el cuerpo tatuado de signos desemboca en una imagen que, al desvanecerse, nos abre las puertas: más allá está la presencia o su reverso. El arte no tiene existencia propia: es un camino, una libertad. La pintura tántrica realmente no nos muestra nada: leerla, contemplarla, es una peregrinación que se resuelve en un desprendimiento.

Austin, a 29 de diciembre de 1969

[«El pensamiento en blanco» es el prefacio a la primera exposición de arte tántrico en Occidente, Galería Le Point Cardinal, París, febrero de 1970; se publicó en *El signo y el garabato*, Joaquín Mortiz, México, 1973.]

El uso y la contemplación

Bien plantada. No caída de arriba: surgida de abajo. Ocre, color de miel quemada. Color de sol enterrado hace mil años y ayer desenterrado. Frescas rayas verdes y anaranjadas cruzan su cuerpo todavía caliente. Círculos, grecas: ¿restos de un alfabeto dispersado? Barriga de mujer encinta, cuello de pájaro. Si tapas y destapas su boca con la palma de la mano, te contesta con un murmullo profundo, borbotón de agua que brota; si golpeas su panza con los nudillos de los dedos, suelta una risa de moneditas de plata cayendo sobre las piedras. Tiene muchas lenguas, habla el idioma del barro y el del mineral, el del aire corriendo entre los muros de la cañada, el de las lavanderas mientras lavan, el del cielo cuando se enoja, el de la lluvia. Vasija de barro cocido: no la pongas en la vitrina de los objetos raros. Haría un mal papel. Su belleza está aliada al líquido que contiene y a la sed que apaga. Su belleza es corporal: la veo, la toco, la huelo, la oigo. Si está vacía, hay que llenarla; si está llena, hay que vaciarla. La tomo por el asa torneada como a una mujer por el brazo, la alzo, la inclino sobre un jarro en el que vierto leche o pulque —líquidos lunares que abren y cierran las puertas del amanecer y el anochecer, el despertar y el dormir. No es un objeto para contemplar, sino para dar a beber.

Jarra de vidrio, cesta de mimbre, huipil de manta de algodón, cazuela de madera: objetos hermosos no a despecho sino gracias a su utilidad. La belleza les viene por añadidura, como el olor y el color a las flores. Su belleza es inseparable de su función: son hermosos porque son útiles. Las artesanías pertenecen a un mundo anterior a la separación entre lo útil y lo hermoso. Esa separación es más reciente de lo que se piensa: muchos de los objetos que se acumulan en nuestros museos y colecciones particulares pertenecieron a ese mundo en donde la hermosura no era un valor aislado y autosuficiente. La sociedad estaba dividida en dos grandes territorios, lo profano y lo sagrado. En ambos la belleza estaba subordinada, en un caso a la utilidad y en el otro a la eficacia mágica. Utensilio, talismán, símbolo: la belleza era el aura del objeto, la consecuencia —casi siempre involuntaria— de la relación secreta entre su hechura y su sentido. La hechura: cómo está hecha una cosa; el sentido: para qué está hecha. Ahora todos esos objetos, arrancados de su contexto histórico, su función específica y su significado original, se ofrecen a nuestros ojos como divinidades enigmáticas y nos exigen adoración. El tránsito de la catedral, el palacio, la tienda del nómada, el *boudoir* de la cortesana y la cueva del hechicero al museo fue una transmutación mágico-religiosa: los objetos se volvieron iconos. Esta idolatría comenzó en el Renacimiento y desde el siglo XVIII es una de las religiones de Occidente (la otra es la política). Ya Sor Juana Inés de la Cruz se burlaba con gracia, en plena edad barroca, de la superstición estética: «la mano de una mujer —dice— es blanca y hermosa por ser de carne y hueso, no de marfil ni plata; yo la estimo no porque luce sino porque agarra».

La religión del arte nació, como la religión de la política, de las ruinas del cristianismo. El arte heredó de la antigua religión el poder de consagrar a las cosas e infundirles una suerte de eternidad: los museos son nuestros templos y los objetos que se exhiben en ellos están más allá de la historia. La política —más exactamente: la Revolución— confiscó la otra función de la religión: cambiar al hombre y a la sociedad. El arte fue un ascetismo, un heroísmo espiritual; la Revolución fue la construcción de una iglesia universal. La misión del artista consistió en la transmutación del objeto; la del líder revolucionario en la transformación de la naturaleza humana. Picasso y Stalin. El proceso ha sido doble: en la esfera de la política las ideas se convirtieron en ideologías y las ideologías en idolatrías; los objetos de arte, a su vez, se volvieron ídolos y los ídolos se transformaron en ideas. Vemos las obras de arte con el mismo recogimiento —aunque con menos provecho— con que el sabio de la Antigüedad contemplaba el cielo estrellado: esos cuadros y esas esculturas son, como los cuerpos celestes, ideas puras. La religión artística es un neoplatonismo que no se atreve a confesar su nombre —cuando no es una guerra santa contra los infieles y los herejes. La historia del arte moderno puede dividirse en dos corrientes: la contemplativa y la combativa. A la primera pertenecen tendencias como el cubismo y el arte abstracto; a la segunda, movimientos como el futurismo, el dadaísmo y el surrealismo. La mística y la cruzada.

El movimiento de los astros y los planetas era para los antiguos la imagen de la perfección: ver la armonía celeste era oírla y oírla era comprenderla. Esta visión religiosa y filosófica reaparece en nuestra concepción del arte. Cuadros y esculturas no son, para nosotros, cosas hermosas o feas sino entes intelectuales y sensibles, realidades espirituales, formas en que se manifiestan las Ideas. Antes de la revolución estética el valor de las obras de arte estaba referido a otro valor. Ese valor era el nexo entre la belleza y el sentido: los objetos de arte eran cosas que eran formas sensibles que eran signos. El sentido de una obra era plural pero todos sus sentidos estaban referidos a un significante último, en el cual el sentido y el ser se confundían en un nudo indisoluble: la divinidad. Transposición moderna: para nosotros el objeto artístico es una realidad autónoma y autosuficiente y su sentido último no está más allá de la obra sino en ella misma. Es un sentido más allá —o más acá— del sentido; quiero decir: no posee ya referencia alguna. Como la divinidad cristiana, los cuadros de Pollock no significan: son.

En las obras de arte modernas el sentido se disipa en la irradiación del ser. El acto de ver se transforma en una operación intelectual que es también un rito mágico: ver es comprender y comprender es comulgar. Al lado de la divinidad y sus creyentes, los teólogos: los críticos de arte. Sus lucubraciones no son menos abstrusas que las de los escolásticos medievales y los doctores bizantinos, aunque son menos rigurosas. Las cuestiones que apasionaron a Orígenes, Alberto el Magno, Abelardo y Santo Tomás reaparecen en las disputas de nuestros críticos de arte, sólo que disfrazadas y banalizadas. El parecido no se detiene ahí: a las divinidades y a los teólogos que las explican hay que añadir los mártires. En el siglo xx hemos visto al Estado soviético perseguir a los poetas y a los artistas con la misma ferocidad con que los dominicanos extirparon la herejía albigense.

Es natural que la ascensión y santificación de la obra de arte haya provocado periódicas rebeliones y profanaciones. Sacar al fetiche de su nicho, pintarrajearlo, pasearlo por las calles con orejas y cola de burro, arrastrarlo por el suelo, pincharlo y mostrar que está relleno de aserrín, que no es nada ni nadie y que no significa nada —y después volver a entronizarlo. El dadaísta Huelsenbeck dijo en un momento de exasperación: «el arte necesita una buena zurra». Tenía razón, sólo que los cardenales que dejaron esos azotes en el cuerpo del objeto dadaísta fueron como las condecoraciones en los pechos de los generales: le dieron más respetabilidad. Nuestros museos están repletos de anti-obras de arte y de obras de anti-arte. Más hábil que Roma, la religión artística ha asimilado todos los cismas.

No niego que la contemplación de tres sardinas en un plato o de un triángulo y un rectángulo puede enriquecernos espiritualmente; afirmo que la repetición de ese acto degenera pronto en rito aburrido. Por eso los futuristas, ante el neoplatonismo cubista, pidieron volver al tema. La reacción era sana y, al mismo tiempo, ingenua. Con mayor perspicacia los surrealistas insistieron en que la obra de arte debería decir algo. Como reducir la obra a su contenido o a su mensaje hubiera sido una tontería, acudieron a una noción que Freud había puesto en circulación: el *contenido latente*. Lo que dice la obra de arte no es su contenido manifiesto sino lo que dice sin decir: aquello que está detrás de las formas, los colores y las palabras. Fue una manera de aflojar, sin desatarlo del todo, el nudo teológico entre el ser y el sentido para preservar, hasta donde fuese posible, la ambigua relación entre ambos términos.

El más radical fue Duchamp: la obra pasa por los sentidos pero no se detiene en ellos. La obra no es una cosa: es un abanico de signos que al abrirse y cerrarse nos deja ver y nos oculta, alternativamente, su significado. La obra de arte es una señal de inteligencia que se intercambian el sentido y el sin-sentido. El peligro de esta actitud —un peligro del que (casi) siempre Duchamp escapó— es caer del otro lado y quedarse con el concepto y sin el arte, con la *trouvaille* y sin la cosa. Eso es lo que ha ocurrido con sus imitadores. Hay que agregar que, además, con frecuencia se quedan sin el arte y sin el concepto. Apenas si vale la pena repetir que el arte no es concepto: el arte es cosa de los sentidos. Más aburrida que la contemplación de la naturaleza muerta es la especulación del pseudoconcepto. La religión artística moderna gira sobre sí misma sin encontrar la vía de salud: va de la negación del sentido por el objeto a la negación del objeto por el sentido.

La revolución industrial fue la otra cara de la revolución artística. A la consagración de la obra de arte como objeto único, correspondió la producción cada vez mayor de utensilios idénticos y cada vez más perfectos. Como los museos, nuestras casas se llenaron de ingeniosos artefactos. Instrumentos exactos, serviciales, mudos y anónimos. En un comienzo las preocupaciones estéticas apenas si jugaron un papel en la producción de objetos útiles. Mejor dicho, esas preocupaciones produjeron resultados distintos a los imaginados por los fabricantes. La fealdad de muchos objetos de la prehistoria del diseño industrial —una fealdad no sin encanto— se debe a la superposición: el elemento «artístico», generalmente tomado del arte académico de la época, se yuxtapone al objeto propiamente dicho. El resultado no siempre ha sido desafortunado y muchos de esos objetos —pienso en los de la época victoriana y también en los del *modern style*— pertenecen a la misma familia de las sirenas y las esfinges. Una familia regida por lo que podría llamarse la estética de la incongruencia. En general la evolución de objeto industrial de uso diario ha seguido la de los estilos artísticos. Casi siempre ha sido una derivación —a veces caricatura, otras copia feliz— de la tendencia artística en boga. El diseño industrial ha ido a la zaga del arte contemporáneo y ha imitado los estilos cuando éstos ya habían perdido su novedad inicial y estaban a punto de convertirse en lugares comunes estéticos.

El diseño contemporáneo ha intentado encontrar por otras vías —las suyas propias— un compromiso entre la utilidad y la estética. A veces lo ha logrado pero el resultado ha sido paradójico. El ideal estético del arte funcional consiste en aumentar la utilidad del objeto en proporción directa a la disminución de su materialidad. La simplificación de las formas se traduce en esta fórmula: al máximo de rendimiento corresponde el mínimo de presencia. Estética más bien de orden matemático: la *elegancia* de una ecuación consiste en la simplicidad y en la necesidad de su solución. El ideal del diseño es la invisibilidad: los objetos funcionales son tanto más hermosos cuanto menos visibles. Curiosa transposición de los cuentos de hadas y de las leyendas árabes a un mundo gobernado por la ciencia y las nociones de utilidad y máximo rendimiento: el diseñador sueña con objetos que, como los *genii*, sean servidores intangibles. Lo contrario de la artesanía, que es una presencia física que nos entra por los sentidos y en la que se quebranta continuamente el principio de la utilidad en beneficio de la tradición, la fantasía y aun el capricho. La belleza del diseño industrial es de orden conceptual: si algo expresa es la justeza de una fórmula. Es el signo de una función. Su racionalidad lo encierra en una alternativa: sirve o no sirve. En el segundo caso hay que echarlo al basurero. La artesanía no nos conquista únicamente por su utilidad. Vive en complicidad con nuestros sentidos y de ahí que sea tan difícil desprendernos de ella. Es como echar un amigo a la calle.

Hay un momento en el que el objeto industrial se convierte al fin en una presencia con un valor estético: cuando se vuelve inservible. Entonces se transforma en un símbolo o en un emblema. La locomotora que

El uso y la contemplación

canta Whitman es una máquina que se ha detenido y que ya no transporta en sus vagones ni pasajeros ni mercancías: es un monumento inmóvil a la velocidad. Los discípulos de Whitman —Valéry Larbaud y los futuristas italianos— exaltaron la hermosura de las locomotoras y los ferrocarriles justamente cuando los otros medios de comunicación —el avión, el auto— comenzaban a desplazarlos. Las locomotoras de esos poetas equivalen a las ruinas artificiales del siglo XVIII: son un complemento del paisaje. El culto al maquinismo es un naturalismo *au rebours:* utilidad que se vuelve belleza inútil, órgano sin función. Por las ruinas la historia se reintegra a la naturaleza, lo mismo si estamos ante las piedras desmoronadas de Nínive que ante un cementerio de locomotoras en Pensilvania. La afición a las máquinas y aparatos en desuso no es sólo una prueba más de la incurable nostalgia que siente el hombre por el pasado sino que revela una fisura en la sensibilidad moderna: nuestra incapacidad para asociar belleza y utilidad. Doble condenación: la religión artística nos prohíbe considerar hermoso lo útil; el culto a la utilidad nos lleva a concebir la belleza no como una presencia sino como una función. Tal vez a esto se deba la extraordinaria pobreza de la técnica como proveedora de mitos: la aviación realiza un viejo sueño que aparece en todas las sociedades pero no ha creado figuras comparables a Ícaro y Faetonte.

El objeto industrial tiende a desaparecer como forma y a confundirse con su función. Su ser es su significado y su significado es ser útil. Está en el otro extremo de la obra de arte. La artesanía es una mediación: sus formas no están regidas por la economía de la función sino por el placer, que siempre es un gasto y que no tiene reglas. El objeto industrial no tolera lo superfluo; la artesanía se complace en los adornos. Su predilección por la decoración es una transgresión de la utilidad. Los adornos del objeto artesanal generalmente no tienen función alguna y de ahí que, obediente a su estética implacable, el diseñador industrial los suprima. La persistencia y proliferación del adorno en la artesanía revelan una zona intermediaria entre la utilidad y la contemplación estética. En la artesanía hay un continuo vaivén entre utilidad y belleza; ese vaivén tiene un nombre: placer. Las cosas son placenteras porque son útiles y hermosas. La conjunción copulativa *(y)* define a la artesanía como la conjunción disyuntiva define al arte y a la técnica: utilidad *o* belleza. El objeto artesanal satisface una necesidad no menos imperiosa que la sed y el hambre: la necesidad de recrearnos con las cosas que vemos y tocamos, cualesquiera que sean sus usos diarios. Esa necesidad no es reducible al ideal matemático que norma al diseño industrial ni tampoco al rigor de la religión artística. El placer que nos da la artesanía brota de una doble transgresión: al culto a la utilidad y a la religión del arte.

Hecho con las manos, el objeto artesanal guarda impresas, real o metafóricamente, las huellas digitales del que lo hizo. Esas huellas no son la *firma* del artista, no son un nombre; tampoco son una marca. Son más bien una señal: la cicatriz casi borrada que conmemora la fraternidad original de los hombres. Hecho por las manos, el objeto artesanal está hecho para las manos: no sólo lo podemos ver sino que lo podemos palpar. A la obra de arte la vemos pero no la tocamos. El tabú religioso que nos prohíbe tocar a los santos —«te quemarás las manos si tocas la Custodia», nos decían cuando éramos niños— se aplica también a los cuadros y las esculturas. Nuestra relación con el objeto industrial es funcional; con la obra de arte, semirreligiosa; con la artesanía, corporal. En verdad no es una relación sino un contacto. El carácter transpersonal de la artesanía se expresa directa e inmediatamente en la sensación: el cuerpo es participación. Sentir es, ante todo, sentir algo o a alguien que no es nosotros. Sobre todo: sentir con alguien. Incluso para sentirse a sí mismo, el cuerpo busca otro cuerpo. Sentimos a través de los otros. Los lazos físicos y corporales que nos unen con los demás no son menos fuertes que los lazos jurídicos, económicos y religiosos. La artesanía es un signo que expresa a la sociedad no como trabajo (técnica) ni como símbolo (arte, religión) sino como vida física compartida.

La jarra de agua o de vino en el centro de la mesa es un punto de confluencia, un pequeño sol que une a los comensales. Pero ese jarro que nos sirve a todos para beber, mi mujer puede transformarlo en un florero. La sensibilidad personal y la fantasía desvían al objeto de su función e interrumpen su significado: ya no es un recipiente que sirve para guardar un líquido sino para mostrar un clavel. Desviación e interrupción que conectan al objeto con otra región de la sensibilidad: la imaginación. Esa imaginación es social: el clavel de la jarra es también un sol metafórico compartido con todos. En su perpetua oscilación entre belleza y utilidad, placer y servicio, el objeto artesanal nos da lecciones de sociabilidad. En las fiestas y ceremonias su irradiación es aún más intensa y total. En la fiesta la colectividad comulga consigo misma y esa comunión se realiza a través de objetos rituales que son casi siempre obras artesanales. Si la fiesta es participación del tiempo original —la colectividad literalmente reparte entre sus miembros, como un pan sagrado, la fecha que conmemora— la artesanía es una suerte de fiesta del objeto: transforma el utensilio en signo de la participación.

El artista antiguo quería parecerse a sus mayores, ser digno de ellos a través de la imitación. El artista moderno quiere ser distinto y su homenaje a la tradición es negarla. Cuando busca una tradición, la busca fuera de Occidente, en el arte de los primitivos o en el de otras civilizaciones. El arcaísmo del primitivo o la antigüedad del objeto sumerio o maya, por ser negaciones de la tradición de Occidente, son formas paradójicas de la novedad. La estética del cambio exige que cada obra sea nueva y distinta de las que la preceden; a su vez, la novedad implica la negación de la tradición inmediata. La tradición se convierte en una sucesión de rupturas. El frenesí del cambio también rige a la producción industrial, aunque por razones distintas: cada objeto nuevo, resultado de un nuevo procedimiento, desaloja al objeto que lo precede. La historia de la artesanía no es una sucesión de invenciones ni de obras únicas (o supuestamente únicas). En realidad, la artesanía no tiene historia, si concebimos a la historia como una serie ininterrumpida de cambios. Entre su pasado y su presente no hay ruptura sino continuidad. El artista moderno está lanzado a la conquista de la eternidad y el diseñador a la del futuro; el artesano se deja conquistar por el tiempo. Tradicional pero no histórico, atado al pasado pero libre de fechas, el objeto artesanal nos enseña a desconfiar de los espejismos de la historia y las ilusiones del futuro. El artesano no quiere vencer al tiempo sino unirse a su fluir. A través de repeticiones que son asimismo imperceptibles pero reales variaciones, sus obras persisten. Así sobreviven al objeto *up-to-date*.

El diseño industrial tiende a la impersonalidad. Está sometido a la tiranía de la función y su belleza radica en esa sumisión. Pero la belleza funcional sólo se realiza plenamente en la geometría y sólo en ella verdad y belleza son una y la misma cosa; en las artes propiamente dichas, la belleza nace de una necesaria violación de las normas. La belleza —mejor dicho: el arte— es una transgresión de la funcionalidad. El conjunto de esas transgresiones constituye lo que llamamos un estilo. El ideal del diseñador, si fuese lógico consigo mismo, debería ser la ausencia de estilo: las formas reducidas a su función; el del artista, un estilo que empezase y terminase en cada obra de arte. (Tal vez fue esto lo que se propusieron Mallarmé y Joyce.) Sólo que ninguna obra de arte principia y acaba en ella misma. Cada una es un lenguaje a un tiempo personal y colectivo: un estilo, una manera. Los estilos son comunales. Cada obra de arte es una desviación y una confirmación del estilo de su tiempo y de su lugar: al violarlo, lo cumple. La artesanía, otra vez, está en una posición equidistante: como el diseño, es anónima; como la obra de arte, es un estilo. Frente al diseño, el objeto artesanal es anónimo pero no impersonal; frente a la obra de arte, subraya el carácter colectivo del estilo y nos revela que el engreído *yo* del artista es un *nosotros*.

La técnica es internacional. Sus construcciones, sus procedimientos y sus productos son los mismos en todas partes. Al suprimir las particularidades y peculiaridades nacionales y regionales, empobrece al mundo. A través de su difusión mundial, la técnica se ha convertido en el agente más poderoso de la entropía histórica. El carácter negativo de su acción puede condensarse en esta frase: uniforma sin unir. Aplana las diferencias entre las distintas culturas y estilos nacionales pero no extirpa las rivalidades y los odios entre los pueblos y los Estados. Después de transformar a los rivales en gemelos idénticos, los arma con las mismas armas. El peligro de la técnica no reside únicamente en la índole mortífera de muchas de sus invenciones sino en que amenaza en su esencia al proceso histórico. Al acabar con la diversidad de las sociedades y culturas, acaba con la historia misma. La asombrosa variedad de las sociedades produce la historia: encuentros y conjunciones de grupos y culturas diferentes y de técnicas e ideas extrañas. El proceso histórico tiene una indudable analogía con el doble fenómeno que los biólogos llaman *inbreeding* y *outbreeding* y los antropólogos endogamia y exogamia. Las grandes civilizaciones han sido síntesis de distintas y contradictorias culturas. Ahí donde una civilización no ha tenido que afrontar la amenaza y el estímulo de otra civilización —como ocurrió con la América precolombina hasta el siglo XVI— su destino es marcar el paso y caminar en círculos. La experiencia del *otro* es el secreto del cambio. También el de la vida.

La técnica moderna ha operado transformaciones numerosas y profundas pero todas en la misma dirección y con el mismo sentido: la extirpación del *otro*. Al dejar intacta la agresividad de los hombres y al uniformarlos, ha fortalecido las causas que tienden a su extinción. En cambio, la artesanía ni siquiera es nacional: es local. Indiferente a las fronteras y a los sistemas de gobierno, sobrevive a las repúblicas y a los imperios: la alfarería, la cestería y los instrumentos músicos que aparecen en los frescos de Bonampak han sobrevivido a los sacerdotes mayas, los guerreros aztecas, los frailes coloniales y los presidentes mexicanos. Sobrevivirán también a los turistas norteamericanos. Los artesanos no tienen patria: son de su aldea. Y más: son de su barrio y aun de su familia. Los artesanos nos defienden de la unificación de la técnica y de sus desiertos geométricos. Al preservar las diferencias, preservan la fecundidad de la historia. El artesano no se define ni por su nacionalidad ni por su religión. No es leal a una idea ni a una imagen sino a una práctica: su oficio. El taller es un microcosmos social regido por leyes propias. El trabajo del artesano raras veces es solitario y tampoco es exageradamente especializado como en la industria. Su jornada no está dividida por un horario rígido sino por un ritmo que tiene más que ver con el del cuerpo y la sensibilidad que con las necesidades abstractas de la producción. Mientras trabaja puede conversar y, a veces, cantar. Su jefe no es un personaje invisible sino un viejo que es su maestro y que casi siempre es su pariente o, por lo menos, su vecino. Es revelador que, a pesar de su naturaleza marcadamente colectivista, el taller artesanal no haya servido de modelo a ninguna de las grandes utopías de Occidente. De la Ciudad del Sol de Campanella al Falansterio de Fourier y de éste a la sociedad comunista de Marx, los prototipos del hombre social perfecto no han sido los artesanos sino los sabios-sacerdotes, los jardineros-filósofos y el obrero universal en el que la praxis y la ciencia se funden. No pienso, claro, que el taller de los artesanos sea la imagen de la perfección; creo que su misma imperfección nos indica cómo podríamos humanizar a nuestra sociedad: su imperfección es la de los hombres, no la de los sistemas. Por sus dimensiones y por el número de personas que la componen, la comunidad de los artesanos es propicia a la convivencia democrática; su organización es jerárquica pero no autoritaria y su jerarquía no está fundada en el poder sino en el saber hacer: maestros, oficiales, aprendices; en fin, el trabajo artesanal es un quehacer que participa también del juego y de la creación. Después de habernos dado una lección de sensibilidad y fantasía, la artesanía nos da una de política.

Todavía hace unos pocos años la opinión general era que las artesanías estaban condenadas a desaparecer, desplazadas por la industria. Hoy ocurre precisamente lo contrario: para bien o para mal los objetos hechos con las manos son ya parte del mercado mundial. Los productos de Afganistán y de Sudán se venden en los mismos almacenes en que pueden comprarse las novedades del diseño industrial de Italia o del Japón. El renacimiento es notable sobre todo en los países industrializados y afecta lo mismo al consumidor que al productor. Ahí donde la concentración industrial es mayor —por ejemplo: en Massachusetts— asistimos a la resurrección de los viejos oficios de alfarero, carpintero, vidriero; muchos jóvenes, hombres y mujeres, hastiados y asqueados de la sociedad moderna, han regresado al trabajo artesanal. En los países dominados (a destiempo) por el fanatismo de la industrialización, también se ha operado una revitalización de la artesanía. Con frecuencia los gobiernos mismos estimulan la producción artesanal. El fenómeno es turbador porque la solicitud gubernamental está inspirada generalmente por razones comerciales. Los artesanos que hoy son el objeto del paternalismo de los planificadores oficiales, ayer apenas estaban amenazados por los proyectos de modernización de esos mismos burócratas, intoxicados por las teorías económicas aprendidas en Moscú, Londres o Nueva York. Las burocracias son las enemigas naturales del artesano y cada vez que pretenden «orientarlo», deforman su sensibilidad, mutilan su imaginación y degradan sus obras.

La vuelta a la artesanía en los Estados Unidos y en Europa occidental es uno de los síntomas del gran cambio de la sensibilidad contemporánea. Estamos ante otra expresión de la crítica a la religión abstracta del progreso y a la visión cuantitativa del hombre y la naturaleza. Cierto, para sufrir la decepción del progreso hay que pasar antes por la experiencia del progreso. No es fácil que los países subdesarrollados compartan esta desilusión, incluso si es cada vez más palpable el carácter ruinoso de la superproductividad industrial. Nadie aprende en cabeza ajena. No obstante, ¿cómo no ver en qué ha parado la creencia en el progreso infinito? Si toda civilización termina en un montón de ruinas —hacinamiento de estatuas rotas, columnas desplomadas, escrituras desgarradas— las de la sociedad industrial son doblemente impresionantes: por inmensas y por prematuras. Nuestras ruinas empiezan a ser más grandes que nuestras construcciones y amenazan con enterrarnos en vida. Por eso la popularidad de las artesanías es un signo de salud, como lo es la vuelta a Thoreau y a Blake o el redescubrimiento de Fourier. Los sentidos, el instinto y la imaginación preceden siempre a la razón. La crítica a nuestra civilización fue iniciada por los poetas románticos justamente al comenzar la era industrial. La poesía del siglo xx recogió y profundizó la revuelta romántica pero sólo hasta ahora esa rebelión espiritual penetra en el espíritu de las mayorías. La sociedad moderna empieza a dudar de los principios que la fundaron hace dos siglos y busca cambiar de rumbo. Ojalá que no sea demasiado tarde.

El destino de la obra de arte es la eternidad refrigerada del museo; el destino del objeto industrial es el basurero. La artesanía escapa al museo y, cuando cae en sus vitrinas, se defiende con honor: no es un objeto único sino una muestra. Es un ejemplar cautivo, no un ídolo. La artesanía no corre parejas con el tiempo y tampoco quiere vencerlo. Los expertos examinan periódicamente los avances de la muerte en las obras de arte: las grietas en la pintura, el desvanecimiento de las líneas, el cambio de los colores, la lepra que corroe lo mismo a los frescos de Ajanta que a las telas de Leonardo. La obra de arte, como cosa, no es eterna. ¿Y como idea? También las ideas envejecen y mueren. Pero los artistas olvidan con frecuencia que su obra es dueña del secreto del verdadero tiempo: no la hueca eternidad sino la vivacidad del instante. Además, tiene la capacidad de fecundar los espíritus y resucitar, incluso como negación, en las obras que son su descendencia. Para el objeto industrial no hay resurrección: desaparece con la misma rapidez con que aparece. Si no dejase huellas sería realmente perfecto; por desgracia, tiene un cuerpo y, una vez que ha dejado de servir, se transforma en desperdicio difícilmente destructible. La indecencia de la basura no es menos patética que la de la falsa eternidad del museo. La artesanía no quiere durar milenios ni está poseída por la prisa de morir pronto. Transcurre con los días, fluye con nosotros, se gasta poco a poco, no busca a la muerte ni la niega: la acepta. Entre el tiempo sin tiempo del museo y el tiempo acelerado de la técnica, la artesanía es el latido del tiempo humano. Es un objeto útil pero que también es hermoso; un objeto que dura pero que se acaba y se resigna a acabarse; un objeto que no es único como la obra de arte y que puede ser reemplazado por otro objeto parecido pero no idéntico. La artesanía nos enseña a morir y así nos enseña a vivir.

Cambridge, Mass., 7 de diciembre de 1973

[«El uso y la contemplación» se publicó en *In/mediaciones*, Seix Barral, Barcelona, 1979.]

Rupturas y restauraciones

Ante todo, señalo el acierto de celebrar en Barcelona una reunión a propósito de las vanguardias y de su vigencia en nuestros días. Las vanguardias comenzaron casi al mismo tiempo en varias ciudades europeas y una de ellas, como todos sabemos, fue Barcelona. Apenas si necesito subrayar que es, simultáneamente, natural y emblemático que un coloquio como el nuestro se realice precisamente en un museo dedicado a Picasso, una figura central en la historia de los movimientos estéticos que han agitado y fecundado el arte del siglo xx. Añado que nuestra reunión es oportuna: el tema de las vanguardias aparece constantemente en casi todas las discusiones de los últimos quince años sobre el arte y la literatura de nuestra época.

La noción o idea de *vanguardia* apareció a principios del siglo como la orgullosa afirmación de la voluntad de varios grupos de poetas y artistas que, en diversos lugares del continente europeo pero casi al mismo tiempo, se propusieron crear un arte *nuevo*. El sentido que cada uno de esos grupos daba a la palabra *nuevo* era diferente; sin embargo, todos coincidían en que se trataba del arte de nuestro tiempo, un tiempo distinto a los demás, que rompía con los modos y estilos del pasado e inauguraba una era estética que, a pesar de sus definiciones vagas y contradictorias, podía llamarse auroral. Dos notas divergentes, aunque tal vez complementarias, son comunes a todas las vanguardias del primer tercio del siglo xx: la simultaneidad en el tiempo y las profundas discrepancias en materia de estilos, ideas y propósitos. Todos estos movimientos coincidían en la idea de crear un arte nuevo, radicalmente distinto del arte del pasado inmediato; al mismo tiempo, la visión que cada grupo tenía de ese arte era diferente a las de los otros. Las vanguardias no estaban unidas por una estética común sino por una voluntad innovadora que rompía violentamente con el pasado. Esta actitud, aunque heredera del gran movimiento romántico y de las escuelas que lo sucedieron, se presentó como una verdadera revolución artística y espiritual. Ruptura absoluta y comienzo absoluto.

A partir del fin de la segunda Guerra Mundial, primero tímidamente y después de una manera más clara y perentoria, la afirmación del comienzo se ha transformado en una duda e incluso, en no pocos casos, en una abierta negación. Muchos nos preguntamos: ¿vivimos el fin de un periodo artístico que se caracterizó por la irrupción sucesiva de diversos y contradictorios movimientos, todos ellos amparados bajo un rótulo común: *vanguardia*? Esta pregunta se desdobla en otras: ¿qué quiere decir realmente este término?; ¿tiene todavía significación?; ¿sirve para entender el arte del pasado inmediato y para comprender el del presente? Al llegar a este punto, advertimos que estas preguntas tocan temas que rebasan el dominio de la estética y que, por desgracia, no podremos abordar en nuestras conversaciones. En efecto, el tema de la vanguardia desemboca en otro más vasto: el de la gran mutación histórica que vivimos. La modernidad, esa visión del mundo y del tiempo que, desde el siglo XVIII, ha alimentado intelectual y afectivamente a los espíritus, en Occidente y en América, sufre hoy un cambio radical. Se ha quebrantado nuestra visión de la historia como un proceso lineal, sucesivo y constante, evolutivo para algunos y para otros revolucionario, pero siempre progresivo. La estrella del progreso se desvanece en el horizonte. El futuro ya no es una promesa: impenetrable e informe, tiene todas las formas y ninguna.

El término *vanguardia* para designar a las tendencias que rompían con el pasado y se arriesgaban a explorar territorios desconocidos, comenzó a emplearse a mediados del siglo pasado en Francia. Después se extendió a casi todo Occidente y a la América Latina. A Baudelaire no le gustaba. Le parecía una metáfora de mal gusto: ¿cómo una expresión que evoca las marchas y contramarchas de la milicia podía servir para nombrar los cambios sutiles y las alteraciones, imperceptibles a simple vista, de las creaciones artísticas? Al comparar al arte de su tiempo con el de las épocas clásicas, Baudelaire usó siempre términos neutros: lo *moderno*, la *modernidad*. La aparente objetividad de estos vocablos no ocultaba enteramente su ansiedad ante el arte de su época: como si fuese una mujer a un tiempo desnuda y exageradamente pintada, la modernidad lo fascinaba y lo horrorizaba. Fue el poeta de la modernidad y su crítico, su apologista y su detractor.

Nuestra modernidad no es la de Baudelaire, pero sin ella la nuestra no existiría: somos sus descendientes. Su visión del arte moderno nos sigue inspirando y sigue siendo un instrumento poderoso para comprender el arte de su época y el de la nuestra. Fue el primero en señalar que el arte moderno está fundado no en principios eternos o metahistóricos sino en la temporalidad misma. Es un arte que busca lo nuevo y lo insólito; así, es un arte enamorado del tiempo y de la congénita dolencia que lo hace, a un tiempo, infinitamente deseable y aterrador. El tiempo es la vida misma en su expresión más pura: el cambio; y es su contrario, la cesación del movimiento vital: la muerte. Ésta es la dimensión trágica de la modernidad: se identifica con el movimiento y la mutación, sabe que es la hija del tiempo y, al saberlo, tiene conciencia de su mortalidad. El arte de las edades clásicas estaba inspirado en la idea de la belleza eterna y en principios absolutos y universales; el nuestro, al exaltar al movimiento, se sabe herido de muerte. No me refiero al tema de la decadencia, común a todas las civilizaciones y que, en general, está asociado a la visión cíclica de la historia, que contiene asimismo la idea de un ineluctable renacimiento, sino a la noción, casi biológica, de una mortalidad sin más allá.

A pesar de que nunca lo dijo claramente, es obvio que Baudelaire veía en el arte moderno, incluso en sus irregularidades y en lo que él llamaba sus *bizarreries,* al trasunto de la vida en incesante mutación. El resultado de esa agitación consistía, inexorablemente, en la inmovilidad de la muerte. El arte moderno es el arte más vivo de la historia; es una forma del movimiento o, mejor dicho, es la forma del movimiento. Por esto es cambio continuo. Y por esto mismo está marcado por el signo de la muerte. Cierto, todos los hombres, por el sólo hecho de serlo, tienen conciencia de su mortalidad. Esta conciencia es más aguda en la edad moderna, que ha cerrado casi todas las ventanas hacia el más allá. Estamos encerrados en nosotros mismos. Los siglos XIV y XV también padecieron la obsesión de la muerte pero abierta siempre a la salvación o a la condenación eternas. Aunque Baudelaire no ignoraba que los artistas del pasado también se sabían mortales, le parecía que el arte de las edades clásicas, con sus formas plenas y rotundas, era una imagen de la vida o, al menos, su suntuoso monumento. Era un arte que no buscaba el cambio sino la permanencia y así desafiaba a la muerte. Los hombres eran mortales, no sus obras. La conciencia de esta dualidad explica, tal vez, su predilección por el tatuaje en el cuerpo desnudo del salvaje: escultura viviente, como si en ella la piedra que ignora a la muerte se fundiese con la vida radiante y perecedera.

Al rechazar el término *vanguardia* y usar el de *modernidad,* Baudelaire escogió un concepto más vasto, amplio y general, que podía abarcar muchas y diferentes tendencias, a condición de que todas ellas expresasen o revelasen ese misterioso principio que se confunde con la vida misma: el tiempo y su fluir. Arte moderno: vivacidad, relatividad, mortalidad. La vanguardia, desde esta perspectiva, no es ni puede ser sino un aspecto de la modernidad, una de sus expresiones. Así, *vanguardia* y *modernidad* no son términos sinónimos. Aunque la vanguardia es un aspecto de la modernidad, esta última comprende no sólo rupturas sino regresos y restauraciones. Con cierta regularidad aparecen, desaparecen y reaparecen estilos que miran hacia el pasado y que son la negación de la vanguardia. Abundan los ejemplos pero bastará con mencionar sólo unos cuantos para darse cuenta de la frecuencia del fenómeno: el clasicismo de Ingres, el periodo neoclásico de Picasso y, en el dominio de la poesía, la aparición en Francia del Parnaso, en Rusia del acmeísmo y, en plena explosión vanguardista, la poesía y la prosa de Valéry. No es ocioso agregar otros ejemplos: el clasicismo de Eliot, la arqueología poética de Pound y, en lengua española, el tradicionalismo de los poetas de la generación de 1927 que sucedieron al motín ultraísta. Estos movimientos de restauración fueron, en su tiempo, inequívocamente modernos; no obstante, es imposible confundirlos con lo que llamamos vanguardia.

Por último, no he mencionado a dos grandes restauraciones que cambiaron las creencias, las ideas, las costumbres, las ciencias, las artes y en fin, los cimientos mismos de la civilización europea. No las cité porque no pertenecen a la modernidad. Sin embargo, sin ellas la modernidad no existiría: fueron sus fundadoras. Me refiero al Renacimiento y a la Reforma protestante. El primero se propuso recobrar y reanudar la herencia filosófica y estética del paganismo grecolatino. La segunda predicó un regreso al cristianismo original. Los dos movimientos se presentaron no como revoluciones sino como rectificaciones de un presente corrompido o decadente. Rectificaciones en favor de un pasado mitad real y mitad inventado. El resultado fue muy distinto: las restauraciones fueron creaciones y el regreso al pasado un verdadero comienzo. Extraña lección histórica: la modernidad, que ha inventado dos formas de la ruptura, la revolución política y la estética, comienza con dos restauraciones. Lección extraña pero asimismo cruel: las revoluciones políticas y sociales del siglo xx se transformaron pronto en despotismos y las revoluciones estéticas terminaron en la academia, el museo y el mercado financiero.

Hay otro punto que merece ser esclarecido: la palabra *vanguardia* apenas si se usa en los países de lengua inglesa. En otros escritos me he ocupado de este asunto. Aquí me limitaré a observar que, en Inglaterra y en los Estados Unidos, al hablar de las revoluciones poéticas y artísticas de este siglo, se ha usado invariablemente la palabra *modernism,* trátese de Joyce y de Faulkner o de Pollock y de Gorky. Esta práctica introduce una confusión innecesaria: por una parte, con arrogancia cultural, ignora al modernismo de Hispanoamérica y de Cataluña, que han dejado obras memorables en la poesía y en la arquitectura; por otra, confunde modernismo con vanguardia: son términos próximos, no equivalentes. Esta anomalía se explica, quizá, por la ausencia en los países de lengua inglesa de movimientos artísticos que puedan compararse con los de Europa continental. Ni en Inglaterra ni en los Estados Unidos hubo algo semejante al futurismo, al cubismo, al cubismo-futurismo ruso, al expresionismo, al surrealismo o al abstraccionismo. Las excepciones serían tres: el vorticismo, animado por Pound, que fue de cortísima duración; el expresionismo abstracto y el *pop art.* Pero estos dos últimos no pueden considerarse realmente *movimientos,* en el sentido en que lo fueron el futurismo o el surrealismo. Fueron tendencias derivadas de estilos nacidos en Europa. El expresionismo abstracto, lo mismo puede decirse del *pop art,* fue una verdadera traducción al idioma norteamericano de los idiomas artísticos europeos. Una traducción no exenta de poderosa originalidad. O sea: una traslación tanto como una recreación.

El arte europeo fecundó a los artistas norteamericanos y el resultado fue un arte singular, inconfundible. Pero en el arte angloamericano no aparecen ciertos rasgos típicos de las vanguardias europeas: el ánimo revolucionario, los manifiestos, la primacía de la noción de *grupo militante* y, en fin, ese espíritu combatiente que hizo de la vanguardia europea un homólogo de las sectas religiosas y de los partidos revolucionarios. El arte norteamericano del siglo xx ha sido rico en personalidades y en obras notables, no en movimientos ni en doctrinas estéticas. Para encontrar textos comparables a los de un Breton o un Kandinsky, hay que acudir a los románticos ingleses, a un Wordsworth o a un Shelley.

Las vanguardias del siglo xx exageraron y radicalizaron la nota central de la modernidad artística, ese rasgo que la distingue, desde el romanticismo, de todas las tendencias y estilos tradicionales: la temporalidad.

El artista romántico, fascinado por el tiempo, se detiene ante unas ruinas y las contempla con melancolía; el artista futurista se exalta ante un espectáculo no menos sobrecogedor: las arquitecturas imaginarias del futuro. En uno y otro caso estamos ante el tiempo, que carece de fundamento y de meta, corriente ciega que, sin descansar nunca, hace, deshace y rehace mundos. El pintor futurista no puede pintar al futuro no sólo por ser invisible —nadie lo ha visto ni lo verá— sino porque no tiene cuerpo, forma ni propiamente existencia: no es sino una posibilidad de ser. El futurista se resigna y pinta aquello que no es el tiempo sino, por decirlo así, su metáfora: el movimiento; y lo pinta en su forma más extrema: como velocidad y aceleración. Aquí aparece una primera paradoja: para pintar al movimiento, que descompone a las formas, las estira y las distiende, el futurista carecía de imágenes, de modo que acudió a la morfología y a la sintaxis del cubismo. Así, el futurismo se sirvió de un arte estático que buscó no la animación sino el reposo, esa pausa que hace visible la lógica secreta que une u opone a las líneas, a los volúmenes y a los colores. Entre estos dos polos —movimiento e inmovilidad, sensación y lógica— se desplegó la primera vanguardia.

La oposición complementaria se acentuó un poco después con la aparición del abstraccionismo, que buscaba lo que está más allá de las formas visibles: los arquetipos y las esencias intemporales. El cubismo y el abstraccionismo fueron artes de lo intemporal; el tiempo cesa de fluir en esas composiciones que son una suerte de silogismos artísticos. La respuesta fue un movimiento, el surrealismo, que afirmó la temporalidad en su expresión mas exacerbada: la pasión humana. No el hombre racional de la filosofía clásica ni el del humanismo, sino el hombre poseído por el deseo. Fue un regreso del romanticismo y de Rousseau pero fue algo más: una explosión de lo más antiguo, violento y oculto en la naturaleza humana: el deseo y sus construcciones delirantes. Apenas si debo señalar que el deseo también es tiempo y que, en su frenesí, corre hacia la muerte. Así, en sus manifestaciones centrales —futurismo, cubismo, abstraccionismo y surrealismo—, la vanguardia es inseparable de la concepción del tiempo como motor o fuerza que mueve a la historia humana. Incluso las construcciones intemporales del cubismo y el abstraccionismo estaban fundadas en la idea del tiempo: eran el *arte de ahora*. En todos los casos, el eje es el tiempo que sin cesar se crea y se destruye a sí mismo.

La vanguardia, en todas sus tendencias, exaltó lo *nuevo*. Por esto fue una ruptura con el arte del pasado inmediato. Y más aún: rompió con la tradición de Occidente que comienza en el Renacimiento. Este último se presentó como una restauración de la belleza antigua (la grecolatina). La modernidad descubrió otras tradiciones, desde las de China, el Japón, la India y el mundo árabe, hasta la de los primitivos. Breton dijo alguna vez que odiaba al arte griego y esta antipatía fue compartida por casi todos los vanguardistas. El culto a la novedad se manifestó —nueva paradoja— por el culto a la antigüedad más antigua. Lo *nuevo* fue lo más alejado y aun contrario de la tradición idealista y naturalista iniciada por el Renacimiento: la antigüedad sin fechas. La figura humana y la naturaleza —tales como las vemos con nuestros ojos— dejaron de ser un modelo. La figura humana fue desfigurada por la geometría o por la pasión; lo mismo ocurrió con el paisaje. El resultado de esta agresión fueron obras notables y literalmente *nunca vistas* pero que, asimismo, consumaron la destrucción de aquello que había sido el origen del arte de Occidente desde el siglo xv: la visión de la naturaleza como un todo y, en su centro, el hombre y la mujer, lugar de encuentro entre el mundo natural y el sobrenatural. La realidad visible había sido recreada desde el Renacimiento no como una apariencia sino como una presencia simultáneamente sensible e ideal. La vanguardia se propuso destruir la apariencia —la mentira que vemos— pero al mismo tiempo destruyó a la presencia.

Toda destrucción es creación: las demoliciones de la vanguardia fueron creaciones y revelaron el lado desconocido de la realidad. El gran fermento de la vanguardia, su gran hallazgo, fue el arte de las culturas marginales y el de los llamados salvajes, es decir, la otra vertiente de la historia de Occidente, a veces su excepción y otras su negación. El primitivismo fue la fuente de Juvencio de la vanguardia. En suma, arcaísmo y futurismo, esencialismo y descenso a las cavernas del inconsciente: el abanico entero de la temporalidad. ¿Qué es lo que buscan las vanguardias a través de todas estas tentativas? Lo mismo que busca el tiempo: un fundamento. En el pasado, el tiempo sucesivo tenía su fundamento y su justificación en el no-tiempo de la eternidad, en cualquiera de sus manifestaciones, de las Ideas de Platón al Dios de los Evangelios. El no-tiempo ofrecía un sentido y una dirección al ciego transcurrir de la temporalidad. El arte moderno, acentuadamente el de las vanguardias, es un arte en busca de su fundamento. En esto reside, simultáneamente, su drama y su grandeza.

En la historia de las vanguardias abundan las personalidades enérgicas y fuera de lo común. Sin embargo, lo que las distingue es su carácter colectivo: asociaciones y grupos de artistas jóvenes, decididos a tomar por asalto la fortaleza de los adultos. Estos grupos no constituían una escuela, en el sentido usual del término; tampoco puede definirlos la palabra *tendencia*, que se refiere más a la dirección que a la cohesión que une a los miembros de un cuerpo. Las vanguardias fueron *movimientos*, en el sentido histórico y antropológico del término. Sus modelos fueron los partidos políticos revolucionarios y las sectas religiosas. Revolución y religión: manifiestos, programas, santas escrituras, blasfemias, consagraciones, profanaciones, motines, revelaciones, decálogos y doctrinas. La naturaleza colectiva y cerrada de la secta y del partido requiere la acción disciplinada de los fieles; a su vez, la militancia exige un cuerpo de vigilantes y guardianes que impida los relajamientos, los excesos y las desviaciones. La doctrina, con sus doctores de la ley, sus tribunales y sus herejes; la militancia —el cuerpo militar o la iglesia— con sus comisarios y sus obispos, sus cuarteles y sus monasterios, sus celdas de meditación o de castigo. Por sus métodos, las vanguardias se ajustan al modelo revolucionario del terror jacobino o bolchevique; por su inspiración profunda y su temple profético, a las sectas religiosas. El parecido con las sectas gnósticas de los primeros siglos es alucinante.

Por último, señalo que las coincidencias con los movimientos revolucionarios y religiosos, especialmente con el terror y la intolerancia frente a los herejes, tenían un carácter simbólico: eran *representaciones*. Es sorprendente el carácter teatral de esos movimientos, que a veces degeneró en el *bluff* de un Marinetti o en las baladronadas de un Dalí. Como en las sectas religiosas y en los partidos revolucionarios, abundaron las condenaciones y expulsiones de herejes y apóstatas pero las cosas nunca llegaron a mayores: hubo insultos, no ejecuciones sumarias. Las vanguardias fueron una representación incruenta y simbólica de la cruel historia de las revoluciones de los siglos xix y xx. Esta violencia puramente verbal y gesticulante dio una suerte de irrealidad a esos movimientos: la irrealidad, muy real por lo demás, del espectáculo.

La verdadera realidad de las vanguardias no se encuentra en sus alborotos y en sus aspiraciones mitad revolucionarias y mitad publicitarias, sino en algo más secreto y precioso: nos dejaron obras excepcionales y que han vencido al tiempo mismo. Hoy podemos ver con claridad en qué consistió la farsa y el drama de ese periodo. Movimientos artísticos animados por un temple religioso y revolucionario, las vanguardias de la primera mitad del siglo xx se propusieron cambiar al arte y, la más ambiciosa, el surrealismo, cambiar la vida. Empresa desmesurada y condenada de antemano. Las vanguardias se dispersaron y se disiparon, pero iluminaron nuestra imaginación, afinaron nuestra sensibilidad, despertaron nuestra fantasía y, en una palabra, enriquecieron a nuestra época con creaciones deslumbrantes. Son la otra cara, la luminosa, del sombrío siglo xx.

¿Y el arte de nuestros días? En un texto escrito hace cerca de treinta años, en 1967, para un coloquio en torno a Baudelaire y a la idea de modernidad, organizado precisamente por Pierre Schneider, hoy entre nosotros, me ocupé precisamente de este tema. Citarse es malo pero es peor parafrasearse. De ahí que, a pesar de su extensión, me atreva a reproducir algunas de esas páginas. Todavía expresan lo que siento y pienso:

En cierto modo podría decirse que el arte moderno ha realizado a Baudelaire. También sería legítimo decir que lo ha desmentido. Las dos afirmaciones no se excluyen; más bien son complementarias: la situación en 1967 es tanto la negación de la de 1860 como su resultado. En las últimas décadas la aceleración de los cambios ha sido tal que equivale prácticamente a la refutación del cambio: inmovilidad y repetición. Lo mismo ocurre con la producción cada vez más numerosa de obras que se pretenden excepcionales y únicas: aparte de que la mayoría son hijas de la imitación industriosa y no de la imaginación, el conjunto da la sensación de un enorme amontonamiento de objetos heteróclitos: la confusión de los desechos. Marcel Duchamp se pregunta: «nos inunda un océano de cuadros... ¿dónde están los graneros y los sótanos que podrían contenerlos?» La modernidad termina por negarse a sí misma: la vanguardia de 1967 repite las gestas y los gestos de la de 1917. Vivimos el fin de la idea de vanguardia e incluso de modernidad. Así, lo primero que tendrían que hacer los artistas y los críticos es aplicar a esa idea la crítica rigurosa que Baudelaire hizo a la de tradición.

La estética de la modernidad es contemporánea de ciertos cambios en la producción, distribución y valoración de las obras. La autonomía de la pintura —su separación de las otras artes y su pretensión de constituirse como un lenguaje autosuficiente— es paralela al nacimiento del museo, la galería comercial, el crítico de profesión y el coleccionista. Es un movimiento que, como todos sabemos, comienza en el Renacimiento y cuyo apogeo coincide con el del capitalismo y el mercado libre. Otro tanto hay que decir de la evolución de las formas de producción artística, desde los talleres renacentistas y del periodo barroco hasta el productor individual de nuestros días. Pero lo que me interesa destacar es un fenómeno doble: por una parte los cuadros dejaron de pertenecer a un sistema de significaciones y creencias comunes para convertirse en expresiones más y más individuales tendientes a satisfacer a consumidores también individuales; por la otra, arrancados del antiguo espacio colectivo, templo o palacio, se constituyeron por sí mismos en espacio autónomo. Lo mismo en el sentido espiritual y social que en el material los cuadros se volvieron objetos transportables. Esta circunstancia facilitó su ingreso en la circulación mercantil.

Ambivalencia del cuadro: es arte, objeto único y es mercancía, cosa que podemos transportar y colgar en esta o aquella pared. Nada más natural que una sociedad que adora las cosas y que ha hecho del intercambio económico la forma más alta de la comunicación, edifique museos y multiplique las colecciones privadas: son la contrapartida de los bancos y los almacenes. En el pasado también se adoró la representación material de las realidades espirituales. Sin embargo, el fetichismo de las cosas es distinto a la idolatría de las imágenes sagradas. El primero es una pasión de propietario esclavo de aquello que posee, independientemente de la significación del objeto; la segunda es una pasión religiosa por lo que representa el objeto. Las obras de arte son únicas pero, asimismo, son intercambiables: se venden; los ídolos no son únicos ni intercambiables: una imagen puede cambiarse por otra sólo mediante el rito apropiado. Nuestra sociedad exalta al pintor y a sus obras a condición de transformarlos en objetos de cambio.

La crítica de la estética de la modernidad exige igualmente una crítica del mercado y del carácter mágico-mercantil de la obra. Una y otra vez los artistas se han rebelado contra esta situación. Dadá minó la noción de *obra* y mostró el carácter irrisorio del culto al arte; el surrealismo resucitó a la imagen y desvalorizó a lo pictórico. No obstante, los *ready-mades* de Duchamp y las visiones de Ernst y Miró figuran en los museos [...][1]

La situación que describía en 1967 se ha agravado y se extiende a todo el planeta. El mercado financiero, muchas veces con la colaboración de los mismos artistas y aun de los museos, ha afianzado su dominio sobre el mundo del arte. Más y más se confunde la noción de *valor* con la de *precio*. Es indudable que la palabra *vanguardia* y todo lo que evoca para un hombre del siglo XX ha perdido casi enteramente su irradiación magnética. Para André Breton era una de las manifestaciones de la libertad, encarnada en una figura alternativamente sombría y luminosa, imagen de la

---

[1] «Presencia y presente: Baudelaire crítico de arte», Delhi, 1967. Este ensayo se recoge en este mismo volumen, pp. 37-49.

caída y de la rebelión: Lucifer, el lucero que anuncia el alba, el ángel de la revuelta. Hoy la misma palabra representa todo aquello que los vanguardistas de 1920 y 1930 abominaban, despreciaban y zaherían: las academias, las instituciones. La vanguardia se propuso incendiar los museos y hoy es un arte de museo. Comenzó como un grito de combate y ahora nos parece una inscripción en la lápida de un cementerio que conmemora, entre dos fechas, un nacimiento y una defunción. ¿Pero el muerto está realmente muerto? ¿No resucitará?

He aludido a la doble faz de la modernidad: ruptura y restauración. Esta última no es únicamente una vuelta al pasado, una simple repetición, sino un recomienzo. Estos dos aspectos de la modernidad en realidad constituyen el proceso de la tradición, las formas en que renace y se perpetúa. Así pues, la modernidad es una tradición. Verlo, reconocerlo, es el principio de la salida del atolladero de la situación del arte actual. Ruptura y restauración no son sino dos momentos del mismo proceso, dos manifestaciones de la tradición. Nuestra época ha adorado a la historia, en la que ha visto, desde el siglo XVIII, a la expresión del tiempo en su movimiento perpetuamente creador. Frente a esa idolatría, hoy derrumbada precisamente por la historia misma, es saludable recordar que todas las tradiciones, sin excluir a la de la modernidad, son a un tiempo históricas y ahistóricas. Las restauraciones corrigen o enmiendan a la historia y sus sacudimientos. Ruptura y restauración son inseparables; ambas son hijas de la tradición, es decir, del tiempo en su doble ritmo: cambio y repetición. ¿Es la hora de las restauraciones, como lo fue el arte del siglo XVII en algunos de sus grandes protagonistas, un Poussin o un Velázquez? No lo sé. Lo único que sé es que la historia del arte es la historia de sus resurrecciones.

París, junio de 1994

[«Rupturas y restauraciones» son las palabras leídas en el coloquio «Las vanguardias cumplen 100 años», organizado por el Museo Picasso de Barcelona; se publicó en *Vuelta*, núm. 217, México, diciembre de 1994.]

Picasso: el cuerpo a cuerpo con la pintura

El Museo Tamayo inicia sus actividades con una exposición de Pablo Picasso. Se trata de una antología cronológica, a un tiempo exigente y generosa, de modo que el visitante, al recorrerla, puede seguir la evolución del pintor a través de una sucesión de obras —pinturas, esculturas, grabados— que corresponden a cada periodo del artista. Se cumple así uno de los propósitos de los fundadores, Rufino y Olga Tamayo: convertir al Museo en un centro mexicano de irradiación del arte vivo de nuestra época. En México, como quizá algunos recuerden, se celebró en junio de 1944 una exposición de Picasso. Aunque fue un acontecimiento memorable, como esfuerzo y por su intrínseco valor artístico, es indudable que la exposición que ahora ofrece el Museo Tamayo es más vasta, variada y representativa. Al fin el público de México podrá tener una visión viva y directa del mundo de Picasso. En este mismo catálogo un gran conocedor del arte moderno, William Lieberman, conservador de arte contemporáneo del Museo Metropolitano de Nueva York, describe con sensibilidad y competencia las características de esta exposición y subraya su importancia histórica y estética. Para evitar repeticiones inútiles, me pareció preferible resumir, rápidamente, en unas cuantas páginas, lo que siente y piensa hoy, en 1982, un escritor mexicano ante la obra y la figura de Picasso. No es ni un juicio ni un retrato: es una impresión.

La vida y la obra de Picasso se confunden con la historia del arte del siglo xx. Es imposible comprender a la pintura moderna sin Picasso pero, asimismo, es imposible comprender a Picasso sin ella. No sé si Picasso es el mejor pintor de nuestro tiempo; sé que su pintura, en todos sus cambios brutales y sorprendentes, es la pintura de nuestro tiempo. Quiero decir: su arte no está frente, contra o aparte de su época; tampoco es una profecía del arte de mañana o una nostalgia del pasado, como ha sido el de tantos grandes artistas en discordia con su mundo y su tiempo. Picasso nunca se mantuvo aparte, ni siquiera en el momento de la gran ruptura que fue el cubismo. Incluso cuando estuvo en contra, fue el pintor de su tiempo. Extraordinaria fusión del genio individual con el genio colectivo... Apenas escrito lo anterior, me detengo. Picasso fue un artista inconforme, que rompió la tradición pictórica, que vivió al margen de la sociedad y, a veces, en lucha contra su moral. Individualista salvaje y artista rebelde, su conducta social, su vida íntima y su estética estuvieron regidas por el mismo principio: la ruptura. ¿Cómo es posible, entonces, decir que es el pintor representativo de nuestra época?

Representar significa ser la imagen de una cosa, su perfecta imitación. La representación requiere no sólo el acuerdo y la afinidad con aquello que se representa sino la conformidad y, sobre todo, el parecido. ¿Picasso se parece a su tiempo? Ya dije que se parece tanto que esa semejanza se vuelve identidad: Picasso es nuestro tiempo. Pero su parecido brota, precisamente, de su inconformidad, sus negaciones y sus disonancias. En medio del barullo anónimo de la publicidad, se preservó; fue solitario, violento, sarcástico y no pocas veces desdeñoso; supo reírse del mundo y, en ocasiones, de sí mismo. Esos desafíos eran un espejo en el que la sociedad entera se veía: la ruptura era un abrazo y el sarcasmo una coincidencia. Así, sus negaciones y singularidades confirmaron a su época: sus contemporáneos se reconocían en ellas, aunque no siempre las comprendiesen. Sabían oscuramente que aquellas negaciones eran también afirmaciones; sabían también, con el mismo saber oscuro, que cualquiera que fuese su tema o su intención estética, esos cuadros expresaban (y expresan) una realidad que es y no es la nuestra. No es la nuestra porque esos cuadros expresan un *más* allá; es la nuestra porque ese más allá no está antes ni después de nosotros sino *aquí mismo*: es lo que está dentro de cada uno. Más bien, lo que está *abajo*: el sexo, las pasiones, los sueños. Es la realidad que lleva dentro cada civilizado, la realidad indomada.

Una sociedad que se niega a sí misma y que ha hecho de esa negación el trampolín de sus delirios y sus utopías, estaba destinada a reconocerse en Picasso, el gran nihilista y, asimismo, el gran apasionado. El arte moderno ha sido una sucesión ininterrumpida de saltos y cambios bruscos; la tradición, que había sido la de Occidente desde el Renacimiento, ha sido quebrantada, una y otra vez, lo mismo por cada nuevo movimiento y sus proclamas que por la aparición de cada nuevo artista. Fue una tradición que se apoyó en el descubrimiento de la perspectiva, es decir, en una representación de la realidad que depende, simultáneamente, de un orden objetivo (la óptica) y de un punto de vista individual (la sensibilidad del artista). La perspectiva impuso una visión del mundo que era, al mismo tiempo, racional y sensible. Los artistas del siglo XX rompieron esa visión de dos maneras, ambas radicales: en unos casos por el predominio de la geometría y, en otros, por el de la sensibilidad y la pasión. Esta ruptura estuvo asociada a la resurrección de las artes de las civilizaciones lejanas o extinguidas así como a la irrupción de las imágenes de los salvajes, los niños y los locos. El arte de Picasso encarna con una suerte de feroz fidelidad —una fidelidad hecha de invenciones— la estética de la ruptura que ha dominado a nuestro siglo. Lo mismo ocurre con su vida: no fue un ejemplo de armonía y conformidad con las normas sociales sino de pasión y apasionamientos. Todo lo que, en otras épocas, lo habría condenado al ostracismo social y al subsuelo del arte, lo convirtió en la imagen cabal de las obsesiones y los delirios, los terrores y las piruetas, las trampas y las iluminaciones del siglo XX.

La paradoja de Picasso, como fenómeno histórico, consiste en ser la figura representativa de una sociedad que detesta la representación. Mejor dicho: que prefiere reconocerse en las representaciones que la desfiguran o la niegan: las excepciones, las desviaciones y las disidencias. La excentricidad de Picasso es arquetípica. Un arquetipo contradictorio, en el que se funden las imágenes del pintor, el torero y el cirquero. Las tres figuras han sido temas y alimento de buena parte de su obra y de algunos de sus mejores cuadros: el taller del pintor con el caballete, la modelo desnuda y los espejos sarcásticos; la plaza con el caballo destripado, el matador que a veces es Teseo y otras un ensangrentado muñeco de aserrín, el toro mítico robador de Europa o sacrificado por el cuchillo; el circo con la caballista, el payaso, la trapecista y los saltimbanquis en mallas rosas y levantando pesos enormes («y cada espectador busca en sí mismo el niño milagroso/Oh siglo de nubes»[1]). El torero y el cirquero pertenecen al mundo del espectáculo pero su relación con el público no es menos ambigua y excéntrica que la del pintor. En el centro de la plaza, rodeado por las miradas de miles de espectadores, el torero es la imagen de la soledad; por eso, en el momento decisivo, el matador dice a su cuadrilla la frase sacramental: *¡Dejarme solo!* Solo frente al toro y solo frente al público. Aún más acentuadamente que el torero, el saltimbanqui es el hombre de las afueras. Su casa es el carro del circo nómada. Pintor,

---

[1] Apollinaire, *Un Fantôme de nuées*.

torero y saltimbanqui: tres soledades que se funden en una estrella de seis puntas.

Es difícil encontrar paralelos de la situación de Picasso, a la vez figura representativa y excéntrica, estrella popular y artista huraño. Otros pintores, poetas y músicos conocieron una popularidad semejante a la suya: Rafael, Miguel Ángel, Rubens, Goethe, Hugo, Wagner. La relación entre ellos y su mundo fue casi siempre armónica, natural. En ninguno de ellos aparece esa relación peculiar que he descrito más arriba. No había contradicción: había *distancia*. El artista desaparecía en beneficio de la obra: ¿qué sabemos de Shakespeare? La persona se ocultaba y así el poeta o el pintor conquistaban una lejanía que era también una imparcialidad superior. Entre la Inglaterra de Isabel y el teatro de Shakespeare no hay oposición pero tampoco, como en la edad moderna, confusión. La diferencia entre uno y otra consiste en que, en tanto que Shakespeare sigue siendo actual, Isabel y su mundo ya son historia. En otros casos, el artista y su obra desaparecen con la sociedad en que vivieron. No sólo los poemas de Marino eran leídos por los cortesanos y los letrados sino que los príncipes y los duques lo perseguían con sus favores y sus odios; hoy el poeta, sus idilios y sonetos son apenas nombres en la historia de la literatura. Picasso no es Marino. Tampoco es Rubens, que fue embajador y pintor de corte: Picasso rechazó los honores y los encargos oficiales y vivió al margen de la sociedad —sin dejar nunca de estar en su centro. Para encontrar a un artista cuya posición haya sido parecida a la de Picasso hay que volver los ojos hacia una figura de la España del XVII. No es un pintor sino un poeta: Lope de Vega. Entre Lope y su mundo no hay discordia; hay, sí, la misma relación excéntrica entre el artista y su público. El destino de Picasso en el siglo XX no ha sido más extraño que el de Lope en el XVII: autor de comedias y fraile adúltero adorado por un público devoto.

Las semejanzas entre Picasso y Lope de Vega son tantas y de tal modo patentes que apenas si es necesario detenerse en ellas. La más visible es la relación entre la variada vida erótica de los dos artistas y sus obras. Casi todas ellas —novelas o cuadros, esculturas o poemas— están marcadas o, más exactamente: tatuadas, por sus pasiones. Pero la correspondencia entre sus vidas y sus obras no es simple ni directa. Ninguno de los dos concibió al arte como confesión sentimental. Aunque la raíz de sus creaciones fue pasional, la elaboración fue siempre artística. Triunfo de la forma o, más bien, transfiguración de la experiencia vital por la forma: sus cuadros y poemas no son testimonios de sus vidas sino sorprendentes invenciones. Estos dos artistas arrebatados fueron siempre fieles al principio cardinal de todas las artes: la obra es una *composición*. Otra semejanza: la abundancia y la variedad de las obras. Fecundidad pasmosa, inagotable —e incontable. Por más que se afanen los eruditos, ¿llegaremos a saber cuántos sonetos, romances y comedias escribió Lope, cuántos cuadros pintó Picasso, cuántos dibujos dejó y cuántas esculturas y objetos insólitos? En los dos la abundancia fue maestría. En los momentos débiles, esa maestría era mera habilidad; en otros, los mejores, se confundía con la más feliz inspiración. El tiempo es el tema del artista, su aliado y su enemigo: crea para expresarlo y, asimismo, para vencerlo. La abundancia es un recurso contra el tiempo y, también, un riesgo: hay muchas obras de Lope y de Picasso fallidas por la prisa y la facilidad. Otras, sin embargo, gracias a esa misma facilidad, poseen la perfección más rara: la de los objetos y seres naturales. La de la hormiga y la gota de agua.

En la vida pública de los dos artistas encontramos la misma desconcertante fusión entre extravagancia y facilidad. La agitación de la vida privada de Lope y su nomadismo sentimental contrasta con su aceptación de los valores sociales y su docilidad frente a los grandes de este mundo. Picasso tuvo más suerte: la sociedad en que le tocó nacer ha sido mucho más libre que en la España del siglo XVII. Pero soy injusto al atribuir la independencia de Picasso sólo a la suerte: fue intransigente y leal consigo mismo y con la pintura. Nunca quiso agradar al público con su arte. Tampoco fue el instrumento de las maquinaciones de las galerías y los mercaderes. En esto fue ejemplar, sobre todo ahora que vemos a tantos artistas y escritores correr con la lengua fuera tras la fama, el éxito y el dinero. Dos lepras y una sola degradación: la sumisión a los dogmas ideológicos y la prostitución ante el mercado. El partido o el *best sellerismo* y la galería. Sin embargo, no todo favorece a Picasso en esta comparación. Lope fue familiar de la Inquisición y al final de sus días, en virtud de su cargo, tuvo que asistir a la quema de un hereje. La índole de la sociedad en que vivía hace comprensible este triste episodio; en cambio, ¿por qué Picasso escogió adherirse al partido comunista precisamente en el momento del apogeo de Stalin?... En fin, todas las semejanzas entre el poeta y el pintor se resuelven en una: su inmensa popularidad no estuvo reñida con la complejidad y la perfección de muchas de sus creaciones. Lo decisivo, sin embargo, fue la magia personal. Insólita mezcla de la gracia del torero y su arrojo mortal, la melancolía del cirquero y su desenvoltura, el garbo popular y la picardía. Magia hecha de gestos y desplantes, en la que el genio del artista se alía a los trucos del prestidigitador. A veces la máscara devora al rostro del artista. Pero las máscaras de Lope y de Picasso son rostros vivos. Las semejanzas no deben ocultarnos las diferencias. Son profundas. Dos corrientes alimentan el arte de Lope: las formas de la poesía tradicional y las renacentistas. Por lo primero, sus raíces se hunden en los orígenes de nuestra literatura; por lo segundo, se inserta en la tradición del humanismo grecorromano. Así, Lope es europeo por partida doble. En su obra apenas si hay ecos de otras civilizaciones; sus romances moriscos, por ejemplo, pertenecen a un género profundamente español. Lope vive dentro de una tradición, en tanto que el universo estético de Picasso se caracteriza, justamente, por la ruptura de esa tradición. Las figurillas hititas y fenicias, las máscaras negras, las esculturas de los indios americanos, todos esos objetos que son el orgullo de nuestros museos, eran obras demoniacas para los europeos contemporáneos de Lope. Después de la caída de México-Tenochtitlan, los horrorizados españoles enterraron en la plaza central de la ciudad a la colosal estatua de Coatlicue; corroboraron así que los poderes de esa escultura pertenecen al dominio que Otto llamaba *mysterium tremendum*. En cambio, para el amigo y compañero de Picasso, el poeta Apollinaire, los fetiches de Oceanía y Nueva Guinea eran «Cristos de otra forma y de otra creencia», manifestaciones sensibles de «oscuras esperanzas». Por eso dormía entre ellos como un devoto cristiano entre sus reliquias y símbolos. La ruptura de la tradición del humanismo clásico abrió las puertas a otras formas y expresiones. Baudelaire había descubierto a la hermosura *bizarre;* los artistas del siglo xx descubrieron —más bien: redescubrieron— la belleza horrible y sus poderes de contagio. La hermosura de Lope se rompió. Entre los escombros aparecieron las formas y las imágenes inventadas por otros pueblos y civilizaciones. La belleza fue plural y, sobre todo, fue *otra.*

El arte de Occidente, al recoger y recrear las imágenes que había dejado el naturalismo idealista de la Antigüedad clásica, consagró a la figura humana como el canon supremo de la hermosura. El ataque del arte moderno contra la tradición grecorromana y renacentista fue sobre todo una embestida contra la figura humana. La acción de Picasso fue decisiva y culminó en el periodo cubista: descomposición y recomposición de los objetos y del cuerpo humano. La irrupción de otras representaciones de la realidad, ajenas a los arquetipos de Occidente, aceleró la fragmentación y la desmembración de la figura humana. En las obras de muchos artistas la imagen del hombre desapareció y con ella la realidad que ven los ojos (no la *otra* realidad: los microscopios y los telescopios han mostrado que los artistas no-figurativos, como el resto de los hombres, no pueden escapar ni de las formas de la naturaleza ni de las de la geometría). Picasso se ensañó con la figura humana pero no la borró; tampoco se propuso, como tantos otros, la sistemática erosión de la realidad visible. Para Picasso el mundo exterior fue siempre el punto de partida y el de llegada, la realidad primordial. Como todo creador, fue un destructor; también fue un gran resucitador. Las figuras mediterráneas que habitan sus telas son resurrecciones de la hermosura clásica. Resurrección y sacrificio: Picasso peleaba con la realidad en un cuerpo a cuerpo que recuerda los rituales sangrientos de Creta y los misterios de Mitra en la época de la decadencia. Aquí aparece otra gran diferencia con los artistas del pasado y con muchos de sus contemporáneos: para Picasso la historia entera es un presente instantáneo, es actualidad pura. En verdad, no hay historia: hay obras que viven en un eterno ahora.

Como todo el arte de este siglo, aunque con mayor encarnizamiento, el de Picasso está recorrido por una inmensa negación. Él lo dijo alguna vez: «para *hacer*, hay que hacer en contra...» Nuestro arte ha sido y es crítico; quiero decir, en las grandes obras de esta época —novelas o cuadros, poemas o composiciones musicales— la crítica es inseparable de la creación. Me corrijo: la crítica es creadora. Crítica de la crítica, crítica de la forma, crítica del tiempo en la novela y del yo en la poesía, crítica de la figura humana y de la realidad visible en la pintura y en la escultura. En Marcel Duchamp, que es el polo opuesto de Picasso, la negación del siglo se expresa como crítica de la pasión y de sus fantasmas. El *Gran vidrio*, más que un retrato, es una radiografía: la Novia es un aparato fúnebre y risible. En Picasso las desfiguraciones y deformaciones no son menos atroces pero poseen un sentimiento contrario: la pasión hace la crítica de la forma amada y por eso sus violencias y sevicias tienen la crueldad inocente del amor. Crítica pasional, negación corporal. Las desgarraduras, tarascadas, navajazos y descuartizamientos que inflige al cuerpo son castigos, venganzas, escarmientos: homenajes. Amor, rabia, impaciencia, celos: adoración de las formas alternativamente terribles y deseables en que se manifiesta la vida. Furia erótica ante el enigma de la presencia y tentativa por descender hasta el origen, el hoyo donde se confunden los huesos con los gérmenes.

Picasso no ha pintado a la realidad: ha pintado el amor a la realidad y el horror de ser reales. Para él la realidad nunca fue bastante real:

siempre le pidió más. Por eso la hirió y la acarició, la ultrajó y la mató. Por eso la resucitó. Su negación fue un abrazo mortal. Fue un pintor sin *más allá*, sin otro mundo, salvo el más allá del cuerpo que es, en verdad, un *más acá*. En esto radica su gran fuerza y su gran limitación... En sus agresiones en contra de la figura humana, especialmente la femenina, triunfa siempre la línea del dibujo. Esa línea es un cuchillo que destaza y una varita mágica que resucita. Línea viva y elástica: serpiente, látigo, rayo; línea de pronto chorro de agua que se arquea, río que se curva, tallo de álamo, talle de mujer. La línea avanza veloz por la tela y a su paso brota un mundo de formas que tienen la antigüedad y la actualidad de los elementos sin historia. Un mar, un cielo, unas rocas, una arboleda y los objetos diarios y los detritus de la historia: ídolos rotos, cuchillos mellados, el mango de una cuchara, los manubrios de la bicicleta. Todo vuelve otra vez a la naturaleza que nunca está quieta y que nunca se mueve. La naturaleza que, como la línea del pintor, perpetuamente inventa y borra lo que inventa... ¿Cómo verán mañana esta obra tan rica y violenta, hecha y deshecha por la pasión y la prisa, por el genio y la facilidad?

México, D. F., a 8 de septiembre de 1982

[«Picasso: el cuerpo a cuerpo con la pintura» es el prólogo al catálogo de la exposición *Los Picassos de Picasso*, en el Museo Rufino Tamayo, México, 1982; se recogió en *Sombras de obras*, Seix Barral, Barcelona, 1983.]

Dos siglos de pintura norteamericana
(1776-1971)

La literatura norteamericana ganó el reconocimiento universal desde hace más de un siglo. Hoy nadie lo duda: entre las grandes obras literarias de los siglos XIX y XX, algunas son norteamericanas. El conocimiento y reconocimiento de la pintura norteamericana han sido mucho más lentos. Sin embargo, la mayoría de los críticos piensa que, desde 1950, el arte de los Estados Unidos posee una vitalidad, una originalidad y una diversidad que no es posible encontrar en otras partes del mundo. Sería necio decir que los pintores y escultores norteamericanos son los mejores de hoy; no lo es pensar que el arte de ese país es el más vivo y el que mayor influencia ejerce en el movimiento artístico contemporáneo. La exposición inaugurada el 18 de noviembre de 1980 en Bellas Artes es una buena iniciación a la historia de la pintura norteamericana: el primer cuadro de la exposición fue pintado en 1776 y el último en 1971.

La historia de la pintura norteamericana ofrece grandes analogías —también diferencias notables— con la de México. En los dos países el arte plástico comienza por ser un mero reflejo del europeo, aunque los norteamericanos no tienen nada que pueda compararse a las grandes obras barrocas y manieristas del siglo XVII y de la primera mitad del XVIII en México. Desde principios del siglo XIX los artistas mexicanos y los norteamericanos se interesan por expresar la realidad de nuestro continente, lo mismo la física: el paisaje, que la humana: los hombres de América, especialmente los aborígenes. En 1846 Baudelaire escribió unas páginas entusiastas y penetrantes sobre el pintor de los indios norteamericanos George Catlin. El comentario de Baudelaire fue profético y todavía hoy, al ver el cuadro de Catlin, me sorprendió su exactitud: los colores del pintor norteamericano —rojos, ocres, verdes— tienen no sé qué de exaltado y contenido, de bárbaro y refinado, que convocan el adjetivo *heroico*. Sus cuadros suscitan la emoción de los grandes espacios abiertos, buenos para la caza y la guerra pero, asimismo, para la contemplación. Los salvajes de Catlin, dice Baudelaire, «nos hacen comprender a la escultura antigua». Debemos a este pintor y aventurero más de 600 pinturas del Lejano Oeste, pintadas entre 1830 y 1840; muchas de ellas son retratos de jefes indios, como el soberbio cuadro que representa a Oso Viejo. Por cierto, Oso Viejo, antes de posar para Catlin, se pintó, decoró y tatuó como si su cuerpo y su rostro fuesen también una pintura. Se convirtió así en un emblema viviente.

Frente a la fascinación por el mundo indio: el amor a la naturaleza. Desde principios del siglo XIX surgen en los Estados Unidos una serie de paisajistas notables. Casi todos ellos pertenecieron a la llamada Escuela del Hudson. Es revelador: mientras los norteamericanos de esa época escogieron como temas los grandes ríos, bosques y bahías de su país, los mexicanos mostraron predilección por los valles, sobre todo por el de México, asiento de viejas civilizaciones. En un caso, el espíritu nómada y colonizador; en el otro, pueblos que, desde la época precolombina, han sido sedentarios. Los pintores norteamericanos combinaron, como nuestro Velasco, el gusto por la exactitud visual, casi fotográfica, con una afición por los grandes espacios terrestres, celestes y marinos. Hay una nota constante en el paisaje del siglo XIX, en Europa tanto como en América, que desaparece con el impresionismo: la atracción por el infinito. En estos pintores la precisión del detalle se alía a una visión sublime de la naturaleza. Entre ellos hay uno, Kensett, que me seduce por la forma en que resuelve la oposición del doble espacio —el mar y el cielo vistos como dos superficies planas— gracias a la intervención del elemento invisible: la luz (*Peñasco en Newport*).

A fines del siglo pasado, la pintura norteamericana deja de ser un reflejo provinciano de las tendencias europeas y, a través de dos personalidades extraordinarias, un hombre y una mujer, Whistler y Mary Cassatt, participa directamente en el movimiento universal de la pintura. Estos dos pintores pertenecen a los Estados Unidos tanto como a Europa. Whistler fue discípulo de Courbet, aunque su pintura, definida admirablemente por Mallarmé, que lo conocía bien, como «belicosa, exaltante, preciosa, mundana», no posee la vastedad y la riqueza de la del francés. Pero la comparación es injusta: Courbet es uno de los grandes artistas del siglo XIX y sus rivales y pares se llaman Goya y Turner. La pintura de Whistler posee cierta afinidad con la de su amigo Manet. Los dos aprendieron la lección de Velázquez y sus sabias combinaciones: pocos colores entrelazados por una multiplicación de reflejos. Un ejemplo de esta maestría sutil es el retrato de *La andaluza*, hecho en tonos dorados, grises y perlas. Mallarmé vio justo: «torbellino de muselina». En este caso, torbellino inmóvil pero centelleante. Ése es el encanto de Whistler —y su limitación.

El cosmopolitismo de Mary Cassatt no es el del gran mundo internacional de Whistler, siempre entre Londres, París y Venecia. Vivió casi toda su vida en Francia y, aunque expuso con los impresionistas y fue amiga de Degas y de Renoir, no conoció la verdadera celebridad. El retrato de *Susana y su perro* es un ejemplo excelente de su talento, menos brillante que el de Whistler pero más sólido. Entre Susana y el perro hay una suerte de armonía: la de la salud. La misma armonía simple rige las líneas, los colores y las formas de sus cuadros. En el impresionismo de Mary Cassatt hay una frescura, un buen sentido y una honradez estética que son profundamente yanquis. Y hay algo más y que la salva de la vaguedad impresionista: a su manera, es arquitecta y cada uno de sus cuadros es una verdadera construcción.

Thomas Eakins apenas si viajó: murió en la misma casa de Filadelfia en donde había nacido. Charles Tomlinson, en el delicioso poema que le ha dedicado, precisa: en el número 1729 de Mount Vernon Street. No fue un pintor de sociedad como Sargent ni fue amigo de las celebridades artísticas y literarias como Whistler. Tampoco sufrió la influencia impresionista como la Cassatt. Su pintura es severa y sin concesiones. Este realismo, impregnado de clasicismo francés y de puritanismo británico, debe de haber irritado a sus contemporáneos ricos. Era la época de los grandes «barones» de la industria y cada uno de aquellos potentados quería ser un patricio. Como dice Tomlinson:

> Las figuras de la percepción
> frente
> a las figuras de la elocución.
> Lo que ellos querían
> era ser los Medici
> de Filadelfia,
> pero han sobrevivido
> como la gente de Filadelfia.

Hay que añadir que han sobrevivido gracias a Eakins. Se cuenta que un día al ver a una vieja señora, le dijo: «¡Qué hermosa piel tiene usted,

con todas esas arrugas!» En el retrato de la *Señorita Van Buren*, tal vez
una solterona, Eakins pintó no sólo un cuerpo, una cara y una clase social
sino a la melancolía misma.

Este artículo no es un catálogo y ni siquiera una relación cronológica.
De ahí que no me haya detenido en artistas que merecerían un comentario, como algunos de los representantes de la Escuela del Hudson (Cole,
Durand, Church, Bierstadt), ni en Peto, curioso precursor del *collage*
moderno —pero un *collage* pintado con la técnica ultraacadémica del
trompe-l'oeil— ni en Pinkham Ryder, extraordinariamente moderno.
Tampoco, ya en el periodo posterior, en el cubista Weber, el pintor de
marinas violentas, Marin y el abstraccionista Dove. Aunque todos ellos
son algo más que precursores, su arte se funde al de su época: no son
un estilo sino variaciones, no pocas veces felices, de los estilos modernos.

El arte no procede por evoluciones graduales sino por saltos bruscos.
La pintura de Georgia O'Keeffe tiene algo de inesperado y de profundamente espontáneo que hace pensar en la aparición súbita del viento en un
día sereno. Con ella estamos ya en pleno siglo xx. Su pintura es un ejemplo
más de ese diálogo —a veces pleito y otras dúo— que no han cesado de
sostener la fotografía y la pintura. El lente de la cámara es un ojo abstracto e intemporal pero Georgia O'Keeffe se sirve de ese lente para transfi-
gurar las formas vegetales y animales en emblemas animados por una sexualidad difusa. El arte de Georgia no es ni exquisito ni delicado sino
amplio y poderoso: arte de varona.

El paisaje de Edward Hopper no es el bosque ni la llanura sino la gran
ciudad moderna: cafeterías, oficinas, moteles, estaciones de gasolina. Lugares anónimos poblados por hombres y mujeres también anónimos,
mundo de solitarios, extranjeros en todas partes y sobre todo en ellos
mismos. Para Hopper la ciudad no es la multitud sino el hombre aislado:
cada cuarto es una jaula o una celda. Es el pintor del tiempo que pasa. Un
tiempo vacío. Su realismo es mental y reticente: nos inquieta no por lo
que dice sino por lo que calla. Poesía de la pérdida, de lo perdido y lo que
nos pierde: el tiempo.

Se dice que Hopper es un gran realista. Agrego: pero no es grande
por su realismo sino por haber sido el pintor de una visión intensamente
moderna del hombre y del tiempo. Hay otros realistas, más violentos
pero menos profundos: Benton, Levine, Ben Shahn. Casi todos ellos están

tocados por el expresionismo. A veces recuerdan al Orozco de la primera época (quizá el mejor) y otras a Soutine y Rouault. Se inclinaron por el «realismo social», un género que colinda con la propaganda en un extremo y en el otro con el sentimentalismo. Shahn fue ayudante de Diego Rivera cuando pintó los murales censurados en el Centro Rockefeller. Su pintura fue una contribución al arte de su tiempo, no la prefiguración del arte del tiempo que venía.

La parte final de la exposición de Bellas Artes es la más rica en obras y talentos. A partir de la segunda Guerra Mundial el centro magnético de la pintura y la escultura se desplazó de París a Nueva York. Los pintores norteamericanos, en el espacio de veinte años, después de asimilar y transformar muy personalmente una serie de influencias, lograron crear un arte que nos sorprende tanto por su vigor como por su diversidad. La primera influencia fue la del muralismo mexicano. Uno de los pintores más originales de los Estados Unidos, Jackson Pollock, recibió y aprovechó las ideas y la práctica de Siqueiros sobre el uso de nuevas técnicas. Orozco influyó en otros pintores, especialmente en las primeras tentativas de Tobey. La segunda influencia, la decisiva, se opera en el curso de la segunda Guerra Mundial. Muchos de los grandes artistas europeos se refugiaron en Nueva York: Léger, Miró, Chagall, Mondrian, Max Ernst, Tanguy. Los pintores norteamericanos abrazaron, en su mayoría, la estética no figurativa de los abstraccionistas; al mismo tiempo, utilizaron las técnicas del automatismo surrealista. Tres pintores surrealistas influyeron decisivamente en los norteamericanos: el catalán Miró, el chileno Matta y el francés Masson. El gran arte es siempre una invención que comienza por ser una imitación.

Milton Avery comprendió admirablemente la lección de Matisse y, menos bien, la de Bonnard. Transmitió estas enseñanzas, asimiladas de una manera personal y sensible, a los más jóvenes, sobre todo a Rothko y a Helen Frankenthaler. En Tobey se unen la pintura y la meditación oriental, la caligrafía china y el sentimiento del infinito, no exterior sino interior. Fue un temperamento afín, por ciertos lados, al de Michaux, aunque más puramente plástico. Pollock aprovechó el ejemplo de Tobey, como más tarde lo haría Dubuffet en sus *Suelos y texturas*. Otro poeta: Morris Graves. Sus flores hablan. Sus pájaros no vuelan sino que escriben en el espacio signos mágicos. En el polo opuesto, el detonante Stuart Davis, que realiza en la pintura lo que Apollinaire preconizó para la palabra: la poesía está en la calle, en los anuncios y en los carteles.

No se puede describir un cuadro de Gorky: hay que verlo. Pero verlo como se oye música, con los ojos abiertos y cerrados alternativamente. Gorky fue un gran colorista; también un inventor de formas fantásticas: la imaginación de Gorky agrega nuevos territorios a la realidad visual. Sin embargo, este pintor no se liberó nunca, enteramente, de sus influencias europeas, sobre todo de la de Miró. Fue una gran sensibilidad que no llegó a fundir todos sus dones extraordinarios. Enseguida, el impetuoso Pollock: la pintura-torbellino. Frente a Pollock siento las mismas reservas que ante Gorky, aunque por razones muy distintas. ¿Un gran pintor? Más bien: un temperamento poderoso. El más pintor de este grupo, en el sentido recto de la palabra, es Willem de Kooning. Un artista salvaje, sensual, feroz. Sus mujeres tienen algo de grandes diosas del primer día de la creación; también de enormes animales de carnes martirizadas: el mito y la carnicería.

Kline aprendió, como tantos, la lección de la caligrafía china y japonesa, sólo que transformó esos signos en grandes masas compactas, negras y blancas: los signos se convirtieron en paisajes de rocas y montañas. Rothko descubrió el secreto de la melodía que fascinaba a Baudelaire: la mancha de pintura como un espacio que evoca el mar, el cielo, el desierto, metáforas del infinito. En sus composiciones monocromas, bloques de un solo color interrumpido aquí y allá por franjas de un color opuesto, la monotonía se resuelve en una extraordinaria riqueza de vibraciones, reflejos, matices. La pintura de Rothko nos invita a la contemplación pero la manía de la sublimidad —defecto frecuente en la pintura norteamericana moderna— acaba por abrumarnos. Otro pintor notable: Gotblieb, un colorista que sabe combinar sus dones líricos con rigurosas geometrías (es visible, en los primeros cuadros de Gotblieb, la presencia liberadora de un gran latinoamericano: Torres García). Frente a las pinturas de Clyfford Still, grandes y quietas manchas de color, como pantanos resplandecientes, las masas sombrías de Motherwell, condensaciones azules, negras, blancas y ocres que evocan, simultáneamente, las nubes antes de la tormenta y las montañas abruptas. Pero Motherwell sabe asimismo transformar la energía densa y pesada de sus grandes óleos en mágicas composiciones que desafían la ley de la gravedad: sus *collages*.

Para todos estos artistas el arte era sobre todo sensibilidad, pasión, entusiasmo. Los pintores que les suceden buscan una pintura más objetiva, en la que las formas se reducen a líneas simples —círculos, triángulos, óvalos, rectángulos— y los colores son puros y sin matices. Un arte más bien para decorar aeropuertos y otros grandes espacios, sin nada íntimo o subjetivo. La de Morris Louis, Noland, Kelly, Stella —sobre todo la de este último— merece el adjetivo con que quiso definir Ortega y Gasset al arte moderno: *deshumanizada*. Este término no es ni elogioso ni despectivo sino descriptivo. Pintura deshumanizada en un sentido preciso: las rocas, los infusorios o los átomos son ahumanos; las máquinas, la creación humana por excelencia, son deshumanas. Los orígenes de esta manera están en Mondrian pero Mondrian, inspirado por el hermetismo ocultista, se propuso reducir las innumerables formas del universo a unos cuantos arquetipos. O sea: a ideas. No encuentro nada parecido en Stella ni en los otros: su arte me parece, más que una especulación intelectual, una manipulación de formas típicas y colores planos. No sé si comprendo qué es lo que se proponen pero comprendo que hay muy poco que comprender en sus cuadros. Suprimir la subjetividad es extirpar el corazón del arte. Los cuadros de Stella, como los autómatas, se mueven pero no respiran, caminan pero no están vivos. Sin embargo, aunque no nos conmueve, es un arte que no podemos negar: está ahí, ante nosotros, visible, palpable e indiferente a nuestra crítica y a nuestro elogio.

Frente a este arte reducido a relaciones cuantitativas e impersonales de líneas, volúmenes y colores, la pintura eminentemente subjetiva, irónica e inteligente, de Jasper Johns. En Bellas Artes se expone un cuadro suyo, hecho de rojos, azules y blancos, que combina los círculos y las elipsis con las rectas y las diagonales. Los actores de esta pintura no son ni figuras humanas ni formas abstractas sino números, del 0 al 9. Es una charada pictórica en la cual los números, al perder su valor y su significado, dibujan una interrogación. En el otro extremo está Rauschenberg, que no teme —a la manera de Duchamp— colocar en su cuadro dos relojes de verdad y una lata. Rauschenberg no modifica al objeto, como Picasso y los surrealistas pero, al arrancarlo de su contexto, desorienta al espectador. Rauschenberg dice que trabaja entre las fronteras del arte y de la vida: esas fronteras, como todos sabemos, son movedizas. A veces las fronteras movedizas, como si fuesen arena, se tragan a Rauschenberg.

Después de más de medio siglo de experimentos formales, era fatal la vuelta al realismo, tal como se ve en el cuadro de Pearlstein: *Desnudos masculino y femenino*. ¿Se trata realmente de una vuelta? Tal vez no estamos ante un regreso sino ante la búsqueda de otro realismo, muy distinto al de Hopper o al de los pintores del siglo pasado. Ahora bien, cualquiera que sea nuestro juicio sobre el arte contemporáneo, es claro que un ciclo, iniciado hacia 1910 en Europa (París, Berlín, Milán, San Petersburgo) se cierra hoy en América (Nueva York). En un ensayo de 1967 («Presencia y presente: Baudelaire, crítico de arte») y después en *Los hijos del limo* (1972), señalé que la noción misma de *arte moderno* se desvanecía y que la vanguardia había degenerado en una serie de movimientos a un tiempo espasmódicos y reiterativos. La pintura norteamericana de los últimos treinta años, precisamente por su radicalismo, formula la pregunta en términos aún más perentorios: ¿no es la más extrema consecuencia de la aventura comenzada hace ya casi un siglo por los cubistas y los futuristas?

En sus expresiones más deleznables, aunque más elocuentes, la pintura contemporánea de los Estados Unidos ha sido una amplificación y una simplificación de la pintura europea anterior a la segunda Guerra Mundial, del fauvismo al surrealismo y al abstraccionismo. Asimismo, en sus momentos mejores, ha sido una intensificación del arte europeo. En uno y otro caso, fue *un-más-allá*. Pero también ha sido el descubrimiento de *otro* espacio no sólo en el sentido físico sino en el estético. Con algunos pintores norteamericanos la sensibilidad y la imaginación de nuestro siglo redescubren al infinito. No el de los románticos, asociado al paisaje y a la noción de sublimidad, ni al de Baudelaire y sus descendientes, esencialmente mental y que fue un *dépassement* de los sentidos, sino justamente lo contrario: la dimensión táctil, por decirlo así, de unos sentidos capaces de extenderse por todo el universo y de *tocarlo*. No ver con las manos sino tocar con los ojos: ése fue el gran descubrimiento de los Pollock, los Kline y los De Kooning. Más que el término infinito les conviene la expresión de la física moderna: transfinito.

El infinito ha fascinado a grandes poetas, como Blake y Hugo. Pintarlo —mejor dicho: evocarlo— es heroico y demoniaco: el infinito no colinda con la vacuidad budista sino con el vértigo romántico. El universo de Dante no es infinito: lo es el de Hugo. Pululación o vacío; mejor dicho, pululación que se resuelve en vacío. El espacio de estos pintores es un espacio vacío: ¿cómo y con qué o quiénes poblar esas extensiones inacabadas y, por esencia, inacabables? A pesar de la inmensidad que evocan sus cuadros —mejor dicho: por ella misma— estamos ante una pintura *desierta,* a la que le falta cruelmente la presencia. Solipsismo sin fe y sin límites pues el límite es el *otro.* Más allá de ese espacio que se repite y desdobla no hay, literalmente, nada. Y más acá sólo hay gestos grandilocuentes, la retórica de lo monumental, lacra del arte norteamericano. Así, la pintura y la escultura de los Estados Unidos —deformadas, además, por un mercado artístico que las infla con la publicidad desmedida y les chupa la sangre— se enfrentan a una pregunta, la misma a la que el arte europeo no pudo contestar hace cincuenta años: *¿y ahora qué?* La situación de la actual pintura norteamericana —y con ella la de todo el mundo— no es quizá sino el resultado final de algo que comenzó con el romanticismo: la erosión de los límites del arte. Desde hace más de doscientos años los artistas han olvidado la vieja máxima griega: la perfección es finita.

México, a 20 de noviembre de 1980

[«Dos siglos de pintura norteamericana (1776-1971)» se publicó en *Sombras de obras*, Seix Barral, Barcelona, 1983.]

Poemas mudos y objetos parlantes:
André Breton

Hay dos imágenes de André Breton, opuestas y, no obstante, igualmente verdaderas. Una es la del hombre de la intransigencia y la negación, el rebelde indomable, *le forçat intraitable;* otra es la del hombre de la efusión y el abrazo, sensible a los secretos llamados de la simpatía, creyente en la acción colectiva y, aun más, en la inspiración como una facultad universal y común a todos. Su vida fue una serie de separaciones y rompimientos pero también de encuentros y fidelidades. El surrealismo fue un movimiento de violenta separación de la tradición central de Occidente; asimismo, una búsqueda de otros valores y otras civilizaciones. El mito de una edad de oro perdida, paraíso abierto a todos, ilumina algunas de las mejores páginas de Breton. A la imagen del surrealismo como ruptura —fortaleza, capilla en las catacumbas, trinchera combatiente— se superpone otra, sin negarla: la imagen de un puente o la de un sistema fluvial subterráneo. El surrealismo fue nocturno y una de las imágenes que lo representan, y lo iluminan, es la constelación: asamblea de luminarias en la noche.

Unos pocos ejemplos bastan para mostrar que la palabra *comunión* tuvo en su vida una influencia no menos decisiva que la palabra *subversión:* no fue un solitario y sus dos grandes pasiones fueron el amor y la amistad; fundió su vida personal con la del grupo surrealista hasta confundirlas casi enteramente; durante años y años intentó, por fortuna sin lograrlo, insertar al surrealismo en el movimiento comunista, primero con la Tercera Internacional y después con el trotskismo. Cierto, no es difícil oponer a estos ejemplos otros, no menos convincentes, de su individualismo, su amor por lo insólito y la transgresión, su culto a la revuelta y a la rebelión solitaria. El *motto* de la última exposición surrealista fue una frase de Fourier: *L'écart absolu.* Esta dualidad explica, sin duda, el carácter central que tuvo en su historia personal y pública la noción de *pasaje*. A veces ese pasaje fue salto mortal entre dos orillas, otras exploraciones en el subsuelo de la imaginación o de la historia, pero siempre fue comunicación e incluso alianza entre dos realidades opuestas o disímbolas. Su emblema fue la metáfora poética.

El poema-objeto es un caso privilegiado de *pasaje*. Alguna vez Breton lo definió como *une composition qui tend à combiner les ressources de la poésie et de la plastique en spéculant sur leur pouvoir d'exaltation réciproque*.[1] La mezcla de imágenes visuales y de signos gráficos es antigua y universal. En Oriente la escritura ha tenido siempre una dimensión plástica y muchos grandes poetas chinos y japoneses fueron también consumados calígrafos. Sin embargo, la verdadera afinidad del poema-objeto no debemos encontrarla en la caligrafía china, árabe o persa sino en los sistemas pictográficos y en las charadas. Por ejemplo, las inscripciones mayas, que usan y abusan de la combinación de signos gráficos y pictogramas, pueden verse como una inmensa charada histórico-astrológica grabada en la piedra pero también como un monumental poema-objeto. En los tres casos opera la regla: *ocultar para revelar*. Las diferencias no son menos notables que las semejanzas. El propósito de la charada es intrigar y divertir, mientras que en el poema-objeto el valor estético es central: no se propone entretener sino maravillar. Asimismo, a diferencia de las inscripciones mayas, su carácter no es histórico-ritual sino poético. El poema-objeto es una criatura anfibia que vive entre dos elementos: el signo y la imagen, el arte visual y el arte verbal. Un poema-objeto se contempla y, al mismo tiempo, se lee.

La Antigüedad grecorromana no ignoró las afinidades y correspondencias entre la poesía y la pintura. Aristóteles las destacó en su *Poética* y Horacio se sirvió de ellas: *Ut Pictura Poesis*. Estos antecedentes poco o nada tienen que ver con el poema-objeto de Breton; en cambio, su relación con los emblemas y empresas de los siglos XVI y XVII es íntima, aunque no ha sido explorada. Probablemente él no tuvo conciencia de estos parecidos; la invención del poema-objeto tuvo otras fuentes, como el *collage* y, sobre todo, su misma concepción poética y el lugar central que tiene en ella la imagen como puente entre dos realidades dispares. La semejanza con las empresas y emblemas del arte manierista y barroco es de otro orden: no es una influencia sino una correspondencia histórica —mejor dicho: una *consonancia*. Según Mario Praz, que ha dedicado un libro capi-

---

[1] «[...] una composición que tiende a combinar los recursos de la poesía y la plástica especulando sobre su poder de exaltación recíproca.»

tal a este sistema, el origen de las empresas es francés: las divisas y blasones de los caballeros de los ejércitos de Carlos VIII y de Luis XII que invadieron Italia, impresionaron a los literatos y a los artistas de ese país, que los transformaron en un género poético-pictórico: la *impresa*.[1] Pronto Europa entera se cubrió de libros de empresas y de emblemas que combinaban el epigrama poético con la imagen plástica. El libro de emblemas de Andrea Alciato fue traducido a todas las lenguas europeas. Robert Klein observa que la influencia de la filosofía neoplatónica y del hermetismo, con su fantasiosa interpretación de los jeroglíficos egipcios, no fue menos determinante que el ejemplo de las divisas caballerescas de los guerreros franceses.[2] Al principio, las empresas atrajeron a los poetas, a los artistas plásticos y a los eruditos pero en el siglo XVII el género, en manos de los jesuitas, se convirtió en un poderoso instrumento didáctico y filosófico. Fue el vehículo, dice Klein, de una «metafísica barroca».

Uno de los centros del movimiento, en su primera etapa, fue Lyon, puente entre la Italia renacentista y Francia. Entre los libros publicados en esa ciudad, el más importante fue el de Maurice Scève: *Délie, objet de plus haute vertu* (1544), un poema a un tiempo simbólico y erótico, compuesto por 449 décimas, más una inicial, «separadas en grupos de nueve por una empresa». Cada grabado es la traducción visual del lema; ambos, entrelazados, forman una criatura enigmática hecha de líneas y letras que, simultáneamente, oculta y declara el tema de las nueve décimas siguientes. Numerología, filosofía hermética y erotismo petrarquista. En España las empresas y los emblemas fueron muy populares e incluso hubo libros de emblemas dedicados a la filosofía política. El género encontró en Baltasar Gracián a su exégeta más lúcido. Su definición del concepto, que abarca también a la empresa y al emblema, como un «acto del entendimiento que expresa una correspondencia entre dos objetos», anticipa a la que haría Pierre Reverdy de la imagen poética, más de dos siglos después. Como es sabido, esta última influyó a su vez en las concepciones de André Breton.

Desde el principio, los tratadistas tuvieron clara conciencia de la posición peculiar de las empresas y los emblemas: por una parte, frases y

[1] Mario Praz, *Studi sul concettismo*, G. C. Sansoni, Florencia, 1946. Me he servido de la traducción española, *Imágenes del barroco. Estudio de emblemática*, Madrid, 1989. Recoge el texto de la tercera edición inglesa, *Studies in Seventeenth Imaginery*, Londres, 1964, que reúne y amplía las anteriores ediciones italiana e inglesa.

[2] Robert Klein, *La Forme et l'intelligible. Pensée et symbole à la Renaissance*, Gallimard, París 1970.

breves poemas descendientes de los epigramas de la *Antología griega* y de las divisas caballerescas; por otra, figuras e imágenes análogas, en cierto modo, a los pictogramas. A diferencia de los últimos, en la empresa y en los emblemas, como en el poema-objeto, lo decisivo es la invención personal. La subjetividad no sólo traza un pasaje entre lo visto y lo pensado, la imagen y la escritura, sino que al unirlos crea un ente nuevo, un verdadero monstruo, en el sentido que se daba en el siglo XVII a esta palabra: algo que rompe el orden natural y que nos maravilla o fascina. Los poetas barrocos hablan con frecuencia de bellos monstruos. El poema-objeto surrealista y las empresas y emblemas del Renacimiento y el barroco son dos momentos del diálogo entre la poesía y la pintura. Muchos poetas han sentido y expresado ese diálogo —no necesito recordar a Baudelaire— pero la forma en que Lope de Vega lo expresa me parece inmejorable:

> Marino, gran pintor de los oídos,
> y Rubens, gran poeta de los ojos...

Diálogo cíclico y en el que el emblema y el poema-objeto son dos notas extremas de los manierismos que sucesivamente ha conocido nuestra civilización: Alejandría, el gótico, la edad barroca y el arte de nuestro siglo. Para uno de los primeros tratadistas, Andrea Chiacco, las figuras y las palabras de los *imprese* eran «representaciones metafóricas del concepto interior».[1] Definición afortunada y que, al subrayar la función cardinal de la subjetividad, nos acerca a la noción de *modelo interior* de Breton. Otro tratadista, Scipione Ammariato, va más lejos y más hondo: la empresa es *un nodo di parole e di cose... una mistura mistica di pitture e parole...*[2] La imbricación de la idea en lo sensible fue una de las respuestas con que intentó la edad barroca responder al antiguo problema de las relaciones entre la mente y el cuerpo. Es un enigma que ha desvelado a todos los espíritus desde que los hombres comenzaron a pensar. Las empresas y emblemas van de la concisión de la divisa caballeresca a los artificios de la teología de los jesuitas; en esa larga travesía hay momentos excepcionales en los que la idea encarna en la imagen y otros en los que la imagen, que es siempre particular, participa de la universalidad de la idea. Esos momentos de fusión son momentos de poesía, los mismos que André Breton buscó y a veces alcanzó en sus poemas-objeto.

[1] Robert Klein, *op. cit.*
[2] «[...] un nudo de palabras y de cosas... una mezcla mística de pinturas y palabras.»

Algunos tratadistas, como el padre Le Moine, percibieron la economía de la composición de las empresas y emblemas; asimismo, no fueron insensibles ante su sintética expresividad. Decir lo más con el mínimo de medios y de tiempo: "C'est une poèsie, mais une poèsie qui ne chante point, qui n'est composée que d'une figure muette et d'un mot qui parle pour elle à la vue. La merveille est que cette poèsie sans musique fait en un moment, avec cette figure et ce mot, ce que l'autre poèsie ne sauroit faire qu'avec un long temps et de grands préparatifs d'harmonie, de fictions et de machines."[1] La gran ambición de la poesía moderna, lo mismo en Apollinaire y Reverdy que en Eliot y en Pound, fue la de lograr con el lenguaje, que es temporal y sucesivo, una presentación simultánea. Su modelo fue la pintura, arte espacial; singularmente la pintura cubista, que presenta de golpe distintas realidades o distintos aspectos del mismo objeto. No lo consiguieron enteramente, aunque debemos al simultaneísmo algunos de los grandes poemas de este siglo, como *Zone* y *The Waste Land*. El emblema y el poema-objeto sí consiguen la simultaneidad. Esto es lo que, con razón, maravillaba a Le Moine y lo llevaba a decir que la «poesía muda» de los emblemas era más elocuente que la meramente dicha, cantada o escrita. Sin embargo, tanto el emblema como el poema-objeto consiguen la simultaneidad a costa de un gran sacrificio: suprimen el desarrollo. Ahora bien, el desarrollo es el cuerpo del poema. Los poderes de fascinación del emblema y del poema-objeto residen en su carácter sintético y en la presentación simultánea de la imagen y la palabra. Pero en esta propiedad consiste también su obvia limitación: son cabezas parlantes sin tronco, extrañas flores sin tallo, instantes sin antes.

El poema-objeto está animado por un doble impulso contradictorio: los signos gráficos tienden a convertirse en imágenes y las imágenes en signos. Otras formas poéticas comparten esta dialéctica interna. La *Antología palatina* contiene poemas de Teócrito, Simias de Rodas y otros poetas cuyas letras figuran una siringa, un hacha, un altar, las alas de Eros. Con esos epigramas-figuras comienza una larga tradición que llega hasta nuestros días con los caligramas de Apollinaire y sus seguidores. En estos ejemplos, los signos se convierten en servidores de la imagen visual: las

---

[1] Citado por Mario Praz. «Es una poesía, pero una poesía que no canta en absoluto, que no está compuesta más que de una figura muda y de una palabra que habla a la vista. La maravilla es que esta poesía sin música logra en un momento, con esta figura y esta palabra, lo que la otra poesía sólo podría conseguir tras mucho tiempo y grandes preparativos de armonía, de ficciones y de tramoyas.»

letras forman figuras. En otros casos, los signos conservan su independencia; el poeta busca cierta correspondencia entre el ritmo verbal y la disposición de los signos escritos sobre la página, pero sin acudir a la representación de un objeto. Los ejemplos más notables son la composición tipográfica de *Un Coup de dés* y algunos «poemas concretos». Por último, tanto en el emblema como en el poema-objeto de Breton, el signo domina a la imagen. Triunfo de la palabra: el objeto representado se vuelve, en cierto modo, una *rima* del texto. Así, el poema-objeto y los emblemas son el polo opuesto de los epigramas-figuras de la *Antología palatina* y de los caligramas de Apollinaire. El caligrama aspira a fundir la letra en la imagen y transforma el acto de leer en el acto de mirar; el emblema y el poema-objeto se ofrecen a la vista como enigmas visuales: descifrarlos exige *leerlos*, es decir, convertir la imagen en signo.

Las imágenes de los emblemas forman parte de un repertorio de símbolos y así constituyen un vocabulario. Cada imagen corresponde a un arquetipo y cada arquetipo designa, con un nombre, a un objeto o a una serie de objetos. El emblema reposa en un universo de signos. Más exactamente: el autor de un emblema ve al universo como un libro. Esta visión viene de la Edad Media y su expresión más pura y alta está en el canto final del Paraíso:

> Nel suo profundo vidi che s'interna,
> legato con amore in un volume,
> ciò che per l'universo si squaderma...[1]

Al comenzar la edad moderna los signos se volvieron más y más ilegibles. Muchos se borraron, aunque hubo vanas tentativas de restauración. El emblema barroco es la expresión de una de esas tentativas. En fin, si el universo es un libro, nosotros ya no podemos leerlo: hemos perdido la clave. Para Dante el código de los signos eran las Sagradas Escrituras; para Galileo, más tarde, el universo está escrito en signos matemáticos pero el código de esos signos no existe como algo dado; los hombres tienen que descubrirlo y elaborarlo con infinita paciencia.

La historia de la poesía moderna, desde el romanticismo, es la historia de las respuestas que los poetas han dado a la ausencia de un código universal y eterno. Como otros poetas de la modernidad, André Breton

---

[1] «En su profundidad vi que se interna,/con amor en un libro encuadernado,/lo que en el orbe se desencuaderna...» (Trad. Ángel Crespo.)

buscó no la imposible reconstrucción de un imposible código sino los vestigios aún vivos de la ciencia suprema: la analogía universal. Los buscó en las tradiciones perdidas y en la sabiduría de los salvajes, en las palabras enterradas de los heterodoxos y los réprobos —los buscó, sobre todo, en su mundo interior, en las pasiones, emociones e imágenes que engendra el deseo, una potencia no menos universal que la razón. En el tumulto de la historia contemporánea, trató de oír, en momentos excepcionales, las palabras *confusas* que emite el bosque de los símbolos. Con esas palabras inciertas y de dudosa significación, nosotros los modernos hemos compuesto nuestros cantos. Los poemas-objeto de André Breton están hechos con los mismos materiales de sus otros poemas: provincias de niebla pobladas de altos obeliscos tatuados por el rayo. También de la materia de cada día: una invitación a un *vernissage* o un listón que ata unos rizos de mujer. Lenguaje de la calle y lenguaje del sueño.

En los emblemas barrocos, las figuras y las imágenes se transforman con naturalidad en lenguaje. En el poema-objeto de Breton no opera esta concordancia racional y metafísica; su sintaxis es otra y está hecha de choques, disyunciones, lagunas y saltos sobre el vacío. Pero lo que se pierde en inteligibilidad se gana en poder de sorpresa y de invención. A veces el choque entre la imagen y el texto escrito se resuelve en opacidad; otras en fuego de artificio; otras en breve llamarada. En el poema-objeto la poesía no opera únicamente como puente sino también como explosivo. Arrancados de su contexto, los objetos se desvían de sus usos y de su significación. Oscilan entre lo que son y lo que significaron. No son ya objetos y tampoco son enteramente signos. Entonces, ¿qué son? Son cosas mudas que hablan. Verlas es oírlas. ¿Qué dicen? Dicen adivinanzas, enigmas. De pronto esos enigmas se entreabren y dejan escapar, como la crisálida a la mariposa, revelaciones instantáneas.

México, a 24 de julio de 1990

[«Poemas mudos y objetos parlantes: André Breton» es el prólogo a *André Breton: Je vois, j'imagine, poèmes-objets*, Gallimard, París, 1991; se recogió en *Convergencias*, Seix Barral, Barcelona, 1991.]

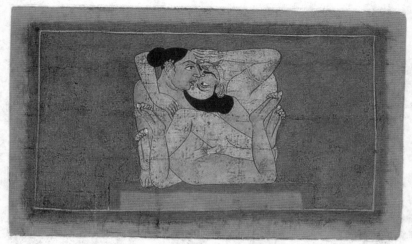

Arte tántrico, *Postura sexual Cakra Āsana,* siglo XVIII.

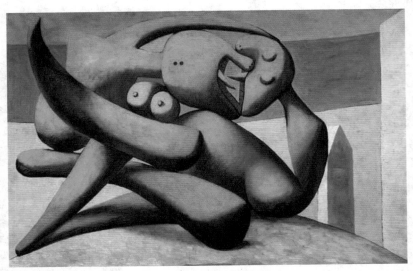

Pablo Picasso, *Figuras al borde del mar*, 1931.

Joan Miró, *Nocturno*, 1940.

Max Ernst, *La ciudad entera*, 1936.

André Breton, *Objeto de operación simbólica*, 1931.

Jaspers Johns, *Finisterre*, 1989.

Eduardo Chillida, *Elogio del horizonte,* 1990.

Martín Ramírez, *Sin título*, c. 1950.

Roberto Matta: vestíbulo

Las relaciones entre la cultura francesa y los escritores y artistas de América Latina han sido, desde fines del siglo XVIII, continuas y privilegiadas aunque, casi siempre, se han desarrollado en una sola dirección. Los latinoamericanos han recogido, adoptado y transformado muchas influencias francesas; en cambio, sus respuestas, interpretaciones y recreaciones pocas veces han sido escuchadas en Francia, salvo en nuestros días. Uno de los grandes poetas de nuestra lengua, introductor de la poesía simbolista francesa en español, Rubén Darío, vivió largas temporadas en París pero su presencia fue advertida únicamente por unos pocos, como Henry J. M. Levet, que le dedicó una de sus *Cartes postales*. Sin embargo, en algunos casos aislados los latinoamericanos han participado como protagonistas en la vida literaria y artística de París. Los ejemplos más notables son los de dos chilenos, un poeta y un pintor: Vicente Huidobro y Roberto Sebastián Matta. La figura de Huidobro ha sido olvidada a pesar de que parte de su obra poética fue escrita en francés y de que su participación en la iniciación del movimiento poético moderno en Francia fue destacada, primero en *Nord-Sud,* al lado de Reverdy, su amigo enemigo, y después de una manera independiente. Olvido injusto: Huidobro fue una personalidad brillante y polémica, aparte de ser un excelente poeta (aunque lo mejor de su poesía está en español). El caso de Matta es muy distinto: no sólo su influencia ha sido más prolongada y profunda sino que su persona y su obra son presencias vivas en el arte contemporáneo.

Matta hizo estudios de arquitectura y en 1934 trabajó en el estudio de Le Corbusier, en París. Muy pronto conoció a Breton, Duchamp, Dalí, Magritte, Penrose, Tanguy, Miró y otros surrealistas. En 1938 participó, ya como miembro del grupo, en la Exposición Internacional del Surrealismo. Simetría inversa: Huidobro llega a París en 1916, durante la primera Guerra Mundial; Matta abandona París en 1938, al comenzar la segunda

Guerra Mundial. A instancias de Duchamp se instala en Nueva York, como Breton, Ernst, Tanguy y Masson. Allá trata a los jóvenes pintores norteamericanos y se convierte inmediatamente en su guía y su inspirador. En 1940 viaja a México con Robert Motherwell. Reencuentro con el sol, los volcanes y los temblores de tierra. Huidobro había escrito un libro de poemas llamado *Temblor de cielo;* para Matta la pintura también es temblor, *arquitectura de tiempo:* un edificio hecho de líneas, formas y colores en movimiento. El espacio se echa a andar. Durante esos pocos años, entre 1939 y 1945, poseído por una salvaje y poderosa energía creadora, a un tiempo brillante y profunda, Matta pinta algunos cuadros extraordinarios. ¿Así se encuentra a sí mismo? Más exacto será decir: así parte de sí mismo al encuentro de un mundo que acaba de descubrir y que desde entonces no ha cesado de explorar —y de inventar.

La primera gran exposición de Matta en Nueva York (1942: *La tierra es un hombre*) fue saludada por Breton como uno de los grandes momentos de la visión surrealista del hombre y del mundo. La noción de *modelo interior* se modifica sustancialmente; en realidad, ante esos cuadros hay que hablar más bien de explosión interior. Sólo que el mundo interior que revela Matta también es el exterior. Nupcias de la pasión y la cosmogonía, de la física moderna y el erotismo. Un mundo espiritualmente más cerca de Giordano Bruno que de Freud. Naturalmente un Bruno del siglo xx que tuviese noticias de Einstein y Poincaré. No es extraño que Duchamp se sintiese atraído por el joven Matta, al que llama «el pintor más profundo de su generación». Hay, además, otro elemento en esos cuadros de Matta y que no ha dejado de manifestarse en su obra subsecuente: la historia. Con razón nunca ha querido separar el mundo íntimo del social y ambos de las fuerzas naturales y físicas. Para Matta la revolución y el amor, los cataclismos sociales y las explosiones de la galaxia, son parte de la misma realidad y, en un sentido profundo, *riman*. Las vastas y violentas composiciones de esos años, en las que un espacio dinámico y nunca pintado antes se viste con unos colores paradisiacos, acabados de nacer, no podían sino fascinar a los jóvenes y ávidos pintores norteamericanos: Gorky, Pollock, Rotkho, De Kooning, Motherwell, Baziotes y los otros.

En esos años Nueva York fue el lugar de un encuentro. No de dos civilizaciones sino de dos tradiciones estéticas o, más bien, de la tradición moderna europea y de la sensibilidad norteamericana. En esa época no había realmente una tradición pictórica moderna de los Estados Unidos, salvo como un reflejo provinciano del arte europeo. En este encuentro el grupo surrealista de Nueva York (Ernst, Matta, Masson, Tanguy) desempeñó una función preponderante aunque, claro está, no única. Sobre esto es necesario señalar un hecho que no siempre se ha visto con claridad: dos fenómenos distintos confluyen en ese momento. El primero: en la pintura surrealista se opera una metamorfosis radical, preparada por Duchamp y realizada por Matta: fusión del erotismo, el humor y la nueva física. Matta introduce una visión no-figurativa: sus cuadros no son transcripciones de realidades vistas o soñadas sino recreaciones de estados anímicos y espirituales. Lo no visto se hace visible o, más exactamente, *encarna*. Fue un atrevido viraje que hizo cambiar de rumbo a la pintura surrealista y que abrió vistas desconocidas a los jóvenes artistas de los Estados Unidos. El segundo: nace la nueva pintura norteamericana, como un eco y una respuesta a la pintura europea.

La figura central de ese momento, el cruce de caminos, el enlace y el inspirador, es Matta. Por él, la pintura surrealista penetra en una región inexplorada y, simultáneamente, fertiliza el arte de los jóvenes norteamericanos. Ignorar o minimizar su influencia, como se ha pretendido en ocasiones, además de ser una necedad, es un escándalo. Por fortuna, muchos artistas y críticos norteamericanos no padecen esta miopía moral y estética. Para definir la posición única de Matta en esa década nada mejor que imaginar un triángulo geográfico, histórico y espiritual: América del Sur (Chile), Europa (París), América del Norte (Nueva York y México). Más que los tres tiempos, los tres lados o caras de nuestra civilización. Triángulo que encarnan una persona y un año: Matta, 1942. Un nombre y una fecha axiales para el arte de la segunda mitad del siglo xx. Cuarenta años después podemos preguntarnos: ¿aurora o crepúsculo del arte moderno? Qué importa: ¿no es el alba el crepúsculo de la mañana y no es el crepúsculo el alba de la tarde?

La contradicción puede ser un método de vida. Es fecundo cuando no sólo niega a los otros sino a nosotros mismos pues así nos da la posibilidad de cambiar. Pero la negación no se convierte en afirmación como pretende la quimérica dialéctica (Kant la llamó «la lógica de las ilusiones»). La negación es un ascetismo, una higiene superior: no nos cambia pero nos entrena y nos lanza al vacío. Es el trampolín del salto... ¿hacia dónde? No lo sabemos sino hasta que nos vemos en el aire y aprendemos instantáneamente el arte que nadie enseña: el de caer de nuevo en tierra, sanos y salvos. Lo más difícil: caer con gracia. Es el arte supremo. Nietzsche llamaba a Séneca «el toreador de la virtud»; Matta es «el bailarín de la imaginación»: sabe saltar y sabe caer. Al final de su periodo neoyorquino, a través de una negación que es un salto, reintroduce en su pintura la figuración: unos seres grotescos y terribles que evocan tanto a los personajes de la *science fiction* como a la figura de los códices precolombinos de México. Matta: istmo, no entre continentes sino entre siglos. Así, al mismo tiempo que, después de haberlo profetizado, se aleja del expresionismo abstracto, descubre otro territorio de la imaginación. Es un mundo que no cesará de explorar durante los cuarenta años siguientes, hasta hoy: la pintura narrativa, la pintura que cuenta. Pintura que es mito, leyenda, historia, historieta, adivinanza. Pero lo que cuenta su pintura no es lo que pasa en la actualidad sino abajo y arriba de ella, el juego de las fuerzas e impulsos que nos hacen, deshacen y rehacen. Sus instrumentos: el ojo que hace, la mano que mira, la risa que perfora, la fantasía que provoca el chorro de imágenes.

Después de la segunda Guerra Matta regresa a Europa. Vive en Roma y en Londres, se instala en París, viaja a Chile y Perú, visita varias veces La Habana, vuelve a México y, en fin, recorre los cinco continentes. Durante estos cuarenta años no ha cesado de pintar, pensar, amar, combatir, irritar, discutir, conmover, indignar, iluminar. Juglar, ingeniero, ilusionista, confuso, inspirado, tartamudo, elocuente, mago, prestidigitador, *clown*, clarividente, poeta, insurrecto, generoso. El sol lo acompaña siempre. No es extraño; una de sus divisas es: «el sol para el que sabe congregar». Pero hay otro sol, secreto, para el que sabe quedarse solo y decir *no*. A Matta lo iluminan, alternativamente, los dos soles, el de la plaza y el de la celda. El surrealismo fue un gran viento cálido de rebeldía sobre este siglo helado y cruel. Matta ha sido fiel a ese impulso subversivo y generoso. Con una de esas expresiones suyas que revelan su inmenso don verbal, ha dicho que pinta «para que la libertad no se convierta en estatua». Gran decir. Por desgracia, como otros artistas de nuestro tiempo —y no de los menores, de Picasso y Pound a Neruda y Éluard— a veces ha confundido a las estatuas en el poder con los revolucionarios vivos en la cárcel o el destierro, a los tiranos con los libertadores. No digo esto como queja o reproche: tenía que decir mi desacuerdo.

Matta es uno de los grandes artistas contemporáneos. Lo fue desde sus comienzos y lo sigue siendo. En 1946 Marcel Duchamp escribió unas líneas que, en su brevedad, son todavía lo mejor que se ha dicho sobre él: «Su primera contribución a la pintura surrealista, y la más importante, fue el descubrimiento de regiones del espacio, desconocidas hasta entonces en el campo del arte». Una vez más Duchamp dio en el blanco: el espacio de Matta es un espacio en movimiento, en continua bifurcación y recomposición. Espacio que fluye, plural. Espacio que posee las propiedades del tiempo: transcurrir y dividirse en unidades discretas sin jamás interrumpirse. La crítica ha señalado el carácter dinámico del espacio de Matta pero me parece que no ha advertido su profunda afinidad con el espacio de ciertos poetas modernos. Pienso, ante todo, en Apollinaire y en algunos de sus grandes poemas *(Zone* y *Le Musicien de Saint-Merry),* en donde distintos espacios confluyen y se entretejen como una trama viva hecha de tiempo. Espacio temporalizado. La visión de Apollinaire ha sido recogida y transformada por varios poetas de lengua inglesa y española. Algunos nos hemos aventurado por ese nuevo espacio que, vuelto tiempo, camina, gira, se disgrega y se reúne consigo mismo. Ésta es, sin duda, una de las razones que me atraen, afectiva y espiritualmente, a la aventura pictórica de Matta. Una afinidad que me ha hecho escribir, en lugar de un insuficiente estudio crítico sobre su obra, un poema: *La casa de la mirada.* Es una exploración (¿una peregrinación?) por esa geología, geografía y astronomía anímicas que son el espacio imantado de su pintura.

[«Roberto Matta: vestíbulo» fue escrito originalmente para el catálogo *Matta, Collection des Clasiques du Vingtième Siècle,* editado por el Centre Georges Pompidou A. D. A. G. P., París, 1985; se publicó en *Vuelta,* núm. 109, México, diciembre de 1985.]

Chillida: del hierro al reflejo

Chillida estudió arquitectura en la Universidad de Madrid pero al cabo de cuatro años, en 1947, abandonó las aulas y comenzó a dibujar y a esculpir. Al año siguiente se trasladó a París. Allí comenzó ese sorprendente diálogo entre la mano y el ojo que es su obra escultórica. Obra singular entre todas pues en ella se conjugan dos direcciones opuestas del arte contemporáneo: la atracción por la materia y la reflexión sobre la materia. La escultura de Chillida nos impresiona, a primera vista, por su acentuada materialidad: más que formas en hierro o en granito, sus esculturas son el hierro mismo, el granito en persona. No son representaciones de ideas, sentimientos o sensaciones: son manifestaciones palpables de lo férreo y lo granítico. No obstante, una mirada más atenta no tarda en descubrir que esas materias están recorridas por una vibración rítmica y que esos volúmenes están regidos por una voluntad y una norma. Artista lúcido, Chillida ha llamado a una serie de sus esculturas en hierro: *Rumor de límites*. Rumor es ritmo, límite es mesura y ambos son la prefiguración de un lenguaje. Las formas escultóricas de Chillida no son mudas; son materia transfigurada por el ritmo: dicen.

Formas, volúmenes, tensiones, temperaturas: es casi imposible traducir a palabras ese lenguaje hecho de propiedades y cualidades visuales y táctiles. No lo es advertir que en esas esculturas combaten y se enlazan alternativamente, en un juego incesante, las mismas fuerzas impersonales que mueven al mundo. El arte de Chillida brota de una visión dinámica, directa y no cuantitativa de la realidad. Es una visión, por decirlo así, precientífica pero no irreflexiva. Un matemático muy conocido, René Thom, ha insistido en los últimos años sobre la posibilidad —y más: la necesidad— de reintroducir la dimensión cualitativa en la consideración científica de los fenómenos. El universo está hecho de formas y esas formas son sensibles, viven en perpetuo movimiento y sufren cambios continuos. Cada forma es un equilibrio momentáneo, una estructura sólo en apariencia estable y ya en movimiento hacia otra forma. Cada cambio es una catástrofe y cada catástrofe una resurrección. Anaximandro y Heráclito regresan y se convierten en nuestros contemporáneos. Desde la perspectiva que abren estas ideas podemos *ver* realmente la obra de Chillida y percibir el sentido de su doble rechazo de la figura humana y de la abstracción geométrica. Sus esculturas no reflejan los cuerpos de la geometría en un espacio intemporal pero tampoco aluden a una historia o a una mitología: evocan, más bien, una suerte de física cualitativa que recuerda a la de los filósofos presocráticos.

Mundo anterior a la historia y a las fábulas —aunque sea el origen de las historias y las leyendas—, siempre en lucha consigo mismo y cuyos protagonistas no son ni los héroes ni las ideas sino las fuerzas y los elementos. Mundo que se manifiesta en parejas contradictorias: el hierro y el viento, el papel y el acero, la luz y el granito, la línea y la masa, lo pleno y lo vacío. Inmersos en esa realidad cambiante donde se enfrentan tantas dualidades y oposiciones, el ojo y la mano del artista buscan un momento de equilibrio. Forma es equilibrio, convergencia entre fuerzas e impulsos antagónicos. Pacto de los gemelos enemigos: ante nosotros brota una forma suspendida en un espacio magnético, entre gravitación y levitación.

Las primeras tentativas de Chillida fueron en piedra y en yeso. No son de grandes dimensiones pero en ellas aparece ya esa monumentalidad que caracteriza sus obras posteriores. Una monumentalidad que no tiene relación alguna con el tamaño sino con la irradiación espiritual: no es la vastedad de las proporciones lo que las define sino la energía que contienen. En varias ocasiones Chillida se ha referido al «espacio interior» encerrado dentro del espacio exterior que vemos y palpamos. En el espacio vedado, siempre más allá o más acá —*off limits*. Hay que agregar que el «espacio interior» no es sino la *carga de desconocido* que encierra cada obra. Pero no es una entidad metafísica sino una propiedad sensible: aunque no la podemos definir, la percibimos con los sentidos. El «espacio interior» es la energía presa en cada forma, sea ésta hierro o arcilla, mármol o madera. Semilla de energía cautiva, es el foco de esa irradiación que emiten las obras. En esto consiste lo que he llamado, no muy exactamente, su monumentalidad. Quizá debería haber escrito: *fuerza de gravitación.*

Las esculturas de los años de aprendizaje, entre 1948 y 1951, revelan una doble y simultánea atracción por la mujer y por la tierra. La piedra parece respirar, como animada por una oscura voluntad de encarnación;

a su vez, las pesadas formas femeninas se despliegan con lentitud como los grandes espacios terrestres: montañas y llanuras. Mujer-montaña: energía en reposo pero secretamente activa. Esa inmovilidad, ¿es la que precede al despertar de los elementos o es la del cuerpo que ha caído en el sueño mineral? ¿Regreso a la geología o piedra que se incorpora al encuentro de la entrevista forma femenina? Oscilantes entre el mundo natural y el humano, las esculturas de este primer periodo delatan el conflicto que, sin duda, vivía el artista en esos años, justo en el momento de comenzar su aventura. La tentación de la forma humana, sobre todo en su manifestación más fascinante: la mujer, debe haber sido muy intensa. Todas esas esculturas femeninas son como la cifra de la sexualidad primigenia y una de ellas —pienso en el desnudo en piedra de 1950— es la encarnación del deseo en su movimiento de despliegue y repliegue de la forma. Es revelador que todas esas figuras carezcan de rostro. También lo es que el artista haya destruido muchas de ellas. Lo desconocido, el «espacio interior», todavía sin forma, lo llamaba. A fines de 1951 Chillida abandona bruscamente París y regresa a su tierra natal. Ruptura pero asimismo vuelta a los orígenes.

El cambio de país fue cambio de visión y cambio de materia: no la figura humana sino el espacio trashumano y sus incesantes metamorfosis, no la piedra sino el hierro. Al volver a su país, Chillida regresó a la antigüedad de su pueblo y a los dos elementos que son el emblema del carácter vasco: el fuego y el hierro. Los vascos son un pueblo marinero pero también herrero. Incluso puede decirse que su vocación no hubiera podido desarrollarse sin su dominio de las artes y técnicas del hierro. Las forjas de Vasconia eran célebres desde la época romana. Sor Juana Inés de la Cruz, vasca por el lado de su padre, al recordar con orgullo a su casta, en el prólogo de uno de sus libros, compara sus poemas no con las flores y los frutos de su tierra sino con el hierro de las minas vascongadas. Es difícil encontrar una relación entre las exquisitas construcciones barrocas de Sor Juana y el arte rudo de los vascos; en cambio, la relación es directa, filial, en el caso de la escultura de Chillida. Cierto, sus preocupaciones metafísicas y formales —su visión del universo como una asamblea de formas y de la forma como un equilibrio momentáneo entre las fuerzas y los elementos— están muy lejos del arte popular pero su actitud ante el hierro y los otros metales, su manera de trabajarlos y tratarlos, prolonga la tradición de los herreros y forjadores de su pueblo. La herrería es una actividad corporal: la mediación entre el martillo, el yunque y el hierro se realiza a través del cuerpo del herrero. El trabajo es rítmico y ese ritmo es muscular: el martillo es la prolongación del brazo del herrero, su mano ciclópea; con esa mano el artista golpea, hiere, modela, acaricia, pule y magnetiza al hierro hasta convertirlo en una forma sensible y animada.

La vuelta a la tierra fue la vuelta al hierro y la vuelta al hierro fue el regreso a sí mismo. Pero no al ego ni a la conciencia personal sino a aquello que es anterior al yo: el espacio. La aprehensión del espacio es instintiva, es una experiencia corporal: antes de pensarlo y definirlo, lo sentimos. El espacio no está fuera de nosotros ni es una mera extensión: es aquello en donde estamos. El espacio es un *dónde*. Nos rodea y nos sostiene pero, simultáneamente, nosotros lo sostenemos y lo rodeamos. Somos el sostén de aquello que nos sostiene y el límite de lo que nos limita. Somos el espacio en que estamos. Dondequiera que estemos, estamos en nuestro *dónde*; y nuestro *dónde* nos sigue a todas partes. Es más fiel que un perro y más fiel que nuestra sombra misma, que nos abandona cada noche. El *dónde* nunca nos abandona ni nosotros podemos abandonarlo: somos consustanciales, nos confundimos con nuestro espacio. No obstante, estamos separados: el espacio es lo que está más allá, al otro lado, lo cerca-lejos, lo siempre inminente y nunca alcanzable. Es el límite que, al tocarlo, se deshace para reaparecer, inmediatamente, más allá o más acá. La frontera donde yo termino y empieza lo otro, lo ajeno, está en perpetuo movimiento. Erosión continua: a medida que penetro en mí, me alejo de mí; yo mismo soy mi lejanía, ando dentro de mí como en un país desconocido. Y más: un país que se hace y se deshace sin cesar. Lo ilimitado lima todos los límites. Contradicción más sensible que mental: el espacio no es pensable sino tocable pero, apenas lo tocamos, se desvanece. Esta experiencia es universal y cotidiana. Chillida no es una excepción: el hierro, esa materia tan dura y cerradamente materia, se volvió de pronto vacío: *espacio interior*. El regreso a la tierra natal, al hierro y a sí mismo, fue el regreso a lo desconocido.

En la obra de Chillida el hierro, solo o en conjunción con otros materiales: la madera y el granito, tiene un lugar central, preponderante. La dominación del elemento férreo se inicia en 1951 aunque, a partir de 1967, se observa una ligera declinación en favor, según los periodos, de la madera, el acero, el granito y el alabastro. Sin embargo, el hierro está presente en todas sus épocas y nunca ha desaparecido enteramente de su producción desde hace más de un cuarto de siglo. Esta fidelidad a un elemento que es un emblema de inflexibilidad y dureza revela el carácter a un tiempo pasional y ascético del escultor. También es una de sus limitaciones. La sensualidad —no la sexualidad— apenas si aparece en sus obras. Tampoco la gracia, la ternura o el humor fantástico. Son otros sus dones y otras sus pasiones. El hierro es una materia austera y el culto que le profesa Chillida es igualmente austero. Pero esta severidad no impide —al contrario: provoca— invenciones de gran refinamiento en su simplicidad. Entre 1952 y 1956 Chillida produce una serie de esculturas en las que el hierro, a veces en conjunción con guijarros y piedras de río, se afila y aguza en chorros esbeltos que se curvan o se lanzan al asalto del espacio. Estas obras colindan en uno de sus extremos con una sexualidad cruel y, en el otro, con una elegancia alada. Lo agudo, lo punzante, lo penetrante y perforante, lo que ensarta, clava, atraviesa y, simultáneamente, lo que vuela, ondea, revolea, serpea, flamea, culebrea: el pico y el ala, las garras y las plumas. Pájaros pero también saetas, flechas, jabalinas, el zig-zag de la corriente eléctrica. ¿Cómo no pensar en las tribus de lanzas y azagayas fantásticas que finge la tinta de la escritura cúfica sobre la página? Sólo que la página de Chillida es el aire libre. Ondear de lanzas y plumas, ondear negro y azul: el hierro y el viento.

La oposición entre el hierro y el aire no es sino uno de los aspectos de la oposición universal. El espacio es un campo de batalla; los combatientes son innumerables y cambian continuamente de figura, de nombre y de bando —tal vez porque no son sino encarnaciones momentáneas de dos gemelos enemigos o, más probablemente, de un ser que sin cesar se divide y lucha consigo mismo sólo para unirse de nuevo. Dentro de la obra de Chillida las oposiciones también cambian de forma y figura. La agudeza —en el sentido material de la palabra pero igualmente en el espiritual— definía a sus primeras obras en hierro. Un poco después se inicia un nuevo periodo, regido por la cualidad contraria: la *gravedad*. Las nuevas formas son sólidas, pesadas, como si fuesen los pilares o sostenes del mundo. Sólo que esas construcciones férreas no sostienen nada, son esqueletos vacíos, deshabitados. Entre sus paredes metálicas y por sus corredores ásperos o lisos no pasa nadie sino el viento. El hierro edifica vastas terrazas y altos parapetos, cava secretas cámaras y profundas galerías para un pueblo incorpóreo. Rudos homenajes de las formas al espacio en su manifestación más sensible y, al mismo tiempo, más abstracta y filosófica: la vacuidad. Tensión contradictoria: las formas quieren colonizar al espacio pero el triunfo del espacio es la anulación de las formas. Si

Chillida fuese budista, se inclinaría por la victoria del espacio, es decir, por la vacuidad. Pero es escultor y aspira a expresar esa dualidad, no a disolverla.

Entre las esculturas de este periodo hay una que me atrae por la energía de sus formas y por la riqueza de imágenes que suscita: *Peine de viento*. Hay cuatro versiones: la primera y segunda en hierro, la tercera en hierro y granito, la cuarta en acero. Cada una es muy distinta; en realidad se trata de cuatro esculturas diferentes, unidas por el tema y el título. *Peine de viento*: metáfora sorprendente. En general vemos al viento como una invisible mano que peina lo mismo al mar y los bosques que el cabello de hombres y mujeres. Góngora, gran maestro de metáforas, dice que el viento peina la hirsuta cabellera de Polifemo —«imitador undoso de las oscuras aguas de Leteo»— con más furia que cuidado. Pero me parece que Chillida invierte los términos de la vieja metáfora: el hierro peina al viento. *Peine de viento II*, una de sus esculturas más poderosas, es una suerte de mano terrible que abre los dedos para que pase entre ellos el viento de alta mar. En *Peine de viento III* la mano de hierro se convierte en una forma entre animal y vegetal, hecha de raíces o tentáculos que se anudan como si quisiesen encerrar entre sus anillos el cuerpo invisible del aire; los raigones se clavan en una columna trunca de granito batida por la intemperie. *Peine de viento IV*, obra de mayores dimensiones, es la culminación de la serie. La mano se ha cerrado y es ya una forma negra y brillante que no guarda vestigios de sus metamorfosis anteriores. Construcción bárbara: láminas de acero contrapuestas, paralelas y perpendiculares, con aberturas y orificios. Imagen de lo inexpugnable, para ser plantada en lo alto de un promontorio cara a un mar o un desierto, en la frontera de lo ilimitado. Sus planchas oponen al viento su maciza obstinación pero sus orificios le abren caminos sonoros que atraviesa silbando y gritando. *Peine de viento IV* se transforma así en un extraño instrumento de músicas discordantes.

Rumor de límites, serie de siete esculturas, cinco en hierro y dos en acero, tiene una estrecha afinidad formal y temática con las cuatro variaciones de *Peine de viento*, sobre todo con la última. Aunque la oposición entre el metal y el aire, la forma y la vacuidad espacial, sigue siendo el eje de esta serie, todo ha sido transformado de una manera radical. No es inexacto decir que *Rumor de límites* es una metáfora de *Peine de viento*. Mutación de los dos términos: el viento se ha convertido en rumor; el peine en límite. Como *Peine de viento IV*, las siete variaciones de *Rumor de límites* están hechas de yuxtaposiciones y soldaduras de láminas, barras y lingotes que se entrelazan y anudan alrededor de un espacio vacío. Pero el espacio aparece —mutación ya insinuada en *Peine de viento IV*— bajo su forma sonora. El viento se ha vuelto rumor y ese rumor es el llamado de lo ilimitado, el oleaje de las lejanías chocando contra los límites que le opone la forma. Los límites hacen audible el llamado y así dejan de ser obstáculos para convertirse en mediadores. Las siete esculturas son siete monumentos en los que se oye, remoto, el cántico de lo ilimitado. La transposición de lo visual y táctil a lo sonoro es constante en Chillida, como lo muestran los títulos de muchas de sus obras: *Contrapunto, Música de las esferas, Eco (I y II), Espacios sonoros, Música de las constelaciones, Silencios, Canto rudo.* El título de una obra menor pero que me atrae por la libre y simple elegancia de su forma —oscilante entre el tridente y un arpa fantástica— viene de un poema de San Juan de la Cruz: la *música callada.* Esa música es la música del espacio ilimitado que resuena silenciosamente en *Rumor de límites VII,* laberinto metálico que evoca a un tiempo la oreja y el caracol marino.

El juego de las oposiciones se mantiene a lo largo de la obra de Chillida. La continuidad no es reiteración sino metamorfosis: Chillida persiste cambiando. Sus cambios son la confirmación, la prueba de su permanencia. *Yunque de sueño* es una serie de diecisiete esculturas realizadas en el curso de doce años (la primera es de 1954 y la última de 1966). Doble fidelidad: al hierro y a la manera, recia e impetuosa, de forjarlo. El título de la serie obedece a la misma lógica poética de las obras anteriores: el yunque y el sueño no son sino otra y más enérgica formulación de la dualidad que rige a *Peine de viento* o a *Rumor de límites.* La transposición afecta también la relación entre los dos términos de la metáfora: el yunque adquiere las propiedades del sueño y, como el peine y los límites, se niega a sí mismo, se transforma en su contrario y así vuelve a ser espacio vacante. La sintaxis plástica y el sentido de estas metáforas visuales es análogo en las tres series. Cada escultura es una forma definida pero esas formas no terminan en ellas sino que están en perpetua comunicación con un espacio sin forma y al que ellas, en su movimiento envolvente, quieren apresar y, en cierto modo, definir. Entre las formas y el espacio vacío, entre el hierro y el aire, hay una relación muy difícil de explicar verbalmente pero que el ojo y el tacto perciben de inmediato. Sin embargo, esta relación no es puramente sensible: las formas señalan el espacio y, de alguna manera, lo significan, lo nombran. Son tentativas de definición del espacio. Por eso se llaman *yunques* y por eso, aunque sean de hierro, se disuelven como los sueños: son el espacio puro, sin cuerpo, sin nombre. En la mayoría de las esculturas de esta serie el yunque es de hierro y el zócalo de madera. A veces, la relación entre la escultura y su base es la del hacha y el tronco; otras, la del rayo y el árbol. Movimiento de arriba hacia abajo: el hierro cae sobre la madera y la abre. Curiosa y tal vez involuntaria alegoría de los orígenes de la metalurgia: los primeros objetos de hierro usados por los hombres venían del cielo, eran meteoritos. En *Yunque de sueño* regresa la violencia, presente ya en las formas afiladas y punzantes de los primeros años, sólo que el objeto de la agresión no es el aire sino el tronco de roble. La llegada de la madera al mundo de Chillida no es accidental: es parte del proceso que lo llevó de la piedra al hierro. En la admirable monografía que ha dedicado a la obra de Chillida, guía insustituible, Claude Esteban recoge una frase del cuaderno de apuntes del escultor: «No conozco el camino pero conozco el aroma de ese camino». Y en otro momento escribe que fue a la madera «guiado sólo por un aroma».[1] Percibido más por la imaginación que por los sentidos, el aroma es otra metáfora del espacio libre y vagabundo. En un camino de Navarra, en el otoño de 1958, Chillida vio, medio escondida entre la hierba, una viga abandonada. Al punto se detuvo y la reconoció. Mejor dicho, la oyó, pues, según lo refirió más tarde a Claude Esteban, le pareció oírla decir: *soy yo.*

La madera es uno de los grandes momentos del arte de Chillida: las cuatro grandes esculturas llamadas *Abesti Gogorra* (Canto rudo). La metáfora sonora regresa: las cuatro esculturas son un canto y ese canto es recio, rudo: viento entre los árboles. Himno no de sonidos y palabras sino de formas y volúmenes. El canto es un edificio de aire que sube desde la tierra movido por alas sonoras; las esculturas de Chillida son maderos acoplados y ensamblados, construcciones compactas y súbitos espacios abiertos. El espacio canta un canto que no oímos con los oídos sino con los ojos... La quinta versión de *Abesti Gogorra* es una escultura de grandes dimensiones que se encuentra en un jardín del Museo de Houston. No es de roble sino de granito. Entre los árboles y las plantas parece un aerolito caído de Saturno, el planeta de los melancólicos y los espirituales. La música mental ha cesado: esa escultura está hecha de silencio. El gran silencio del espacio.

[1] *Chillida par Claude Esteban*, Maeght Éditeur, París, 1971.

Otra serie de esculturas explora el tema en que culmina *Abesti Gogorra*. Me refiero a cinco obras en acero: *Alrededor del vacío*. La persistencia de ciertas preocupaciones, a través de los cambios de materiales y de formas, revela no sólo uno de los rasgos del carácter de Chillida (la tenacidad) sino la dirección de su espíritu. La forma —hierro, madera, acero, granito— es el teatro de las mutaciones del espacio que se vuelve sucesivamente viento, rumor, música, silencio. Mutaciones pasajeras, inestables: ¿todas esas formas son manifestaciones de la vacuidad? Cinco esculturas y una sola pregunta. Es una pregunta sin respuesta o, mejor dicho, una pregunta cuya respuesta es el silencio. Otra serie de esculturas recoge la pregunta de *Alrededor del vacío*, no para contestarla sino, nuevamente, para transmutarla: las catorce obras en alabastro que Chillida llama *Elogio de la luz*. El silencio se vuelve alabanza. Aquello que no se puede decir, lo indecible, es el espacio puro, sin propiedades y sin límites. Fusión de lo material y lo espiritual: la luz que vemos con nuestros ojos de carne poco a poco se disuelve en una claridad sin orillas. Las esculturas en hierro, madera, granito y acero fueron trampas para apresar lo inaprensible: el viento, el rumor, la música, el silencio —el espacio. Las esculturas de alabastro no intentan encerrar el espacio interior; tampoco pretenden delimitarlo o definirlo: son bloques de transparencias en donde la forma se vuelve espacio y el espacio se disuelve en vibraciones luminosas que son también ecos y rimas, pensamiento. Del hierro al reflejo: metamorfosis del espacio. Peregrinación de las formas: la escultura —hierro o madera: volumen compacto— vuelta un sólido resplandor.

El arte de Chillida no es una demostración ni él se propone afirmar esta o aquella idea. Sus esculturas expresan o, más bien, *son,* una visión de la realidad pero esa visión es irreductible lo mismo a la geometría de los sistemas que al impresionismo de las sensaciones. Como la *música callada* del místico español, las formas de Chillida dicen —sin decir. Dicen la realidad dual del universo, las mutaciones y variaciones que engendra la inacabable batalla amorosa entre la forma y el espacio. Las esculturas de Chillida no se inclinan ni por esto ni por aquello; dicen que el universo es dual, guerra y acorde. ¿Idealismo, realismo? El mundo de las esencias no es el mundo de Chillida; tampoco es el de las apariencias visibles. El mundo no es lo que vemos ni lo que pensamos: es un equilibrio, un momento de convergencia. Un pacto y una pausa.

La arquitectura de la India y la de los mayas fue realmente escultura arquitectónica: el templo concebido como una estatua divina cubierta de ornamentos y atributos; la escultura de Chillida, en cambio, es profunda y radicalmente arquitectura: construcción de un espacio, no sobre sino en y dentro del gran espacio. Por esto, sin duda, la figura humana no aparece todavía en su obra. Digo *todavía* porque estoy seguro de que, en su momento, aparecerá. Mientras tanto, sus esculturas son la casa del espacio y están habitadas por un ser plural y uno. Chillida lo llama el «espacio interior» pero podría llamarse también vacuidad o dios o espíritu o logos o proporción. Tiene todos los nombres y ninguno. Es el interlocutor invisible al que se enfrenta desde que comenzó a esculpir. El interlocutor habla por signos y enigmas; esos signos son máscaras y detrás de ellas no hay un rostro sino una claridad que se desvanece. *Espíritu de los pájaros* llamó Chillida a una de sus primeras esculturas en hierro. Jeroglífico del vuelo: la escultura escribe sobre el espacio y lo que escribe es su propio movimiento alado. El pájaro es uno de los signos del espacio. Cada una de las esculturas de Chillida es, como el pájaro, un signo del espacio; cada una dice una cosa distinta —el hierro dice viento, la madera dice canto, el alabastro dice luz— pero todas dicen lo mismo: espacio. Rumor de límites, canto rudo: el viento —antiguo nombre del espíritu— sopla y gira incansablemente en la casa del espacio.

México, D. F., a 31 de marzo de 1979

[«Chillida: del hierro al reflejo» se publicó en *Sombras de obras*, Seix Barral, Barcelona, 1983.]

Arte e identidad:
los hispanos de los Estados Unidos[1]

NOMBRES Y CONSTITUCIONES

Nuestra experiencia más antigua, en la ceguera del principio, es una sensación de súbita desgajadura. Expulsados de un todo que nos envolvía, abrimos los ojos por primera vez en un ámbito extraño, indiferente. Nacer es una caída lo mismo en el sentido fisiológico que en el metafísico; por esto, para los psicólogos, nacer es un trauma y, para los cristianos, la reiteración de la Caída original. A la sensación de desamparo se alía la de haber sido arrancados de una realidad más vasta. Es lo que llamaba el teólogo Schleiermacher el sentimiento de la dependencia original, fundamento de la religión cristiana y, quizá, de todas las otras. Las dos notas, de caída y comunión, o en términos menos cargados de teología: participación y separación, están presentes a lo largo de nuestras vidas. Nacen y mueren con nosotros. Una vive en función de la otra, en discordia permanente y en perpetua busca de reconciliación. Cada vida humana es el continuo tejer, destejer y volver a tejer los lazos del comienzo. La experiencia original, separación y participación, aparece en todos nuestros actos a través de variaciones innumerables.

Vivimos dentro de círculos concéntricos, sucesivos y cada vez más dilatados: familia, barrio, iglesia, colegio, trabajo, club, partido, ciudad, nación. El sentimiento de pertenecer a esta o aquella realidad colectiva es anterior al nombre y a la idea: primero *somos* de una familia, después *sabemos* el nombre de esa familia y, más tarde, llegamos a tener una idea, más o menos vaga, de lo que es y significa la familia. Lo mismo sucede con el sentimiento de separación y soledad. Al crecer, descubrimos nue-

---

[1] ¿Cómo llamar a las distintas comunidades hispanoamericanas que viven en los Estados Unidos: chicanos, portorriqueños, cubanos, centroamericanos, etc.? Me parece que el término más usado: *hispanos,* los abarca a todos en su compleja unidad.

vos nombres y realidades; cada nombre designa comunidades, grupos y asociaciones más y más amplios y evanescentes: podemos ver a nuestra familia, hablar con ella, pero sólo de una manera figurada podemos ver y hablar con nuestra nación o con la congregación de fieles de nuestra Iglesia. Todos los nombres de esas distintas comunidades aluden, oscuramente, al sentimiento original; todos ellos son extensiones, prolongaciones o reflejos del instante del comienzo. Familia, clan, tribu o nación son metáforas del nombre del primer día. ¿Cuál es ese nombre? Nadie lo sabe. Quizá es una realidad sin nombre. El silencio cubre la realidad original, el instante en que abrimos los ojos en un mundo ajeno. Al nacer perdemos el nombre de nuestra verdadera patria. Los nombres que decimos con ansia de posesión y participación —*mi* familia, *mi* patria— recubren un hueco sin nombre que se confunde con nuestro nacimiento.

El doble sentimiento de participación/separación aparece en todas las sociedades y en todos los tiempos. El amor que profesamos a la familia y a la casa, la fidelidad a los amigos y a los correligionarios, la lealtad a nuestro partido y a nuestra patria, son afectos que vienen del comienzo, reiteraciones y variaciones de la situación primera. Son la cifra de nuestra condición original, que no es simple sino dual, compuesta de dos términos antagónicos e inseparables: fusión y desmembración. Éste es el principio constitutivo de cada vida humana y el núcleo de todas nuestras pasiones, sentimientos y acciones. Es un principio anterior a la conciencia y a la razón pero es, asimismo, el origen de ambas. Entre sentirse y saberse separado hay apenas un paso; todos damos ese paso y así llegamos a la conciencia de nosotros mismos. El nombre del origen —desconocido, oculto o inexistente— se transforma en un nombre individual: yo soy Pedro, Teresa, Juan, Elvira. Nuestros nombres son la metáfora del nombre perdido al nacer.

El proceso se repite en la vida de todas las sociedades, desde el paleolítico hasta nuestros días. Primero es el sentimiento colectivo de pertenecer a esta o aquella comunidad, un sentimiento compartido con mayor o menor fervor por todos sus miembros; en seguida, el sentimiento de la diferencia de nuestro grupo frente a otros grupos humanos; después, el sentirnos diferentes de los otros nos lleva a la conciencia de ser lo que somos; la conciencia, en fin, se expresa en el acto de nombrar. El nombre del grupo reproduce de nuevo el principio dual que nos constituye: es el nombre de una identidad colectiva hecha de semejanzas internas y diferencias con los extraños. La inmensa diversidad de sociedades, sus distintas historias y la riqueza y pluralidad de las culturas no impide la universalidad del proceso. En todas partes el fenómeno ha sido sustancialmente el mismo, trátese de las aldeas del Neolítico, de la *polis* griega, de las repúblicas del Renacimiento o de las bandas de cazadores de cabezas en la jungla. El nombre refuerza los vínculos que nos atan al grupo y, al mismo tiempo, justifica su existencia y le otorga un valor. En el nombre está en cifra el destino del grupo, pues designa, simultáneamente, una realidad, una idea y un conjunto de valores.

Dar un nombre a una comunidad no significa inventarla sino reconocerla. En las sociedades modernas predomina la creencia de que las constituciones fundan a las naciones. Es una herencia del pensamiento político de los griegos, que casi siempre identificaron al ser con la razón. Pero la razón, es decir, la constitución, no es constituyente: la sociedad es anterior; las constituciones edifican sus principios sobre una realidad dada, la de los pueblos. Cierto, es impensable una sociedad sin leyes y reglas, cualesquiera que éstas sean. Pero esas reglas no son principios anteriores a la sociedad sino costumbres ancestrales, es decir, normas consustanciales a la sociedad. La sociedad es sus costumbres, sus ritos, sus reglas. Por esto la invención de las constituciones en la Grecia antigua —mejor dicho la invención de la *idea* de constitución— fue el comienzo de la historia como libertad: la ruptura de la costumbre inconsciente y heredada por un acto de la conciencia colectiva.

La promulgación de una constitución es, simultáneamente, una ficción y la consagración de un pacto. Lo primero porque la constitución pretende ser el acta declaratoria del comienzo, la fe de bautismo de la sociedad; se trata de una ficción, pues es claro que la sociedad es anterior a esa declaración de nacimiento. Al mismo tiempo, la ficción se transforma en pacto y así, como ficción, desaparece: el pacto constitucional cambia la costumbre en norma. Mediante la constitución los lazos tradicionales e inconscientes —costumbres, ritos, reglas, prohibiciones, franquicias, jerarquías— se convierten en leyes voluntaria y libremente aceptadas. El doble principio original —el sentimiento de separación y participación— reaparece en el pacto constitucional pero transfigurado: no es ya un destino sino una libertad. La fatalidad de nacer se convierte en acto libre.

La historia de las sociedades modernas, primero en Occidente y después en todo el mundo, es en buena parte la historia de la íntima asociación entre las distintas constituciones y la idea de nación. Digo *idea* porque, como ya dije, es evidente que la realidad que llamamos nación es anterior a su idea. No es fácil determinar qué es una nación ni cómo y cuándo nacen las naciones. Sobre estos temas todavía se discute sin cesar desde que apareció la filosofía política en Grecia. Pero la realidad que designa el nombre *nación* no necesita prueba alguna para ser percibida. Antes de ser una idea política, la nación ha sido, y es todavía, un sentimiento muy profundo y elemental: el de participación. La naturaleza, decía Herder, ha creado a las naciones, no a los Estados. Con esto quería decir, sin duda, que las naciones son creaciones más o menos involuntarias de complejos procesos que él llamaba naturales y nosotros históricos. Los ingleses, los franceses y los otros pueblos europeos fueron naciones antes de saber que lo eran; cuando lo supieron y combinaron la idea de nación con la idea de Estado, comenzó el mundo moderno. En general, con las naturales diferencias de cada caso, el proceso ha sido semejante en todas las naciones europeas y, después, en los otros continentes.

La idea de nación, convertida en una de las ideologías de la era moderna, ha suplantado con frecuencia a la realidad histórica. Por una curiosa confusión se ha visto un símbolo patriótico de Francia en el jefe galo Vercingetorix, en la pintura rupestre de Altamira el comienzo de la historia del arte de España y en la Independencia de México, en 1821, no el nacimiento sino la restauración de la nación. Según la interpretación oficial de nuestra historia, México *recobró*, en 1821, la independencia que había *perdido* cuando Cortés conquistó, en 1521, México-Tenochtitlan, la ciudad-Estado azteca. Los ejemplos que he mencionado casi al azar —hay de sobra para escoger— ilustran la moderna y peligrosa confusión entre realidad e ideología. Agrego que la confusión, además de ser general y peligrosa, es explicable. Era natural, por ejemplo, que el sentimiento de participación, exagerado después de la lucha por la independencia (separación) de España, se hubiese expresado en una desmesura cronológica teñida de pasión ideológica: la nación existía desde hacía muchos siglos, fue secuestrada y el pacto constitucional la restauraba en su realidad primera. Para esta versión romántica de nuestra historia, compartida todavía por muchos, la Independencia de México no fue un comienzo sino la vuelta al comienzo. En casi todas las revoluciones modernas se encuentra la misma idea: los movimientos revolucionarios *restauran* antiguas libertades y derechos perdidos. Así se combina la vieja idea de la vuelta a la edad primera con la moderna de un comienzo absoluto. Bodas impuras del mito y la filosofía política.

HIJOS DE LA IDEA

El proceso ha sido universal: la nación es hija de la historia, no de la idea. Pero hay excepciones. La más notable ha sido la de los Estados Unidos. Los ingleses o los franceses descubrieron un día que eran ingleses o franceses; los norteamericanos decidieron inventarse a sí mismos. Su nación no nació del juego de impersonales fuerzas históricas sino de un acto político deliberado. No descubrieron un buen día que eran norteamericanos: decidieron serlo. No los fundó un pasado: se fundaron a sí mismos. Exagero pero no demasiado. Es claro que en el nacimiento de los Estados Unidos, como en todo lo que sucede en la historia, concurrieron muchas circunstancias que, al combinarse, produjeron la sociedad norteamericana; lo que me parece asombroso y digno de meditarse es el lugar destacado y central que ocupa, entre todas esas circunstancias, la voluntad política de crear una nueva nación. Con frecuencia se habla de la inmensa novedad histórica que representan los Estados Unidos. Pocos se han preguntado en qué consiste esa novedad. Casi todo lo que son los Estados Unidos comenzó en Europa. No sólo es un país hecho por inmigrantes y sus descendientes; también vinieron de Europa las ideas y las instituciones, la religión y la democracia, la lengua y la ciencia, el capitalismo y el individualismo. Pero en ninguna otra parte del mundo un país ha nacido por un acto deliberado de autofundación. Fue un país nuevo en un sentido incluso polémico: quiso ser distinto a los demás, distinto a las otras naciones creadas por la historia. Su novedad fue radical, antihistórica. La Independencia de los Estados Unidos no fue la restauración de un pasado más o menos mítico sino un auténtico nacimiento. No una vuelta al origen: un verdadero comienzo.

La aparición de los Estados Unidos fue una inversión del proceso histórico normal: antes de ser realmente una nación fue un proyecto de nación. No una realidad sino una idea: la Constitución. Los norteamericanos no son los hijos de una historia: son el comienzo de *otra* historia. No se definen, como los otros pueblos, por su origen sino por lo que serán. El «genio de los pueblos», esa expresión que amaron tanto los historiadores románticos, fue concebido siempre como una suma de rasgos heredados; en cambio, el carácter de los Estados Unidos es no tener carácter y su singularidad consiste en su ausencia de particularidades nacionales. Fue un acto de violencia contra la historia: una tentativa por crear una nación *fuera* de la historia. Su piedra de fundación fue el futuro, territorio aún más desconocido e inexplorado que la tierra americana en la que se plantaron.

Comienzo total frente y contra la historia, personificada en el pasado europeo con sus particularismos, sus jerarquías y sus viejas instituciones inertes. Es comprensible la fascinación de Tocqueville, el primero en darse cuenta de que la aparición de los Estados Unidos en la escena mundial significaba una tentativa única por vencer a la fatalidad histórica. De ahí su negación del pasado y su apuesta por el futuro. Cierto, nadie escapa a la historia y hoy los Estados Unidos no son, como se habían propuesto los «padres fundadores», una nación fuera de la historia sino atada a ella por los lazos más férreos: los de una superpotencia mundial. Pero lo decisivo fue el acto del comienzo: la autofundación. Este acto inaugura *otra* manera de hacer la historia. Todo lo que los norteamericanos han hecho después, dentro y fuera de sus fronteras, bueno y malo, ha sido consecuencia y efecto de este acto inaugural.

Aludí antes a la ausencia de particularismos nacionales. No quise decir, por supuesto, que no existiesen realmente. Quise subrayar que el proyecto de los fundadores de los Estados Unidos no consistió en el reconocimiento del genio del pueblo, la idiosincrasia colectiva o el carácter único de la tradición nacional, como en otras partes, sino en la proclamación de un conjunto de derechos y obligaciones de orden universal. Los Estados Unidos fundaron su nación no en un particularismo sino en dos ideas universales: una, cristiana, que consagra la santidad de cada persona, considerada única e irremplazable; otra, que viene de la Ilustración, que afirma la primacía de la razón. El sujeto de los derechos y los deberes es la persona, en cuyo interior la conciencia dialoga consigo misma y con Dios: herencia protestante; a su vez, esos derechos y esas obligaciones poseen la universalidad y legitimidad de la razón: herencia del siglo XVIII. La preeminencia del futuro tiene la misma raíz que el optimismo racionalista de la Ilustración. El pasado es el dominio de lo particular mientras que el futuro es el reino de la razón. ¿Por qué? Por ser ese territorio incógnito, ese *no man's land*, que explora y coloniza el progreso. A su vez, el progreso no es sino la forma en que se manifiesta la razón en la historia. El progreso, para el siglo XIX, fue la razón en movimiento. El pragmatismo y el activismo norteamericano son inseparables del optimismo progresista. El fundamento de esa actitud es la fe en la razón. En suma, puede verse el nacimiento de los Estados Unidos como un fenómeno único pero, asimismo y sin contradicción, como una consecuencia de los dos grandes movimientos que iniciaron la era moderna: la Reforma y la Ilustración. La nueva universalidad se expresó en tres emblemas: una lengua, un libro y una ley. La lengua fue el inglés, el libro la Biblia y la ley la Constitución. Extraña universalidad: no falsa sino paradójica y contradictoria. Fue una universalidad minada interiormente por los tres emblemas que la expresaban. El inglés es una lengua universal pero lo es por ser una versión singular de la cultura de Occidente. En los Estados Unidos tuvo que responder a una doble exigencia: ser fiel a la tradición inglesa y expresar la nueva realidad americana. El resultado fue una continua y estimulante tensión; gracias a esa tensión la literatura norteamericana existe y tiene un carácter único. La Biblia, por su parte, simboliza la escisión protestante y representa una versión singular del cristianismo. Ninguna de las Iglesias en que se ha dividido el movimiento reformista ha podido reconstruir la universalidad original. Lo mismo hay que decir de la Constitución: los principios que la inspiran no son intemporales como un axioma o un teorema sino expresiones de un momento de la filosofía política de Occidente. Triple contradicción: fue una universalidad que, para realizarse, tuvo que enfrentarse con un particularismo y, al fin, identificarse con él; fue un conjunto de creencias que, dentro de la tradición más vasta de Occidente, pueden verse como versiones e interpretaciones de la doctrina central; fueron, en fin, unas normas políticas y morales que expresaron las convicciones y los ideales de un grupo étnico, lingüístico y cultural determinado: los angloamericanos (WASP).

Al tropezar con los particularismos, los Estados Unidos descubrieron a la historia. Los particularismos asumieron muchas formas pero dos de ellas, a mi juicio, fueron especialmente significativas: las relaciones con el mundo exterior y las inmigraciones. Dos expresiones de la extrañeza. En otros escritos me he ocupado con alguna extensión de la primera. En cuanto a la segunda: apenas si necesito recordar que ha sido y es, desde hace dos siglos, uno de los temas centrales de la historia de los Estados Unidos. Las inmigraciones han sido, unas, forzadas como las de los negros traídos de África; otras voluntarias: las de los europeos, asiáticos y latinoamericanos. Desde hace ya bastante tiempo predomina en los Estados Unidos una extraordinaria pluralidad de grupos étnicos y culturales. Otros imperios han conocido esta heterogeneidad —Roma, el Califato, España, Portugal, Inglaterra—, pero casi siempre fuera de las fronteras metropolitanas, en las provincias lejanas y en los territorios sometidos.

No creo que haya ejemplos en la historia de una heterogeneidad semejante en el interior de un país. De una manera sucinta pero no inexacta la situación puede reducirse a esta disyuntiva: si los Estados Unidos no construyen una democracia multirracial, su integridad y su vida estarán expuestas a graves amenazas y terribles conflictos. Por fortuna, aunque no sin tropiezos y titubeos, el pueblo norteamericano ha escogido el primer término. Si lo consigue, habrá realizado una obra sin paralelo en la historia.

Para resolver este problema los norteamericanos han acudido en un momento o en otro a casi todas las soluciones intentadas por otros países e imperios. El repertorio es extenso y desalentador. El remedio más antiguo —fuera de la exterminación pura y simple— es la exclusión. Fue la solución de Esparta. Es inaplicable en el mundo moderno: no sólo está en contradicción con nuestras instituciones y con nuestras convicciones éticas y políticas, sino que implica una imposible inmovilidad demográfica. El ejemplo de Inglaterra y de otros imperios modernos tampoco es utilizable: las poblaciones extrañas no están fuera sino dentro del territorio nacional. Imposible también imitar la política de la China imperial: la homogeneización. Otra solución notable ha sido el sistema de castas de la India, que ha durado más de dos milenios; se basa en ideas ajenas a nuestra civilización. España y Portugal ofrecen un modelo intermedio entre la exclusión y la absorción: los dos imperios estaban fundados en la universalidad de la fe católica (participación) y en las jerarquías de la sangre y el origen (separación). El modelo romano es un antecedente valioso: Roma otorgó la ciudadanía a los súbditos del imperio. Fue mucho para su tiempo pero hoy no es suficiente. En verdad, la única solución duradera y viable es la escogida por los Estados Unidos: la integración dentro de la pluralidad. Un universalismo que no niegue ni ignore los particularismos que lo componen. Una sociedad que reconcilie las dos direcciones antagónicas del sentimiento original: la separación y la participación.

GUADALUPE, COATLICUE, YEMAYÁ

Por su número, la minoría hispana de los Estados Unidos es la segunda en el país. Por su composición étnica y su cultura, es un mundo aparte. Lo primero que sorprende es la diversidad étnica —españoles, indios, negros, mestizos, mulatos— en violento y acusado contraste con la homogeneidad cultural. Este rasgo los distingue de la otra gran minoría, la negra. Mientras la cultura de origen está viva entre los hispanos, las raíces de las culturas africanas se han secado casi íntegramente en las comunidades negras de los Estados Unidos. Esas culturas, por lo demás, no eran homogéneas y de ahí que, para referirse a ellas, se use el plural. Las diferencias con las minorías asiáticas no son menos notables: lengua, religión, costumbres, pasado. La minoría asiática se subdivide en una gran variedad de lenguas, culturas, religiones, naciones; los hispanos son católicos en su mayoría, el español es su lengua de origen y su cultura, esencialmente, no es distinta a la de los otros hispanoamericanos. Por la historia y la cultura, los hispanos católicos son una prolongación en América de esa versión de Occidente que encarnaron España y Portugal como, en el otro extremo, los angloamericanos lo han sido de la versión inglesa. Este hecho se acepta siempre con dificultad porque los europeos y los norteamericanos, desde el siglo XVIII, han visto por encima del hombro a los españoles, a los portugueses y a sus descendientes. Sin embargo, aceptarlo no significa cerrar los ojos ante las diferencias: son grandes y sustanciales.

La minoría hispánica representa, en los Estados Unidos, una variante de la civilización de Occidente. Esa variante no es menos excéntrica que la angloamericana. Ambas son excéntricas porque las naciones fundadoras —España, Portugal e Inglaterra— han sido entidades fronterizas, casi periféricas, no sólo en el sentido geográfico sino en el histórico y aun en el cultural. Han sido singularidades en la historia de Europa. Una isla y una península: tierras de fin de mundo. Los latinoamericanos y los angloamericanos somos herederos de dos movimientos extremos y antagónicos que, durante los siglos XVI y XVII, se disputaron la supremacía no sólo de los mares y de los continentes sino de las conciencias. Las dos colectividades nacieron como transplantes europeos en América; los transplantes fueron hechos por pueblos distintos, con ideas contrarias e intereses divergentes. Nos fundaron dos versiones de la civilización de Occidente. La versión inglesa y holandesa estaba impregnada por el espíritu de la Reforma, con la que se inicia la edad moderna; la versión española y portuguesa se identificó con la Contrarreforma. Los historiadores discuten todavía el sentido de este movimiento. Para unos, fue una tentativa por detener a la modernidad naciente; para otros, fue un intento por inventar un modelo distinto de modernidad. Haya sido lo uno o lo otro, la Contrarreforma fue una empresa fallida. Nosotros, los latinoamericanos, somos los descendientes de un sueño petrificado. Los hispanos de los Estados Unidos son un fragmento de ese sueño, caído en el mundo angloamericano. No sé si son semillas de resurrección arrojadas por un vendaval o los sobrevivientes de un inmenso naufragio histórico. Sean lo que sean, están vivos. Su cultura es antigua pero ellos son nuevos. Son un comienzo. La excentricidad de la cultura hispánica no se reduce a la Contrarreforma y a su negación de la modernidad. España es incomprensible si se omiten dos elementos esenciales de su formación: los árabes y los judíos. Sin ellos no podemos entender muchos rasgos de su historia y su cultura, de la Conquista de América a la poesía mística. Una cultura no se define sólo por los actos sino por sus omisiones, lagunas y represiones; entre estas últimas, en el caso de España, están la expulsión de los moriscos y la de los judíos. Fue una automutilación que, como todas, engendró muchos fantasmas y obsesiones. No es menos compleja nuestra otra herencia, la india y la negra. También en ella abundan los fantasmas terribles: la Conquista, la esclavitud, la servidumbre, los idiomas, los mitos y los dioses perdidos.

Aparte de esta complejidad étnica y cultural, los grupos hispánicos de los Estados Unidos pertenecen a países distintos. En un extremo, la población mexicana, originaria de un país en el que la realidad inmediata son las montañas y las grandes planicies. Una población que tradicionalmente ha vivido de espaldas al mar. En el otro extremo, los portorriqueños y los cubanos, isleños que no conocen más llanura que la del mar. Entre los mexicanos —ceremoniosos, callados, introvertidos, religiosos y violentos— la herencia india es determinante; entre los cubanos y los portorriqueños —extravertidos, bullangueros, efusivos, vivaces y, también, violentos— la influencia negra es visible. Dos temperamentos, dos visiones, dos sociedades dentro de una misma cultura.

La diversidad étnica, geográfica y psicológica se extiende a otros dominios. La mayoría de la población mexicana es de origen campesino. Los más antiguos son los descendientes de los antiguos pobladores del sur de los Estados Unidos, establecidos en esas tierras cuando eran mexicanas; los otros, los más numerosos, han llegado en sucesivas oleadas durante todo el siglo xx. México es un país antiguo y lo más antiguo de México son sus campesinos: fueron contemporáneos del nacimiento de las primeras culturas americanas, hace tres mil años; desde entonces han sobrevivido a inmensos transtornos, varias divinidades y distintos regímenes. Son también los autores de una extraña y fascinante creación: el catolicismo mexicano, esa síntesis imaginativa del cristianismo del siglo xvi y las religiones ritualistas precolombinas. Profundamente religiosos, tradicionalistas, tenaces, pacientes, sufridos, comunitarios, inmersos en un tiempo lento hecho de repeticiones rítmicas, ¿cómo no comprender su desconcierto y sus dificultades para adaptarse a los modos de vida de los Estados Unidos y a su frenético individualismo? Choque de dos sensibilidades y dos visiones del tiempo, ¿cuál será el resultado final de este encuentro? El caso de los cubanos es el opuesto. Es una inmigración nueva que salió de Cuba expulsada por el régimen de Castro y que pertenece en su mayoría a la clase media: abogados, médicos, comerciantes, técnicos, profesores, ingenieros. No han tenido que dar el salto a la modernidad: ya eran modernos. Ésta es una de las razones de su rápida y afortunada inserción en la vida norteamericana. Las otras son su inmensa vitalidad, su despierta inteligencia, su acometividad, su capacidad de trabajo. Comparar a los cubanos con los portorriqueños es injusto; la inmigración cubana tuvo desde el principio una ventaja de la que han carecido muchos portorriqueños: una cultura moderna. Sin embargo, los logros de los portorriqueños no son desdeñables y hay uno en verdad extraordinario y que todos deberíamos admirar: no sólo han conservado su fisonomía nacional sino que han revitalizado su cultura.

Las diferencias que imponen la geografía, la sangre y la clase son también diferencias de tiempos históricos: el campesino de Oaxaca que ha emigrado a los Estados Unidos no viene del mismo siglo que el periodista de La Habana o el obrero de San Juan. Pero algo los une: son los expulsados de la historia. Los mexicanos pertenecen a una tierra sobre la que diferentes civilizaciones han levantado pirámides, templos, palacios y otras admirables construcciones pero que no ha podido, en este siglo, albergar a todos sus hijos; los cubanos y los portorriqueños —fragmentos de un gran imperio desmembrado: el español— han sido el objeto de la expansión imperial norteamericana. Los otros grupos de hispanos procedentes de la América Central y de otras regiones de Sudamérica son también fugitivos de la historia. Los latinoamericanos no hemos podido crear todavía sociedades democráticas, estables y prósperas.

Por más terribles y poderosos que hayan sido los motivos que los obligaron a dejar sus países, los hispanos no han roto los lazos con sus lugares de origen. Apenas Castro permitió que los exiliados pudiesen visitar a sus familias y parientes de Cuba, la isla se llenó de visitantes de Miami y de otras partes. Lo mismo ocurre con las comunidades portorriqueñas y chicanas. En el norte de México y en el sur de los Estados Unidos hay ya una subcultura que es una mezcla de rasgos mexicanos y norteamericanos. La cercanía geográfica ha favorecido el intercambio y, asimismo, ha fortalecido los vínculos de las comunidades hispánicas con su suelo natal. Éste es un hecho preñado de futuro: la comunicación entre la minoría hispana y las naciones latinoamericanas ha sido y es continua. No es previsible que se rompa. Es una verdadera comunidad, no étnica ni política sino cultural.

En suma, lo que me parece notable no es la diversidad de los grupos hispanos y sus diferencias sino su extraordinaria cohesión. Esta cohesión no se expresa en formas políticas pero sí en conductas y actitudes colectivas. La sociedad norteamericana está fundada sobre el individuo. El origen de la preeminencia del individuo como valor central es doble, según señalé: viene de la Reforma y de la Ilustración. La sociedad hispano-católica es comunitaria y su núcleo es la familia, pequeño sistema solar que gira alrededor de un astro fijo: la madre. No es accidental la función cardinal de la imagen materna en la sociedad latinoamericana: en su figura confluyen las viejas divinidades femeninas del Mediterráneo y las vírgenes cristianas, las diosas precolombinas y las africanas: Isis y María, Coatlicue y Yemayá.[1] Eje del mundo, rueda del tiempo, centro del movimiento, imán de la reconciliación, la madre es fuente de vida y depósito de las creencias religiosas y de los valores tradicionales.

Los valores hispanocatólicos expresan una visión de la vida muy alejada de la que prevalece en la sociedad norteamericana, en la que la religión es sobre todo un asunto privado. La separación entre lo público y lo privado, la familia y el individuo, es menos clara y tajante entre los hispanos que entre los angloamericanos. Los fundamentos de la ética son semejantes para unos y otros: ambos comparten la herencia cristiana. Sin embargo, las diferencias son capitales: en las dos versiones de la ética angloamericana, la puritana y la neohedonista, la prohibitiva y la permisiva, el centro es el individuo mientras que la familia es el protagonista verdadero en la moral hispánica. La primacía de la familia no tiene sólo efectos benéficos: la familia es hostil por principio al bien común y al interés general. La moral familiar ha sido y es adversa a las acciones generosas y desinteresadas (recuérdese la condenación evangélica). La raíz de nuestra apatía y pasividad en materia política, así como del patrimonialismo de nuestros gobernantes —con su cauda de nepotismo y corrupción—, está en el egoísmo y en la estrechez de miras de la familia. Además, precisamente

---

[1] Venerada en Cuba como la Virgen del Cobre y en Brasil como Santa Bárbara.

porque el individuo goza de menos espacio para desplegarse, la acción individual se manifiesta muchas veces en dos direcciones igualmente perniciosas: el orden cerrado y la ruptura violenta. Cohesión y dispersión: el patriarca y el hijo pródigo, Abraham y don Juan, el caudillo y el francotirador solitario. La continuidad de los modelos tradicionales de convivencia no se explica únicamente, claro está, por la fidelidad a la cultura propia y por la influencia de la familia. Las persecuciones, el trato desigual, las humillaciones y las diarias injusticias han sido también factores decisivos para fortificar la cohesión de las comunidades hispanas. Esto es particularmente cierto en los casos de las minorías portorriqueñas y mexicanas, víctimas constantes de la discriminación y de otras iniquidades. A estas circunstancias, hay que añadir otra igualmente poderosa, de orden económico: la dificultad para obtener una educación superior. Todo esto —cultura, tradición y cohesión comunitaria pero también discriminación— ha influido en las modalidades y logros del trabajo intelectual y artístico de estos grupos.

Los hispanos han sobresalido en la pintura, la música, la danza; en cambio, no han dado escritores de nota. No es difícil entender la razón. La lengua es el alma de un pueblo; para escribir obras de imaginación —poesía, novela, teatro— hay que cambiar de alma o cambiar el lenguaje en que se intenta escribir. Esto último fue lo que hicieron Melville, Whitman y los otros grandes escritores con el inglés: lo plantaron en América y lo cambiaron. El español Santayana escribió una prosa admirable por su transparencia y elegancia —una prosa, en el fondo, muy poco inglesa— pero tuvo que sacrificar en él al poeta. En cambio, en las artes visuales —pintura y escultura sobre todo— los hispanos se han expresado con energía y felicidad. No porque el genio de la comunidad sea visual y no verbal sino por lo que apunté más arriba. La imagen visual *dice* pero lo que dice no tiene por qué ser traducido en palabras. La pintura es un lenguaje que se basta a sí mismo.

ARTE E IDENTIDAD

La exposición de arte hispánico contemporáneo que presenta The Corcoran Gallery de Washington es una excelente ocasión para *oír* lo que dicen los artistas hispanos. Oírlos con los ojos y con la imaginación. Gracias al trabajo asiduo, la sensibilidad y la curiosidad inteligente de Jane

Livingston y de sus colaboradores, ha sido posible reunir las obras de veinticinco artistas. Algunos ya gozaban de renombre pero otros, los más, no eran conocidos ni de la crítica ni del público. En este sentido, la exposición es un verdadero descubrimiento. No me propongo hablar de estos artistas: ni es la intención de estas páginas ni tengo autoridad para hacerlo. Creo, además, que es imposible, en un artículo como éste, juzgar con pertinencia a veinticinco artistas. Basta con leer las crónicas de Baudelaire y de Apollinaire sobre los «salones» de su época para darse cuenta de que nadie se escapa, ni siquiera los más grandes, de los vicios de ese género de escritos: las vaguedades corteses, las rápidas generalizaciones, las enumeraciones salpicadas de insulsos elogios y de perentorias condenaciones. En cambio, estos dos grandes poetas y críticos acertaron casi siempre cuando hablaron de artistas aislados de su predilección. La buena crítica nace de la simpatía y de una larga frecuentación con la obra que se juzga.

Aunque no puedo ni debo hablar de los artistas expositores, sí puedo arriesgar un parecer sobre la exposición: la selección ha sido exigente pero también acertada, y el conjunto es rico y diverso. Al recorrerla, los ojos y el entendimiento del espectador recibirán más de una sorpresa: la exposición refleja una realidad viva, inquieta y en movimiento. La mayoría de estos artistas —a la inversa de la tendencia general en el arte contemporáneo— no pintan para «hacer una carrera» sino por una necesidad interior. Más claramente dicho: por la necesidad de afirmarse y expresarse ante una realidad que con frecuencia los ignora. Es imposible olvidar que muchas de estas obras han sido hechas lejos de los grandes centros artísticos del país, en el aislamiento, la pobreza y el desamparo. No, ésta no es una exposición de gente satisfecha con lo que ha encontrado sino de artistas en plena búsqueda.

Es lo contrario de una casualidad que la exposición se abra con los dibujos coloreados de Martín Ramírez. No es un precursor ni un predecesor: es un símbolo. Mientras vivió fue un perfecto desconocido y sólo fue descubierto diez años después de su muerte, en 1970. Ramírez nació en 1885, en Jalisco. No se sabe en qué lugar, probablemente en un pueblo pequeño. Trabajó tal vez en el campo y más tarde en una lavandería; al despuntar el siglo, en plena Revolución de México, medio muerto de hambre, emigró a los Estados Unidos. Como tantos de sus compatriotas fue peón caminero en los ferrocarriles; dejó el trabajo porque empezó a sufrir ofuscaciones y alucinaciones. Aunque es difícil reconstruir sus idas y venidas, se sabe que hacia 1915 dejó de hablar, que vagó varios años sin dirección fija, a ratos trabajando y otros viviendo de la caridad pública, hasta que, en 1930, las autoridades de Los Ángeles lo recogieron en Pershing Square, un lugar de refugio de vagabundos y mendigos. El diagnóstico de los médicos fue sin esperanza: paranoico esquizofrénico incurable. Lo internaron en una institución estatal, el hospital Dewitt, en donde vivió treinta años, hasta su muerte, en 1960.

Ramírez nunca recobró el habla pero hacia 1945 comenzó a dibujar y a colorear con lápiz sus composiciones. Decisión que es la cifra de su situación y la clave de su personalidad artística: renunció a la palabra pero no a expresarse. Dibujaba a espaldas de las autoridades pues los guardianes, para conservar limpias las salas, destruían las obras de los pacientes. Unos pocos años antes de su muerte tuvo la fortuna de ser descubierto por un psiquiatra que se convirtió en su ángel custodio, el doctor Tarmo Pasto. Un día en que el profesor, acompañado de sus discípulos de la Universidad de Sacramento, visitaba el hospital, se le acercó Ramírez y le entregó un rollo de dibujos que llevaba escondido debajo de la camisa. Desde ese día el doctor lo vio con frecuencia y gracias a él tuvo papel en abundancia, lápices de colores y otros materiales. El médico comprendió inmediatamente, con rara perspicacia y aun más rara generosidad, que su paciente era un artista notable. Pasto coleccionó muchas obras de Ramírez y las dio a conocer a varios artistas, entre ellos a Jim Nutt y a su esposa Gladys Nilsson. Con otra amiga, Phyllis Kind, *art-dealer*, organizaron la primera exposición de Ramírez en Sacramento, a la que han seguido otras en Chicago, Nueva York, Londres y otras ciudades.

La tentación de ver en las obras de Ramírez un ejemplo más del arte de los psicóticos debe rechazarse inmediatamente. En primer término, no está claro —nunca lo estará— lo que se quiere decir con esta expresión. Además, el arte trasciende —mejor dicho: ignora— la distinción entre las frágiles fronteras de la salud y la locura, como ignora las diferencias entre los primitivos y los modernos. En el caso de Ramírez, sin cerrar los ojos ante sus desarreglos psíquicos, lo que nos interesa es el valor artístico de sus obras. El crítico inglés Roger Cardinal, que ha escrito sobre él con discernimiento y sensibilidad, subraya las características puramente visuales y plásticas (también poéticas) de sus dibujos y composiciones.[1] Estas cualidades lo apartan de otros artistas también vícti-

---

[1] Véase *Vuelta*, núm. 112, México, marzo de 1986.

mas de transtornos mentales. El mundo de Ramírez —porque su arte nos *muestra un mundo*— está lleno de objetos que es fácil reconocer, pues son los de la realidad, ligeramente distorsionada. Adivinamos oscuramente que esas imágenes son a un tiempo iconos y talismanes: conmemoran sus experiencias vitales y lo preservan de maleficios.

Las composiciones de Ramírez son evocaciones de lo que vivió y soñó: un jinete montado en un caballo brioso y con el pecho cruzado por las cananas (como tantos que habrá visto en su juventud, durante la Revolución mexicana, bandidos o guerrilleros), un acueducto interminable, una iglesia de pueblo, una locomotora flamante que atraviesa un paisaje petrificado, puentes, ciudades, parques, mujeres, más mujeres, la figura enigmática de la realidad primordial —la imagen femenina del comienzo, en la que se alían los atributos de la Virgen de Guadalupe con otros más antiguos, como la serpiente de Isis y la corona de rayos de sol. Estas obras no hacen pensar en los cuatro muros en que está encerrado el esquizofrénico ni en las galerías de espejos de la paranoia: son resurrecciones del mundo perdido de su pasado y son caminos secretos para llegar a otro. ¿Cuál es ese otro mundo? Es difícil saberlo. El camino que lleva a él es misterioso: un túnel y una boca de sombras. Boca sexual y profética de la que brotan las visiones y por la que el artista desciende en busca de una salida. Estas obras nos cuentan una peregrinación.

Al ver las obras de Ramírez pensé en otro artista extraordinario: Richard Dadd. Pero son casos muy distintos: Dadd fue un pintor que se volvió loco; Ramírez fue un loco que se volvió pintor. En el asilo, Dadd recuerda que es pintor y pinta varios cuadros memorables, los mejores de su obra; en el hospital, Ramírez descubre la pintura y se sirve de ella para salir de sí mismo. Cardinal observa con razón que su autismo no era completo. Es cierto: una y otra vez rompió su retraimiento; por ejemplo, al abordar al doctor Pasto y enseñarle sus obras o al retratarse con él, en una sala del hospital, mostrando una de sus composiciones. El hecho mismo de dibujar y pintar es una ruptura del autismo, una comunicación. Pero una comunicación cifrada. En las composiciones de Ramírez se cumple la doble exigencia del arte: ser una destrucción de la comunicación corriente y ser la creación de otra comunicación.

El doctor Pasto dijo que, en parte al menos, los transtornos mentales de Ramírez habían sido una reacción frente a una cultura extraña e incomprensible. Hay que añadir que abandonó México en una época tumultuosa y violenta. Así, en su vida está ya el doble movimiento que determina toda su actitud. En su huida de México hay un movimiento de salida que adoptó pronto una forma extrema y delirante: la paranoia; en su mutismo y en su ruptura de relaciones con el exterior, triunfó el movimiento contrario: la esquizofrenia. Pero paranoia y esquizofrenia son nombres, membretes, clasificaciones: la realidad psíquica está siempre más allá de los nombres. No puede olvidarse, además, que el arte de Ramírez trasciende el doble movimiento contradictorio: es una comunicación pero es una comunicación simbólica, un signo que debemos descifrar.

Ramírez es un emblema. El contradictorio movimiento que anima su conducta —inmersión en sí mismo y salida hacia afuera, al encuentro del mundo— dibuja la situación de las comunidades hispanas con extraordinario dramatismo. Cierto, Ramírez es un caso, una anomalía, pero esta anomalía es una metáfora de la condición del artista hispano. Por supuesto, aunque la condición es general, las respuestas son distintas: cada artista se enfrenta de una manera diferente a la situación y cada respuesta, si es auténtica, es única e irrepetible. El espectador podrá comprobarlo al recorrer las salas de esta exposición. Las respuestas de algunos artistas tienen raíces religiosas y tradicionales: pintan las imágenes del sincretismo popular hispanoamericano, aunque su sensibilidad y sus medios son contemporáneos; para otros, lo religioso no está en las formas y las figuras que pintan sino en su actitud ante la imagen humana: casi nunca la *describen,* como los artistas norteamericanos, sino que la exaltan o la mutilan y, de ambas maneras, la transfiguran; otras obras son una respuesta violenta a la violencia urbana moderna; otras más son una sátira de la vida callejera o una tentativa por apresar lo maravilloso cotidiano, gran tradición del arte del siglo xx; algunos artistas, en fin, buscan lo maravilloso no en los paisajes urbanos sino regresando al origen, a la patria de las viejas mitologías afrocubanas y a los santos y vírgenes del catolicismo mexicano. Sátira, violencia, blasfemia, veneración: formas, líneas, volúmenes y colores que expresan con una suerte de exasperación el doble movimiento de separación y participación.

La imagen del túnel y su boca es otro emblema del arte de los hispanos. La boca del túnel es el lugar de las apariciones y las desapariciones. La conciencia desciende los escalones de sombra hacia el reino ciego del comienzo, a la fuente del origen; a su vez, en un movimiento contrario, las imágenes enterradas ascienden en busca del sol. En la historia del arte del siglo xx, la obsesión por la imagen venida de las profundidades caracterizó sobre todo a los surrealistas. Entre ellos muy especialmente a dos latinoamericanos, Matta y Lam, así como a un pintor afín al surrealismo, Tamayo. Los tres han sido grandes taumaturgos, maestros del arte de la resurrección y la aparición de los fantasmas. La relación entre la *imagen* surrealista y el *phantasma* de los filósofos y artistas neoplatónicos del Renacimiento aún no se ha dilucidado enteramente pero es clara. La crítica moderna reconoce más y más que hay una corriente subterránea en nuestra tradición que nace en la Florencia neoplatónica y hermética del siglo XV, fecunda diversos movimientos espirituales y artísticos como el romanticismo y desemboca en el siglo XX: simbolismo, surrealismo y otras tendencias. Un recorrido rápido por la exposición de artistas hispanos revela que su pintura no tiene afinidad profunda con el realismo fotográfico, el minimalismo, el *pop art*, el neoexpresionismo y otras tendencias de los últimos veinte años. Tiene, sí, deudas con varios artistas norteamericanos o con otros que viven en los Estados Unidos, como David Hockney, pero su visión de la figura humana posee un parentesco más secreto y hondo con la tradición que representan, en América Latina, un Matta o un Lam. Sus imágenes brotan de la boca de sombra del túnel.

Para los antiguos, el *phantasma* era el puente entre el alma, prisionera del cuerpo, y el mundo exterior. Para el poeta y el pintor surrealista la imagen onírica era el mensajero del hombre interior. La poesía y el arte dejan escapar, transfigurado, al prisionero: al deseo, a la imaginación enterrada desde el primer día por las instituciones y las prohibiciones. Es turbadora la aparición de las imágenes en las obras de los artistas hispanos. Son jeroglíficos de venganza pero también de iluminación, golpes en la puerta cerrada. Sus pinturas no son ni metafísica ni conocimiento del hombre interior ni subversión poética sino algo más antiguo e instintivo: iconos, talismanes, retablos, amuletos, efigies, simulacros, fetiches —objetos de adoración y de abominación. El *phantasma* es, otra vez, el mediador entre el mundo de allá y el de acá. ¿Cómo no ver en las obras de estos artistas otra faz del arte norteamericano? Una cara todavía desdibujada pero cuyos rasgos son ya discernibles. Arte de la imagen no como una forma en el espacio sino como una *irradiación*.

México, a 7 de julio de 1986

[«Arte e identidad: los hispanos de los Estados Unidos» se publicó en *Convergencias*, Seix Barral, Barcelona, 1991.]

APARIENCIA DESNUDA

La obra de Marcel Duchamp

Advertencia

En 1923 Marcel Duchamp dejó «definitivamente inacabado» el *Gran vidrio (La novia puesta al desnudo por sus solteros, aun...)* Desde entonces empezó la leyenda: uno de los pintores más célebres de nuestro siglo había abandonado el arte para dedicarse al ajedrez. Pero en 1969, unos pocos meses después de su muerte, los críticos y el público descubrieron, no sin estupor, que Duchamp había trabajado en secreto durante veinte años (1946-1966), en una obra probablemente no menos importante y compleja que el *Gran vidrio*. Se trata de un ensamblaje llamado *Étant donnés: 1er La Chute d'eau, 2ème Le Gaz d'éclairage (Dados: 1.º La Cascada, 2.º El Gas de alumbrado)*, que se encuentra ahora en el Museo de Arte de Filadelfia, como la mayoría de las obras de Duchamp. El título del *Ensamblaje* alude a una de las notas más importantes de la *Caja verde*, esa colección de 93 documentos (fotos, dibujos y notas manuscritas de los años 1911-1915), publicada en 1934 y que constituye una suerte de guía o manual del *Gran vidrio*. Así pues, la nueva obra puede considerarse como otra versión de *La novia puesta al desnudo por sus solteros, aun...*

En el otoño de 1973 se celebró en los Estados Unidos una gran exposición retrospectiva de Duchamp, organizada por el Museo de Arte de Filadelfia y el Museo de Arte Moderno de Nueva York. Con ese motivo escribí, a pedido de ambas instituciones, un estudio sobre *Dados: 1.º La Cascada, 2.º El Gas de alumbrado*. Ese ensayo completa otro texto mío, escrito en 1966 y que está incluido en el «libro-maleta» *Marcel Duchamp o El castillo de la pureza*, diseñado por Vicente Rojo (Era, México, 1968). Publiqué después los dos estudios en un volumen: *Apariencia desnuda* (Era, México, 1973). El primero, aparte de ser una breve introducción a la obra de Duchamp, contiene un análisis del *Gran vidrio*; el segundo es un examen del *Ensamblaje* que muestra las relaciones entre estas dos obras. Al preparar esta nueva edición no sólo corregí, aquí y allá, el primer estudio sino que le añadí más de treinta páginas en las que procuro describir todos los elementos del *Gran vidrio*, sus funciones y las relaciones que los unen. También revisé el segundo ensayo y agregué otras cuarenta páginas. Fruto de nuevas reflexiones, en ellas he intentado mostrar la filiación de la obra de Duchamp y su relación *metairónica* con la tradición central de Occidente: la física y la metafísica, no del sexo, sino del amor. Al repasar la obra de Marcel Duchamp sorprende, ante todo, su estricta unidad. En verdad, todo lo que hizo gira en torno a un solo objeto, elusivo como la vida misma. De la *Mujer desnuda que desciende una escalera* a la muchacha desnuda del *Ensamblaje* de Filadelfia, pasando por *La novia puesta al desnudo por sus solteros, aun...*, su obra puede verse como los distintos momentos —las distintas apariencias— de la misma realidad. Una anamorfosis, en el sentido literal de esta palabra; ver esta obra en sus formas sucesivas es remontar hacia la forma original, la verdadera, la fuente de las apariencias. Tentativa de *revelación* o, como él decía, «exposición ultrarrápida». Lo fascinó un objeto de cuatro dimensiones y las sombras que arroja —esas sombras que llamamos realidades. El objeto es una Idea pero la Idea se resuelve al cabo en una muchacha desnuda: una presencia.

OCTAVIO PAZ

México, a 20 de agosto de 1976

El castillo de la pureza

SENS: *on peut voir regarder.*
Peut-on entendre écouter, sentir?
M. D.

Tal vez los dos pintores que han ejercido mayor influencia en nuestro siglo son Pablo Picasso y Marcel Duchamp. El primero por sus obras; el segundo por una *obra* que es la negación misma de la moderna noción de obra. Los cambios de Picasso —sería más exacto decir: sus metamorfosis— no han cesado de sorprendernos durante más de cincuenta años; la inactividad de Duchamp no es menos sorprendente y, a su manera, no menos fecunda. Las creaciones del gran español han sido, simultáneamente, encarnaciones y profecías de las mutaciones que ha sufrido nuestra época, desde el fin del impresionismo hasta la segunda Guerra Mundial. Encarnaciones: en sus telas y en sus objetos el espíritu moderno se vuelve visible y palpable; profecías: en sus cambios nuestro tiempo sólo se afirma para negarse y sólo se niega para inventarse e ir más allá de sí. No un precipitado de tiempo puro, no las cristalizaciones de Klee, Kandinsky o Braque, sino el tiempo mismo, su urgencia brutal, la inminencia inmediata del ahora. Desde el principio Duchamp opuso al vértigo de la aceleración el vértigo del retardo. En una de las notas de la célebre *Caja verde* apunta: «decir *retardo* en lugar de pintura o cuadro; pintura sobre vidrio se convierte en retardo en vidrio —pero retardo en vidrio no quiere decir pintura sobre vidrio...» Esta frase nos deja vislumbrar el sentido de su acción: la pintura es la crítica del movimiento pero el movimiento es la crítica de la pintura. Picasso es lo que va a pasar y lo que está pasando, lo venidero y lo arcaico, lo remoto y lo próximo. La velocidad le permite estar aquí y allá, ser de todos los siglos sin dejar de ser del instante. Más que los movimientos de la pintura en el siglo XX es el movimiento hecho pintura. Pinta de prisa y, sobre todo, la prisa pinta con sus pinceles: el tiempo-pintor. Los cuadros de Duchamp son la presentación del movimiento: el análisis, la descomposición y el revés de la velocidad. Las figuraciones de Picasso atraviesan velozmente el espacio inmóvil de la tela; en las obras de Duchamp el espacio camina, se incorpora y, vuelto máquina filosófica e hilarante, refuta al movimiento con el retardo, al retardo con la ironía. Los cuadros del primero son imágenes; los del segundo, una reflexión sobre la imagen.

Picasso es un artista de fecundidad inagotable e ininterrumpida; las telas del otro no llegan al medio centenar y fueron ejecutadas en menos de diez años: Duchamp abandonó la pintura propiamente dicha cuando tenía apenas veinticinco años. Cierto, siguió «pintando» por otros diez años pero todo lo que hizo a partir de 1913 es parte de su tentativa por sustituir la «pintura-pintura» por la «pintura-idea». Esta negación de la pintura que él llama olfativa (por su olor a terebantina) y retiniana (puramente visual) fue el comienzo de su verdadera *obra*. Una obra sin obras: no hay cuadros sino el *Gran vidrio* (el gran retardo), los *ready-mades*, algunos *gestos* y un largo silencio. La obra de Picasso recuerda a la de su compatriota Lope de Vega y, en realidad, al hablar de ella habría que usar el plural: las obras. Todo lo que ha dicho Duchamp se concentra en el *Gran vidrio*, que fue *definitivamente inacabado* en 1923. Picasso ha hecho visible a nuestro siglo; Duchamp nos ha mostrado que todas las artes, sin excluir a la de los ojos, nacen y terminan en una zona invisible. A la lucidez del instinto opuso el instinto de la lucidez: lo invisible no es oscuro ni misterioso, es transparente... Este apresurado paralelo no es una mezquina comparación. Ambos artistas, como todos los que lo son de verdad, sin excluir a los llamados artistas menores, son incomparables. He asociado sus nombres porque me parece que, cada uno a su manera, definen a nuestra época: el primero por sus afirmaciones y sus hallazgos; el segundo por sus negaciones y sus exploraciones. Ignoro si son los «mejores» pintores de este medio siglo. No sé qué quiere decir la palabra «mejor» aplicada a un artista. El caso de Duchamp —como los de Max Ernst, Klee, Chirico, Kandinsky y otros pocos más— me apasiona no por ser «mejor» sino por ser único. Esta última palabra es la que le conviene y lo define.

Los primeros cuadros de Duchamp muestran una maestría precoz. Son los que todavía algunos críticos llaman «buena pintura». Un poco después, bajo la influencia de sus hermanos mayores, Jacques Villon y el escultor Raymond Duchamp-Villon, pasa del fauvismo al cubismo moderado o analítico. A principios de 1911 conoce a Francis Picabia y a Guillaume Apollinaire. La amistad de ambos precipitó sin duda una evolución que, hasta entonces, parecía normal. Su voluntad de ir más allá del cubismo se advierte ya en una tela de ese periodo; es el retrato de una transeúnte: una muchacha entrevista, amada y nunca vista otra vez. La tela muestra una figura que se despliega (o se funde) en cinco siluetas femeninas. Representación del movimiento o, mejor dicho, descomposición y superposición de las posiciones de un cuerpo en marcha, es una prefiguración del *Desnudo descendiendo una escalera.* El cuadro se llama *Retrato o Dulcinea.* Cito esta particularidad porque por medio del título Duchamp introduce un elemento psicológico, en este caso afectivo e irónico, en la composición. Es el comienzo de su rebelión contra la pintura visual y táctil, contra el arte «retiniano». Más tarde afirmará que el título es un elemento *esencial* de la pintura, como el color y el dibujo. En ese mismo año pinta otras pocas telas, todas ellas admirables por su ejecución y algunas feroces por su visión despiadada de la realidad: el cubismo convertido en cirugía mental. Este periodo se cierra con un óleo notable: *Molino de café.* De esa época son también las ilustraciones a tres poemas de Laforgue. Esos dibujos tienen un interés doble: por una parte, uno de ellos es un antecedente del *Desnudo descendiendo una escalera;* por la otra, revelan que Duchamp desde el principio fue un pintor de *ideas* y que nunca cedió a la falacia de concebir a la pintura como un arte puramente manual y visual.

En una conversación que sostuvo en 1946 con el crítico James Johnson Sweeney.[1] Duchamp se refiere a la influencia de Laforgue en su obra pictórica: «La idea del *Desnudo* provino de un dibujo que yo había hecho en 1911 para ilustrar el poema de Laforgue *Encore à cet astre...* Rimbaud y Lautréamont parecían demasiado viejos en aquella época. Quería algo más joven. Mallarmé y Laforgue estaban más cercanos a mi gusto...» En la misma conversación Duchamp subraya que no le interesaba tanto la poesía de Laforgue como sus títulos (*Comices agricoles,* por ejemplo). Esta confesión arroja luz suficiente sobre el origen *verbal* de su creación pictórica. Su fascinación ante el lenguaje es de orden intelectual: es el instrumento más perfecto para producir significados y, asimismo, para destruirlos. El juego de palabras es un mecanismo maravilloso porque en una misma frase exaltamos los poderes de significación del lenguaje sólo para, un instante después, abolirlos más completamente. Para Duchamp el arte, todas las artes, obedecen a la misma ley: la *metaironía* es inherente al espíritu mismo. Es una ironía que destruye su propia negación y, así,

[1] *Cf. Marchand du sel. Écrits de Marcel Duchamp,* introd. de Michel Sanouillet, París, 1958.

se vuelve afirmativa. La mención de Mallarmé tampoco es accidental. Entre el *Desnudo*... e *Igitur* hay una analogía turbadora: el descenso de la escalera. ¿Cómo no ver en el lento movimiento de la mujer-máquina un eco o una respuesta a ese momento solemne en que Igitur abandona para siempre su cuarto y baja paso a paso los peldaños que lo conducen a la cripta de sus antepasados? En ambos casos hay una ruptura y un descenso a una zona de silencio. En ella el espíritu solitario se enfrentará al absoluto y su máscara: el azar.

Casi sin darme cuenta, como atraído por un imán, he recorrido en una página y media los diez años que separan a sus primeras obras del *Desnudo*... Me detengo. Ese cuadro es uno de los ejes de la pintura moderna: el fin del cubismo y el comienzo de algo que todavía no termina. En apariencia —aunque su obra sea la evidencia misma, no hay nada menos aparente que la pintura de Duchamp— el *Desnudo*... se inspira en preocupaciones afines a las de los futuristas: la ambición de representar el movimiento, la visión desintegrada del espacio, el maquinismo. La cronología prohíbe pensar en una influencia: la primera exposición futurista en París se celebró en 1912, y ya un año antes Duchamp había pintado, al óleo, un esbozo del *Desnudo*... Además, el parecido es superficial: los futuristas querían sugerir el movimiento por medio de una pintura dinámica; Duchamp aplica la noción de *retardo* —o sea: el análisis— al movimiento. Su propósito es más objetivo y menos epidérmico: no pretende dar la ilusión del movimiento —herencia barroca y manierista del futurismo— sino descomponerlo y ofrecer una representación estática de un objeto cambiante. Es verdad que también el futurismo se opone a la concepción del objeto inmóvil pero Duchamp traspasa inmovilidad y movimiento, los funde para mejor disolverlos. El futurismo está prendado de la sensación; Duchamp de la idea. El uso del color es también distinto: los futuristas se complacen en una pintura brillante, exaltada y casi siempre detonante; Duchamp venía del cubismo y sus colores son menos líricos, más sobrios y compactos: no el brío sino el rigor.

Las diferencias son aún mayores si pasamos de la consideración exterior del cuadro a su significación interna, es decir, si penetramos realmente en la *visión* del artista. (La visión no es sólo lo que vemos: es una posición, una idea, una geometría: un *punto de vista*, en el doble sentido de la expresión.) Ante todo: la actitud frente a la máquina. Duchamp no es un adepto de su culto; al contrario, a la inversa de los futuristas, fue uno de los primeros en denunciar el carácter ruinoso de la actividad mecánica moderna. Las máquinas son grandes productores de desperdicios y sus desechos aumentan en proporción geométrica a su capacidad productiva. Para comprobarlo basta con pasearse por nuestras ciudades y respirar su atmósfera emponzoñada. Las máquinas son agentes de destrucción y de ahí que los únicos mecanismos que apasionen a Duchamp sean los que funcionan de un modo imprevisible —los antimecanismos. Esos aparatos son los duplicados del juego de palabras: su funcionamiento insólito los nulifica como máquinas. Su relación con la utilidad es la misma que la de retardo y movimiento, sin sentido y significación: son máquinas que destilan la crítica de sí mismas.

El *Desnudo...* es un antimecanismo. La primera ironía consiste en que no sabemos siquiera si se trata de un desnudo. Encerrado en un corsé o malla metálica, es invisible. Ese traje férreo no recuerda tanto a una armadura medieval como a una carrocería o a un fuselaje. Otro rasgo que lo distingue del futurismo: es un fuselaje sorprendido no en pleno vuelo sino en una lenta caída. Pesimismo y humor: un mito femenino, la mujer desnuda, convertido en un aparato más bien amenazante y fúnebre. Mencionaré, por último, algo que ya estaba presente en obras anteriores: la

Marcel Duchamp, *Desnudo sobre una escalera*, 1907-1908.

violencia racional, mucho más despiadada que la violencia física en que se complace Picasso. En la pintura de Duchamp, dice Robert Lebel, «el desnudo representa el mismo papel que el antiguo desollado de los libros de anatomía: es un objeto de investigación interna».[1] Subrayo por mi parte que la palabra interna debe entenderse en dos sentidos: reflexión sobre la parte interna de un objeto y reflexión interior, autoanálisis. El objeto es una metáfora, una representación de Duchamp: su reflexión sobre el objeto es también una meditación sobre sí mismo. En cierto modo cada uno de sus cuadros es un autorretrato simbólico. De ahí la pluralidad de significados y de puntos de vista de una obra como el *Desnudo...*: creación plástica pura y meditación sobre la pintura y el movimiento; culminación y crítica del cubismo y del futurismo; mito de la mujer desnuda y destrucción de ese mito; máquina e ironía, símbolo y autobiografía.

Después del *Desnudo...* Duchamp pintó algunos cuadros extraordinarios, como *El rey y la reina, El rey y la reina atravesados por desnudos rápidos, El pasaje de la virgen a la novia, La novia.* En esas telas la figura humana desaparece del todo. Su lugar no lo ocupan formas abstractas sino transmutaciones del ser humano en mecanismos delirantes. El objeto se reduce a su elemento más simple: el volumen a la línea, la línea a la serie de puntos. La pintura se convierte en cartografía simbólica y el objeto en idea. Esta reducción implacable no es realmente un sistema de pintura sino un método de investigación interior. No la filosofía de la pintura: la pintura como filosofía. Ahora que es una filosofía de signos plásticos sin cesar destruida, como filosofía, por el humor. La aparición de máquinas humanas podría hacer pensar en los autómatas de Chirico. Sería absurdo, por todo lo dicho, comparar a estos dos creadores. El valor poético de las figuras del pintor italiano proviene de la yuxtaposición de modernidad y antigüedad; las cuatro alas de su lirismo son melancolía e invención, nostalgia y adivinación. Cito a Chirico no porque haya algún parecido entre él y Duchamp sino porque es un ejemplo más de la inquietante irrupción de máquinas y *robots* en la pintura moderna. La Antigüedad y la Edad Media concibieron al autómata como una entidad mágica; desde el Renacimiento, especialmente en los siglos XVII y XVIII, fue pretexto para especulaciones filosóficas; el romanticismo lo convirtió en obsesión erótica; hoy es una posibilidad real de la ciencia. Más que en Chirico o en otros pintores modernos, las máquinas femeninas de Duchamp podrían

---

[1] Robert Lebel, *Sur Marcel Duchamp*, París, 1959.

hacer pensar en la *Eva futura* de Villiers de L'Isle-Adam. Como ella, son hijas de la sátira y el erotismo pero, a diferencia de la invención del poeta simbolista, su forma no imita al cuerpo humano. Su belleza, si esa palabra puede convenirles, no es antropomórfica. Duchamp no se interesa en otra hermosura que no sea la de «la indiferencia»: una belleza libre al fin de la noción de *belleza*, equidistante del romanticismo de Villiers y de la cibernética contemporánea. Las figuras de Chirico y otros se inspiran en el cuerpo humano; las de Duchamp son mecanismos y su humanidad no es corporal. Son máquinas sin vestigios humanos y, no obstante, su funcionamiento es más sexual que mecánico, más simbólico que sexual. Son ideas o, mejor, *relaciones* —en el sentido físico, en el sexual y en el lingüístico: proposiciones y, en virtud de la ley circular de la metaironía, contraposiciones. Son máquinas de símbolos.

No es necesario, por lo demás, buscar demasiado lejos el origen de los mecanismos delirantes de Duchamp. La unión de estas dos palabras —mecanismo y delirio, método y demencia— evoca la figura de Raymond Roussel. El mismo Duchamp se ha referido varias veces a aquella noche memorable de 1911 en la que —en compañía de Apollinaire, Picabia y Gabrielle Buffet— asistió a la representación de *Impressions d'Afrique*. Al descubrimiento de Roussel debe agregarse el de Jean-Pierre Brisset.[1] En la conversación con Sweeney a que he aludido más arriba, Duchamp habla con entusiasmo de ambos personajes:

> Brisset y Roussel eran los dos hombres que en aquel tiempo yo admiraba más, por su imaginación delirante... Brisset se ocupaba del análisis filológico del lenguaje —un análisis que consistía en tejer una increíble red de equívocos y juegos de palabras. Era una suerte de Aduanero Rousseau de la filología... Pero el responsable, fundamentalmente, de mi vidrio *La novia puesta al desnudo por sus solteros, aun...* fue Roussel. Desde que vi su pieza de teatro me di cuenta inmediatamente de las posibilidades que ofrecía su concepción. Sentí que, como pintor, era mejor sufrir la influencia de un escritor que la de otro pintor. Y Roussel me mostró el camino...

La novia... es una *transposición*, en el sentido que daba Mallarmé a esta palabra, del método literario de Roussel a la pintura. Aunque en aquella época no se había publicado todavía *Comment j'ai écrit certains de mes*

---

[1] Sobre Brisset véase la *Anthologie de l'humour noir* de André Breton, París, 1950.

livres —extraño texto en el que Roussel explica su no menos extraño método, tal vez único en la historia de la literatura universal— Duchamp adivinó el procedimiento: enfrentar dos palabras de sonido semejante pero de sentido diferente y encontrar entre ellas un puente verbal. Es el desarrollo razonado y delirante del principio que inspira los juegos de palabras. Y más: es la concepción del lenguaje como una estructura en movimiento, ese descubrimiento de la lingüística moderna que tanto ha influido en la antropología de Lévi-Strauss y, más tarde, en la nueva crítica francesa. Para Roussel, por supuesto, el método no era una filosofía sino un procedimiento literario; para Duchamp, asimismo, es sólo la forma más acerada y eficaz de la metaironía. El juego de Duchamp es más complejo porque la combinación no sólo es verbal sino plástica. Al mismo tiempo, contiene un elemento ausente en Roussel: la crítica, la ironía. Duchamp *sabe* que delira. La influencia de Roussel no se limita al método delirante. En *Impressions d'Afrique* figura una máquina de pintar; aunque Duchamp no incurrió en la ingenuidad de la repetición literal, decidió suprimir la mano, la pincelada y todo trazo personal en su pintura. La regla y el compás. Su propósito no fue pintar como una máquina sino servirse de las máquinas para pintar. También en esto su actitud no muestra afinidad alguna con la religión de la máquina: todo mecanismo debe producir su contraveneno, la metaironía. El elemento hilarante no hace más humanas a las máquinas pero las *conecta* con el centro del hombre, con la fuente de su energía: la indeterminación, la contradicción. *Belleza de precisión* al servicio de la indeterminación: máquinas contradictorias.

En el verano de 1912 Marcel Duchamp pasa una temporada en Múnich. Allí pinta varios cuadros que son la preparación de su «obra magna», si es lícito usar los términos de la alquimia para designar al *Gran vidrio*: *Virgen* (1 y 2), *El pasaje de la virgen a la novia, La novia* y el primer estudio de *La novia puesta al desnudo por los solteros*, todavía sin el adverbio que hace dar un traspié a la frase. Desde 1912 hasta 1923 el proyecto del *Gran vidrio* lo desvelará. A pesar de esta preocupación central, poseído por una voluntad de contradicción a la que no escapa nada ni nadie, ni siquiera él mismo y su obra, durante largos periodos se desinteresa casi completamente de su idea. Su actitud ambigua ante la obra —realizarla o abandonarla— encuentra una solución que engloba todas las actitudes que podía asumir frente a ella: contradecirla. Tal es, a mi juicio, el sentido de su actividad durante todos esos años, desde la invención de los *ready-mades* y los retruécanos y juegos de palabras disparados bajo el pseudónimo femenino de *Rrose Sélavy* hasta las máquinas ópticas, el corto *Anemic cinema* (en colaboración con Man Ray) y su participación, discontinua pero central, en el movimiento Dadá y después en el surrealista. Es imposible enumerar, en un ensayo como éste, todas las actividades, gestos e invenciones de Duchamp después de su regreso de Alemania.[1] Recordaré únicamente unas cuantas cosas.

La primera es el viaje a Zone, una localidad en el Jura, en compañía de Apollinaire, Picabia y Gabrielle Buffet. Esta excursión, a la que debemos el título del poema de Apollinaire que abre *Alcools*, anuncia ya la futura explosión dadaísta. Las enigmáticas *Notas marginales de la Caja verde* aluden a este corto viaje, no menos decisivo que el de Múnich, ese mismo año. En la evolución personal de Duchamp tiene una significación análoga a su descubrimiento de Roussel: confirma su decisión de romper no solamente con la pintura «retiniana» sino con la concepción tradicional del arte y con el uso vulgar del lenguaje (la comunicación). En 1913 se celebra en Nueva York la primera exposición de arte moderno (Armory Show) y en ella el *Desnudo descendiendo una escalera* obtiene una inmediata y, literalmente, escandalosa nombradía. Es significativo —quiero decir: ejemplar— que ese mismo año Duchamp abandone la «pintura» y busque un empleo que le permita dedicarse con libertad a sus investigaciones. Gracias a una recomendación de Picabia, encuentra un trabajo en la biblioteca de Santa Genoveva.

Se conservan de este periodo muchas notas, dibujos y cálculos, casi todos ellos en vista de la aplazada ejecución del *Gran vidrio*. Duchamp llama a esos apuntes: *physique amusante*. También podrían llamarse, a la española, *cuentas alegres*. Un ejemplo: «un hilo recto de un metro de longitud cae de un metro de altura sobre un plano horizontal y, deformándose a *su gusto*, nos da una figura nueva de la unidad de longitud». Duchamp realizó la experiencia tres veces, de modo que tenemos tres unidades, igualmente válidas las tres, y no una solamente como en nuestra pobre geometría cotidiana. Los tres hilos se conservan, en la posición de su caída, en una caja de *croquet*: son el «azar enlatado». Otra muestra: «por *condescendencia* el peso es más denso al descenso que a la subida». Todas estas fórmulas tienden a inutilizar las nociones de *izquierda* y *derecha, aquí* y

---

[1] A pesar del tiempo transcurrido, el libro ya citado de Robert Lebel sigue siendo el estudio más lúcido sobre la vida y la evolución de Duchamp. Sobre los juegos de palabras, véase *Duchamp du signe*, París, 1975, suma de sus escritos, reunidos por Michel Sanouillet y Elmer Peterson. Este libro completa y sustituye a *Marchand du sel*, París, 1958. [Nota de 1976.]

allá, este y *oeste.* Si el centro es sismo permanente, si las antiguas nociones de *materia sólida* y *razón clara* y *distinta* desaparecen en beneficio de la indeterminación, el resultado es la *desorientación* general. Duchamp se propone perder para siempre «la posibilidad de reconocer o identificar dos cosas semejantes»: las únicas leyes que le interesan son las leyes de excepción, vigentes sólo para un caso y en una sola ocasión. Su actitud ante el lenguaje no es distinta. Imagina un alfabeto de signos que denoten sólo los vocablos llamados abstractos («sin ninguna referencia concreta») y concluye: «ese alfabeto no podrá ser utilizado, probablemente, sino en la escritura de este cuadro». La pintura es escritura y el *Gran vidrio* un texto que debemos descifrar.

En 1913 el primer *ready-made* aparece: *Rueda de bicicleta.* El «original» se ha perdido pero un coleccionista angloamericano posee una «versión» de 1951. Poco a poco surgen otros: *Peine, Un ruido secreto, Tirabuzón, Farmacia* (cromo), *Agua y gas en todos los pisos, Apolinère Enameled* (anuncio de la marca Sapolín), *Tablero de ajedrez de bolsillo* y unos cuantos más. No son muchos; Duchamp exalta el *gesto,* sin caer nunca, como tantos artistas modernos, en la gesticulación. En algunos casos los *ready-mades* son puros, esto es, pasan sin modificación del estado de objetos usuales al de «antiobras de arte»; otras veces sufren rectificaciones y enmiendas, generalmente de orden irónico y tendiente a impedir toda confusión entre ellos y los objetos artísticos. Los más famosos son *Fuente,* urinario enviado a la exposición del Salón de los Independientes en Nueva York, en 1917, y rechazado por el Comité de Selección; *L.H.O.O.Q.,* reproducción de *La Gioconda* provista de barba y mostachos; *Aire de París,* ampolleta de vidrio de 50 cc que contiene un ejemplar de la atmósfera de esa ciudad; *Portabotellas; ¿Por qué no estornudar?,* jaula de pájaros que encierra cubitos de mármol en forma de terrones de azúcar y un termómetro de palo... En 1915, huyendo de la guerra y alentado por la expectación que había despertado el *Desnudo...,* pasa una larga temporada en Nueva York. Allí funda dos revistas predadaístas y, con su amigo Picabia y un puñado de artistas de varias nacionalidades, estimula, sacude y confunde a los espíritus. En 1918 Duchamp vive unos meses en Buenos Aires. Según me ha contado se pasaba las noches jugando ajedrez y dormía durante el día. Su llegada coincidió con un golpe de Estado y otros trastornos públicos que «dificultaban la circulación». Conoció a poquísima gente —a nadie que fuese artista, poeta o individuo pensante. Lástima: no sé de un temperamento más afín al suyo que el de Macedonio Fernández.

Ese mismo año de 1918 vuelve a París. Actividad tangencial, pero decisiva, en los motines y maitines de Dadá. Vuelta a Nueva York. Trabajos preparatorios del *Gran vidrio*, entre ellos ese increíble «criadero de polvo» que hoy podemos ver gracias a una admirable fotografía de Man Ray. Exploraciones en el dominio del arte óptico, estático o en movimiento: *Roto-relieve, Rotativa u óptica de precisión, Rotativa semi-esférica* y otros experimentos que son uno de los antecedentes del llamado *op-art*. Continuación y abandono definitivo del *Gran vidrio*. Interés creciente por el ajedrez y publicación de un tratado sobre una jugada. Montecarlo y tentativa, fracasada, por descubrir una fórmula para no perder ni ganar en la ruleta. Participación en diferentes exposiciones y manifestaciones surrealistas. Durante la segunda Guerra se establece definitivamente en Nueva York. Matrimonio con Teeny Sattler. Entrevistas, celebridad, influencia en la nueva pintura angloamericana (Jasper Johns, Rauschenberg) y aun en la música (John Cage) y en la danza (Merce Cunningham). La partida de ajedrez continúa. Y siempre, lo mismo frente a la bonanza que ante el temporal, la metaironía. Durante el verano de 1965, como sabía que pronto se verificaría en Londres una exposición retrospectiva de su obra, le pregunté: «¿Cuándo se celebrará en París?» Me contestó con un gesto indefinible y añadió: «Nadie es profeta en su tierra». La libertad en persona; no teme siquiera el lugar común, ese espantajo de los artistas modernos... Esta enumeración omite muchas cosas, muchos encuentros, varios nombres de poetas y pintores y otros de mujeres encantadoras y encantadas. Pero es imposible no mencionar la *Caja-maleta* (1941) y la *Caja verde* (1934). La primera aloja las reproducciones en miniatura de casi todas sus obras. La segunda contiene noventa y tres documentos: dibujos, cálculos y notas de 1911 a 1915, así como una plancha en color de *La novia*... Estos documentos son la clave (incompleta) del *Gran vidrio*: «quise hacer un libro o, más bien, un catálogo, que explicase cada detalle de mi cuadro».[1]

Los *ready-mades* son objetos anónimos que el gesto gratuito del artista, por el solo hecho de escogerlos, convierte en obras de arte. Al mismo tiempo, ese gesto disuelve la noción de *objeto de arte*. La contradicción es

---

[1] «Conversation avec Marcel Duchamp», capítulo del libro de Alain Jouffroy *Une Révolution du regard*, París, 1964. Posteriormente, en 1967, ya escrito este ensayo, apareció otra colección de notas que completan y amplían las de la *Caja verde*. La nueva colección tiene por título *À l'infinitif*; se la conoce también como la *Caja blanca*. No sería imposible que todavía existiesen, inéditas, más notas relacionadas con las especulaciones del *Gran vidrio*.

la esencia del acto; es el equivalente plástico del juego de palabras: éste destruye el significado, aquél la idea de valor. Los *ready-mades* no son antiarte, como tantas creaciones modernas, sino *a-rtísticos*. Ni arte ni anti-arte sino algo que está entre ambos, indiferente, en una zona vacía. La abundancia de comentarios sobre su significación —algunos sin duda habrán hecho reír a Duchamp— revela que su interés no es plástico sino crítico o filosófico. Sería estúpido discutir acerca de su belleza o su fealdad, tanto porque están más allá de belleza y fealdad como porque no son obras sino signos de interrogación o de negación frente a las obras. El *ready-made* no postula un valor nuevo: es un dardo contra lo que llamamos valioso. Es crítica activa: un puntapié contra la obra de arte sentada en su pedestal de adjetivos. La acción crítica se despliega en dos momentos. El primero es de orden higiénico, un aseo intelectual, el *ready-made* es una crítica del gusto; el segundo es un ataque a la noción de *obra de arte*.

Para Duchamp el buen gusto no es menos nocivo que el malo. Todos sabemos que no hay diferencia esencial entre uno y otro —el mal gusto de ayer es el buen gusto de hoy— pero, ¿qué es el gusto? Lo que llamamos bonito, hermoso, feo, estupendo o maravilloso sin que sepamos a ciencia cierta su razón de ser: la factura, la fabricación, la manera, el olor —la marca de fábrica. Los primitivos no tienen gusto sino instinto y tradición, es decir: repiten casi instintivamente ciertos arquetipos. El gusto nace, probablemente, con las primeras ciudades, el Estado y la división de clases. En el Occidente moderno se inicia en el Renacimiento pero no tiene conciencia de sí mismo sino hasta el periodo barroco. En el siglo XVIII fue la nota de distinción de los cortesanos y más tarde, en el XIX, la marca de los advenedizos. Hoy, extinto el arte popular, tiende a propagarse entre las masas. Su nacimiento coincide con la desaparición del arte religioso y su crecimiento y supremacía se deben, más que nada, al mercado libre de objetos artísticos y a la revolución burguesa. (Un fenómeno semejante, aunque no idéntico, se advierte en ciertas épocas de la historia de China y Japón.) «Sobre gustos no hay nada escrito», dice el proverbio español. En efecto, el gusto rehúye el examen y el juicio: es un asunto de catadores. Oscila entre el instinto y la moda, el estilo y la receta. Es una noción epidérmica del arte, en el sentido sensual y en el social: un cosquilleo y un signo de distinción. Por lo primero reduce el arte a la sensación; por lo segundo, introduce una jerarquía social fundada en una realidad tan misteriosa y arbitraria como la pureza de la sangre o el color de la piel. El proceso se acentúa en nuestros días: desde el impresionismo, la pintura se ha convertido en materia, color, dibujo, textura, sensibilidad, sensualidad —la idea reducida al tubo de pintura y la contemplación a la sensación.[1] El *ready-made* es una crítica del arte «retiniano» y manual: después de haberse probado a sí mismo que «dominaba el oficio», Duchamp denuncia la superstición del oficio. El artista no es un hacedor; sus obras no son hechuras sino actos. En esta actitud hay un eco —¿inconsciente?— de la repugnancia de Rimbaud ante la pluma: *Quel siècle à mains!* En su segundo momento el *ready-made* pasa de la higiene a la crítica del arte mismo. Al criticar la idea de factura Duchamp no pretende disociar forma y contenido. En arte lo único que cuenta es la forma. O más exactamente: las formas son las emisoras de significados. La forma proyecta sentido, es un aparato de significar. Ahora bien, las significaciones de la pintura «retiniana» son insignificantes: impresiones, sensaciones, secreciones, eyaculaciones. El *ready-made* enfrenta a esta insignificancia su neutralidad, su no-significación. Por tal razón no debe ser un objeto hermoso, agradable, repulsivo o siquiera interesante. Nada más difícil que encontrar un objeto realmente neutro: «cualquier cosa puede convertirse en algo muy hermoso si el gesto se repite con frecuencia; por eso el número de mis *ready-mades* es muy limitado...» La repetición del acto acarrea una degradación inmediata, una recaída en el gusto. (Algo que olvidan con frecuencia los imitadores.) Desalojado, fuera de su contexto original —la utilidad, la propaganda o el adorno— el *ready-made* pierde bruscamente todo significado y se transforma en un objeto vacío, en cosa en bruto. Sólo por un instante: todas las cosas manipuladas por el hombre tienen la fatal tendencia a emitir sentido. Apenas instalados en su nueva jerarquía, el clavo y la plancha sufren una invisible transformación y se vuelven objetos de contemplación, estudio o irritación. De ahí la necesidad de «rectificar» al *ready-made*: la inyección de ironía lo ayuda a preservar su anonimato y su neutralidad. Trabajo de Tántalo pues, desviadas del objeto, ¿cómo impedir que la significación y su cola, la admiración o la reprobación, no se dirijan hacia el autor? Si el objeto es anónimo, no lo es aquel que lo escogió. Y aún podría agregarse: el *ready-made* no es una obra sino un gesto que sólo puede realizar un artista y no cualquier artista sino, precisamente, Marcel Duchamp. No es extraño que el crítico y el público de entendidos encuentren el gesto «significativo», aunque gene-

---

[1] Según Duchamp todo el arte moderno es «retiniano» —del impresionismo, el fauvismo y el cubismo hasta el abstraccionismo y el arte óptico, con la excepción del surrealismo y de unos cuantos casos aislados como los de Seurat y Mondrian.

ralmente no acierten a saber qué significa. El tránsito de la adoración del objeto a la del autor del gesto es insensible e instantáneo: el círculo se cierra. Pero es un círculo que nos encierra a nosotros: Duchamp lo ha saltado con agilidad y juega al ajedrez mientras yo escribo estas notas. Una piedra es igual a otra piedra y un tirabuzón es igual a otro tirabuzón. La semejanza entre las piedras es natural e involuntaria; entre los objetos manufacturados es artificial y deliberada. La identidad de los tirabuzones es una consecuencia de su significado: son objetos hechos para extraer corchos; la identidad entre las piedras carece, en sí misma, de significado. Tal es, por lo menos, la actitud moderna ante la naturaleza. No ha sido así siempre. Roger Caillois señala que algunos artistas chinos escogían piedras que les parecían fascinantes y las convertían en obras de arte por el solo hecho de grabar o pintar su nombre en ellas. Los japoneses también coleccionan piedras y, más ascéticos, prefieren que no sean demasiado hermosas, extrañas o insólitas: verdaderas piedras rodadas. Buscar piedras diferentes o iguales no son actos distintos: ambos afirman que la naturaleza es creadora. Escoger una piedra entre mil equivale a darle nombre. Guiado por el principio de analogía, el hombre nombra a la naturaleza; cada nombre es una metáfora: Montaña Hirsuta, Mar Rojo, Cañón del Infierno, Lugar de Águilas. El hombre —o la firma del artista— hace entrar al paraje —o a la piedra— en el mundo de los nombres; o sea: en la esfera de los significados. El acto de Duchamp arranca al objeto de su significado y hace del nombre un pellejo vacío: el portabotellas sin botellas. El chino afirma su identidad con la naturaleza; Duchamp, su diferencia irreductible. El acto del primero es una elevación, un elogio; el del segundo, una crítica. Para chinos, griegos, mayas o egipcios la naturaleza era una totalidad viviente, un ser creador. Por eso el arte, según Aristóteles, es imitación: el poeta imita el gesto creador de la naturaleza. El chino lleva hasta su última consecuencia esta idea: escoge una piedra y la firma. Inscribe su nombre en una creación y su firma es un reconocimiento; Duchamp escoge un objeto manufacturado: inscribe su nombre en una negación y su gesto es un desafío.

La comparación entre el gesto del artista chino y el de Duchamp muestra la negatividad del objeto manufacturado. Para los antiguos la naturaleza era una diosa, y, aún más, un criadero de dioses —a su vez manifestaciones de la energía vital en sus tres tiempos: nacimiento, copulación y muerte. Los dioses nacen y su nacimiento es el del universo mismo; se enamoran (a veces de nuestras mujeres) y la tierra se puebla de semidioses,

Marcel Duchamp, *Ready-mades*

Trampa, 1917.

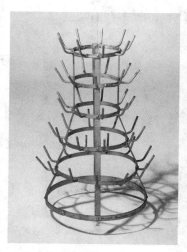

Portabotellas, 1914.

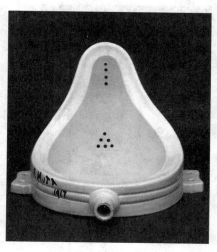

Fuente, 1917.

Peine, 1916.

Percha para sombreros, 1917.

¿Por qué no estornudar
Rrose Sèlavy? 1921.

Rueda de bicicleta, 1913.

monstruos y gigantes; mueren y su muerte es el fin y la resurrección del tiempo. Los objetos no nacen: los fabricamos; carecen de sexo; tampoco mueren: se gastan, se vuelven inservibles. Su tumba es el basurero o el horno de refundición. La técnica es neutra y estéril. Ahora bien, la técnica es la naturaleza del hombre moderno: nuestro ambiente y nuestro horizonte. Cierto, toda obra humana es negación de la naturaleza; asimismo, es un puente entre ella y nosotros. La técnica cambia a la naturaleza de una manera más radical y decisiva: la desaloja. La famosa vuelta a la naturaleza es una prueba de que entre ella y nosotros se interpone el mundo de la técnica: no un puente sino una muralla. Heidegger dice que la técnica es nihilista porque es la expresión más perfecta y activa de la voluntad de poder. Desde esta perspectiva el *ready-made* es una doble negación: no sólo el gesto sino el objeto mismo es negativo. Aunque Duchamp no tiene la menor nostalgia por los paraísos o infiernos naturales, tampoco es un adorador de la técnica. La inyección de ironía niega a la técnica porque el objeto manufacturado se convierte en *ready-made*: una cosa inservible.

El *ready-made* es un arma de dos filos: si se transforma en obra de arte, malogra el gesto de profanación; si preserva su neutralidad, convierte al gesto mismo en obra. En esa trampa han caído la mayoría de los seguidores de Duchamp: no es fácil jugar con cuchillos. Otra condición: la práctica del *ready-made* exige un absoluto desinterés. Duchamp ha ganado sumas irrisorias con sus cuadros —la mayoría los ha regalado— y ha vivido siempre con modestia, sobre todo si se piensa en las fortunas que hoy acumula un pintor apenas goza de cierta reputación. Más difícil que despreciar al dinero es resistir a la tentación de hacer obras o de transformarse uno mismo en obra. Creo que, gracias a la ironía, Duchamp lo ha logrado: el *ready-made* ha sido su tonel de Diógenes. Porque, en suma, su gesto no es tanto una operación artística como un juego filosófico o, más bien, dialéctico: es una negación que, por el humor, se vuelve una afirmación. Colgada de la ironía, en perpetua oscilación, esta afirmación es provisional siempre. Contradicción que niega por igual toda significación al objeto y al gesto, es un acto puro —en el sentido moral y también en el de juego: limpieza de manos, rapidez y perfección en la ejecución. La pureza requiere que el gesto se realice de la manera menos parecida a una *selección*:

El gran problema era el acto de escoger. Tenía que elegir un objeto sin que éste me impresionase y sin la menor intervención, dentro de lo posible, de cualquier idea o propósito de delectación estética. Era necesario reducir mi gusto personal a cero. Es dificilísimo escoger un objeto que no nos interese absolutamente y no sólo el día que lo elegimos sino para siempre y que, en fin, no tenga la posibilidad de volverse algo hermoso, bonito, agradable o feo...

El acto de escoger tiene cierto parecido con una cita y, así, contiene un elemento de erotismo —un erotismo desesperado y sin ilusión alguna: «Decidir que en un momento venidero (tal día, tal hora, tal minuto) elijo un *ready-made*. Lo que cuenta entonces es la cronometría, el instante hueco... es una suerte de cita». Yo diría: una cita con lo contrario a la sorpresa, un encuentro en el tiempo árido de la indiferencia. Juego dialéctico, el *ready-made* es también un ejercicio ascético, una vía purgativa. A diferencia de las prácticas de los místicos, su fin no es la unión con la divinidad ni la contemplación de la suma verdad: es una cita con nadie y su finalidad es la no-contemplación. El *ready-made* se instala en una zona nula del espíritu: «ese portabotellas ya sin botellas, convertido en una cosa que ni siquiera se mira, aunque se sabe que *existe* —que sólo miramos al *volver el rostro* y cuya existencia fue decidida por un gesto que hice un día...» Un nihilismo que gira sobre sí mismo y se refuta: entronizar una nadería y, una vez en su trono, negarla y negarse a sí mismo. No un acto artístico: la invención de un arte de liberación interior. En el *Gran Sutra de la perfección de la sabiduría*[1] se dice que cada uno de nosotros ha de esforzarse por conquistar el estado bienaventurado del Bodhisattva, a sabiendas de que Bodhisattva es una no-entidad, un nombre vacío. Esto es lo que Duchamp llama *belleza de indiferencia*. O sea: libertad.

La novia puesta al desnudo por sus solteros, aun... es una de las obras más herméticas de nuestro siglo. Se distingue de la mayoría de los textos modernos —porque ese cuadro es un texto— en que el autor nos ha dado una clave: las notas de la *Caja verde*. Ya dije que es una clave incompleta, como el *Gran vidrio* mismo; además, las notas son, a su manera, otro rompecabezas, signos dispersos que debemos reagrupar y descifrar. *La novia...* y la *Caja verde* (a la que hay que agregar ahora la *Caja blanca*) constituyen un sistema de espejos que se intercambian reflejos; cada uno de ellos ilumina y *rectifica* a los otros. Abundan las interpretaciones

[1] *The Large Sutra on Perfect Wisdom*, trad. por Edward Conze, Londres, 1961.

de esta obra enigmática. Algunas son penetrantes.[1] No las repetiré. Mi propósito es descriptivo: notas preliminares para una futura traducción al español. Empiezo por el título: *La Mariée mise à nu par ses célibataires, même...* No es fácil traducir al castellano esta frase oscilante y enroscada. En primer término *mise à nu* no quiere decir exactamente desnudada o desvestida; es una expresión mucho más enérgica que nuestro participio: puesta al desnudo, expuesta. Imposible no asociarla con un acto público o un rito: el teatro *(mise en scène)*, la ejecución capital *(mise à mort)*. Usar la palabra soltero *(célibataire)* en lugar de la que parecería normal, novio o pretendiente, indica una separación infranqueable entre lo femenino y lo masculino: el soltero no es ni siquiera pretendiente y la novia no será nunca desposada. El plural y el posesivo acentúan la inferioridad de los machos: más que en la poliandria hacen pensar en un rebaño.

Se ha discutido mucho sobre el adverbio *même*, añadido después por Duchamp. Para un crítico la alusión es transparente: *la novia me ama (m'aime)*. Duchamp ha negado esta interpretación más de una vez. En sus conversaciones con Pierre Cabanne,[2] reitera que agregó el adverbio precisamente porque carecía de sentido y no tenía relación alguna con la pintura o con su título. El adverbio era una hermosa demostración de la «adverbialidad»: no significaba nada. En otra entrevista dijo que *même* le recordaba el célebre monosílabo doble de Bosse-de-Nage, el mono del doctor Faustroll: *Ha-Ha*. El adverbio *même* es la partícula de indeterminación, la cápsula verbal que contiene los dos disolventes: la ironía y la indiferencia. Es el *ni esto ni aquello* de los taoístas. El adverbio convierte al *Gran vidrio* y a su asunto en una verdadera *exposición*, en el sentido fotográfico de la palabra pero también en el litúrgico y en el mundano. En el título ya están presentes todos los elementos de la obra: el mítico, el popular de barraca o carpa de feria, el erótico, el pseudocientífico y el irónico.

[1] Entre ellas es notable la de Michel Carrouges: *Les Machines célibataires*, París, 1954. La mejor descripción sintética del cuadro se encuentra en *Phare de la mariée*, de André Breton (1935). Después de escrito este ensayo, han aparecido dos estudios excelentes y que contienen descripciones muy completas y agudas del *Gran vidrio* y de su funcionamiento. El primero de John Golding: *The Bride Stripped Bare by Her Bachelors, Even...* (Londres, 1973). El segundo de Jean Suquet: *Miroir de la mariée* (París, 1974). Suquet ha publicado después otro ensayo, *Le Guéridon et la virgule* (París, 1976), sobre un personaje no pintado pero esencial en el *Gran vidrio*: el Juglar de la gravedad.

[2] Pierre Cabanne, *Entretiens avec Marcel Duchamp*, París, 1967.

Los nombres de cada una de las partes también poseen un significado —mejor dicho: varios— que completan el sentido de la composición plástica. Lo completan y, a veces, lo contradicen. Son signos de orientación y desorientación, como el adverbio *même*. Los nombres de la Novia son Motor-deseo, Avispa y Ahorcado hembra. Para H. P. Roché la Novia es una mezcla de libélula y manta religiosa. Carrouges ha descubierto, por su parte, que *Mariée* es el nombre vulgar, en Francia, de una mariposa nocturna: la *noctuelle* (noctúa). El grupo de solteros posee un repertorio de nombres crepusculares: Aparato-soltero, Nueve moldes machos *(Neuf moules mâlic)* y, en fin, Cementerio de libreas y uniformes. En un principio los Machos eran ocho pero, sin duda por razones numerológicas, Duchamp añadió uno más. El nueve es un número mágico, con aureola. Es un múltiplo de tres, una cifra en la que se condensa la visión del mundo de los indoeuropeos y que es el eje de su sistema de pensamiento desde hace milenios, lo mismo en la India védica que en la Europa moderna. Los Machos son moldes —la expresión castellana les conviene admirablemente: machotes—, trajes vacíos inflados por el gas de alumbrado, que es su soplo vital, su ánima deseante. Representan nueve familias o tribus masculinas: gendarme, coracero, policía, cura, mesero de café, jefe de estación, mensajero de gran almacén, lacayo y enterrador. La lista no puede ser más triste. El Cementerio de libreas y uniformes también se llama Matriz de Eros. Un comentarista ha señalado la ambivalencia: la tumba de los Solteros es el lugar de su resurrección. El otro sentido de matriz me prohíbe adherirme enteramente a esta interpretación: matriz es molde. Los nueve Machos son nueve prototipos. De nuevo aparece la ambigüedad, ahora entre los arquetipos platónicos y los moldes mecánicos.

Las otras partes tienen nombres que designan sus funciones, aunque no sin contradicciones y ambigüedades. A reserva de indicar su ubicación y su funcionamiento más adelante, me limito por ahora a mencionarlos: Vía Láctea, Inscripción de arriba o Tres pistones, Nueve tiros, Corredera o Trineo o Vagoneta, Molino de agua, Cascada (invisible), Tamices o Sombrillas, Tubos capilares, Molino de chocolate (compuesto de Bayoneta, Corbata, Cilindros y Chasis Luis XV), Tijeras, Vestido-horizonte de la Novia, Combate de boxeo (no pintado), Testigos oculistas, Maquinista de la gravedad o Juglar de la gravedad o Inspector del espacio (no pintado).

La novia puesta al desnudo por sus solteros, aun... es un vidrio doble, de dos metros setenta centímetros de altura y un metro setenta centímetros de longitud, pintado al óleo y dividido horizontalmente en dos partes idénticas por un doble filo de plomo. «Definitivamente inacabado» en 1923, el *Gran vidrio* apareció por primera vez ante el público en 1926, durante la Exposición Internacional de Arte Moderno celebrada en el Museo de Brooklyn. Se estrelló al ser devuelto del museo a la casa de la persona que era entonces su propietaria; el deterioro no fue descubierto sino años después y sólo hasta 1936 Duchamp reparó la obra. La línea de división, a un tiempo horizonte y vestido transparente de la Novia, se hizo añicos; ahora ha quedado reducida a una delgada tira de vidrio prensada entre dos barras metálicas. La superficie rajada del *Gran vidrio* recuerda las cicatrices de los veteranos, vivientes mapas de sus campañas. Duchamp confió a Sweeney: «J'aime ces fêlures parce qu'elles ne ressemblent pas à du verre cassé. Elles ont une forme, une architecture symétrique. Mieux, j'y vois une intention curieuse dont je ne suis pas responsable, une intention *toute faite* en quelque sorte que je respecte et que j'aime.»[1] El escepticismo de Duchamp, como todo escepticismo radical, es abierto y desemboca en la aceptación de lo desconocido. No en balde, durante su periodo de especulaciones en la biblioteca de Santa Genoveva, se interesó en Pirrón. El accidente no es sino una de las formas en que se manifiesta un designio que nos sobrepasa. Ignoramos todo o casi todo de ese designio, salvo su poder sobre nosotros.

La mitad superior del *Gran vidrio* es el dominio de la Novia. El extremo izquierdo lo ocupa una compleja maquinaria. Es la Novia en persona o, más exactamente, en una de sus personificaciones. Lebel ha querido ver en la figura central, llamada por Duchamp Ahorcado hembra, «una suerte de perfil, muy esquematizado, que podría ser el de una mujer tocada con un sombrero y el rostro cubierto por un velillo». (Una verdadera viuda: ¿de quién?) El comentario de Duchamp, transcrito por el mismo Lebel, fue más bien enigmático: «Voluntariamente sería la cabeza pero accidentalmente lo que se ve es un perfil no voluntario». La palabra *cabeza* no designa aquí una forma antropomórfica sino una posición dentro del conjunto y, probablemente, una función. Los vagos parecidos humanos son accidentales: la Novia es un aparato y su humanidad no está en sus formas ni en su fisiología. Su humanidad es simbólica: la Novia es una realidad ideal, un símbolo manifestado en formas mecánicas y que

[1] «Me gustan estas fisuras porque no se parecen al cristal roto. Tienen una forma, una arquitectura simétrica. Mejor dicho, en ellas veo una intención curiosa de la que no soy responsable, una *intención previa* en cierto modo que respeto y aprecio.»

produce a su vez símbolos. Es una máquina de símbolos. Pero esos símbolos están distendidos y deformados por la ironía; son símbolos que destilan su negación. El funcionamiento de la Novia es, a un tiempo, fisiológico, mecánico, irónico, simbólico e imaginario: la sustancia que la alimenta es un rocío llamado automovilina, sus éxtasis son eléctricos y la fuerza física que mueve sus engranajes es el deseo.

El misterio de la Novia no procede tanto de la carencia de noticias como de su abundancia. La *Caja verde* contiene una descripción de su morfología y de su funcionamiento bastante completa. Con frecuencia esas notas son ambiguas y aun contradictorias; sometida a la operación de la metaironía, la fórmula de Duchamp: *belleza de precisión,* se convierte en una trampa de incertidumbres y confusiones. Apenas si es necesario agregar que esas incertidumbres y confusiones son parte esencial de la Novia: son su velo transparente. Por lo demás, para comprender realmente la pin-

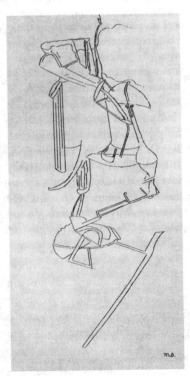

Marcel Duchamp, *Novia, 1965.*

tura no es necesario localizar con exactitud sus órganos sino tener una idea de su funcionamiento. Con esta salvedad, enumero enseguida, de arriba para abajo y de izquierda a derecha, las distintas piezas que componen el aparato.

En la parte superior es visible una suerte de gancho. La Novia propiamente dicha —la silueta identificada por Lebel como una figura femenina tocada por un sombrero y un velo— está colgada de ese gancho. Aunque toda semejanza antropomórfica sea engañosa, es imposible no reparar en una curiosa coincidencia (si en este dominio puede hablarse de coincidencias): el cuadro *Dulcinea* (o *Retrato*), pintado en 1911, es una visión «simultaneísta» de un desnudamiento en cinco momentos; en todos ellos la mujer que hace el *strip-tease* guarda, como la Novia del *Gran vidrio*, el sombrero.

Hacia la derecha y abajo de la Vía Láctea, una muesca —otro juego fúnebre: Duchamp la llama *mortaise* que, en español, es muesca y mortaja— sostiene un asta o tallo metálico, conectado con el «magneto-deseo» que se encuentra más abajo. El «magneto-deseo» contiene en una jaula la «materia de filamentos» (invisible). Esta materia es una secreción de la Novia que se materializa en el momento de su «florecimiento». La *Caja verde* señala que «se parece a una llama consistente... que lame la bola del Maquinista de la gravedad, desplazándola a su antojo». El asta del «magneto-deseo» es un eje y de ahí que su otro nombre sea «árbol-tipo». Es difícil decidir si su otro nombre es «motor de cilindros débiles» o si esta expresión designa a otra parte de la maquinaria. El «árbol-tipo», eje o columna vertebral, está conectada a una especie de jeringa o lanceta: es la «avispa». Las propiedades de la «avispa» son singulares: secreta la «gasolina de amor» por ósmosis, posee un olfato que le permite percibir las «ondas de desequilibrio» que emite la bola negra del Juglar de gravedad, está dotada de una capacidad vibratoria que determina las pulsaciones de la «aguja» y de un sistema de ventilación que determinan asimismo el «balanceo de adelante hacia atrás del Ahorcado hembra con sus accesorios».

Abajo de la «avispa» se encuentra el «tanque de gasolina de amor o potencia tímida». Esta gasolina erótica, «distribuida en el motor de cilindros débiles, al contacto de las chispas de su vida constante (magneto-deseo) explota y hace florecer a esta virgen llegada al término de su deseo». El tanque se llama también «tina oscilante» y es la que provee a «la higiene de la Novia». En la parte inferior se balancea la «aguja-pulso». Está montada «sobre una correa de vagabundeo. Tiene la libertad de los animales enjaulados». La «aguja-pulso» tiene la forma de un péndulo más bien amenazante, oscilando sobre el vacío: el horizonte-vestido de la Novia.

Mi descripción de la Novia es una interpretación. Hay otras versiones de su morfología. Por ejemplo, en la excelente *Carta tipográfica* de Richard Hamilton, el «motor de cilindros débiles» y el tanque de gasolina erótica figuran debajo del Ahorcado hembra. La posición de las otras piezas es también ligeramente distinta en el esquema de Hamilton: a la derecha del Ahorcado hembra coloca la «avispa» o «cilindro-sexo», abajo la jaula que contiene los filamentos y abajo de ésta el «magneto-deseo» que emite chispas artificiales.

La *Caja verde* indica que la Novia es una máquina agrícola, un arado (¿alusión a Ceres?), un esqueleto, un insecto, un Ahorcado hembra, un péndulo... «El Ahorcado hembra es la *forma en perspectiva ordinaria* de un Ahorcado hembra del cual tal vez podría intentarse encontrar la *verdadera forma.*» Así pues, las formas de la Novia no son sino una apariencia, una de sus posibles manifestaciones. Su verdadera forma, su realidad real, es otra. Duchamp ha dicho que es la proyección de un objeto de tres dimensiones que, a su vez, es la proyección de un objeto (desconocido) de cuatro dimensiones. La Novia es la copia de una copia de la Idea. Se trata de una mezcla de las especulaciones sobre la geometría no-euclidiana, populares en la juventud de Duchamp, y esa corriente de neoplatonismo que, desde fines del siglo XV, ha irrigado el suelo y el subsuelo de nuestra civilización. No hablo de una influencia consciente: las ideas que vienen del hermetismo neoplatónico circulan invisiblemente entre nosotros, como si fuesen nuestra sangre espiritual, disueltas en nuestras maneras de pensar y sentir. A esta visión platonizante —esa realidad más allá de los sentidos cuyas sombras somos— se yuxtapone otra: Lebel piensa que la realidad designada por la cuarta dimensión es el instante del abrazo carnal, durante el cual la pareja funde tiempo y espacio en una sola realidad. La cuarta dimensión es la dimensión erótica. Pero ¿hay abrazo? La pregunta, antes de ser contestada, se desvanece en la transparencia del *Gran vidrio*.

La Vía Láctea ocupa el centro de la parte superior de la pintura. Es una nube grisácea suspendida en las alturas, en su extremo izquierdo levemente rosada (*color carne*, subraya Duchamp). La nube parece salir de esa parte del Ahorcado hembra que he llamado, entre comillas, «la cabeza». Sólo que no se escapa como Minerva de la frente rota de Júpiter sino, extrañamente, del occipucio de la Novia —si es lícito dar un nombre anatómico a la pieza de un mecanismo. Roché ve en la nube un cocodrilo gaseoso. Para Michel Carrouges es una oruga gigantesca, forma anterior de la mariposa nocturna *(noctúa)* que es la Novia. La hipótesis es arriesgada: lejos de ser una forma anterior de la Novia, la Vía Láctea es más bien su emanación en el momento de su «florecimiento cinemático». Aquí debo interrumpir por un instante mi descripción: es indispensable hacer una breve aclaración. He empleado varias veces la palabra *florecimiemo*. Pero *florecimiento* no expresa con entera exactitud lo que quiere decir Duchamp con la palabra *épanouissement*. Aunque las voces castellanas que traducen ese término son muchas, ninguna entre ellas transmite realmente el matiz duchampiano. Para comprobarlo basta con enumerar los significados que aparecen en nuestros diccionarios: florecimiento, abertura (plantas y flores); completo desarrollo; granazón, plenitud (personas); alegría, regocijo (estados de ánimo); expansión, dilatación. Duchamp usa la palabra en sentido figurado: la Novia florece, se abre, se dilata de placer. No es el orgasmo sino las sensaciones que lo preceden. La *Caja verde* es explícita: el *épa-nouissement* «es el último estado de la Novia desnudada antes del goce que la hará caer...»

«La Vía Láctea *color carne* envuelve de manera desigualmente densa a los Tres pistones.» Semejantes a los tableros que se usan en los estadios para marcar los tantos de los equipos o en los aeropuertos para avisar la llegada o salida de los aviones, los Pistones cuelgan de tres clavos. Su otro nombre es Redes. Duchamp colgó un pedazo cuadrado de tela blanca sobre una ventana abierta; las Redes son tres fotos de ese pedazo de tela: «pistón de la corriente de aire, es decir, tela aceptada y rechazada por la

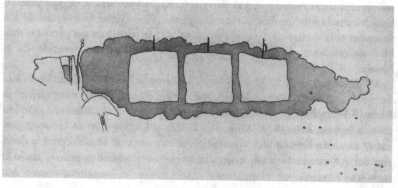

Marcel Duchamp, *Vía Láctea*, 1965.

corriente de aire». Las Redes o Pistones se llaman también Inscripción de arriba porque su función consiste en transmitir a los Solteros y al Juglar de la gravedad las descargas de la Novia: sus sensaciones, sus mandamientos. Para Raché son el «Misterio original, la Causa de las Causas, una Trinidad de cajas vacías».

En el extremo derecho, abajo de la Vía Láctea, hay una zona de puntos: son las huellas de los *Nueve disparos* de los Solteros. Hay otras partes no pintadas por Duchamp pero que debe tener en cuenta todo aquel que quiera tener una idea del funcionamiento de la maquinaria. Abajo de la región de los Nueve tiros deberían encontrarse las Sombras proyectadas y abajo de ellas la Imagen de la salpicadura. Los Nueve tiros fueron obtenidos por medio de nueve disparos —tres veces desde tres puntos, lo que da el número de los Moldes machos— de un cañón de juguete cuyos proyectiles fueron cerillas embebidas en pintura fresca. En el extremo izquierdo, sobre la línea que señala el horizonte y que separa en dos mitades al *Gran vidrio*, está el caído vestido transparente de la Novia. Naturalmente, es invisible. En la parte de abajo, ya en el dominio de los Solteros, asimismo invisible, se encuentra un «enfriador de alerones (o de agua)», en vidrio transparente. En la misma línea del horizonte, hacia la derecha, está el sistema Wilson-Lincoln. Tampoco se ve. Es una trampa óptica consistente en esos prismas que nos hacen ver el mismo rostro, desde un lado, como si fuese el de Wilson y, desde el otro, como si fuese el de Lincoln. En el extremo derecho, siempre sobre la línea del horizonte, otro personaje no pintado: el Juglar de la gravedad. Su forma, si hubiese llegado a tenerla, habría sido la de un resorte espiral, posado sobre una mesita de tres patas, rematado por una suerte de charola sobre la que debería rodar una bola (negra, especifica una nota de la *Caja verde*). El Juglar de la gravedad debería danzar sobre el horizonte: el vestido de la Novia. Siendo un resorte, es elástico y crece hasta rozar, arriba, la zona de los Nueve tiros y ofrecer a la Novia, a su lengua de llama consistente, su bola negra.

En la mitad inferior del *Gran vidrio*, en el extremo izquierdo, se encuentra el grupo de los Nueve moldes machos o Cementerio de libreas y uniformes o Matriz de Eros. Los tres nombres le convienen, pues los Solteros carecen de personalidad real. Son trajes vacíos, piezas huecas que infla el gas de alumbrado. «Los Solteros son la base arquitectónica de la Novia, que así se transforma en una apoteosis de la virginidad.» La Máquina-soltero es una «máquina de vapor con un basamento de mampostería sobre una base de ladrillos». Provista de un «engranaje atormenta-

Marcel Duchamp, *Nueve moldes machos*, 1965.

do», la máquina da nacimiento a su «parte-deseo». Por obra de este último la máquina de vapor pasa a ser «motor de explosión». Pero este motor está separado de la Novia por el «enfriador en vidrio transparente» que he mencionado antes y que se confunde con el vestido-horizonte. En el *Gran vidrio* no aparecen el «motor de explosión» ni las otras piezas que acabo de enumerar, incluida la base arquitectónica de la Novia en mampostería. Aquí también mi descripción discrepa ligeramente de la *Carta tipográfica* de Richard Hamilton. En su esquema la máquina de vapor que pasa a ser motor de explosión figura como parte del Ahorcado hembra. La interpretación de Hamilton es plausible pero en la *Caja verde* las notas relativas a la máquina de vapor y a su cambio están incluidas en la sección dedicada a la Máquina-soltero. En cambio, sí coincidimos en la localización de la base de ladrillos, que está atrás de los Nueve moldes y que es el zócalo de la Novia.[1]

Las diferencias entre el universo de la Novia y el de los Solteros son enormes. En primer término la siguiente: «las *formas principales* de la

---

[1] En *Dados*: 1.º *La Cascada*, 2.º *El Gas de alumbrado* (1946-1966), el ensamblaje que se encuentra en el Museo de Arte de Filadelfia, descubierto después de la muerte de Duchamp, es perfectamente visible la pieza de mampostería y el muro de ladrillos. Por un boquete entre los ladrillos el espectador ve a la Novia, ahora en su forma tridimensional, como una muchacha rubia y desnuda, recostada sobre un lecho de ramitas. Más allá, en la colina boscosa, se ve el semicírculo plateado de la cascada.

Máquina-soltero son imperfectas... es decir, son mensuradas... En la Novia las *formas principales* son *más o menos* grandes o pequeñas, ya que no
tienen, con respecto a su destino, una mensuración». (En la *Caja blanca,*
precisamente bajo el rubro Perspectiva, figura una explicación idéntica.)
El dominio de los Solteros está regido por la perspectiva clásica; el de
la Novia por una geometría *libre* donde el «más o menos» es la regla.
Mundo de formas libres, no mensurables y difícilmente visibles: reino de
la indeterminación, en el que la causalidad ha desaparecido o, si subsiste,
obedece a leyes y principios distintos a los de aquí abajo. El dominio de
los Solteros es el de la medida y la causalidad: el de nuestra geometría
en dos y tres dimensiones y, por lo tanto, el de las formas *imperfectas.*
Esta oposición entre las formas de aquí y las de allá es un nuevo ejemplo
de la manera en que Duchamp pone ciertas nociones populares de la física
moderna —cuarta dimensión y geometrías no-euclidianas— al servicio

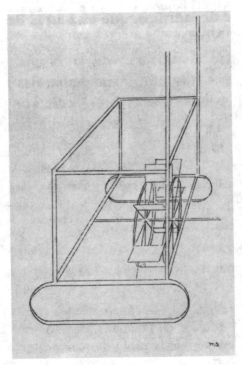

Marcel Duchamp, *Corredera*
(Carrito, Molino de agua y Patines), 1965.

de una metafísica de origen neoplatónico. También para Plotino y para sus seguidores de los siglos xv y xvi, el Uno y sus emanaciones, las Ideas, eran formas *libres* que escapaban a las medidas de los sentidos. La geometría es la sombra de las Ideas. Y más: es la rendija por la cual vemos las *verdaderas* formas. Las vemos sin poder nunca verlas del todo, *más o menos*.

Otra diferencia entre la Novia y los Solteros, no menos decisiva: «la Novia tiene un centro-vida; los Solteros no lo tienen. Viven por el carbón u otra materia prima, sacada no de ellos sino de su no ellos». La Novia, forma liberada, es autosuficiente; los Solteros, sometidos a la geometría y a la perspectiva, son moldes huecos que llena el gas de alumbrado. Son uniformes y libreas: «una vez obtenidos los *vaciados* de gas, escuchan las letanías que recita el carrito, estribillo de toda la Máquina-soltero, sin que puedan jamás rebasar su Máscara... como envueltos por un espejo que les devolviese su propia complejidad hasta alucinarlos de una manera bastante onanista».

Entre los Nueve moldes machos y los Tamices se encuentra la Corredera, un carrito con patines llamado también Trineo. Se presenta en «traje de Emancipación y esconde en su seno el paisaje del Molino de agua». El Molino está movido por una Cascada. Es invisible pero la *Caja verde* la describe como «una especie de surtidor llegando de lejos en semicírculo, por encima de los Moldes machos».[1] Los patines de la Corredera se deslizan sobre un riel subterráneo. El metal de que está hecha «está emancipado horizontalmente, es decir, libre de toda pesantez en el plano horizontal». El Molino de agua es el propulsor del carrito. Gracias a un ingenioso mecanismo que incluye, entre otros artificios, la caída de una botella de benedictino (o, en otra versión, cuatro pesas en forma de botellas de marca), la Corredera está animada por un movimiento de vaivén: «Va, una pesa cae y la hace ir. Viene, por frotamiento de los patines...» Este segundo movimiento es un *«fenómeno de inversión de frotamiento... que se transforma en fuerza de regreso igual a la fuerza de ida».* Puede vislumbrarse ahora por qué el carrito está hecho de metal *emancipado*.

A la ida y a la vuelta la Corredera recita interminables letanías: «Vida lenta. Círculo vicioso. Onanismo...» Estas letanías son el *tema* de los Solteros, el *leitmotiv* de la vida célibe de aquí abajo. Los Nueve las oyen y quieren salir de sí mismos, traspasar sus máscaras: sus libreas y unifor-

---

[1] La Cascada aparece en el *Ensamblaje* del Museo de Filadelfia, en cambio los Nueve moldes no son visibles.

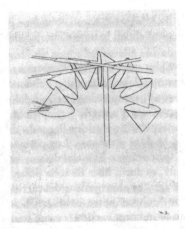

Marcel Duchamp, *Tamices*, 1965.

mes, pero no pueden... Otra propiedad extraña: el peso de la botella de benedictino «es más denso, por *condescendencia*, a la bajada que a la subida». Su densidad «está en perpetuo movimiento y no es fija como la de los metales». No hay más remedio que llamar *filosófica* a esta propiedad de la botella de benedictino: su densidad es oscilante y así «expresa la libertad de indiferencia», la única libertad a que podemos aspirar en este mundo de relaciones horizontales.

Los Nueve moldes machos están unidos a los Tamices por un sistema de tubos capilares que no son otros que «las unidades métricas de longitud caprichosa» obtenidas por el método descrito más arriba. Los Tamices son «la imagen invertida de la porosidad» y están compuestos por siete sombrillas dispuestas en semicírculo. El polvo se utiliza en las sombrillas como «una especie de color (pastel transparente)». Duchamp hizo «criaderos de polvo sobre vidrio. Polvo de cuatro meses, seis meses, encerrado después herméticamente». Los Tamices están provistos de una bomba aspiradora y cada sombrilla tiene agujeros que facilitan la circulación. «Los agujeros de las sombrillas dan *en mapamundi* la figura de los Moldes... por simetría en comandita». La última sombrilla cuenta con una «batidora-ventilador» en forma de mariposa. Por sus funciones y por las extrañas transformaciones que se operan en sus galerías interiores, los Tamices son una suerte de *Cámara de las metamorfosis*.

El Molino de chocolate ocupa el lugar central del dominio de los Solteros. A pesar de su posición y de su tamaño, sus funciones son más

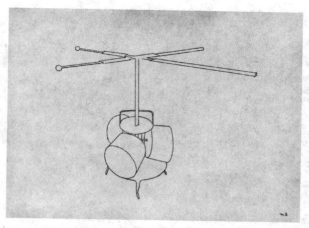

Marcel Duchamp, *Molino de chocolate*, 1965.

bien reducidas. Está compuesto por un «chasis Luis XV», unos rodillos, una «corbata» rematada por «cuatro puntas muy puntiagudas en cada lado» y por la Bayoneta que sostiene a las grandes Tijeras. El continuo movimiento giratorio de los rodillos se explica por la acción de un «principio de espontaneidad» que se condensa en esta fórmula: «el soltero muele su chocolate él mismo». Un chocolate que «viene de no se sabe dónde» y que, «después de la molienda, se deposita en chocolate con

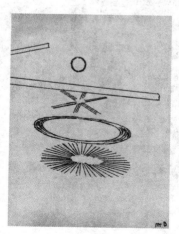

Marcel Duchamp, *Testigos oculistas*, 1920.

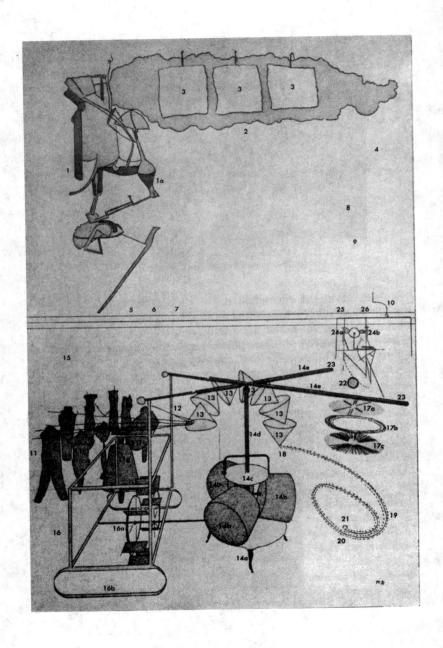

Diagrama de Richard Hamilton basado en el grabado
El Gran vidrio completo de Marcel Duchamp, 1965

DOMINIO DE LA NOVIA
(parte superior del vidrio)

1. La Novia (Ahorcado hembra, Árbol-tipo)
   a. Avispa o Cilindro-sexo
2. Inscripción de arriba o Vía Láctea
3. Pistones o Redes
4. Nueve tiros
5. Vestido de la Novia
6. Región del Refrigerador (Placas aislantes)
7. Horizonte
8. Sombras proyectadas
9. Región de la Escultura de gotas
10. Juglar de gravedad (también llamado Entrenador, Maquinista o Inspector de gravedad)

MÁQUINA-SOLTERO
(parte inferior del vidrio)

11. Nueve moldes machos (o Matriz de Eros) que forman el Cementerio de libreas y uniformes
    a. Cura
    b. Mensajero
    c. Gendarme
    d. Coracero
    e. Policía
    f. Enterrador
    g. Lacayo
    h. Mozo de café
    i. Jefe de estación
12. Tubos capilares

13. Tamices o Sombrillas (en el interior está la Cuesta o plano de escurrimiento)
14. Molino de chocolate
    a. Chasis Luis XV
    b. Cilindros
    c. Corbata
    d. Bayoneta
    e. Tijeras
15. Región de la Cascada
16. Corredera (Carro o Trineo
    a. Molino de agua
    b. Patines
17. Testigos oculistas
    a. Diagrama oculista
    b. Diagrama oculista
    c. Diagrama oculista
18. Ventilador
19. Tobogán (o Sacacorchos o Cuesta o plano de desagüe)
20. Región de los tres impactos (o Salpicadura)
21. Peso con nueve agujeros
22. Mandala (Lupa para amplificar las salpicaduras)
23. Canicas
24. Combate de boxeo
    a. Primer pistón
    b. Segundo pistón
25. Región de la Escultura de gotas
26. Región del efecto «Wilson-Lincoln»

Núm. 10 y núms. 18-26 son elementos que no se completaron en el *Gran vidrio* (1915-1923).

leche». Las Tijeras se abren y cierran gracias al vaivén de la Corredera, cuyas salmodias ritman el movimiento.

Al lado derecho del Molino de chocolate se encuentran los Testigos oculistas. De nuevo, por medio de un levísimo cambio de letras y sonidos, los *testigos oculares* de nuestra tradición religiosa y jurídica se transforman en otra especie equívoca. Los Testigos oculistas están representados por tres círculos, a la manera de esos discos y diagramas de los cartones que usan en los establecimientos ópticos para probar la vista. Arriba de los tres círculos hay otro, más pequeño, que debería haber sido un lente de aumento. Volveré sobre los Testigos oculistas y sobre la función del lente cuando me ocupe del movimiento general que une a todos estos elementos, es decir, cuando llegue a su vida de relación.

Abajo de los Testigos oculistas está la Cuesta o Plano del escurrimiento. Tiene la forma de un tobogán o «más bien de un tirabuzón». Esta parte tiene cierto parecido, en el dominio de los Solteros, con la de los Nueve tiros en el de la Novia. Se llama Región de la salpicadura y termina en una Pesa móvil con nueve agujeros. Ninguno de estos detalles fue pintado. Lo mismo sucede con otro elemento, el último, situado arriba de los Testigos oculistas, un poco a su izquierda: el Combate de boxeo. No consiste en la pelea de dos pugilistas sobre un cuadrilátero sino en las acometidas de una «bola de combate» contra tres metas colocadas en tres cúspides. El choque de la bola cada vez que llega a una cúspide desencadena un sistema de relojería que hace caer a dos arietes. Me referiré a las consecuencias de esa caída más adelante. Por el momento señalo que el sistema está regido por un resorte de acero rojo. Terminada la operación, la bola regresa a su sitio y las ruedas dentadas de relojería remontan los arietes, que sustentan el vestido de la Novia, a su punto de partida.

El lector debería completar la descripción que acabo de hacer con una comprobación visual. No es necesario ir a Filadelfia para ver el *Gran vidrio*; es suficiente con examinar algunas de las buenas reproducciones que han sido publicadas durante los últimos años. Para mi gusto la mejor y más fiel es la realizada por Vicente Rojo en lámina de claracil, ya que conserva la transparencia del original.[1] Una comprensión más clara del

---

[1] Está en el «libro-maleta», diseñado por Vicente Rojo, *Marcel Duchamp o El castillo de la pureza* (México, 1968). Contiene la primera versión de este ensayo, una selección de textos de Duchamp, la reproducción en lámina claracil del *Gran vidrio*, tres láminas en color, un sobre con nueve reproducciones de *ready-mades*, un álbum fotográfico con reproducciones de textos autógrafos y un *portrait-souvenir* de M. D.

funcionamiento de las distintas partes que componen la maquinaria requiere consultar el croquis de 1965 (el *Gran vidrio completo*), en el que Duchamp numeró todos los elementos de la obra y trazó con tinta roja los faltantes. Un guía claro es la *Carta tipográfica* de Richard Hamilton que acompaña a la notable traducción de la *Caja verde* hecha por George Head Hamilton (Londres, 1960). Debo mencionar también los esquemas que figuran en el libro de Jean Suquet: *Miroir de la mariée* (1974) y, claro está, los dos documentos que me han orientado en mi exploración: las notas de la *Caja verde* y la *Caja blanca*.

El *Gran vidrio* es la pintura del desnudamiento de una Novia. El *striptease* es un espectáculo, una ceremonia, un fenómeno fisiológico y psicológico, una operación mecánica, un proceso físico-químico, una experiencia erótica y espiritual, todo junto y todo regido por la metaironía. *Music-hall,* iglesia, cuarto de una muchacha solitaria, laboratorio, fábrica de gases y explosivos, claro de bosque al pie de una cascada, teatro espiritual... El *Gran vidrio* es la pintura de una física «recreativa» y de una metafísica que se balancea, como el Ahorcado hembra, entre el erotismo y la ironía. Figuración de una realidad *posible* pero que es, por pertenecer a una dimensión distinta a la nuestra, esencialmente invisible. También y sobre todo: representación estática del movimiento. Lo que vemos es un momento de un proceso, cuando la Novia alcanza su «florecimiento», consecuencia de su desnudamiento y antecedente de su orgasmo.

Las notas de las dos *Cajas,* así como las confidencias de Duchamp, ponen en claro que la ceremonia comienza con la Novia y por su iniciativa. No en balde tiene un «centro-vida». Ese centro vital es la fuente de la «aguja-pulso» que sostiene en equilibrio al «cilindro-sexo», que no es otro que la «avispa». «La Novia, en su base —dice la *Caja verde*— es un tanque de gasolina de amor o potencia tímida.» La autonomía de la Novia, su soberanía, es un atributo de su naturaleza: «en su base es un motor, pero antes de ser un motor que transmite su potencia tímida, *es esa potencia tímida misma*». El otro nombre de esa «potencia tímida» es automovilina: gasolina de amor. ¿De dónde viene esa gasolina? De la Novia misma: es una secreción de la «avispa». La Novia es un motor deseante y que se desea a sí mismo. Su esencia, en el sentido químico-fisiológico y en el ontológico, es el deseo. Esta esencia es, al mismo tiempo, un lubricante y su ser mismo. Su esencia, su ser, es el deseo y ese deseo, irreductible a los sentidos aunque nazca de ellos, no es sino deseo de ser.

Del ser deseante de ser de la «avispa» nace otra de sus propiedades: tener un sistema de ventilación, «una corriente de aire interior». No es exagerado llamar a esta corriente de aire un *soplo vital*: el ánima o espíritu de la Novia. La corriente de aire es la responsable del movimiento vibratorio de la «aguja-pulso». El «cilindro-sexo», excitado por la vibración de la aguja y lubricado por la gasolina, «escupe en el tímpano el rocío que debe alimentar los vasos de la pasta de filamentos». Según se recordará, los filamentos están contenidos en una jaula y se transforman en una «llama consistente» en el momento del «florecimiento». Hasta aquí las operaciones preparatorias, la fisiología y la psicología de la Novia en su despertar erótico.

La corriente de aire cálido que recorre las distintas partes de la maquinaria y las pone en movimiento es una metáfora del alma deseante y, asimismo, de la sexualidad. Duchamp imagina los suspiros y los ayes del deseo como los resoplidos y detonaciones del motor de un auto que sube una cuesta... «hasta el ronquido triunfal». La corriente de aire, el deseo de la Novia, su ánima amorosa, llega hasta los Tres pistones, que son los encargados de transmitir sus mandamientos. Esos mandamientos no son diez y pueden reducirse a uno solo. Hay dos versiones de esta operación. En una, la corriente de aire, mera vibración cálida, por canales no especificados pero en forma de descargas eléctricas y de chispas del «magnetodeseo», llega hasta la Matriz de Eros y despierta a los Solteros. En la segunda versión —¿o se trata de un momento posterior de la ceremonia?— los suspiros y deseos de la Novia son aire que pasa a través de los Tres pistones y que se transforma en unidades alfabéticas. Así los Pistones se convierten en los soportes de la Inscripción de arriba. Una pieza del Ahorcado hembra —que podría ser su cerebro— desempeña la función de un buzón eléctrico o de matriz de letras. El buzón-matriz contiene un alfabeto en el que cada signo o grupo de signos es una unidad irrepetible. Se trata de un alfabeto no fonético sino ideográfico. Además, carece de sinónimos y es intraducible a otro lenguaje. Un alfabeto-vocabulario hecho de «*palabras primas*, divisibles únicamente por ellas mismas y por la unidad». Las unidades se inscriben sobre las Tres redes como los tantos de los partidos en los estadios. Inscripción móvil, instantánea, del Deseo: su escritura es particular pero su lectura, universal.

Mientras tanto, en el mundo de abajo, la vida es lenta, viciosa y circular: la Corredera va y viene salmodiando sus letanías; cae y regresa a su sitio la botella de benedictino; da vueltas la rueda del Molino de agua; los rodillos muelen su chocolate; las Tijeras se abren y se cierran. Entonces, sacudidos por los mandamientos eléctricos de la Novia, los Solteros salen de su estupor y despiertan. El gas de alumbrado, que viene no se sabe de dónde, los infla. La presión lo impulsa a escapar hacia arriba, por los tubos capilares. «Por un fenómeno de estiramiento en la unidad de longitud», el gas «se encuentra congelado, solidificado y transformado en palillos elementales» o, según otro pasaje de la *Caja verde*, «en agujas finas y sólidas». Duchamp no explica cómo se realiza la congelación del gas. Las agujas, empujadas por la presión, salen de sus tubos, se rompen y se convierten en una infinidad de «lentejuelas más ligeras que el aire». Algo así como una «bruma al menudeo», hecha de miríadas de lentejuelas de «gas escarchado». No obstante cada lentejuela conserva su «tinte macho» y, por lo tanto, tiende a subir. El deseo erótico es más ligero que el aire y viola las leyes de la pesantez. El gas-lentejuelas está poseído por una «idea fija ascensional». Pero las lentejuelas, en el momento de su ascensión, caen en la trampa de la primera sombrilla, que las absorbe. Entran en el «laberinto de las tres direcciones».

La travesía del gas por las siete sombrillas es un *derby* sorprendente. Aquí es patente la ambivalencia, ley que rige al *Gran vidrio* y que es la consecuencia de la introducción del disolvente *ironía* en cada fenómeno. Por una parte, el viaje de las lentejuelas es un descenso a los infiernos, una verdadera peregrinación al mundo subterráneo; por la otra, es un paseo como aquellos de nuestra adolescencia en un *luna-park*, cuando nos arriesgábamos a trepar en la montaña rusa o penetrábamos en esas barracas de prodigios con trampas, espejos, fantasmas, corredores y cavernas (modestos equivalentes modernos de los laberintos especulares de la edad barroca). Traídas de aquí para allá, aspiradas y lanzadas de un lado a otro, las lentejuelas pierden el sentido de la orientación y confunden las nociones de izquierda y derecha, arriba y abajo, adelante y atrás. Habían conservado su forma «macha» pero las idas y venidas, las subidas y bajadas, les producen tal mareo que pierden su individualidad y olvidan su «idea fija ascensional». Lo único que les queda es «el instinto de cohesión»; el impulso gregario las lleva a disolverse en un líquido elemental, «un vapor de inercia». Así llegan al final de su viaje. A la salida las espera el «ventilador en forma de mariposa» que, al girar, las convierte en «una sustancia que recuerda a la glicerina rebajada en el agua». El gas transformado en artículo de perfumería y en líquido explosivo. En ese estado se precipita por la Cuesta en forma de tirabuzón y se estrella tres veces. Estruendo y salpicadura.

El líquido explosivo cae y sale disparado hacia arriba. Pero las Tijeras le cortan, literalmente, las alas y lo obligan a regresar para que tome otro camino. La misión de las Tijeras es la de dirigir la circulación, como los agentes de tránsito en los días de embotellamiento. La Pesa con los nueve agujeros recoge el líquido, lo canaliza y lo conduce —nuevo viaje— hacia arriba. El líquido penetra en el gabinete de los Oculistas. Deslumbramiento y metamorfosis: la Salpicadura se convierte en Escultura de gotas. Metáfora afortunada entre todas: ¿quién no ha deseado, ante un chorro de agua o de vapor, verlo cambiarse en repentina escultura? La Escultura de gotas prosigue su vuelo, lanzada hacia la mitad superior del *Vidrio*, «al encuentro de los Nueve tiros». Pero no son las gotas reales las que ascienden; es un lanzamiento «espéjico»: cada gota se ha transformado en su imagen. Mutaciones: el gas vuelto agujas sólidas vueltas lentejuelas más ligeras que el aire vueltas vapor inerte vuelto líquido explosivo vuelto reflejo en un espejo-mirada.

La Escultura de gotas se transforma de algo que se mira en algo que mira. Como toda mirada, tropieza con el horizonte: esa transparencia que es el vestido de la Novia. Sufre entonces los efectos del sistema Wilson-Lincoln. De una manera más bien enigmática, la *Caja verde* describe esta transformación: «Devolución espéjica. Cada gota pasará los tres planos en el horizonte entre lo perspectivo y lo geometral de dos figuras que estarán indicadas en esos tres planos por el sistema Wilson-Lincoln... Las gotas espéjicas, no las gotas mismas sino su imagen, pasan entre estos dos estados de la misma figura». Las gotas son ya otras sin dejar de ser ellas mismas. Éste es uno de los temas o ejes del *Gran vidrio*: cambian las formas, no las esencias. Universal anamorfosis: cada forma que vemos es la proyección, la imagen deformada, de otra. La *Caja blanca,* que distingue entre *apariencia* y *aparición,* es explícita: lo que vemos casi siempre es la *apariencia* de los objetos, es decir, «la impresión retiniana y las otras consecuencias sensoriales». La *aparición* es el molde del objeto, su patrón arquetípico: su esencia.

Las «gotas espéjicas» suben hasta rozar la zona de los Nueve tiros. Hay una indudable correspondencia —y más: una *rima*— entre la imagen de la Escultura de gotas y los Nueve tiros. La primera es la proyección del gas de alumbrado después de sus metamorfosis y su final transfiguración a través de las especulaciones de los Testigos oculistas y del prisma Wilson-Lincoln; la segunda —los Nueve tiros de los Solteros— es «la proyección de los principales puntos de un cuerpo de tres dimensiones». La

Caja verde agrega: «Con el máximo de destreza, esta proyección se reduciría a un punto. Con una destreza ordinaria», como es el caso de los Solteros, «la proyección sería una desmultiplicación del blanco». El deseo es el elemento común, la fuente, de ambas figuras; mejor dicho, tiros y gotas «espéjicas» no son sino proyecciones del deseo. Un deseo que *nunca* da en el blanco. La *Caja verde* dice que «el índice de distancia», es decir: la mayor o menor lejanía del blanco en cada tiro, «no es sino recuerdo». Extraña, hermética afirmación que, no obstante, no es imposible descifrar: lo que vemos no es sino la memoria (vaga, imprecisa, infiel) de lo que es realmente. Saber es recuerdo. Y recuerdo amoroso, deseante. Nueva aparición del neoplatonismo, voluntario o reflejo, en el *Gran vidrio*. La realidad real es elusiva, no porque sea cambiante sino porque vive en otra esfera, en otra dimensión. Andamos entre sombras e ilusiones, nada de lo que vemos, tocamos y pensamos tiene consistencia real. Entre nosotros y la realidad real se interpone el horizonte —ese horizonte que es el límite de nuestra vista y que no es otro que el vestido transparente de la Novia. El horizonte de nuestra memoria. Transparencia engañosa, trampa de claridades del prisma Wilson-Lincoln: el objeto que vemos de este lado no es el que vemos de aquel lado. No obstante, el objeto es el mismo, siempre el mismo. Desear es recordar ese objeto, disparar contra su imagen.

No es exagerado llamar *celeste* a la zona del *Gran vidrio* que se extiende a la derecha de su mitad superior. Celeste no sólo por colindar con la Vía Láctea sino porque los tres elementos que la configuran son tres constelaciones. Las tres están hechas de puntos y de sombras luminosas, a la manera de las que aparecen en los mapas astronómicos. La primera es la región de los Nueve tiros; la tercera es la Imagen de la Escultura de gotas; la intermedia está formada por las Sombras proyectadas. Aunque no fue pintada, tenemos una nota contemporánea de las que forman las dos *Cajas*, en la que Duchamp señala cuál debería haber sido su función. Duchamp imagina un método para «obtener un análisis hipofísico de las transformaciones sucesivas de los objetos (en su forma-contorno)». Es la aplicación filosófica, por decirlo así, del principio de la linterna mágica que tanto apasionó a los espíritus en el siglo XVII. El objeto analizado debería haber sido «establecido como una escultura en tres dimensiones», propósito en consonancia con las preocupaciones intelectuales de Duchamp en aquellos años. La nota puntualiza: «esto para la parte superior del *Vidrio* comprendida entre el horizonte y los nueve agujeros: sombras proyectadas formadas por las salpicaduras / viniendo de abajo como ciertos chorros de agua / enganchando formas en su transparencia».[1] Es asombrosa la correspondencia entre los Nueve tiros, las Sombras proyectadas y la Imagen de las gotas. La dualidad del *Gran vidrio* empieza a revelarnos su verdadero sentido: abajo el mundo de aquí; arriba, el de la realidad real, las esencias y las ideas. O para emplear el lenguaje de la *Caja blanca*: arriba las *apariciones* (o sus sombras *más o menos* reflejadas por nuestros sentidos) y abajo las *apariencias*, lo que tocamos y vemos, lo que podemos medir y pesar. Las formas de arriba son *relativamente* reales porque no son sino proyecciones de las verdaderas formas que pueblan la cuarta dimensión. El mundo de arriba no es la proyección de nuestros deseos: nosotros somos su proyección. Nuestro deseo es la nostalgia, el recuerdo de ese mundo.

Mientras una porción de las gotas de la Salpicadura pasa por las metamorfosis que he relatado, otra porción atraviesa el lente de aumento que se encuentra arriba de los tres círculos oculistas. El lente transforma las gotas en rayo de luz. Otra vez la mirada, la portadora del magnetismo universal. El lente lanza el rayo contra la bola de combate. Tocada por la energía luminosa, la bola salta y acomete la primera cúspide. Desencadena así el movimiento de relojería del Combate de boxeo. Primera caída de los arietes que sostienen el vestido de la Novia, primer sobresalto del Juglar de la gravedad. Segundo ataque, «muy brusco», de la bola: nueva caída, desencadenamiento del primer ariete y pirueta del Juglar. Tercer ataque, «directo», desencadenamiento del segundo ariete, el Juglar salta como el resorte que es y eleva su charola hasta la «llama consistente» en que se manifiesta el deseo de la Novia. Los dos arietes arrastran en su caída al vestido-horizonte. El Juglar de la gravedad, posado sobre una inestable mesa de tres patas que se apoya sobre el vestido, danza peligrosamente sobre esa superficie ondulante. Con esta danza culmina el desnudamiento.

Los tres «florecimientos» acompañan a todos estos fenómenos. El primero se debe al desnudamiento por los Solteros y está gobernado eléctricamente. Entre la Novia y los Solteros no hay contacto directo sino a distancia: chispas del «magneto-deseo», explosiones del «motor de cilindros débiles», suspiros de la Novia que hacen ondular la tela de los Tres pistones para comunicar sus llamados a la Máquina-soltero, transformación de la materia de filamentos en «llama consistente» que lame la bola

---

[1] El prototipo de esta idea es el último cuadro pintado por Duchamp: *Tu m'...* (1918), que aún espera un análisis detenido. Lo mismo ocurre con el otro prototipo, el de los Testigos oculistas, realizado sobre vidrio, en Buenos Aires, también en 1918: *Para mirar (del otro lado del vidrio), con un ojo, de cerca, durante casi una hora.*

negra que le tiende en una charola el Juglar de la gravedad, estertores del auto que sube la cuesta, movimiento de los engranajes y las ruedas dentadas… Duchamp compara este «florecimiento» con la «sacudida lancinante de la manecilla grande de los relojes eléctricos». La Novia acepta este desnudamiento; y más: proporciona «la gasolina de amor» a las chispas y «añade al primer foco de chispas el segundo foco de su magneto-deseo». El primer «florecimiento» provoca el segundo, en el que la Novia deseante imagina voluntariamente su desnudamiento. Es una sensación estrechamente ligada al «árbol-tipo», de modo que se expresa «en ramas escarchadas de níquel y platino».[1] A este «florecimiento» corresponde la imagen del auto que sube la cuesta en primera velocidad. Los dos «florecimientos» no son sino uno, el tercero, «compuesto físico de las dos causas (Solteros y deseo imaginativo) no analizable por la lógica». Es el «florecimiento cinemático», que se manifiesta como Vía Láctea color carne, «aureola de la Novia y conjunto de sus vibraciones espléndidas». Llegada a este punto, «la pintura será —dice la *Caja verde*— el inventario de los elementos del florecimiento, elementos de la vida sexual imaginada por ella, la Novia deseante». A continuación hay en el manuscrito una reveladora frase que después fue tachada: «En este florecimiento no se trata ya ni de Solteros ni de desnudamiento». En el «último estado de la Novia, antes del orgasmo», los Solteros *desaparecen*. La operación es circular: comienza en el Motor-deseo de la Novia y termina en ella. Un mundo autosuficiente. Inclusive no necesita de espectadores porque la obra misma los incluye: los Testigos oculistas. ¿Cómo no recordar a Velázquez y a sus *Meninas*?

El *Gran vidrio* es el diseño de un aparato y la *Caja verde* es algo así como uno de esos folletos de instrucciones que nos enseñan el manejo y el funcionamiento de las maquinarias. Ilustración estática de un momento de la operación, para comprenderla en su totalidad hay que acudir a las notas de la *Caja verde*. En realidad la composición debería tener tres partes: una plástica, otra literaria y otra sonora. Duchamp ha anotado algunos trozos de esta última: letanías del Carrito, adagio del Molino de chocolate, tiros o disparos, ruidos de un motor de automóvil al subir una cuesta, etcétera. Es una transposición al mundo de las máquinas de los

---

[1] La expresión parecía ininteligible hasta el descubrimiento del *Ensamblaje* del Museo de Filadelfia: allí la Novia aparece recostada sobre un lecho de ramitas y hojas escarchadas.

ayes y suspiros del erotismo. Por otra parte, el *Gran vidrio* es también una pintura mural (transportable) que representa la Apoteosis de la Novia, un cuadro, una sátira del maquinismo, un experimento artístico (pintura en vidrio), una visión del amor.

Entre todas las interpretaciones, la del psicoanálisis es la más tentadora y la más fácil: onanismo, destrucción (o glorificación) de la Madre-Virgen, castración (las Tijeras), narcisismo, retención (síntoma anal), agresividad, autodestrucción. Un psiquiatra conocido termina su estudio, no carente de brillo, con el esperado diagnóstico: autismo y esquizofrenia. La desventaja de estas hipótesis consiste en que sus autores consideran a las obras únicamente como síntomas o expresiones de ciertas tendencias psíquicas; la explicación psicológica convierte a la realidad (el cuadro) en sombra y a la sombra (la enfermedad) en realidad. Basta tratar a Duchamp para darse cuenta de que su esquizofrenia ha de ser una naturaleza muy singular pues no le impide el trato con los otros ni ser uno de los hombres más abiertos que conozco. Por lo demás, la exactitud o la falsedad del diagnóstico no modifica la realidad del *Gran vidrio*. Las realidades psicológicas y las del arte viven en distintos niveles de significación: Freud nos ofrece una clave para entender a Edipo pero la tragedia griega no se reduce a las explicaciones del psicoanálisis. Lévi-Strauss dice que la interpretación de Freud no es sino *otra versión* del mito de Edipo: Freud nos cuenta, en los términos correspondientes a una época que ha sustituido la analogía mítica por el pensamiento lógico, el mismo cuento que nos contó Sófocles. Algo semejante puede decirse del *Gran vidrio*: es una versión del mito venerable de la Gran Diosa, la Virgen, la Madre, la Exterminadora donadora de vida. No es un mito moderno: es la versión (la visión) moderna del Mito.

En una entrevista con Jean Schuster, Duchamp nos cuenta así el origen de su cuadro: «Las barracas de las ferias de aquellos días [1912] me inspiraron el tema de la Novia. En esos espectáculos figuraban muñecos que con frecuencia representaban a los personajes de una boda. Los espectadores lanzaban bolas contra ellos y, si tenían puntería, los descabezaban y ganaban un premio». La Novia es un muñeco; los lanzadores de bolas son sus Solteros; los Testigos oculistas, el público; la Inscripción de arriba, el marcador del juego. La idea de representar a los machos como solteros uniformados también es popular. El soltero guarda intacta su virilidad en tanto que el casado la dispersa y así se feminiza. El casado, dice Tomás Segovia, rompe el círculo cerrado de los adolescentes y, hasta que la paternidad no lo redime, es visto por sus antiguos compañeros como un traidor a su propio sexo. Esta actitud expresa el terror adolescente frente a la mujer y la fascinada repulsión que le inspiran sus escondidos órganos sexuales. El uniforme preserva a la masculinidad por dos razones: pertenece por derecho propio a los hombres, es un signo que proclama la separación entre uno y otro sexo, de modo que las mujeres que lo revisten se virilizan; además, el uniforme agrupa a los machos, los convierte en una colectividad aparte, no sin analogías con las antiguas *fratrias* y otras sociedades secretas masculinas. Así pues, detrás de la mascarada moderna se dibuja otra realidad, arcaica y fundamental: la separación entre los hombres y la Mujer, el culto ambiguo que éstos le profesan y el dominio de ésta sobre aquéllos. Pasamos de la farsa al misterio sacro, del retablo a la pintura mural religiosa, del cuento a la alegoría.

El *Gran vidrio* es una escena del mito o, más exactamente, de la familia de los mitos relativos a la virgen y a la sociedad cerrada de los hombres. Sería curioso emprender una comparación sistemática entre las otras versiones del mito y la de Duchamp. Es una tarea que rebasa, juntamente, mi capacidad y mis propósitos de traductor del texto. Me limitaré a aislar unos cuantos elementos. El primero es la separación infranqueable entre los Machos y la Novia y la dependencia de los primeros; no sólo el llamado de la virgen los despierta a la vida sino que toda su actividad, mezcla de adoración y agresión, es una actividad refleja, suscitada por la energía que emite la mujer y dirigida por ella hacia ella. También es significativa la división espacial en dos mitades: el aquí abajo de los Machos —infierno monótono y chabacano según lo declaran las letanías del Carrito— y el allá arriba solitario de la virgen, a la que ni siquiera tocan los disparos-plegarias de sus Solteros. El sentido de esta división es claro; arriba están la energía y la decisión, abajo la pasividad en su forma más irrisoria: la ilusión del movimiento, el autoengaño (los Machos creen en su existencia por la acción de un espejo que les impide verse en su cómica irrealidad). Lo más notable es el carácter circular e ilusorio de la operación: todo nace de la virgen y todo vuelve a ella. Esto último encierra una paradoja: la Novia está condenada a ser virgen. La maquinaria erótica que pone en marcha es enteramente imaginaria, tanto porque sus Machos no tienen realidad propia como porque la única realidad que ella conoce y la conoce es refleja: la proyección de su Motor-deseo. Los efluvios que recibe, a distancia, son los suyos, tamizados por una maquinaria insensata. En ningún momento del proceso la Novia entra en relación con la verdadera realidad masculina ni con la realidad real: entre ella y el mundo se interpone la imaginaria máquina que proyecta su Motor.

En la versión que nos ofrece Duchamp del mito, falta el héroe (el enamorado) que rompe el círculo masculino, quema su librea o uniforme, atraviesa la zona de la gravedad, conquista a la Novia y la libera de su prisión al abrirla, al romper su virginidad. No es extraño que algunos críticos, influidos por el psicoanálisis, vean en el *Gran vidrio* un mito de castración, una alegoría del onanismo o la expresión de una visión pesimista del amor: la unión verdadera es imposible. Esta interpretación no es falsa: es insuficiente. Espero mostrar que el tema del *Gran vidrio* es *otro* mito; quiero decir: el mito de la virgen y sus Solteros es la proyección o la traducción de otro mito. Por ahora me limito a destacar la naturaleza circular de la operación: el Motor-deseo hace salir a la Novia de ella misma y ese deseo la encierra más totalmente en su propio ser. El mundo es su representación.

La imaginería tántrica de Bengala representa a Kali danzando con frenesí sobre dos cuerpos blancos como cadáveres. No están muertos: son dos ascetas cubiertos de ceniza. Una de las manos de Kali empuña una espada, otra unas tijeras, la tercera sostiene una flor de loto y la última una taza. A su lado dos pequeñas figuras femeninas, en una mano una espada y en la otra también una taza. Alrededor de las cinco figuras hay una profusión de huesos y de miembros humanos despedazados. Unos perros los lamen y mordisquean. Los dos cuerpos blancos superpuestos representan a Shiva, el esposo de Kali. El primero tiene los ojos cerrados, totalmente dormido y ajeno a lo que pasa; según la interpretación tradicional es el absoluto inconsciente de sí mismo. La otra figura, suerte de emanación de la anterior, tiene los ojos semiabiertos y se incorpora apenas; es el absoluto ya en estado de alerta o conciencia. La diosa es una manifestación de Shiva y las tres figuras representan el proceso de la manifestación: la pasividad inconsciente del absoluto, la fase de la conciencia todavía pasiva y la aparición de la actividad o energía. Kali es el mundo fenomenal, la energía incesante y de ahí que aparezca como destrucción —espada y tijeras—, como alimentación —la taza repleta de sangre— y como contemplación: el loto de la vida interior. Kali es carnicería, sexualidad, propagación y contemplación espiritual.

Es evidente que tanto la imagen tántrica como su explicación filosófica ofrecen más de una coincidencia con el *Gran vidrio* y con la *Caja verde*: Kali y la Novia, los Testigos oculistas y las dos acompañantes, la pasividad masculina y la actividad femenina. Lo más notable es que en uno y en otro caso asistimos a la representación de una operación circular que desvela la realidad fenomenal del mundo (la pone al desnudo: la expone) y simultáneamente le niega toda realidad de verdad. Esta coincidencia no es externa sino que constituye la esencia o tema fundamental de ambas representaciones. Las innegables semejanzas entre la imagen hindú y el *Gran vidrio*, la *Caja verde* y la explicación de la tradición tántrica no implican, naturalmente, relación directa entre ellas. Tampoco es una coincidencia casual. Son dos versiones distintas e independientes de una misma idea —tal vez de un mito que se refiere al carácter cíclico del tiempo. Por supuesto, ni la tradición hindú ni Duchamp necesitaron conocer ese mito: sus versiones son respuestas a las imágenes tradicionales que una y otra civilización se han hecho del fenómeno de la creación y la destrucción, la mujer y la realidad. No insisto sobre esto porque mi propósito no es antropológico y lo único que me interesa es, por la comparación de estas dos imágenes, acercarme un poco más a la obra de Duchamp.

Hay otra representación de Kali que hace más palpable la semejanza. La diosa danza de nuevo sobre los dos pálidos Shiva. Poseída por su delirio, se ha decapitado a sí misma; en lugar del loto, una de sus manos sostiene su propia cabeza, la boca entreabierta y la lengua colgante. Tres chorros de sangre brotan de su cuello cercenado: dos caen en las tazas de sus acompañantes y el del centro en su boca. La diosa alimenta al mundo y ella misma se alimenta con su sangre; exactamente como la Novia pone en movimiento a sus Solteros sólo para satisfacerse y desnudarse. En el primer caso se nos relata la operación en términos míticos y de sacrificio; en el segundo, en términos de pseudomecánica que no excluyen tampoco el sacrificio. No menos impresionante es la separación en dos del cuerpo femenino: la diosa y su cabeza, la Novia y su Motor. Esto último merece una observación más: la subdivisión de la diosa y de la Novia en una parte activa y otra receptiva es a su vez consecuencia de otra división; la diosa y la Novia son proyecciones o manifestaciones de algo que la imaginería hindú representa de un modo mítico —Shiva en su doble forma— y que Duchamp conserva invisible: la cuarta dimensión o arquetipo. Kali y la Novia son una representación y el mundo real es una segunda representación, la sombra de una sombra. El movimiento circular es la reintegración de la energía dispersada por la danza o el deseo, sin que ningún elemento extraño la enriquezca o la cambie. Todo es imaginario. Es hora de pasar del mito a la crítica.

Ni la imagen hindú ni la de Duchamp son autosuficientes. Para comprender la imagen tántrica debemos acudir a la exégesis tradicional y, en el caso del *Gran vidrio*, a la *Caja verde*. El enigma de las dos imágenes consiste en lo siguiente: si Kali y la Novia son una proyección o representación, ¿a quién representan, cuál es la energía o entidad que las proyecta? El mito hindú relata con claridad el origen de la diosa: un terrible demonio amenaza con destruir el universo; los dioses aterrados se refugian en Shiva y Vishnu, las divinidades mayores; éstos, al enterarse de lo que ocurre, entran en cólera y se hinchan de rabia; los otros dioses los imitan; la asamblea de cóleras divinas se funde en una sola imagen: la diosa negra de ocho brazos. Abdicación del poder masculino en favor de una deidad femenina que acabará con el monstruo.[1] El comentario filosófico traduce este relato a términos metafísicos y éticos: la energía y el mundo fenomenal son representaciones o manifestaciones del absoluto (inconsciente y consciente, dormido y semidespierto). La energía es femenina por dos razones: la mujer es creación y destrucción; el mundo fenomenal es Maya, la ilusión. A diferencia del exégeta hindú, Duchamp rechaza la explicación metafísica y se calla. La Novia es una proyección de la cuarta dimensión pero esta última es, por definición, la dimensión desconocida.

Ante el silencio del artista, Michel Carrouges concluye: ateísmo. El veredicto es justo dentro de la perspectiva de la tradición cristiana. Ahora bien, nuestros ateos y nuestros creyentes pertenecen a una misma familia: éstos afirman la existencia de un Dios único, personal y creador; aquéllos la niegan. La negación de los últimos sólo tiene sentido frente a la concepción monoteísta del judeo-cristianismo. Apenas se abandona este terreno, la discusión pierde interés y se transforma en querella en el interior de una secta. En realidad nuestro ateísmo es antiteísmo. Para un budista ateo, el ateísmo occidental es una forma negativa y exasperada de nuestro monoteísmo. Con mucha razón Duchamp ha declarado varias veces que «la génesis del *Vidrio* es exterior a toda preocupación religiosa o antirreligiosa». (En este contexto la palabra *religión* designa al cristianismo. Los ritos y creencias de Oriente, por lo demás, no constituyen lo que llamamos una «religión»; este término debería aplicarse sólo a las de Occidente.) Duchamp se expresa aún más claramente en una carta dirigida a Breton: «en términos de metafísica popular yo no acepto discusiones

---

[1] Henrich Zimmer, *Myths and Symbols in Indian Art and Civilization*, Nueva York, 1946.

sobre la existencia de Dios, lo que quiere decir que la palabra *ateo*, opuesta a *creyente*, ni siquiera me interesa... Para mí hay otra cosa distinta al *sí*, al *no* o al *indiferente* —por ejemplo: *ausencia de investigación en ese dominio*». Duchamp no ha representado el Motor del Motor-deseo porque se trata de una realidad sobre la cual, como él mismo lo dice con honradez, no sabe nada. El silencio vale más que la incierta metafísica o que la mentira. En el silencio de Duchamp aparece la primera y más notable diferencia entre la explicación tradicional y la moderna. Una afirma el mito, le da un sustento metafísico o racional; la otra lo pone entre paréntesis. El silencio de Duchamp, no obstante, nos dice algo: no es una afirmación (actitud metafísica) ni una negación (ateísmo) ni una indiferencia (agnosticismo escéptico). Su versión del mito no es metafísica ni negativa sino irónica: crítica. Por una parte, es una burla del mito tradicional: reduce el culto a la diosa, ya sea en su forma religiosa o en la moderna, devoción a la virgen o amor romántico, a un mecanismo grotesco en el que el deseo se confunde con la combustión de un motor, el amor con la gasolina y el semen con la pólvora de artificio. Por la otra, la crítica es también una burla de la concepción positivista del amor y, en general, de todo lo que llamamos «modernidad» en el sentido vulgar de la expresión: «cientismo», positivismo, tecnología y todo lo demás. El *Gran vidrio* es una pintura infernal y bufona del amor moderno o, más claramente, de lo que el hombre moderno ha hecho con el amor. Convertir al cuerpo humano en una máquina, inclusive si es una máquina productora de símbolos, es peor que una degradación. El erotismo vive en las fronteras de lo sagrado y lo maldito. El cuerpo es erótico porque es sagrado. Ambas categorías son inseparables: si el cuerpo es mero sexo e impulso animal, el erotismo se transforma en monótona función de reproducción; si la religión se separa del erotismo, tiende a volverse árida preceptiva moral. Esto último es lo que ha ocurrido con el cristianismo, sobre todo en su versión moderna, el protestantismo.

A pesar de que están hechas de materiales más duraderos que nuestro cuerpo, las máquinas envejecen más rápidamente que nosotros. Son invenciones, fabricaciones; los cuerpos son re-producciones, recreaciones. Las máquinas se gastan y al cabo de cierto tiempo un modelo sustituye a otro; los cuerpos envejecen y mueren pero el cuerpo es el mismo desde la aparición del hombre sobre la tierra hasta nuestros días. El cuerpo es inmortal porque es mortal y en esto reside el secreto de su permanente fascinación —el secreto de la sexualidad tanto como el del erotismo.

El elemento hilarante de *La novia*... no consiste únicamente en la operación circular de su deseo sino en que Duchamp, en lugar de pintar cuerpos radiantes y perecederos, pintó máquinas opacas y rechinantes. La comicidad del esqueleto es patética; la de la máquina es helada. El primero nos hace reír o llorar; la segunda nos produce lo que yo llamaría, parodiando a Duchamp, *horror de indiferencia*... En suma, la crítica de Duchamp es doble: crítica del mito y crítica de la crítica. En el *Gran vidrio* culmina el movimiento de la ironía de afirmación que anima a los *ready-mades*. Es un mito crítico y una crítica de la crítica que asume la forma del mito cómico. En el primer momento, traduce los elementos míticos a términos mecánicos y así los niega; en el segundo, traslada los elementos mecánicos a un contexto mítico y los niega a su vez. Niega al mito con la crítica y a la crítica con el mito. Esta doble negación produce una afirmación nunca definitiva, en perpetuo equilibrio sobre el vacío. O como él ha dicho: *Et-qui-libre? Équilibre*.

Algunos atribuyen un significado teológico a la división del *Gran vidrio* en dos mitades —arriba el reino de la Novia y abajo el feudo de sus Solteros— y señalan que esta dualidad corresponde a la antigua idea de supramundo e inframundo. Harriet y Sidney Janis han ido más allá: la parte inferior es una suerte de infierno, gobernado por las leyes de la materia y la pesadez, en tanto que la parte superior es la región aérea y de la levitación; la Novia no es otra cosa que una alegoría de la materia purificada o, en términos cristianos, de la Ascensión de la Virgen. La interpretación contiene un grano de verdad pero es incompleta y, además, aventurada. Robert Lebel ve en el *Gran vidrio* un antimundo, el equivalente de la antimateria de la física contemporánea, que refleja todas las obsesiones y temores de Duchamp, especialmente los infantiles e inconscientes. O dicho con el lenguaje mítico: es la manifestación de aquello que teme y odia el pintor como la diosa lo es de la cólera y del miedo de los dioses. Este antimundo es el «vómito, la forma monstruosa y repulsiva de una Máquina Soltera que no es sino un infierno incestuoso y masculino». Apenas parece necesario observar que el *Gran vidrio* no es la representación del deseo masculino sino la proyección del deseo de la Novia, que a su vez es la proyección de una dimensión (Idea) desconocida... Lebel añade que el cuadro de Duchamp pertenece a la estirpe de obras como el *Jardín de las delicias* de Hieronymus Bosch. Aunque la comparación es justa, tiene el defecto de la hipótesis de los señores Janis: es incompleta. La pintura religiosa cristiana es trinitaria o tripartita: mundo, infierno y cielo. La oposición dual no es cristiana sino maniquea. Por otra parte, la división del *Gran vidrio* en dos porciones no es exactamente la de cielo e infierno: las dos son infernales. La línea divisoria no alude a una separación teológica (la Novia «es casta con una punta de malicia», aclara la *Caja verde*) sino de poderío. La división es, si se quiere, de naturaleza ontológica: los Machos no tienen existencia propia; la Novia, por el contrario, goza de cierta autonomía gracias a su Motor-deseo. Pero, según se ha visto, la división dual se revela ilusoria como todo el cuadro: hay un momento en que nos damos cuenta de que, como la Novia y sus Solteros, hemos sido víctimas de un espejismo. No en balde se trata de imágenes sobre un vidrio: todo ha sido una representación y los personajes y sus actos circulares son una proyección, el sueño de un sueño.

Los reparos anteriores no impiden que estos críticos hayan visto con perspicacia un aspecto central del *Gran vidrio*: esta composición continúa, a su manera, la gran tradición de la pintura de Occidente y, así, se opone con gran violencia a lo que desde el impresionismo llamamos pintura. Duchamp se ha referido con frecuencia a los propósitos que lo animaron:

> Tuve la intención de hacer no una pintura para *los ojos* sino una pintura en la que el tubo de colores fuese un medio y no un fin en sí. El hecho de que llamen literaria a esta clase de pintura no me inquieta; la palabra *literatura* tiene un sentido muy vago y no me parece adecuada... Hay una gran diferencia entre una pintura que sólo se dirige a la retina y una pintura que va más allá de la impresión retiniana —una pintura que se sirve del tubo de colores como de un trampolín para saltar más lejos. Esto es lo que ocurre con los religiosos del Renacimiento. El tubo de colores no les interesaba. Lo que les interesaba era expresar su idea de la divinidad, en esta o aquella forma. Sin intentar lo mismo y con otros fines, yo tuve la misma concepción: la pintura pura no me interesa en sí ni como finalidad. Para mí la finalidad es otra, es una combinación o, al menos, una expresión que sólo la materia gris puede producir.[1]

Esta larga cita me ahorra todo comentario: el *Gran vidrio* continúa la tradición no porque participe de sus ideales o exalte la misma mitología sino porque, como ella, se rehúsa a convertir a la sensación estética en un

---

[1] Conversación con Alain Jouffroy, en *Une Révolution du regard*.

fin. La continúa, además, por ser monumental —no sólo por las proporciones sino porque el *Gran vidrio* es un *monumento*. La divinidad en cuyo honor Duchamp ha levantado este ambiguo monumento no es la Novia ni la Virgen ni el Dios cristiano sino un ser invisible y tal vez inexistente: la Idea.

La empresa de Duchamp era contradictoria y él lo vio así desde un principio. De ahí que la ironía sea un componente esencial de su obra. La ironía es el antídoto que contrarresta un elemento «demasiado serio como el erotismo» o demasiado sublime como la Idea. La ironía es el Vigilante de la gravedad, la interrogación del *et-qui-libre?* La empresa era contradictoria por lo siguiente: ¿cómo intentar una pintura de ideas en un mundo que carece de ideas? El Renacimiento fue el principio de la disolución de la gran Idea grecocristiana de la divinidad, la última fe universal (en el sentido restringido del término: universal igual a comunidad de pueblos cristianos, Iglesias de Oriente y Occidente). Cierto, la fe medieval fue reemplazada por las imponentes construcciones de la metafísica occidental pero, a partir de Kant, todos esos edificios se desmoronaron y desde entonces el pensamiento ha sido crítico y no metafísico. Hoy tenemos crítica y no ideas, métodos y no sistemas. Nuestra única Idea, en el sentido recto de este vocablo, es la Crítica. El *Gran vidrio* es pintura de ideas porque, según creo haberlo mostrado, es un mito crítico. Pero si únicamente fuese eso, sólo sería una obra más y la empresa habría fracasado parcialmente. Subrayo que también y sobre todo es el Mito de la Crítica: la pintura de la *única idea moderna*. Mito crítico: crítica del mito religioso y erótico de la Novia-virgen en términos del mecanismo moderno y, simultáneamente, mito burlesco de nuestra idea de la ciencia y la técnica. Mito de la Crítica: pintura-monumento que cuenta un momento de los avatares de la Crítica en el mundo de los objetos y de las relaciones eróticas. Ahora bien, del mismo modo que la pintura religiosa implica que el artista, inclusive si es arreligioso, cree de alguna manera en lo que pinta, la pintura de la Crítica exige que ella misma y su autor sean críticos o participen del espíritu crítico. Como Mito de la Crítica, el *Gran vidrio* es pintura de la Crítica y crítica de la Pintura. Es una obra vuelta sobre sí misma, empeñada en destruir aquello mismo que crea. La función de la ironía aparece ahora con mayor claridad: negativa, es la sustancia crítica que impregna a la obra; positiva, critica a la crítica, la niega y así inclina la balanza del lado del mito. La ironía es el elemento que transforma a la crítica en mito.

Marcel Duchamp, *Desnudo descendiendo una escalera n.º 2*, 1912.

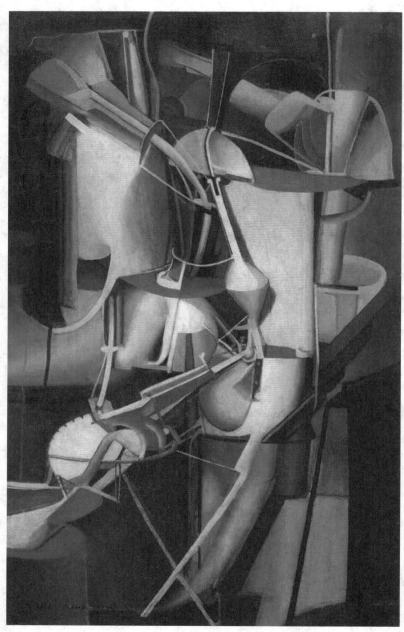

Marcel Duchamp, *Novia,* 1912.

Escuela de Verona, *El triunfo de Venus*, siglo xv.

Hans Holbein, *Los embajadores*, 1533.

Imagen tántrica de Kali, *Mahāvidyā Cinnamastā*, siglo XVIII.

Marcel Duchamp, *La novia puesta al desnudo por sus solteros, aun...*
Gran vidrio, 1915-1923.

Marcel Duchamp, *Dados* (esta página y la siguiente):
1.º La Cascada, 2.º El Gas de alumbrado (ensamblaje).

No es ilícito llamar al *Gran vidrio* el Mito de la Crítica. Es un cuadro que hace pensar en ciertas obras que anuncian y revelan la ambigüedad del mundo moderno, su oscilación entre el mito y la crítica. Pienso en la epopeya burlesca de Ariosto y en el *Quijote*, que es una novela épica y una crítica de la épica. Con estas creaciones nace la ironía moderna; con Duchamp y otros poetas del siglo xx, como Joyce, la ironía se vuelve contra sí misma. El círculo se cierra: fin de una época y comienzo de otra. El *Gran vidrio* está en la frontera de uno y otro mundo, el de la «modernidad» que agoniza y el nuevo que comienza y que aún no tiene forma. De ahí su situación paradójica, semejante a la del poema de Ariosto y la novela de Cervantes. *La novia...* continúa la gran tradición de la pintura de Occidente, interrumpida por la aparición de la burguesía, el mercado libre de obras artísticas y el predominio del gusto. Como la de «los religiosos», esta pintura es signo, Idea. Al mismo tiempo, Duchamp rompe con esta tradición. El impresionismo y las demás escuelas modernas y contemporáneas continuaron la tradición del *oficio* de la pintura, aunque extirparon la *idea* en el arte de pintar; Duchamp aplica la crítica no sólo a la Idea sino al acto mismo de pintar: la ruptura es total. Situación singular: es el único pintor moderno que continúa la tradición de Occidente y es uno de los primeros que rompe con lo que llamamos tradicionalmente arte u oficio de pintar. Se dirá que muchos artistas actuales han sido pintores de ideas: los surrealistas, Mondrian, Kandinsky, Klee y tantos otros. Es cierto pero sus ideas son subjetivas; sus mundos, casi siempre fascinantes, son mundos privados, mitos personales. Duchamp es, como lo adivinó Apollinaire, un pintor *público*. No faltará quien señale que otros artistas también han sido pintores de ideas sociales: los muralistas mexicanos. Por sus intenciones, la obra de estos pintores pertenece al siglo xix: pintura-programa, unas veces arte de propaganda y otras vehículo de ideas simplistas sobre la historia y la sociedad. El arte de Duchamp es intelectual y lo que nos revela es el *espíritu de la época*: el Método, la Idea crítica en el instante en que reflexiona sobre sí misma —en el instante en que se refleja sobre la nada transparente de un vidrio.

El antecedente directo de Duchamp no está en la pintura sino en la poesía: Mallarmé. La obra gemela del *Gran vidrio* es *Un Coup de dés*. No es extraño: a pesar de lo que piensan los engreídos críticos de pintura, casi siempre la poesía se adelanta y prefigura las formas que adoptarán más tarde las otras artes. La moderna beatería que rodea a la pintura y que a veces nos impide *verla*, no es sino idolatría por el objeto, adoración por una cosa mágica que podemos palpar y que, como las otras cosas, puede venderse y comprarse. Es la sublimación de la cosa en una civilización dedicada a producir y consumir cosas. Duchamp no padece esta ceguera supersticiosa y ha subrayado con frecuencia el origen *verbal*, esto es: poético, de su obra. Frente a Mallarmé no puede ser más explícito: «Una gran figura. El arte moderno debería volver a la dirección trazada por Mallarmé: ser una expresión intelectual y no meramente animal...» El parecido entre ambos artistas no proviene de que los dos muestren preocupaciones intelectuales en sus obras sino en su radicalismo: uno es el poeta y el otro el pintor de la Idea. Los dos se enfrentan a la misma dificultad: en el mundo moderno no hay ideas sino crítica. Pero ninguno de los dos se refugia en el escepticismo o en la negación. Para el poeta, el azar absorbe al absurdo; es un disparo hacia el absoluto que, en sus cambios y combinaciones, manifiesta o proyecta al absoluto mismo. Es ese número en perpetuo movimiento que rueda desde el principio hasta el fin del poema y que se resuelve en quizá-una-constelación, inacabable *cuenta total en formación*. El papel que desempeña el azar en el universo de Mallarmé lo asume el humor, la metaironía, en el de Duchamp. El tema del cuadro y el del poema es la crítica, la Idea que sin cesar se destruye a sí misma y sin cesar se renueva.

En «Los signos en rotación» (es malo citarse pero es peor parafrasearse) me esforcé por mostrar que *Un Coup de dés*, «poema crítico, no sólo contiene su propia negación sino que esa negación es su punto de partida y su sustancia... el poema crítico se resuelve en una afirmación condicional —una afirmación nutrida de su misma negación».[1] También Duchamp transforma a la crítica en mito y a la negación en una afirmación no menos provisional que la de Mallarmé. El poema y el cuadro son dos versiones distintas del Mito de la Crítica, uno en el modo solemne del himno y el otro en el del poema cómico. Las semejanzas saltan a los ojos aún con mayor violencia si de las analogías de orden intelectual pasamos a la *forma* de estas dos creaciones. Mallarmé inaugura en *Un Coup de dés* una forma poética que contiene una pluralidad de lecturas —algo muy distinto a la ambigüedad o pluralidad de significados, propiedad general del lenguaje. Es una forma abierta que «en su movimiento mismo, en su doble ritmo de contracción y de expansión, de negación que se anula y se

---

[1] «Los signos en rotación», epílogo de *El arco y la lira*, se recoge en el primer volumen, *La casa de la presencia*, de estas OC.

convierte en incierta afirmación de sí misma, engendra sus interpretaciones, sus lecturas sucesivas... Cuenta total en perpetua formación: no hay interpretación final de *Un Coup de dés* porque la palabra última del poeta no es una palabra final». El inacabamiento del *Gran vidrio* es semejante a la palabra última, que nunca es la del fin, de *Un Coup de dés:* es un espacio abierto que provoca nuevas interpretaciones y que evoca, en su inacabamiento, el vacío en que se apoya la obra. Este vacío es *la ausencia de la Idea.* Mitos de la Crítica: si el poema es un ritual de la ausencia, el cuadro es su representación burlesca. Metáforas del vacío. Obras abiertas, el himno y el vidrio inician un nuevo tipo de creaciones: son textos en los que la especulación, la idea o «materia gris» es el personaje único. Personaje elusivo: el texto de Mallarmé es un poema en movimiento y la pintura de Duchamp cambia constantemente. *La cuenta total en formación* del poeta jamás se completa; cada uno de sus instantes es definitivo en relación con los que lo preceden y relativo frente a los que lo suceden: el lector mismo no es sino una *lectura más,* un nuevo instante de esta cuenta que no acaba, esa constelación formada por el quizá incierto de cada lectura. El cuadro de Duchamp es un vidrio transparente: verdadero monumento, es inseparable del lugar que ocupa y del espacio que lo rodea: es un cuadro inacabado en perpetuo acabamiento. Imagen que refleja a la imagen de aquel que la contempla, jamás podremos verla sin vernos a nosotros mismos. Concluyo: el poema y la pintura afirman simultáneamente la ausencia de significado y la necesidad de significar, y en esto reside la significación de ambas obras. Si el universo es un lenguaje, Mallarmé y Duchamp nos muestran el reverso del lenguaje: el otro lado, la cara vacía del universo. Son obras en busca de significación.

La influencia de la obra y la persona de Duchamp se confunde con la historia de la pintura moderna. Si olvidamos la descendencia numerosa y persistente de su obra pictórica propiamente dicha, sobre todo del *Desnudo...,* y si olvidamos también la no menos numerosa y no siempre afortunada de los *ready-mades,* esta influencia se concentra en tres momentos: Dadá, el surrealismo y la pintura contemporánea angloamericana.[1] Picabia y Duchamp, como es sabido, presintieron, prepararon y animaron la explosión de Dadá; al mismo tiempo, insertaron en ella elementos y ten-

[1] Este ensayo fue escrito antes de la aparición del arte conceptual, marcado por Duchamp. [Nota de 1991.]

dencias ausentes en los representantes ortodoxos del movimiento. Sobre esto lo mejor será citar a Duchamp:

> En tanto que Dadá negaba y, por el hecho mismo de negar, se convertía en la cola de aquello mismo que negaba, Picabia y yo queríamos abrir un corredor de humor que no tardaría en desembocar en el onirismo y, en consecuencia, en el surrealismo. Dadá era puramente negativo y acusador... Por ejemplo, mi idea de la unidad métrica de longitud caprichosa. En lugar de un hilo yo hubiera podido escoger un metro de palo y romperlo en dos: eso hubiera sido Dadá.

La actitud de Duchamp dentro del surrealismo obedece a la misma dialéctica: en pleno delirio surrealista regresa a ciertos gestos dadaístas y mantiene viva una tradición de humor y negación que el movimiento, dominado por el genio pasional y lógico de Breton, tal vez habría descartado. Su acción fue, en los dos casos, la de un precursor y la de un contradictor.

La influencia de Duchamp sobre la pintura angloamericana posee otro carácter: no es una actividad directa aunque distante, como en la época de Dadá y del surrealismo militante, sino un ejemplo. La pintura yanqui contemporánea ha vivido dos periodos distintos. En el primero, los pintores sufrieron la influencia de los muralistas mexicanos y, un poco después, la más determinante de los surrealistas: Ernst, Miró, Masson, Matta, Lam, Tanguy. Entre estos nombres los decisivos fueron, a mi entender, los de Matta y Masson. Esta etapa le debe poco a Duchamp; el «expresionismo abstracto», demasiado olfativo y retiniano, no es pintura que sea de su gusto. El segundo grupo, el de los jóvenes, sería impensable sin su amistad, su presencia y su influencia. Ahora que es necesario distinguir entre el *pop art* propiamente dicho y otros jóvenes artistas como Jasper Johns y Robert Rauschenberg. El *pop art* ostenta sólo una semejanza superficial con el *gesto* de Duchamp y aun con la actitud de Picabia, a pesar de estar más cerca de este último. El humor *pop* carece de agresividad y sus profanaciones no están inspiradas en la negación o el sacrilegio sino en algo que Nicolás Calas define como el *¿y por qué no? (why not?)* Tampoco es una revuelta metafísica; en el fondo, es pasivo y conformista. No es búsqueda de la inocencia y de la «vida anterior», como el movimiento de los poetas *beat*, aunque como ellos, y con mayor frecuencia, caiga en lo sentimental. Los bruscos accesos de brutalidad son, precisamente, una manera de contrarrestar ese sentimentalismo. Es una típica reacción nacional: los angloamericanos pasan de uno a otro extremo con la misma facilidad con que los españoles saltan de la cólera a la apatía y los mexicanos del grito al silencio. Nadie menos sentimental que Duchamp, temperamento desdeñoso, artista *seco*; Picabia era exuberante y podía reír a carcajadas o llorar a gritos, nunca gemir ni sonreír ante un público-espejo como el artista *pop*. El común denominador de Duchamp y Picabia es la desesperación lúcida. En realidad, el gran maestro de los pintores *pop es* Schwitters. Apenas si es necesario recordar que llamó a su arte de basuras y desechos *Merz*, alusión a *Kommerz* (comercio), *Ausmerzen* (desechos), *Herz* (corazón) y *Schmerz* (pena). Un «dolorismo» salvado por el humor y la fantasía pero no exento de *self-pity*. Por último, Duchamp y Picabia, como todos los dadaístas y después los surrealistas, vivieron en perpetuo combate contra la masa y contra la minoría; el *pop art*, en cambio, es un populismo de gente acomodada.

El caso de Rauschenberg, Johns y otros pocos artistas es distinto. Los dos primeros son extremadamente talentosos y sus dones mentales no son menores que sus dones pictóricos. Jasper Johns, me parece, es más reconcentrado y profundo; su pintura es rigurosa: un ejercicio de tiro al blanco —un blanco metafísico. Rauschenberg tiene una sensibilidad más a flor de piel y un gran instinto de pintor que pueden ser el principio de algo importante o la recaída en un buen gusto cualquiera. Las preocupaciones de ambos son semejantes a las de Duchamp, de modo que al hablar de influencia debe entenderse afinidad y no marca. Son dos espíritus intrépidos y en perpetua exploración. Pues bien, ni en ellos ni en los otros veo el anuncio de esa obra *total* que desde hace un siglo y medio nos promete los Estados Unidos. Al escribir esto no pienso sólo en la pintura sino asimismo en la poesía. Lo que profetizó Whitman no lo han cumplido ni Pound ni Williams, ni Stevens ni cummings,[1] ni Lowell ni Ginsberg. Visionarios o lúcidos, casi siempre originales y a veces extraordinarios, no son los poetas de un mediodía sino de un crepúsculo. Tal vez sea mejor así.

Pintor público no quiere decir pintor popular. Para Duchamp el arte es un secreto y debe compartirse y transmitirse como un mensaje entre conspiradores. Oigámoslo: «Hoy la pintura se ha vulgarizado a más no

---

[1] Se adopta la grafía e. e. cummings, respetando el deseo del poeta estadunidense, que llegó a legalizar así el registro de su patronímico. [E.]

poder... En tanto que nadie se atreve a intervenir en una conversación
entre matemáticos, todos los días escuchamos disertaciones de sobreme-
sa sobre el valor de este o aquel pintor... La producción de una época es
siempre su mediocridad. Lo que no se produce siempre es mejor que el
producto». En otra entrevista confía al poeta Jouffroy: «El pintor se
ha integrado completamente a la sociedad actual, ya no es un paria...»
Duchamp no quiere acabar ni en la Academia ni entre los mendigos pero
es evidente que prefiere la suerte del paria a la del «artista asimilado».
Su actitud ante la situación actual del arte no es distinta a la que animaba a los *ready-mades* y al *Gran vidrio:* crítica total y, por tanto, también
y sobre todo, crítica de la modernidad. La historia de la pintura moderna, desde el Renacimiento hasta nuestros días, podría describirse como
la paulatina transformación de la obra de arte en objeto artístico: tránsito de la *visión* a la *cosa sensible.* Los *ready-mades* fueron una crítica
tanto del gusto artístico como del objeto de arte. El *Gran vidrio* es la
última obra realmente significativa de Occidente; lo es porque, al asumir
el significado tradicional de la pintura, ausente en el arte retiniano, lo
disuelve en un proceso circular y así lo afirma. Con ella termina
nuestra tradición. O sea: con ella y frente a ella deberá comenzar la pintura del futuro, si es que la pintura tiene un futuro o el futuro ha de tener
una pintura.

Mientras tanto las imitaciones de los *ready-mades* se acumulan en
museos y galerías: degradación del gesto único en aburrido rito colectivo,
del juego profanador en pasiva aceptación, del objeto-dardo en artefacto
inofensivo. El proceso se ha acelerado después de la segunda Guerra Mundial y los cuadros y las esculturas, como los otros productos de la sociedad
industrial, se han convertido en artículos de consumo. Asistimos al fin
de la «cosa sensible»: la pintura retiniana reducida a una manipulación
óptica. Lo que distinguía al arte moderno del antiguo —de la ironía romántica al humor de Dadá y los surrealistas— era la alianza de crítica y
creación; la extirpación del elemento crítico en las obras equivale a una
verdadera castración y la abolición del significado nos enfrenta a una producción no menos insignificante, aunque mucho más numerosa, que la
del periodo retiniano. Por último, nuestra época ha sustituido el antiguo
reconocimiento por la publicidad, pero la publicidad se resuelve en un
anonimato general. Es la venganza de la crítica.

Una de las ideas más inquietantes de Duchamp se condensa en una
frase muy citada: «el espectador hace al cuadro». Expresada con tal inso-

lente concisión, parece negar la existencia de las obras y proclamar un nihilismo ingenuo. En un breve texto publicado en 1957 («El proceso creador»), aclara un tanto su idea. Según esta declaración, el artista nunca tiene plena conciencia de su obra: entre sus intenciones y su realización, entre lo que *quiere* decir y lo que la obra dice, hay una diferencia. Esa «diferencia» es realmente la obra. El espectador no juzga al cuadro por las intenciones de su autor sino por lo que realmente ve; esta visión nunca es objetiva: el espectador interpreta y «refina» lo que ve. La «diferencia» se transforma en otra diferencia, la obra en otra obra. A mi modo de ver la explicación de Duchamp no da cuenta del acto o proceso creador en toda su integridad. Es verdad que el espectador crea una obra distinta a la imaginada por el artista pero entre una y otra obra, entre lo que el artista *quiso* hacer y lo que el espectador *cree* ver, hay una *realidad:* la obra. Sin ella es imposible la recreación del espectador. La obra hace al ojo que la mira —o, al menos, es un punto de partida: desde ella y por ella el espectador inventa otra obra. El valor de un cuadro, un poema o cualquiera otra creación de arte se mide por los signos que nos revela y por las posibilidades de combinarlos que contiene. Una obra es una máquina de *significar.* En este sentido la idea de Duchamp no es enteramente falsa: el cuadro depende del espectador porque sólo él puede poner en movimiento el aparato de signos que es toda obra. En esto reside el secreto de la fascinación del *Gran vidrio* y de los *ready-mades:* uno y otros reclaman una contemplación activa, una participación creadora. Nos hacen y nosotros los hacemos. En el caso de los *ready-mades* la relación no es de fusión sino de oposición: son objetos hechos contra el público, contra nosotros. De una y otra manera Duchamp afirma que la obra no es una pieza de museo; no es un objeto de adoración ni de uso sino de invención y creación. Su interés —en verdad: su admiración y su nostalgia— por los «religiosos del Renacimiento» tiene el mismo origen. Duchamp está contra el Museo, no contra la Catedral; contra la «colección», no contra el arte fundido a la vida. Una vez más Apollinaire dio en el blanco: Duchamp intenta reconciliar arte y vida, obra y espectador. Pero la experiencia de otras épocas es irrepetible y Duchamp lo sabe. Arte fundido a la vida es arte socializado, no arte social ni socialista y aún menos actividad dedicada a la producción de objetos hermosos o simplemente decorativos. Arte fundido a la vida quiere decir poema de Mallarmé o novela de Joyce: el arte más difícil. Un arte que *obliga* al espectador y al lector a convertirse en un artista y en un poeta.

En 1923 Duchamp abandonó definitivamente la pintura del *Gran vidrio*. Desde entonces su actividad ha sido aislada y discontinua. Su única ocupación permanente: el ajedrez. Algunos piensan que esta actitud es una deserción y, claro está, no ha faltado quien la juzgue como un signo de «impotencia artística». Esa gente sigue sin enterarse de que Duchamp ha puesto entre paréntesis no tanto al arte como a la idea moderna de la obra de arte. Su inactividad es la prolongación natural de su crítica: es metaironía. Subrayo la distinción entre arte e idea de la obra porque lo que denuncian los *ready-mades* y los otros gestos de Duchamp es la concepción del arte como una cosa —la «cosa artística»— que podemos separar de su contexto vital y guardar en museos y otros depósitos de valores. La misma expresión «tesoro artístico» revela el carácter pasivo y lucrativo —no hay contradicción en los términos— de nuestra noción de la obra. Para los antiguos como para Duchamp y los surrealistas el arte es un medio de liberación, contemplación o conocimiento, una aventura o una pasión. El arte no es una categoría aparte de la vida.

André Breton comparó alguna vez su abandono de la pintura con la ruptura de Rimbaud: el ajedrez sería así una suerte de Harrar neoyorquino, aún más «execrable» que el del poeta. Pero la inactividad de Duchamp es de signo distinto al silencio de Rimbaud. El poeta adolescente opone una negación total a la poesía y reniega de su obra; su silencio es un muro y no sabemos qué hay detrás de ese mutismo: sabiduría, desesperación o un cambio psíquico que convirtió a un gran poeta en un aventurero mediocre. El silencio de Duchamp es abierto: afirma que el arte es una de las formas más altas de la existencia, a condición de que el creador escape a una doble trampa: la ilusión de la obra de arte y la tentación de la máscara del artista. Ambas nos petrifican: la primera hace de una pasión una prisión y la segunda de una libertad una profesión. Pensar que Duchamp es un nihilista vulgar es una estupidez: «Me gusta la palabra *creer*. En general, cuando alguien dice yo sé, no sabe, cree. Yo creo que el arte es la única forma de actividad por la que el hombre se manifiesta en cuanto individuo. Sólo por ella puede superar el estadio animal, porque el arte desemboca en regiones que no dominan ni el tiempo ni el espacio. Vivir es creer —al menos esto es lo que *yo creo*». ¿No es extraño que el autor de los *ready-mades* y del *Gran vidrio* se exprese así y proclame la supremacía de la pasión? Duchamp es intensamente humano y la contradicción es lo que distingue a los hombres de los ángeles, los animales y las máquinas.

Además, su «ironía de afirmación» es un procedimiento dialéctico destinado precisamente a minar la autoridad de la razón. No es un irracionalista: aplica a la razón una crítica racional: el humor delirante y razonado es el disparo por la culata de la razón. Duchamp es el creador del Mito de la Crítica, no un profesor que hace la crítica del mito.

Su amigo Roché lo ha comparado con Diógenes y la comparación es justa: como el filósofo cínico y como todos los poquísimos hombres que se han atrevido a ser libres, Duchamp es un *clown*. La libertad no es un saber sino aquello que está *después* del saber. Es un estado de ánimo que no sólo admite la contradicción sino que busca en ella su alimento y su fundación. Los santos no ríen ni hacen reír pero los sabios verdaderos no tienen otra misión que hacernos reír con sus pensamientos y hacernos pensar con sus juglarías. No sé si Platón tenía sentido del humor pero Sócrates lo tuvo, como Chuang-tsé y tantos otros. Gracias al humor Duchamp se defiende de su obra y de nosotros, que la contemplamos, la admiramos y escribimos sobre ella. Su actitud nos enseña —aunque él nunca se haya propuesto enseñarnos nada— que el fin de la actividad artística no es la obra sino la libertad. La obra es el camino y nada más. Esta libertad es ambigua o, mejor dicho, condicional: a cada instante podemos perderla, sobre todo si tomamos en serio nuestra persona o nuestras obras. Tal vez para subrayar el carácter provisional de toda libertad, no terminó el *Gran vidrio*; así no se volvió su esclavo. La relación de Duchamp con sus creaciones es indefinida y contradictoria: son suyas y son de aquellos que las contemplan. Por eso las ha regalado con frecuencia: son instrumentos de liberación. En su abandono de la pintura no hay patetismo romántico ni orgullo de titán; hay sabiduría, *loca sabiduría*. No un saber de esto o aquello, no afirmación ni negación: vacío, saber de indiferencia. Sabiduría y libertad, vacío e indiferencia se resuelven en una palabra clave: pureza. Algo que no se busca sino que brota espontáneamente después de haber pasado por ciertas experiencias. Pureza es aquello que queda después de todas las sumas y las restas. Igitur termina con estas palabras: *Le Néant parti, reste le château de la pureté*.

Delhi, a 25 de octubre de 1966
México, a 20 de marzo de 1976

* water writes always in * plural[1]

Dados:

1.° La Cascada

2.° El Gas de alumbrado

*Determinaremos las condiciones del reposo instantáneo
(o apariencia alegórica) de una sucesión (un conjunto) de
hechos diversos que parecen necesitarse uno a otro por leyes, para aislar el signo de la concordancia entre por una
parte, ese Reposo (capaz de todas las excentricidades innumerables) y, por otra parte, una selección de posibilidades legitimadas por esas leyes y que también las ocasionan.*

La Caja verde

Debemos a Apollinaire tres juicios sobre Marcel Duchamp, los tres incompatibles entre sí y los tres verdaderos. En uno de ellos asigna a su
amigo la misión de «reconciliar al arte y al pueblo». En otro afirma que el
joven pintor (cuando Apollinaire escribía esto Duchamp tenía unos 25
años) es uno de los pocos artistas que no temen «incurrir en el reproche
de hacer una pintura hermética y aun abstrusa». El tercer juicio no es
menos perentorio ni, en apariencia, menos arbitrario y contradictorio:
«Duchamp es el único pintor de la escuela moderna que se interesa en el
desnudo».[2]

La primera afirmación, sorprendente cuando fue formulada, hoy no
lo parece tanto. Los *ready-mades* fueron un puntapié al «objeto de arte»

---

[1] *agua escribe siempre en * plural.* Esta frase aparece en *The* [El], primer texto de
Duchamp en inglés, escrito en Nueva York en 1915. El artículo *the* fue sistemáticamente
reemplazado por un asterisco.

[2] Las tres citas son del capítulo dedicado a Duchamp en *Les Peintres cubistes: Méditations esthétiques*, París, 1913.

para colocar en su lugar a la cosa anónima que es de todos y de nadie. Aunque no representan precisamente la unión del arte y el pueblo, fueron una subversión contra los privilegios excesivos y minoritarios del gusto artístico. En cambio, *La novia puesta al desnudo por sus solteros, aun...* sí realiza la unión profetizada por Apollinaire. Y la realiza por partida doble: no sólo adopta la forma, eminentemente publicitaria, de esas ilustraciones de los catálogos de maquinaria industrial sino que Duchamp la concibió como un monumento cuyo tema es, a un tiempo, popular y tradicional: la apoteosis de la Novia en el momento de ser desnudada.

A pesar de su doble carácter público —descripción gráfica del funcionamiento de una máquina y representación de un ritual erótico— el *Gran vidrio* es una obra secreta. La composición es la proyección de un objeto que no podemos ver con los sentidos; lo que vemos —esquemas, mecanismos, diagramas— es sólo una de sus manifestaciones en el modo mecánico-irónico. El cuadro es un enigma y, como todos los enigmas, no es algo que se contempla sino que se descifra. El aspecto visual sólo es un punto de partida. Hay, además, otro elemento que modifica radicalmente el acto inocuo de ver una pintura y lo convierte en una suerte de prueba de iniciación: la que nos presenta la adivinanza es una virgen que también es una máquina. Apenas si vale la pena recordar la antigua y funesta relación entre las vírgenes y las adivinanzas. Otra semejanza entre el mito y el cuadro: para afrontar el enigma no contamos, como los héroes y los caballeros, sino con lo que nos quede de inocencia y con un guía seguro pero hermético —las notas de la *Caja verde* y la *blanca*. El monumento público a la Novia se transforma en un laberinto sexual y mental: la Novia es un cuerpo hecho de reflejos, alusiones y transparencias. Su claridad nos ofusca y me temo que, frente a ella, este texto sea como la lámpara de gas que empuña la mujer desnuda del *Ensamblaje* del Museo de Filadelfia.[1]

Descripción científica, monumento a una virgen y enigma hecho de temibles claridades, *La novia...* es un desnudo. Confirma así la tercera afirmación de Apollinaire. Sólo que, de nuevo, es una afirmación que, apenas la enunciamos, se desmiente: el desnudo es un esqueleto. Mito erótico y negación del mito por la máquina, monumento público y obra secreta,

---

[1] Aunque en castellano sólo designa al trabajo de carpintería, uso la palabra *Ensamblaje* por ser la que mejor traduce la idea contenida en el vocablo francés e inglés *assemblage*: reunión de piezas separadas.

desnudo que es un esqueleto y esqueleto que es un motor, *La novia*... se despliega ante nosotros como la imagen de la contradicción. Pero la contradicción es más aparente que real: lo que vemos no son sino momentos y estados de un objeto invisible, etapas de un proceso de manifestación y de ocultación de un fenómeno. Con esa lucidez que no por ser constante en él deja de ser única, Duchamp alude en una de las primeras notas de la *Caja verde* a la duplicidad de su tentativa: «Tal vez hacer un *cuadro de bisagra*». La expresión, aplicable a toda su obra, es particularmente justa en el caso del *Gran vidrio:* estamos ante un cuadro-bisagra que al desplegarse o al replegarse, física y mentalmente, nos muestra otras vistas, otras apariciones del mismo objeto elusivo.

El *gozne* aparece con frecuencia en Duchamp. Gracias a la utilización literal y paradójica de la idea de gozne, las puertas y las ideas de Duchamp se abren sin dejar de estar cerradas y viceversa. Si por nuestra parte acudimos al mismo procedimiento, la expresión «cuadro de bisagra», al abrirse (al cerrarse) sobre sí misma, nos revela otra expresión que también aparece en una de las notas iniciales de la *Caja verde: «retardo en vidrio».* Duchamp aclara que se trata de una «suerte de subtítulo». Explícito siempre, dentro de su extremo laconismo, agrega que debemos entender la palabra *retardo* en la «reunión indecisa» de sus diferentes significados. Al comparar las acepciones de *retard* que da el *Petit Littré* con las de los diccionarios de lengua castellana de la misma palabra, encuentro que en unos y otros aparece —además de los significados usuales de diferir, detener, dilatar, atrasar, hacer que retrocedan las agujas del reloj— otro de orden musical: «Retardo. Mús. Sonido de un acorde que no se resuelve con éste sino que se prolonga hasta el acorde siguiente y se resuelve en él». El *Petit Littré* es más preciso: la nota del acorde siguiente es la *resolución* de la nota retardada. Al girar sobre su gozne el «retardo en vidrio» que es *La novia*... nos lleva a otra composición que, tanto en el sentido musical como en los otros, es su *resolución.* Esa composición, acorde final, es el *Ensamblaje* del Museo de Filadelfia. Verlo es escuchar la nota diferida en el *Gran vidrio.* ¿La resolución es la solución?

Aunque se ha descrito varias veces —por ejemplo, en el notable estudio de Anne d'Harnoncourt y Walter Hopps—[1] creo que no será ocioso dar una idea del *Ensamblaje.* Como es sabido, se encuentra al lado de la

---

[1] «*Étant donnés: 1ᵉʳ La Chute d'eau, 2ᵉᵐᵉ Le Gaz d'éclairage*», en *Philadelphia Museum of Art Bulletin,* núms. 299 y 300, abril-junio y julio-septiembre de 1969.

gran sala del Museo de Filadelfia que reúne casi toda la obra de Duchamp y cuya pieza central es el *Gran vidrio*. El visitante cruza una puertecilla y penetra en una habitación más bien pequeña, absolutamente vacía. Ningún cuadro en las paredes blancas. No hay ventanas. En el muro del fondo, empotrada en un portal de ladrillo rematado por un arco, hay una vieja puerta de madera carcomida, remendada y cerrada por un tosco travesaño también de madera, claveteado por gruesos clavos. En el extremo izquierdo superior hay un ventanuco que también ha sido clausurado. La puerta opone al visitante su materialidad de puerta con una suerte de aplomo: no hay paso. Lo contrario de los goznes y sus paradojas. Una verdadera puerta condenada. Pero si el visitante se acerca, descubre dos agujeritos a la altura de los ojos. Si se acerca aún más y se atreve a fisgar —verá una escena que no es fácil que olvide jamás. Primero, un muro de ladrillo hendido y, a través del hueco, un gran espacio luminoso y como hechizado. Muy cerca del espectador —pero también muy lejos, en el «otro lado»— una muchacha desnuda, tendida sobre una suerte de lecho o pira de ramas y hojas, el rostro casi enteramente cubierto por la masa rubia del pelo, las piernas abiertas y ligeramente flexionadas, el pubis extrañamente limpio de vello en contraste con el esplendor abundante de la cabellera, el brazo derecho fuera del rayo visual de la mirada, el izquierdo apenas levantado y la mano empuñando con firmeza una pequeña lámpara de gas hecha de metal y de vidrio. La lucecita parpadea en medio de la luz brillante de ese inmóvil día de fines del verano. Fascinada por este desafío al sentido común —¿qué hay menos claro que la luz?— la mirada recorre el paisaje: al fondo, colinas boscosas, verdes y rojizas; abajo, un pequeño lago y sobre el lago una tenue neblina. Un cielo inevitablemente azul. Dos o tres nubecillas, también inevitablemente blancas. En el extremo derecho, entre rocas, brilla una cascada. Quietud: un pedazo de tiempo detenido. La inmovilidad de la mujer desnuda y del paisaje contrasta con el movimiento de la cascada y el parpadeo de la lámpara. El silencio es absoluto. Todo es real y colinda con el verismo; todo es irreal y colinda, ¿con qué?

El espectador se retira de la puerta con ese sentimiento hecho de alegría y culpabilidad del que ha sorprendido un secreto. Pero, ¿cuál es el secreto? ¿Qué es lo que, en realidad, ha visto? La escena que pasa sin pasar detrás de la puerta no es menos enigmática que los esquemas y trazos del *Gran vidrio*. En busca de un signo de orientación que lo saque de su perplejidad, el visitante descubre en la pared el título del *Ensamblaje*:

Dados: 1.º La Cascada, 2.º El Gas de alumbrado... (1946-1966). La relación contradictoria entre arte público y arte secreto, monumento y prueba de iniciación, se repite: el *Ensamblaje* nos lleva a su título, el título al prefacio de la *Caja verde* que se inicia precisamente con la misma fórmula pseudocientífica: *Dados...,* la fórmula al *Gran vidrio* y el *Gran vidrio* a nuestra propia imagen, confundida con las formas pintadas y los reflejos del mundo exterior, en el momento de mirar el *Gran vidrio.* El juego de correspondencias y reflejos entre el *Ensamblaje* y *La novia...* es turbador y se establece no sólo en el plano textual —las notas de la *Caja verde* y las de la *blanca* son el puente verbal entre una y otra obra— sino en el visual. En ambos casos el simple acto de mirar una pintura o un ensamblaje se convierte en el acto de ver-a-través-de... En uno, a través del obstáculo de la puerta que, finalmente, se convierte en el pasaje visual que nos lleva al paisaje con la mujer y la cascada; en el otro, a través del vidrio en que está pintada la composición y que, por su misma transparencia, se convierte en un obstáculo a la visión. Reversibilidad: ver a través de la opacidad, no ver a través de la transparencia. La puerta de madera y la puerta de vidrio: dos caras opuestas de la misma idea. Esta oposición se resuelve en una identidad: en ambos casos nos miramos mirar. Operación-bisagra. La pregunta ¿qué es lo que vemos? nos enfrenta con nosotros mismos.

Entre la fecha en que fue definitivamente inacabado el *Gran vidrio* y la del comienzo del *Ensamblaje* median 23 años. Este largo periodo de retiro dio origen a la idea de que Duchamp había renunciado a la pintura. La verdad es que desde 1913, con unas cuantas excepciones como *Tum...* (1918), su obra no sólo abandona las vías estrictamente pictóricas sino que, sin dejar de ser visual, se convierte en la negación de lo que desde hace más de dos siglos llamamos pintura. La actitud de Duchamp ante la tradición pictórica está también regida por el principio-bisagra: la negación de la pintura-pintura, que es la de la tradición moderna desde Delacroix, implica la negación de la vanguardia. Posición única en el arte de nuestra época: Duchamp es, simultáneamente, el artista que lleva hasta sus últimas consecuencias las tendencias de la vanguardia y el que, al consumarlas, las vuelve sobre sí mismas y así las invierte. La negación de la pintura «retiniana» rompe con la tradición moderna y reanuda inesperadamente el vínculo con la corriente central de Occidente, anatematizada por Baudelaire y sus descendientes del siglo xx: la pintura de ideas.[1] Operación análoga a la del *retardo en vidrio*, aunque en sentido diametralmente opuesto, la *aceleración* de lo moderno desemboca en su desvalorización. En 1957 se preguntó a Duchamp: «¿Cree usted en una próxima explosión del espíritu moderno?» Respuesta: «Sí, pero la palabra *moderno* ha perdido su valor. Fíjese en el *modern style* de principios de siglo...»[2]

El sistema que rige a la obra de Duchamp es el mismo que inspira al llamado «efecto Wilson-Lincoln», esos retratos que vistos por la izquierda representan a Wilson y por la derecha a Lincoln. El efecto Wilson-Lincoln es una variante del principio-bisagra: el *gozne* convertido en eje material y espiritual del universo. Reversibilidad generalizada, circularidad de los fenómenos y las ideas. La circularidad abarca también al espectador: la Novia está encerrada en nuestra mirada pero nosotros estamos encerrados en el *Gran vidrio* e incluidos en el *Ensamblaje*. Somos parte de las dos obras. Se opera así una inversión radical de la posición de los términos que intervienen en la creación y la contemplación artística y que, en cierto modo, la constituyen: la subjetividad del artista (o del espectador) y la obra. Con Duchamp se acaba un tipo de relación inaugurado por el romanticismo.

El arte y la poesía de nuestro tiempo nacen en el momento en que el artista inserta la subjetividad en el orden de la objetividad. Esta operación sensibiliza a la naturaleza y a la obra pero, al mismo tiempo, las relativiza. La ironía romántica ha sido el alimento-veneno del arte y la literatura de Occidente desde hace cerca de dos siglos. Alimento porque es la levadura de la «belleza moderna», según la definió Baudelaire: lo bizarro, lo único. O sea: la objetividad desgarrada por la subjetividad irónica, que es siempre conciencia de la contingencia humana, conciencia de la muerte. Veneno porque la «belleza moderna», a la inversa de la antigua, está condenada a destruirse a sí misma: para ser, para afirmar su modernidad, necesita negar lo que apenas ayer era moderno. Necesita negarse a sí misma. La belleza moderna es bizarra porque es distinta a la de ayer y por eso mismo es histórica. Es cambio, es perecedera: historicidad es mortalidad.

[1] «¡El calosfrío retiniano! Antes, la pintura tenía otras funciones: podía ser religiosa, filosófica, moral... Nuestro siglo entero es completamente retiniano, salvo los surrealistas, que trataron de alguna manera de ir más allá. Y ni siquiera ellos llegaron muy lejos.» Pierre Cabanne, *Entretiens avec Marcel Duchamp*, París, 1967.

[2] Entrevista de Jean Schuster con Marcel Duchamp en la revista *Le Surréalisme, même...*, núm. 2, París, primavera de 1957.

La juventud de Duchamp coincide con la explosión de los movimientos de vanguardia, es decir, con la última y más violenta manifestación de la tradición moderna inaugurada por el romanticismo. Duchamp ha recordado más de una vez su interés juvenil por Jules Laforgue, un poeta poco estimado en Francia pero que ha ejercido una influencia muy profunda tanto en la poesía angloamericana como en la latinoamericana. En Laforgue la subjetividad moderna se vuelve sobre sí misma: es un poeta simbolista que corroe con la ironía la estética simbolista. Era natural que Laforgue, como más tarde Mallarmé, inspirase a Duchamp. Aparte de las influencias que él mismo ha revelado, pueden citarse otras. Por ejemplo, este título de un poema de Laforgue podría ser uno de una de las frases de la letanía de la Corredera: *Célibat, célibat, tout n'est que célibat.* Otro poema se llama *Complainte de crépuscules célibataires.* La historia humana, dice Laforgue, es la *histoire d'un célibataire.* Schopenhauer revisado y corregido: el mundo es la representación de un yo solterón.

Duchamp somete la ironía de Laforgue a la acción desorientadora del sistema Wilson-Lincoln y así la cambia, la vuelve literalmente al revés. La ironía moderna, desde el romanticismo, es la acción del mordiente de la subjetividad en la obra; en *La novia...* y en *Dados...* no es el yo el que anexa al objeto sino a la inversa: nosotros nos vemos viendo a través de la opacidad de la puerta del *Ensamblaje* o de la transparencia del *Gran vidrio.* El principio Wilson-Lincoln se manifiesta como una metaironía, esto es, por oposición a la negación romántica, como «ironía de afirmación». Ironía y subjetividad han sido el eje del arte moderno. Duchamp hace girar ese eje sobre sí mismo y transtorna la relación entre el sujeto y el objeto: su «cuadro hilarante» se ríe de nosotros. Así se desmorona la noción misma de *modernidad.* Sin cesar de ser singular y distinto al de ayer —sin cesar de ser polémico e histórico: moderno— el arte de Duchamp hace la crítica de la modernidad y cambia signos de inteligencia con el arte del pasado.

La negación de la pintura-pintura estaba lejos de ser una renuncia al arte y los 23 años que separan a *La novia...* de *Dados...* no fueron años vacíos sino de búsqueda y preparación. Lo que sorprende es precisamente la persistencia del trabajo subterráneo de Duchamp, su paciencia y su coherencia. Como Saint Pol-Roux que, cuando dormía, colgaba de su puerta esta inscripción: «El poeta trabaja», Duchamp decía que no hacía nada sino respirar —y al respirar trabajaba. Sus obsesiones y sus mitos lo trabajaban: la inacción es la condición de la actividad interior. En varias ocasiones

Duchamp denunció la publicidad que rodea al arte moderno y sostuvo que los artistas deberían regresar al subsuelo de la sociedad. Aquí reaparece el principio-bisagra: el hombre que pintó bigotes a la *Gioconda* es el mismo que, durante 20 años, realizó una obra en secreto. Formas opuestas y complementarias de la ruptura con el mundo: la profanación pública y el descenso a las catacumbas, la bofetada y el silencio.

Ayudado por Teeny, su mujer y su único confidente en el proyecto de elaborar una obra clandestina, Duchamp trabajó de una manera más o menos continua desde 1946 hasta 1966. Primero en su estudio de la calle Catorce de Nueva York y posteriormente en un pequeño local de un edificio comercial de la calle Once. A principios de 1969, tres meses después de su muerte, Anne d'Harnoncourt y Paul Matisse desmontaron el *Ensamblaje*, transportaron las piezas a Filadelfia y lo volvieron a montar en el museo de esa ciudad. Su guía fue un cuaderno preparado por Duchamp y compuesto de precisas instrucciones, diagramas y más de cien fotos. Una tarea dificilísima y ejecutada con gran tino y sensibilidad.

El *Ensamblaje* es una combinación de materiales, técnicas y formas artísticas diversas. Por lo que toca a los primeros: unos han sido llevados a la obra sin modificación alguna —las ramitas sobre las que se tiende el desnudo, la vieja puerta traída de España, la lámpara de gas, los ladrillos— y otros han sido modificados por el artista. No menos variadas son las técnicas y las formas de expresión artística: la iluminación artificial y el ilusionismo teatral de la escena; la acción del invisible motor eléctrico que evoca las técnicas de la juguetería mecánica; la escultura, la fotografía, la pintura propiamente dicha y aun la decoración de vitrinas. Todas estas técnicas y formas recogen experiencias anteriores de Duchamp, como, por ejemplo, el escaparate de Gothan Book Mart de Nueva York, en 1945, anunciando *Arcane 17* de Breton, en el que aparecía un maniquí semidesnudo. No obstante, hay una diferencia entre las obras anteriores de Duchamp y el *Ensamblaje*. En las primeras, trata de mostrar lo que está detrás o más allá de la apariencia —la descomposición del movimiento en *Desnudo descendiendo una escalera*, el ajedrez pasional en *El rey y la reina atravesados por desnudos rápidos*, el funcionamiento simbólico de una máquina erótica en *La novia...*— mientras que en la última el artista parece contentarse con la apariencia. En el *Gran vidrio* el espectador debe imaginar la escena del goce de la Novia al ser desnudada; en *Dados...* la ve precisamente en ese momento de plenitud. A la descripción simbólica del fenómeno, sucede el fenómeno mismo: la máquina del *Gran vidrio* es la representación de un enigma; el desnudo de *Dados...* es el enigma en persona, su encarnación.

El puente o gozne entre *La novia...* y *Dados...* es un dibujo de 1959: *Cols alités*, proyecto para el modelo 1959 de *La novia puesta al desnudo por sus solteros, aun...* El dibujo reproduce el *Gran vidrio* pero agrega, en la región central, en líneas finísimas y apenas visibles, un esbozo de colinas. Además, en el extremo derecho, después del Molino de chocolate y como una prolongación de una de las hojas de las Tijeras, Duchamp dibujó un poste eléctrico con sus hilos de alambre y sus aisladores. Una de las notas de la *Caja verde* indica que la comunicación entre la Novia y los Solteros es eléctrica y en el dibujo de 1959 esta idea —que alude más bien a una metáfora: la electricidad del pensamiento, las miradas y el deseo— se expresa en la forma más directa y material: un poste y sus alambres. Tenemos así dos imágenes de la electricidad: energía física y energía psíquica. Por medio del título del dibujo Duchamp insinúa que el paisaje montañoso está hecho de pasos (Cols) pero que esos pasajes están encamados, enfermos *(alités)*. Por tanto, son poco transitables. Así pues, la comunicación entre el dominio de los Solteros y el de la Novia es difícil. En *Dados...* la comunicación aún es más difícil, a pesar de que el paisaje de colinas boscosas posee una realidad casi táctil —o tal vez por eso: se trata de la realidad engañosa del *trompe-l'oeil*. Por último, el título alude también a la ley que rige tanto a la concepción de *La novia...* como a la del *Ensamblaje*: la *causalidad irónica. Causalité/Cols alités:* una ligera distensión de los sonidos nos lleva de los pasos enfermos de las colinas a un universo en que el azar y la necesidad se hacen señas. La diferencia entre causalidad y casualidad está en la distinta posición de la misma *u*. El conocimiento no es sino un transtorno del lenguaje.

El camino entre *La novia...* y *Dados...* está hecho de reflejos. Es una espiral que empieza donde acaba y en la que allá es acá. La identidad sale de sí misma en busca de sí misma y cada vez que está a punto de encontrarse se bifurca. Pero los ecos y correspondencias entre una y otra pueden extenderse a toda la obra de Duchamp. Estamos frente a una verdadera constelación, en la que cada cuadro, cada *ready-made* y cada juego de palabras está unido a los otros como las frases de un discurso. Un discurso regido por una sintaxis racional y una semántica delirante. Sistema de formas y signos movidos por leyes propias. El paisaje de *Dados...*, implícito en *La novia...*, es un eco o rima de otros tres cuadros en que aparece la misma

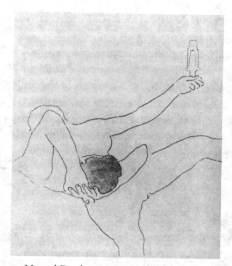

Marcel Duchamp, *Le Bec Auer,* 1968; *La suspensión (Bec Auer),* 1903-1904.

combinación de árboles, cielo y agua. Uno representa el paisaje de su lugar natal (Blainville) y es de 1902; otro es el conocido *ready-made* de 1914: *Farmacia;* el último es *Claro de luna en la Bahía de Baswood* (1953). El motivo del gas se remonta a la adolescencia: hay un dibujo de 1903 que representa una lámpara de gas de la marca Bec Auer. La pareja agua/gas aparece continuamente en las obras, juegos de palabras y conversaciones de Duchamp, desde los años de preparación del *Gran vidrio* hasta el año de su muerte. *Agua y gas en todos los pisos* es una inscripción que figuraba en la puerta de los edificios nuevos en el París de su juventud y que le sirvió para la carátula de la edición de lujo de la monografía de Robert Lebel. Podrían citarse otras correspondencias pero quizá sea mejor concentrarse en la dualidad agua y gas: son los dos *autores* del *Gran vidrio* y del *Ensamblaje* y su escritura es plural.

En la nota de la *Caja verde* que sirve de epígrafe a este texto y que da título al *Ensamblaje* se dice claramente que la Cascada y el Gas de alumbrado producen, literalmente, a la Novia. Agua y gas son elementos humanos y cósmicos, físicos y psíquicos. A un tiempo erotismo y causalidad irónica se unen y separan conforme a leyes rigurosas y excéntricas. En *La novia...* son fuerzas invisibles, y si no fuera por las notas de la *Caja verde* ignoraríamos que su acción es la que pone en marcha el complicado y tragicómico mecanismo. El agua y el gas, dice la *Caja verde,* operan en la *oscuridad* y en la *oscuridad* aparecerá la «apariencia alegórica», la Novia, como una «exposición ultrarrápida».

Por ser elementos impregnados de sexualidad, signos eróticos, no es extraño que uno de los exégetas más aplicados de la obra de Duchamp haya identificado al gas como símbolo masculino y al agua como femenino.[1] Dos razones me prohíben adherirme a esta interpretación demasiado simplista. La primera es el descrédito en que han caído los arquetipos junguianos. No porque sean falsos sino porque con ellos se quiere explicar todo y así no se explica nada. De ahí que prefiera llamar signos y no símbolos a la Cascada y al Gas de alumbrado. Los símbolos han perdido sentido a fuerza de tener tantos y tan contradictorios. En cambio, los signos son menos ambiciosos y más ágiles: no son los emblemas de una «concepción del mundo» sino las piezas movibles de una sintaxis. La segunda razón: los signos (y los símbolos) cambian de sentido y de género conforme a su posición en el contexto. Por sí solos no significan: son elementos de una relación. Las leyes que rigen a la fonología y a la sintaxis son perfectamente aplicables en esta esfera. Ningún símbolo tiene un sentido inmutable: el sentido depende de la relación. Se piensa en el agua generalmente como un símbolo femenino pero apenas se vuelve agua corriente —cascada, río, manantial, lluvia— adquiere una tonalidad masculina: penetra en la tierra o brota de ella. Lo mismo sucede con el aire: aunque es el principio masculino por excelencia, del Quetzalcóatl azteca al Espíritu Santo cristiano, es femenino el aire que sale por los orificios (sexo, boca) del arquetipo de la gran madre junguiana: la vasija. El aire se feminiza en la sílfide y en las «doncellas-nubes» de los frescos de Sirigia. La nube, imagen de la indeterminación, indecisa entre ser agua y ser aire, expresa admirablemente el carácter ambivalente de los signos y los símbolos. ¿Y para qué hablar del fuego, rayo de Zeus y horno femenino, matriz donde se cuecen los hombres según el mito náhuatl? El sentido de los signos cambia según cambia su posición en el contexto. Así, lo mejor será seguir al agua y al gas en el combate de reflejos que se intercambian el *Gran vidrio* y el *Ensamblaje*.

En *La novia...* el gas aparece como el elemento determinante de los Solteros. No sólo los inspira (infla) sino que ellos lo expiran en el doble sentido de la palabra. Por los Tubos capilares lo envían a los Tamices, donde sufre una operación, en el sentido quirúrgico, hasta que sale convertido

[1] Arturo Schwarz.

en un líquido explosivo para ser inmediatamente cortado y atomizado por las Tijeras, caer en la región de la Salpicadura, ascender de nuevo y, sublimado por los Testigos oculistas que lo transforman en imagen, ser lanzado hacia el dominio de la Novia, vuelto reflejo de reflejos. A pesar de todas estas aventuras y desventuras, el gas es invisible. En *Dados...* el gas aparece —y aparece en su manifestación más directa y cotidiana: en forma de lámpara fálica de gas empuñada por una muchacha desnuda. En el *Gran vidrio* el Gas de alumbrado se identifica con los Solteros: es su deseo; en el *Ensamblaje* los Solteros desaparecen o, mejor dicho, son reabsorbidos por la lámpara de gas. El onanismo, *leitmotiv* de las letanías de la Corredera, pasa de los Solteros a la Novia. ¿Pero no ocurría lo mismo en el *Gran vidrio*? El *Ensamblaje* confirma no sólo el carácter imaginario de la operación —subrayado más de una vez por Duchamp— sino que los Solteros no existen realmente: son una proyección, una invención, de la Novia.[1] A su vez la Novia es una epifanía de otra realidad invisible, la proyección en dos o tres dimensiones de una entidad de cuatro dimensiones. Así, el mundo es la representación, no de un solterón como decía Laforgue, sino de una realidad que no vemos y que ora aparece como la máquina más bien siniestra del *Gran vidrio,* ora como una muchacha desnuda en el momento en que culmina su goce.

Al describir la fisiología de la Novia, la *Caja verde* menciona una sustancia que no es agua, aunque sea un líquido, que posee ciertas afinidades con el gas: la automovilina, la gasolina erótica que lubrica sus órganos y hace posible el orgasmo. La Novia es una «avispa» que secreta por ósmosis la esencia (gasolina) de amor. La «avispa» saca de su depósito líquido las dosis necesarias. El depósito es una «tinta oscilante» que provee a la higiene de la Novia o, como dice Duchamp con cierta crueldad, a su régimen. En el *Ensamblaje* las ideas se vuelven imágenes y la ironía desaparece: la tina se convierte en el lago y la «avispa-motor» en la muchacha desnuda, criatura de las aguas. Pero el mejor ejemplo de estos cambios de estado —del líquido al gaseoso o a la inversa, equivalentes de las mutaciones de género— es la Vía Láctea del *Gran vidrio,* manifestación de la Novia en el momento en que, al ser desnudada, alcanza la plenitud de goce. La Vía Láctea es una nube, una forma gaseosa que ha sido y volverá a ser agua. La nube es el deseo antes de su cristalización: no es el cuerpo sino su fantasma, la idea fija que ha dejado de ser idea y no es todavía

---

[1] *Cf.* mi ensayo «El castillo de la pureza», pp. 145-203 de este volumen.

realidad sensible. Nuestra imaginación erótica produce sin cesar nubes, fantasmas. La nube es el velo que revela más que oculta, el lugar de la disipación de las formas y el de su nacimiento. Es la metamorfosis, y por eso, en el *Gran vidrio*, es la manifestación del triple gozo de la Novia al ser desnudada: instantánea ultrarrápida entre el estado de máquina y el de Vía Láctea.

La digresión sobre la automovilina y la nube no debe hacernos olvidar que Duchamp no habla de gas y de agua en general sino muy precisamente de Gas de alumbrado y de Cascada. En el *Gran vidrio* la Cascada no aparece pero sabemos por la *Caja verde* su forma y su ubicación: «una suerte de surtidor de agua que viene de lejos en semicírculo, por arriba de los Moldes machos». La Cascada podría ser masculina, tanto por estar en el dominio de los Solteros como por ser agua corriente: «Las aguas fluentes y corrientes —dice Erich Neumann— son masculinas y son adoradas como fecundantes y motoras».[1] No obstante, es una masculinidad dependiente del signo femenino: las cascadas y manantiales, aunque «consideradas como masculinas..., tienen el significado de un hijo». En el *Gran vidrio* la Cascada sirve a la imaginación de la Novia y a sus propósitos, es parte del mecanismo de seducción de los Solteros y causa de su final fracaso. En el *Ensamblaje* está en el dominio de la Novia.

En el *Gran vidrio* la Cascada es invisible, es una fuerza que no vemos pero que produce el movimiento del Molino de agua; en el *Ensamblaje*, el Molino de agua se evapora y la Cascada es una presencia visible. ¿Y quiénes son los que ven estas apariciones y desapariciones? Los Testigos oculistas, que están *dentro* del *Gran vidrio* —y nosotros que, al espiar por las rendijas de la puerta española, encarnamos a los Testigos como el desnudo encarna a la Novia. Así, son ellos (nosotros) los únicos que pueden decirnos algo (decirse a sí mismos) acerca de la sintaxis de la Cascada y el Gas de alumbrado y del texto que trazan en sus conjunciones y metamorfosis.

Los Testigos oculistas ocupan en el *Gran vidrio* el extremo superior derecho del dominio de los Solteros. Un poco arriba del tercer testigo hay un círculo que figura el agujero de la cerradura por donde fisga el *voyeur*. La ubicación de los Testigos oculistas corresponde más o menos a la de los agujeros en la puerta del *Ensamblaje*. El espectador, como los Testigos oculistas, es un *voyeur*; asimismo, como ellos, es un testigo ocular, tanto

---

[1] *The Great Mother*, Princeton University Press, 1963.

en el sentido judicial de hallarse presente en el caso como en el religioso del que da fe de una pasión o de un martirio. Recuérdese a los *Four Master Analysts of Ireland* de *Finnegans Wake*, con los que los Testigos tienen más de una afinidad. No es ésta la única analogía entre Joyce y Duchamp: *La novia*... y *Dados*... pueden verse como los equivalentes visuales de la Carta de Anna Livia Plurabelle, otro *untitled Mamafesta memoralizing the Mosthighest*. Del mismo modo que ALP es simultáneamente la inspiradora de la Carta y la Carta misma en sus distintas versiones, la Novia es el objeto invisible de cuatro dimensiones y sus manifestaciones momentáneas en el *Gran vidrio* y en el *Ensamblaje*. Entre los nombres de Rrose Sélavy se encuentran los que le da Joyce a ALP: *Anna the Allmaziful, the Everliving, the Bringer of Plurabilities*... Si la Carta contiene a sus interpretaciones y a sus cuatro Evangelistas, el *Gran vidrio* y el *Ensamblaje* contienen a sus espectadores: los Testigos oculistas son parte del *Gran vidrio* y el mirón del *Ensamblaje*, por el hecho mismo de atisbar, participa en el rito dual del *voyeurisme* y la contemplación estética. Mejor dicho, sin él no se realizaría el rito. No obstante, hay una diferencia entre el *Gran vidrio* y el *Ensamblaje*. No es la primera vez que un artista incluye en su pintura a aquellos que la miran y en mi estudio anterior sobre Duchamp recordé a Velázquez y a sus *Meninas;* pero lo que en las *Meninas* y en el *Gran vidrio* es representación, en el *Ensamblaje* es acto: realmente nos convertimos en *voyeurs* y, también, en testigos oculares. Nuestro testimonio es parte de la obra.

La función de los Testigos oculistas, a pesar de su posición marginal, es central: reciben la Salpicadura del Gas de alumbrado ya convertida en Escultura de gotas y la transforman en imagen especular que lanzan al dominio de la Novia, en la zona de los Nueve tiros. Los Testigos oculistas refinan (subliman) el Gas de alumbrado vuelto Salpicadura de gotas explosivas: cambian las gotas en mirada, esto es, en la manifestación más inmediata del deseo. La mirada traspasa los pasajes obstruidos *(cols alités)* de la Novia y llega hasta ella. No llega como realidad sino como imagen del deseo. La visión de su desnudez produce en la Novia el primer florecimiento, antes del orgasmo. Es un florecimiento, subraya Duchamp, eléctrico.[1] La función de los Testigos oculistas es la sublimación del Gas de alumbrado en imagen visual que transportan en una mirada capaz de

[1] El segundo es el desnudamiento voluntario imaginado por la Novia y el tercero es la conjunción de los dos primeros: el florecimiento corona en forma de nube o Vía Láctea que «no es analizable por la lógica».

traspasar los obstáculos. El deseo es «la electricidad suelta» de que habla la *Caja verde*. En *Dados*... la electricidad está literalmente en todas partes: entre bastidores (en el motor) y fuera como luz brillante que baña el paisaje y la figura desnuda.

¿Quiénes son los Testigos? El artista Duchamp (no el hombre) y nosotros, los espectadores. Con frecuencia se tiende a ver a la Novia como una proyección de Duchamp y, consecuentemente, del espectador. Lo contrario también es cierto: nosotros somos su proyección. Ella ve su imagen desnuda en nuestra mirada de deseo, una mirada que sale de ella y vuelve a ella. De nuevo: el tema es ver-a-través-de... Nosotros vemos a través del obstáculo, puerta o vidrio, el objeto erótico —y esto es *voyeurisme*; la Novia se ve desnuda en nuestra mirada —y esto es exhibicionismo. Uno y otro, como señala Schwarz, son lo mismo. Pero no se unen en Duchamp ni en el espectador sino en la Novia. La operación circular parte de ella y regresa a ella. El mundo es su representación.

La oposición complementaria del *voyeurisme* es la videncia. Los Testigos oculistas del *Gran vidrio* y el mirón del *Ensamblaje* son, metafórica ya que no realmente, videntes: sus miradas traspasan los obstáculos materiales. La relación es, otra vez, circular: si el deseo es doble vista, la videncia es *voyeurisme* transformado por la imaginación, deseo vuelto conocimiento. El erotismo es la condición de la videncia. Además de ser conocimiento, la visión erótica es creación. Nuestra mirada cambia al objeto erótico: lo que vemos es la imagen de nuestro deseo. *Ce sont les regardeurs qui font le tableau*. Pero el objeto también nos ve; más exactamente: nuestra mirada está incluida en el objeto. Mi mirada hace el cuadro sólo a condición de que yo acceda a ser parte del cuadro. Miro el cuadro pero lo miro mirando lo que miro —mirándome. El que espía por los agujeros de la puerta española no está fuera del *Ensamblaje*: es parte del espectáculo. Por su mirada el *Ensamblaje* se realiza: es un espectáculo en el que alguien se ve viendo algo. ¿Y qué es lo que ve realmente? ¿Qué es lo que ven los Testigos oculistas? *No ven*: la que se ve a sí misma es la Novia. La visión de sí misma la excita: se ve y se desnuda en la mirada que la mira. Reversibilidad: nosotros nos miramos mirándola a ella y ella se mira en nuestra mirada que la mira desnuda. Es el momento de la descarga —nosotros desaparecemos de su vista.

La dialéctica entre la mirada que mira la desnudez y la desnudez que se mira en esa mirada evoca irresistiblemente uno de los grandes mitos de la Antigüedad pagana: el baño de Diana y la perdición de Acteón. Es extraño que hasta ahora nadie haya explorado las turbadoras semejanzas entre este episodio mitológico y las dos grandes obras de Duchamp. El asunto es el mismo: la circularidad de la mirada. Acteón pasa de ser cazador a ser cazado, de mirar a ser mirado. Pero las correspondencias, ecos y rimas son más numerosas y precisas que lo que deja ver este parecido de orden general. Empezaré por el lugar de la escena: Ovidio describe el santuario de Diana como un valle boscoso de pinos y cipreses, rodeado de montañas. Una cascada cae de una roca y alimenta un pequeño lago, casi un estanque.[1] La descripción de Ovidio parece anticipar el paisaje de *Dados*... Incluso la hora es semejante: «El sol —dice el poeta latino— estaba a igual distancia de los dos puntos que limitan su carrera».

Diana y la Novia: ambas son vírgenes y, por lo que toca al ropaje de la Diosa, Ovidio usa una expresión curiosa: «la escasamente vestida». La virginidad de la Novia no implica de ninguna manera frialdad o asexualidad. Lo mismo sucede con Diana: «a pesar de que hay que considerarla una virgen», dice Dumézil, en las excavaciones del santuario de Aricia, cerca de Roma, se encontraron como exvotos imágenes de los órganos masculinos y femeninos y de «mujeres vestidas pero con el vestido abierto por delante».[2] ¿Quién es el correspondiente de Acteón en el *Gran vidrio* y en el *Ensamblaje*? No los Solteros, ya que, aparte de no tener existencia propia, *no pueden ver*, sino los Testigos oculistas. La similitud es más notable si se advierte que en uno y otro caso la desorientación precede a la violación visual. Según Ovidio, el joven cazador llega al límite sagrado «errante y con pasos inciertos», es decir, extraviado; antes de convertirse en mirada de los Testigos oculistas, el Gas de alumbrado sale de los Tamices sin poder reconocer dónde está la izquierda y la derecha; el visitante que en el Museo de Filadelfia se acerca a los dos agujeros de la puerta, lo hace invariablemente después de un momento de vacilación y desorientación.

El primer estudio de la Novia (Múnich, 1912) tenía como subtítulo «Mecanismo del pudor». Una y otra vez Duchamp ha subrayado el carácter ambiguo del pudor de la Novia, velo que la descubre al ocultarla, prohibición teñida de provocación. No pudor frío sino cálido y con una «punta de malicia». La actitud de Diana parece más resuelta y ferozmente

[1] *Las metamorfosis*, Libro III (Acteón).
[2] Georges Dumézil, *La Religion romaine archaïque*, París, 1966.

219

casta. Ovidio dice expresamente que la falta de Acteón fue un error, no un crimen: no el deseo sino el destino lo llevó a ser testigo del baño de la Diosa. Tampoco Diana es cómplice: su sorpresa y su cólera al ver a Acteón son genuinas. Pero Pierre Klossowski muestra en un hermoso ensayo que la Diosa se desea ver a sí misma, un deseo que implica ser vista por otro. Por eso «Diana se convierte en el objeto de la imaginación de Acteón».[1] Esta operación es idéntica a la de la Novia del *Gran vidrio* que, como Diana a través de Acteón, se envía a sí misma, a través de los Testigos oculistas, su propia imagen desnuda. Klossowski señala que la mirada mancha y que la Diosa virgen quiere ser manchada; por su parte Duchamp dice que la Novia «rehúsa cálidamente (no castamente)» el ofrecimiento de los Solteros. Por último, del mismo modo que Diana arroja con la mano un poco de agua sobre Acteón, y lo transforma en ciervo, la Novia interpone entre los Solteros y ella un enfriador: la Cascada.

En ambos casos no asistimos a la violación de las dos vírgenes sino a su homólogo: la violación visual. Pero la mirada traspasa realmente el obstáculo material —puerta del *Ensamblaje,* ramas y hojas del santuario de la Diosa— y así la transgresión es tanto psíquica como material. El castigo de Acteón es ser convertido en un ciervo —de mirón pasa a ser mirado— que sus propios perros despedazan. La prohibición de ver se expresa de muchas maneras en Duchamp, sobre todo en sus dos ventanas: *Fresh Widow* (French Window) y *La Bagarre d'Austerlitz.* Ambas impiden la visión, son ventanas para no ver. En el título de la primera hay, además, una alusión a la guillotina —la Viuda, en lenguaje popular francés— que evoca inmediatamente la suerte del Gas de alumbrado despedazado por las Tijeras y la de Acteón por sus perros. El verdadero castigo consiste, según una nota de *À l'infinitif,* en la posesión: «no hay que obstinarse, *ad absurdum,* en esconder el coito, a través del vidrio, con uno o varios objetos del escaparate. El castigo consiste en romper el vidrio y lamentarlo apenas se consuma la posesión».[2] Sólo que el *voyeurisme* tampoco es una solución: si se elude el castigo, se multiplica el tormento. La no-consumación, el desear sin tocar aquello que se desea, es una pena no menos cruel que el castigo que sucede a la posesión. La solución es la conversión del *voyeurisme* en contemplación —en conocimiento.

---

[1] *Le Bain de Diane,* París, 1956.

[2] *À l'infinitif* (notas de 1912 a 1920), Nueva York, 1966 (la *Caja blanca*).

Diana Lucifera.

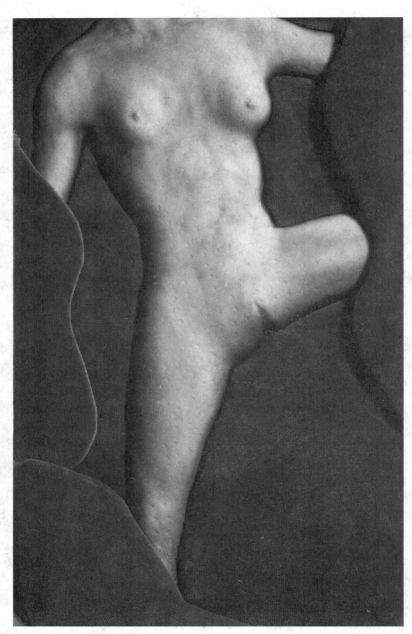

Marcel Duchamp, *Dados el gas de alumbrado y la cascada,* 1948-1949.

La misma nota de *À l'infinitif* contiene otra curiosa confesión que es, asimismo, una lúcida descripción de la circularidad de la operación visual: «Cuando se sufre el interrogatorio de los escaparates, uno inmediatamente dicta su propia condena. En efecto, uno escoge *viaje redondo*». Ya señalé el parecido entre el mito de Acteón y las dos obras de Duchamp: el mirón es mirado, el cazador es cazado, la virgen se desnuda en la mirada del que la mira. El «viaje redondo» a que alude Duchamp tiene una exacta correspondencia tanto en la estructura interna del mito como en la de las dos obras. Acteón depende de Diana, es el instrumento de su deseo de verse a sí misma; otro tanto sucede con los Testigos oculistas: al mirarse a sí mismos mirándola, devuelven a la Novia su imagen. Todo es un viaje redondo. Duchamp ha dicho varias veces que la Novia es una apariencia, la proyección de una realidad invisible. La Novia es un «estado instantáneo de reposo», una «apariencia alegórica». Pues bien, Klossowski señala que el cuerpo esencial de Diana es invisible también: lo que ve Acteón es una apariencia, una encarnación momentánea. En las teofonías de Diana y de la Novia están incluidos Acteón y los Testigos oculistas: nosotros mismos. La manifestación de Diana y la de la Novia exigen la mirada ajena. El sujeto es una dimensión del objeto: su dimensión reflexiva, su mirada.

Hay otras semejanzas dignas de mencionarse. En la *Caja verde* se llama con frecuencia Ahorcado hembra *(Pendu femelle)* a la Novia. La máquina trazada por Duchamp está literalmente suspendida, colgada en el espacio como una res en el gancho de una carnicería o un ahorcado en un cadalso. El tema del ahorcado aparece en muchos mitos pero invariablemente el sacrificado es un dios. Sin embargo, hay una excepción: en el Peloponeso, en donde era muy popular el culto de Artemisa, se colgaba una efigie de la divinidad de un árbol y se le llamaba *Apanchomene* (la Colgada). Una de las notas de la *Caja verde* dice que la Novia es una «máquina agrícola» y, más adelante, que es un «instrumento para arar». El arado es predominantemente masculino y de ahí que Ceres haya sido tres veces arada. Pero hay otra excepción: en las fiestas de Artemisa *Orthia* se dedicaba un arado a la diosa virgen. Había además una flagelación de efebos y una procesión de antorchas. (Volveré sobre esto último.) En todas estas ceremonias había reminiscencias de sacrificios humanos.

Para designar el eje de la Novia, Duchamp emplea la expresión *arbretype* (árbol-tipo). Diana es una divinidad arbórea y originalmente fue una dríada, como las *yakshis* de la mitología hindú. El árbol que despliega en el

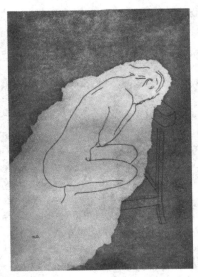

Marcel Duchamp, *La novia puesta al desnudo*, 1968.

cielo su copa es un árbol femenino y su imagen, dice Neumann, ha fascinado a todos los hombres: «ampara y alberga a todos los seres vivientes y los alimenta con sus frutos que cuelgan como estrellas...»[1] El cielo en que extiende sus ramas el árbol-diosa no es el cielo diurno sino el nocturno, y de ahí que las hojas, las ramas, los frutos y los pájaros sean vistos como estrellas. Por su parte, Dumézil observa que el nombre de Diana significó en un principio «el espacio celeste».[2] Al referirse al florecimiento *(épanouissement)* de la Novia, Duchamp indica que en el árbol-tipo se *injerta* el florecimiento, que es la aureola de la Novia y la conjunción de sus «vibraciones espléndidas». Esta aureola o corona no es otra que la Vía Láctea: la nube que guarda en su seno el rayo (Gas de alumbrado) y la lluvia (la Cascada), la nube que es el punto intermedio entre la encarnación y la disipación de la forma femenina. La cifra móvil del deseo. Muy significativamente Ovidio dice que Diana, al verse tocada por la mirada de Acteón, enrojece como una nube atravesada por el sol... En fin, si el árbol de Diana es una figura de la imaginación mítica, los alquimistas lo veían en la cristalización que se obtiene en una disolución de plata y mercurio

---

[1] Erich Neumann, *The Great Mother,* Princeton University Press, 1963.
[2] Georges Dumézil, *op. cit.*

en ácido nítrico. Es el espíritu de la sal amoníaco. A Duchamp le habría gustado esta definición.

Todos los elementos de la *Caja verde* y del *Gran vidrio* —el Gas de alumbrado, el árbol-tipo, la nube o Vía Láctea, la Cascada— aparecen en el *Ensamblaje* convertidos en apariencia visual. La visión del paisaje y la cascada, con la mujer desnuda (Vía Láctea) tendida sobre un lecho de ramas (árbol), sería una metáfora tranquilizadora si no fuese por el parpadeo de la lámpara de gas encendida en pleno día. Una incongruencia que malignamente nos guiña un ojo y destruye nuestra idea de lo que es un idilio. Las antorchas aparecen en las ceremonias en honor de Diana pero nadie sabe a ciencia cierta por qué y para qué. Los especialistas están de acuerdo sólo en un punto: no son antorchas de Himeneo. En los Idus de agosto, dice Dumézil, las mujeres iban en procesión a Aricia portando antorchas. Una de las elegías más lindas de Propercio (II, 32) alude a esas procesiones:

> Hoc utinam spatiere loco, quadcumque vacabis,
> Cynthia! sed tibi me credere turba vetat,
> cum videt accensis devotam currere taedis
> in nemus et Triviae lumina ferre deae.[1]

La relación entre la antorcha y la diosa es clara en los casos de divinidades como Deméter y Perséfona; casi siempre simboliza la unión de la virgen madre y el hijo, según se ve en Fósfora, «portadora de la antorcha». La llama es el fruto de la antorcha. Transposición de las imágenes vegetales a las cósmicas: la diosa es un árbol nocturno y sus frutos y ramas son el cielo estrellado. La asociación entre fuego y sexualidad es muy antigua y el acto de hacer fuego ha sido visto con frecuencia como un homólogo del acto sexual. El fuego está dormido en la madera y, como el deseo en el cuerpo de la mujer, despierta por la frotación. Es imposible no advertir la semejanza entre el árbol-tipo del *Gran vidrio* y la lengua de llamas en que se convierte la materia de filamentos, la muchacha del *Ensamblaje* recostada sobre haces de varitas y ramas —lecho y pira a un tiempo—, empuñando una lámpara de gas encendida, y las imágenes míticas del nacimiento del fuego. Aunque se trata de una operación en la

[1] «Si sólo a estos parajes se limitasen tus paseos en horas de ocio pero, Cintia, no puedo confiar en ti cuando toda una turba te ve correr entre antorchas encendidas, hacia el bosque de la diosa Trivia.» Ese bosque, el de Aricia, consagrado a Diana, tenía una cascada y un lago.

que es determinante la acción del elemento masculino, según Neumann éste está subordinado a lo femenino. En todos los mitos y ritos que tienen por tema la doble relación entre la tierra que da el fruto y la oscuridad que produce la luz —el arquetipo serían los misterios de Eleusis—, «la mujer tiene ante todo y sobre todo la experiencia de sí misma. Esta experiencia, proyectada en la imagen de la Gran Diosa, está íntimamente unida al principio de vida universal».[1] La mujer se ve a sí misma como una fuente de vida. Lo masculino, subordinado a lo femenino, es un medio por el cual la mujer se conoce, se fecunda y se contempla a sí misma. La analogía con las dos obras de Duchamp no puede ser más completa: los Nueve moldes machos del *Gran vidrio*, inflados por el gas, y la lámpara fálica que sostiene la muchacha son artificios de la Novia para gozarse, verse y conocerse.

La relación fuego/leña se desdobla en otra: agua/fuego. Es frecuente arrojar antorchas y velas en los ríos y los lagos; en el rito católico de la consagración de la fuente bautismal, el oficiante deja caer en el agua una vela encendida. Esta relación se reproduce puntualmente en la de la Novia/ Cascada y la lámpara de gas encendida en pleno día. La diferencia entre las imágenes de Duchamp y las de la tradición es la siguiente: mientras la Novia está regida por la circularidad del deseo solitario, las de los mitos y ritos evocan invariablemente la idea de fertilidad. Esto se aplica también a las procesiones nocturnas de las romanas al santuario de Diana en Aricia: las antorchas que llevaban las mujeres, aunque no eran de himeneo, estaban asociadas con la maternidad y el parto. Dumézil señala que la Diana Nemorensis, bien que virgen y asimilada a la rigurosa Artemisa, tenía jurisdicción sobre la procreación y el nacimiento. Pero cualesquiera que sean las diferencias entre las imágenes de Duchamp y las de la tradición, ninguna afecta la relación esencial: árbol/fuego y agua/antorcha. Ambos están presentes en los dos signos que *producen* la apariencia instantánea o exposición ultrarrápida de la Novia: la Cascada y el Gas de alumbrado. Otra semejanza: la oscuridad que, según la *Caja verde*, requiere la exposición ultrarrápida y las tinieblas que precedían, en los misterios de Eleusis, a la *heuresis*: «En la oscuridad total resonaba el gong, llamando a Koré del mundo subterráneo... súbitamente las antorchas creaban un mar de luz y fuego, mientras se oía el grito: ¡Brimo ha engendrado a Brimos!»[2] Señalo,

---

[1] E. Neumann, *The Great Mother*, Princeton University Press, 1963.
[2] Erich Neumann, *op. cit.*

de nuevo, que el rito griego alude al nacimiento de un dios, mientras que la antorcha de la muchacha del *Ensamblaje* no evoca idea alguna de maternidad o nacimiento. La Novia empieza y termina en ella. Me queda por apuntar el parentesco entre Diana y Jano, dios de dos caras, divinidad de las puertas y los goznes. Su nombre, dice Dumézil, lo designa como *pasaje.* Espacialmente, está en las puertas y preside, *ianitor,* la entrada y la salida; temporalmente, es el principio: el primer mes, *Januarius,* entre el año que empieza y el que acaba, es su mes. Es bifronte porque todo pasaje implica dos lugares, dos estados, el sitio que se deja y aquel en que se penetra. Jano es bisagra, gozne. Aunque Dumézil no dice nada acerca del parentesco entre uno y otra, sabemos que los romanos veían en Diana al doble de Jano. Parece superfluo señalar la afinidad entre la Novia, las puertas y, en suma, el sistema de goznes que rige el universo de Duchamp y Juno y Diana, divinidades circulares y dobles en las que el fin es el principio y el anverso es el reverso. Divinidades que sin cesar se desdoblan y reflejan, dioses reflexivos que van de sí mismos a sí mismos, Jano y Diana son la circularidad del deseo pero asimismo la del pensamiento. Unidad que se bifurca, dualidad que persigue la unidad para bifurcarse de nuevo. En ellos Eros se vuelve especulativo.

La publicación en 1967 de *À l'infinitif* y, un año después, la aparición de las *Entretiens* con Pierre Cabanne, provocaron ciertos comentarios sobre la influencia de la noción de cuarta dimensión en las preocupaciones artísticas y filosóficas de Duchamp. Esos comentarios fueron variaciones más o menos personales sobre un aire conocido: para nadie era un secreto que la cuarta dimensión es uno de los componentes intelectuales del *Gran vidrio.* Desde los primeros estudios sobre esta obra los críticos se habían ocupado del tema. No obstante, vale la pena poner los puntos sobre las íes. Duchamp se refirió muchas veces a sus relaciones contradictorias —enemistad amorosa— con la ciencia. En la segunda de sus conversaciones con Cabannes, evoca su interés por la representación del movimiento. Fue un interés compartido por la mayoría de los poetas y artistas de su tiempo, como lo muestra el simultaneísmo de Barzun, Delaunay, Cendrars, Apollinaire y otros. Esta preocupación por el movimiento, observa Cabannes, desaparece casi del todo desde *La novia...* Duchamp atribuye este cambio a su redescubrimiento de la perspectiva: «El *Gran vidrio* es una rehabilitación de la perspectiva, que había sido completamente ignorada y despreciada». No se trata, por supuesto, de la perspectiva realista sino de «una perspectiva matemática, científica... basada en cálculos y dimensiones». En el *Gran vidrio* la representación visual está al servicio de una historia —una leyenda, decía Breton— sólo que anécdota y representación han sufrido una transposición radical: en lugar de las cosas y de las consecuencias sensoriales de su percepción, la pintura nos presenta las medidas de las cosas, las relaciones entre ellas y los símbolos de esas relaciones. Un mundo a *l'infinitif.*

Una de las primeras notas de la *Caja verde* dice: «En general, el cuadro es la aparición de una apariencia». Otras notas nos explican que la apariencia es el conjunto de las sensaciones —visuales, táctiles, auditivas— en el momento de la percepción del objeto; la aparición es la realidad subyacente y estable, nunca del todo visible: el sistema de relaciones que, simultáneamente, es el molde y la esencia del objeto. Duchamp se propuso hacer un arte de apariciones y no de apariencias. Propósito contradictorio pues la pintura ha sido hasta ahora —y está bien que así sea— un arte de apariencias: la representación de lo que vemos, ya sea con los ojos abiertos o con los ojos cerrados. Pero está bien que un pintor se decida a apostar por la realidad invisible y que no pinte cosas ni imágenes sino relaciones, esencias y signos. A condición, claro, de que ese pintor sea un verdadero pintor. No es extraño, aunque sí ejemplar, que Duchamp se haya arriesgado a dar este paso: la lógica misma de su búsqueda lo llevaba a saltar de la pintura del movimiento a la pintura de lo que está más allá del movimiento.

Nada menos moderno, por otra parte, que este propósito. «Desde el impresionismo —le confía a Cabannes— la pintura ha sido anticientífica, sin excluir al mismo Seurat. Yo estaba interesado en introducir en ella el preciso y exacto aspecto de la ciencia... no por amor a la ciencia, al contrario: la ironía estaba presente». El endiosamiento del valor artístico, separado de los otros valores, convertido en una realidad autosuficiente y casi absoluta, ha sido el rasgo común del arte producido en los últimos dos siglos. Contra esta concepción se rebeló Duchamp. En esto —en su negación de la tradición moderna: la pintura-pintura, retiniana y olfativa— fue único. No lo fue en su rechazo de la pintura de las apariencias: los cubistas y los abstraccionistas también se propusieron pintar las esencias y los arquetipos. Lo mismo debe decirse del interés por las especulaciones teóricas, más o menos inspiradas por la nueva física: fue una tendencia general de los artistas de esa época.

Las discusiones sobre la cuarta dimensión encendían a los poetas y a los pintores, sobre todo a los de la segunda promoción cubista. En los *bistrots* frecuentados por los artistas de vanguardia, un agente de seguros con imaginación y verba, Maurice Princet, discurría sobre las geometrías de Lobachevski y Riemann. En sus memorias Gabrielle Buffet refiere que «los tres hermanos Duchamp estaban apasionados por las ciencias y las matemáticas». Otro testigo de la época, Ribemont-Dessaignes, observa que la formación de los Duchamp era más seria que la de muchos de sus amigos. Marcel nunca hizo un misterio de estas aficiones y en la *Caja blanca* cita a Henri Poincaré y a Élie Joufret, autor de una *Geometría de cuatro dimensiones*. Precisamente de Joufret viene la idea central del *Gran vidrio*: la proyección de una figura de cuatro dimensiones sobre nuestro espacio es una figura de tres dimensiones. Jean Suquet ha mostrado que ciertas concepciones de Poincaré podrían aplicarse a la Novia: «Los seres del hiperespacio pueden ser objeto de definiciones precisas como los del espacio ordinario; podemos concebirlos y estudiarlos pero no representarlos». Duchamp habría respondido a Poincaré con una sonrisa: «salvo como formas *liberadas*». Para muchos científicos y artistas los nuevos conceptos físicos y matemáticos se reflejaban, más o menos deformados, en el espejo del antiguo neoplatonismo. León Hebreo decía que «el cuerpo es la sombra de la hermosura espiritual» y Pico della Mirandola afirmaba que el intelecto no puede ver a Venus en «su verdadera forma». Poincaré y Duchamp pertenecían a la misma tradición, tal vez sin saberlo.

Duchamp es deudor de su época. Como todos los artistas verdaderos, al asumirla la niega y, a veces, la traspasa. Es cierto que el *Gran vidrio* es tributario de ciertos conceptos de la nueva física, mejor dicho, de las versiones de esos conceptos popularizados por profesores y periodistas en los círculos artísticos e intelectuales. Pero no se puede reducir un artista a sus fuentes como no se le puede reducir a sus complejos. Ésta es la limitación de las obras, por lo demás muy estimables, de Jean Clair y de Arturo Schwarz. Del mismo modo que Shakespeare no es sus lecturas ni Proust su asma, Duchamp no es la novela de anticipación científica de Gaston de Pawlowski ni su hipotética pasión incestuosa por Suzanne. No minimizo el esfuerzo de Schwarz: su libro, invaluable por la información que contiene, es un monumento de paciencia y devoción pero también es una simplificación de Duchamp.[1] Tampoco el ensayo de Clair es desdeña-

---

[1] *The Complete Works of Marcel Duchamp*, Nueva York, 1970.

ble; al contrario: es uno de los mejores que he leído sobre el tema.[1] Pero ni él ni nadie habría desenterrado a Gaston de Pawlowski si el mismo Duchamp, en una de sus conversaciones con Cabannes, no hubiera recordado ese nombre y la impresión que le había causado su libro. No hay, por otra parte, que exagerar: Pawlowski no fue la única fuente de Duchamp. En realidad uno y otro se alimentaron de las obras de divulgación científica de autores como Poincaré y Joufret. Del mismo modo que la generación siguiente habló de psicoanálisis y la de ahora habla de lingüística, la de aquellos años se ocupaba de física y del nuevo espacio-tiempo. Ya antes Jarry citaba con cierta familiaridad los nombres de Riemann y de lord Kelvin, para no hablar del éxito popular de *The Time Machine, The Invisible Man, Tales of Space and Time* y otras novelas y cuentos de Wells.

Dicho todo lo anterior, hay que agradecer a Jean Clair su descubrimiento: es indudable que el *Viaje al país de la cuarta dimensión,* la novela de Pawlowski, es una de las fuentes del *Gran vidrio.* Debe añadirse que las diferencias entre las dos obras son más grandes que sus semejanzas. A la inversa del largo viaje que refiere Pawlowski, la travesía de una dimensión a la otra, en el *Gran vidrio,* es instantánea. Además, y sobre todo, es ilusoria: un *viaje redondo.* Pawlowski toma en serio las ideas científicas que le sirven de andamiaje para construir una ficción más bien ingenua; en la obra de Duchamp esas ideas han sido distendidas por la metaironía hasta volverlas incognoscibles. La novelita de Pawlowski es el libro curioso de un *amateur* inteligente; el *Gran vidrio* es la alegoría fulgurante de un viaje a través del espacio. Fulgurante quiere decir: alto, luminoso y silencioso. Pawlowski escribió una obra de entretenimiento y de divulgación de ciertas ideas en boga durante aquellos años; Duchamp se sirvió de esas ideas como de un *ready-made* no menos contundente que ese Rembrandt que él quería convertir en plancha de planchar. Sería inútil buscar en el *Viaje a la cuarta dimensión* todo lo que hace del *Gran vidrio* una obra única: la ironía y el erotismo, la complejidad intelectual unida a la simplicidad de la factura, el temple filosófico, la economía verbal. En una palabra, esa «belleza de indiferencia» cuyo otro nombre es libertad.

El verdadero antecedente *literario* de Duchamp, además de Roussel, es Jarry. La mayor parte de los críticos, siguiendo a Duchamp, han subra-

---

[1] *Marcel Duchamp ou le grand fictif,* París, 1975.

yado el paralelo entre su método y el de Roussel. La semejanza puede extenderse a otros aspectos: la misma tentativa de deshumanización por la introducción de elementos artificiales, la sustitución de los resortes psicológicos por los mecánicos y, en fin, el carácter central de los juegos verbales. En la *Caja blanca* Duchamp habla de crear un «nominalismo pictórico»; para Roussel el lenguaje tiene la consistencia de las cosas y las cosas la elasticidad y maleabilidad de las palabras. Las construcciones insólitas que pueblan las páginas de *Impressions d'Afrique* y de *Locus solus* son hermanas de las invenciones plásticas y lingüísticas de Duchamp. Las afinidades con Jarry son de otro orden. En primer término, la distancia entre la obra y su autor, creadora de la ironía. Entre Roussel y su obra no hay distancia; el sujeto creador ha sido abolido o, más exactamente, reducido a un procedimiento. Roussel es su método; Jarry y Duchamp son irreductibles a sus procedimientos. En Roussel hay humor, no ironía; ni se mira en sus creaciones ni sus creaciones lo miran, ni se burla de ellas ni ellas se burlan de él. Jarry es y no es Ubu, Duchamp es y no es Rrose Sélavy. En realidad, Duchamp es (en plural) los Testigos oculistas. El personaje de Roussel es involuntario: es su emanación o proyección, no su invención. Por eso carece de autocrítica y aun de conciencia. El personaje de Jarry es una invención de Jarry y este desdoblamiento crea un juego alucinante de reflejos. Entre Ubu, Jarry y Faustroll: ¿quién es más real? En cambio, el hombre Roussel no es menos irreal que el personaje Canterel. La infidelidad de Duchamp a su personaje irritó varias veces a Breton y fue, en verdad, escandalosa: todo el mundo creía que jugaba ajedrez, y él construía en secreto el *Ensamblaje*, parecía poseído por el furor nihilista de los vanguardistas y volvía el rostro enternecido hacia la pintura de los religiosos, limitó el número de sus *ready-mades* y no vaciló en autorizar sus reproducciones.

Roussel creía en la ciencia; Jarry y Duchamp se servían de la ciencia como de un arma contra la ciencia: Ubu dice *merdre* y Duchamp *arrhe*. Uno define a la patafísica como la ciencia de lo particular y el otro quiere «perder la posibilidad de reconocer dos cosas parecidas». A los dos les habría gustado vivir en un mundo de objetos y entes únicos, donde rigiese sola la excepción. Roussel carece de una dimensión vital y moral común a Jarry y a Duchamp: la subversión del yo... El mejor comentario del *Gran vidrio* es *Éthernités*, el último libro de *Gestes et opinions du Docteur Faustroll*. Un comentario doblemente penetrante pues fue escrito antes de que la obra fuese siquiera concebida y, así, no se refiere a ella. Y hay más: en un texto de 1899, extraordinaria aleación de razón y humor, Jarry anticipa a Duchamp. Me refiero al *Commentaire pour servir à la construction poétique de la machine à explorer le temps*. Jarry era un temperamento más rico e inventivo que Duchamp. Más barroco también: procedía por acumulación, arabescos y elipses. Duchamp es la limpidez. La fascinación del *Gran vidrio* y del *Ensamblaje* se debe a su elegancia, en el sentido matemático, es decir, a su simplicidad. La ambigüedad conseguida a través de la transparencia.

Una sección entera de la *Caja blanca* se refiere a la perspectiva. Se confirma así que durante esos años el tema fue central para Duchamp. Subrayo que esos años fueron los de la concepción del *Gran vidrio*, los cálculos y especulaciones de las dos *Cajas*, y el tránsito por la biblioteca de Santa Genoveva, es decir, el periodo de la gran fecundidad intelectual. Entre estas notas las más notables aluden a una (hipotética) perspectiva en la cuarta dimensión y a sus relaciones con la perspectiva ordinaria. También tratan de las analogías entre el espacio tridimensional y el bidimensional. Por ejemplo, la gravedad y el centro de gravedad son propiedades del espacio tridimensional que corresponden, en la segunda dimensión, a la perspectiva y al punto de fuga. Estas preocupaciones son sin duda el origen de composiciones como *Tum'...* y *À regarder (l'autre côté du verre) d'un oeil, de prés, pendant presque une heure*, así como de los mecanismos ópticos. Duchamp se interesó también en la «perspectiva curiosa», como se llamó en el siglo XVII a la anamorfosis. En la *Caja blanca* figura una alusión al matemático Jean-François Niceron (1613-1646), de la Orden de los Mínimos, y a su tratado de perspectiva, *Thaumaturgus opticus*. Niceron es uno de los grandes tratadistas de la anamorfosis, y el libro que cita Duchamp es la versión al latín, ampliada, de la primera edición de *La Perspective curieuse ou Magie artificielle des effets merveilleux*.[1] Los trabajos recientes de Jurgis Baltrušaitis sobre este tema iluminan inesperadamente este aspecto de la actividad intelectual y artística de Duchamp.

---

[1] Hay tres ediciones de *La Perspective curieuse*: la primera es de 1638 y las otras dos, póstumas, de 1652 y 1663. Tal vez Duchamp consultó alguno de estos volúmenes. *Thaumaturgus opticus* es de 1646. El libro básico, en realidad el único, sobre esta materia es el de Jurgis Baltrušaitis: *Anamorphoses*, París, 1969. Debemos a Baltrušaitis, además de esta obra fascinante en verdad, la iniciativa, conjuntamente con Arthur van Schendel, director del Rijksmuseum, de la reciente exposición *Anamorphoses* celebrada en Ámsterdam (1975) y en París (1976). El prólogo del excelente catálogo es de Baltrušaitis.

Es notable que su interés por la anamorfosis se remonte a 1913, hace más de medio siglo.

La perspectiva es un artificio destinado a darnos la ilusión de la tercera dimensión. Euclides estableció el principio básico: el campo de la visión es una pirámide cuya cúspide es el ojo del espectador. En el siglo xv Alberti definió al cuadro como un corte transversal de la pirámide visual. Los objetos parecen disminuir o crecer a medida que se alejan o se acercan del ángulo del ojo. La perspectiva es, así, el arte de restituir las apariencias. En el interior de la perspectiva, dice Baltrušaitis, vive una oposición: «es la ciencia que fija las dimensiones y las posiciones exactas de las formas en el espacio; y es el arte de la ilusión que las recrea. Su historia no es solamente la del realismo estético. También es la historia de un sueño».

Uno de los artificios más simples, usado lo mismo en la pintura que en la arquitectura y en el teatro, es la llamada perspectiva acelerada. Consiste en mostrar los objetos como si estuviesen más alejados de lo que están realmente, disminuyendo su tamaño o elevando el horizonte visual. Su opuesta, la perspectiva retrasada, hace aparecer los objetos más cerca de lo que están por el aumento de sus elementos. Hay un momento en el que el artificio se extrema hasta que se rompe la relación entre la realidad y la representación. Nace entonces la anamorfosis: la perspectiva se pervierte, por decirlo así, y deja de reproducir la realidad. Ya sea por aceleración, retraso o cualquier otro artificio, como la reflexión de la imagen en un espejo cilíndrico o la prolongación de la perspectiva por cualquier otro medio, el parecido se deshace. En lugar de la imagen del objeto, vemos una masa confusa de líneas y volúmenes. Pero basta con mirar desde el ángulo debido —por ejemplo, oblicuamente o en un cilindro o por dos agujeros como en el *Ensamblaje*— para que regrese la apariencia realista. *Viaje redondo*. Trampa de Duchamp: ¿quién ha hecho la prueba de mirar (del otro lado del vidrio), con un ojo, de cerca, durante casi una hora, *Para mirar (del otro lado del vidrio), con un ojo, de cerca, durante casi una hora*? Leonardo se interesó en las deformaciones de la perspectiva. También Durero, durante su viaje a Italia, se maravilló ante el «arte de la perspectiva secreta» e incluso concibió un portillón provisto de una cuadrícula transparente, destinada a graduar el alargamiento de los rayos visuales en los cálculos de la perspectiva anamórfica. El famoso jesuita alemán Athanasius Kircher, que tanta influencia tuvo sobre Sor Juana Inés de la Cruz, perfeccionó este portillón. Pero el gran centro de especulación y experimentación fue el convento de los Mínimos, en París, durante la segunda mitad del XVII. Su animador fue el padre Marin Mersenne, teólogo y matemático, condiscípulo y amigo de Descartes, maestro de Jean-François Niceron. En el siglo XVIII decreció el interés por la «perspectiva curiosa» y la anamorfosis se transformó en diversión elegante; en el XIX degeneró en pasatiempo pornográfico y en motivo político. Baltrušaitis señala el carácter doble de la anamorfosis: «es una evasión que implica un regreso; la imagen, ahogada en un torrente o en un torbellino confuso, emerge semejante a sí misma en una visión oblicua o reflejada en un espejo... La destrucción de la figura precede a su representación». La imagen resucita de su tumba de líneas. Esta reversibilidad convirtió al procedimiento en una suerte de prueba por nueve de la perspectiva normal o *costruzione legitima*, como la llamaban los italianos. Pronto se independizó y su uso se difundió en los cuadros con motivos religiosos tanto como en los eróticos. Su dualidad intrínseca, explica esta boga: la anamorfosis es una representación que esconde al objeto mismo que representa. Esta propiedad, en un cuadro devoto, opera como un doble óptico de la revelación religiosa: la maraña de líneas y volúmenes oculta al objeto sagrado pero, vista desde el ángulo adecuado, la confusión se aclara, cobra forma y el objeto aparece. En un cuadro con tema licencioso la anamorfosis nos da la sensación de mirar por el ojo de la cerradura. En uno y otro caso: *exposición ultrarrápida*. Por un instante somos los testigos oculares.

Símbolo de la vanidad de este mundo en el célebre cuadro de Holbein *Los embajadores,* imagen erótica en otros, en el siglo XVII la anamorfosis fue sobre todo un motivo de especulación científica y filosófica. Pero en el siglo XVII la ciencia aún no se desprendía del todo de magia, astrología y otras herencias del hermetismo neoplatónico. El último representante de esta corriente fue Kircher, prodigiosa mezcla de erudición y fantasía, ciencia y ocultismo. Ya dije que Kircher modificó el portillón de Durero: ideó un aparato, el «mesóptico», compuesto de «un cuadro sobre un pie y cubierto por una tela diáfana como la que oculta el rostro de las mujeres nobles». Aunque su finalidad haya sido distinta —era un aparato óptico y la tela operaba como una pantalla— la disposición y la forma del «mesóptico» evocan los Tres pistones del *Gran vidrio.*

El círculo de Mersenne era más sobrio. Huésped en dos ocasiones del convento de los Mínimos, Descartes se interesó en los trabajos de Niceron y también en los de otro miembro del grupo, Emmanuel Maignan. Preocupados por la geometría y la óptica, todos ellos estaban fascinados

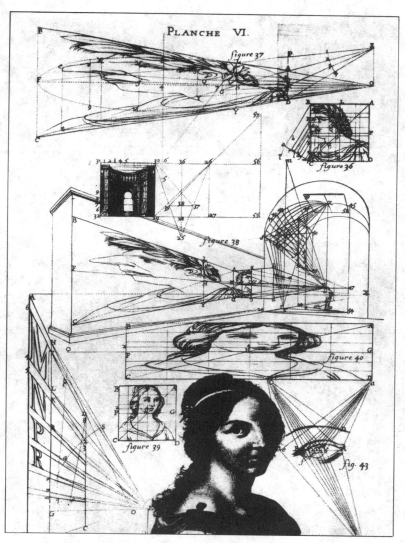

Grégoire Huret, *Composiciones de cuadros «alargados»*, 1672.

Jean-François Niceron, Diagrama de *La perspective curieuse,* 1638.

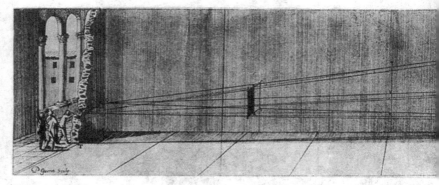

Emmanuel Maignan, *Aparato y procedimientos de ejecución de la gran composición anamorfósica de la Tinité-des-Monts de Roma,* 1648.

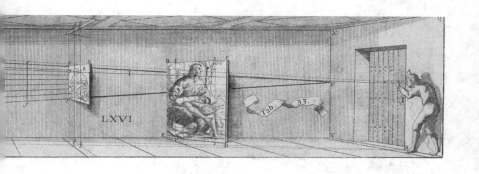

LXVI

Tab. 33.

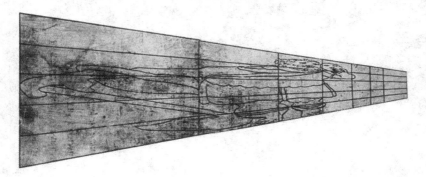

Salomon de Caus, *Anamorfosis de un actor sosteniendo una máscara*, 1612.

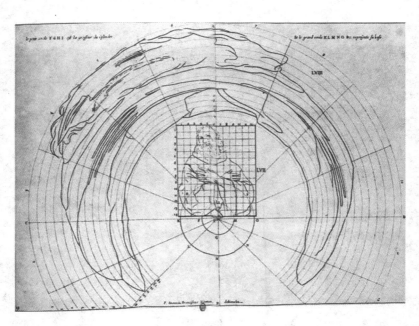

J.-F. Niceron, *Anamorfosis cilíndrica de San Francisco de Paula*,
propuesta III, 1638.

por el misterio racional de los autómatas. Misterio porque venía de una tradición que se remontaba a Hermes Trismegisto y que pasaba por Alberto Magno y Cornelio Agrippa; racional porque, como decía otro de aquellos jóvenes sabios, Salomon de Caus, los autómatas eran «la razón de las fuerzas móviles». (Tal vez hubiera sido más exacto decir que eran, y son, la *razón en movimiento*.) Ahora bien, si los autómatas eran «razones en movimiento», aunque sin alma, la perspectiva también era automatismo, cálculo racional mecanizado. Autómatas y perspectiva eran ramas de la misma ciencia.

El parentesco de estas ideas con las concepciones que originaron el *Gran vidrio* es asombroso. Destacaré dos semejanzas que me parecen centrales. La primera se refiere a la perspectiva, considerada como una racionalidad suprapersonal en la que no intervienen ni la mano del artista ni su sensibilidad. La segunda es la invención de máquinas dotadas de albedrío y movimiento, cuyo funcionamiento es racional sin depender de una psicología. Al leer ciertos fragmentos del Traité de l'Homme se tiene la sensación de estar ante otra versión de La novia...: «Et véritablement, l'on peut fort bien comparer les nerfs de la machine que je vous décrits aux tuyaux des machines de ces fontaines; ses muscles et ses tendons aux divers engins et ressorts qui servent à les mouvoir; les esprits animaux, à l'eau qui les remue dont le coeur est la source et dont les concavités du cerveau sont les regards».[1] En la descripción de este jardín con autómatas que giran conforme a un ballet mitológico, no podían faltar ni el mecanismo de relojería ni el molino de agua: «De plus, la respiration et autres telles actions que lui sont naturelles et ordinaires et qui, dépendant du cours des esprits, sont comme les mouvements d'une horloge ou d'un moulin que le cours ordinaire de l'eau peut rendre continus».[2] El hombre, comenta Baltrušaitis, concebido como una máquina hidráulica.

La anamorfosis y los autómatas son temas que pueden tratarse como un capítulo de la física o como uno de la filosofía. En el segundo caso son formas de la ilusión, imágenes de nuestro saber incierto y de nuestra

[1] «Y en verdad se pueden comparar perfectamente los nervios de la máquina que les describo con los tubos de las máquinas de estas fuentes; sus músculos y sus tendones con los diversos mecanismos y resortes que las ponen en movimiento; los espíritus animales con el agua que los mueve, cuyo corazón es la fuente y cuyas concavidades cerebrales son las miradas.»

[2] «Además, la respiración y otras acciones semejantes que le resultan naturales y ordinarias y que, dependiendo del curso de los espíritus, son como los movimientos de un reloj o de un molino que la corriente habitual del agua puede hacer continuos.»

dependencia de las apariencias. A través de la duda cartesiana —transparencia del *Gran vidrio*— reaparece la distinción platónica que es el eje de las especulaciones de la *Caja blanca*: la diferencia entre la aparición y la apariencia. ¿Cómo distinguir entre una y otra? El abanico de la anamorfosis transforma a la Novia en un Ahorcado hembra; veinticinco años más tarde nos la devuelve en la forma de una muchacha rubia tendida sobre un lecho de ramas. ¿Cuál es, entre todas estas *exposiciones ultrarrápidas,* la apariencia y cuál es la aparición? La cuarta dimensión es el cielo donde habitan las apariciones, los arquetipos o moldes de los seres de aquí abajo. Según la *Caja blanca* es «una suerte de imagen-espejo»: un ser hecho de reflejos. ¿La aparición es la apariencia de otra aparición escondida en otra dimensión? El *Gran vidrio* es un espejo y en su parte superior flotan («formas liberadas») las sombras de la cuarta dimensión pero ¿qué es lo que vemos en esa transparencia: nuestra sombra o la de la Novia? El *Ensamblaje* contesta a nuestra pregunta con un enigma en tres dimensiones. Un enigma adorable, visible, sólido —pero intocable. Intocado. Andamos perdidos entre las apariencias y las apariciones. El espíritu humano es doble: como el espejo, es patria de esencias y de fantasmas.

El interés por los fenómenos ópticos, considerados como una dimensión de la ciencia física o como un extremo de la duda filosófica, fue temprano en Duchamp. Temprano, constante y variado: problemas de la perspectiva lineal y anamórfica, cronofotografía y simultaneísmo, proyecciones de las sombras de los objetos sobre un muro o una tela, pintura (retardo) en vidrio, cinema estereoscópico, placas rotativas de vidrio (óptica de precisión), semiesfera rotativa, rotorrelieves (discos ópticos), discos con juegos de palabras inscritos en forma de espiral.... En la *Caja verde,* en la sección dedicada a los Testigos oculistas, prevé «partes que deben mirarse bizqueando, como la parte azogada de un espejo en la que se reflejan las cosas de la habitación». En la *Caja blanca* dice que hay cosas, sin especificar cuáles, que deben mirarse sólo con un ojo, a veces el derecho, otras el izquierdo. (Habla también de algo bastante más difícil: oír sólo con una oreja, la izquierda o la derecha...) Las notas que he mencionado se refieren a la Salpicadura y están ligadas, como la de la *Caja verde,* a los Testigos oculistas y a su función de transformar las gotas en «imágenes espéjicas». Así, están unidas a una de sus composiciones más enigmáticas: *Para mirar (del otro lado del vidrio) con un ojo...* Esta obra es un prototipo de la región del *Gran vidrio* en que se encuentran los Testigos oculistas.

En su parte superior, sobre el lente de aumento, flota una pirámide que, a su vez, contiene una serie de planos triangulares que evocan otras pirámides: son los distintos cortes transversales de la pirámide visual de la perspectiva clásica. ¿Quién mira, bizqueando, por el lente? Quienquiera que sea el que mire, al mirar se transforma en Testigo oculista. ¿Y qué es lo que mira? La pirámide flotante es el campo visual del mirón y ese campo visual es el camino hacia el objeto elusivo que es la Novia. Camino cruel de la perspectiva que se aguza hasta convertirse en un punto: el punto de fuga. Como el «camino infinito Jura-París» del texto de 1912, este camino tiene un comienzo pero no tiene un fin: el punto de fuga es el lugar de la desaparición. La Novia, confundida con el horizonte, se desvanece.

La preocupación por las relaciones entre la segunda y la tercera dimensión lo llevó, también desde el principio de su actividad artística, a interesarse en la estereoscopia. Fue una pasión que no lo abandonó nunca. En su juventud, entre los aparatos destinados a crear la ilusión del relieve y la profundidad, eran populares unos lentes estereoscópicos, uno rojo y otro verde, a veces de vidrio y otras de mica. *Farmacia*, uno de sus primeros *ready-mades* (1914) fue «rectificado» precisamente añadiendo dos manchas, una verde y otra roja. En 1920 intentó realizar un filme estereoscópico; sus rotorrelieves y máquinas de precisión óptica obedecen al mismo principio. Hay un doble *ready-made* «rectificado» que tiene una indudable e íntima relación con los Testigos oculistas y con *Para mirar (del otro lado del vidrio) con un ojo...* Es del mismo año y del mismo lugar que estas dos obras: 1918 y Buenos Aires. Consiste en dos fotos de la misma escena: un mar en calma, luz y sombra, en el extremo derecho —apenas visible— una barca con un tripulante, el horizonte y su neta separación de agua y cielo. Duchamp añadió, en las dos fotos, una pirámide y su proyección invertida, flotando. Como la pirámide de *Para mirar (del otro lado del vidrio) con un ojo...*, la del doble *ready-made* es el campo visual de la aparición y la desaparición del objeto que nos elude siempre —y que está presente siempre.

El *Ensamblaje* es otro ejemplo, el mayor y el mejor, de su afición a la estereoscopia. Es obvio el parentesco de esta obra de ilusionismo poético con las arquitecturas teatrales del Renacimiento, como el teatro Palladio en Vicence o la columnata de Borromini en el Palazzo Spada de Roma. También lo es con los «gabinetes ópticos» holandeses del siglo XVII y, claro, con los admirables dioramas del Museo de Historia Natural de Nueva York. Al final de sus días, Duchamp hizo el dibujo de una chimenea anaglífica que debería producir un efecto estereoscópico al ser visto con lentes apropiados. Sus íntimos recuerdan todavía su alegría al encontrar, un día antes de su muerte, en la misma tienda de hacía muchos años, en París, el par de lentes, uno rojo y otro verde, que él buscaba para ver su dibujo. Los mismos de su adolescencia...

Todos estos experimentos son una expresión más de la preocupación por lo que podría llamarse la inestabilidad de las nociones de *izquierda* y *derecha, aquí* y *allá, interior* y *exterior, atrás* y *adelante, arriba* y *abajo*. Estas nociones son formas espaciales de la contradicción. Pero hay un punto en el que las contradicciones cesan: el gozne. Cesan para, transformadas, renacer inmediatamente: el gozne es, al mismo tiempo, la resolución de la contradicción y su metamorfosis en otra contradicción. La dialéctica entre la aparición y la apariencia se reproduce en el gozne. Los experimentos ópticos de Duchamp —lo mismo debe decirse de los lingüísticos— son aplicaciones del principio general del gozne. Sus obras —pinturas, *ready-mades*, ensamblajes, juegos de palabras, especulaciones— forman un sistema y en ese sistema el centro, el gozne de goznes, es el *Gran vidrio*. La relación entre la Novia del *Gran vidrio* y la mujer del *Ensamblaje* ha sido ya desentrañada: las dos son apariencias de la misma aparición. Esa aparición es un objeto desconocido que alternativamente se muestra y se oculta, se despliega y repliega entre los pliegues y las transparencias de la cuarta dimensión. Pliegues que son sus velos, ora de agua y ora de vidrio. ¿Esos velos están hechos de sus pensamientos o de los nuestros? Cualquiera que sea nuestra respuesta a esta pregunta, es claro que la relación que une a la Novia del *Gran vidrio* con la muchacha del *Ensamblaje* es la de dos imágenes que se funden en una. No es abusivo llamar estereoscópica a esta relación. La «realidad desconocida» opera como un estereoscopio.

Entre la Novia del *Gran vidrio*, la mujer del *Ensamblaje* y la Diosa de las antiguas religiones mediterráneas hay una relación de la misma índole. Esa relación es doble. Por una parte, cada una de las tres imágenes es un momento de la rotación de un gozne invisible y por definición desconocido, al menos para nuestros sentidos y aún para nuestra razón; por la otra, dentro de su mundo particular, cada imagen es el centro, el gozne. Trataré de explorar esta segunda relación. Hay una clara correspondencia entre cada una de las tres imágenes femeninas y el mundo sobre el que reinan. La correspondencia entre la Novia y su paisaje, en el *Gran vidrio*, es realmente una identidad. Además, es explícita: todo es una representación

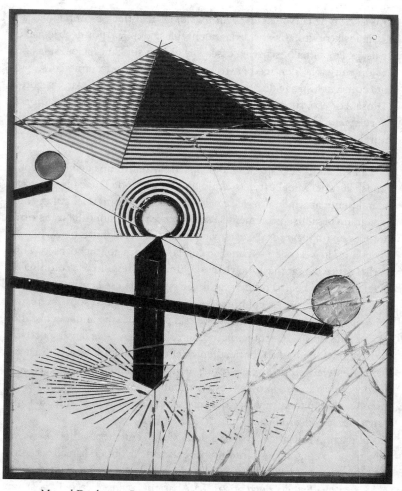

Marcel Duchamp, *Para mirar (del otro lado del vidrio) con un ojo, de cerca, durante casi una hora,* 1918.

o proyección de la Novia. En el *Ensamblaje* la identidad es implícita: cada uno de los atributos físicos de la muchacha se duplica, por decirlo así, en el paisaje. La colina boscosa, la cascada y el lago son su espejo. En la concepción mítica la identidad entre la Diosa y su mundo también se presenta como una suerte de nudo de imágenes y reflejos. El lugar sagrado es la Diosa. Por eso, subraya Jean Przyluzki, el lugar del santuario es un *paisaje completo*, es decir, compuesto de bosque, colina y agua.[1] Los poderes naturales se concentran en la presencia divina pero ésta, a su vez, se reparte en el espacio físico.

La evolución del espacio que ocupa el santuario nos ayudará a comprender la función del estereoscopio en el sistema de Duchamp. De sitio generalmente apartado donde se celebran las ceremonias del culto, el lugar sagrado pasa insensiblemente a ser el centro del mundo. Se transforma entonces en un lugar ideal: edén, paraíso fuera de la realidad física. El centro del mundo —el edén— coincide con la Diosa; mejor dicho: *es* la Diosa. El árbol santo del santuario se vuelve columna del templo y la columna eje del cosmos. Los cuatro puntos cardinales nacen de ese centro, a él regresan y en él se anulan. La columna que es la Diosa, al girar sobre sí misma, como el gozne, desaparece y se funde con su esencia. Se anulan el lado de acá y el lado de allá, la izquierda y la derecha, las leyes de la perspectiva y las de la gravitación. La identidad entre el centro del universo y la Diosa, entre la Novia y su paisaje, se resuelve en otra analogía: la del estereoscopio. Pero estereoscopio sólo es un nombre más del *objeto* elusivo que buscó Duchamp toda su vida y que, en las notas de la *Caja verde,* se llama el *signo de la concordancia.*

El párrafo inicial del prefacio de la *Caja verde,* reproducido en este trabajo como epígrafe, es tanto un programa de la obra por realizar como la definición de su propósito: *aislar el signo de la concordancia.* Ese signo está entre el «Estado de reposo» (o Apariencia alegórica o Exposición ultrarrápida) y una serie de Posibilidades. La Apariencia es la Novia sorprendida, en la oscuridad de la cámara, en un momento de reposo (aunque capaz de «entregarse a todas las excentricidades»). Las Posibilidades no pueden ser sino las otras posibles manifestaciones que, regidas por las mismas leyes que operan en el caso de la Exposición ultrarrápida, produce la acción combinada de la Cascada y el Gas de alumbrado. Pero en realidad el *signo de la concordancia* no es algo que esté *entre* la Apariencia y

[1] *La Grande Déesse,* París, 1950.

las Posibilidades sino que es la relación entre ambas. Para precisar su idea Duchamp se sirve de una «comparación algebraica». Sea A la Apariencia y B las Posibilidades; la relación no es A/B = C sino el signo (A/B). «Apenas A y B son *conocidas,* se convierten en unidades nuevas y pierden su valor numérico relativo; queda el signo A/B que los separaba *(signo de la concordancia).*» El signo comprende a los tres elementos: A, B y la barra diagonal. A y B son variables (A es una apariencia y B las otras posibles apariencias); la relación simbolizada por la barra permanece, es una invariante. La barra es separación y unión al mismo tiempo. Álgebra erótica. Pasemos ahora a la geometría metairónica.

Si se convierte la barra diagonal en un eje vertical que gira sobre sí mismo, genera una línea que traza siempre un círculo, ya sea que gire en la dirección A (derecha) o B (izquierda). Duchamp concluye: la figura engendrada por la línea generatriz, *cualquiera que ella sea,* no puede ser llamada derecha o izquierda del eje. Y hay más: a medida que el eje gira, el verso y el anverso adoptan «una significación circular». El fenómeno afecta no sólo al interior y al exterior sino al eje mismo, que deja de tener «una apariencia *uni*dimensional». El signo de la concordancia, al girar sobre sí mismo, se anula como apariencia: entra en sí mismo y se resuelve en una pura posibilidad. Es la *otra* dimensión. Pero nada podemos decir sobre ella. Lo único que sabemos de la cuarta dimensión es que es una dimensión *más.* ¿Cómo llamar a esta dimensión que consiste en la reabsorción de *todas* las dimensiones en un vacío que hubiera hecho sonreír de beatitud al mismo Buda? Buscábamos al signo de la concordancia y encontramos una línea diagonal que se transforma en vertical. Una verdadera varita mágica que hace desaparecer todo lo que la rodea hasta que ella misma, reducida a un estado unidimensional, gira, da una pirueta más —y desaparece.

Hay que volver al *Gran vidrio* y tratar de «aislar el signo de la concordancia». Este signo une «la apariencia alegórica», en estado de «reposo instantáneo», a las otras posibles manifestaciones o apariencias de la Novia. El signo vive entre virtualidad y actualidad: las separa, es una barra de división, y las comunica. Gracias a las virtudes de la varita, la posibilidad se realiza y —«exposición ultrarrápida»— reposa por un momento, convertida en apariencia. Esta apariencia es una alegoría de la otra realidad, cuya verdadera forma ignoramos. Ya hemos visto a la criatura en dos momentos de su «reposo instantáneo». Una vez colgada de un clavo, lanzando órdenes lascivas, la llamamos Ahorcado hembra. Cincuenta años después volvimos a verla, al aire libre, desnuda y empuñando una lámpara de gas encendida; no nos atrevimos a darle nombre. El *signo de la concordancia* es una barra diagonal que separa dos signos (dos sinos): A/B. Si la colocamos en posición vertical, se vuelve un eje que al girar, estereoscopio y gozne como el árbol-columna que es la Diosa, funde al aquí y al allá en un solo vacío. Si inclinamos la barra vertical hacia abajo se transforma en una línea horizontal. En el centro de la línea, justo frente a mis ojos, aparece el punto de fuga: el camino infinito que va de aquí hacia allá, del ángulo visual del mirón a la Novia. ¿Qué veo? Literalmente: nada.

El horizonte es apenas una línea delgada. Sobre ella, transparencia tras una transparencia: ¿agua o vidrio? Es el vestido de la Novia. Un vestido diáfano, un velo que la descubre. Un velo engañoso en su misma diafanidad: lo que veo de este lado no es exactamente lo que veo de aquel lado. Veo siempre *otra* cosa. El sistema Wilson-Lincoln no es menos eficaz y es más simple que la duda cartesiana. Ese sistema, por lo demás, no está fuera sino dentro del hombre; no es un mecanismo óptico sino una condición de su espíritu. Es la «cuestión de las vitrinas», con que se abre la *Caja blanca*: el escaparate prueba la existencia del mundo exterior pero también prueba su inexistencia. «Cuando se sufre el interrogatorio de los escaparates, uno dicta su propia condena. En efecto, uno escoge viaje redondo.» La *Caja blanca* concluye: «No hay que obstinarse, *ad absurdum*, en esconder el coito a través del vidrio, con uno o varios objetos del escaparate. El castigo consiste en romper el vidrio y lamentarlo apenas se consuma la posesión. C.Q.F.D.» El viaje redondo del deseo no es distinto al girar de la barra vertical, al estereoscopio, al gozne, a la anamorfosis, a los juegos de palabras, al árbol-columna de la Diosa y a las especulaciones matemáticas y filosóficas. Reversibilidad universal: el viaje es un viaje de ida y vuelta.

La lógica de la bisagra gobierna este mundo. El *signo de la concordancia* no es sino la expresión más perfecta del principio del gozne. Lo que une, separa; la transparencia, al descubrir, se interpone entre mi mirada y el objeto; la negación de la ironía de afirmación niega a la negación de la risa; la barra de división entre A y B en realidad es el signo de su unión: uno no puede vivir sin el otro pero están condenados a verse sin fundirse jamás del todo. La Aparición se dispersa en las Apariencias y cada Aparencia, al girar sobre sí misma, se reabsorbe y regresa, no a la Aparición, que es invisible, sino al lugar de la Desaparición: el horizonte.

Sitio de convergencia de las tres ciencias que rigen el universo de Duchamp —la erótica, la metaironía y la metafísica— el *signo de concordancia* nos engloba también a nosotros: es el vidrio que nos separa del objeto deseado y que, simultáneamente, lo hace visible. Vidrio de la alteridad y de la identidad: no podemos romperlo ni eludirlo porque la imagen que nos revela es nuestra propia imagen en el momento de verla viendo. En cierto modo, las Posibilidades y la Apariencia dependen de nosotros —y nosotros de ellas. Entre los «varios hechos» que, «bajo ciertas leyes», condicionan «el instantáneo Estado de Reposo o Apariencia Alegórica», estamos nosotros atisbando a través del vidrio o de los agujeros de la puerta.

Duchamp desvaloriza al arte como oficio manual en favor del arte como idea; a su vez, la idea se ve sin cesar negada por la ironía. Los objetos visuales de Duchamp son la cristalización de una idea y su negación, su crítica. La ambivalencia del vidrio, el signo que es separación/unión, aparece también en este dominio. Duchamp no ocultaba su admiración por las obras de arte del pasado que eran encarnaciones de una Idea, casi siempre religiosa. El *Gran vidrio* es una tentativa por reanudar esa tradición dentro de un contexto radicalmente distinto, arreligioso e irónico. Pero desde el siglo XVII nuestro mundo no tiene Ideas, en el sentido en que el cristianismo las tuvo en la época de su apogeo. Lo que tenemos, sobre todo de Kant para acá, es Crítica. Incluso las «ideologías» contemporáneas, a pesar de su pretensión de encarnar la verdad y de los fanatismos pseudorreligiosos que han engendrado, se presentan como *métodos*. El marxismo mismo no pretende ser sino un método teórico-práctico en el que la *praxis* es inseparable de la crítica. El arte de Duchamp es público porque se propone reanudar la tradición del arte *at the service of the Mind;* es hermético porque es crítico. Como la Diosa-árbol que es el centro del universo donde se anulan el lado de acá y el de allá, la Novia del *Gran vidrio* es el eje que al girar funde todos los espacios en uno. Plenitud y vacío. A diferencia de la Diosa, la Novia no es un ser sobrenatural sino una Idea. Sólo que es una Idea continuamente destruida por sí misma: cada una de sus manifestaciones, al realizarla, la niega. De ahí que me haya atrevido a decir, en mi primer trabajo sobre Duchamp, que la Novia es la (involuntaria) representación de la única Idea-Mito del Occidente moderno: la Crítica.

La obra de Duchamp ha sido objeto, en los últimos años, de dos tipos de interpretaciones: la psicoanalítica y la alquímica. Sobre la primera ya he dicho lo que pienso: las interpretaciones psicológicas son con frecuencia empobrecedoras. Además, son engañosas. Freud mismo advirtió las limitaciones de su método: podía dar cuenta del carácter del autor y de sus conflictos psíquicos pero no del valor y el sentido último de su obra. En el caso de Duchamp, desde 1959 Lebel nos prevenía con elegancia: «Nous prions le lecteur d'observer que nous nous tenons à distance prudente de la psychiatrie, que d'autres n'hesiteront à mettre à contribution».[1] Lebel fue también uno de los primeros, siguiendo una sugestión de Breton en *El Faro de la Novia*, en insinuar que, tal vez, para comprender cabalmente el *Gran vidrio*, era necesario acudir a «la hipótesis esotérica». Más tarde Ulf Linde descubrió, en un tratado de alquimia de Solidonius, una ilustración del desnudamiento de una virgen por dos personajes que es extraordinariamente parecida a la primera versión de *La novia puesta al desnudo por los solteros* (Múnich, 1912). Este descubrimiento es el origen «de la moda de la interpretación alquímica como una llave para comprender la iconografía del *Gran vidrio*».[2] Con buen juicio Hamilton pone en duda la pertinencia de la explicación esotérica y subraya que Duchamp nunca le dio crédito. En efecto, interrogado expresamente por su amigo Lebel, contestó: «Si j'ai fait de l'alchimie, c'est de la seule façon qui soit de nos jours admissible, c'est-a-dire, sans le savoir».[3] Desautorización terminante.

Cierto, como señala John Golding, el mundo de la juventud de Duchamp fue el del fin del simbolismo, y casi todos los poetas y artistas simbolistas —lo mismo ocurrió más tarde con los surrealistas— manifestaron inclinaciones por el esoterismo. En Jarry la patafísica va del brazo de la alquimia y la heráldica. Pero una cosa son las partículas de ocultismo, cábala y alquimia que pueden descubrirse en las ideas de Duchamp, casi como adherencias y sedimentos, y otra decir que el *Gran vidrio* y el *Ensamblaje* son obras inspiradas, expresa y deliberadamente, por la alquimia. Basta con leer las notas de las dos *Cajas* para darle la razón a Hamilton:

[1] «Rogamos al lector que observe que nos mantenemos a una distancia prudente de la psiquiatría, a la que otros no dudarán en recurrir.»

[2] Richard Hamilton, *The Large Glass*. En el catálogo publicado conjuntamente por el Museo de Arte de Filadelfia y el de Arte Moderno de Nueva York bajo la dirección de Anne d'Harnoncourt y Kynaston McShine, con motivo de la gran exposición *Marcel Duchamp* celebrada en 1973 en los Estados Unidos. Sobre este tema véase también *La Machine*, de K. G. Pontius Hulten, Nueva York, 1968.

[3] «Si he practicado la alquimia lo he hecho de la única forma que sería admisible en nuestra época, es decir, sin saberlo.»

«el tema del *Gran vidrio* es el espacio y el tiempo». Este tema, en el que la física se enlaza a la metafísica, está íntimamente unido a otro: el del amor. Son dos temas inseparables y que desde Platón hacen uno solo. Amor y conocimiento ha sido el doble tema no sólo del pensamiento de Occidente sino de nuestra poesía y de nuestro arte. La obra de Duchamp es bastante más tradicional de lo que comúnmente se piensa. Ésta es, por lo demás, una de las pruebas de su autenticidad. Las relaciones de sus dos grandes obras, el *Gran vidrio* y el *Ensamblaje*, con la tradición de nuestra filosofía y poesía eróticas, son numerosas y profundas. Por supuesto, no quiero decir que Duchamp se haya inspirado en las ideas de los poetas provenzales ni pretendo que haya sido un lector asiduo de Marsilio Ficino, León Hebreo o Giordano Bruno. Creo que su visión del amor y su idea de la *otra* dimensión se insertan en nuestra tradición filosófica y espiritual. Son parte de ella. El amor provenzal, dice René Nelli, ha llegado hasta el siglo xx y lo mismo sucede con el hermetismo neoplatónico. Ambas corrientes son componentes todavía activos, aunque casi siempre invisibles, de nuestra vida erótica y espiritual.

Una y otra vez se ha discutido sobre el sentido de la división del *Gran vidrio: Novia arriba, Solteros abajo*. La dualidad no sólo se refiere a la posición sino al número: arriba está la unidad y abajo la pluralidad. Cualquiera que sea nuestra interpretación de esta oposición —volveré más adelante sobre la pareja unidad/pluralidad— la división del *Gran vidrio* corresponde a la de la dama y el trovador en el *amor cortés*. La Erótica provenzal fue una proyección, en la esfera de los sentimientos y las ideas, del mundo caballeresco y es natural que haya reproducido, en la relación entre la dama y su amigo, la estructura jerárquica de la sociedad medieval. En un primer momento, el amor provenzal fue una relación entre iguales: las damas y sus amigos pertenecían al mismo círculo aristocrático; en un segundo momento, que fue el de la gran poesía provenzal, los trovadores venían casi siempre de grupos socialmente inferiores al de sus damas.[1] No todos los estudiosos aceptan esta explicación. No importa; más allá del origen de la división, lo cierto es que en la época clásica del *amor cortés*, entre el siglo xii y xiii, la concepción predominante en los textos poéticos es la del *Gran vidrio*: arriba la dama, abajo su amigo. No es tanto una

---

[1] *Cf.* René Nelli, *L'Érotique des troubadours*, Toulouse, 1963. Asimismo, Robert Briffault, *The Troubadours*, Nueva York, 1965. Este último libro es una traducción, hecha por el mismo Briffault, de su *Les Troubadours et le sentiment romanesque*, París, 1943, pero contiene muchos cambios y adiciones importantes.

división social como ceremonial y espiritual: el amante está subordinado a la dama, cualquiera que sea su condición y su estado. El amor era un *servicio*. René Nelli dice que «los barones y los poetas se consideraban vasallos, servidores de sus amantes y que debían humillarse ante ellas». Un gran señor, Guillaume IX, se declara *obedienz* y un trovador de extracción modesta, Cercamon, se proclama *a coman* (criado) de su dama. La timidez era una de las virtudes del amante, probablemente como un medio para, simultáneamente, purificar e intensificar el deseo. Contrasta la timidez del amante con la audacia de la dama. Desde los textos más antiguos, señala el mismo Nelli, «siempre es la dama la que tiene la iniciativa y somete a prueba al amante *(assaia, prueva)*». Cecco d'Ascoli decía: *la donna è umida*. El servicio amoroso era una peregrinación de abajo para arriba. Viaje que era rito de purificación como el del Gas de alumbrado y con un final semejante: no la posesión física sino la visión. A través de una serie de operaciones que son pruebas de purificación, el Gas de alumbrado alcanza un estado inmaterial: convertido en imagen, en «gotas espéjicas», ya no es sino fija mirada, contemplación de la Novia desnuda; a su vez, el trovador atraviesa los distintos grados de su servicio amoroso —cada uno termina en una prueba— hasta que se opera en el deseo sexual una sublimación parecida a la del Gas: el trovador logra al fin la contemplación de su dama desnuda. Triunfo de la vista sobre el tacto. León Hebreo llamaba a esta contemplación: cópula visual.

La dama vive en la esfera ideal y el trovador busca, en ella y a través de la visión de su cuerpo desnudo, la *otra* realidad. Esa realidad de la cual ella (y él) son imágenes, trasuntos. No es difícil percibir en esta idea ciertas resonancias platónicas, las mismas que se encuentran en Duchamp, aunque en el modo metairónico: el amor no como posesión sino como contemplación de un objeto que nos transporta a una esfera superior. *Travesía instantánea*. Los poetas provenzales hablan poco de su deseo de poseer sexualmente a la dama pero ninguno de ellos oculta su deseo de verla desnuda. Con esta contemplación terminaban los ritos del servicio amoroso. La ceremonia del desnudamiento casi siempre era clandestina, aunque a veces asistían las doncellas de la dama y aun su marido. El amante tenía que *espiar* a la dama, como el espectador del *Ensamblaje*. Del mismo modo que los Solteros no se despojan nunca de sus uniformes —no podrían, son trajes vacíos—, el amante del *amor cortés* contemplaba vestido el rito del desnudamiento. Según el mismo esquema del servicio amoroso, la ceremonia se dividía en varios grados. Por ejemplo, la dama podía dejarse ver ligeramente vestida o desnuda del todo. El último grado era el *asag* (prueba de amor): el amante penetraba en el lecho y se acostaba con la dama desnuda, sobre o bajo el cobertor, sin poseerla o sin consumar totalmente el acto *(coitus interruptus).*[1] Los textos describen también, sin demasiado énfasis, las caricias que se intercambiaban la dama y su amigo.

El valor que se atribuía a la contemplación del cuerpo femenino desnudo se explica por la razón apuntada, más arriba: la identificación de la mujer con la naturaleza. La mujer es su paisaje, lo mismo si se trata de la Diosa de la mitología que de la Novia de Duchamp o la Dama de los provenzales. Ya mencioné que en todos los casos la dama tenía la iniciativa y que la ceremonia sólo podía realizarse bajo su mandamiento. La Inscripción de arriba, antes de ser una pseudomecánica erótica, fue una realidad social y psicológica. En el *asag* la decisión de la dama era la condición *sine qua non* de la ceremonia, y Nelli cita varios testimonios, entre ellos el texto inequívoco de una *trobairitz,* la condesa de Dia, la Safo provenzal. Se dirá que estas analogías son menos significativas que la oposición central: mientras que la ceremonia del *amor cortés* era un rito de sublimación erótica, la del *Gran vidrio* es una parodia. Pero es una parodia ambivalente: burla del amor por el *voyeurisme* y, al mismo tiempo, transformación del *voyeurisme* en contemplación. Vemos a una mujer desnuda: un universo; como todos los universos, es un mecanismo; como todos los mecanismos, es una «razón en movimiento». Razón que, en la muchacha del *Ensamblaje,* es idea vuelta presencia. Hay que repetirlo: la obra de Duchamp es una vasta anamorfosis que se desenrolla, a través de los años, frente a nuestros ojos. De la *Mujer que desciende la escalera* a la muchacha desnuda del *Ensamblaje*: distintos momentos del viaje de regreso hacia la forma original.

La *Caja verde* indica que la Novia, «lejos de ser un pedazo de hielo asensual, rehúsa cálidamente (no castamente)» a los Solteros. El amor provenzal tampoco fue un platonismo, aunque en su origen haya estado más o menos en deuda con la Erótica árabe, ella sí impregnada de concepciones platonizantes. Sobre esto las indicaciones de Briffault son preciosas: hasta su fase final, cuando fue vencido y condenado por la Iglesia católica, el *amor cortés* osciló entre la libertad sexual y la idealización. Fue siempre un amor fuera del matrimonio, una transgresión que la poesía y la filoso-

---

[1] René Nelli, *op. cit.*

fía habían consagrado. En su esencia, el *amor cortés* fue un naturalismo sublimado. Más que una metafísica, fue una *física del amor*. La expresión, subraya Nelli, se encuentra en la novela flamenca. Para los trovadores, el amor entra por los sentidos: «hiere dos sitios, la oreja y los ojos». La metáfora es antiquísima y aparece lo mismo en la India antigua que en Roma o en Japón. Los ojos son los arqueros del amor y la poesía provenzal está llena de flechas, dardos y saetas que desgarran y pican los cuerpos y las almas. Las correspondencias con el *Gran vidrio* son palpables: los Nueve tiros, el destino final del Gas de alumbrado, los Testigos oculistas, los espectadores que espían por los agujeros de la puerta del *Ensamblaje*. El relieve de 1948-1949, un «estudio» para la mujer desnuda del *Ensamblaje*, es otro ejemplo de la fidelidad de Duchamp a la vieja metáfora, que en este caso alcanza una crueldad literal: el desnudo está cubierto de diminutos puntos como si hubiese sido flechado.

La metáfora de las flechas no era sino una parte de la física del amor. El «fuego de la mirada» enunciaba una verdad material: los ojos transmitían un fluido luminoso, cálido. Como entre los neoplatónicos y en Duchamp mismo, el fuego estaba asociado al agua: *en foc amoros arosat d'una douzor*. La causa del amor es física: una sustancia, un elemento que puede encerrarse en un filtro o transmitirse en una canción. Esta sustancia no es una materia grosera sino un fluido sutil, como ese aire caliente que mueve la tela de los Tres pistones y que son los suspiros de la Novia. Más tarde, el fluido erótico se volvió fluido magnético; el imán fue en la poesía barroca un símbolo no menos popular que el carcaj de Cupido en la latina: «Si al imán de tus gracias, atractivo, / sirve mi pecho de obediente acero...», dice Sor Juana en un soneto. En Duchamp las metáforas tienden a la literalidad: el fluido erótico se llama automovilina, la Cascada produce la electricidad amorosa, el Gas de alumbrado se vuelve líquido explosivo.

En un primer movimiento, Duchamp opera una subversión radical: la «física del amor» en el *Gran vidrio* es un sistema delirante de fuerzas y relaciones, parodia de «la mecánica celeste». Física literalmente *endiablada*, regida por leyes que son *calambours*. Doble negación: al mundo moderno de reflejos condicionados y automatismos psíquicos, Duchamp opone su física imaginaria de principios elásticos, metales emancipados y formas liberadas; frente a la física, la ciencia que ocupa entre nosotros el lugar de la teología en la Edad Media, inventa la causalidad irónica y la simetría en comandita. Por el doble agujero de esta negación se escapan la Novia y Eros, los Testigos oculistas y nosotros mismos. Aquí comienza el segundo movimiento, la operación de la metaironía propiamente dicha. Todos estos fenómenos grotescos producen, como el servicio amoroso de los provenzales, una sublimación: el Gas de alumbrado se vuelve mirada y el orgasmo de la Novia la transforma en Vía Láctea. La Erótica provenzal y la de Duchamp reposan sobre una física. La operación, en ambos casos, consiste en la destilación del fluido erótico hasta transmutarlo en mirada. Contemplación de un cuerpo desnudo en el que, alternativamente, se revela la naturaleza y se oculta la *otra* realidad. El velo de la Novia es su desnudez.

La Edad Media concibió al amor como una fuerza al mismo tiempo anímica y material, principio animador de los seres humanos y de los cuerpos celestes. Para Dante el amor no sólo es un apetito, una inclinación común a todas las criaturas, sino que es un principio universal, alternativamente físico y espiritual, que ata las cosas, da cohesión al cosmos y le imprime movimiento: *Ne creator ne creatura mai / [...] fu senza amore / o naturale o d'animo; e tu il sai*[1] (Purgatorio, xvii). El amor natural no yerra nunca *ma altro puete errar per malo obietto.*[2] El verso tan citado sobre el amor que mueve al sol y a las otras estrellas designa al poder divino pero asimismo a una fuerza física no menos real que la gravitación de Newton, aunque sea impalpable como ella. Las concepciones cosmológicas de la Edad Media fueron desalojadas por las de Copérnico y sus sucesores. El cambio no afectó inmediatamente las ideas sobre el amor. El redescubrimiento de las obras de Platón y de Plotino, curiosamente confundidas con las revelaciones de Hermes Trismegisto, dio origen a una tradición de *trattati d'amore*. En estos tratados la influencia de la nueva astronomía es nula. La excepción fue Giordano Bruno. Por esta razón —y por otras más que aparecerán en seguida— me parece útil detenerme, brevemente, en su figura.

La tradición de los tratados de amor comienza con el comentario de Marsilio Ficino al *Simposio* y culmina, un siglo después, con *De gli eroici furori* (1589) de Bruno. El tema de este último es el amor intelectual. Su libro está dividido en dos partes, cada una compuesta por cinco diálogos. Cada diálogo es un comentario a unos sonetos eróticos escritos por el mismo Bruno. Los críticos han señalado los parecidos entre esta obra y la *Vita nuova*: «no sólo el autor es el poeta y el comentarista

---

[1] «Jamás ni creador ni criatura / [...] vivieron sin amor, / ya elegido, ya efecto de natura.» [Trad. de Ángel Crespo.]

[2] «[...] más puede el otro errar por mal objeto.» [Trad. de Ángel Crespo.]

sino que también es el protagonista de sus poemas».[1] La relación entre los sonetos y los comentarios es de la misma índole que la del *Gran vidrio* y las dos *Cajas*. Bruno define su libro como «un discurso natural y físico» pero advierte que su lenguaje es erótico. En la dedicatoria al poeta inglés Philip Sidney —el nolano publicó su libro durante su estancia en Inglaterra— señala que su modelo fue el *Cantar de los cantares*: quiso tratar temas divinos e intelectuales en el lenguaje del amor terrestre. Nada más opuesto al genio apasionado y contradictorio, inmenso y pueril, de Bruno que Duchamp: libertad de indiferencia, metaironía. No obstante, el tema de este último fue también un «discurso natural y físico»: el espacio y el tiempo; y su lenguaje fue el del amor en sus expresiones más coloquiales. En pleno siglo xx su obra es un ejemplo más de la interpenetración de los dos temas que consumieron a Bruno: el amor y el conocimiento.

Para Bruno hay dos clases de *furores*. Unos son irracionales y nos conducen a la animalidad, pero otros consisten en la propensión del alma a «cierta divina abstracción». Estos últimos, que son los propios de los hombres superiores, se dividen a su vez en dos: algunos, poseídos por un dios o un espíritu, ejecutan acciones notables o profieren palabras maravillosas sin saber lo que hacen o dicen; otros, los mejores, tienen conciencia de su *furor* y, diestros en la reflexión y la contemplación, «dejan de ser recipientes y vehículos para convertirse en verdaderos artífices y hacedores». El tema de su libro es esta clase de *furor*. Es heroico tanto por el sujeto que lo experimenta —el artífice y el hacedor— cuanto por el objeto que lo inspira, el más alto y difícil: el conocimiento. El amor intelectual es una pasión heroica. Este furor heroico mueve el alma hacia arriba y la impulsa a trepar por la escala de Diotima, que va del amor al cuerpo hermoso a la contemplación de la hermosura espiritual y de ésta a la unión con la increada. La división entre el arriba y el abajo es neta pero no es de orden social ni ceremonial, como en el *amor cortés*, sino esencialmente ontológica. La división espacial se completa con otra, que viene de Platón y que hicieron suya los gnósticos: la de la luz y la oscuridad. Nosotros somos de abajo pero no pertenecemos enteramente a la tiniebla; nuestro reino es la penumbra: vivimos entre las

[1] Giordano Bruno, *Dialoghi italiani*, con notas de Giovanni Gentile, tercera edición a cargo de Giovanni Aquilecchia, Florencia, 1957. Véase también: Frances A. Yates, *Giordano Bruno and Hermetic Tradition*, Londres, 1964, y John Charles Nelson, *Renaissance Theory of Love. The context of Giordano Bruno's Eroici furori*, Nueva York, 1958.

sombras y los reflejos de las luces de arriba. El mundo de arriba, el de la Luz, es también y sobre todo —en esto reside su superioridad ontológica— el de la unidad, mientras que el mundo de abajo es el de la pluralidad. La Novia y sus Solteros. Hay un continuo diálogo entre arriba y abajo. Ese diálogo consiste en la conversión del uno en el otro, mejor dicho: en los otros, y de los otros en el uno. Es un proceso que el mismo Platón había definido como «deducir de la unidad la multitud y reducir la multitud a su unidad». Deducción y reducción: las dos operaciones centrales del espíritu. Emanaciones de la unidad hacia abajo: generación de las cosas terrestres y visibles; *furor heroico* hacia arriba: contemplación de formas, esencias, ideas. Sólo que esas ideas también son sombras, proyecciones del Uno oculto en los pliegues de su unidad. Diálogo de las apariciones y las apariencias, diálogo de sombras, diálogo de la Novia consigo misma.

La crítica apenas si ha tocado el tema de los colores y del lugar que ocupan tanto en la física erótica de Duchamp como en su física de «leyes distendidas». Es extraño: un capítulo entero de la *Caja verde* y otro de la *Caja blanca* están dedicados al color. La distinción entre aparición y apariencia se extiende al color: hay, dice la *Caja verde, colores nativos* y *colores aparentes*. La aparición no sólo es el molde de la apariencia, es decir, del conjunto de sensaciones que constituyen la percepción de un objeto; también es su *negativa*. Una película que, al pasar por la cámara oscura, produce la revelación de la exposición ultrarrápida. El pasaje de la aparición a la apariencia se hace por un fenómeno de «tintura física». Nadie sabía en qué consistía ese fenómeno hasta la publicación de la *Caja blanca*. Allí, en una nota, Duchamp nos informa que «tintura física, por oposición a tintura química, es la esencia molecular». Los *colores nativos* son la aparición en *negativa* de los colores aparentes. Según la *Caja blanca* «se encuentran en las moléculas y determinan los colores reales». Éstos son cambiantes «debido a la iluminación en la apariencia». En realidad, «los colores nativos no son colores, en el sentido de reflejos en azul, rojo, etcétera, de una iluminación X procedente del exterior. Son focos luminosos que producen colores activos... Colores-fuentes y no colores sometidos a un foco de color exterior al objeto». Más adelante la *Caja blanca* puntualiza: «el objeto ilumina. Es un foco luminoso. El *cuerpo* del objeto se compone de moléculas luminosas y se convierte en la *materia-foco* de la materia de los objetos iluminados...» Cada objeto tiene una «fosforescencia» que no viene de ninguna fuente de luz ajena.

Cada objeto, en su estado de aparición o molde, es un pequeño sol de luz propia.

Las especulaciones ópticas de Duchamp se inspiran en las moléculas de la física y la química de su juventud pero sus ideas acerca de los colores nativos y aparentes se encuentran también en los tratados del hermetismo neoplatónico del Renacimiento, de Ficino y Pico della Mirandola a Cornelio Agrippa y Giordano Bruno. Uno de los temas recurrentes es el de las diversas clases de luz, de la luz superceleste a la de nuestro mundo sublunar. En su libro sobre la memoria, Bruno afirma que, en los planetas, los metales opacos sublunares brillan con luz propia. Son verdaderos «metales emancipados». Estas ideas llegaron hasta el México del siglo XVII y Sor Juana Inés de la Cruz, siguiendo a Kircher (*Ars magna lucis et umbrae*, Roma, 1646), dice en su poema filosófico que las cosas que están más allá de nuestro mundo sublunar no sólo poseen luz propia sino «vistosos colores», visibles incluso «sin luz». Como en Duchamp, esos colores no sólo irradian de las cosas sino que son las cosas mismas y no dependen de una iluminación exterior.

El tema de los colores en Duchamp necesitaría un estudio por separado. Aquí me limito a señalar que la «tintura física» es la *esencia* molecular. La tintura es el color en sí, la naturaleza o ser del objeto molecular; al mismo tiempo, es una suerte de negativa del color real, visible; por último, es una secreción. La tintura recorre todos los reinos, de la ontología a la óptica y de ésta a la botánica y la zoología. Es una esencia, una definición, un color y un olor. Gracias a la «tintura física» los colores son colores y, además, perfumes. Las moléculas de Duchamp tienen la propiedad de cambiar de naturaleza como si estuviesen regidas por un incesante juego de palabras. Perfumes de los rojos, los azules, los verdes o los grises que se deslizan hacia el amarillo y aun hasta «los marrones empobrecidos». Colores que se crían como gusanos de seda o se cultivan como espárragos. Colores frutales, solamente que «el fruto todavía evita ser comido. Es esa sequedad de *mendigos* que se obtiene en los colores maduros imputrescibles. Colores rarificados». La ironía que distiende las leyes físicas y hace del *Gran vidrio* «el diseño en molde de una *realidad posible*», crea también la imputrescible belleza de indiferencia. Los colores de Duchamp no existen para ser vistos sino pensados: «hay una cierta *inopticidad*, una cierta consideración fría, en esos colorantes que no afectan sino a ojos imaginarios... Un poco como el paso de un participio presente a un pasado». Colores verbales mentales que vemos con los ojos cerrados.

Cada color, insiste la *Caja blanca*, tendrá un *nombre*. Un nominalismo pictórico.

Al rozar el tema de la *física del amor* en Provenza, mencioné la pareja fuego/agua, íntimamente asociados en la poética de los trovadores. La tradición neoplatónica también se sirvió de estos símbolos. Para estos poetas y filósofos la vista era la reina de los sentidos; por analogía, la comprensión y el saber, la intelección, eran considerados como una suerte de visión superior. La contemplación es ver no con los ojos sino con la mente. Por esto la línea de división entre el mundo de arriba y el de abajo es precisamente la del horizonte, la línea que limita el campo visual. Si los ojos son los órganos de la contemplación, el corazón es el centro del querer. El diálogo entre los ojos y el corazón es el combate entre el agua y el fuego. En Duchamp la pareja se transforma en paisaje industrial y urbano («agua y gas en todos los pisos») y en Bruno en paisaje mítico, según lo muestran los versos de este soneto que anticipa la retórica barroca:

> Io che porto d'amor l'alto vessillo,
> Gelate ho spene e gli desir cuocenti:
> A un tempo triemo, agghiaccio, ardo e sfavillo,
> Son muto, e colmo il ciel di strida ardenti:
>
> Dal cor scintillo, e dagli occhi acqua stillo;
> E vivo e muoio, e fo riso e lamenti:
> Son vive l'acqui, e l'incendio non more,
> Chè a gli occhi ho Teti, ed ho Vulcan al core.[1]

¿Muerte por agua o por fuego? El amante heroico está paralizado por impulsos contrarios, como el Gas de alumbrado al salir de los Tamices del «laberinto de las tres direcciones»:

> Altr'amo, odio me stesso;
> Ma s'io m'impiumo, altri si cangia in sasso;
> Poggi'altr'al cielo, s'io me ripongo al basso:

[1] «La bandera de amor llevo en lo alto, / helada mi esperanza y lumbre mi deseo, / me hielo y tiemblo y ardo y centelleo, / soy mudo y colmo el cielo con mis ardientes gritos. // Los ojos agua vierten, rayos el corazón, / a un tiempo vivo y muero, lloro y río, / mis aguas corren vivas y no muere mi incendio, / Tetis está en mis ojos y en mi pecho Vulcano.»

Sempre altri fugge, s'io seguir non cesso;
S'io chiamo, non risponde;
E quant'io cerco più, più mi s'asconde.[1]

La mezcla de agua y fuego es explosiva: el Gas de alumbrado salta hacia arriba; el amante heroico también se lanza, disparado por su pasión, tras el objeto de su deseo. El tema del deseo es el de la persecución de un objeto sin cesar fugitivo, sea éste un cuerpo, una idea o una idea hecha cuerpo. La persecución de un objeto que se aleja infinitamente implica un movimiento igualmente sin fin. Este *movimiento metafísico*, a diferencia del material, no puede ser sino perpetuo y, por tanto, circular. Una carrera en la que el sujeto alcanza a su objeto sólo para desprenderse de él y correr de nuevo en su busca. Cacería sin fin.

Con la imagen de la cacería alcanza el libro de Bruno su máxima tensión y lucidez. En el segundo diálogo de la segunda parte encontramos dos sorprendentes personificaciones de la divinidad inaccesible y de su manifestación: Apolo y Diana. Bruno subraya el carácter subordinado de Diana, proyección de Apolo: «Diana es del orden de las inteligencias segundas que reciben el esplendor de la primera para comunicarlo a aquellos que están privados de una visión más amplia... A nadie le ha sido posible ver el sol, al Apolo universal y a su luz absoluta, pero sí a su sombra, a su Diana». La Diosa es «la luz que brilla entre la opacidad de la materia». Es la luz sobre las cosas y es las cosas mismas: es la naturaleza. Diana es su paisaje. Bruno insiste: «Esta Diana, que es el ser mismo, ese ser que es la verdad misma, esa verdad que es la naturaleza misma...» Diana es distinta del sol que la refleja y es idéntica a él porque «la unidad se manifiesta en lo que genera y en lo generado, el productor y el producto». Si el objeto del amor heroico se identifica con Diana, el sujeto no puede ser otro que Acteón. El cazador vaga por los bosques en busca de su objeto, su presa. Mira en los árboles y en los animales, en todas las cosas, el reflejo de Diana: sombras de una sombra. Como en el poema de Ovidio y en el *Ensamblaje*, la función del agua es cardinal: es el laberinto transparente de los reflejos que construyen la apariencia. «En el agua, espejo de la similitud, Acteón ve el busto y el rostro más hermosos.» El agua cumple la misma función que el horizonte porque en ella se juntan las «aguas de

---

[1] «A otro amo y a mí mismo me odio: / si me ablando, se cambia en piedra el otro, / si al cielo sube, yo desciendo al suelo, // sin cesar lo persigo y él sin cesar se fuga, / no me responde nunca si lo llamo / y mientras más lo busco, más se esconde.»

arriba con las de abajo... ahí es posible ver». De nuevo, como la barra que divide a los signos A y B, como el signo de la concordancia y como el vidrio del escaparate, el agua-horizonte une al dividir.

En el comentario de Klossowski al mito, el deseo de Diana de verse a sí misma la lleva a verse en la mirada de Acteón; Bruno invierte el proceso: Acteón se transforma en el objeto de su deseo y se ve a sí mismo en ese ciervo que sus perros —*que son los pensamientos de la Diosa*— han de devorar. Pero antes el ciervo ve, al borde del agua, a Diana desnuda. En la interpretación de Klossowski, Diana se desea y se mira a sí misma a través de Acteón; en la de Bruno, Acteón se transforma en aquello mismo que desea. Cazador, persigue a un ciervo que, como todo lo que vive en el bosque, es un reflejo de Diana. Así, al convertirse en ciervo, Acteón participa de la naturaleza de la Diosa. En los dos casos la operación es circular y en los dos el sujeto, Acteón, no es sino una dimensión del objeto, Diana. La misma lógica rige al *Gran vidrio* y al *Ensamblaje*. Acteón, los Solteros y el espectador que espía por los agujeros de la puerta son sujetos transformados en objetos de un objeto: Diana se ve en ellos, desnuda.

La semejanza más impresionante con el *Gran vidrio* se encuentra en el cuarto diálogo de la segunda parte de *De gli eroici furori*. El héroe, el amante furioso, el Acteón que mira en la línea del horizonte desaparecer la cierva que caza y aparecer la luna que ha de cazarlo, se pluraliza en nueve ciegos. Cada uno de los nueve ciegos dice un poema en el que define la clase de ceguera que lo aflige. Los nueve ciegos representan nueve limitaciones físicas y psicológicas del amante; al mismo tiempo son una alegoría de la teología negativa, «miramos *más* al cerrar los ojos que al abrirlos». Los nueve ciegos son Bruno mismo; también son representaciones de las nueve esferas que «cabalistas, magos, caldeos, platonistas y teólogos cristianos» han dividido en nueve órdenes de espíritus. El prestigio del nueve es inmenso. Nueve es tres veces tres, el número en el que, según Dumézil, se condensa la visión del mundo de los indoeuropeos. Nada más natural que Duchamp haya agregado un Soltero a la Matriz de Eros, compuesta al principio sólo por ocho.

En el diálogo quinto los nueve ciegos reciben al fin el don de la vista. En su peregrinación llegan a Inglaterra y allí se encuentran con unas ninfas, hijas del padre Támesis. En presencia de la ninfa que encabeza el tropel acuático y que se llama Una, sucede el prodigio: una urna sagrada, regalo de Ceres, se abre sin que nadie la toque. Entonces los nueve ciegos se convierten en nueve iluminados y contemplan a la diosa. Pero ¿qué ven los nueve ciegos transformados en *illuminati*, ¿qué ven los nueve Solteros cambiados en *gotas espéjicas*? Ven la transparencia del horizonte, la desnudez del espacio: nada. No podemos ir más allá de nuestro horizonte, límite de nuestro campo visual. La pirámide cuya cúspide son nuestros ojos no tiene base: flota en un abismo. Vemos la desnudez de la Novia reflejada en el agua de vidrio. Vemos el punto de fuga. Teología negativa: para ver hay que cerrar los ojos. En la oscuridad: Diana sorprendida en el baño: *exposición ultrarrápida*. Nueva concordancia: todos los textos neoplatónicos, empezando por Plotino, dicen que la visión no llega nunca lentamente: es una iluminación repentina. Un *flash*. Travesía instantánea. La semejanza con la cópula carnal ha sido señalada mil veces y ya mencioné la enérgica expresión de León Hebreo: copulación visual del intelecto con su objeto. También todos los textos afirman que la unión es imperfecta. La imperfección reside en los órganos de conocimiento y de visión de los hombres. Indígenas de la tercera dimensión, habitamos la penumbra y vivimos entre las apariencias. Bruno dice que este defecto no debe desanimar al amante heroico: «es suficiente ver la belleza divina *en los límites del propio horizonte*». Esta frase es un comentario anticipado a las especulaciones de las dos *Cajas* y podría considerarse como otra formulación de «la cuestión de los escaparates».

A la manera del Gas de alumbrado, el amante heroico asciende y, al ascender, el objeto de su deseo se retira en el horizonte hasta desvanecerse. El Uno se repliega en sus pliegues, la figura en tres dimensiones desaparece en el espejo-molde de la cuarta dimensión. El Uno no es visible ni decible ni pensable. Como la barra vertical de la *Caja verde* que al girar sobre sí misma pierde hasta su *unidimensión* y se reintegra a la nulidad del espacio, el Uno está más allá de toda dualidad. Ni siquiera es porque el ser implica por necesidad el no-ser. El Uno está antes del ser. Con los ojos fijos en el horizonte, línea de agua que se congela en vidrio, pasamos del deseo a la contemplación ¿de qué y de quién? La respuesta está en el sacrificio de Acteón y en la suerte del Gas de alumbrado: el sujeto se transforma en su objeto. *Mors osculi*, estado en que la muerte y la vida se conjugan. No podemos ver a la Diosa pero, mientras dura el *flash* de la iluminación ultrarrápida, dice Bruno, «*ver a la diosa es ser visto por ella*».

Las semejanzas entre las concepciones de Duchamp y las dos grandes tradiciones eróticas de Occidente, la del *amor cortés* y la del neoplatonismo, son muchas y turbadoras. Ya dije mi creencia: esas similitudes no provienen de una influencia directa y buscada. Duchamp no leyó a Bernat de Ventadorn ni a Ficino. No necesitó leerlos: Duchamp es el eslabón de una cadena, pertenece a una tradición que comenzó hace dos mil quinientos años. No menos significativas que las semejanzas son las diferencias. Entre ellas la central es el ánimo subversivo, la negación irónica. Es el rasgo que define a la modernidad y que aparece en todas las obras poéticas y artísticas desde fines del siglo XVIII. Pero la ironía de Duchamp es de afirmación: metaironía. Esto es lo que lo distingue de casi todos sus predecesores inmediatos y de la mayoría de sus contemporáneos. Esto es lo que lo distingue, sobre todo, de Picasso. El nihilismo de Picasso es de orden diferente, moral e intelectualmente, al escepticismo de Duchamp. La debilidad de Picasso —esto se verá más y más claramente a medida que pasen los años— no está ni en la mano ni en el ojo sino en el espíritu. Este gran artista fue también un gran incrédulo y, por lo mismo, un supersticioso (de ahí que abrazase el comunismo precisamente en el periodo estaliniano, es decir, en el momento en que el marxismo había perdido sus valores críticos y racionales). Duchamp fue escéptico como Pirrón; por eso fue libre y aceptó, con libertad de espíritu, los poderes de lo desconocido y la intervención del azar.

¿Cuál es el lugar de Duchamp en el arte del siglo XX? Se le considera un vanguardista à outrance. Lo fue. Al mismo tiempo, su obra nació como una reacción contra el arte moderno y, especialmente, contra el de su época. Agotó en unos pocos años el fauvismo, el futurismo y el cubismo. Después, se volvió contra ellos. Guardó sus distancias con el abstraccionismo: nunca creyó en la forma por la forma ni hizo del triángulo o de la esfera un ídolo. Estuvo con Dadá por lo que Dadá negaba, no por lo que afirmaba —si es que afirmó algo. Más profundas fueron sus afinidades con el surrealismo pero su participación en ese movimiento, aunque constante, fue siempre tangencial. Su gesto más osado —la invención de los *ready-mades*— fue ambivalente: los *ready-mades* no hacen la crítica del arte del pasado sino de las obras de arte, antiguas o modernas, consideradas como *objetos*. Esto es justamente lo que le opone a *todo* el arte moderno: para Duchamp no hay *arte en sí*; el arte no es una cosa sino un medio, un cable de transmisión de ideas y emociones. Si por sus formas mecánicas el *Gran vidrio* es una obra de vanguardia, no lo es por lo que dicen esas formas: una leyenda, un cuento grotesco y maravilloso. El arte moderno aspira no a decir sino a ser: el *Gran vidrio* «dice», nos cuenta algo. En esto se parece al arte de «los religiosos del Renacimiento», como Duchamp lo subrayó más de una vez. En la larga querella entre «el orden y la aventura», su obra opera también como un principio-bisagra. Su metaironía disuelve la oposición romántica y vanguardista entre el sujeto y el objeto. Todo esto me confirma en lo que pienso y digo desde hace mucho: cuando no son una caricatura de la auténtica vanguardia del primer tercio del siglo, los llamados movimientos de vanguardia de los últimos treinta años son una nostalgia y un anacronismo.

La obra de Duchamp es una variación —una más— de un tema tradicional del arte y el pensamiento de nuestra civilización. El tema es doble: amor y conocimiento; su objeto es uno: la naturaleza de la realidad. Variación en el modo metairónico: el amor nos lleva al conocimiento, pero el conocimiento es un reflejo apenas, la sombra de un velo transparente sobre la transparencia de un vidrio. La Novia es su paisaje y nosotros mismos, que la contemplamos desnuda, somos parte de ese paisaje. Nosotros somos los ojos con que la Novia se mira. Los ojos ávidos con que se desnuda, los ojos que se cierran en el momento en que cae su vestido sobre el horizonte de vidrio. La Novia y su paisaje son una sombra, una idea, el trazo de un ser invisible sobre un espejo. Una especulación. La Novia es nuestro horizonte, nuestra realidad; la naturaleza de esta realidad es ideal o, mejor dicho, hipotética: la Novia es un punto de vista. Y más precisamente: es el punto de fuga. La realidad real, la de la cuarta dimensión, es una *virtualidad:* «no la Realidad de la apariencia sensorial sino la representación virtual de un volumen (análogo a su reflexión en el espejo)» *(À l'infinitif).*

El cuerpo de la Novia —el cuerpo de la realidad: su apariencia— «es el resultado de dos fuerzas: atracción en el espacio y *distracción* en la extensión». La Novia se tiende sobre un lecho de ramas y así se extiende, se distiende, se distrae y se aleja de su punto de atracción: nosotros, espejos que la reflejamos. El mismo movimiento se despliega en el tiempo: su cuerpo goza de una «libertad alternativa» con respecto al centro de gravedad. Durante ciertos intervalos, el cuerpo es libre y no obedece a la atracción; durante otros, está determinado por ésta. Mientras duran esos intervalos, el cuerpo está *fuera* del tiempo. Al menos fuera del tiempo lineal, en otro tiempo. La Novia se fuga entre las cifras y las manecillas del reloj: es un péndulo visto de perfil. Como la barra de separación de los signos A y B que, al girar sobre sí misma, desaparece, el tiempo se disuelve: por esa claridad vacía, por ese abismo de reflejos, la Novia desaparece. El tiempo entra en sí mismo y, como el espacio y el signo de concordancia, se convierte en una virtualidad. Ambigua realidad óptica y mental, la Novia también es una indecisa realidad auditiva: «es un sonido virtual». Un eco y un silencio. Pero todas estas son maneras negativas de verla, oírla y pensarla. Si la Novia es una prueba negativa, si es una virtualidad, es un deseo. El deseo de ser.

Como el poema de Mallarmé, *Un Coup de dés*, el *Gran vidrio* y el *Ensamblaje* no sólo contienen su negación sino que esa negación es su motor, su principio animador. En las dos obras el momento de la aparición de la presencia femenina coincide con el de su desaparición. Diana: gozne del mundo, apariencia que se disipa y vuelve a aparecer. La apariencia es la forma momentánea de la aparición. Es la forma que aprehendemos con los sentidos y se disipa a través de ellos. La aparición no es una forma sino una conjunción de fuerzas, un nudo. La aparición es la vida misma y está regida por la lógica paradójica del gozne. La diferencia esencial entre el *Gran vidrio* y el *Ensamblaje* consiste en que la Novia se presenta en el primero como una apariencia que debe ser descifrada, mientras que en el segundo la apariencia se desnuda en una *presencia* que se ofrece a nuestra contemplación. No hay solución, dijo Duchamp, porque no hay problema. Más exacto sería decir: el problema se resuelve en presencia, la Idea encarna en una muchacha desnuda.

El *Ensamblaje* es el momento de la reconciliación de Duchamp con el mundo y consigo mismo. Pero no hay abdicación ni renunciamiento: la crítica y la metaironía no desaparecen. Son la lámpara de gas encendida a la luz del sol: su débil y parpadeante llamita nos hace dudar de la realidad de lo que vemos. La lámpara produce la *oscuridad* que pedía Duchamp para la Exposición ultrarrápida: es el elemento reflexivo que vuelve enigmática a la obra. El enigma nos deja entrever el otro lado de la presencia, la imagen una y dual: el vacío, la muerte, la destrucción de la apariencia y, simultáneamente, la plenitud momentánea, la vivacidad en el reposo. El cero está pleno; la plenitud se abre, vacía. Presencia femenina: verdadera cascada en la que se manifiesta lo escondido, lo que está adentro en los repliegues del mundo. El enigma es el vidrio que es separación/unión: el *signo de la concordancia*. Pasamos del *voyeurisme* a la videncia: la condenación de ver se convierte en la libertad de la contemplación.

México, D. F., a 27 de diciembre de 1972
México, D. F., a 3 de agosto de 1976

CORRIENTE ALTERNA

1

Arte mágico

(En 1955 André Breton envió un cuestionario sobre el *arte mágico* a un grupo de sociólogos, etnólogos, filósofos, historiadores y críticos de arte, psicólogos, esoteristas, magos y poetas. A continuación se reproducen las respuestas que di a esas preguntas.)

Se ha dicho recientemente (J. A. Rony, La Magie) *que «la civilización no ha desvanecido la ficción de la magia sino para exaltar, en el arte, la magia de la ficción». ¿Suscribiría usted este juicio? Puesto que el antiguo mago y el artista moderno (el primero manipulando sobre la realidad, el segundo sobre lo imaginario, cuya repercusión sobre la realidad, a la larga o a la corta, es innegable) especulan sobre las posibilidades y los medios de encantar el universo, ¿concluiría usted que el mismo hilo conductor guía sus pasos y cuál es, en su opinión, la naturaleza de ese hilo?*

La antropología moderna —contra lo que pensaba Frazer— considera muy improbable la existencia de una remota «edad mágica» de la que, por sucesivas revoluciones, se habrían desprendido el pensamiento religioso, el filosófico y el científico. En realidad, desde los orígenes hasta nuestros días las creencias mágicas se hallan inextricablemente ligadas a todas las actividades humanas. Secreta o abiertamente, la magia circula por el arte de todas las épocas, de modo que no es posible señalar los límites históricos del «arte mágico» ni tampoco reducirlo a unos cuantos rasgos estilísticos.

Pero si el arte no sustituye a la magia, en toda obra de arte existen ciertos elementos susceptibles de convertirla, en mayor o menor grado, de objeto de contemplación estética en instrumento de acción mágica. Por ejemplo, en la *Vita nuova* es notable la presencia del número nueve, cifra dotada de poderes ciertos para Dante. El prestigio del número nueve en la obra de Dante —como el del siete en la de Nerval— proviene precisamente de su valor como signo astrológico. Entre magia y arte hay un flujo y reflujo continuos: la poesía descubre correspondencias y analogías que no son extrañas a la magia, para producir una suerte de hechizo verbal; al mismo tiempo, poeta y lector se sirven del poema como de un talismán mágico, literalmente capaz de metamorfosearlos.

No sin ejercer violencia contra su naturaleza original, nos empeñamos en llamar «objetos de arte» a muchos productos —esculturas, pinturas, fórmulas de encantamiento, exorcismo, plegarias— de las llamadas civilizaciones arcaicas. Para sus ignorados creadores el valor de estas obras residía en su eficacia, no en su belleza; el «arte mágico» primitivo no aspira a la expresión: *es expresivo porque quiere ser eficaz.*[1] Ahora bien, nuestra actitud ante las obras del «arte mágico» no obedece a un error de perspectiva histórica. Todos sabemos que esos objetos eran instrumentos de acción mágica. Así pues, se trata de algo más simple y, al mismo tiempo, más decisivo: nuestra idea del arte, entendido como mera contemplación desinteresada, ha sufrido una transformación sustancial. Los ejemplares de «arte mágico» que acumulan nuestros museos no constituyen un nuevo botín de la insaciable conciencia histórica de Occidente sino que son uno de los signos del derrumbe de la concepción renacentista del arte. No nos basta ya la contemplación de una obra o de un poema: queremos, así sea por un instante, ser el poema mismo.

El «arte mágico», concebido en su sentido más amplio, ¿es la expresión de una necesidad inalienable del espíritu y del corazón, que ni la ciencia ni la religión están en aptitud de satisfacer? La magia, en la medida en que busca, al menos empíricamente, conciliar y conjugar los poderes de la naturaleza y los del deseo, ¿tendrá la posibilidad de ser rehabilitada, al menos en su principio? Esa rehabilitación ¿sería peligrosa, desastrosa o deseable?

Lo específico de la magia consiste en concebir al universo como un todo en el que las partes están unidas por una corriente de secreta simpatía. El todo está animado y cada parte está en comunicación viviente con ese todo. O para decirlo con la fórmula de los estoicos: *Sympátheia tôn hóln.* De ahí que el objeto mágico sea siempre doble o triple y que alternativamente se cubra o desnude ante nuestros ojos, ofreciéndose como *lo*

[1] Esta observación es aplicable a la mayoría de las manifestaciones artísticas de otras civilizaciones: en su origen muy pocas de las obras que llamamos artísticas estuvieron destinadas a esa contemplación estética desinteresada que constituía para Kant la esencia del arte. Ni siquiera los griegos concibieron al arte como un fin en sí mismo y toda creación poética se inscribía para ellos dentro del ámbito de la *paideia*.

nunca visto y lo ya visto. Todo tiene afán de salir de sí mismo y transformarse en su próximo o en su contrario: esta silla puede convertirse en árbol, el árbol en pájaro, el pájaro en muchacha, la muchacha en grano de granada que picotea otro pájaro en el patio de un palacio persa. El objeto mágico abre ante nosotros su abismo relampagueante: *nos invita a cambiar y a ser otros sin dejar de ser nosotros mismos.* El interés moderno por el «arte mágico» no expresa una nueva curiosidad estética, sino que tiene raíces bastante más hondas: sabemos que nuestro ser es siempre sed de ser *otro* y que sólo seremos nosotros mismos si somos capaces de ser *otro.* Le pedimos al arte el secreto del cambio y buscamos en toda obra, cualesquiera que sean su época y su estilo, ese poder de metamorfosis que constituye la esencia del acto mágico.

Es evidente que nadie se propone volver a las prácticas mágicas de nuestros antepasados (aunque ya no es posible considerarlas como meras y estúpidas supersticiones). Pero la magia —o más exactamente: la concepción del mundo como una vasta *society of life*,[1] de la cual arrancan magia, poesía, mito, filosofía y ciencia— es algo siempre presente en la conciencia de los hombres, al grado de confundirse con su ser mismo. Sobre esta visión del hombre y de la naturaleza se edificaron los sistemas de la filosofía, los dogmas de las religiones y las teorías de la ciencia. Una y otra vez esos edificios se han derrumbado, pero siempre han dejado intacto este sentimiento original. Sin duda, la manera propia de ser del hombre —su manera más inmediata, original y antigua— es sentirse a sí mismo como parte de un todo viviente. Y esto se hace patente en las dos notas extremas de nuestras posibilidades vitales: soledad y comunión. En efecto, ya nos sintamos separados, desarraigados, arrojados al mundo o ya nos instalemos en su centro con la naturalidad del que regresa a su casa, nuestro sentimiento fundamental es el de formar parte de un todo. En nuestro tiempo la nota predominante es la soledad. El hombre se siente cortado del fluir de la vida; para compensar esta sensación de orfandad y mutilación acude a toda clase de sucedáneos: religiones políticas, embrutecedoras diversiones colectivas, promiscuidad sexual, guerra total, suicidio en masa, etcétera. El carácter impersonal y destructivo de nuestra civilización se acentúa a medida que el sentimiento de soledad crece en las almas. «Cuando mueren los dioses —decía Novalis— nacen los fantasmas.» Nuestros fantasmas han encarnado en divinidades abstractas

---

[1] E. Cassirer, *An Essay on Man.*

y feroces: instituciones policiacas, partidos políticos, jefes sin rostro. En estas circunstancias, volver a la magia no quiere decir restaurar los ritos de fertilidad o danzar en coro para atraer la lluvia, sino usar de nuevo los poderes de exorcismo de la vida: restablecer nuestro contacto con el todo y tornar erótica, eléctrica, nuestra relación con el mundo. *Tocar con el pensamiento y pensar con el cuerpo.* Abrir las compuertas, recobrar la unidad. Asimilar, en suma, la antigua y aún viviente concepción del universo como un orden amoroso de correspondencias y no como una ciega cadena de causas y efectos. Asumir la realidad de la magia no entraña aceptar la realidad de los fantasmas de la magia, sino volver a sus principios, que son el origen mismo del hombre.

Nuestra actitud ante la magia no puede ser distinta de la que propone André Malraux frente a la religión: «Desde hace cincuenta años la psicología reintegra los demonios al hombre. La tarea del siglo próximo será la de reintegrar a los dioses». Si la historia del hombre puede concebirse como la de su enajenación en beneficio de sus propias creaciones míticas, ¿por qué el hombre de hoy no ha de realizar la operación inversa y no ha de iniciar la reconquista de sí mismo?

La actitud del surrealismo ante la inspiración muestra el camino que podría seguirse. Como es sabido, hasta el Renacimiento la inspiración fue considerada como un misterio. Lo mismo para Platón que para Dante la inspiración era una revelación sobrenatural: un numen hablaba por boca del poeta. Pero era un misterio, no un problema: nada más natural que lo sobrenatural encarnase en los hombres y hablase su lenguaje. Desde Descartes nuestra noción de la realidad exterior se ha transformado radicalmente: los antiguos poderes divinos se han evaporado y la naturaleza ha dejado de ser un todo viviente. Desapareció así la antigua idea del mundo sin que, por otra parte, desapareciese la inspiración, que siguió siendo «la otra voz», la «voz extraña» por definición. Mas en un mundo despoblado de dioses, ¿de quién podría ser esta «otra voz»? Entre la inspiración y nuestra idea del mundo se erigió un muro. La inspiración se transformó y de misterio sagrado se convirtió en problema psicológico. No es extraño que a lo largo del siglo XIX se multiplicasen las tentativas por atenuar o hacer desaparecer el escándalo de una realidad que era un desafío a la estructura misma del universo, tal como había sido pensado por filósofos y hombres de ciencia. La desazón de poetas y filósofos residía en su incapacidad para explicarse *como hombres modernos* un fenómeno que parecía negar los fundamentos mismos de la edad moderna: ahí, en el seno de la conciencia, en el yo, pilar del mundo, única roca que no se disgrega, aparecía de pronto un elemento extraño que destruía la unidad e identidad de la conciencia. Fue necesario que nuestra concepción del mundo se tambalease, esto es, que la Edad Moderna entrase en crisis, para que pudiese plantearse de modo cabal el problema. En la historia de la poesía ese momento se llama el surrealismo. A diferencia de sus predecesores inmediatos, los poetas surrealistas afirmaron la realidad experimental de la inspiración, sin postular su dependencia de un poder exterior (Dios, Historia, Economía, Libido, Musa, etcétera). La inspiración es algo que se da en el hombre, que se confunde con su ser mismo y que sólo puede explicarse por y en el hombre. Tal es el punto de partida del *Primer manifiesto*.

No es ésta ocasión para hacer un análisis de estas ideas, porque no son ellas, ni su exactitud, lo que interesa aquí. Lo decisivo fue el haber insertado a la inspiración en nuestra idea del mundo. Gracias al surrealismo la inspiración no es un misterio sobrenatural, ni una vana superstición o una enfermedad. Es una realidad que no está en contradicción con nuestras concepciones fundamentales, una posibilidad que se da a todos los hombres y que les permite ir más allá de sí mismos.[1] Pues bien, nuestra actitud ante la magia debe orientarse en el mismo sentido: hay que reducirla a términos humanos, examinarla como un hecho que se da en la conciencia del hombre y, aún más, considerarla como lo que es realmente: uno de los constituyentes de esa conciencia.

Ante un objeto perteneciente al «arte mágico», ¿cuáles son sus métodos de examen o de conocimiento?

A mi juicio el único método válido de conocimiento del «arte mágico» —como de todo arte— es la experiencia directa, desnuda y sin intermediarios. Lo único que cuenta es la espontaneidad de las reacciones personales. Este criterio no es tan arbitrario como a primera vista pudiera creerse, pues he advertido que todas las reacciones del espectador ante esta clase de obras —desde el horror hasta la fascinación— pueden reducirse a este esquema: sentimiento de encontrarse ante lo *otro*, esto es, ante algo ajeno a nosotros y que nos repele pero que, sin embargo, nos invita a dar un paso adelante y confundirnos con su ser. Vértigo, extrañeza, reconocimiento. Horror y, simultáneamente, deseo de penetrar en aquello que de tal modo ataca y disgrega nuestra certidumbre de ser

---

[1] He tratado de exponer y desarrollar las ideas apuntadas en este párrafo y el anterior en *El arco y la lira*, México, 1955. Este libro ha sido incluido en el primer volumen, *La casa de la presencia*, de estas OC.

conciencia personal y autónoma. Los dos movimientos contrarios se reconcilian en el deseo de dar el «salto mortal» y alcanzar la «otra orilla». En suma, la gama de sensaciones —asombro, horror, vértigo, fascinación, caída en el objeto— evoca siempre la vieja imagen de la metamorfosis.

¿Los objetos mágicos tienen posibilidades de inserción en su vida personal? Me imagino que todos hemos poseído objetos mágicos, durante periodos más o menos largos. He observado que coinciden con épocas determinadas de nuestra vida pero que apenas cesa su poder —o el estado de ánimo que les otorgó esa misteriosa cualidad— desaparecen de nuestra vista para siempre. Una vez perdidos, no se les vuelve a encontrar. Me parece indispensable, sin embargo, hacer una distinción entre un «objeto mágico» —que no es, acaso, sino el inerte y temporal depositario de nuestra afectividad— y una obra de «arte mágico». En esta última residen —si de verdad es obra de arte— indudables poderes de fascinación que no dependen sólo de la subjetividad, aunque necesiten para revelarse de esa simpatía sin la cual no hay relación entre la obra y el espectador. Toda obra de arte guarda en sí un indudable poder de encarnación y revelación: es una permanente posibilidad de metamorfosis, abierta a todos los hombres.

México, 1955

[«Arte mágico» se publicó en *Las peras del olmo*, UNAM, México, 1957.]

Pequeña divagación en torno a los hombres / bestias / hombres / bestias / hom

El despecho del tímido Julio Torri: iba decidido a perderse pero las sirenas no cantaron para él; la furia lasciva de Maldoror al enlazarse entre las olas ensangrentadas con la tiburona; el pavor de Hsü Hsüan al entrar en el retrete por inadvertencia en el momento en que su joven mujer, en cuclillas, se transforma en una gruesa serpiente blanca; la alegría del asno Lucio al vislumbrar entre sus lágrimas a Isis que le anuncia su vuelta a la forma humana; la impasibilidad con que el arroyo que fue Acis refleja ahora el cuerpo de la deseada Galatea: son innumerables las emociones y reacciones que suscita en nosotros una metáfora. Pues aunque son incontables sus manifestaciones, se trata de una metáfora única, siempre la misma. A su vez, esa metáfora no es sino una variante de la vieja oposición entre el mundo natural y el humano. En todas esas apariciones terribles o hilarantes la oposición se resuelve en una doble conjunción: el hombre se vuelve bestia o la bestia participa de la naturaleza humana. En el primer caso, la metáfora disuelve la singularidad que es ser hombre en la realidad indiferenciada de la bestia (pero aun allí, en el seno de la naturaleza y reconciliado con ella, el hombre no deja de ser la excepción: Lucio no olvida un instante su condición de ser pensante y, sobre todo, parlante). En el segundo caso, la naturaleza encarna, en el sentido teológico de la palabra, entre los hombres: el universo habla al fin y habla con palabras humanas.

En apariencia, la metáfora postula la identidad entre un mundo y otro: el hombre es bestia, la bestia es hombre; en realidad, esa identidad es ambigua: la oposición desaparece sólo para, enmascarada, reaparecer un instante después. El hombre/bestia nos produce horror, risa o lástima: es el espíritu caído y de ahí que sea el habla lo primero que pierde; la bestia/hombre nos aterroriza o nos repugna y de ambas maneras nos asombra: es un prodigio en el que la naturaleza o la sobrenaturaleza, lo *otro* no-humano, se despliega de un modo no menos patente que en un avatar de Vishnu o en la encarnación del mismo Cristo. La metáfora no sólo es ambigua sino que propone implícitamente una reversión de valores: el hombre/bestia es infrahumano, la bestia humana es sobrenatural. La transvaluación —la excelencia humana transferida a la bestia— nos perturba y nos seduce. El secreto de la seducción reside probablemente en lo siguiente: la metáfora, a través de sus infinitas variaciones plásticas y verbales, es uno de los signos —mejor dicho: es *el signo*— de nuestra fascinación por el otro lado, por la vertiente no humana de nuestro ser. Si la misión de los signos es significar, la metáfora nos significa y, al significarnos, nos niega: lo sorprendente, lo maravilloso y nunca visto no es el hombre sino la irrupción de lo no-humano en lo humano.

Cada monstruo es un emblema y un enigma; quiero decir: cada uno es la representación física, visual, de una realidad escondida y, simultáneamente, es la ocultación de esa realidad. Exhibicionismo y hermetismo: con el mismo gesto hecho de impudicia e inocencia con que el monstruo se presenta ante nuestros ojos, se oculta. Es un signo que se niega como sentido al afirmarse como expresión. El monstruo no explica ni es explicable: es una presencia o, más bien, una asamblea de fragmentos. ¿Qué junta a todos esos pedazos dispersos? Poseído por la rabia de existir, más que un ser es un apetito de ser —no el ser que es sino todos los seres. El monstruo es el más allá del hombre, dentro del hombre. Es el teatro donde el universo guerrea y copula consigo mismo. Ese teatro está en nuestra conciencia y fuera de nosotros, es el lugar del que todavía no hemos salido y el sitio al que nunca llegaremos. Más, siempre más y siempre otra cosa: el hombre (el monstruo) es un querer ser más hasta cuando quiere ser menos. Así, la metáfora significa al mismo tiempo el deseo y el horror de ser. La fascinación está hecha de atracción y de repulsión: la degradación del hombre en la bestia no nos cautiva menos que la transfiguración de la bestia en hombre. Temibles, deliciosos, reptantes, alados, babeantes, con garras, lascivos: los monstruos provocan, más que nuestro asombro, nuestra complicidad.

Una y múltiple, la metáfora es reversible: al momento en que Melusina se transforma en mujer sucede otro en el que se convierte en serpiente. El proceso es circular como la ronda del año pero es imprevisible: todo y nada puede desatar la serie de las metamorfosis. La reversibilidad de los términos no sólo es ontológica sino temporal y moral: continuo ir y venir del hombre a la bestia y viceversa, perpetuo cruzarse del pasado con el futuro, confusión entre la bondad mala y la perversidad santa. Los atributos son intercambiables: el reptil se cubre de plumas, cada renuevo del árbol es una boca *(estoy vestido de ojos,* dice uno y la otra responde: *estoy desnuda de miradas).* La reversibilidad y la inmutabilidad, propiedades contradictorias, coexisten en el monstruo. Es una metáfora que, lejos de abolir las diferencias: esto es aquello, las preserva en el interior mismo de la identidad: esto está en aquello. No es «esto y aquello» y tampoco «ni esto ni aquello»: es una yuxtaposición de propiedades contradictorias. Es él mismo y sus negaciones. El monstruo es una excepción entre las metáforas como es una excepción moral y ontológica. Pero es una excepción en la que todos nos reconocemos.

La oposición entre el hombre y lo que no sé si llamar naturaleza o, más simplemente, lo exterior a nosotros, reaparece en nuestra relación con los otros. Lo *otro* es mi horizonte: muralla que nos cierra el paso o puerta que se abre, es aquello que está frente a mí, al alcance de la mano pero siempre intocable. Los otros, sean mis enemigos o mis hermanos, mi amante o mi madre, también son horizonte, también están cercalejos, allaquí. En fin, cada uno de nosotros es para sí mismo la inminencia vertiginosa con que el horizonte de lo *otro* se ofrece y se hurta. No estamos lejos de los otros: estamos lejos de nosotros mismos. En el monstruo esa lejanía/proximidad se vuelve presencia sensible y palpable: nos asombra estar tan cerca de lo que está tan lejos. El monstruo es la proyección del *otro* que me habita: mi fantasma, mi doble, mi adversario, mi otro yo mismo. Pero el otro no es sino la máscara de lo *otro:* la naturaleza y sus dioses y diablos, los otros mundos, todos los más-allá del hombre. Aunque la metáfora me libera de mis fantasmas, ellos se vengan apenas cobran cuerpo: lo *otro* ha encarnado en ellos, me mira y me convierte en su objeto. Hechizo, petrificación: «aquel que anda entre fantasmas —decía Novalis— se vuelve fantasma».

El número de monstruos es infinito, no el número de elementos que los componen: el sistema de operación de la imaginación, como todos los sistemas, consiste en combinar un número finito de elementos. Los seres sobrenaturales son yuxtaposiciones insólitas de elementos naturales. Su producción no obedece a reglas distintas a las que rigen la producción de los otros seres y cosas, de los virus a los poemas. Hay una diferencia, sin embargo, entre el sistema de la imaginación y los otros sistemas: mientras éstos se proponen la producción incesante de seres y cosas semejantes cuando no idénticas, la imaginación tiende a producir objetos únicos,

distintos. Las otras facultades humanas están enamoradas de la regularidad y la uniformidad pero la imaginación aborrece la repetición. Sabemos
que no somos únicos y que las generaciones humanas se suceden como
las hojas de los árboles; los monstruos nos consuelan de ese saber, ya que
no de la muerte. Aunque no sean sino las proyecciones de nuestro deseo
—o tal vez por eso mismo: el deseo traspasa todos los límites— por ellos
y en ellos vemos al universo como un cuerpo hecho de muchos cuerpos,
todos en guerra contra todos y todos en conjunción. Un cuerpo que se
une consigo mismo sólo para de nuevo desgarrarse, escindirse y construir con esos miembros dispersos otro cuerpo. Unidad y pluralidad: el
monstruo es un tigre que es un faisán que es una mujer.

Visión hecha cuerpo, metáfora palpable: el monstruo es una criatura
imaginaria pero no es una realidad invisible. Al contrario: no existe de
veras si no se presenta como una imagen visual. El monstruo no es pensable ni decible ni audible: es visible. Es una aparición: para ser, necesita
ser visto. No obstante —su esencia es la contradicción—la realidad que
nos presenta no es aquella que vemos todos los días con los ojos abiertos
sino la que el deseo, la cólera, el terror, la curiosidad o el delirio nos hacen ver con los ojos cerrados. El monstruo es lo increíble vuelto visible.
Como dice el proverbio: *hay que verlo para creerlo*. La presente exposición es la prueba por los ojos de lo maravilloso.

Cambridge, Mass., 23 de noviembre de 1971

[«Pequeña divagación en torno a los hombres / bestias / hombres / bestias / hom» es
la presentación a la exposición *El hombre y la bestia*, de la Galería Cordier-Ekstrom
de Nueva York (enero-febrero de 1972). Se publicó en *In / mediaciones*, Seix Barral,
Barcelona, 1979.]

Pintar con el corazón: J. B. S. Chardin

En las salas del Grand Palais de París se celebra en estos días una gran retrospectiva de Jean-Baptiste Siméon Chardin. La primera —dos siglos después de su muerte. Admirado por Diderot, desdeñado por David y los románticos, redescubierto por los Goncourt y exaltado por Proust, que le dedicó páginas no menos entusiastas y penetrantes que las de Diderot, Chardin es el pintor por excelencia de la *vie silencieuse*. Sus temas son íntimos y humildes —el pescado muerto, la liebre y la cacerola, la jarra de aceitunas, la niña con la raqueta, el autorretrato con lentes y gorro— pero cada uno de sus cuadros nos revela que la realidad cotidiana es un mundo insólito, nunca visto. Chardin fue el primero (o uno de los primeros) que pintó a los objetos y a las personas como realidades visuales, independientemente de su rango, su función y su significación. Una cebolla no le parecía menos noble, pictóricamente, que una perla o una rosa. Por eso, observa Pierre Schneider: «Cézanne, Matisse y los cubistas reconocieron en él al primer pintor abstraccionista». En efecto, en la obra de Chardin se quiebra por primera vez la correspondencia entre la pintura y el tema. En esto reside su modernidad. Sin embargo, este precursor de la abstracción moderna fue siempre fiel al modelo: pintó lo que sus ojos veían y no, como Cézanne y sus descendientes, los arquetipos que están detrás de las apariencias. En un primer movimiento, Chardin salva a la pintura de su dependencia del objeto; en un segundo momento, la pintura le sirve para salvar al objeto, sea éste un pedazo de pan o un pescado, un vaso de vino o una mujer sellando una carta. El vaso es de vidrio corriente, el pez ha sido horriblemente despedazado, la mujer no es Fata Morgana sino nuestra vecina, pero Chardin transforma cada una de estas realidades en una verdadera epifanía. Sus cuadros son revelaciones, en el sentido religioso de la palabra. La estética de Chardin se sitúa en el extremo opuesto de la poética de Mallarmé. Para Mallarmé la poesía no se hacía con ideas sino con palabras: en cambio, Chardin le dijo a un pintor que se vanagloriaba del uso del color: «Pero ¿quién le dijo que se pintaba con colores?» El otro, asombrado, repuso: «Entonces, ¿con qué?» y Chardin: «Nos servimos de los colores pero pintamos con los sentimientos».

México, abril de 1979

[«Pintar con el corazón: J. B. S. Chardin» se publicó en *Sombras de obras*, Seix Barral, Barcelona, 1983.]

Arte de penumbra: Rodolphe Bresdin

La luz es el blanco de la sombra.
Pero es la pupila negra la que ve.

LARS FORSELL

Entre 1959 y 1960 viví en un pequeño edificio de la rue de Douanier, una calle apartada en un barrio apartado de París. Pero hago mal en hablar de calle: en realidad es un *impasse,* un largo y estrecho callejón que termina en un muro. Allí tuvo su estudio Braque y también el escultor Laurens. El apartamento era minúsculo y estaba lleno de libros, objetos y estampas. La dueña, Dominique Éluard, viuda del poeta, vivía en México y yo se lo arrendaba. Aunque Paul Éluard nunca había vivido allí, todo aludía a su memoria y me recordaba continuamente a su persona. A veces, entre las páginas de un libro, encontraba cartas y fotos suyas y de sus amigos y amigas. En una ocasión, al abrir un tomo de *Las mil y una noches* (la traducción de Mardrus), apareció una tarjeta postal enviada a Éluard treinta años antes por André Breton y Benjamin Péret durante su célebre visita a Canarias (origen de uno de los mejores capítulos de *L'Amour fou);* en otra, hojeando una antología de poesía, descubrí una esquela con unas líneas de Paul Valéry; en el cajón de un pequeño escritorio encontré fotos de Paul, Nush Éluard y Crevel, tomadas un día de campo, Nush con los senos al aire *(Le Déjeuner sur l'herbe)* y otra más de Jacqueline Breton, también *topless* y dedicada a Paul y a Nush. El culto a la desnudez, nunca total —la desnudez que a un tiempo oculta y descubre, como las metáforas poéticas— formó parte de la estética y la erótica del surrealismo. La foto que más me emocionó fue una de Leonora Carrington en la época en que vivía con Max Ernst. Una sonámbula escapada de un poema de Yeats, entre las rocas blancas y el mar verde del Norte:

ojos de evocadora, gesto de profetisa,
en ella hay la sagrada frecuencia del altar.

En aquel apartamento abundaban los objetos raros o simplemente curiosos. Entre todos ellos me atrajo, desde el principio, un pequeño grabado en blanco y negro. Estaba en un lugar no muy visible, junto a una ventana, en el extremo de un muro. Era una estampa más bien anodina; tal vez su modestia misma me hizo reparar en ella: nada cansa tanto como lo insólito, cuando se vuelve sistemático. La veía todos los días y aquella contemplación alimentaba mis reflexiones y divagaciones. El tema de la estampa era el conocido episodio del encuentro del Samaritano, en el camino de Jerusalén a Jericó, con un hombre al que han asaltado y herido unos ladrones. Como todos sabemos, a la inversa del Sacerdote y del Levita que pasan de largo, el Samaritano se detiene, lo recoge, venda sus heridas y lo lleva en su cabalgadura a un mesón, donde lo cuida. Aunque el asunto del grabado no podía sorprenderme, me conquistó inmediatamente su factura y el equilibrio entre las zonas oscuras y las luminosas: una masa de árboles entrelazados, hojosa arquitectura vegetal, a un tiempo densa y aérea, pesada y finísima, hecha de grandes manchas de follajes trémulos recorridos por ramas sinuosas, serpentinas. En el centro, un gran claro y, dentro de ese círculo luminoso, las tres figuras: el herido, el Samaritano y su camello. Arriba, un cielo de vellón y, apenas visible, en los confines del horizonte, entre dunas espejeantes, la sospecha de una ciudad blanca.

El centro de la composición atrajo al principio mis miradas pero la piadosa escena que allí se representaba, como dentro de una prodigiosa gruta de luz, no me retuvo por mucho tiempo. Me intrigaban más los grandes follajes que la rodeaban. Aquellas moles sombrías, animadas por una vida secreta y maligna, mostraban y ocultaban alternativamente un misterio distinto. Masas tupidas hechas de miles de líneas entrelazadas, formando aquí y allá claros y hendeduras, tejido fantástico de las dos gemelas que tejen incansablemente las telas de nuestras visiones: la luz y la sombra. Mundo enmarañado de los tallos, las hojas multiformes, los ramajes, el musgo, los hongos y sus infinitas variedades, las yerbas, las flores silvestres y las plantas espinosas, la tierra negra y las piedras blancas, las raíces y sus nudos, la humedad y sus bichos —y entre esa confusión de tinieblas y claridades, la aparición súbita de un ojo, un pico, un plumaje: pájaros.

No tardé mucho en saber por qué aquellos follajes a un tiempo me intrigaban y me turbaban: detrás de un matorral o entre dos girasoles gigantes, un par de ojos me observaba. Si desviaba la mirada descubría, entre unos troncos y unas hierbas, otros ojos. Y otros y otros. Ojos detrás de las hojas, entre las hierbas, arriba y abajo, ojos chispeantes, fijos. Ojos de monos diminutos, a horcajadas en una rama, colgados de la cola, saltando entre los árboles, en cuclillas por el suelo, espiando siempre. Espesura hirviente de monos, todos con los ojos clavados en mis ojos. Sensación extraordinaria de sentirse mirado por aquello (aquellos) que miramos: yo miraba al Samaritano inclinado sobre el herido pero cientos de monos, escondidos en el follaje, me miraban sin decir nada. Volví a experimentar la misma sensación, muchos años después, en la India, entre las ruinas de un palacio abandonado, en las afueras de un pueblo de Rajastán. En ambas ocasiones asistí o, mejor dicho, fui el objeto de una lección singular: la mirada humana, en busca perpetua de significación, se enfrenta a la mirada animal que está más allá (o más acá) de la significación. Llamo a esta experiencia: crítica del sentido. La historia, la cultura, todo lo que hemos hecho los hombres, se evapora.

Me enteré del nombre del artista: Rodolphe Bresdin. En su tiempo vivió pobre y solitario; en su vejez perdió la vista y así su muerte fue doblemente oscura. Sin embargo, su arte singular y sus extravagancias le habían dado antes cierto renombre en un pequeño grupo de iniciados, entre los que se encontraba Baudelaire. En sus años de gloria bohemia, bajo el nombre cómico de Chien Caillou, aparece como un personaje excéntrico en una novela de Champfleury. En 1849 Bresdin abandonó París y se dedicó a viajar, a pie, por el sudeste de Francia. Vivió algún tiempo en Burdeos y allí conoció a Odilon Redon, del que fue maestro y amigo. Su espíritu vagabundo y su admiración por la naturaleza americana lo llevaron a probar fortuna en Canadá. Al cabo de tres años, regresó derrotado. Baudelaire, que fue uno de los pocos que se dieron cuenta del valor de Bresdin, lo recomendó así a Gautier:

Querido Théophile: Recordarás que te hablé de un viejo amigo, Rodolphe Bresdin. Ha vuelto a París, después de doce años de ausencia. No sé si sus dibujos han sido recibidos por el Salón —se refiere al Salón de 1861— pero, de todos modos, sería bueno que vieses algunas obras suyas. Te conozco bastante para adivinar que encontrarás cosas que te agradarán infinitamente. Recibe a Bresdin como a un viejo amigo pues eso es lo que, creo, sentirás cuando veas sus obras. Tuyo, Ch. Baudelaire.

A Gautier no le gustó Bresdin, ni el hombre ni la obra. Baudelaire también recomendó a su amigo con Paul de Saint-Victor: «Eche un vistazo, en el Salón, a los dibujos de Bresdin: le disgustarán, le gustarán, le sorprenderán». Tampoco Saint-Victor fue sensible al arte del grabador. Esta indiferencia fue reparada por la generación siguiente. No es extraño. Bresdin pertenecía a la misma familia espiritual de los poetas y pintores simbolistas, es decir, a ese linaje de artistas que comparten el secreto de saber mirar no el exterior sino hacia adentro. Nada más natural que, como ya dije, haya sido el maestro y el iniciador de Redon. Los surrealistas heredaron la admiración de los simbolistas por Bresdin, de modo que no me sorprendió encontrar, entre los libros del apartamento de la rue de Douanier, una pequeña curiosidad bibliográfica: una *plaquette* que contenía un grabado de Bresdin y un ensayo de Robert de Montesquiou sobre el artista.

El buen samaritano es un ejemplo de la operación poética esencial: en esto ver aquello. La variante de Bresdin es doble: no sólo vemos en *esto* (follajes y espesuras vegetales) *aquello* sino que aquello que miramos, a su vez, nos mira. El grabado, como casi todo el arte moderno, deshace la antigua relación entre el sujeto y el objeto: hay un momento en que mirar es ser mirado. Además, *El buen samaritano* me entreabrió las puertas de otro prodigio: la pululación de formas en un espacio mínimo. Un charco en el patio trasero de nuestra casa, un terrón, una pedrezuela, una mancha de humedad, una brizna de hierba: universos pletóricos de seres fantásticos. Diez años después, en la Tate Gallery, encontré la misma demografía delirante —aunque más rica, plena y fantástica— en un cuadro de Richard Dadd: *The Fairy-Feller's Masterstroke*. En unos cuantos centímetros de terreno —hierbas, piedras, granos diminutos, florecillas, hongos, bayas, semillas— Dadd pintó una abigarrada población de duendes, trasgos, elfos y otras criaturas. De nuevo la transposición: pintar un escenario realista —un poco de tierra y vegetación— como teatro de una historia fantástica y de una acción insólita. *Esto* nos deja ver *aquello* y, a veces, *esto* se transforma en *aquello*. Todas las artes, lo mismo las verbales que las visuales, son de esencia metafórica. El «realismo» es una noción que se encuentra en los libros de los críticos y en las declaraciones de los artistas, no en las obras de arte. El «realismo» es una idea, no una realidad. Lo que se llama «realismo» es, en verdad, una configuración que, en ciertos casos excepcionales, es también una transfiguración. La realidad del arte es siempre otra realidad. La mejor descripción de las ambiguas relaciones entre lo real y la ficción la he encontrado en la novela china *Dream of the Red Chamber:*

Truth becomes fiction when the fiction's true;
Real becomes not-real when the unreal's real.[1]

México, 1984

[«Arte de penumbra: Rodolphe Bresdin» se publicó en *Al paso,* Seix Barral, Barcelona, 1992.]

---

[1] «La Verdad se torna ficción cuando la ficción es verdadera; / la Realidad se vuelve no real cuando lo irreal es real.»

La dama y el esqueleto: Edvard Munch

Hace ya muchos años, en una exposición internacional celebrada en París, pude ver algunas obras de Edvard Munch: *El grito, Madonna,* varios retratos y autorretratos, grabados, dibujos. La seducción fue instantánea y de una especie particular que no puedo llamar sino abismal: como asomarse a un precipicio. Desde entonces la pintura de Munch no cesó de atraerme. La verdadera revelación la experimenté más tarde. En el verano de 1985 mi mujer y yo pasamos una corta temporada en Oslo y uno de los primeros lugares que visitamos fue el Museo Edvard Munch. Volvimos varias veces: no sólo es uno de los mejores del mundo, entre los consagrados a un artista y su obra, sino que puede verse como una sorprendente asamblea de retratos simbólicos. Aclaro: esos cuadros no nos cuentan una vida sino que nos revelan un alma. Nuestra impresión fue más honda porque recorrimos las salas del museo bajo el imperio del verano nórdico. La pasión que atraviesa la pintura de Munch nos pareció una respuesta a la intensidad de la luz y a la vehemencia de los colores. Erupción de vida: los árboles, las flores, los animales, la gente, todo, estaba animado por una vitalidad a un tiempo inocente y terrible. Las ventanas de nuestra habitación daban a un parque y cada noche —era imposible dormir— veíamos deslizarse entre los árboles las sombras de Oberón, Tiranía y su cortejo de elfos y trasgos. También pasaban los personajes que habíamos visto unas horas antes en el Museo Munch, silfos reconcentrados y perseguidos por una idea fija, hadas sonrientes, enigmáticas, crueles. Pensé: el solsticio de verano y su vegetación de sangre es un acorde del ritmo cósmico; el otro son los desiertos blancos, azules y negros del solsticio de invierno. Ambos combaten y se funden en la obra de Munch.

Hay artistas que se desarrollan en múltiples direcciones, como árboles de muchas ramas; otros siguen siempre la misma ruta, guiados por una fatalidad interior. Munch pertenece a la segunda familia. Aunque pintó durante más de sesenta años y su obra es extensa, no es variada. En su evolución se advierten titubeos, periodos de búsqueda y otros de plenitud creadora, no esos cambios bruscos y esas rupturas que nos sorprenden en Picasso y en tantos otros artistas modernos. Su relativa simplicidad estilística contrasta con su complejidad psicológica y espiritual. Pero al hablar de «simplicidad estilística» temo haber cometido una inexactitud; debería haber escrito unidad: las obras pintadas en 1885 prefiguran a las que pintaría toda su vida. Esta unidad no es carencia técnica; Munch utilizó diversos medios, del óleo al grabado, y en todos ellos reveló maestría. Fue un innovador en el dominio del grabado en madera y como dibujante nos ha dejado obras memorables, en las que no sé si admirar más la seguridad de la línea o la emoción del trazo. Fue un verdadero colorista, no por el equilibrio de los tonos o la delicadeza de la paleta sino por la vivacidad y energía del pincel. En suma, la unidad de su estilo fue el resultado de una fatalidad personal: no una elección estética sino un destino.

En sus comienzos, después de un breve periodo naturalista, hizo suya la lección de los impresionistas. Por poco tiempo pues muy rápidamente dio el gran salto hacia su propia e inconfundible manera: un expresionismo *avant la lettre*. Es comprensible que su ejemplo haya influido profundamente en los expresionistas de *Die Brücke*, como Nolde y Kirchner, en Max Beckmann y en los austriacos Kokoschka y Schiele. Son conocidas las influencias y afinidades entre Orozco y los expresionistas. Es muy probable que el artista mexicano haya conocido la obra de Munch: las acuarelas y dibujos de su primera época *(Escenas de mujeres)* presentan indudables parecidos con telas y grabados de Munch que tienen también por temas bailes y escenas de burdel. Munch fue un precursor del expresionismo pero esta tendencia no lo define enteramente; no es difícil percibir en su pintura la presencia de una corriente antagónica: el simbolismo. Extrañas nupcias entre la realidad más real y la transrealidad. Munch fue un heredero de Van Gogh y de Gauguin; más tarde, se interesó en el fauvismo, con el que tiene más de una afinidad. Pero la «ferocidad» de los *fauves* es más epidérmica y carece de la angustiosa ambigüedad psicológica de Munch. En un breve ensayo consagrado al pintor noruego, André Breton acertó a delinear su verdadera genealogía espiritual: «Munch supo, ejemplarmente, utilizar la lección de Gauguin en un sentido muy distinto al del fauvismo... Fiel al espíritu de las grandes interrogaciones sobre el destino humano que marcan las obras de Gauguin y de Van Gogh, nos precipitó en el espectáculo de la vida en todo lo que éste ofrece de locura y perdición». La intervención de las potencias nocturnas —el sueño, el erotismo, la angustia, la muerte— une a Munch, por el puente de Gauguin, con la tradición visionaria de la pintura. Así anunció, oblicuamente, algunas tentativas del surrealismo.

El gran periodo creador se inició en Alemania, hacia 1892. Fueron los años de su amistad con Strindberg y de su interés por el pensamiento de Nietzsche; asimismo, los de la serie de esas obras maestras, por su intensidad y por su hondura, que él llamó *El friso de la vida*. Antes había frecuentado, en sus años de París, la poesía de Mallarmé (nos dejó un retrato del poeta) y siempre la de Dostoyevski. La serie *La ruleta* (1892) es un homenaje al novelista ruso. Leyó también a Kierkegaard y admiró a Ibsen (decorados para *Hedda Gabler*, carteles para *Peer Gynt* y *Juan Gabriel Borkman*). El pensamiento anarquista lo marcó, como a otros artistas de esa época. Estas influencias literarias y filosóficas tuvieron la misma función que las pictóricas: iluminarlo por dentro. En pocos artistas las fuerzas instintivas e inconscientes han sido tan poderosas y contradictorias como en Munch; también en muy pocos ha sido tan lúcida y valerosa la mirada interior. Vasos comunicantes: el alma y sus conflictos se transformó en la línea sinuosa y enérgica; el hervor de la pasión se volcó en el chorro de pintura. El crítico Arne Eggun subraya que en 1893 Munch empezó a salpicar sus telas con pigmentos para utilizar las manchas e incorporarlas a la composición. Medio siglo antes de André Masson y de David Alfaro Siqueiros, reconoció y usó las posibilidades de accidente en la creación artística. Strindberg fue sensible a las experiencias de su amigo y dos años después, señala Eggun, «publicó un ensayo con el título de "El azar en la creación artística"». A Munch no le interesaba la invención por sí misma; buscaba la expresión: «al pintar una silla —dijo alguna vez—lo que debe pintarse no es la silla sino la emoción sentida ante ella». Sin embargo, para expresar hay que inventar: las confesiones del artista se vuelven ficciones y las ficciones emblemas vivientes del destino humano.

En la pintura de Munch aparecen una y otra vez, con escalofriante regularidad, ciertos temas y asuntos. Repeticiones obsesivas, fatales pero, asimismo, voluntariamente aceptadas y quizá buscadas. Munch llamó a estas repeticiones: copias radicales. Por una parte, son documentos, instantáneas de ciertos estados recurrentes, unos de extrema exaltación y otros de abatimiento no menos extremo; por otra, son revelaciones del misterio del hombre, perdido en la naturaleza o entre sus semejantes. Perdido en sí mismo. Para Munch el hombre es un juguete que gira entre los dientes acerados de la rueda cósmica. La rueda lo levanta y un momento después lo tritura. En esta visión negra del destino humano se alían el determinismo biológico de su época y su cristianismo protestante, su infancia desdichada —las muertes tempranas de su madre y de una hermana, la locura de otra— y el pesimismo de Strindberg, su creencia supersticiosa en la herencia y la sombra de Raskolnikov, sus tempestuosos amores y su alcoholismo, su profunda comprensión del mundo natural —bosques, colinas, cielos, mar, hombres, mujeres, niños— y su horror ante la civilización y el feroz animal humano.

Munch trasciende su pesimismo a través de la misión transfiguradora que asigna a la pintura. El artista no es el héroe solitario de los románticos; es el testigo, en el antiguo sentido de la palabra: el que da fe de la realidad de la vida y del sentido redentor del dolor de los hombres. El arte es sacrificio y la obra es la transustanciación de ese sacrificio.

En el mundo moderno el artista es un Cristo. Su cruz es femenina. La *Madonna* es la conjunción de todos los poderes naturales, es tierra y es agua, es hierba y es playa, la luna y una bahía pero sobre todo es tigre. Es uno de los dientes de la rueda cósmica. La contradicción universal —vida y muerte— encarna en la lucha entre los sexos y en esa batalla la eterna vencedora es la mujer. Dadora de vida y de muerte, mata para vivir y vive para matar. Una de las «copias radicales» más repetidas y turbadoras de Munch es la pareja Marat y Carlota Corday, llamada también *La asesina* o *El asesinato*. La primera versión es de 1906 y al principio tenía como título: *Naturaleza muerta*. Su comentario es revelador: «He pintado una naturaleza muerta tan bien como cualquiera de Cézanne —se refiere a un plato de frutas que aparece en el primer plano— con la única diferencia de que, en el fondo del cuadro, pinté a una asesina y a su víctima». Las últimas versiones de este cuadro son de 1933 y 1935, un poco antes de su muerte. La comparación con el célebre óleo de David es instructiva: los personajes abandonan el teatro de la historia, dejan de ser personajes y se convierten en personas comunes y corrientes. Así alcanzan una ejemplaridad más profunda e intemporal: son imágenes de la rotación de la rueda cósmica.

La mujer es uno de los ejes del universo de Munch. El otro es el hombre o, más exactamente, su soledad: el hombre solo ante la naturaleza o ante la multitud —solo ante sí mismo. Sus autorretratos son numerosos y pertenecen a todas sus épocas. Nunca cesó de fascinarlo su persona pero en esa fascinación no hay complacencia: es un juicio más que una contemplación y, más que un juicio, una disección. Prometeo no encadenado a una roca sino sentado en una silla y picoteado no por un águila sino por su propia mirada. Prometeo es un hombre de hoy, uno de nosotros; no ha robado el fuego y paga una condena por un pecado sin remisión: estar vivo. El lugar de su condena no es una montaña en el Cáucaso ni las entrañas de la tierra: es una habitación cualquiera en esta o aquella ciudad. O una calle por la que desfilan transeúntes anónimos. Munch fue uno de los primeros artistas que pintó la enajenación de los hombres extraviados en las ciudades modernas. Su cuadro más célebre, *El grito*, parece una imagen anticipada de ciertos pasajes de *The Waste Land*. Nada de lo que han hecho los pintores contemporáneos, por ejemplo Edward Hopper, tiene la desolación y la angustia de esa obra. Oímos *El grito* no con los oídos sino con los ojos y con el alma. ¿Y qué es lo que oímos? El silencio eterno. No el de los espacios infinitos que aterró a Pascal sino el silencio de los hombres. Un silencio ensordecedor, idéntico al inmenso e insensato clamor que suena desde el comienzo de la historia. *El grito* es el reverso de la música de las esferas. Aquella música tampoco podía oírse con los sentidos sino con el espíritu. Sin embargo, aunque inaudible, otorgaba a los hombres la certidumbre de vivir en un cosmos armonioso; *El grito* de Munch, palabra sin palabra, es el silencio del hombre errante en las ciudades sin alma y frente a un cielo deshabitado.

México, 1988

[«La dama y el esqueleto: Edvard Munch» se publicó en *Al paso*, Seix Barral, Barcelona, 1992.]

Ante la muerte de Wolfgang Paalen

No es fácil—quizá es demasiado pronto— situar la obra de Wolfgang Paalen en la historia del arte moderno y, particularmente, en la del surrealismo. Tampoco lo es desentrañar su real significado. La dificultad no estriba únicamente en la dispersión de sus cuadros y esculturas en varios continentes (para no hablar de la de sus escritos); ni en que, desde 1939 hasta su muerte en 1960, haya vivido en México, en una soledad rota apenas por viajes ocasionales a San Francisco, Nueva York y París. La naturaleza misma de su obra —siempre en lucha consigo misma, siempre en movimiento— se opone a una visión de conjunto. Además, para contemplarla sin mutilarla, en toda su variedad y en su secreta unidad, nos hace falta un punto de mira. No sólo aún no podemos verla en su totalidad: todavía no hemos encontrado el lugar desde el cual habrá que contemplarla. El ojo hace el objeto, dice Marcel Duchamp; sí, pero la obra, el objeto, rehace al ojo. Hoy, mientras llega la hora del verdadero *reconocimiento*, debemos contentarnos con tratar de mostrar algunas de sus facetas.

No es accidental el empleo de la palabra *facetas* para designar los distintos aspectos de la obra de Paalen. Muchos de sus cuadros, como si se tratase de piedras o, mejor, como si el pintor se propusiese tallar el espacio, adoptan formas hexagonales, octagonales u ovoides. Y el ágata, en la que los tonos más cálidos de la luz parecen caer incansablemente en una suerte de abismo frío, rigió durante algún tiempo sus creaciones. A esta piedra le debemos una de sus telas más hermosas: *Madre ágata*, rica como un manto de plumas que fuese asimismo una cascada de astros y lunas. A su obra le conviene también la palabra *fases* —y no sólo para aludir a sus cambios sino en el sentido de vertientes opuestas. Habitada por los contrarios —y, al fin, desgarrada por ellos—, la pintura de Paalen es una sucesión de batallas espirituales. Una serie de óleos pintados en 1938 se llama, precisamente, *Combates de príncipes saturnianos*. Otra tela, de 1939,

Entre luz y materia. Y otra, *Fuente de huesos* (título digno de Quevedo). En un artista como Paalen estos títulos expresan algo más que un juego literario. Son verdaderas imágenes, es decir, correspondencias verbales de las imágenes plásticas. Con ellos el pintor no nos entrega la clave de su universo pero nos da un santo y seña para traspasar la muralla. Si damos el salto, caeremos en el centro inmenso del ágata, en la soledad de la noche cósmica, en la espiral de la tromba o en el torbellino petrificado del caracol. En el infinito de la ciencia o en un paisaje de antepasados totémicos. Atrás o adelante, dentro o fuera de nosotros, no importa: en pleno espacio. Y giramos, cada vez más deprisa, hasta que el lado opaco y el luminoso se funden en una sola vibración aniquiladora.

Suspendido entre un extremo y otro, Paalen atravesó la vida en precario equilibrio de pájaro. No buscó en el arte una razón para vivir sino para volar. Alguna vez dijo que la verdadera pintura, figurativa o abstracta, era siempre prefigurativa, tanto porque modelaba y anticipaba las imágenes del hombre futuro como porque resucitaba las grandes formas arquetípicas. Igualmente atraído por la poesía y por la ciencia, fue uno de los primeros pintores que se aventuró, con ojos de poeta, en los nuevos infinitos de la física. De sus expediciones nos trajo algunos cuadros de una belleza y una intensidad que merecen el calificativo de vertiginosas. Los últimos años de México fueron años de creación y también de soledad. El artista dialoga con las obras del arte precolombino y con sus propios fantasmas, habla con los grandes árboles y los vastos cielos, pero calla ante los hombres. En 1958, reaparecido tras una larga enfermedad, expone en la Galería de Antonio Souza una serie de grandes óleos luminosos. Última fase: tempestad florida. Salida del sol, antes del eclipse definitivo. Fases, facetas de una piedra, un astro, una vida resuelta al fin en un solo acto definitivo: la explosión final, el regreso al espacio presentido en tantos cuadros. Espacio sin orillas.

París, 5 de noviembre de 1960

[«Ante la muerte de Wolfgang Paalen» se publicó en *Puertas al campo*, UNAM, México, 1966.]

Apariciones y desapariciones
de Remedios Varo

Con la misma violencia invisible del viento al dispersar las nubes pero con mayor delicadeza, como si pintase con la mirada y no con las manos, Remedios despeja la tela y sobre su superficie transparente acumula claridades.

En su lucha con la realidad, algunos pintores la violan o la cubren de signos, la hacen estallar o la entierran, la desuellan, la adoran o la niegan. Remedios la volatiliza: por su cuerpo ya no circula sangre sino luz.

Pinta lentamente las rápidas apariciones.

Las apariencias son las sombras de los arquetipos: Remedios no inventa, recuerda. Sólo que esas apariencias no se parecen a nada ni a nadie.

Navegaciones en el interior de una piedra preciosa.

Pintura especulativa, pintura espejeante: no el mundo al revés, el revés del mundo.

El arte de la levitación: pérdida de la gravedad, pérdida de la seriedad. Remedios ríe, pero su risa resuena en otro mundo.

El espacio no es una extensión sino el imán de las Apariciones.

Cabellos de la mujer —cuerdas del harpa— cabellos del sol —cuerdas de la guitarra. El mundo visto como música: oíd las líneas de Remedios.

El tema secreto de su obra: la consonancia —la paridad perdida.

Pinta, en la Aparición, la Desaparición.

Raíces, follajes, rayos astrales, cabellos, pelos de la barba, espirales del sonido: hilos de muerte, hilos de vida, hilos de tiempo. La trama se teje y desteje: irreal lo que llamamos vida, irreal lo que llamamos muerte —sólo es real la tela. Remedios antiparca.

Máquinas de la fantasía contra el furor mecánico, la fantasía maquinal.

No pinta el tiempo sino los instantes en que el tiempo reposa.

En su mundo de relojes parados oímos el fluir de las sustancias, la circulación de la sombra y la luz: el tiempo madura.

Nos sorprende porque pinta sorprendida.

Las formas buscan su forma, la forma busca su disolución.

Delhi, 1965

[«Apariciones y desapariciones de Remedios Varo» se publicó en *Corriente alterna*, Siglo XXI, México, 1967.]

La invitación al espacio:
Adja Yunkers

Dos actitudes: recubrir la tela, el muro o la página con líneas, colores, signos —configuraciones de nuestro lenguaje; descubrir en su desnudez líneas, colores, signos —configuraciones de otro lenguaje. Tatuar el espacio con nuestras visiones y obsesiones; oír lo que dice el muro vacío, leer la hoja de papel en blanco, contemplar la aparición de las formas en una superficie neutra. Adja Yunkers, en este periodo de su trabajo, ha escogido la segunda actitud. Novalis decía: «el poeta no hace pero deja que se haga». ¿Quién es, entonces, el que hace? El lenguaje, a través del poeta; el espacio, a través del pintor. Los términos de la relación (pintor/espacio) no desaparecen pero se invierten: la pintura no son las líneas y colores que traza el pintor sobre un espacio en blanco —mejor dicho, esas líneas y colores no recubren ya el espacio sino que lo vuelven visible.

Riguroso desaprendizaje: precisamente en el mediodía de su evolución, cuando está en plena posesión de sus medios, Adja Yunkers decide deshacerse de ellos. El artista lucha durante años por conquistar su lenguaje; apenas lo logra, bajo pena de esterilidad y de amaneramiento, debe abandonarlo y empezar todo de nuevo, sólo que ahora en dirección inversa. Es la vía negativa: poda, eliminación, purificación. Pero la vía negativa no es pasiva. La crítica es una operación creadora, la negación es activa. Cambio de valores: el menos se vuelve más. El desposeimiento no es una renuncia a la pintura. Las desconstrucciones de Yunkers son un momento del juego creador; el otro momento consiste en la búsqueda de las formas, correspondencias y relaciones implícitas en un espacio determinado y que permanecen invisibles hasta que el pintor las descubre. Subrayo que las descubre *pintando*, no abstraído en una divagación estética o filosófica: la pintura es una práctica. La mano y el ojo del pintor abren el espacio, en el sentido físico de la palabra. Lo abren como se abre una ventana y también como se abre un pedazo de tierra: en el espacio están enterradas las formas y sus semillas. La vía negativa no conduce ni al silencio ni a la pasividad. Es un camino hacia la realidad primera: el lenguaje para el poeta, el espacio para el pintor. El extremo ascetismo de Yunkers tiene por objeto devolverle su transparencia a la pintura. A pesar de su acentuado erotismo y de su lirismo, su pintura es decididamente antipsicológica. Revelaciones no del alma ni del yo del pintor sino del espacio. Revelar: hacer visible la imagen *latente* en la placa fotográfica. Yunkers ha sido sensible a las palabras de Mallarmé: *si l'on obéit à l'invitation de ce grand espace blanc*... De nuevo: se trata de invertir el sentido de la relación, no de suprimir al sujeto o al objeto. La pintura sigue siendo la pintura, sólo que ya no es aquello que pintamos sobre el cuadro o el muro sino aquello que, convocado por el pintor, aparece en ellos. Crítica de la idea del espacio como un soporte de las apariencias pintadas: el espacio es una fuente. Para que broten las apariciones, la mano —guiada por la imaginación visual— debe herir justo en el punto sensible. El pintor no sólo convoca a la aparición: la provoca. Yunkers sensibiliza al espacio, lo anima. La vía negativa le devuelve la iniciativa al espacio.

Ascetismo, vía negativa, crítica: todas estas palabras pueden resultar engañosas. La operación crítico-creadora asume alternativamente la forma de la convocación y de la provocación. La convocación es una disposición receptiva frente al espacio; la provocación es una transgresión: fractura, violación del espacio. Convocación y provocación son actitudes que se insertan en el diálogo entre el contemplar y el hacer. Ambas, en el caso de Yunkers, se tiñen de violencia corporal. Su ascetismo es sensual y sexual, su pintura es pasión activa. Explora el espacio como el que se abre paso en una tierra desconocida. Una tierra que fuese también un cuerpo. El espacio es una totalidad viviente, una realidad corporal. Cada cuadro es la metáfora de un cuerpo, cada cuerpo se despliega o se repliega como un paisaje. Costas, desiertos, horizontes, grandes formas tendidas o erguidas, extensiones de agua, tierra y aire ceñidas por líneas que se enlazan y desenlazan: el espacio respira. El cuerpo de la mujer, la tierra del cuerpo: cuerpo de agua, cuerpo de aire. Los cuerpos se resuelven en paisajes que a su vez no son sino espacio —espacios azules, blancos, negros, ocres. Pintura hecha de alusiones: nunca la palabra sino su eco, no las cosas sino sus reflejos, sus vibraciones. Correspondencias, oposiciones, ritmos visuales en los que la quietud y el movimiento se persiguen y se alternan.

Metáforas que se disipan y reaparecen, insinuación de líneas que jamás dibujan la forma que evocan, prefiguraciones: amanecer de las presencias en el espacio.

Cambridge, Mass., 12 *de abril de* 1972

[«Invitación al espacio: Adja Yunkers» se publicó en *In/mediaciones*, Seix Barral, Barcelona, 1979.]

Los muebles de Enrico Baj

El *collage* (y los procedimientos afines) es una de las conquistas del arte moderno; y aún podría agregarse que es su novedad más significativa: no pintar las cosas sino *con* las cosas. Apenas escrita esta frase, debo desmentirla: el *collage* es una novedad que tiene más de cinco mil años y quizá es mas antiguo que la pintura misma. Su aparición en el arte de nuestro tiempo es tan desconcertante como lo sería el descubrimiento del fuego en la época de la energía eléctrica. Sólo que no se trata de producir la chispa por el frotamiento de dos piedras o de dos palos de madera seca: basta crear un espacio en el que convivan materias antagonistas y que *no* sean combustibles. Si jugar con el fuego es de locos, ¿qué decir de esta pretensión de los artistas modernos? Procedimiento que participa de la artesanía más humilde y de la invención poética más osada, de la paciencia y de la inspiración, el *collage* es un desafío al buen sentido; su novedad es prehistórica y sus propósitos contradictorios: crear con las cosas de todos los días algo que no se parezca a cosa alguna, hacer con los desechos una hechura insólita. Novedad y antigüedad, familiaridad y extrañeza, el *collage* es un objeto vertiginoso. Y fue esto —el vértigo, la fascinación ante su ambigüedad— lo que sin duda ha llevado a Enrico Baj, desde hace varios años, a entregarse tan enteramente a este arte.

Para Baj la tentación era doble. Por una parte, el amor a la materia por la materia misma, el gusto de ordenar o dispersar en un espacio nuevo los elementos heterogéneos que nos ofrece la realidad diaria; por la otra, la necesidad imperiosa de inventar e ir más allá —la atracción por lo desconocido. Doble peligro: complacerse en la factura, quedarse en esa zona que colinda entre la artesanía y el arte, la inspiración y el buen gusto; y en el otro extremo: sacrificar los valores plásticos al hallazgo, deslizarse del humor al chiste, de la imagen al juego de palabras. Habilidad de artesano o ingenio de literato. Con una ligereza que no excluye la gravedad, Baj ha sorteado ambos obstáculos. Y los ha sorteado de la única manera posible: sin esquivarlos, a pecho descubierto. Igualmente lejos de las furias españolas, las especulaciones francesas y los delirios germánicos, ha dado a sus obras un carácter inconfundible, que se me antoja llamar italiano. (Ya es hora de recordar que si los estilos modernos son internacionales no lo son el temperamento, la visión y el acento de cada artista.) Y digo italiano no sólo por la elegancia y la nitidez de la composición sino por su gracia, en el mejor sentido de la palabra: algo que ha sido creado con medios casi invisibles, de poco peso e inmenso poder. Aire y luz. Estas cualidades son la mitad de su arte. La otra mitad es la fantasía, abanico que va del humor a la invención poética. Fantasía vital, que no huye de la vida ni la ofende y que, inclusive en sus momentos más crueles, la transfigura. Nada más lejos del arte de Baj que los rastros y salas de cirugía que frecuentan tantos de nuestros contemporáneos.

En su larga exploración de las cosas que nos rodean, era casi fatal que Baj tropezase con los *muebles*. A mi juicio, su aparición señala un cambio decisivo en su actitud ante el objeto. Este cambio no implica abandono y repudio de lo anterior: más bien es una tentativa por penetrar más profundamente, con los recursos que son suyos, en la realidad. Hasta ahora Baj se había propuesto mostrarnos que las cosas que vemos son, además, otras cosas. Un espejo rajado, una, tres medallas oxidadas, dos borlas y un trozo de cortina son también un militar condecorado, una mujer de mundo, un empleado de banco, un arzobispo desenterrado y un perro de circo. De la misma manera que el poeta transforma el lugar común en una imagen, Baj utilizaba fragmentos dispares (espejos, medallas, billetes de banco) para crear criaturas extrañas. En uno y en otro caso, poema o *collage*, el artista nos revela lo que nos ocultan la prosa y la visión cotidiana: la pluralidad de significados de la realidad. Toda palabra, todo objeto, es lo que es y, además, es otras muchas cosas. Cuando Baj empezó a interesarse en los muebles, inmediatamente advirtió, fiel a su método metafórico, su carácter turbador: cada mueble, sin dejar de ser mueble, era un animal fantástico. Nuestras casas están pobladas por una fauna, ora grotesca ora amenazante. Pero un día, al mirar fijamente a todas esas criaturas, las vio descomponerse y volver a ser muebles. Los muebles están condenados a ser muebles. Y su carácter grotesco o amenazante no proviene tanto de que parezcan ser otra cosa como de que no pueden ser otra cosa.

¿Quién se atreve a abrir uno de los cajones de un mueble de Baj? Sabemos que no ocultan ni el nudo de serpientes ni el arma del crimen.

Y sin embargo... Y esto es, precisamente, lo que les da su extrañeza radical, lo que los aísla del resto de los objetos: están instalados en su realidad, anegados en su ser. No hay más allá metafórico: son lo que son, significan lo que son. ¿Significan realmente? Son un límite, uno de los límites de la razón: han dejado de significar para ser, únicamente. Al iniciar su búsqueda, Baj se preguntó: ¿qué cosa son las cosas? Descubrir la pluralidad de significados de las cosas fue liberarnos de su presencia, aligerarnos de realidad; pero descubrir que las cosas devoran al significado, que están más allá de todo sentido, es un misterio bastante más insondable. Los muebles de Baj no nos reflejan, no son metáforas, ni símbolos ni ideas. Son muebles. Ajenos, perpetuamente extraños, sin nada adentro. Exterioridad pura.

Baj nos devuelve una de las sensaciones más turbadoras: la de la identidad de las cosas consigo mismas, el asombro de ser lo que somos y nada más lo que somos. No se crea que sus *collages* nos invitan a pensar: nos dicen, si es que nos dicen algo, que basta con ver. Ninguna obra se puede reducir a las ideas del artista, por más originales o profundas que sean. No son las ideas de Baj sino su visión —en el sentido espiritual pero, asimismo, en el más inmediato de ver con los ojos— lo que lo convierte en uno de los contados artistas de la verdadera vanguardia. Uso esta palabra con cierta repugnancia porque el término se ha vuelto sinónimo de una academia internacional. En nuestros días la vanguardia no puede consistir en ir más allá que los otros sino en ver con mayor profundidad y claridad.

París, a 9 de octubre de 1961

[«Los muebles de Enrico Baj» es el prólogo al catálogo de la exposición *Muebles «Collages», de Enrico Baj,* en la Galería Schwarz, Milán, 1961. Se publicó en la *Revista de la Universidad de México,* diciembre de 1961, y se recogió por primera vez en libro en el volumen 6 de la primera edición de las OC.]

La línea narrativa: Valerio Adami

En cada una de las artes reina un sentido. En la música, el oído; en la pintura, la vista. También en cada una de ellas el sentido rey necesita la presencia de otro sentido, que es simultáneamente su interlocutor y su contradictor, su contrapunto y su complemento. En la poesía, el oído está en perpetua relación con la vista; el poeta oye sus versos pero también ve sus imágenes. En la pintura, el tacto es el sentido complementario de la vista; el pintor, como todos los hombres, ve con los ojos pero, a diferencia de los demás, también toca y palpa con ellos. Para él, ver es tocar. Y por esto se dice que hay colores cálidos y fríos. El diálogo entre la vista y el tacto se repite a lo largo de la historia de la pintura. Hay artistas que son primordialmente dibujantes; otros que son coloristas. La vista, que es medición y distribución del espacio, guía la mano del dibujante; el tacto, ciego vidente, rige al ojo del colorista. Dos órganos: la cabeza y el corazón; dos facultades: el entendimiento y la sensibilidad; dos tradiciones en perpetua pugna y fusión. Entre las dos familias de pintores, los hijos de la línea y los hijos del color, los dibujantes y los cromatistas, Valerio Adami pertenece sin duda a la primera. Sus cuadros, cualquiera que sea su asunto y la técnica empleada, nos impresionan ante todo por su composición: la distribución del espacio y la sabia arquitectura entre los distintos planos. No estamos frente a una superficie inerte: vemos un espacio vivo, construido por líneas a un tiempo sutiles y poderosas.

Por supuesto, ningún tipo de artista es puro: el dibujante Matisse fue un gran colorista y las vibraciones cromáticas de Monet están sostenidas por un invisible andamio de líneas. Aunque la preeminencia de una u otra predisposición define a cada artista, también es cierto que todos ellos sufren la fascinación de la otra mitad de su arte. No es artista verdadero aquel que no es capaz de contradecirse. Apostado en fronteras inciertas, el artista es un solitario que combate con el pasado y con el presente, con sus maestros y con sus contemporáneos pero, sobre todo, con él mismo. Valerio Adami, dibujante nato, ha sentido siempre una invencible atracción hacia el color. En sus cuadros el espacio no aparece como una extensión abstracta sino como una vibración cromática. Esa vibración se condensa en masas sólidas de colores netos, limitados por un dibujo preciso y apoyados en un tejido de líneas. Para Adami el color es inseparable del espacio. A su vez, el espacio nace de su dibujo. Tránsito insensible de la línea creadora de espacios a los grandes bloques de color. Más que el complemento del dibujo, el color es su maduración, su fruto pleno.

En uno de sus extremos el dibujo es geometría. Matemáticas sensibles, proporción y número vueltos figuras, círculos y triángulos pensados no sólo con el entendimiento sino con los ojos. Por esto, aquel dicterio de Duchamp: *bête comme un peintre,* no es aplicable a los pintores hijos de la línea y menos que a nadie al mismo Duchamp, que fue un notable dibujante. Tampoco es aplicable a Valerio Adami. Además de ser un pintor muy inteligente, su pintura es inteligente; quiero decir: no seduce únicamente a nuestra sensibilidad sino a nuestro pensamiento. Los cuadros de Adami nos intrigan y nos hacen pensar. Es una pintura que *pregunta,* algo insólito en nuestros días. Hoy la mayoría de los artistas están empeñados en decir, afirmar, proclamar e incluso en gritar: no quieren oír. Tampoco quieren contemplar. Nunca había sido tan ruidoso el silencioso arte de la pintura como en este fin de siglo.

Artista inteligente, Adami escribe. No es extraño: escribir es otro arte que nace del silencio. Naturalmente, no es un escritor profesional; escribe al margen de su pintura, como un comentario o, más exactamente, como un acompañamiento. Su caso no es único; entre los grandes pintores del siglo xx varios han escrito poesía y prosa. Lo que distingue a Valerio Adami de la mayoría de estos artistas es el carácter de sus escritos; no son desahogos verbales ni provocaciones pueriles como las de Picasso ni invenciones poéticas como las de un Arp o un Ernst: son reflexiones. Las imágenes de los cuadros de Adami provocan en nosotros diversas emociones; todas ellas se resuelven en una pregunta. Su arte puede definirse como pintura de enigmas que están a la vista. Pues bien, sus reflexiones —en el doble sentido de reflejos y reflexiones— son la traducción verbal de esas preguntas visuales. Subrayo: sus notas no son una respuesta, sino un camino para acercarnos a esas pinturas y oír más claramente lo que nos preguntan. Pero ¿se puede oír una pintura?

Rodolphe Bresdin, *El buen samaritano,* 1861.

Edvard Munch, *Madonna*, 1894-1895.

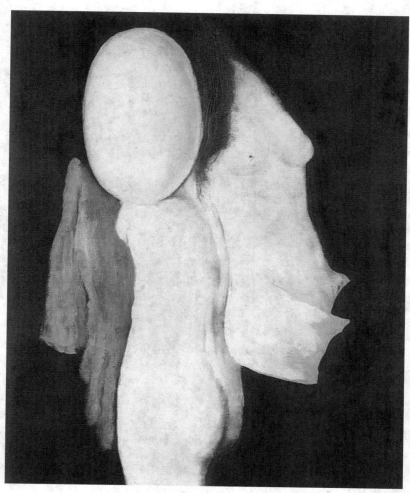

Josef Šíma, *Europa*, 1927.

Pierre Alechinsky, *Central Park*, 1965.

Max Ernst y Leonora Carrington, *Encuentro*, 1939-1940.

Remedios Varo, *La llamada*, 1961.

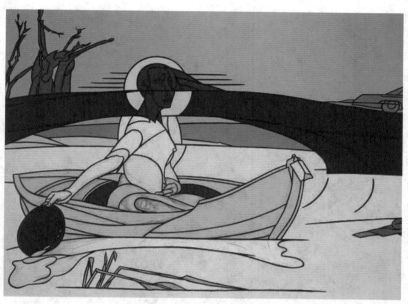

Valerio Adami, *Lilliputian Boat-Lake (Central Park)*, 1990.

Eliot Porter, *Coronas de flores de papel*, 1987.

En una de sus notas, Adami nos confía: «Dibujar es una ocupación literaria. Yo no abandono un dibujo sino hasta que no puedo agregarle la palabra *fin*... Me gustaría que en pintura también se pudiesen usar las palabras *prosa* y *poesía* para, así, definir mi trabajo como una pintura en prosa. El impulso narrativo es esencial...» La línea, que es el elemento constitucional del dibujo, productor y generador de formas, es sucesiva. Por esto, como observa con penetración Adami, puede equipararse a la literatura. Poema, novela, teatro o crítica, todo texto es una sucesión de palabras; la línea, por su parte, es una sucesión de puntos o, si se quiere, una sucesión de puentes entre un punto y otro. La temporalidad es lineal; de ahí que los hombres no hayan inventado nada mejor que la línea para representar al tiempo. Recta o sinuosa, circular o espiral, la línea va siempre de un aquí a un allá. La línea camina, se desdobla sin cesar y sin cesar nos cuenta su tránsito: la línea está pasando siempre. Por esto es narrativa. ¿Y qué narra la línea? Toda suerte de sucesos e ideas en el tiempo y que son tiempo. Sin embargo, la línea no habla: para narrar tiene que inventar formas. Los cuentos de la línea son las formas que diseña. Las formas que dibuja Adami con ese trazo suyo tan seguro y rápido, tan libre y elegante, son formas cerradas. Mejor dicho, encerradas en sí mismas. Hablan entre ellas y provocan en mí una indefinible perturbación.

Si las líneas narran, ¿cómo podemos *ver* lo que nos cuentan? Oigamos de nuevo a Valerio Adami: «El instrumento para leer el dibujo es el color, como la voz es el instrumento para leer la palabra escrita». Metáforas cruzadas: la voz —la entonación— es el color de la escritura; el color es la voz de la pintura. Los colores dan voz a las formas de Adami; sus dibujos hablan a través de sus verdes y grises, sus azules y ocres, sus rojos y naranjas. Al avanzar, la línea narra y traza una historia o unas historias; los colores le dan cuerpo y voz a esas historias. La voz con que nos hablan las formas pictóricas de Adami es clara y precisa, grave sin patetismo. Es una pintura que no alza nunca el tono. Al contrario, no pocas veces se inclina hacia la reserva. Puede añadirse, incluso, que esos cuadros —iba a escribir: esas confesiones que son sus cuadros— terminan casi siempre en silencio. Son el reverso del grito. No hay claroscuro ni medias tintas; nada más alejado del tenebrismo y del expresionismo que las grandes superficies de Adami. Colores compactos y metálicos pero ligeros, como pintados por el aire y la luz, los dos grandes ilusionistas del mundo natural; oleaje inmóvil de colores petrificados o, más exactamente, hipnotizados por la mirada del pintor. La vista, el sentido que se identifica con el pensamiento, rige a la pintura de Adami; sus ojos dibujantes filtran el río turbio de los colores, lo destilan y lo purifican. Su color es como un alcohol que no provocase la embriaguez sino un vértigo lúcido. Colores limpios y formas precisas, presencias inmediatas dotadas de insidiosos poderes de perturbación. Son lo que son y no ocultan nada: por esto son doblemente inquietantes. Cuadros en los que la gran marea del tiempo se ha detenido en un instante angustioso. Un instante que no sabemos si es el instante del *antes* o del *después*.

Equidistante de la geometría y del garabato —que son el cielo y el subsuelo del dibujo— la línea de Adami, con una suerte de fatalidad sinuosa (¿azar o destino?), construye formas que son cristalizaciones de tiempo. No tiempo medido sino tiempo vivido y viviente: hombres y mujeres en una estancia con un lecho y una mesa con un libro abierto, veraneantes al pie de una montaña, un viejo con un hacha o unas tijeras, una mujer fija ante una pantalla de televisión que es un espejo en donde todas las imágenes han naufragado, una pareja frente a un mar pétreo, un aparato ortopédico que quizá es un instrumento de tortura, ciclistas que corren hacia su decapitación, una ventana que da a ningún lado. Además de estas escenas y ambientes que son imágenes fijas del desasosiego, Adami ha pintado retratos de escritores, filósofos, músicos y personajes históricos. No son retratos realistas y todos me producen un escalofrío. Casi ninguno se parece a sus modelos; si algunos presentan una semejanza superficial con los originales, la corrigen mostrando aspectos desconocidos y desconcertantes del personaje. No son retratos sino emblemas de los enigmas sucesivos y dispares que inventa el tiempo. A las pretendidas enseñanzas de la historia y de la biografía, Adami opone el fondo abismal de cada alma. No pinta desconocidos: pinta lo desconocido que se esconde en cada uno de nosotros. En realidad, no lo pinta, sería imposible: lo señala. Moraleja más cerca de la metafísica que de la historia y la psicología: nadie se parece a sí mismo.

Con frecuencia la línea de Adami inventa personajes en posiciones forzadas y antinaturales. O vestidos con ropas que evocan vagamente una camisa de fuerza. Ninguno de ellos *est bien dans sa peau*. A veces, la figura es doble, sin que podamos desentrañar si se trata de un-dos-seres, compuesto generalmente de dos sexos, o del estrecho y extraño acoplamiento de una pareja. ¿Tortura o abrazo? Más bien: tortura y abrazo. Un erotismo velado y glacial (pero ¿no le reprochaba a Juliette, uno de sus compañeros de libertinaje, «que ponía demasiada pasión en sus excesos»?) Confieso que entre todos estos enigmas psicológicos me atraen los cotidianos. Son misterios oficiados en un cuarto anónimo y en los que participan dos o tres personajes sin nombre pero poseídos por fuerzas secretas. Revelaciones ambiguas. ¿Asistimos a los preparativos de un crimen, presenciamos una conjuración, alguien está a punto de confesar un turbio secreto? ¿O todo ya pasó y lo que flota en el aire del cuarto cerrado son los remordimientos o la saciedad del deseo satisfecho, el silencio después del grito? ¿O no pasó nada ni nada pasará, salvo los fantasmas —atroces, banales, efímeros— de nuestra imaginación encadenada? Las preguntas se multiplican y, al desplegarse, muestran que, a pesar de su diversidad, una obsesión única las habita: no el secreto de la historia sino la historia secreta de cada uno. Entre la metafísica y la confidencia, la línea de Adami recorre la tela y avanza sobre un punto y otro punto. El tiempo se vuelve una larga hilera de puntos suspensivos...

México, 1990

[«La línea narrativa: Valerio Adami» se publicó en *Al paso*, Seix Barral, Barcelona, 1992.]

2

Lenguaje y abstracción

Se repite desde hace años que la pintura abstracta ha llegado a su límite: no hay un más allá. No me parece justo: lo que distingue a los grandes movimientos artísticos es su radicalismo, su ir más allá siempre, hasta tocar el fin final, los límites del límite. En ese instante alguien llega, da un salto, descubre otro espacio libre y, de nuevo, tropieza con un muro. Hay que saltarlo, ir más allá. No hay regreso. ¿La abstracción se ha convertido en una nueva academia? No importa: todos los movimientos se vuelven escuelas y todos los estilos maneras. Lo lamentable es terminar en la academia; no lo es convertirla en un punto de partida. Los grandes barrocos y manieristas no negaron el arte de sus predecesores: lo exageraron, fueron más allá. Lo mismo ocurrió con la poesía simbolista: no negó el romanticismo, le dio una conciencia. Después del clasicismo de los primeros abstraccionistas y del romanticismo del expresionismo-abstracto, nos hace falta un manierismo, el barroco-abstracto.

El verdadero peligro de esterilidad de la pintura abstracta reside en su pretensión de ser un lenguaje sustentado en sí mismo. Absolutamente subjetivo —puesto que es el pintor, y nada más el pintor, el que crea y usa ese lenguaje—, carece de un elemento esencial a todo lenguaje: ser un sistema de signos y símbolos con significaciones comunes para todos aquellos que lo emplean. Si cada uno habla un lenguaje propio, el resultado es la incomunicación, la muerte del lenguaje. Un diálogo entre esquizofrénicos. Los mejores pintores abstraccionistas encontraron una suerte de lenguaje universal al redescubrir ciertas formas arquetípicas y que pertenecen al fondo común y más antiguo de los hombres. Pero ¿se trata de un lenguaje? Más bien diría que estamos frente a un prelenguaje o, si se quiere, ante un metalenguaje. Los pintores abstraccionistas oscilan entre el balbuceo y la iluminación. Aunque desdeñan la comunicación, logran a veces la comunión. Con la poesía ocurre lo contrario: el poeta no tiene más remedio que servirse de las palabras —cada una con un significado semejante para todos— y con ellas crear un nuevo lenguaje. Sus palabras, sin dejar de ser lenguaje —esto es: comunicación— son también otra cosa: poesía, algo *nunca oído, nunca dicho,* algo que es lenguaje y que lo niega y va más allá. La pintura abstracta aspira a ser puro lenguaje pictórico y, así, se rehúsa a la impureza esencial de todo lenguaje: la utilización de signos o formas con significados comunes para todos. Se queda más acá o más allá del lenguaje. En un caso desemboca en el silencio y en el otro en el grito: Mondrian o Pollock. Es una tentativa que encierra la negación de lo que afirma. Tal vez en esto resida su grandeza: sólo aquel que no niega su contradicción y la despliega hasta el límite revela su verdadera naturaleza, siempre doble. A partir de esta contradicción y sin negarla, la pintura abstracta podría ir más allá de sí misma y realizarse por la afirmación de aquello que la niega.

México, 1959

[«Lenguaje y abstracción» se publicó en *Corriente alterna,* Siglo XXI, México, 1967.]

Un pintor peruano:
Fernando de Szyzslo

Después de muchos años he vuelto a ver al pintor Fernando de Szyzslo. Hace unos días expuso en una galería de la ciudad algunos de sus últimos cuadros (México, 1959). De Szyzslo es el mejor pintor peruano o, al menos, el más conocido en el extranjero. Fue uno de los iniciadores de la pintura abstracta en Hispanoamérica. Aunque la crítica cerró los ojos —¿los tuvo alguna vez abiertos?— ante su exposición, me dio alegría ver que la noche de la inauguración estaban presentes algunos de nuestros pintores (Soriano, Coronel, Felguérez, Lilia Carrillo). La exposición era para ellos y unos cuantos más. De Szyzslo no ha cambiado mucho. Guardo de nuestros años en París —allá logró conquistar la difícil estimación de Hartung— una serie de grabados: *Homenaje a César Vallejo*. Al compararlos con los óleos recientes, encuentro que es más dueño de sí, más libre y osado, pero que sigue siendo el mismo: difícil, austero, violencia y lirismo a un tiempo. Una pintura que no se entrega, replegada sobre su propia intimidad, que desdeña la complicidad sensual y exige al espectador una contemplación más ascética. En México su polo opuesto sería Soriano, todo impulso y efusión, gran surtidor de colores y formas delirantes. No quiero decir que la pintura de De Szyzslo sea una pura construcción intelectual, sino que es una lucha entre rigor y espontaneidad. No es sólo un pintor inteligente: es una sensibilidad reflexiva, lúcida. Sus formas, tensas y veloces, a veces son agresivas, crueles; otras, sus colores reconcentrados tienen destellos de salvaje entusiasmo. Vuelo fijo, explosión y reserva. Muchos pintores —estimulados por el ejemplo de Picasso— cambian con frecuencia de manera; De Szyzslo no cambia: madura. Avanza hacia dentro de sí mismo.

México, 1959

[«Un pintor peruano: Fernando de Szyzslo» se publicó en *Corriente alterna*, Siglo XXI, México, 1967.]

Naturaleza, abstracción, tiempo

«De la imitación de la naturaleza a su destrucción»: tal podría ser el título de una historia del arte occidental. El más vital de los artistas modernos, Picasso, ha sido quizá el más sabio: si no podemos escapar de la naturaleza como lo intentaron, sin lograrlo, algunos de sus sucesores y varios de sus contemporáneos, al menos podemos desfigurarla, destruirla. Se trata, en el fondo, de un nuevo homenaje. Nada agrada más a la naturaleza, dijo Sade, que los crímenes con que pretendemos ultrajarla. En ella creación y destrucción son lo mismo. La cólera, el placer, la enfermedad o la muerte someten la figura humana a cambios no menos terribles (o cómicos) que las mutilaciones, deformaciones y estilizaciones en que se complace el genio encarnizado de Picasso.

La naturaleza no conoce la historia pero en sus formas viven todos los estilos del pasado, el presente y el porvenir. En unas rocas del valle de Cabul vi el nacimiento, el apogeo y el fin del estilo gótico. En un charco verdoso —piedrecillas, plantas acuáticas, batracios, monstruos diminutos— reconocí al mismo tiempo el Bayon de Angkor y una época de Max Ernst. La forma y disposición de los edificios de Teotihuacan son una réplica del valle de México pero ese paisaje es también una prefiguración de la pintura Sung. El microscopio me descubre que en ciertas células yacía ya la fórmula de los *tankas* tibetanos. El telescopio me enseña que Tamayo no sólo es un poeta sino también un astrónomo. Las nubes blancas son las canteras de griegos y árabes. Me detengo ante la *plata encantada,* trozo de obsidiana recubierto de una sustancia vítrea de color blanco nacarado: Monet y su descendencia. Hay que confesarlo: la naturaleza acierta más en la abstracción que en la figuración.

La pintura abstracta moderna se ha manifestado de dos modos: búsqueda de las esencias (Kandinsky, Mondrian) o naturalismo de los llamados expresionistas angloamericanos.[1] Los padres de la tendencia querían salir de la naturaleza, crear un mundo de formas puras o reducir todas las formas a sus esencias. Los angloamericanos no se inspiraron en la naturaleza pero decidieron obrar como ella. El gesto o acto de pintar es el doble, más o menos ritual, del fenómeno natural. La pintura es *como* la acción del sol, el agua, la sal, el fuego o el tiempo sobre las cosas. Pintura y fenómeno natural son en cierta manera un *accidente*: el choque imprevisto de dos o más series de acontecimientos. Muchas veces el resultado es notable: esos cuadros son fragmentos de materia viva, trozos de cosmos desollados o en ebullición. Sin embargo, es un arte incompleto, como puede verse en Pollock, el más poderoso de estos artistas. Sus grandes telas no tienen principio ni fin y de ahí que, a pesar de sus dimensiones y de la energía con que están pintadas, nos parezcan pedazos gigantescos y no mundos completos. Esta pintura no calma nuestra sed de totalidad, signo del gran arte. Fragmentos y balbuceos: un pujante querer decir, no un decir completo.

Idealista o naturalista, la pintura abstracta es un arte intemporal. La esencia y la naturaleza son ajenas al transcurrir humano: los elementos naturales no tienen fecha; tampoco la tiene la idea. Prefiero la otra corriente del arte moderno, empeñada en asir la significación en el cambio. Figuración, desfiguración, metamorfosis, arte temporal: en un extremo del abanico, Picasso; en el otro, Klee. En el centro, Duchamp y los grandes surrealistas. Nadie ha hablado de la invisible oposición entre arte temporal e intemporal. En cambio, todavía hasta hace poco se nos aturdía con la querella entre abstracción y figuración. Al arte abstracto idealista debemos algunas de las creaciones más perfectas y puras de la primera mitad del siglo. No hay que tocarlas ni repetirlas. La tendencia naturalista o expresionista nos dejó obras intensas pero híbridas. El hibridismo es la consecuencia de la contradicción entre fenómeno natural (objetividad pura) y gesto humano (subjetividad, intencionalidad). O dicho de otra manera: en esta pintura hay mezcla, no fusión, de dos realidades distintas: la materia viva del cuadro (energía e inercia) y el subjetivismo romántico del pintor. Pintura heroica pero también teatral: la gesta y el gesto. Por su

---

[1] No me gusta el término *expresionismo* aplicado a la pintura abstracta: hay una contradicción entre expresionismo y abstracción. No es menos *misleading* la denominación *pintura abstracta*. Ya Péret señalaba que el arte es siempre concreto, singular.

parte, el arte temporal es la visión del instante que eleva en su llama la presencia y la quema. Arte de la presencia aun si la descuartiza, como sucede con Picasso. La presencia no es sólo lo que vemos: Breton habla del «modelo interior» y alude así a ese fantasma que habita nuestras noches, presencia secreta en que se manifiesta la *otredad* del mundo. Giacometti ha dicho que lo único que pretende es llegar a pintar o esculpir *realmente* un rostro. Braque no busca la esencia del objeto: lo despliega sobre el río transparente del tiempo. Horas deshabitadas de Chirico. Línea, colores, flechas, círculos de Klee: poema del movimiento y la metamorfosis. La presencia es la cifra del mundo, la cifra del ser. También es la cicatriz, la marca de la herida temporal: es el instante, los instantes. Es la significación que señala y nunca toca el objeto señalado, deseado.

La búsqueda del sentido o su destrucción (es lo mismo: no podemos escapar del sentido) es central en ambas tendencias. El único arte insignificante de nuestro tiempo es el realismo. Y no sólo por la mediocridad de sus productos sino porque se empeña en reproducir una realidad natural y social que ha perdido sentido. El arte temporal se enfrenta a esta pérdida de significación y de ahí que sea el arte por excelencia de la imaginación. Desde este punto de vista Dadá fue ejemplar (e inimitable, a pesar de sus recientes y comerciales repeticiones neoyorquinas): asumió no sólo la asignificación y el sinsentido sino que hizo de la insignificancia su más eficaz instrumento de demolición intelectual. El surrealismo buscó el sentido en el magnetismo pasional del instante: amor, inspiración. Aquí la palabra clave es *encuentro*. ¿Qué quedó de todo esto? Unos cuadros, unos poemas: un racimo de tiempo vivo. Es bastante. El sentido está en otra parte: allá, siempre más allá.

El arte temporal oscila entre la presencia y su destrucción, entre el sentido y el sinsentido. Pero tenemos sed de un *arte completo*. No un arte total, como querían los románticos, sino un arte de la totalidad. ¿Hay ejemplos modernos?

Delhi, 1965

[«Naturaleza, abstracción, tiempo» se publicó en *Corriente alterna*, Siglo XXI, México, 1967.]

Figura y presencia

Dadá echó a pique las pretensiones especulativas de la pintura cubista y los surrealistas opusieron al objeto-idea de Juan Gris, Villon o Delaunay una visión interior que destruía su consistencia como *cosa* y su coherencia como *sistema* de coordenadas intelectuales. El cubismo había sido un análisis del objeto y una tentativa por mostrarlo en su totalidad; de uno y otro modo, analítico o sintético, fue una crítica de la *apariencia*. El surrealismo transmutó al objeto y fue la irrupción de la *aparición:* una nueva figuración —una verdadera transfiguración. El proceso se repite ahora. La pintura abstracta había negado realidad estética —y aun toda realidad— lo mismo a las apariencias que a las apariciones. El *pop art* es el regreso inesperado de la figuración, la vuelta agresiva y brutal de la realidad, tal como la vemos todos los días en nuestras ciudades y sin pasar por el tamiz del análisis. En ambos casos, surrealismo y *pop art*, se trata de una reacción de la visión espontánea y concreta frente al absolutismo de la especulación pictórica. Fantasía, humor, provocación, realismo delirante. Ahora que las diferencias entre uno y otro movimiento no son menores que sus semejanzas. Inclusive podría decirse que su parecido es exterior; más que real identidad es una coincidencia histórica y formal: son uno de los extremos de la sensibilidad moderna, oscilante siempre entre el amor a lo general y la pasión por lo singular, la reflexión y la intuición. Pero el *pop art* no es una rebelión total como Dadá ni un movimiento de subversión sistemática a la manera del surrealismo, con un programa y una disciplina interior. Es una actitud individual, una respuesta a la realidad, no una crítica. Su gemelo enemigo, el *op-art*, ni siquiera es una actitud: literalmente es un punto de vista, un procedimiento. En verdad es una rama, más o menos independiente, de la tendencia abstraccionista, según se ve en uno de los mejores representantes de la tendencia: Vasarely.

El artista *pop* acepta el mundo de cosas en que vivimos y es aceptado por la sociedad que posee y usa esas cosas. Ni negación ni separación: integración. A diferencia de lo que sucedió con Dadá y el surrealismo, el *pop art* desde el primer momento se convirtió en un afluente de la corriente industrial, un arroyo en el sistema de circulación de objetos. Sus productos no son desafíos al Museo ni negaciones de la estética de consumidores que define a nuestra época: son objetos de consumo. Lejos de ser una crítica del mercado, este arte es una de sus manifestaciones. Muchas veces sus obras son ingenuas sublimaciones de las vitrinas y aparadores de los grandes almacenes. No es raro: varios de estos artistas se iniciaron en la industria de la publicidad y la moda. De todos modos, el *pop art* es saludable porque regresa a la visión instantánea de la realidad y, en sus expresiones más intensas, a la visión de la realidad instantánea. ¿Cómo no percibir en ciertas obras de Rauschenberg, por ejemplo, la poesía de la vida moderna tal como la definió Apollinaire? El mundo de las calles, las máquinas, las luces, las gentes —un mundo en el que cada color es una exclamación y cada forma un signo que emite significados contrarios. El *pop art* ha reinventado la figura y esa figura es la de nuestras ciudades y nuestras obsesiones. A veces ha ido más allá y ha convertido esa mitología en blanco y en interrogación: el arte de Jasper Johns es el del objeto-San Sebastián. Pero estos artistas nos han devuelto la figura, no la presencia: el maniquí y no la aparición. El mundo moderno es el hombre, o su fantasma, errante entre las cosas y los aparatos. Echo de menos en la obra de estos jóvenes algo que vio Pound en una estación del metro de París y expresó en dos líneas:

The apparition of these faces in the crowd;
Petals on a wet, black bough.[1]

Delhi, 1965

[«Figura y presencia» se publicó en *Corriente alterna*, Siglo XXI, México, 1967.]

---

[1] «La aparición de estas caras, en la muchedumbre;/pétalos sobre una rama húmeda, negra.»

Alegoría y expresión

UNA ALEGORÍA DE HERMENEGILDO BUSTOS

Mientras escribía mi libro sobre Sor Juana Inés de la Cruz y me adentraba en su universo estético, se me hacía más y más visible la continua y poderosa influencia del pensamiento alegórico y de sus representaciones visuales y emblemáticas en el arte y la literatura del siglo XVII. El *Neptuno alegórico*, tanto el arco levantado para celebrar la entrada en México del marqués de la Laguna y su mujer como el texto de Sor Juana que, en prosa y en verso, lo describe, es un ejemplo brillante de la preeminencia de la alegoría en la edad barroca mexicana. Sin embargo, la función central de la tradición alegórica, no sólo en las artes plásticas sino en la poesía, la oratoria sagrada y el pensamiento especulativo, ha sido desdeñada por nuestra crítica.

Un comentario de Julián Gállego acerca de la primera edición española de *Nova iconología*, el célebre libro de Cesare Ripa (1560-1625) demuestra, indirectamente, que debemos extender más allá del siglo XVII los límites cronológicos de la influencia de las representaciones alegóricas tradicionales en la pintura y la escultura de México. El crítico español señala que las láminas que ilustraban las distintas ediciones de la *Iconología* de Ripa inspiraron a los artistas españoles hasta ya bien entrado el siglo XIX. En las pinturas murales de la basílica de la Virgen del Pilar en Zaragoza, Goya utilizó las descripciones de Ripa y las figuras de su libro que representan a La Fortaleza, pero suprimiendo algunos atributos de la imagen y añadiendo otros. Gállego concluye: «Goya combinó las reglas de Ripa y la iconografía local, con toda libertad». La lectura de este párrafo me recordó, instantáneamente, un cuadro alegórico de Hermenegildo Bustos, que representa a un león en posición sedente y, a su lado, una mujer de pelo encendido y armada de unas descomunales tijeras. La alegoría tiene por título *La belleza vence a la fuerza*. A continuación procuraré explicar mi pequeña suposición.

Como es sabido, la alegoría tiende naturalmente a la personificación: una figura, generalmente humana, representa una virtud, un vicio o una idea. El «mensaje» de la alegoría se expresa no sólo en la figura y sus rasgos físicos, su ropa y sus actitudes sino en sus atributos: la balanza en el caso de la justicia, el escudo y la espada en el de la guerra. Gállego señala que en las distintas representaciones de La Fortaleza (la alegoría que inspiró a Goya), ésta aparece invariablemente como una mujer armada, de cabellera leonina, a veces empuñando una espada o la maza de Hércules y acompañada por un león. Ahora bien, la asociación entre la mujer armada y el león es el tema del cuadro de Bustos. Como es sabido, Bustos era profundamente religioso. De ahí que en mi estudio sobre este pintor (1984), al detenerme brevemente en esa obra, me haya preguntado si no se trataba de una reminiscencia de la historia de Santa María Egipciaca. Interpretación apresurada y claramente falsa. Es cierto que en la leyenda de Santa María Egipciaca aparece al final un león, que ayuda a un monje a enterrarla («Y el león, como un animal heráldico/se sentó al lado y sostuvo la piedra», dice Rilke en un soneto que dedicó a este episodio) pero nada en la alegoría de Bustos evoca la escena de la muerte y el entierro de la santa en el desierto. Ahora, a la luz del comentario de Gállego, me atrevo a hacer otra pregunta: ¿no estamos ante una libre interpretación de la alegoría tradicional de La Fortaleza, combinada con otra idea grata a Bustos: la belleza femenina como la fuerza suprema? Pero ¿y las tijeras? Respondo: tal vez es una alusión a Dalila. Combinaciones y transformaciones: si el león está asociado con Hércules y la fuerza, también lo está con Sansón; si una mujer armada de una espada simboliza a La Fortaleza, una mujer hermosa con unas tijeras también simboliza a una fuerza más sutil y poderosa: la del erotismo. Fusión de la tradición clásica y de la bíblica, enlazadas en un motivo universal: la fuerza viril y la femenina.

En otra parte de su artículo Gállego menciona una incompleta edición mexicana de la *Iconología* (traducción del primer tomo de la traducción francesa del libro de Ripa). La fecha es temprana: 1866. No es imposible que Bustos haya conocido esta edición. El caso de su alegoría es apenas un ejemplo entre muchos. Estoy seguro de que una exploración que tenga como guía el tratado de Ripa, iluminará con otra luz nuestro pasado artístico, del siglo XVII a los comienzos del XX. Diré, para terminar, que la permanencia de las representaciones alegóricas en nuestras artes y el carácter determinante de su influencia se explican por la coexistencia de dos instituciones y dos tradiciones: la Iglesia y la Academia.

ENTRE EL GRITO Y EL SIGNIFICADO

La alegoría es una forma canónica. En este sentido es un formalismo. La forma alegórica emite siempre un significado; por esto, una de sus expresiones predilectas es el emblema. La preeminencia del significado distingue esencial y radicalmente al formalismo de ayer del de hoy. En el arte del pasado, la forma era inseparable del sentido; asimismo, los significados más abstractos —una idea, una virtud, una pasión— encarnaban en una representación concreta y particular: un hombre, una mujer, un ser sobrenatural, un monstruo. En el arte moderno, la forma se independizó, primero de manera paulatina y después con violencia, del significado. El formalismo del pasado culminaba en la alegoría, es decir, en la personificación; la figura alegórica estaba impregnada de sentido y, en realidad, no era una forma sino un decir. El significado era su razón de ser: su manera propia de ser era decir. O más claramente: su ser era su decir. El formalismo del siglo xx se despliega en dirección contraria: se rehúsa a significar y, poseído por una ambición que no es exagerado llamar ontológica, no quiere representar sino ser. Presencia entre las presencias, la pintura no significa, no dice: es. Sin embargo, como el cuadro, por su naturaleza misma, por ser arte, es una representación, no puede rehusarse completamente a decir y a significar. Todas las hechuras humanas significan, dicen. ¿Qué dicen los cuadros modernos? Se dicen a sí mismos.

La culminación del formalismo moderno fue el abstraccionismo. Lo sucedió, después de la guerra, el expresionismo-abstracto. Una denominación contradictoria y, por esto mismo, fidedigna: el arte moderno, desde su nacimiento, como se ve en uno de sus protagonistas centrales: Picasso, está desgarrado por dos tentaciones contrarias, la abstracción y la expresión, ser y decir. El expresionismo-abstracto murió de muerte natural, quiero decir, lo mató la fecunda contradicción que le había dado vida. Desde entonces —ahorro al lector la monótona mención de las escuelas y tendencias— asistimos al ocaso del formalismo y a la reaparición de la figuración más o menos realista y expresionista. ¿Se ha restablecido así la antigua correspondencia entre las formas y los significados, rota por la revolución estética del siglo xx? La respuesta es negativa. En el arte contemporáneo —me refiero al de los últimos quince años, particularmente al llamado «neoexpresionismo»— las formas han sido, de nuevo, maltratadas y heridas por la furia pasional de los artistas o por su ironía y sus sarcasmos. Los significados han sufrido la misma suerte. Ante los cuadros de Anselmo Kiefer, para citar al más enérgico y *expresivo* de los «neoexpresionistas», lo que nos sorprende es la exasperada voluntad *por decir* y no lo que dicen realmente esas poderosas pero retóricas composiciones. Sólo que ¿dicen algo? La abundancia de letreros y signos subraya el fracaso de esa voluntad expresiva, exactamente lo contrario de lo que ocurre en los cuadros cubistas de Braque y de Gris, en donde las letras y los números no tienen más función que la de ser formas en un mundo de formas. Doble paradoja del arte moderno: del mismo modo que las obras de los formalistas dicen a pesar suyo (no son cosas: son obras), las de los expresionistas quieren decir y no dicen —son un balbuceo, un grito. Las amamos no por lo que dicen sino por lo que son: obras.

Las formas laceradas de la pintura «neoexpresionista» quieren decir algo que nunca llegan a decir enteramente. Su dramatismo y su poder expresivo —también su debilidad— radican precisamente en su imposibilidad de decir. Esos cuadros —pienso en los mejores— nos enfrentan a una lucha resuelta en jadeo, aullido, grito. Las formas tensas o retorcidas, siempre convulsas, expresan movimientos anímicos contradictorios que buscan, sin encontrarlo, un significado. Cuando lo encuentran, lo destrozan. Así, el «neoexpresionismo» puede definirse como un arte de formas destrozadas y significados rotos. Conjunción a veces patética y otras, las más, simplemente banal. ¿No sucedía lo mismo con el antiguo expresionismo? No: el expresionismo de principios de siglo fue una profanación, un sacrilegio; el «neoexpresionismo» actual es un gesto, una manipulación y, en ocasiones, una especulación. Las restauraciones han sido siempre un neoclasicismo: en este fin de siglo la restauración «neoexpresionista», como veinte años antes la restauración «neodadaísta» *(pop art)*, ha hecho de la profanación una escuela, un manierismo. En un caso, el del *pop art*, congelación de la revuelta; en el otro, el del neoexpresionismo, transformación de la emoción en gesto... Lévi-Strauss atribuye la situación del arte moderno a la decadencia del oficio. ¿No será más cierto atribuir esa *malaise*, ese frenético girar en el vacío, esa continua autoimitación y repetición, al ocaso de los significados? No estamos únicamente ante una crisis del arte sino de la sociedad posindustrial.

México, 1988

[«Alegoría y expresión» se publicó en *Al paso*, Seix Barral, Barcelona, 1992.]

3

La semilla

Las obras de las grandes civilizaciones históricas, sin excluir las de la América precolombina, pueden despertar en nosotros admiración, entusiasmo y aun arrobo, pero nunca nos impresionan como un arpón esquimal o una máscara del Pacífico. Digo *impresionan* no sólo en el sentido de ser algo que nos causa una emoción sino en el de la «huella o marca que una cosa deja en la otra al apretarla». El contacto es físico y la sensación se parece a la congoja. El espacio exterior o interior, el más allá o el más acá, se manifiesta como peso y nos oprime. La obra es un bloque de tiempo compacto, tiempo que no transcurre y que, a pesar de ser intangible como el aire o el pensamiento, pesa más que una montaña. ¿Es la antigüedad, la carga de milenios acumulada en un poco de materia? No lo creo. Las artes de los llamados primitivos (hay que resignarse a usar ese término) no son las más antiguas. Aparte de que muchos de esos objetos fueron creados apenas ayer, me atrevería a llamar primitivo al arte más antiguo de que tenemos noticia: el del periodo paleolítico. Los animales pintados en las cavernas de España, Francia y otros lugares se parecen, si tienen parecido con algo, a la gran pintura figurativa que decora los muros de templos y palacios de las épocas clásicas. Y no sólo por su forma sino por su función: la hipótesis que veía en esas figuras representaciones mágicas, alusiones a ritos de caza, cede hoy el sitio a la idea de que se trata de una pintura religiosa, a un tiempo naturalista y simbólica. Para un especialista como André Leroi-Gourham esas cavernas son una suerte de catedrales del hombre del paleolítico. Tampoco me parecen primitivas las obras de los grandes centros del neolítico en Asia y Europa y sus correspondientes (Tlatilco y otros sitios) en Mesoamérica. Si el acuerdo entre el hombre y el mundo y entre el hombre y los hombres fue una realidad y no un sueño de Rousseau, las figurillas femeninas del neolítico encarnan ese instante dichoso. No, el tiempo de que son cifra viviente las creaciones de los primitivos no es la antigüedad; mejor dicho, esas obras revelan otra antigüedad, un tiempo anterior a la cronología. Anterior a la idea misma de antigüedad: el verdadero tiempo anterior, aquel que siempre está *antes*, cualquiera que sea el momento en que acaece. Una muñeca hopi o una pintura navajo no son más antiguas que las cuevas de Altamira o Lascaux: son *anteriores*.

La obra del primitivo revela el tiempo de antes. ¿Cuál es ese tiempo? Es casi imposible describirlo con palabras y conceptos. Yo diría: es la metáfora original. La semilla primera en la que todo lo que será más tarde la planta —raíces, tallo, hojas, frutos y la final pudrición— vive ya con una vida no por futura menos presente. El tiempo de antes es el de la inminencia de un presente desconocido. Y más exactamente: es la inminencia de lo desconocido —no como presencia sino como expectación y amenaza, como vacío. Es la irrupción del ahora en el aquí, el presente en toda su actualidad instantánea y en toda su virtualidad vertiginosa y agresiva: ¿qué esconde este minuto? El presente se revela y oculta en la obra del primitivo como en la semilla o en la máscara: es lo que es y lo que no es, la presencia que está y no está ante nosotros. Este presente nunca sucede en el tiempo histórico o lineal; tampoco en el religioso o cíclico. En el tiempo profano y en el sagrado los intermediarios —sea el dios o el concepto, la fecha mítica o la manecilla del reloj— nos preservan del zarpazo del presente. Entre nosotros y el tiempo bruto hay algo o alguien que nos defiende: el calendario abre una vía en la espesura, hace navegable la inmensidad. La obra del primitivo niega la fecha o, más bien, es anterior a toda fecha. Es el tiempo anterior al antes y al después.

La semilla es la metáfora original: cae en el suelo, en una hendidura del terreno, y se nutre de la sustancia de la tierra. La idea de caída y la de espacio desgarrado son inseparables de nuestra imagen de la semilla. Si pensamos el tiempo animal como un presente sin fisura —todo es un ahora inacabable— el tiempo humano se nos aparece como un presente escindido. Separación, ruptura: el ahora se abre en antes y después. La hendidura en el tiempo anuncia el comienzo del reinado del hombre. Su manifestación más perfecta es el calendario; su objeto no es tanto dividir el tiempo como trazar puentes entre el precipicio del ayer y el del mañana. El calendario nombra al tiempo y así, ya que no puede dominarlo del todo, *aleja* al presente. La fecha encubre el instante original: ese momento en el que el primitivo, al sentirse fuera del tiempo animal o natural, se palpa como extrañeza y caída en un ahora literalmente insondable. A medida que el hombre se interna en su historia, la hendidura se hace más grande y más honda. Calendarios, dioses y filosofías caen, uno a uno, en el gran agujero. Suspendidos sobre el hoyo, hoy la caída nos parece inminente. Nuestros instrumentos pueden medir el tiempo pero nosotros ya no podemos pensarlo: se ha vuelto demasiado grande y demasiado pequeño.

La obra del primitivo nos fascina porque la situación que revela es análoga, en cierto modo, a la nuestra: el tiempo sin intermediarios, el agujero temporal sin fechas. No tanto el vacío como la presencia de lo desconocido, inmediato y brutal. Durante milenios lo desconocido tuvo un nombre, muchos nombres: dioses, cifras, ideas, sistemas. Hoy ha vuelto a ser el agujero sin nombre, como antes de la historia. El principio se parece al fin. Pero el primitivo es un hombre menos indefenso, espiritualmente, que nosotros. Apenas cae en el hoyo, la semilla rellena la hendidura y se hincha de vida. Su caída es resurrección: la desgarradura es cicatriz y la separación, reunión. Todos los tiempos viven en la semilla.

Un himno funerario pigmeo —para mi gusto de una hermosura más tensa que gran parte de nuestra poesía clásica— expresa mejor que cualquier disquisición esta visión global en la que caída y resurrección son simultáneas:

> El animal nace, pasa, muere.
> Y es el gran frío,
> el gran frío de la noche, lo negro.

> El pájaro pasa, vuela, muere.
> Y es el gran frío,
> el gran frío de la noche, lo negro.

> El pez huye, pasa, muere.
> Y es el gran frío,
> el gran frío de la noche, lo negro.

> El hombre nace, come, duerme.
> Y es el gran frío,
> el gran frío de la noche, lo negro.

El cielo se enciende, los ojos se apagan,
brilla el lucero.
Abajo el frío, la luz arriba.

Pasó el hombre, el preso está libre,
se disipó la sombra...

Delhi, 1964

[«La semilla» se publicó en *Corriente alterna*, Siglo XXI, México, 1967.]

Primitivos y bárbaros

El poema o la escultura del primitivo es la semilla henchida, la plétora de formas: nudo de tiempos, lugar de reunión de todos los puntos del espacio. Me pregunto si la famosa escultura de *Coatlicue* que se encuentra en nuestro Museo Nacional, enorme piedra repleta de símbolos y atributos, no merecería el calificativo de primitiva —aunque pertenezca a una época histórica bien determinada. No: se trata de una obra bárbara, como muchas de las que nos dejaron los aztecas. Bárbara porque no tiene la unidad del objeto primitivo, que nos presenta la realidad contradictoria como una totalidad instantánea, según se ve en el poema pigmeo; bárbara, asimismo, porque ignora la pausa, el espacio vacío, la transición entre un estado y otro. Lo que distingue al arte clásico del primitivo es la intuición del tiempo no como instante sino como sucesión, simbolizada en la línea que encierra una forma sin aprisionarla: pintura gupta o renacentista, estatuaria egipcia o huasteca, arquitectura griega o teotihuacana. No olvido que la *Coatlicue*, más que una forma sensible, es una idea petrificada. Si la vemos como discurso en piedra, simultáneamente himno y teología, su rigor puede parecernos admirable. Nos impresiona como haz de significados, nos deslumbra por su riqueza de atributos e inclusive su pesadez geométrica, no exenta de grandeza, puede aterrorizarnos u horrorizarnos —función cardinal de la presencia sagrada. Imagen religiosa, *Coatlicue* nos anonada. Si la *vemos realmente*, en lugar de pensarla, nuestro juicio cambia. No es una creación sino una construcción. Los distintos elementos y atributos que la componen no se funden en una forma. Esa masa es una superposición; más que un amontonamiento es una yuxtaposición. Ni semilla ni planta: ni primitiva ni clásica. Tampoco es barroca. El barroco es el arte que se refleja a sí mismo, la línea que se acaricia o se desgarra, algo así como el narcisismo de las formas. Voluta, espiral, juego de espejos, el barroco es un arte temporal: sensualidad y reflexión, arte con que se engaña el desengañado. Abigarrada, congestionada, la *Coatlicue* es obra de bárbaros semicivilizados: quiere decirlo todo y no repara en que la mejor manera de decir ciertas cosas es callarlas. Desdeña el valor expresivo del silencio: la sonrisa del griego arcaico, los espacios desnudos de Teotihuacan, la línea danzante de El Tajín. Rígida como un concepto, ignora la ambigüedad, la alusión, el decir indirecto. La *Coatlicue* es una obra de teólogos sanguinarios: pedantería y ferocidad. En este sentido es plenamente moderna pues también ahora construimos objetos híbridos que, como ella, son meras yuxtaposiciones de elementos y formas. Esta tendencia, hoy triunfante en Nueva York y que se extiende por todo el mundo, tiene un doble origen: el *collage* y el objeto dadaísta. Pero el *collage* pretendía ser fusión de materias y formas dispersas: una metáfora, una imagen poética; y el objeto dadaísta se proponía arruinar la idea de utilidad en las cosas y la de valor en las obras artísticas. Al concebir al objeto como algo que se autodestruye, Dadá erige lo *inservible* como el antivalor por excelencia y así no sólo arremete contra el objeto sino *contra el mercado.* Hoy los epígonos deifican el objeto y su arte es la consagración del artefacto. Las galerías y museos de arte moderno son las capillas del nuevo culto y su dios se llama la *cosa;* algo que se compra, se usa y se desecha. Por obra de las leyes del mercado, la justicia se restablece y los productos artísticos corren la misma suerte que los demás objetos mercantiles: gastarse sin nobleza. La *Coatlicue* no se gasta. No es un objeto sino un concepto pétreo, una idea terrible de la divinidad terrible. Advierto su barbarie, no niego su poderío. Su riqueza me parece abigarrada pero es verdadera riqueza. Es una diosa, una gran diosa.

¿Podemos escapar de la barbarie? Hay dos clases de bárbaros: el que sabe que lo es (un vándalo, un azteca) y pretende apropiarse de un estilo de vida culto; y el civilizado que vive un «fin de mundo» y trata de escaparse mediante una zambullida en las aguas del salvajismo. El salvaje no sabe que es salvaje: la barbarie es la vergüenza o la nostalgia del salvajismo. En ambos casos, su fondo es la inautenticidad. Un arte realmente moderno sería aquel que, lejos de enmascarar el vacío, lo manifieste. No el objeto-máscara sino la obra abierta, desplegada como un abanico. ¿No fue esto lo que quiso el cubismo y, más radicalmente, Kandinsky: la revelación de la esencia? Para el primitivo la máscara tiene por función revelar y ocultar una realidad terrible y contradictoria: la semilla que es vida y muerte, caída y resurrección en el ahora insondable. Hoy la máscara no esconde nada. Quizá en nuestra época el artista no puede convocar la presencia. Le queda el otro camino, abierto por Mallarmé: manifestar la ausencia, encarnar el vacío.

Delhi, 1964

[«Primitivos y bárbaros» se publicó en *Corriente alterna*, Siglo XXI, México, 1967.]

La pluma y el metate:
Robert Gardner [1]

Las relaciones de una sociedad con sus divinidades son de abajo hacia arriba: las ofrendas, las oraciones y el humo de los sacrificios ascienden del hombre al dios; o de arriba hacia abajo: la gracia y el castigo descienden del dios al hombre. Las relaciones entre las sociedades humanas no son verticales sino horizontales: el comercio, la guerra. No obstante, también hay entrecruzamiento: los dioses y los espíritus intervienen lo mismo entre los héroes de Homero que entre los españoles guerreando contra los moros o los aztecas combatiendo a los españoles. La intersección entre la sociedad divina y la humana es uno de los ejes de la guerra. En un filme que es una obra maestra del género —me refiero a *Dead Birds*— Robert Gardner ha mostrado que la guerra, incluso en una sociedad extremadamente simple como los *dani* de Nueva Guinea, es un nudo de fuerzas contradictorias: en la lucha también participan los espíritus de los muertos y de los elementos naturales —el viento, el frío, la noche, la lluvia. La guerra es una prueba —costosa y sangrienta— de que la imaginación no es menos real que lo que llamamos realidad. El hombre está habitado por fantasmas y los fantasmas contra los que pelea son seres de carne y hueso: él mismo y sus semejantes.

Dead Birds es un filme sobre la actividad central de los *dani*: la guerra. Dos notas complementarias y contradictorias definen a la guerra: *semejanza* y *extrañeza*. Los guerreros combaten a otros guerreros, es decir, luchan contra hombres que son sus iguales pero que pertenecen a una sociedad extraña. En una nueva película —*Rivers of Sand*— Robert Gardner ha escogido una situación inversa: las relaciones entre los sexos en el interior de una sociedad. De nuevo aparecen las dos notas contradictorias y complementarias pero como el reverso exacto de las anteriores: la

---

[1] Sobre un filme del cineasta y antropólogo Robert Gardner.

relación se establece entre miembros diferentes —hombres y mujeres— de una misma sociedad. La guerra es oposición entre semejantes que son extraños; el matrimonio es unión entre diferentes que pertenecen al mismo grupo. En el matrimonio la relación no es horizontal sino vertical, jerárquica: el hombre domina a la mujer. La guerra es lucha entre semejantes iguales; el matrimonio es unión entre desemejantes desiguales. Al comenzar la película, el personaje central, Omali Inda, lo dice con una poderosa metáfora: «Llega un momento en que la mujer *hamar* deja la casa de su padre para irse a vivir con su marido. Es como alisar la piedra de moler con un pedazo de cuarzo. El cuarzo es su mano, su látigo —y te pegan y pegan».

La metáfora de Omali Inda, como todas las metáforas, tiene un significado plural: alude directamente a la realidad corporal y sexual en la que la mujer es como la piedra de moler y el hombre como el pedazo de cuarzo; al mismo tiempo, nos remite a la realidad social, la dominación: el cuarzo no sólo es un falo sino también es un látigo; por último, designa la división del trabajo: la esfera de la mujer es la de los quehaceres pacíficos y la del hombre es la de la caza y el combate. La relación se inicia como fricción: el hombre golpea a la mujer hasta darle la forma de una piedra de moler. En otro impresionante pasaje de la película, Omali Inda explica con gran claridad la diferencia de las ocupaciones de hombres y mujeres: «A las mujeres les toca trabajar. ¿Salen las mujeres a robar ganado o matar enemigos? Las mujeres nunca han salido a saquear. Ellas saquean escondiéndose en el matorral para desnudarse y matar piojos... La mujer caza moliendo sorgo. Acarrear agua es su modo de pillar». La sociedad *hamar* percibe estas diferencias como naturales y predeterminadas: «¿Tuvo alguna vez una mujer una erección y salió a la guerra y la cacería?»

Aunque el prestigio de las actividades masculinas es superior al de las femeninas, su utilidad es mucho menor: gracias al trabajo de las mujeres la sociedad *hamar* se alimenta. El hombre aparece como una criatura de lujo, no sólo por la pasión con que cuida su apariencia física, especialmente la elegancia de su tocado, sino por la naturaleza predominantemente gratuita, estética y poco productiva de sus ocupaciones. La caza del avestruz, por ejemplo, es una verdadera ceremonia que evoca tanto la danza como los torneos de tiro al blanco. La estética corporal es un elemento esencial de la caza: lo primero que hace el cazador es adornarse con las plumas del avestruz muerto. Así se invierte la relación de la sociedad con los extraños: aunque caza y guerra son luchas contra el mundo exterior, el cazador establece un vínculo con su enemigo que el guerrero rechaza. La caza está entre la guerra y el matrimonio: como la mujer, el avestruz es diferente; como el enemigo, es un extraño. La ceremonia de iniciación de los adolescentes *(ukali)* ejemplifica otro tipo de relación con la sociedad animal: al saltar sobre una fila de vacas, el muchacho abandona su nombre de niño y adopta el del primer animal de la fila. Así se establece con el mundo animal un vínculo más acentuado que el de la caza y, sobre todo, de orden y sentido distintos: en lugar de lucha y muerte, la relación es de parentesco mágico. Sin embargo, la caza y la ceremonia *ukali* pertenecen, esencialmente, a la misma categoría de relaciones con el mundo animal; en ambas, ya sea por medio de la violencia física (caza) o de la violencia ritual (magia), la finalidad es someter al mundo animal, es decir, a una sociedad *otra*. El cazador se desnuda después de haber flechado al avestruz y, en el curso de una pantomima de extraordinaria complejidad estética, arranca las plumas del animal y se adorna con ellas. Así *participa*, en el sentido que daba Lévy-Bruhl a este término; como en el rito *ukali*, hay en la caza del avestruz un elemento mágico que consiste en la apropiación de la sustancia o energía animal. Otra costumbre ritual puede completar esta enumeración de las formas que asume en la sociedad *hamar* la relación con los otros y *lo otro*. Los hombres maduros se reúnen en las afueras del poblado, en un vasto semicírculo, muy separados uno del otro, como si no se tratase de hablar entre ellos sino de sostener, cada uno aisladamente, una conversación con un interlocutor invisible. Una conversación sin palabras, un intercambio de signos y poderes. Cada hombre, después de salmodiar una fórmula, ingiere un poco de agua y la expele con fuerza, como un pulverizador. Cada vez que sale el chorro de agua entre los labios de un *hamar*, se oye un silbido como de víboras invisibles. El efecto es realmente sobrecogedor. Inhalación y exhalación de los espíritus.

Los tres ejemplos que he dado de las actividades masculinas revelan que una de las oposiciones mayores, tal vez la central, de la sociedad *hamar* —la división de los sexos: lo masculino y lo femenino— no es tanto o únicamente biológica sino social. El eje de la división sexual coincide con el de la división del trabajo. Y no sólo con ésta sino con el de las ocupaciones y actividades no productivas, como los ritos. La actividad de las mujeres se orienta hacia el interior de la sociedad y se caracteriza por la preeminencia de dos funciones: la producción y la reproducción. La primera es una actividad económica y la segunda es biológica, pero el lazo entre ellas es inmediatamente perceptible: la sociedad *hamar* subsiste gracias al trabajo de las mujeres y persiste gracias también a las madres que procrean niños y los cuidan. La actividad de los hombres se dirige hacia el exterior y no es directamente productiva. Su acción tiende a la eliminación, neutralización o subyugación de otras sociedades, trátese de sociedades humanas (tribus y grupos rivales), sociedades animales (caza del avestruz, pastoreo del ganado) o de la sociedad de los espíritus (magia y religión). La especialidad de los hombres es el diálogo con la *otredad:* los otros hombres, el mundo natural y el sobrenatural. Pero es un diálogo polémico y cuya finalidad, por la violencia o las argucias de la magia, es la apropiación y la dominación del otro —y de *lo otro.*

Un ejemplo de intersección de lo masculino y lo femenino que no está regido, al menos ostensiblemente, por la dominación, es la extracción de dientes a las muchachas. El acto presenta una faz doble: es una prueba de valor y de estética personal. «Sacarse los dientes —dice Omali Inda— es una cuestión de juventud y belleza.» Así, afirma categóricamente que la extracción de dientes es una costumbre y no un ritual. Su aseveración parece contradecir la universalidad de los ritos y mitos asociados a la extracción de dientes. ¿Cómo podemos explicar esta afirmación? Lévi-Strauss sostiene que los mitos se extinguen ya sea porque se transforman en leyendas novelescas o porque se convierten en relatos pseudohistóricos. Me atrevo a suponer que, en el caso de los ritos, tal vez su extinción consista, como lo sugiere implícitamente Omali Inda, en su transmutación en una prueba de valor que es asimismo una operación de cirugía estética. Los mitos se degradan cuando se convierten en leyendas históricas; los ritos se extinguen cuando se transforman en costumbres. Sometidas a la erosión social, las costumbres pronto terminan en modas. Si la historia es la muerte del mito, quizá la estética sea la del rito.

La ceremonia de flagelación de las muchachas, ésta sí un verdadero rito, se presenta como la contrapartida de la extracción de dientes. Los adolescentes que acaban de pasar por la ceremonia de iniciación *ukali,* en el curso de la cual han adoptado el nombre de un animal y que viven bajo un voto temporal de castidad, tienen el privilegio de azotar a las muchachas. Adornadas, bulliciosas y rientes, las solteras se aglomeran como una colorida, risueña manada. Ceremonia equívoca: las muchachas se disputan por ser las primeras en recibir los latigazos, se adelantan, provocan al joven que empuña el látigo y reciben el castigo con orgullo visible y franca sensualidad. La actitud de los hombres es de reserva: las flagelan con indiferencia y rechazan con un vago gesto de desdén las invitaciones eróticas. Ballet cruel. Más que una ilustración de la *Histoire d'O*, la ceremonia es una traducción al lenguaje del rito de la serie de oposiciones y uniones de que está hecha la visión *hamar* del mundo. Estas oposiciones cristalizan en la dualidad hombre/mujer que, a su vez, no es sino una expresión de la dualidad subyacente en todas las sociedades: lo Uno y lo Otro. Las relaciones entre el hombre y la mujer son manifestaciones de la dialéctica entre lo Uno y lo Otro. La oposición entre marido y esposa está destinada a disolverse en la unión sexual y a renacer inmediatamente en la forma de dominación social del hombre sobre la mujer. La sexualidad, al realizarse, niega la oposición y, así, niega al orden en que se funda la sociedad. El sexo es subversivo. De ahí que el restablecimiento del orden se exprese como castigo, esto es, como reparación de una violación: golpizas en el matrimonio y flagelación en el rito. La golpiza matrimonial es privada, no es ritual y es un verdadero castigo: una pedagogía feroz. Los latigazos son públicos, son un rito y contienen una dosis de fascinación erótica.

Robert Gardner no ha sido indiferente a la belleza extraordinaria del paisaje ni tampoco a la belleza, no menos extraordinaria y atrayente, de hombres y mujeres. Su cámara mira con precisión y siente con simpatía: objetividad de etnólogo y fraternidad de poeta. Sin acudir a ninguna demostración ni explicación verbal, Gardner nos ha hecho visible el doble movimiento contradictorio que anima a la sociedad *hamar* y que, al final de cuentas, constituye su unidad: la piedra de moler y las plumas de avestruz. Hay un momento en que esa oposición se disuelve; ese momento, homólogo ritual y metáfora de la cópula sexual, es la fiesta. La danza frenética de hombres y mujeres expresa la anulación de las diferencias y es un regreso a la indeterminación original y, por decirlo así, a la igualdad presocial. Triunfo momentáneo de lo Uno.

La unidad del filme encarna en Omali Inda: un personaje inolvidable por su belleza, su gracia, sus dones expresivos, su notable inteligencia y la *autoridad* de su discurso, hecho de autenticidad y simplicidad. Más que una gran actriz es una suerte de filósofo natural que expone y defiende las ideas de su pueblo con una claridad y, también, con una ironía nada frecuentes entre nosotros. Pero Omali Inda nos fascina no por ser una expresión de la sociedad *hamar* sino porque es un ser humano excepcional.

En ella encarna la pareja contradictoria que habita a todos los hombres y mujeres, esa dualidad que designan las palabras *placer* y *deber, fiesta* y *trabajo.*

Niza, 28 de abril de 1974

[«La pluma y el metate: Robert Gardner» se publicó en *In/mediaciones*, Seix Barral, Barcelona, 1979.]

4
Un catálogo descabalado

Señor Fernando Gamboa,
Subdirector Técnico del
Instituto Nacional de Bellas Artes

Querido Fernando:
Cuando me invitaste a participar en la exposición *El arte del surrealismo,*
organizada por el International Council del Museo de Arte Moderno de
Nueva York, acepté sin vacilar. Acepté porque creo que ustedes, en el
INBA, realizan una labor positiva en el dominio de las artes plásticas —exposiciones de Cuevas, Gironella, García Ponce— y también porque quieren abrir puertas y ventanas para que entre un poco de aire fresco en el
amurallado y provinciano mundo del arte en México. La idea de realizar
una exposición de arte surrealista me pareció una excelente ocasión para
que el pueblo y los artistas mexicanos conociesen directamente, así fuese
fragmentariamente y a través de unas cuantas obras, el movimiento más
importante del siglo xx. Importante no tanto en la esfera de la poesía y
de las artes visuales sino en las de la sensibilidad y la vida misma. El surrealismo fue una rebelión vital que intentó unir en una sola las dos con-
signas de Marx y Rimbaud: *cambiar al mundo/cambiar al hombre.*

Aunque no era difícil suponer que la exposición tendría ciertas limitaciones, me resigné de antemano a ellas. Organizada como una «exposición viajera» del Museo de Arte Moderno de Nueva York (hubo antes
exhibiciones en Sidney y en Caracas), no era posible que tomase en cuenta el lugar especial que México ocupó, como mito y como realidad, en la
sensibilidad surrealista. También me esperaba la habitual deformación
que consiste en reducir el surrealismo a una de tantas «escuelas» artísticas
del siglo xx. Por todo esto procuré subrayar, en el texto que escribí para la
exposición, *Poema circulatorio,* la visión surrealista de México y el carác-

ter de insurgencia total del movimiento frente a la civilización burguesa contemporánea y ante la tradición judeo-cristiana de Occidente. Lo que me importaba decir (y dije) era que, encerrado o no en museos y antologías, el surrealismo había sido una subversión contra la cultura oficial. Esperaba limitaciones e incluso deformaciones. Lo que no esperaba era que el catálogo de la exposición contuviese un lugar común injurioso contra André Breton y que, sobre todo, fuese una tentativa por amputar al surrealismo de su dimensión crítica y subversiva lo mismo frente a las ignominias del Occidente capitalista y cristiano que ante las monstruosas perversiones del socialismo en Europa oriental y en otras partes del mundo. En estas circunstancias no me queda más recurso que *desolidarizarme* categóricamente de la exposición, no tanto por ella misma sino por el texto del catálogo que es, repito, una tentativa por escamotear y deformar el significado del surrealismo.

Paso por alto que ese texto esté escrito en esa lengua híbrida que no hay más remedio que llamar *espaninglish* (en castellano se dice «el dadaísmo» pero no «el Dadá»; ¿qué rayos querrá decir «patiquín»?; etc.) Paso por alto asimismo la unilateralidad de las fuentes, todas angloamericanas, y la erudición que revelan (la frase de Lautréamont que se cita en la página 10 no aparece en *Poésies* sino en *Les Chants de Maldoror*, no es cierto que la última exposición del surrealismo haya sido la de 1947, etc.). Más difícil de tragar es la afirmación de que el surrealismo empezó a declinar en 1935. Una de las piezas más hermosas de la exposición, *Ídolo*, de Wifredo Lam, es de 1944; casi todos los cuadros de Matta que se exhiben son de la década de los cuarenta... ¿a qué seguir? Baste con recordar que una de las obras capitales de las últimas décadas, probablemente la más importante de Duchamp, al lado de *La novia puesta al desnudo por sus solteros, aun...*, es el ensamblaje *Dados: 1.º La Cascada, 2.º El Gas de alumbrado*, iniciado en 1946 y terminado en 1966. ¿Y cómo olvidar que dos de las obras más intensas y poderosas de André Breton son, respectivamente, de los años 1944 y 1947: *Arcane 17* y *Ode à Charles Fourier?*

La prisa por enterrar vivo al surrealismo se debe, en parte, a la estrechez de miras de los profesores-críticos y, en parte, al nacionalismo cultural. Los profesionales de la crítica de arte quisieran ver en el surrealismo sólo a una escuela artística. No. El surrealismo es un movimiento de subversión de la sensibilidad y la imaginación que abarca lo mismo a los dominios del arte que a los del amor, la moral y la política. Como el romanticismo, que atraviesa todo el siglo XIX, el surrealismo —su heredero y continuador— no puede medirse con los metros de estilos, escuelas y técnicas que utilizan en sus clasificaciones los profesores. En el surrealismo se cruzan las vías de la imaginación poética con las del amor y con las de la revuelta social. Un ejemplo: debemos a los surrealistas, a Breton en particular, no sólo el redescubrimiento de Fourier sino el haberlo reinsertado en el contexto de las preocupaciones contemporáneas. (De paso: la última exposición surrealista, 1964, fue hecha precisamente en torno a un célebre principio de Fourier: la *desviación absoluta.*) Nacionalismo cultural: el catálogo tiende a presentar al surrealismo como un movimiento que se extingue en 1935 para que brote de sus cenizas la Nueva Pintura (Norte)Americana. El chovinismo imperial es tan repulsivo como el chovinismo de huitlacoche y menos perdonable. El segundo es la reacción de un pueblo humillado, el primero es delirio de poder. Para ser reconocida por lo que realmente es: un admirable e intenso momento del arte contemporáneo, la pintura (norte)americana no necesita de actas de defunción de otras tendencias, extendidas por críticos convertidos en escribientes de registro civil. La pintura (norte)americana, por lo demás, no es sino la continuación *creadora* de dos movimientos internacionales de vanguardia: el surrealismo y el abstraccionismo. Lo mismo ante el chovinismo de la escuela de París que ante el de México y el de Nueva York, hay que repetir que el arte moderno, por vocación y por naturaleza, es un arte *internacional.*

Lo anterior no es todo ni lo más grave. Al referirse a la actividad política del surrealismo, se dice que la ruptura con el Partido Comunista se debió a las «posiciones utópicas de André Breton» y a su «negación de la posibilidad de un arte de la clase obrera». Lejos de ser utópicos, los surrealistas se mostraron profundamente lúcidos: fueron de los primeros en denunciar el proceso de degeneración burocrática de la Revolución de Octubre. Sus críticas no tardaron en coincidir con las tesis de Trotski. Este último tampoco pensaba en la posibilidad de una literatura y un arte proletarios, por la sencilla razón de que creía que el socialismo, al acabar con las clases, acabaría también con la cultura de clases. Debemos al encuentro entre Trotski y Breton un texto capital: el *Manifiesto por un arte revolucionario independiente.* La actividad política del surrealismo no cesó después de la ruptura con el partido de Stalin, como puede comprobarlo cualquiera que se tome el trabajo de revisar, así sea someramente, la historia del surrealismo desde 1940 hasta la muerte de Breton.

El catálogo dice: «Breton muere en 1964, *Papa* de una academia surrealista oficial cuyo control trataba de seguir ejerciendo». La verdad es exactamente lo contrario: entre 1945 y 1964, especialmente durante los años de la guerra fría y de la división del mundo entre Washington y Moscú, el grupo surrealista fue uno de los poquísimos centros de oposición a la propaganda hegemónica de ambos imperios. Esa oposición se mostró en todos los campos, de la política al arte, la literatura y la moral. En la esfera del arte la actitud surrealista se expresó como una doble repulsa al «realismo socialista» de Stalin y al abstraccionismo de Nueva York. Cierto, el primero fue la servidumbre no sólo del arte sino de los artistas, mientras que el segundo fue una búsqueda estética independiente, ilustrada por obras poderosas. No importa: cualesquiera que hayan sido los méritos del abstraccionismo (no seré yo el que los niegue), el surrealismo denunció su vacío interior como antes se había opuesto al esteticismo de otras tendencias de vanguardia. Ya frente a Valéry había dicho Breton: «Una más grande emancipación del espíritu y no una mayor perfección formal —ése ha sido y seguirá siendo el objetivo principal». El surrealismo ve en el arte y la poesía «a la libertad humana obrando y manifestándose» (Maurice Blanchot).

En cuanto al clisé de «Breton, Papa del surrealismo», me limitaré a citar, sin añadir o quitar una coma, lo que escribí en 1964, el año de su muerte: «Nunca vi a Breton como un jefe y menos aún como un Papa, para emplear la innoble expresión popularizada por algunos cerdos».

Cordialmente,
OCTAVIO PAZ

México, enero de 1973

[«Un catálogo descabalado» se publicó en *In/mediaciones*, Seix Barral, Barcelona, 1979.]

El grabado latinoamericano

Los aficionados a los libros bellos y los que se interesan en nuestro pasado conocen las ediciones facsimilares que, desde hace ya algunos años, publica la empresa Cartón y Papel de México. Estas reimpresiones de rarezas bibliográficas son doblemente admirables: por la pulcritud con que se reproducen las ediciones originales y por el valor de las obras mismas. Todas ellas combinan, en proporciones variables, dos atractivos: el histórico y el artístico. Por ejemplo, la reedición de *Los calendarios mexicanos* de Mariano Fernández de Echeverría y Veytia, libro monumental publicado en 1907 por el Museo Nacional, con un prólogo del erudito Genaro García. Hoy pueden interesarnos o no las lucubraciones de Veytia y de García sobre las ideas cosmológicas de los antiguos mexicanos y sus maneras de medir el tiempo; nadie, sin embargo, puede contemplar las planchas de ese libro sin maravillarse. Para nosotros el tiempo es una sucesión abstracta. Para los indios era una imagen. En el caso del volumen *Egerton en México 1830-1842*, aunque el interés es predominantemente estético y no histórico, el prólogo de Martin Kiek nos da una sucinta pero completa información sobre la vida del enigmático pintor y su desdichada muerte, con una amiga, en las afueras de Tacubaya. El libro reproduce las doce litografías publicadas en Londres, en 1840, y que fueron coloreadas por el mismo Egerton. Otro libro notable es el *Álbum del ferrocarril mexicano* (México, 1878). Está compuesto por una serie de cromolitografías —un procedimiento nuevo en aquella época— que retratan distintos parajes y estaciones del trayecto en ferrocarril entre el puerto de Veracruz y la ciudad de México. Hojeo este libro con emoción: mi abuelo poseía un ejemplar y yo, de niño, contemplé sus estampas muchas veces: Pertenezco a una generación que todavía hizo el viaje a Veracruz en ferrocarril y la simple mención de un nombre como Cumbres de Maltrata evoca en mí un rumor de aguas cayendo en un abismo verde.

En 1971 Cartón y Papel de México inició un programa ambicioso: encargó un grabado a diez jóvenes artistas mexicanos. Al año siguiente, con la participación de Cartón de Colombia y Cartón de Venezuela el programa tomó mayor importancia. En 1973 se invitó a artistas de otros países americanos y de España. Así, en el curso de unos pocos años, la colección, inicialmente mexicana, se extendió a toda América Latina y también a varios países europeos (Francia, Bélgica, España, Italia) y a los Estados Unidos. El programa se llama Artes Gráficas Panamericanas (AGPA). Lo americano no excluye lo internacional y de allí que en una de las exposiciones anuales, la de 1975, haya figurado el veterano dadaísta Hans Richter con una litografía. El resultado de este esfuerzo ha sido la reunión de una rica colección de obras gráficas, cada una de un artista distinto. En total 249, en su mayoría latinoamericanas aunque, según ya señalé, el conjunto incluye asimismo obras de artistas europeos y norteamericanos, como Alechinsky, Saura, Topor, Guinovart. En la colección figura la mayoría de los artistas latinoamericanos de relieve. Asimismo, están representadas todas las escuelas y todas las técnicas: no es una antología sino un repertorio regido por una objetividad que no teme el eclecticismo.

Con frecuencia se habla de la vitalidad y la universalidad de la literatura hispanoamericana, en las dos lenguas del continente: la portuguesa y la española. Creo que las artes plásticas visuales —la pintura, el grabado, la escultura, la fotografía— no son inferiores a la poesía y a la novela. Para comprobarlo no necesito sino recordar a Tamayo, Matta, Lam, esos tres «jóvenes abuelos». O pensar en las fotografías de Manuel Álvarez Bravo. Pero hay algo más: no sólo todos nuestros grandes pintores han practicado esta o aquella forma del arte gráfico sino que algunos de nuestros mejores artistas son, esencial o predominantemente, grabadores. Tal es el caso, conocido por todos, de José Luis Cuevas; también el de otro notable artista situado precisamente en el polo opuesto al expresionismo fantástico de Cuevas: Omar Rayo. Para otros artistas el grabado ha sido un reto del que no siempre han salido vencedores o un feliz complemento de su actividad pictórica. Un ejemplo de esto último —un ejemplo mayor— es Carlos Mérida. En su producción el grabado ocupa un lugar especial al lado de sus murales en mosaico. El grabado es propicio a esa mezcla de geometría y formas mayas —modernidad y arcaísmo— característica de Mérida. Otro artista al que han favorecido las nuevas técnicas del grabado en color es Matta. En blanco y negro este pintor-poeta habría perdido uno de sus grandes dones, guía y freno de su impetuosa imaginación —ese sentido del color que hizo escribir a André Breton: «desde sus primeras obras Matta es dueño de una gama de color enteramente nueva, quizá la única o, en todo caso, la más fascinante que haya sido propuesta desde Matisse».

Frente a las imágenes explosivas de Matta, las construcciones geométricas de Jesús Soto: un arte riguroso situado en la frontera entre razón y sensibilidad. Sobre sus obras, a un tiempo aéreas y sólidas, podría decirse que son vistas fijas del movimiento. El grabado en color también ha sido favorable a la sensibilidad de Günther Gerzso, artista que concibe el color no como un accidente sino como una propiedad del espacio, es decir: color-extensión y no extensión coloreada. Hace años intenté definir a este gran pintor uniendo dos palabras enemigas: *centella glacial*. Ante sus grabados, la expresión me sigue pareciendo exacta: esas geometrías aéreas son construcciones de fuego suspendidas sobre abismos fríos.

Debo decir algo más sobre la importancia de la colección AGPA: no sólo hace visible y, por decirlo así, palpable, la importancia del grabado en las artes visuales de nuestro continente sino que, aparte de esta función estética, cumple otra que no sé si debo llamar moral o psicológica. Ante el espectáculo diario de la realidad política y social de América Latina —un continente caótico y revoltoso, tiranizado, saqueado y con millones en andrajos— es fácil perder el ánimo. Sin embargo, la literatura y el arte de nuestras tierras, desde hace más de medio siglo, nos dan fuerza para mirar de frente a la realidad. El continente de los caudillos y los demagogos es también el continente de los poetas y los pintores. No hemos perdido todo puesto que tenemos todavía imaginación y sensibilidad: ojos para ver, manos para pintar, bocas para hablar. Tenemos alma, esa palabra en desuso. De ahí que el panorama que nos ofrece AGPA sea una suerte de *reconstituyente,* como se llamaba antes a los bálsamos destinados no a curar este o aquel mal sino a devolver el vigor al cuerpo. El grabado, como la poesía y la novela latinoamericanas, nos devuelve la confianza en el genio de nuestros pueblos. Es un alimento a un tiempo terrestre y espiritual: color y calor, forma e idea.

Las civilizaciones precolombinas practicaron con fortuna el arte del relieve en piedra y en otras materias; por lo tanto, sin duda conocieron una forma rudimentaria del grabado. Su técnica no debe haber sido muy distinta a la utilizada en la antigua China, en la India, en Mesopotamia y en Egipto. El grabado por frotamiento aparece muy pronto en la historia del arte y no es imposible que los grandes artistas del paleolítico hayan sido los descubridores de este método de reproducción de las líneas y las formas. En todo caso, los sellos precolombinos son justamente famosos. Pero el verdadero grabado en madera y en metal, con instrumentos como el buril y el punzón o los ácidos, vino con la Conquista. Al principio, como en Asia y en Europa, el grabado fue el servidor del texto. Ese texto era casi siempre religioso: los primeros grabados son chinos y consisten en ilustraciones de un sutra budista en un «rollo» del siglo ix. En Europa se repite el fenómeno: el primer grabado conocido es una Madonna del siglo xv. La evolución del grabado en los dominios americanos de España y Portugal refleja, pálidamente, los cambios europeos: primero, láminas piadosas en libros y folletos religiosos: después, sin abandonar esta función, ilustraciones de libros de filosofía, ciencia, poesía, artes militares, arquitectura. Hasta la aparición de la fotografía, la estampa desempeña la función de documento, sobre todo en los libros de viaje. La Independencia aceleró la evolución; durante casi todo el siglo xix, estrechamente asociado a la prensa, el grabado estuvo impregnado de política y polémica. Fue una época de excelentes caricaturistas. Pero también hay ejemplos encantadores de láminas ilustrando un poema, un cuento o una moda femenina. Todas estas obras interesan más a la historia de las técnicas gráficas, las costumbres y las ideas que a la del arte. Son documentos históricos pero para encontrar, entre tantos artesanos laboriosos y hábiles, a un artista de verdadera significación hay que dar un salto y llegar a las puertas del siglo xx: José Guadalupe Posada. La primera figura americana de alcance universal, en el dominio de las artes plásticas, fue un oscuro artesano que nunca fue considerado por sus contemporáneos como un verdadero artista. Si se hubiese preguntado a los críticos mexicanos de aquellos años el nombre del mejor grabador, habrían contestado sin vacilar: Julio Ruelas —un artista de innegable distinción, pero que no fue más allá de sus maestros europeos.

Aunque hoy nadie niega la importancia de Posada, todavía oscurecen su obra varios equívocos. El primero procede de la idea (falsa) de una supuesta jerarquía de las artes, dentro de la cual el grabado es un género menor. Para disiparla basta con pensar en los grabados de Durero, Rembrandt, Seghers, Piranesi, Goya, Daumier, Redon. ¿Quién se atrevería a decir que *El caballero, la muerte y el diablo* o *El coloso* son obras menores? Otro equívoco que es urgente disipar: el nacionalista. Sí, Posada es muy mexicano; incluso es localista: su México no es el país sino la capital y no toda ella sino uno de sus barrios, el de la Merced. ¿Podemos reducir su obra a una barriada? Posada es más que una ciudad o un país; mejor dicho, es algo distinto: una obra universal. Y lo es de la única manera en que puede serlo una obra: por la originalidad de sus formas y por lo que dicen esas formas. Del mismo modo: Posada es de su tiempo, pero su obra sobrepasa a su época. Justamente, uno de sus encantos reside en la contradicción de su versión premoderna —la del México de sus días— y la sorprendente modernidad de su trazo y, sobre todo, de su humor. Para encontrar algo semejante a ese humor hay que ir hasta París, donde su correspondiente es nadie menos que Alfred Jarry. Posada no es un artista del siglo XIX: como Jarry, es nuestro contemporáneo. También será el contemporáneo de nuestros nietos.

El tercer equívoco, el más persistente y dañino, es el revolucionario. Muchos críticos se han empeñado en hacer de Posada un prototipo del arte de protesta. La verdad es que en su obra apenas si hay ideas políticas; aunque sus grabados expresan sentimientos sociales muy intensos, no defienden ninguna causa ni proponen este o aquel remedio a los males de su tiempo. Posada no quiere reformar o cambiar a la sociedad: quiere retratarla. Su retrato es, simultáneamente, realista y fantástico, piadoso y burlón. No hay en su obra ánimo vengativo ni propósito reformador. Lo que dice no lo dice en el tono de la proclama sino en el lenguaje ambiguo, doble o triple, de la antigua sabiduría popular. El elemento subversivo y disolvente es el humor, pero ese humor no está al servicio de una ideología. El humor, por lo demás, nunca es ideológico. Para el humorista el hombre es un ser terrible y, simultáneamente, risible. Lo contrario del ideólogo, que no se ríe ni del mundo ni de sí mismo.

El populismo de Posada es un trampolín. Ilustra los acontecimientos diarios; es un cronista y en su obra aparecen los crímenes pasionales, las catástrofes ferroviarias, las fiestas cívicas y las religiosas, las monstruosidades biológicas, los robos, los raptos, los amores, las borracheras, el tejido sórdido y maravilloso de cada día. No obstante, su obra es algo más que una crónica. La *Calavera catrina* no es únicamente una estampa satírica de las señoras elegantes de su tiempo; es una imagen poética, un emblema, en el que el lujo se alía a la muerte: plumas, sedas y huesos. Es la moda, pero vista desde la perspectiva de un Leopardi: *la moda hermana de la muerte...* Sus temas son los de la vida diaria; su manera de tratarlos los rebasa, les da otra dimensión. Mejor dicho, los abre hacia otra dimensión. No son ilustraciones de este o aquel sucedido sino de la condición humana.

En *Aventura plástica de Hispanoamérica*[1] —un libro que es la crónica más completa de este medio siglo y en cuyas páginas perspicacia e imaginación caminan del brazo— Damián Bayón afirma que «el arte latinoamericano *despierta* en la década de los veinte». Afirmación exacta, con la ya citada excepción de Posada. Aunque la mayor parte de los artistas que aparecen en esos años —entre ellos se encuentran algunos de los mayores de este continente, como Joaquín Torres García y José Clemente Orozco— practicaron también el grabado, serán recordados más por sus óleos y murales que por sus obras gráficas. La única excepción es la de Orozco. Pienso, como Bayón, que su obra de caballete es inferior a sus murales, a sus dibujos y a sus grabados. Orozco comenzó como caricaturista y nunca dejó de ser un artista gráfico. Incluso sus murales tienden al grabado. Usó con valentía el color, pero su obra, espiritualmente, es una obra en blanco y negro. Un espíritu se mide por su capacidad de admiración y de indignación; en Orozco la indignación, pasión generosa, adquiere una efervescencia a un tiempo impresionante y contagiosa. Por desgracia, a veces cae en un didactismo que la hace enfática. Entonces su línea se vuelve rígida. Grandes limitaciones de un talento grande.

Esta apresurada reseña sería incompleta si no mencionase a otro artista de talento: Leopoldo Méndez. Fue la figura más interesante del Taller de Gráfica Popular. También su obra está teñida de didactismo, aunque más frío que el de Orozco. El didactismo de Méndez fue el resultado de la aplicación sistemática de una de las grandes aberraciones morales y estéticas de este siglo: el realismo socialista. En cambio, el didactismo de Orozco era la consecuencia de una pasión personal nada doctrinaria. Por fortuna, la ideología no ahogó enteramente el talento y la sensibilidad de Méndez: en sus mejores grabados triunfa una línea tranquilamente poderosa y sus tintas, espesas y calientes, poseen una vitalidad densa, sensual y que no está reñida con la elegancia. Esos grabados respiran.

Al hablar de los antecedentes del grabado contemporáneo me he referido casi exclusivamente a artistas mexicanos no por nacionalismo sino porque me parece que, en ese campo y en esa época, la aportación de México fue la más rica. Subrayo: no en el dominio de la pintura —¿cómo olvidar, por ejemplo, a Torres García y a Figari?— sino en el del grabado. Pero todo cambia al llegar al periodo contemporáneo: el panorama no sólo es más amplio —toda América— y más vivo —todas las

[1] Fondo de Cultura Económica, México, 1975.

tendencias— sino más colorido. Precisamente, el cambio comenzó con el color. Los artistas abandonaron casi enteramente el blanco y negro; el grabado latinoamericano fue una suerte de explosión de rojos, verdes, amarillos, azules, todos los colores y todos los tonos. Es revelador que un artista como José Luis Cuevas, al que la índole de su genio así como la tradición de que desciende parecían condenar al blanco y negro, no haya vacilado en acudir a una sabia gama de colores que tienden no a exaltar sus composiciones sino a matizarlas. Otra posibilidad desconocida en el pasado: la combinación de varias técnicas. Otra más: el relieve y, claro está, el grabado-escultura en tres dimensiones. En este dominio la aportación de Omar Rayo ha sido esencial.

Entre todos estos cambios y novedades hay uno que me inspira cierta desconfianza: la fotografía. La utilización de la foto en un grabado ofrece posibilidades insospechadas; asimismo riesgos que sólo algunos artistas excepcionales, también excepcionalmente, han logrado evitar. La mezcla de fotografía y grabado no es la unión de dos técnicas distintas sino de dos artes autónomas. La fotografía se basta a sí misma y otro tanto sucede con el grabado; su mezcla produce casi siempre híbridos. La fotografía degrada al grabado, lo trivializa; el grabado, a su vez, desnaturaliza a la fotografía. En cambio el relieve le da al grabado una dimensión no sólo visual sino táctil; la estampa se convierte en una imagen que *tocamos con los ojos*.

A la variedad de técnicas corresponde la diversidad de estilos y personalidades. Todas (o casi todas) las tendencias del arte contemporáneo están presentes en el grabado latinoamericano. Este cosmopolitismo ¿es un bien o un mal? Todo depende de nuestra idea del cosmopolitismo: para los estoicos era uno de los valores supremos, para los seguidores del realismo socialista era una abominación. En realidad, el fenómeno no es nuevo: los estilos del pasado no fueron nunca nacionales. Además, todos los estilos artísticos tienden a traspasar las fronteras nacionales y a convertirse en internacionales. Trátese del barroco o del neoclasicismo, del romanticismo o del simbolismo, los grandes estilos de Occidente han sido siempre transnacionales. La verdadera novedad no está en el cosmopolitismo sino en la coexistencia, en un mismo espacio y un mismo tiempo, de diversas escuelas y movimientos. En el pasado, las luchas artísticas se reducían a la pugna de dos tendencias; el siglo XX acentúa este pluralismo hasta convertirlo en una nota permanente de la cultura moderna. Otro fenómeno también característico de nuestra época: la velocidad con que aparecen nuevas tendencias y la velocidad con que se propagan. Cierto, en los últimos veinte años la mayor parte de las novedades son versiones recién maquilladas de movimientos de hace cincuenta o sesenta años. La vanguardia gira en el vacío y en torno a sí misma; ha dejado de inventar, pero, incansable, se repite... En suma, pluralidad, proliferación, velocidad: el aquí y el allá, el ayer y el hoy, tienden a confundirse.

La paradoja del arte contemporáneo consiste en que, a pesar de haber usado y abusado de términos como *vanguardia, subversión* y otros tomados del vocabulario de la política, muchas de sus manifestaciones recientes colindan no con la revolución sino con la moda. De ahí que asuma una forma fascinante y equívoca: es la *imagen viva de la muerte.* Baudelaire lo vio antes que nadie y afirmó que el arte moderno (el de su época) no aspiraba ni a la armonía ni a la eternidad; su belleza era *bizarra* y mortal. En esta contradicción reside, simultáneamente, la vitalidad del arte contemporáneo y su enfermedad constitucional. Gracias a esa enfermedad, el arte moderno es lo que es: un cambio continuo, una constante búsqueda y, cada vez con menos frecuencia, una prodigiosa invención. Es imposible saber si el arte contemporáneo recobrará su vitalidad o si se degradará, como en los últimos años, en estériles repeticiones. Pero no es aventurado decir que, para recobrar la salud, los nuevos artistas deben redescubrir el punto de convergencia entre tradición e invención. Ese punto es distinto para cada generación —y es el mismo para todas. Distinto y el mismo para Courbet y para Matisse, para Balthus y para un joven de 1980. Convergencia no quiere decir compromiso ecléctico sino conjunción de los contrarios. El arte de nuestros días está desgarrado por dos extremos: un conceptualismo radical y un formalismo no menos estricto. El primero niega a la forma, es decir, a la sustancia misma del arte, a su dimensión sensible; la obra artística no es nada si no es algo que vemos, oímos, tocamos: una forma. El segundo es una negación de la idea y la emoción. Ambas son versiones distintas, no pocas veces seductoras, del mismo vértigo ante el vacío. Éste es el desafío al que se enfrentan los artistas contemporáneos.

¿Cuál es la posición del arte latinoamericano dentro de este contexto? Ante todo: es imposible definir el arte latinoamericano. Como el de los otros continentes, el nuestro se despliega en muchas tendencias y personalidades contradictorias. La dificultad para definir esta situación no procede de la ausencia de estilos sino de la presencia de muchos. Aunque la diversidad de escuelas, maneras y artistas individuales prohíbe toda generalización, hay algo común a todas esas formas contradictorias: el espíritu que las anima. La mayoría de los artistas latinoamericanos que cuentan coinciden en la conciencia de trabajar no *para* ni *hacia* ni *por* sino *desde* y *en* América. Esta conciencia puede ser oscura o clara, explícita o tácita, pero está presente en todos nuestros artistas. No es una estética sino algo previo a toda estética. Incluso los artistas que viven en Europa o en los Estados Unidos desde hace muchos años saben y sienten que no son de allá sino de acá. Mejor dicho: el artista latinoamericano, siendo de aquí, es también de allá. Por eso la conciencia de ser latinoamericano no es un nacionalismo. Ser latinoamericano es un saberse —como recuerdo o como nostalgia, como esperanza o como condenación— de esta tierra y de otra tierra. El arte latinoamericano vive en y por este conflicto. Sus mejores obras, lo mismo en la literatura que en la plástica, son la respuesta a esta condición realmente única y que no conocen ni los europeos ni los asiáticos ni los africanos. El cosmopolitismo latinoamericano no es un desarraigo ni nuestro nativismo es un provincialismo. Estamos condenados a buscar en nuestra tierra la otra tierra; en la otra, a la nuestra. Esa condenación se resuelve en algunos casos en libertad creadora: ese puñado de obras únicas que, en lo que va del siglo, han creado unos cuantos latinoamericanos.

México, noviembre de 1979

[«El grabado latinoamericano» es el prólogo al catálogo de la exposición de grabados de Cartón y Papel de México, en el Museo de Arte Moderno de México, 1980. Se publicó en *Sombras de obras*, Seix Barral, Barcelona, 1983.]

Imágenes de la fe

No es fácil describir la gama de sensaciones que he experimentado al ver, una y otra vez, las fotografías de iglesias mexicanas hechas por Eliot Porter y Ellen Auerbach[1] en el invierno de 1955-1956. Alegría al reconocer olvidadas iglesias rescatadas por los ojos de estos dos artistas y, asimismo, alegría al descubrir otras que yo no conocía o vistas desde un ángulo imprevisto y bañadas por una luz que las transfigura. También pena y cólera: algunas de esas iglesias han desaparecido o han sido desfiguradas por la doble acción de la incuria y el bárbaro «progreso». Y en fin, melancolía: esas fotos me hicieron evocar excursiones y peregrinaciones juveniles a templos, conventos, pirámides y ruinas precortesianas. Como la mayoría de los mexicanos, frecuenté en mi niñez y en mi adolescencia las iglesias y participé en los ritos y misterios de la religión católica. En mi pueblo había un convento dominicano del siglo XVI y muchas iglesias y capillas, dos del XVII. Una de ellas era la iglesia de mi barrio. Yo no la veía como un monumento sino como lo que era y es todavía: un lugar a un tiempo íntimo y público, al que concurrimos para hablar con la divinidad, con los otros fieles y con nosotros mismos. La iglesia ofrecía soledad, comunión —y algo más profano: cada domingo mis amigos y yo veíamos desfilar a las muchachas que iban a misa. Era una ocasión para acercarnos a ellas e invitarlas al cine y a otras diversiones. En nuestros países la sombra de la iglesia ha sido siempre propicia a los encuentros galantes. Don Juan está enterrado en el atrio de una iglesia de Sevilla.

Un poco más tarde, al ingresar en la escuela secundaria, descubrí el arte religioso de México. Las escuelas secundarias eran de reciente creación. Fueron instituidas, hacia 1926, para sustituir al antiguo bachillerato

---

[1] *Mexican Churches*, fotografías de Eliot Porter y Ellen Auerbach, ensayo de Donna Pierce, University of New Mexico Press, Albuquerque, 1987.

a la francesa. En un esfuerzo por modernizar la educación pública, el gobierno había iniciado una serie de reformas inspiradas en el modelo norteamericano. No eran ajenas a estos cambios las ideas sobre la educación del filósofo John Dewey. Yo venía de una escuela católica y los nuevos métodos me asombraron y me desconcertaron. El director de mi escuela era un alma simple y buena. Adorador de la ciencia, se le ocurrió llamar con el nombre de científicos ilustres a cada uno de los grupos en que nos habían dividido. Así pasé de la cofradía de los santos y las vírgenes a la academia de los inmortales. En el primer año estuve en el grupo Arquímedes, en el segundo en el Newton y en el tercero en el Lavoisier. Nuestro director amaba la naturaleza, organizó unas excursiones quincenales y declaró obligatoria nuestra asistencia al menos cada mes. Guiados por él, durante tres años visitamos muchos lugares del valle de México. Al director le interesaban más las curiosidades naturales —la composición geológica de unas rocas, la fauna y la flora de una colina— que las obras humanas. En las pausas de nuestras caminatas, antes de comer y descansar, nos reunía a su alrededor y, trepado en una piedra o en un tocón, sacaba un papel y nos leía un poema. Era poeta y los temas de su inspiración eran los de la ciencia: los misterios del triángulo y de la esfera, los prodigios de la tabla de elementos químicos. No sospechó nunca que esas excursiones me hicieron descubrir otro prodigio: la increíble riqueza del arte religioso de México. He olvidado la oda al paralelepípedo y los tercetos a los electrones y las valencias, no la esbeltez de un campanario blanco y las cúpulas azules y rosadas de un convento.

El viaje de Eliot Porter y Ellen Auerbach a México fue, en cierto modo, una lejana e indirecta consecuencia de la experiencia mexicana de D. H. Lawrence. En 1946 Porter se estableció en Santa Fe y, a través de Georgia O'Keeffe, conoció a Spud Johnson, un poeta que vivía en Taos y que había acompañado a Lawrence en su aventura mexicana. Fascinado por los relatos de Johnson, en febrero de 1951 Porter hizo su primer viaje, acompañado por su mujer y por Georgia O'Keeffe. Lo que vio en los pueblos mexicanos lo decidió a volver, esta vez con el objeto de fotografiar las iglesias mexicanas. En esta ocasión lo acompañó, además de su mujer, una notable fotógrafa: Ellen Auerbach. Salieron hacia México a comienzos de diciembre de 1955 y el viaje duró cinco meses. Recorrieron el territorio mexicano, de Nogales en el norte a Chiapas y Yucatán en el extremo sur, en un Chevrolet pero también en autobús, avión y ferrocarril. Unos años antes, durante la segunda Guerra Mundial, se había iniciado en México un acelerado y no siempre feliz proceso de modernización que sólo se detendría hacia 1970. Pero el México que vieron y fotografiaron Porter y Auerbach retenía aún sus rasgos más característicos. Tomaron más de tres mil fotos, casi todas en color. Una cantidad que no es excesiva si se repara en el asombroso número de iglesias, capillas y santos de México. Ellen Auerbach confiesa: «we were frustrated by the feeling of not having even scratched the surface».

Mexican Churches presenta únicamente ochenta y ocho fotografías, entre las tres mil tomadas por Auerbach y Porter. El rigor premia: casi todas son excelentes, algunas son magníficas y varias verdaderas obras maestras. Entre estas últimas está la que aparece en la portada: muestra las manchas ocres y color naranja quemado de una pared resquebrajada sobre la que cuelga una guirnalda de rosas de papel amarillas, rojas y moradas; abajo, sobre un suelo de tintes cambiantes del color del hábito de los franciscanos, una botella negra de vidrio y un vaso en donde se ahoga una amapola encarnada. Una composición en la que la vivacidad de los colores y el lujo de las tonalidades contrasta dramáticamente con la pobreza de las materias: papel, vidrio, cemento, cal, manchas de humedad —herramientas con las que el tiempo hace y deshace las apariencias. La guirnalda de papel es un andrajo lujoso y parece hecha para coronar a un rey indigente: el Cristo mismo. Es admirable la precisión y la delicadeza con que el ojo del artista aisló este humilde prodigio y lo convirtió en una obra viva. Hace ya muchos años que la guirnalda fue tirada al bote de la basura y el muro, si todavía está en pie, ha sido repintado muchas veces. Pero la imagen vive en la foto de Porter. La fotografía redime.

Otra foto que me sorprendió es una de Auerbach que muestra a una escultura del Crucificado en un nicho pintado con flores y motivos geométricos. El arte religioso mexicano usa y abusa del expresionismo pero, dentro de esa tradición, ese Cristo ensangrentado no es terrible sino liberador. La figura está animada por un impulso espiritual de levitación y, con los brazos extendidos como las alas de un pájaro humano, parece desprenderse de la Cruz y ascender. Se presiente que la bóveda de la capilla se abrirá en dos para dejar escapar al Dios-ave.

Las fotos están acompañadas por un claro, lúcido ensayo de Donna Pierce. Es una síntesis de la evolución del arte religioso de México y una explicación acerca de la influencia central del catolicismo en la sensibilidad, la imaginación y la vida del pueblo de México. Pierce subraya el sincretismo del catolicismo mexicano, que ha adoptado, aunque purgadas de sus aspectos más terribles, muchas de las divinidades prehispánicas. Entre ellas y en primer término las antiguas diosas de fertilidad. La comparación con el protestantismo anglosajón es significativa: en México los dioses indios se convirtieron, por decirlo así, al cristianismo; en los Estados Unidos, desaparecieron. La fecundidad espiritual del catolicismo mexicano ha sido asombrosa. No pienso únicamente en las visiones de amor y de caridad con que ha ennoblecido la vida interior del pueblo ni en las imágenes con que ha enriquecido su sensibilidad, como las de la Virgen de Guadalupe y el Cristo de Chalma; pienso también en sus grandes creaciones en los dominios de la arquitectura, la pintura, la escultura, la música y la poesía. No hay nada semejante en la cultura norteamericana.

Tal vez no sea muy equitativa la comparación entre los Estados Unidos y México en materia de obras e imágenes religiosas: México es todavía en muchos aspectos una sociedad tradicional (en esto reside, simultáneamente, su fuerza y su flaqueza), mientras que los Estados Unidos son la primera sociedad realmente moderna de la historia. En cuanto a la ausencia de imágenes femeninas en la religiosidad norteamericana: el Dios protestante es masculino y abstracto; a su lado no reina ninguna Virgen María. La cultura capitalista, fundada en el trabajo, el ahorro y la competencia, es acentuadamente masculina... Es más esclarecedora, quizá, la comparación con la India, otra sociedad tradicional. En México: cruce entre el monoteísmo hispanocatólico y el politeísmo nativo, a través de la mediación de los santos, las vírgenes, los mártires y los diablos; en la India: estricta y a veces fratricida separación entre el politeísmo hindú y el monoteísmo islámico. Allá no sólo no hubo fusión ni aculturación sino que las dos religiones han engendrado dos culturas claramente distintas y dos vocaciones políticas adversarias.

El sincretismo mexicano fue y es popular. No ha sido el fruto de la especulación de un grupo de teólogos sino la expresión espontánea de un pueblo que, para hacer frente a sus desdichas, *necesitaba* creer. La religión ha sido, durante siglos, no el opio sino el bálsamo del pueblo mexicano. Con la misma libertad y confianza en lo sobrenatural con que convirtió sus antiguos dioses en santos y demonios cristianos, ha utilizado y transformado las formas artísticas de Occidente. El arte de México ha sido siempre un arte de cruzamiento y de conjunción de los opuestos. Se trata no sólo de un rasgo indígena sino español. Las primeras iglesias y conventos construidos por los frailes españoles eran ya híbridos, mezcla de estilos y tiempos: gótico, Renacimiento español y mudéjar. En ese primer momento ya es visible la presencia de la sensibilidad india. Es una presencia que nunca ha desaparecido, ni en el esplendor del barroco (que en México tiene características propias) ni durante el dominio del neoclasicismo. Además, entre nosotros siempre han convivido dos maneras: la arquitectura culta y la popular. Un ejemplo de la primera es la capilla del Rosario, en Puebla, apogeo del barroco, llena de reminiscencias cultas como un poema de Sor Juana constelado de citas grecolatinas; de la segunda, la cercana iglesia de Santa María Tonanzintla, danza de vírgenes y ángeles indios, poseídos por una pagana intoxicación sagrada. Con la misma libertad y desenvoltura del pueblo mexicano, Porter y Auerbach fotografiaron no las obras más importantes desde el punto de vista de la historia del arte sino las más características y espontáneas, aquellas que, como dice acertadamente Donna Pierce, son verdaderos «retratos de la fe». Su obra no es un manual sino un libro de imágenes vivas.

No menos notable que la excelencia artística de Porter y Auerbach, es su pericia técnica. La mayor parte de sus fotos son de interiores de iglesias. Casi todas fueron fotografiadas por primera vez y muchas, sin duda, también por última. En efecto, no sólo gran número de esos templos han sido remozados, no siempre con atingencia, sino que el uso generalizado de la luz eléctrica ha cambiado radicalmente el aspecto tradicional de los interiores con su juego de penumbras y claroscuros. Porter y Auerbach se negaron a usar lámparas eléctricas y cualquier otra iluminación exterior; fotografiaron los altares, los nichos y las esculturas en la semioscuridad de las naves. Así, vemos esas imágenes tal como las veían los fieles. Todo esto exigió largas exposiciones pero los resultados compensaron con creces las horas de espera: las fotos recrean con gran fidelidad la atmósfera emotiva del interior de los templos, las sombras atravesadas por las luces indecisas de los cirios y los reflejos trémulos de los vasos de colores.

En ninguna de las fotos aparecen figuras humanas. En esta omisión encuentro uno de los grandes aciertos de los dos artistas: a través de su ausencia adivinamos a los fieles, rodeados en sus ruegos y oraciones por sombras y claridades danzantes. Porter y Auerbach tuvieron que vencer muchas veces la natural resistencia de los feligreses que, no sin razón, consideran suyas a las iglesias y a sus imágenes. Entre cada imagen sagrada y el devoto hay una relación íntima, filial: el creyente ve al santo como un protector sobrenatural y también como un confidente. Esta relación aparece implícita en *Mexican Churches*; en la presencia invisible pero real de los creyentes está el secreto de la fascinación que emiten muchas de esas imágenes. La elipsis es un recurso poético destinado a no ocultar sino a revelar realidades. Esto me lleva, por último, a destacar el carácter del realismo de estas fotografías, igualmente distante del expresionismo y del mero naturalismo. Hay dos familias de artistas: la de aquellos que, como Picasso, se sirven de sus modelos y la de aquellos que los sirven. A esta segunda familia, que es la de los Velázquez y los Chardin, pertenecen Auerbach y Porter.

México, 1987

[«Imágenes de la fe» se publicó en *Al paso*, Seix Barral, Barcelona, 1992.]

TRIBUTOS

Cuatro chopos

A Claude Monet

Como tras de sí misma va esta línea
por los horizontales confines persiguiéndose
y en el poniente siempre fugitivo
en que se busca se disipa

—como esta misma línea
por la mirada levantada
vuelve todas sus letras
una columna diáfana
resuelta en una no tocada
ni oída ni gustada mas pensada
flor de vocales y de consonantes

—como esta línea que no acaba de escribirse
y antes de consumarse se incorpora
sin cesar de fluir pero hacia arriba:

los cuatro chopos.

Aspirados
por la altura vacía y allá abajo,
en un charco hecho cielo, duplicados,
los cuatro son un solo chopo
y son ninguno.

Atrás, frondas en llamas
que se apagan —la tarde a la deriva—
otros chopos ya andrajos espectrales

interminablemente ondulan
interminablemente inmóviles.
El amarillo se desliza al rosa,
se insinúa la noche en el violeta.

Entre el cielo y el agua
hay una franja azul y verde:
sol y plantas acuáticas,
caligrafía llameante
escrita por el viento.
Es un reflejo suspendido en otro.

Tránsitos: parpadeos del instante.
El mundo pierde cuerpo,
es una aparición, es cuatro chopos,
cuatro moradas melodías.

Frágiles ramas trepan por los troncos.
Son un poco de luz y otro poco de viento.
Vaivén inmóvil. Con los ojos
las oigo murmurar palabras de aire.

El silencio se va con el arroyo,
regresa con el cielo.

Es real lo que veo:
cuatro chopos sin peso
plantados sobre un vértigo.
Una fijeza que se precipita
hacia abajo, hacia arriba,
hacia el agua del cielo del remanso
en un esbelto afán sin desenlace
mientras el mundo zarpa hacia lo obscuro.

Latir de claridades últimas:
quince minutos sitiados
que ve Claudio Monet desde una barca.

En el agua se abisma el cielo,
en sí misma se anega el agua,
el chopo es un disparo cárdeno:
este mundo no es sólido.

Entre ser y no ser la yerba titubea,
los elementos se aligeran,
los contornos se esfuman,
visos, reflejos, reverberaciones,
centellear de formas y presencias,
niebla de imágenes, eclipses,
esto que veo somos: espejeos.

La Dulcinea de Marcel Duchamp

A Eulalio Ferrer

—*Metafísica estáis*
—*Hago strip-tease.*

Ardua pero plausible, la pintura
cambia la blanca tela en pardo llano
y en Dulcinea al polvo castellano,
torbellino resuelto en escultura.

Transeúnte de París, en su figura
—molino de ficciones, inhumano
rigor y geometría— Eros tirano
desnuda en cinco chorros su estatura.

Mujer en rotación que se disgrega
y es surtidor de sesgos y reflejos:
mientras más se desviste, más se niega.

La mente es una cámara de espejos;
invisible en el cuadro, Dulcinea
perdura: fue mujer y ya es idea.

Claude Monet, *Los chopos*, 1891.

Marcel Duchamp, *Retrato o Dulcinea,* 1911.

Roberto Matta, *El vértigo de Eros,* 1994.

Balthus, *La falena*, 1959.

Joseph Cornell, *Sin título (Hôtel du Nord)*, c. 1950-1951.

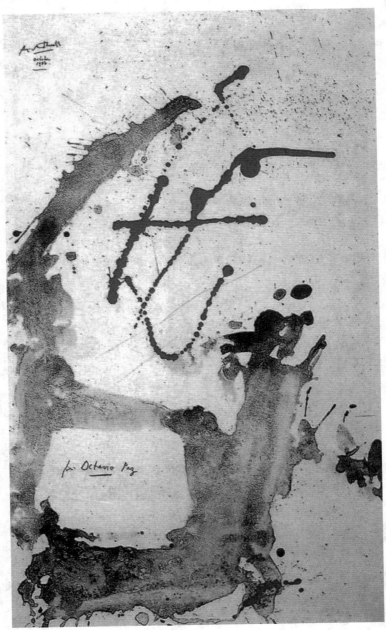

Robert Motherwell, *Para Octavio Paz*, 1987.

Antoni Tàpies, *Cuadrante de polvo azul,* 1959.

Robert Rauschenberg, *Para Octavio Paz*, 1990.

Mar Celo

A Marcel Duchamp

Marcelo
    mar de cielo
cielo del campo
        maricel y campocel
invisible
    mente de vidrio
vidrio demente
       Aparece desaparece
tejida de miradas
      destejida en deseos
desvestida desvanecida
      La Novia
Dulcinea inoxidable
      Cascada polifásica
Molino de refranes
      Aspa de reflejos
La Novia
    tu creatura y tu creadora
tú la miras del otro lado del vidrio
del otro lado del tiempo
      Marcelo
eras la mirada
    eros tu mirada
lámpara encendida en pleno día

México, a 28 de julio de 1987

Fábula de Joan Miró

El azul estaba inmovilizado entre el rojo y el negro.
El viento iba y venía por la página del llano,
encendía pequeñas fogatas, se revolcaba en la ceniza,
salía con la cara tiznada gritando por las esquinas,
el viento iba y venía abriendo y cerrando puertas y ventanas,
iba y venía por los crepusculares corredores del cráneo,
el viento con mala letra y las manos manchadas de tinta
escribía y borraba lo que había escrito sobre la pared del día.
El sol no era sino el presentimiento del color amarillo,
una insinuación de plumas, el grito futuro del gallo.
La nieve se había extraviado, el mar había perdido el habla,
era un rumor errante, unas vocales en busca de una palabra.

El azul estaba inmovilizado, nadie lo miraba, nadie lo oía:
el rojo era un ciego, el negro un sordomudo.
El viento iba y venía preguntando ¿por dónde anda Joan Miró?
Estaba ahí desde el principio pero el viento no lo veía:
inmovilizado entre el azul y el rojo, el negro y el amarillo,
Miró era una mirada transparente, una mirada de siete manos.
Siete manos en forma de orejas para oír a los siete colores,
siete manos en forma de pies para subir los siete escalones del arco iris,
siete manos en forma de raíces para estar en todas partes y a la vez en
    Barcelona.

Miró era una mirada de siete manos.
Con la primera mano golpeaba el tambor de la luna,
con la segunda sembraba pájaros en el jardín del viento,
con la tercera agitaba el cubilete de las constelaciones,

con la cuarta escribía la leyenda de los siglos de los caracoles,
con la quinta plantaba islas en el pecho del verde,
con la sexta hacía una mujer mezclando noche y agua, música
    y electricidad,
con la séptima borraba todo lo que había hecho y comenzaba de nuevo.

El rojo abrió los ojos, el negro dijo algo incomprensible y el azul se
    levantó.
Ninguno de los tres podía creer lo que veía:
¿eran ocho gavilanes o eran ocho paraguas?
Los ocho abrieron las alas, se echaron a volar y desaparecieron por
    un vidrio roto.

Miró empezó a quemar sus telas.
Ardían los leones y las arañas, las mujeres y las estrellas,
el cielo se pobló de triángulos, esferas, discos, hexaedros en llamas,
el fuego consumió enteramente a la granjera planetaria plantada en
    el centro del espacio,
del montón de cenizas brotaron mariposas, peces voladores, roncos
    fonógrafos,
pero entre los agujeros de los cuadros chamuscados
volvían el espacio azul y la raya de la golondrina, el follaje de nubes y
    el bastón florido:
era la primavera que insistía, insistía con ademanes verdes.
Ante tanta obstinación luminosa Miró se rascó la cabeza con su quinta
    mano,
murmurando para sí mismo: *Trabajo como un jardinero.*

¿Jardín de piedras o de barcas? ¿Jardín de poleas o de bailarinas?
El azul, el negro y el rojo corrían por los prados,
las estrellas andaban desnudas pero las friolentas colinas se habían metido
    debajo de las sábanas,
había volcanes portátiles y fuegos de artificio a domicilio.
Las dos señoritas que guardan la entrada a la puerta de las percepciones,
    Geometría y Perspectiva,
se habían ido a tomar el fresco del brazo de Miró, cantando *Une étoile
caresse le sein d'une négresse.*

El viento dio vuelta a la página del llano, alzó la cara y dijo, ¿pero dónde
anda Joan Miró?
Estaba ahí desde el principio y el viento no lo veía:
Miró era una mirada transparente por donde entraban y salían atareados
abecedarios.
No eran letras las que entraban y salían por los túneles del ojo:
eran cosas vivas que se juntaban y se dividían, se abrazaban y se mordían
y se dispersaban,
corrían por toda la página en hileras animadas y multicolores, tenían
cuernos y rabos,
unas estaban cubiertas de escamas, otras de plumas, otras andaban en
cueros,
y las palabras que formaban eran palpables, audibles y comestibles pero
impronunciables:
no eran letras sino sensaciones, no eran sensaciones sino
transfiguraciones.

¿Y todo esto para qué? Para trazar una línea en la celda de un solitario,
para iluminar con un girasol la cabeza de luna del campesino,
para recibir a la noche que viene con personajes azules y pájaros de fiesta,
para saludar a la muerte con una salva de geranios,
para decirle *buenos días* al día que llega sin jamás preguntarle de dónde
viene y adónde va,
para recordar que la cascada es una muchacha que baja las escaleras
muerta de risa,
para ver al sol y a sus planetas meciéndose en el trapecio del horizonte,
para aprender a mirar y para que las cosas nos miren y entren y salgan
por nuestras miradas,
abecedarios vivientes que echan raíces, suben, florecen, estallan, vuelan,
se disipan, caen.

Las miradas son semillas, mirar es sembrar, Miró trabaja como un
jardinero
y con sus siete manos traza incansable —círculo y rabo, ¡oh! y ¡ah!—
la gran exclamación con que todos los días comienza el mundo.

Poema circulatorio [1]
(Para la desorientación general)

A Julián Ríos

Allá
　　sobre el camino espiral
insurgencia hacia
　　　　resurgencia
sube a convergencia
　　　　estalla en divergencia
recomienza en insurgencia
　　　　　hacia resurgencia
allá
　　sigue las pisadas del sol
sobre los pechos
　　　　cascada sobre el vientre
terraza sobre la gruta
　　　　negra rosa
de Guadalupe Tonantzin
　　　　　(tel. YWHW)
sigue los pasos del lucero que sube
　　　　　baja
cada alba y cada anochecer
　　　　　la escalera caracol
que da vueltas y vueltas
　　　　　serpientes entretejidas
sobre la mesa de lava de Yucatán
　　　　　　(Guillaume

[1] Escrito para la exposición *El arte del surrealismo*, organizada por el Museo de Arte Moderno de Nueva York en la ciudad de México (1973). El poema fue pintado en el muro de una galería espiral que conducía a la exposición.

jamás conociste a los mayas
((*Lettre-Océan*))
muchachas de Chapultepec
hijo de la çingada)
(Cravan en la panza de los tiburones del Golfo)

Sí

el surrealismo
pasó   pasará por México
espejo magnético
síguelo sin seguirlo
es llama y ama y llama
allá en México
no éste
   el otro enterrado siempre vivo
bajo tu mármomerengue
palacio de bellas artes
piedras sepulcrales
palacios
municipales arzobispales presidenciales

Por el subterráneo de la insurgencia
bajaron
subieron
   de la cueva de estalactitas
a la congelada explosión del cuarzo
Artaud
Breton Péret Buñuel Leonora Remedios Paalen
Alice
Gerzso Frida Gironella
César Moro
convergencia de insurgencias
allá en las salas
la sal as sol a solas olas
allá

las alas abren las salas
                el surrealismo
NO ESTÁ AQUÍ
            allá afuera
                  al aire libre
al teatro de los ojos libres
                      cuando lo cierras
los abres
           no hay adentro ni afuera
en el bosque de las prohibiciones
                        lo maravilloso
canta
      cógelo
              está al alcance de tu mano
es el momento en que el hombre
                      es
el cómplice del rayo
                  Cristalización
aparición del deseo
                  deseo de la aparición
  no aquí   no allá   sino entre
                aquí/allá

La casa de la mirada

A Roberto Matta

Caminas adentro de ti mismo y el tenue reflejo serpeante que te conduce
no es la última mirada de tus ojos al cerrarse ni es el sol tímido golpeando
    tus párpados:
es un arroyo secreto, no de agua sino de latidos: llamadas, respuestas,
    llamadas,
hilo de claridades entre las altas yerbas y las bestias agazapadas de la
    conciencia a obscuras.
Sigues el rumor de tu sangre por el país desconocido que inventan tus
    ojos
y subes por una escalera de vidrio y agua hasta una terraza.
Hecha de la misma materia impalpable de los ecos y los tintineos,
la terraza, suspendida en el aire, es un cuadrilátero de luz, un ring
    magnético
que se enrolla en sí mismo, se levanta, anda y se planta en el circo del
    ojo,
géiser lunar, tallo de vapor, follaje de chispas, gran árbol que se enciende
    y apaga y enciende:
estás en el interior de los reflejos, estás en la casa de la mirada,
has cerrado los ojos y entras y sales de ti mismo a ti mismo por un
    puente de latidos:
            EL CORAZÓN ES UN OJO.

Estás en la casa de la mirada, los espejos han escondido todos sus
    espectros,
no hay nadie ni hay nada que ver, las cosas han abandonado sus cuerpos,
no son cosas, no son ideas: son disparos verdes, rojos, amarillos, azules,
enjambres que giran y giran, espirales de legiones desencarnadas,
torbellino de las formas que todavía no alcanzan su forma,

tu mirada es la hélice que impulsa y revuelve las muchedumbres
    incorpóreas,
tu mirada es la idea fija que taladra el tiempo, la estatua inmóvil en la
    plaza del insomnio,
tu mirada teje y desteje los hilos de la trama del espacio,
tu mirada frota una idea contra otra y enciende una lámpara en la iglesia
    de tu cráneo,
pasaje de la enunciación a la anunciación, de la concepción a la asunción,
el ojo es una mano, la mano tiene cinco ojos, la mirada tiene dos manos,
estamos en la casa de la mirada y no hay nada que ver, hay que poblar
    otra vez la casa del ojo,
hay que poblar el mundo con ojos, hay que ser fieles a la vista, hay que
                      CREAR PARA VER.

La idea fija taladra cada minuto, el pensamiento teje y desteje la trama,
vas y vienes entre el infinito de afuera y tu propio infinito,
eres un hilo de la trama y un latido del minuto, el ojo que taladra y el ojo
    tejedor,
al entrar en ti mismo no sales del mundo, hay ríos y volcanes en tu
    cuerpo, planetas y hormigas,
en tu sangre navegan imperios, turbinas, bibliotecas, jardines,
también hay animales, plantas, seres de otros mundos, las galaxias
    circulan en tus neuronas,
al entrar en ti mismo entras en este mundo y en los otros mundos,
entras en lo que vio el astrónomo en su telescopio, el matemático en sus
    ecuaciones:
el desorden y la simetría, el accidente y las rimas, las duplicaciones y
    las mutaciones,
el mal de San Vito del átomo y sus partículas, las células reincidentes,
    las inscripciones estelares.

Afuera es adentro, caminamos por donde nunca hemos estado,
el lugar del encuentro entre esto y aquello está aquí mismo y ahora,
somos la intersección, la X, el aspa maravillosa que nos multiplica y nos
    interroga,
el aspa que al girar dibuja el cero, ideograma del mundo y de cada uno
    de nosotros.

Como el cuerpo astral de Bruno y Cornelio Agrippa, como los *grandes*
transparentes de André Breton,
vehículos de materia sutil, cables entre este y aquel lado,
los hombres somos la bisagra entre el aquí y el allá, el signo doble
    y uno, ∨ y ∧,
pirámides superpuestas unidas en un ángulo para formar la X de la Cruz,
cielo y tierra, aire y agua, llanura y monte, lago y volcán, hombre y mujer,
el mapa del cielo se refleja en el espejo de la música,
donde el ojo se anula nacen mundos:
LA PINTURA TIENE UN PIE EN LA ARQUITECTURA Y OTRO EN EL
    SUEÑO.

La tierra es un hombre, dijiste, pero el hombre no es la tierra,
el hombre no es este mundo ni los otros mundos que hay en este
    mundo y en los otros,
el hombre es el momento en que la tierra duda de ser tierra y el mundo
    de ser mundo,
el hombre es la boca que empaña el espejo de las semejanzas y las
    analogías,
el animal que sabe decir *no* y así inventa nuevas semejanzas y dice *sí,*
el equilibrista vendado que baila sobre la cuerda floja de una sonrisa,
el espejo universal que refleja otro mundo al repetir a éste, el que
    transfigura lo que copia,
el hombre no es el que es, célula o dios, sino el que está siempre más allá.
Nuestras pasiones no son los ayuntamientos de las substancias ciegas
pero los combates y los abrazos de los elementos riman con nuestros
    deseos y apetitos,
pintar es buscar la rima secreta, dibujar el eco, pintar el eslabón:
El vértigo de Eros es el vahído de la rosa al mecerse sobre el osario,
la aparición de la aleta del pez al caer la noche en el mar es el centelleo
    de la idea,
tú has pintado al amor tras una cortina de agua llameante
                PARA CUBRIR LA TIERRA CON UN NUEVO ROCÍO.

En el espejo de la música las constelaciones se miran antes de disiparse,
el espejo se abisma en sí mismo anegado de claridad hasta anularse en un
    reflejo,
los espacios fluyen y se despeñan bajo la mirada del tiempo petrificado,

las presencias son llamas, las llamas son tigres, los tigres se han vuelto olas,
cascada de transfiguraciones, cascada de repeticiones, trampas del tiempo:
hay que darle su ración de lumbre a la naturaleza hambrienta,
hay que agitar la sonaja de las rimas para engañar al tiempo y despertar al
    alma,
hay que plantar ojos en la plaza, hay que regar los parques con risa solar
    y lunar,
hay que aprender la tonada de Adán, el solo de la flauta del fémur,
hay que construir sobre este espacio inestable la casa de la mirada,
la casa de aire y de agua donde la música duerme, el fuego vela y pinta el
    poeta.

La vista, el tacto

A Balthus

La luz sostiene —ingrávidos, reales—
el cerro blanco y las encinas negras,
el sendero que avanza,
el árbol que se queda;

la luz naciente busca su camino,
río titubeante que dibuja
sus dudas y las vuelve certidumbres,
río del alba sobre unos párpados cerrados;

la luz esculpe al viento en la cortina,
hace de cada hora un cuerpo vivo,
entra en el cuarto y se desliza,
descalza, sobre el filo del cuchillo;

la luz nace mujer en un espejo,
desnuda bajo diáfanos follajes
una mirada la encadena,
la desvanece un parpadeo;

la luz palpa los frutos y palpa lo invisible,
cántaro donde beben claridades los ojos,
llama cortada en flor y vela en vela
donde la mariposa de alas negras se quema;

la luz abre los pliegues de la sábana
y los repliegues de la pubescencia,

arde en la chimenea, sus llamas vueltas sombras
trepan los muros, yedra deseosa;

la luz no absuelve ni condena,
no es justa ni es injusta,
la luz con manos invisibles alza
los edificios de la simetría;

la luz se va por un pasaje de reflejos
y regresa a sí misma:
es una mano que se inventa,
un ojo que se mira en sus inventos.

La luz es tiempo que se piensa.

Piedra blanca y negra

A Josef Šíma

Šíma
    siembra una piedra
en el aire
        La piedra asciende
Adentro
        hay un viejo dormido
Si abre los ojos
        la piedra estalla
remolino de alas y picos
            sobre una mujer
que fluye
        entre las barbas del otoño

La piedra desciende
        arde
en la plaza del ojo
        florece
en la palma de tu mano
          habla
suspendida
        entre tus pechos
lenguajes de agua

        La piedra madura
Adentro
        cantan las semillas
            Son siete

siete hermanas
              siete víboras
siete gotas de jade
                    siete palabras
dormidas
          en un lecho de vidrio
siete venas de agua
                    en el centro
de la piedra
              abierta por la mirada

Objetos y apariciones

A Joseph Cornell

Hexaedros de madera y de vidrio
apenas más grandes que una caja de zapatos.
En ellos caben la noche y sus lámparas.

Monumentos a cada momento
hechos con los desechos de cada momento:
jaulas de infinito.

Canicas, botones, dedales, dados,
alfileres, timbres, cuentas de vidrio:
cuentos del tiempo.

Memoria teje y destejo los ecos:
en las cuatro esquinas de la caja
juegan al aleleví damas sin sombra.

El fuego enterrado en el espejo,
el agua dormida en el ágata:
solos de Jenny Lind y Jenny Colon.

«Hay que hacer un cuadro —dijo Degas—
como se comete un crimen.» Pero tú construiste
cajas donde las cosas se aligeran de sus nombres.

Slot machine de visiones,
vaso de encuentro de las reminiscencias,
hotel de grillos y de constelaciones.

Fragmentos mínimos, incoherentes:
al revés de la Historia, creadora de ruinas,
tú hiciste con tus ruinas creaciones.

Teatro de los espíritus:
los objetos juegan al aro
con las leyes de la identidad.

Grand Hotel Couronne: en una redoma
el tres de tréboles y, toda ojos,
Almendrita en los jardines de un reflejo.

Un peine es un harpa
pulsada por la mirada de una niña
muda de nacimiento.

El reflector del ojo mental
disipa el espectáculo:
dios solitario sobre un mundo extinto.

Las apariciones son patentes.
Sus cuerpos pesan menos que la luz.
Duran lo que dura esta frase.

Joseph Cornell: en el interior de tus cajas
mis palabras se volvieron visibles un instante.

Nota arriesgada

A Leonora Carrington

Templada nota que avanzas por un país de nieve y alas, entre despeñaderos y picos donde afilan su navaja los astros, acompañada sólo por un murmullo grave de cola aterciopelada, ¿adónde te diriges? Pájaro negro, tu pico hace saltar las rocas. Tu imperio enlutado vuelve ilusorios los precarios límites entre el hierro y el girasol, la piedra y el ave, el fuego y el liquen. Arrancas a la altura réplicas ardientes. La luz de cuello de vidrio se parte en dos y tu negra armadura se constela de frialdades intactas. Ya estás entre las transparencias y tu penacho blanco ondea en mil sitios a la vez, cisne ahogado en su propia blancura. Te posas en la cima y clavas tu centella. Después, inclinándote, besas los labios congelados del cráter. Es hora de estallar en una explosión que no dejará más huella que una larga cicatriz en el cielo. Cruzas los corredores de la música y desapareces entre un cortejo de cobres.

Lectura de John Cage

Leído,
    desleído:
Music without measurements,
sounds passing through circumstances.
Dentro de mí los oigo
                 pasar afuera,
fuera de mí los veo
                 pasar conmigo.
Yo soy la circunstancia.
Música:
        oigo adentro lo que veo afuera,
        veo dentro lo que oigo fuera.
(No puedo oírme oír: Duchamp.)
                   Soy
una arquitectura de sonidos
instantáneos
        sobre
un espacio que se desintegra.
                (Everything
we come across is to the point.)
                La música
inventa al silencio,
        la arquitectura
inventa al espacio.
        Fábricas de aire.
El silencio
        es el espacio de la música:

un espacio
                inextenso:
                                no hay silencio
salvo en la mente.
                El silencio es una idea,
                la idea fija de la música.
La música no es una idea:
                                es movimiento,
sonidos caminando sobre el silencio.
(Not one sound fears the silence
                                that extinguishes it.)
Silencio es música,
                música no es silencio.
Nirvana es *samsara*,
                Samsara no es *Nirvana*.
El saber no es saber:
                recobrar la ignorancia,
saber del saber.
                No es lo mismo
oír los pasos de esta tarde
entre los árboles y las casas
                                que
ver la misma tarde ahora
entre los mismos árboles y casas
                                después de leer
Silence:
                Nirvana es *samsara*,
                                silencio es música.
(Let life obscure
                the difference between art and life.)
Música no es silencio:
                                no es decir
lo que dice el silencio,
                                es decir
lo que no dice.
                Silencio no tiene sentido,
                sentido no tiene silencio.

Sin ser oída
>   la música se desliza entre ambos.
(Every something is an echo of nothing.)
En el silencio de mi cuarto
>   el rumor de mi cuerpo:
inaudito.
>   Un día oiré sus pensamientos.
>   La tarde
se ha detenido:
>   no obstante —camina.
Mi cuerpo oye al cuerpo de mi mujer
>   *(a cable of sound)*
y le responde:
>   esto se llama música.
La música es real,
>   el silencio es una idea.
John Cage es japonés
>   y no es una idea:
es sol sobre nieve.
>   Sol y nieve no son lo mismo:
el sol es nieve y la nieve es nieve

>   o
el sol no es nieve ni la nieve es nieve
o
John Cage no es americano
(U.S.A. is determined to keep the Free World free,
U.S.A. determined)
>   o
John Cage es americano
>   *(that the U.S.A. may become*
just another part of the world.
>   *No more, no less.)*
La nieve no es sol,
>   la música no es silencio,
el sol es nieve,
>   el silencio es música.
(The situation must be Yes-and-No,
>   *not either-or)*

Entre el silencio y la música,
                 el arte y la vida,
la nieve y el sol
         hay un hombre.
Ese hombre es John Cage
            (committed
to the nothing in between.)
                 Dice una palabra:
no nieve no sol,
         una palabra
que no es
      silencio:
A year from Monday you will hear it.

La tarde se ha vuelto invisible.

Piel
Sonido del mundo[1]

The skin of the world,
the sound of the world.

ROBERT MOTHERWELL

Negro sobre blanco,
        azul,
           el gigante grano de polen
estalla
entre las grietas del tiempo,
entre las fallas de la conciencia.
                Gruesas gotas
negras blancas:
           lluvia de simientes.
El árbol semántico,
          planta pasional
mente sacudida,
        llueve hojas digitales:
río de manos
       sobre   hacia   entre.
Gotas de tinta mental.
         La lluvia roja
empapa hasta los huesos
          la palabra *España*,
palabra calcárea;
        el cisne de los signos,
el tintero de las transfiguraciones,
             lanza

---

[1] El texto alude a varios cuadros y *collages* de Robert Motherwell: las *Elegías a la República española*, los homenajes a Mallarmé, la serie *Je t'aime* y la serie *Chi ama crede*.

dados de sombra sobre la tela;
la llamita roja de lengua azul,
                    plantada
en la eminencia del pubis,
                    dispara su kikirikí:
Je t'aime con pan y metáforas de pan,
                              Je t'aime
y te ato con interminables cintas de metonimias,
Je t'aime entre paréntesis imantados,
                                   Je t'aime
caída en esta página,
               isla
en el mar de las perplejidades.

La marea de los ocres,
                    su cresta verdeante,
su grito blanco,
               el desmoronamiento del horizonte
sobre metros y metros de tela desierta,
                                   el sol,
la traza de sus pasos en el cuadro,
                              colores-actos,
los hachazos del negro,
                    la espiral del verde,
el árbol amarillo que da frutos de lumbre,
                                   el azul
y sus pájaros al asalto del blanco,
                              espacio
martirizado por la idea,
                    por la pasión tatuado.

Las líneas,
          vehemencia y geometría,
cables de alta tensión:
                    la línea bisturí,
la línea fiel de la balanza,
                         la mirada-línea
que parte al mundo y lo reparte como un pan.

En un pedazo de tela,

        lugar de la aparición,

el cuerpo a cuerpo:

        la idea hecha acto.

Chi ama crede:

        el cuadro   lleno / vacío   plural único otro

respira igual a sí mismo ya:

        espacio reconquistado.

Diez líneas para Antoni Tàpies

Sobre las superficies ciudadanas,
las deshojadas hojas de los días,
sobre los muros desollados, trazas
signos carbones, números en llamas.
Escritura indeleble del incendio,
sus testamentos y sus profecías
vueltos ya taciturnos resplandores.
Encarnaciones, desencarnaciones:
tu pintura es el lienzo de Verónica
de ese Cristo sin rostro que es el tiempo.

Central Park

A Pierre Alechinsky

Verdes y negras espesuras, parajes pelados,
río vegetal en sí mismo anudado:
entre plomizos edificios transcurre sin moverse
y allá, donde la misma luz se vuelve duda
y la piedra quiere ser sombra, se disipa.
Don't cross Central Park at night

Cae el día, la noche se enciende,
Alechinsky traza un rectángulo imantado,
trampa de líneas, corral de tinta:
adentro hay una bestia caída,
dos ojos y una rabia enroscada.
Don't cross Central Park at night.

No hay puertas de entrada y salida,
encerrada en un anillo de luz
la bestia de yerba duerme con los ojos abiertos,
la luna desentierra navajas,
el agua de la sombra se ha vuelto un fuego verde.
Don't cross Central Park at night.

No hay puertas de entrada pero todos,
en mitad de la frase colgada del teléfono,
de lo alto del chorro del silencio o de la risa,
de la jaula de vidrio del ojo que nos mira,
todos, vamos cayendo en el espejo.
Don't cross Central Park at night.

El espejo es de piedra y la piedra ya es sombra,
hay dos ojos del color de la cólera,
un anillo de frío, un cinturón de sangre,
hay el viento que esparce los reflejos
de Alicia desmembrada en el estanque.
Don't cross Central Park at night.

Abre los ojos: ya estás adentro de ti mismo,
en un barco de monosílabos navegas
por el estanque-espejo y desembarcas
en el muelle de Cobra: es un taxi amarillo
que te lleva al país de las llamas
a través de Central Park en la noche.

Un viento
llamado Bob Rauschenberg

Paisaje caído de Saturno,
paisaje del desamparo,
llanuras de tuercas y ruedas y palancas,
turbinas asmáticas, hélices rotas,
cicatrices de la electricidad,
paisaje desconsolado:
los objetos duermen unos al lado de los otros,
vastos rebaños de cosas y cosas y cosas,
los objetos duermen con los ojos abiertos
y caen pausadamente en sí mismos,
caen sin moverse,
su caída es la quietud del llano bajo la luna,
su sueño es un caer sin regreso,
un descenso hacia el espacio sin comienzo,
los objetos caen,
                están cayendo,
caen desde mi frente que los piensa,
caen desde mis ojos que no los miran,
caen desde mi pensamiento que los dice,
caen como letras, letras, letras,
lluvia de letras sobre el paisaje del desamparo.

Paisaje caído,
sobre sí mismo echado, buey inmenso,
buey crepuscular como este siglo que acaba,
las cosas duermen unas al lado de las otras
—el hierro y el algodón, la seda y el carbón,

las fibras sintéticas y los granos de trigo,
los tornillos y los huesos del ala del gorrión,
la grúa, la colcha de lana y el retrato de familia,
el reflector, el manubrio y la pluma del colibrí—
las cosas duermen y hablan en sueños,
el viento ha soplado sobre las cosas
y lo que hablan las cosas en su sueño
lo dice el viento lunar al rozarlas,
lo dice con reflejos y colores que arden y estallan,
el viento profiere formas que respiran y giran,
las cosas se oyen hablar y se asombran al oírse,
eran mudas de nacimiento y ahora cantan y ríen,
eran paralíticas y ahora bailan,
el viento las une y las separa y las une,
juega con ellas, las deshace y las rehace,
inventa otras cosas nunca vistas ni oídas,
sus ayuntamientos y sus disyunciones
son racimos de enigmas palpitantes,
formas insólitas y cambiantes de las pasiones,
constelaciones del deseo, la cólera, el amor,
figuras de los encuentros y las despedidas.

El paisaje abre los ojos y se incorpora,
se echa a andar y su sombra lo sigue,
es una estela de rumores obscuros,
son los lenguajes de las substancias caídas,
el viento se detiene y oye el clamor de los elementos,
a la arena y al agua hablando en voz baja,
el gemido de las maderas del muelle que combate la sal,
las confidencias temerarias del fuego,
el soliloquio de las cenizas,
la conversación interminable del universo.
Al hablar con las cosas y con nosotros
el universo habla consigo mismo:
somos su lengua y su oreja, sus palabras y sus silencios.
El viento oye lo que dice el universo
y nosotros oímos lo que dice el viento

al mover los follajes submarinos del lenguaje
y las vegetaciones secretas del subsuelo y el subcielo:
los sueños de las cosas el hombre los sueña,
los sueños de los hombres el tiempo los piensa.

Acróstico

(En un ejemplar de Blanco
ilustrado por Adja Yunkers.)

Alquimia sobre la página:
Desnuda la idea encarna.
Jardín de líneas, girasol de formas:
Adja dio en el blanco de *Blanco*.

Tintas y calcomanías

A Charles Tomlinson

Desde la ventana de un dudoso edificio oscilando sobre arenas movedizas,
Charles Tomlinson observa, en la estación del deshielo del calendario, la
caída de los días:
Sin culpa, dice la gota de piedra de la clepsidra,
Sin culpa, repite el eco de la gruta de Willendorf,
Sin culpa, canta el glu-glu del pájaro submarino.

El tirabuzón Ptyx-Utile destapa la Cabeza-nube que inmediatamente se
transforma en un géiser de proverbios,
Los peces se quedan dormidos enredados en la cabellera de la Vía Láctea,
Una mancha de tinta se levanta de la página y se echa a volar,
El océano se encoge y se seca hasta reducirse a unos cuantos milímetros
de arena ondulada,
En la palma de la mano se abre el grano de maíz y aparece el león de
llamas que tiene adentro,
En el tintero cae en gruesas gotas la leche del silencio,
La tribu multicolor de los poetas la bebe y sale a la caza de la palabra
perdida.
Charles Tomlinson baila bajo la lluvia del maná de formas y come sus
frutos cristalinos.

Al pintor J. Swaminathan

Con un trapo y un cuchillo
                    contra la idea fija
contra el toro del miedo
contra la tela contra el vacío
              el surtidor
la llama azul del cobalto
              el ámbar quemado
verdes recién salidos del mar
                  añiles reflexivos
Con un trapo y un cuchillo
                sin pinceles
con los insomnios con la rabia con el sol
contra el rostro en blanco del mundo
el surtidor
           la ondulación serpentina
la vibración acuática del espacio
el triángulo el arcano
la flecha clavada en el altar negro
los alfabetos coléricos
la gota de tinta de sangre de miel
Con un trapo y un cuchillo
                el surtidor
salta el rojo mexicano
                y se vuelve negro
salta el rojo de la India
                  y se vuelve negro
los labios ennegrecen
                negro de Kali

carbón para tus cejas y tus párpados
mujer deseada cada noche
negro de Kali
el amarillo y sus fieras abrasadas
el ocre y sus tambores subterráneos
el cuerpo verde de la selva negra
el cuerpo azul de Kali
el sexo de la Guadalupe
Con un trapo y un cuchillo
contra el triángulo
el ojo revienta
surtidor de signos
la ondulación serpentina avanza
marea de apariciones inminentes.

El cuadro es un cuerpo
vestido sólo por su enigma desnudo

Paraje

A Denise Esteban

El camino sin nombre,
                    sin nadie,
fluye entre peñas desgastadas,
dados de esa partida inmemorial
que juegan sin cesar los elementos,
prosigue por un llano,
                    cada paso
una leyenda de la geología,
se pierde en una duna de reflejos
que no es agua ni arena sino tiempo.
Hay un árbol rosado, yerbas negras,
sal en las yemas de la luz.
                    El camino
lleva al sol en los hombros.
El cielo ha acumulado lejanías
sobre esta realidad que dura poco.
Un charco: surtidor de resplandores.
Ojos por todas partes.
La hora se detiene
para verse pasar entre unas piedras.
El camino no acaba de llegar.

Los privilegios de la vista

II
ARTE DE MÉXICO

Aviso

Mis primeras notas sobre temas de arte son de 1940; las últimas, de hace unos meses. Nunca quise ser sistemático ni limitarme a este o aquel asunto: lo mismo escribí un libro sobre Marcel Duchamp que un poema en honor de mi amigo Swaminathan, pintor-poeta. Escribí movido por la admiración, la curiosidad, la indignación, la complicidad, la sorpresa; para comentar una exposición o para presentar a un amigo; a pedido de un museo o de una revista. No creo que esta diversidad dañe las dos partes que componen *Los privilegios de la vista*. La primera está unida por un tema común: el arte moderno visto por un poeta mexicano de la segunda mitad del siglo. El tema de esta segunda parte es el arte de México. Está dividido en cuatro secciones: una introducción histórica, desde los orígenes hasta nuestros días; una serie de ensayos sobre el arte precolombino; otra sobre el del periodo independiente; finalmente, un conjunto de estudios y notas acerca de artistas contemporáneos. He añadido, como en la parte anterior, algunos poemas dedicados a varios artistas.

Confieso que me fastidia no haber dedicado algunas páginas más a José María Estrada y a los pintores populares. Otro pesar: me hubiera gustado detenerme un poco en el olvidado Mariano Silva Vandeira, curioso pintor descubierto por Roberto Montenegro y sobre el que escribió Xavier Villaurrutia dos páginas lúcidas. Agrego que me duelen más las ausencias que las insuficiencias. Estas últimas son congénitas, pertenecen a mi naturaleza; en cambio, las ausencias son pecados aunque, la mayor parte, pecados involuntarios. Las ausencias más notables son las de algunos pintores que hoy están en su madurez. No los mencionaré para no avergonzarme aún más. Sin embargo, debo citar al menos a Vicente Rojo y a Brian Nissen. El primero es riguroso como un geómetra y sensible como un poeta; el segundo es un inventor de formas sólidas que, de pronto, arrebatadas por un soplo entusiasta, se echan a volar: súbito polen multicolor. Una y otra vez he intentado escribir sobre estos artistas; una y otra vez he desistido. Todavía espero la media hora favorable... También me pesa no haber escrito nada sobre Francisco Toledo, Roger von Gunten y Arnaldo Coen. En cuanto a los jóvenes: no me he sentido con autoridad y conocimientos para hablar de obras y personalidades en gestación.

A pesar de tantos defectos y lagunas, no todo ha sido pérdida. Combatí por la libertad del arte cuando los dogmáticos y las diaconisas delirantes distribuían anatemas y excomuniones como pan maldito; defendí a Tamayo, a Gerzso y a los otros artistas independientes cuando los cuestores y los censores con su tropa de alguaciles y alguacilas los amenazaban con el sambenito y la coraza de los herejes y los relapsos; me negué a confundir la bandera tricolor con la pintura y a los catecismos del realismo socialista con la estética. Fue una pelea solitaria, pero a la mitad aparecieron aliados inesperados: Alberto Gironella, José Luis Cuevas y, un poco después, los pintores que surgieron hacia 1960. Esta nueva generación tuvo la fortuna de encontrar un crítico generoso e inteligente: Juan García Ponce. Desde entonces hemos sido testigos de muchos cambios. No los apruebo todos. Incluso, lo confieso, algunos me aterran. Quizá no sea ocioso que me arriesgue una vez más y diga lo que pienso del panorama actual.

La pintura moderna mexicana se inició hacia 1920. Nació bajo el patrocinio del Estado; no contó con un mercado interno apreciable pero sí conquistó en los Estados Unidos un público devoto, críticos entusiastas y mecenas generosos. Orozco, Rivera y Siqueiros pintaron murales en Nueva York, Chicago, Los Ángeles y otras ciudades, mientras sus obras de caballete figuraron en muchas colecciones privadas y fueron colgadas en los principales museos. Además, varios artistas norteamericanos que después serían famosos trabajaron al lado de ellos o sufrieron su influencia. Éste es un capítulo de la historia del arte de los dos países que todavía está por escribirse. El segundo periodo no fue menos brillante y está representado sobre todo por un nombre: Rufino Tamayo. Rebelde solitario, rompió con el arte oficial y el nacionalismo epidérmico. No temió quedarse solo; sufrió en México la indiferencia de unos y la hostilidad de otros; fuera del país lo supieron reconocer, primero en los Estados Unidos y después en el mundo entero. Hoy sus obras figuran en las grandes colecciones privadas y en las de los principales museos de América, Europa y Asia. Los artistas que llegaron después han encontrado más y más difícil penetrar en el ámbito internacional. Estas dificultades se han vuelto poco menos que insuperables para los más jóvenes. ¿Descenso del talento creador y de la fantasía? No: los artistas jóvenes de los otros países —salvo los agraciados por la fortuita conjunción del mercado y las galerías— se enfrentan a los mismos obstáculos.

Estamos ante un fenómeno histórico —quiero decir: estético, social, económico y espiritual— que afecta a todas las artes y que, en verdad, es un aspecto de la crisis universal de la civilización moderna. En la esfera del arte vivimos desde hace años la declinación de la vanguardia, enferma hasta la raíz de dos males gemelos aunque antitéticos: la autoimitación académica y la proliferación de estilos y maneras. La pintura, la escultura y la novela han sido más dañadas que la música y la poesía porque dependen más estrechamente de los manejos mercantilistas y financieros. El movimiento moderno nació un poco antes de la primera Guerra Mundial y en diversos sitios a la vez: París, Milán, Colonia, Berlín, Petrogrado. No tardó en extenderse al Continente Americano y su primer centro realmente original y vivo estuvo en México, entre 1920 y 1940. Poco a poco, por diversas causas, esos centros se extinguieron, mientras crecía la influencia de Nueva York, que hoy es hegemónica. En esa gran ciudad nació el expresionismo-abstracto; después fue el teatro de las actividades de no pocos artistas de indudable talento y originalidad, como Robert Rauschenberg y Jasper Johns. Al mismo tiempo, el mercado artístico se ha transformado radicalmente: antes seguía los cambios del arte, ahora los dirige. En el Renacimiento nació una forma de producción y distribución de las obras de arte que hoy se extingue. La edad moderna ha sido la del apogeo de los grandes coleccionistas y mecenas. Hoy asistimos a un proceso inverso. No la Iglesia como en la Edad Media ni los Estados, como en el periodo del absolutismo, sino los bancos, las compañías multinacionales y las burocracias tienden a controlar el mercado y así, indirectamente, la creación artística. No insistiré sobre el tema: lo he tratado en otros escritos. Tampoco me extenderé sobre un posible remedio: la resurrección o el nacimiento de centros locales frente a la impersonalidad del mercado internacional y sus modas.[1]

Apenas si necesito decir que no predico un nacionalismo anacrónico; creo y he creído siempre que las artes traspasan todos los muros, aduanas y fronteras. Pero la creación artística nunca es imitación pasiva:

---

[1] Véase en este volumen «El precio y la significación» (pp. 709-725) y «Pintura mexicana contemporánea» (pp. 778-782).

es lucha, pelea. El artista verdadero es aquel que dice *no* incluso cuando dice *sí*. El remedio que propongo es simple aunque de difícil ejecución: si México quiere ser, tiene que volver a ser, como ya empieza a ocurrir en otras partes del mundo, un centro autónomo de creación y distribución de obras de arte. Autónomo no quiere decir cerrado sino independiente. En el pasado el Estado mexicano fue el gran protector de las artes; hoy esta tarea le corresponde a la sociedad entera. Es arduo, no imposible: el paso que se ha dado en el campo de la literatura puede darse en el de la pintura, la escultura y la música. Al comenzar estas páginas aludí a la libre comunidad de los artistas con la que se inició el movimiento moderno: poetas, músicos, pintores y escultores. Fue una sociedad dentro de la sociedad y unida a ella por los lazos, a veces polémicos y contradictorios, de la convivencia. Rehacer esa comunidad será, otra vez, regresar al comienzo. Recomienzo: creación y participación.

OCTAVIO PAZ

México a 10 de noviembre de 1991

Advertencia

Los privilegios de la vista II. Arte de México reúne los textos que Octavio Paz ha escrito sobre el arte mexicano. Estos textos constituían el volumen 7 de la primera edición de *las Obras completas,* que a su vez recogía parte de la segunda edición de *México en la obra de Octavio Paz,* publicada por el Fondo de Cultura Económica en 1989. En esta edición se incluyen los textos que por afinidades temáticas corresponden a este volumen y que, en la primera edición de las *Obras Completas,* se publicaron en el volumen 14, *Miscelánea II. Últimos escritos.* Esos textos son: «Jean Charlot, estridentista silencioso», «Llovizna sobre mojado: la momificación de Diego Rivera», «Pedro Coronel» y «Rostros en el espejo: *Repertorio de artistas en México».*

Al final de cada uno de los ensayos, el lector encontrará la información concerniente a la procedencia de los textos. Tras la fecha en que se escribió se da la referencia del libro donde ha sido recogido o editado por primera vez y, excepcionalmente, de la revista, en los casos en que no hubiese sido recogido en un libro antes de la edición de FCE. Los libros de procedencia son los siguientes: *Al paso, In/mediaciones, Obra poética (1935-1988), Las peras del olmo, Pintado en México, Puertas al campo, El signo y el garabato* y *Sombras de obras.*

EL ÁGUILA, EL JAGUAR Y LA VIRGEN

Introducción a la historia
del arte de México

Voluntad de forma

La geografía de México es abrupta. Dos poderosas cordilleras, la Sierra Madre Occidental y la Oriental, corren paralelas a lo largo de su territorio; hacia el norte, penetran en el oeste de los Estados Unidos mientras que, hacia el sur, se enlazan en el istmo de Tehuantepec y forman un nudo de montañas. Las dos serranías dividen al país en tierras bajas y en tierras altas, dispuestas en terrazas sucesivas que culminan en una inmensa altiplanicie. Imposible no pensar en la pirámide trunca, forma emblemática de la civilización mesoamericana. La complicada orografía es responsable de la multiplicación de extensos valles —cada uno encerrado entre montañas, como una fortaleza— y de la variedad de climas y paisajes. Ascender a la ciudad de México desde las playas arenosas y ardientes de Veracruz es recorrer todos los paisajes, de la sofocante vegetación de los trópicos a las tierras templadas de la meseta. En las tierras bajas el aire es caliente y húmedo; en el altiplano es seco y, en las noches, levemente frío. Del vaho impresionista y sus colores violentos a la sobriedad de una composición regida por la geometría del dibujo. Contrastes y oposiciones pero, asimismo, combinaciones súbitas y conjunciones insólitas. El sol del trópico ilumina cada día los picos desnudos y la nieve perpetua de los volcanes que rodean al valle de México.

En los mapas, el país tiene la forma de una cornucopia. Esta imagen, exacta visualmente, no da cuenta de la realidad histórica. México ha sido y es una frontera entre pueblos y civilizaciones. En el periodo precolombino entre la civilización mesoamericana y las tribus nómadas que vagaban por lo que hoy es el sur de los Estados Unidos y el norte de México; en la edad moderna entre las dos versiones de la civilización europea que se han implantado y desarrollado en nuestro continente: la angloamericana y la latinoamericana. Pero las fronteras no sólo son obstáculos divisorios sino puentes. Una de las funciones históricas de México ha sido la de ser un puente entre el mundo de habla inglesa y el mundo de habla española y portuguesa. Apenas si necesito añadir que un ejemplo privilegiado de esta mediación es, precisamente, esta exposición de arte mexicano en el Museo Metropolitano de Nueva York y que visitará después los museos de Los Ángeles y San Antonio.

La historia de México no es menos intrincada que su geografía. Dos civilizaciones han vivido y combatido no sólo en su territorio sino en el alma de cada mexicano: una oriunda de estas tierras y otra venida de fuera pero que ha enraizado tan profundamente que se confunde con nuestro ser mismo. Dos civilizaciones y, en el interior de cada una de ellas, distintas sociedades con frecuencia divididas por diferencias de cultura y de intereses. Desgarramientos internos, enfrentamientos externos, rupturas y revoluciones. Saltos violentos de un periodo histórico a otro, de una fe a otra, del politeísmo al cristianismo, de la monarquía absoluta a la república, de la sociedad tradicional a la moderna. Letargos prolongados y bruscos levantamientos. Sin embargo, es perceptible a través de todos los transtornos una voluntad que tiende, una y otra vez, a la síntesis. De nuevo aparece la figura de la pirámide: convergencia de culturas y sociedades diferentes, superposición de siglos y de eras. La pirámide concilia a las oposiciones pero no las anula. El proceso (ruptura-reunión-ruptura-reunión) puede verse como un *leitmotiv* de la historia de México. El verdadero nombre de ese proceso es voluntad de vivir. O más exactamente: pervivir, lo mismo frente a la discordia y la derrota que ante la incertidumbre del mañana. Voluntad a veces ciega y otras lúcida, siempre secretamente activa, incluso cuando adopta la forma pasiva del tradicionalismo.

La voluntad de vida es voluntad de forma. La muerte, en su expresión más visible e inmediata, es disgregación de la forma. La niñez y la juventud son promesas de forma; la vejez es la ruina de la forma física; la muerte, la caída en lo informe. Por esto, una de las manifestaciones más antiguas y simples de la voluntad de vida es el arte. Lo primero que hizo el hombre al descubrir que era una criatura mortal, fue levantar un túmulo. El arte comenzó con la conciencia de la muerte. El mausoleo, desde la Antigüedad, es un homenaje al muerto y un desafío a la muerte: el cuerpo se corrompe y se volatiliza pero queda el monumento. Queda la forma. No sólo estamos amenazados por la muerte; el tiempo mismo, que nos hace, nos deshace. Cada escultura y cada pintura, cada poema y cada canción, es una forma animada por la voluntad de resistir al tiempo y sus erosiones. El ahora quiere salvarse, convertido en piedra o en dibujo, en color, sonido o palabra. Me parece que éste es el tema que despliega ante nuestros ojos la exposición de arte mexicano: la persistencia de una misma voluntad a través de una variedad increíble de formas, maneras y estilos. No hay nada común, en apariencia, entre los jaguares estilizados de los *olmecas*, los ángeles dorados del siglo xvii y la colorida violencia de un óleo de Tamayo, nada, salvo la voluntad de sobrevivir por y en una forma. Me atreveré a decir, además, algo que no es fácil probar pero sí sentir: una mirada atenta y amorosa puede advertir, en la diversidad de obras y épocas, una cierta continuidad. No la continuidad de un estilo o una idea sino de algo más profundo e indefinible: una sensibilidad.

Mesoamérica

UNA CIVILIZACIÓN EXTRAÑA

Cada civilización provoca en nosotros una respuesta distinta y en la que se mezclan de manera indistinguible el gusto y el concepto, la sensación y la idea. Las obras de las antiguas culturas de México invariablemente suscitan una impresión de *extrañeza*. Esta palabra designa, en primer término, la sorpresa que sentimos ante algo que nos parece inesperado, único o singular. Sorpresa ante lo ajeno, lo que viene del exterior; asimismo, ante lo que es raro, extraordinario. La emoción que embargó a los conquistadores españoles cuando, desde las alturas, vieron por primera vez el valle, el lago y las pirámides de la ciudad de México, corresponde con fidelidad a esta sumaria definición de la extrañeza. Bernal Díaz del Castillo, que no era dado a la hipérbole, refiere con sencillez ese momento inolvidable:

> Y dezque vimos tantas ciudades y villas por el agua y en tierra firme... nos quedamos admirados y decíamos que parecía a las cosas de encantamiento que cuentan en el libro de Amadís... y aún algunos de nuestros soldados decían que si aquello que vían, si era entre sueños y no es de maravillar que yo lo escriba de esta manera, porque hay mucho que ponderar en ello que no sé cómo lo cuente: ver cosas nunca oídas, ni vistas, ni aún soñadas, como víamos.

Las sensaciones que el cronista describe en unas cuantas frases las han sentido y vivido después incontables viajeros, historiadores, escritores y simples curiosos. Los enigmas atraen e irritan a los hombres. La enigmática civilización antigua de México ha intrigado a muchas generaciones y no cesa de fascinarnos.

La extrañeza comienza en sorpresa y termina en interrogación. Ante el objeto extraño nos preguntamos: ¿qué es, de dónde viene, qué significa?

Estas preguntas no sólo expresan curiosidad sino una inquietud indefinida, un malestar que en ciertos casos puede transformarse en zozobra y aun en horror. Se trata de un sentimiento ambiguo, hecho de atracción y de repulsión: lo extraño es, simultáneamente, maravilloso y horrible. Lo maravilloso nos atrae: es lo único, lo mágico o fantástico, lo prodigioso y, en su género, perfecto; el horror, en cambio, es miedo y repulsión pero también respeto y veneración ante lo desconocido o lo sublime. El horror no es terror: es fascinación, embrujo. Racine habla del «santo horror» y Baudelaire expresa en dos versos admirables la ambigua seducción de este sentimiento:

> J'ai peur du sommeil comme on a peur d'un grand trou,
> Tout plein de vague horreur, menant on ne sait où...[1]

Las esculturas y monumentos de los antiguos mexicanos son obras a un tiempo maravillosas y horribles; quiero decir: obras que están impregnadas del sentimiento confuso y sublime de lo sagrado. Un sentimiento que brota de creencias e imágenes que vienen de profundidades psíquicas muy antiguas y, además, radicalmente *otras*. No obstante, a pesar de su extrañeza, de una manera oscura y casi nunca racional nos reconocemos en ellas. O más exactamente: vislumbramos a través de sus formas complicadas una parte enterrada de nuestro propio ser. En esos objetos extraños —esculturas, pinturas, relieves, santuarios— contemplamos el fondo insondable del cosmos y nos asomamos a nuestro sin fondo.

Desde el principio, como siempre ocurre, se intentó aminorar la extrañeza de la civilización mesoamericana y de su arte. Parecía inexplicable que los indios americanos, por sí solos y sin contacto con el exterior, hubiesen creado sociedades tan complejas y que, en muchos aspectos, rivalizaban con las europeas. Así, la cuestión del origen de los indios americanos se asoció con el tema de la originalidad de sus culturas. Doble misterio: por una parte, la extrañeza radical de esa civilización, tan distinta a la europea; por la otra, el sospechoso parecido de algunos de sus ritos —la confesión, el bautismo, la comunión, el sacrificio— con los del cristianismo. Fray Bernardino de Sahagún, en su *Historia general de las cosas de Nueva España*, exalta las virtudes morales e intelectuales de los indios, «hábiles para todas las artes mecánicas, las liberales y la santa teología...

[1] *Le Gouffre*. «Tengo miedo del sueño, como de un agujero / Lleno de vago horror, que arrastra no sé adónde...» (trad. Antonio Martínez Sarrión).

en las cosas de policía echan el pie delante a muchas otras naciones que tienen gran presunción de políticas... perfectos filósofos y astrólogos...» Sin embargo, al llegar al tema de sus creencias y sus ritos, no vacila en decir que han sido inspirados por el demonio y que son una caricatura abominable de los misterios cristianos.

La colaboración del diablo en las instituciones religiosas y políticas de los indios es un tema que se repite a lo largo de los siglos xvi y xvii. Otros autores no acudieron a la intervención sobrenatural sino a fantásticas interpretaciones históricas. Para algunos, los indios eran una de las tribus perdidas de Israel, para otros eran fenicios o cartagineses o egipcios. Esta última hipótesis fue muy popular entre los círculos cultivados del siglo xvii y fue sostenida con brío y brillo por el famoso Athanasius Kircher. A finales del mismo siglo varios jesuitas sostuvieron que el dios Quetzalcóatl (Serpiente Emplumada) no era otro que el apóstol Santo Tomás. También en esa época el erudito Sigüenza y Góngora escribió que los indios mexicanos habían llegado a estas tierras guiados por Neptuno, gran caudillo y navegante que después había sido deificado por los paganos. Así pues, no es exagerado decir que al descubrimiento de América siguió un largo periodo de encubrimiento. Hubo que esperar hasta fines del siglo xviii para que comenzase el lento redescubrimiento de las civilizaciones americanas —un proceso que aún no termina.

Aceptar la originalidad de las dos grandes civilizaciones americanas —la andina y la mesoamericana— era y es difícil. Sin embargo, la opinión general de los historiadores y los antropólogos acepta hoy su autoctonía. El origen asiático de los indios es indudable; también lo es que, al llegar a nuestro continente, contaban con algunas creencias y nociones básicas. Sobre ellas, al cabo de los siglos, edificaron y elaboraron tanto sus complejas concepciones religiosas como sus soberbias construcciones y sus artes. Por ejemplo, la visión cuadripartita del universo inspirada en los cuatro puntos cardinales, fundamento de su cosmología y de la arquitectura piramidal, es característica también de la antigua China. Pero este y otros parecidos no afectan la esencial y fundamental originalidad de las dos civilizaciones. Ambas desarrollaron gérmenes propios y fueron creaciones autónomas. Rasgo notable: la comunicación entre andinos y mesoamericanos fue esporádica y discontinua. Vivieron aislados, encerrados en ellos mismos. Su horizonte mental se abría no hacia el más allá geográfico sino hacia el ultramundo de lo sobrenatural. En América, dos civilizaciones nacen, crecen y se desarrollan sin conocerse apenas; su historia es un lento proceso hecho de repeticiones y variaciones que no alteran sus rasgos esenciales. En el Viejo Mundo la historia fue el continuo choque de civilizaciones y pueblos, religiones y filosofías. En América no hubo nada parecido a la influencia de la astronomía babilónica o del alfabeto fenicio en el Mediterráneo, a la adopción de la escultura grecorromana por el budismo indio o a la influencia de esa religión en el sudeste asiático y en Tíbet, China y Japón. Los griegos combaten y dialogan con los persas y los egipcios, los japoneses se apropian de la escritura china y de la filosofía política de Confucio, los chinos traducen los grandes textos budistas de la India, los pueblos mediterráneos saltan del politeísmo al monoteísmo cristiano, los eslavos adoptan el alfabeto cirílico, la ola del islam cubre la mitad del mundo conocido y llega hasta España, los filósofos medievales redescubren a Aristóteles a través de Averroes, etcétera. La extraordinaria riqueza, variedad e inventiva de las civilizaciones del Viejo Mundo se debe sin duda a la pluralidad de pueblos y culturas en continua relación unos con otros: luchas, inmigraciones, fusiones, imitaciones y, en fin, incontables recreaciones colectivas. Ninguna de las grandes civilizaciones europeas y asiáticas, ni siquiera las más ensimismadas: India y China, han sido enteramente originales. América fue un continente sustraído a la historia mundial durante milenios y esta inmensa soledad explica la originalidad de sus creaciones; asimismo, su más obvia y fatal limitación: el primer contacto con el exterior aniquiló a esas sociedades. Carentes de defensas biológicas, las poblaciones indígenas de Mesoamérica fueron fáciles víctimas de los virus europeos y asiáticos; la misma indefensión, en el dominio psicológico y espiritual, explica su vulnerabilidad frente a la civilización europea.

ÉPOCAS, PUEBLOS, CULTURAS

La palabra *Mesoamérica*, empleada por los historiadores y los antropólogos desde hace medio siglo, designa un conjunto de pueblos que ocuparon lo que en nuestros días es el centro y el sur de México, hasta Yucatán, Chiapas, Belice, Guatemala y Honduras. Se ha dividido la historia mesoamericana en tres periodos: el Formativo (1500 a.C.-300), el Clásico (300-900), y el Posclásico (900-1500). Estos términos pueden inducir a confusión; no hay nada *clásico*, en el sentido de opuesto a *romántico*, en el arte de Teotihuacan o de Uxmal; clásico aquí designa el periodo del apogeo de Mesoamérica. Las fechas son relativas: la verdadera civilización comienza hacia 1000 a.c. con los *olmecas;* el clásico se inicia en Teotihuacan un siglo antes que en la zona maya y termina también antes, al despuntar el siglo VIII. Durante estos dos mil quinientos años nacieron, florecieron y cayeron notables culturas en distintas regiones. La más antigua, raíz de las otras, fue obra de los misteriosos olmecas, en la caliente y fértil costa del Golfo de México. Ignoramos cómo se llamaban realmente los «olmecas» y qué idioma hablaban. Al comenzar el siguiente periodo (Clásico Temprano) aparecen dos grandes centros, uno en la altiplanicie, Teotihuacan, y el otro en Oaxaca, Monte Albán (zapoteca). Ignoramos también la lengua que se hablaba en Teotihuacan. Esta ciudad fue una verdadera metrópoli cosmopolita, en la que había barrios de extranjeros como en las grandes ciudades del siglo XX. La influencia de Teotihuacan fue enorme en todos los pueblos de Mesoamérica y se hizo particularmente visible en el periodo Formativo de los mayas (Kaminaljuyú e Izapa).

Hacia el siglo IV comienza la gran época maya, al principio deudora de los olmecas. Dos de sus grandes ciudades, Tikal y Palenque, merecen compararse con Teotihuacan. Mejor dicho: son su réplica estética. En Teotihuacan: la geometría rigurosa de las pirámides, la vastedad de las plazas y la desnudez de los espacios; entre los mayas, la proliferación de los símbolos, el predominio de la curva y la voluta, las enormes masas de piedras convertidas en un follaje de formas fantásticas. En Teotihuacan y Monte Albán la arquitectura es una imponente masa regida por líneas inflexibles y ángulos rectos ante un espacio vacío; en tierra maya, la arquitectura se vuelve escultura y la escultura se transforma en máscaras que encubren al edificio. Los símbolos ahogan muchas veces al arte mesoamericano, como las citas y las alusiones eruditas a la poesía de Pound. Los mayas no se libraron enteramente de la tiranía de los símbolos pero su mayor libertad imaginativa los llevó, lo mismo en la escultura que en la pintura, a un arte de líneas gráciles, a ratos cercano al naturalismo de Occidente. En la costa del Golfo floreció otra gran cultura, probablemente heredera directa de los olmecas, que nos ha dejado en El Tajín un admirable conjunto de edificios, entre ellos la perfecta pirámide de los Nichos. Las causas del derrumbe de estos grandes centros, entre los siglos IX y X, siguen intrigando a los historiadores. Las declinaciones son enigmáticas: ¿conocemos realmente las causas de la decadencia de Roma?

El periodo Posclásico es el de la reconstrucción. Tuvo momentos no menos brillantes que los del Clásico: pienso en Chichén-Itzá y en México-Tenochtitlan. En el Altiplano, al comienzo de este periodo, se hizo sentir la influencia maya (Cacaxtla, Xochicalco). En Oaxaca, otro logro extraordinario de los zapotecas: Mitla.[1] Los muros de sus edificios están hechos de mosaicos geométricos que, iluminados por el sol o la luna, vibran como si fuesen un espacio viviente. Dos culturas marginales pero que nos han dejado obras notables: los huastecos, rama separada del árbol maya, pueblo de escultores de formas sólidas y plenas, y los mixtecos, que sobresalieron en la orfebrería y en la pintura de los códices. Entre el siglo x y el xi aparecen en el centro de México los pueblos nahua. Uno de ellos, el tolteca, funda Tula, metrópoli militar y religiosa. Su memoria está asociada a la leyenda de Quetzalcóatl (Serpiente Emplumada) y a su lucha con Tezcatlipoca, un dios rival que lo engaña, lo hace pecar y lo derrota. ¿Un mito? Sí, pero también un hecho histórico: Quetzalcóatl reaparece entre los mayas, en Yucatán, como un caudillo fundador de pueblos y con el nombre de Kukulkán (Serpiente Emplumada en maya).[2] La síntesis maya-tolteca fue afortunada y se llama Chichén-Itzá, un nombre que designa a uno de los complejos arquitectónicos más notables de Mesoamérica, conjunción de la geometría del Altiplano y la exuberancia maya.

La suerte de los toltecas y de los maya-toltecas fue la misma de sus predecesores: la destrucción. En el siglo xiv surge un nuevo poder; otra nación nahua, los *mexicas*, más conocidos como aztecas, fundan México-Tenochtitlan. Ciudad doble, ciudad hecha de piedra, agua y reflejos, Tenochtitlan maravilló y hechizó a los españoles, sus conquistadores. La historia de su sitio hace pensar en la suerte de Troya. Su memoria nos desvela todavía. Cuando hojeamos un álbum de viejos grabados de la ciudad, los lagos, los volcanes y los templos aparecen

en una claridad en forma de laguna.
[...]
Rima feliz de montes y pirámides,

---

[1] Algunos historiadores piensan que Mitla fue obra de los mixtecos. En este caso, como en otros (El Tajín, Tula e incluso Teotihuacan), la discusión sigue abierta.

[2] Ciertos historiadores sostienen que las influencias se ejercieron en sentido contrario; o sea, que hubo influencia maya en Tula. Aunque las relaciones entre el Altiplano y la zona maya fueron constantes desde finales del periodo Formativo, parece difícil aceptar esta hipótesis: los testimonios de Yucatán están en contra. Pero, de nuevo, la discusión sigue abierta.

> se desdobla el paisaje en el abstracto
> espejo de la arquitectura.
> [...]
> Las olas hablan nahua.
> [...]
> (estampas: los volcanes, los cúes y, tendido,
> manto de plumas sobre el agua,
> Tenochtitlán todo empapado en sangre)[1]

UNA CONSTELACIÓN GUERRERA

A pesar de la variedad de naciones, lenguas, culturas y estilos artísticos, lo primero que sorprende es la unidad de estos pueblos: todos ellos compartieron ciertas ideas y creencias. De ahí que no sea ilegítimo llamar *civilización* mesoamericana a ese conjunto de naciones y culturas. Unidad en el espacio y continuidad en el tiempo: desde el primer milenio antes de Cristo hasta el siglo XVI, los distintos pueblos mesoamericanos desarrollan, reelaboran y recrean un núcleo de conceptos básicos, así como de técnicas e instituciones sociales y políticas. Hubo, como he indicado, cambios y variaciones, derrumbes violentos de ciudades y naciones, aparición de otras, periodos de anarquía seguidos de otros de predominio de este o aquel pueblo, pero nunca se rompió la continuidad de la civilización.

La relativa uniformidad del mundo mesoamericano es visible, en primer término, en el dominio de la cultura material y técnica. La gran revolución económica fue la domesticación del maíz, que transformó en sedentarios a los nómadas. No es extraño que lo hayan divinizado. Otra característica: la ausencia de animales de tiro y, en consecuencia, de la rueda y del carro (salvo, curiosamente, como juguetes). Por último, una tecnología más bien primitiva y que no llegó a rebasar la Edad de Piedra, excepto en ciertos dominios, como la exquisita orfebrería. Sobresalieron también en el trabajo y pulido de la obsidiana, el jade y distintas clases de piedras, así como en la pintura, los códices, la plumaria y otras artes. Fueron grandes arquitectos y escultores. En cambio, no dominaron el arte de la navegación. Todo esto ha hecho decir a un eminente historiador,

---

[1] Octavio Paz, *Pasado en claro*, incluido en el volumen VII de estas *OC*.

Michael D. Coe, que para encontrar a los verdaderos contemporáneos de los mesoamericanos, en el sentido cultural, hay que ir a la Edad de Bronce en Europa. Es cierto, en parte. Digo «en parte» porque si se piensa en los otros logros de los mesoamericanos —el calendario, la numeración por posiciones, el descubrimiento del cero, la astronomía, la arquitectura, las artes, la poesía— la diferencia con los pueblos de la Edad de Bronce es enorme. Una civilización no se mide únicamente por su tecnología sino por su pensamiento, su arte, sus instituciones políticas, sus logros morales. Mesoamérica puede verse como una constelación de naciones. Lenguas distintas e intereses encontrados pero instituciones políticas semejantes, parecida organización social y cosmogonías similares. Un mundo que hace pensar en las *polis* griegas o en las repúblicas italianas del Renacimiento. Como a ellas, dos notas definen a las sociedades mesoamericanas: la homogeneidad cultural y las intensas, feroces rivalidades. En el Altiplano hubo una impresionante sucesión de ciudades-Estados (Teotihuacan, Tula, Tenochtitlan) que pretendieron la dominación total sobre los otros pueblos, sin nunca lograrlo del todo. Las otras grandes ciudades-Estados (Monte Albán, El Tajín, Tikal, Copán, Palenque) guerrearon sin cesar pero no fueron expansionistas, al menos en el grado de las del Altiplano. Un paréntesis: los historiadores modernos se resisten a llamar *ciudades* —salvo en los casos de Teotihuacan y Tenochtitlan— a los grandes conjuntos arquitectónicos. Prefieren usar otro término: «centros ceremoniales». Expresión desafortunada: es difícil admitir que las grandiosas construcciones de esos lugares hayan servido únicamente como teatros de ritos religiosos y de funciones públicas. Casi seguramente fueron también centros políticos y administrativos, residencias de la realeza, la aristocracia militar, el sacerdocio y la alta burocracia, según puede verse en Palenque. Sea como sea, la pluralidad de ciudades-Estados (o de «centros ceremoniales») fue la realidad permanente de la historia mesoamericana. Y con ella, su doble consecuencia: la guerra y el comercio.

El comercio tuvo una función internacional: una vasta red de intercambios unía a todas las regiones, incluso a las más apartadas. Existían centros de comercio internacional que recuerdan a nuestros «puertos libres». Además, como las caravanas orientales, grupos de comerciantes recorrían todas las rutas. A veces se convertían en bandas guerreras y otras en espías, tácticas tan antiguas y universales como la política y la guerra. Así los teotihuacanos llegaron a la zona maya y establecieron puestos en la América Central; por su parte, los mayas penetraron en el Altiplano y, a la caída de Teotihuacan, dejaron las huellas de su paso (y de su genio artístico) en Cacaxtla y Xochicalco. En fin, los comerciantes aztecas eran uno de los brazos de la política exterior de México-Tenochtitlan.

Entre los aztecas la clase superior estaba compuesta por la nobleza hereditaria *(pilli)* y los guerreros profesionales *(tecuhtli).* Se trata de una división tradicional y común a los otros pueblos. El sacerdocio compartía con los guerreros nobles la cúspide de la pirámide social. Durante muchos años los historiadores llamaron «periodo teocrático» al del esplendor de la civilización mesoamericana y algunos supusieron que se trataba de una época pacífica, sobre todo en la zona maya. A la luz de los avances de la epigrafía maya, se ha desvanecido esta hipótesis, se ha minimizado la importancia de la clase sacerdotal y se ha subrayado el carácter dinástico de las sociedades mesoamericanas. Sin embargo, no hay que exagerar: aquella civilización era profunda y fervientemente religiosa, como no dejaron de observarlo con asombro Cortés, Bernal Díaz del Castillo y los primeros misioneros. El fundamento de la realeza era la religión y quien dice religión dice sacerdocio. También en Europa la realeza no habría sido posible sin el Papado. La realeza por derecho divino fue una institución universal en Mesoamérica, a juzgar por los indicios olmecas —las cabezas monumentales quizá son efigies de soberanos divinizados— y por los monumentos mayas, zapotecas, toltecas y aztecas. Al descifrar parcialmente las inscripciones mayas, conocemos hoy los nombres de muchos reyes y las fechas de sus batallas, victorias, ascensión al trono y otros fastos de sus reinados. Los jefes supremos eran de sangre divina y casi siempre, a su muerte, eran divinizados. De ahí que el rey tuviese también funciones sacerdotales. Las fronteras entre lo político y lo religioso eran muy tenues; había imbricación entre el poder real, el militar y el sacerdotal.

Se ha señalado el carácter predominantemente religioso del arte mesoamericano. Al mismo tiempo, casi todas sus representaciones aluden a la guerra o a ritos estrechamente asociados a ella, como el sacrificio de los prisioneros o los emblemas, atributos y símbolos relativos a las dos órdenes militares, las águilas y los jaguares. La guerra mesoamericana posee un significado dual: es política y es religiosa, es búsqueda de ganancias materiales y es un ritual. En su primer aspecto, la guerra es la otra cara del comercio; quiero decir, es una de las consecuencias de la pluralidad de ciudades-Estados y de sus intereses antagónicos. Las guerras no tenían por objeto primordial la conquista; tampoco se pretendía la aniquilación del enemigo, salvo en casos excepcionales: se buscaba someterlo y convertirlo en tributario. La idea de *imperio*, en el sentido de una sociedad plurinacional en la que un Estado no sólo domina sino gobierna a las otras naciones, no aparece en Mesoamérica en ningún momento, ni siquiera en periodos expansionistas como los de Tula y Tenochtitlan. La noción de *imperio* era ajena a la tradición mesoamericana ya que estaba en abierta contradicción con el principio básico que inspiraba y justificaba la actividad guerrera: conseguir prisioneros para el sacrificio. Más adelante desarrollaré este punto; por ahora, basta con indicar que la guerra fue endémica en Mesoamérica. Mejor dicho, era consustancial, pues correspondía tanto a la ideología como a la índole de aquel mundo.

Otro rasgo característico es lo que he llamado la naturaleza circular de la historia mesoamericana. Quizá mi afirmación puede parecer demasiado tajante; sin embargo, no es inexacta. La civilización mesoamericana no sólo aparece milenios más tarde que las del Viejo Mundo sino que su historia fue un constante recomenzar, un levantarse, caer y levantarse de nuevo para volver a empezar. De ahí, sin duda, el carácter primitivo o arcaico tanto de sus técnicas como de ciertas costumbres e instituciones, entre ellas los sacrificios humanos. Este andar a tropezones o en círculos se debe, como ya dije, a que las culturas mesoamericanas no recibieron más influencia del exterior —a diferencia de las de Europa y Asia— que la de los bárbaros que vagaban y merodeaban por las llanuras y desiertos del norte. Esas tribus nómadas no eran una amenaza militar en las épocas de apogeo de las grandes ciudades-Estados del Altiplano pero apenas éstas se debilitaban, sea por convulsiones internas o por otras circunstancias, se presentaban, saqueaban las ciudades e, incluso, se establecían en las ruinas. Tras un periodo más o menos largo, los descendientes de los invasores rehacían por su cuenta la cultura de las ciudades que habían asolado. A veces la nueva versión era superior a la precedente, otras era una copia grosera. De los olmecas a los aztecas, la civilización mesoamericana no ofrece sino variantes del mismo modelo, en ocasiones sublimes como Teotihuacan y otras imaginativas y brillantes como Palenque y Tikal. En suma, hubo comienzos y recomienzos, perfeccionamientos y declinaciones, no cambios. En el Viejo Mundo el continuo trasiego de bienes y técnicas, dioses e ideas, lenguas y estilos produjo transformaciones inmensas; en Mesoamérica las inmigraciones aportaron sangre fresca, no ideas nuevas: Tula repite a Teotihuacan y Tenochtitlan a Tula.

SACRIFICIO Y TRANSFIGURACIÓN

El mito mexicano de la creación del mundo refiere que los dioses se juntaron en Teotihuacan para crear, por quinta vez, al mundo. Dos de ellos, tras hacer penitencia, se arrojaron a la hoguera y se convirtieron en el sol y la luna. Pero no se movían, fijos en el cielo. Ante el universo paralizado y en trance de perecer, los demás dioses decidieron sacrificarse; así pusieron en movimiento al sol, a la luna y al universo entero. En otro momento del mismo mito, el sol desfallece; para ponerse en movimiento, necesita alimentarse con la sangre de las estrellas. Oposición entre la noche y el día, el cielo nocturno y el diurno: guerra celeste. Las estrellas son vencidas y sacrificadas, el sol bebe su sangre y el día se echa a andar. Victoria cíclica: el combate se repite cada día y cada día el sol debe vencer a la noche. En el primer relato, el autosacrificio de los dioses crea al mundo; en el segundo, la guerra divina y la sangre de las estrellas vencidas animan al sol y mantienen en vida al universo. Aquí aparece otro rasgo del sacrificio, hasta ahora apenas advertido: el universo es movimiento y el movimiento es transformación incesante, continua metamorfosis. Al poner en movimiento al universo, el sacrificio inicia la cadena de las transformaciones entre los dioses. Comienza así ese prodigioso *ballet* de dioses y diosas, todos enmascarados y transformándose sin cesar en sus contrarios —que son sus gemelos. En suma, la función del sacrificio es triple: crea al mundo, lo mantiene y, al mantenerlo, lo transforma. La tarea de mantener al cosmos en movimiento fue una obsesión de los pueblos mesoamericanos. Creían que el universo está siempre en peligro de detenerse y perecer. Para evitar esta catástrofe, los hombres deben alimentar al sol con su sangre.

Con ligeras variantes que no alteran su significado esencial, este mito aparece entre los mayas y en los otros pueblos mesoamericanos. Se trata de la concepción básica de su cosmogonía; además, es el eje de su vida espiritual. El sacrificio, en su doble forma, como dádiva de la sangre propia y como ofrenda de la del prisionero vencido en la batalla, es una visión del mundo y del puesto del hombre en el cosmos. Así, es el fundamento de la ética del hombre mesoamericano: por el sacrificio, el hombre colabora con los dioses y se diviniza. Para todos los mesoamericanos la vida de aquí abajo es un reflejo del drama cósmico. Los hombres imitamos o reproducimos los actos de los dioses. En este sentido, la vida no es sino un rito; el mundo es el teatro de los dioses y las acciones de los hombres son ceremonias que reproducen el gesto fundador del mundo: el autosacrificio y la guerra celeste. Visión polémica del cosmos: guerra celeste, guerra de los elementos y guerra de los hombres. Aunque todos los seres vivos, de los dioses a las hormigas, participan en este drama, la responsabilidad de cada hombre aumenta a medida que su posición es más alta en la pirámide social. El príncipe, el guerrero y el sacerdote están más cerca de los dioses y así sus obligaciones son mayores en la diaria tarea de recrear al mundo y mantenerlo.

Los relieves mayas de Yaxchilán muestran a personajes reales que martirizan sus cuerpos y derraman su sangre. Esas ceremonias a veces eran públicas y a plena luz, ante el pueblo agolpado en los flancos de la pirámide; otras eran secretas, en cámaras subterráneas y a la luz de las antorchas. La pérdida de sangre y la ingestión de alucinantes provocaban visiones en las que aparecía, entre las fauces de una serpiente fantástica, un antepasado divino. Los sacerdotes, los guerreros, la nobleza y la gente del común, repetían en una forma cada vez más atenuada los ritos penitenciales de los monarcas. También en la otra actividad complementaria del autosacrificio, la guerra, eran proporcionales la responsabilidad, las recompensas y los riesgos. El destino del guerrero noble hecho prisionero era la piedra de sacrificios (la «piedra divina»), mientras que la esclavitud era la suerte de los prisioneros plebeyos. El caído en el combate, convertido en pájaro o en mariposa, acompañaba al sol en su diario y peligroso viaje por el cielo y el inframundo; las mujeres muertas en el parto también eran divinizadas. Por último, aparte de las ganancias materiales y los honores públicos, el vencedor participaba en el proceso cósmico y comulgaba con las fuerzas divinas. El puente mágico era, precisamente, la sangre del prisionero sacrificado. Éste es el sentido de un rito que escandalizó a los españoles por su parecido con el sacramento cristiano de la eucaristía: el vencedor comía un pequeño trozo del muslo del prisionero inmolado.

Es imposible cerrar los ojos ante la función central de los sacrificios humanos en Mesoamérica. Su frecuencia, el número de las víctimas y la crueldad de muchas de esas ceremonias, han provocado la reprobación de muchos. Actitudes explicables pero que no ayudan a la comprensión; es como condenar a un terremoto o azotar a un río que se desborda. No excluyo el juicio moral en la historia; pienso que, antes de juzgar, debemos comprender. Los conquistadores españoles no ocultaron su perplejidad al comparar la templanza y la dulzura de las costumbres de los aztecas con la crueldad de sus ritos. Un psicoanalista podría atribuir la exacerbación de las tendencias agresoras y autopunitivas al rígido puritanismo de aquellas sociedades. Pero entonces, ¿qué decir de la crueldad del circo romano en una época de laxa sexualidad? Otros culpan al delirio religioso o a la terrible tiranía de las aristocracias militares y sacerdotales o al carácter absolutista de la ideología dominante o al terror estatal o a la lucha despiadada entre los Estados. Ninguna de estas explicaciones es enteramente satisfactoria; no son falsas: son incompletas. Tal vez todas las explicaciones históricas lo son. Entre las causas de cualquier hecho histórico hay una que es cambiante, inasible y abismal: el hombre.

Podemos aproximarnos a este tema desde otra perspectiva. Cualquiera que sea nuestro juicio sobre los sacrificios humanos, es indudable que la noción de *sacrificio* ha sido uno de los fundamentos de todas las religiones y de la mayoría de los sistemas éticos. También me parece indudable que el rigor y el ascetismo de aquellos hombres y mujeres, su entereza frente a la adversidad y su serenidad ante la muerte, son ejemplos de fortaleza y, en el sentido antiguo de la palabra, de *virtud*. Dos notas definen a su moral: la solidaridad con el cosmos y el estoicismo individual. Nada más opuesto a nuestras actitudes ante la naturaleza y ante nosotros mismos. Nuestro ideal, durante siglos y con las consecuencias que hoy conocemos, ha sido dominar y explotar al mundo natural y, con resultados también funestos, «liberar» nuestras pasiones. La sociedad moderna es incomparablemente más tolerante e indulgente que las del pasado pero ¿no hemos sido contemporáneos de los regímenes totalitarios, de los campos de concentración y de varias matanzas colectivas? La visión mesoamericana del mundo y del hombre me estremece. Es una visión trágica que, simultáneamente, me exalta y me anonada. No me seduce pero es imposible no admirarla. Sahagún cita una frase que el sacerdote dirigía al príncipe en el momento de ascender al trono: «recuerda, señor, que los reyes comen pan de dolor». Moral heroica a un tiempo insensata y sublime. Su pesimismo no doblega ni disuelve a la voluntad: la afila y la templa. Nos enseña a ver de frente al destino.

DOS, CUATRO Y CINCO

En el mito de la creación del mundo se dice que cuando Nanahuatzin y Tecuciztécatl se lanzaron a la hoguera para convertirse en el sol y la luna, «un águila entró en el fuego y también se quemó y por esto tiene las plumas hoscas y negruzcas; a la postre entró el jaguar y no se quemó sino se chamuscó y por eso quedó manchado de negro y blanco. De esto se tomó la costumbre de llamar a los hombres diestros en la guerra águilas y jaguares». Esta versión del mito es azteca pero la dicotomía águila/jaguar es más antigua y se extiende a todos los pueblos de la altiplanicie y de la costa del Golfo de México. Es el origen mítico de las dos órdenes guerreras, águilas y jaguares, agrupaciones a un tiempo militares y religiosas, como los templarios medievales. Aparecen de un modo prominente en Tula y Tenochtitlan pero no son exclusivas del mundo nahua sino que pertenecen a todos los pueblos mesoamericanos. En Teotihuacan figuran emblemas de las dos órdenes y los célebres frescos de Cacaxtla, de factura maya, tienen como tema la rivalidad de las dos órdenes. El fresco principal muestra una batalla entre guerreros ricamente ataviados; las vestiduras de pieles y plumas (jaguares y águilas) son simbólicas pero el combate es real: lujo y sangre. El ritmo que anima a la composición, las lanzas que se cruzan y los escudos que resplandecen, todo, hace pensar en los torneos del «gótico florido» o en ciertas pinturas de Ucello. Las dos órdenes representan los dos aspectos de la realidad; la dualidad noche/día, origen de la guerra celeste que pone en marcha al universo, está simbolizada por los dos animales sagrados. La mitología de Mesoamérica es una prodigiosa danza de transformaciones: si el águila es el sol, el jaguar es «el sol de la noche». Esta visión del jaguar como un sol llameante en la oscuridad de la selva nocturna habría regocijado a William Blake, que creía en la universalidad de la imaginación poética: *Tyger, Tyger! burning bright / In the forest of the Night...*

La sorprendente metáfora del jaguar como un sol nocturno aparece también entre los mayas. Se trata de una expresión más del dualismo que está en la base del pensamiento mesoamericano y que es la raíz tanto de su cosmología como de sus ideas filosóficas y morales. El dualismo se hace patente desde el principio de una manera casi obsesiva en las figurillas de barro de Tlatilco (hacia 1200 a.C.). Algunas ostentan dos cabezas, en otras una mitad del rostro es una calavera y la otra una fisonomía riente y otras, en fin, están provistas de dos narices y dos bocas, insólita prefiguración de ciertas pinturas de Picasso. Los aztecas tenían un dios, el dios supremo, que llamaban Ometéotl, el Señor de la Dualidad. Más que un dios era un concepto. Las fuentes mencionan a dos formas de la divinidad dual: Ometecuhtli, la masculina, y Omecíhuatl, la femenina. Esta divinidad doble era el origen de todos los seres y las cosas pero no se le rendía culto: literalmente estaba *más allá*. «En la filosofía azteca —dice Michael Coe— ésta era la única realidad y todo lo demás era ilusión.» El Señor de la Dualidad tenía una contrapartida infernal: el Señor y la Señora de la Muerte. Cada dios tenía su doble animal, además de su contrapartida femenina, también doble. Por ejemplo, en el mito de la creación del mundo se menciona a Xochiquetzal (Flor erguida), diosa joven, pero figura como dos diosas con el mismo nombre y un atributo distinto: «la de la falda verde» y «la de la falda roja». Otro ejemplo es Xólotl (el Gemelo), patrón de las formas dobles de la naturaleza como el anfibio *axólotl*. En el *Códice Borgia* pueden verse, las espaldas pegadas como siameses, a Mictlantecu-htli, dios de la muerte, y a Quetzalcóatl, dios de la vida. Esta representa-ción —y no es la única— nos enfrenta a un arte profundamente intelec-tual, en el que la forma también es concepto. Un arte, en el sentido mejor de la palabra, filosófico.

La dualidad se desdobla en cuatro, número que es el arquetipo de Mesoamérica. El Señor de la Dualidad engendra a los cuatro Tezcatlipo-cas, cada uno de un color diferente y que corresponde a cada uno de los puntos cardinales. Los dioses mayas tienen cuatro aspectos, cuatro formas, cuatro funciones. Cada uno de ellos tiene, a su vez, una consorte desdo-blada en cuatro manifestaciones. Como los aztecas, los mayas creían en las cuatro creaciones o edades del mundo, seguidas por una quinta, la actual. A esta creencia en las cuatro edades corresponde de nuevo la división del espacio en cuatro regiones, conforme a los cuatro puntos cardinales con uno en el centro. Para los mayas el color del centro era el verde; para los aztecas, el centro era el sol del movimiento, el sol que anima nues-tra era y que un día lo destruirá. El cielo maya estaba sostenido por cuatro Bacabs; en el centro, crecía un árbol prodigioso, la ceiba perennemente verde. El sacerdote encargado de los sacrificios tenía cuatro acólitos, lla-mados Chac, como el dios de la lluvia. Los ejemplos pueden multiplicarse *ad nauseam*. El cuatro regía a Mesoamérica como la tríada a los pueblos indoeuropeos.

La pirámide cuadrangular y escalonada es la forma canónica de la ar-quitectura religiosa mesoamericana. Es una proyección del cuadrilátero que forman los cuatro puntos cardinales. Las pirámides eran santuarios y tumbas. El santuario estaba en lo alto de la plataforma en que culmina la construcción; la tumba, como en Egipto, era una cámara subterránea. El modelo de la forma piramidal fue la montaña. Analogía que aparece también en Egipto, Mesopotamia y la India: el mundo es una montaña y el arquetipo de la montaña es la pirámide. En la esfera de las representaciones religiosas, la pirámide tiene un equivalente: el cielo, compuesto de trece zonas superpuestas, y el inframundo, compuesto por nueve. Pero la pirámide es algo más que la representación simbólica de la montaña que son el mundo y el ultramundo; el movimiento que proyecta al cuadrilátero hacia arriba (o hacia abajo) lo transforma en tiempo. La pirámide es espacio convertido en tiempo; a su vez, en la pirámide el tiempo se vuelve espacio, tiempo petrificado. La salida y la puesta del sol, los movimientos de las constelaciones, las apariciones y desapariciones de la luna, de Venus y de los otros planetas, rigen la orientación de la pirámide y su relación con las otras construcciones. En Uaxactún, dice Mary Ellen Miller, la colocación de las pirámides servía para señalar el paso del tiempo y los movimientos de los astros.[1] En Chichén-Itzá, en la pirámide llamada El Castillo, cada equinoccio de otoño pueden verse siete segmentos luminosos recorrer las escaleras: son siete trozos de la serpiente que asciende a la tierra desde las profundidades del inframundo.

Las pirámides eran tumbas y de ahí que fuesen representaciones del inframundo y de sus nueve zonas. En Palenque, en el Templo de las Inscripciones, sepulcro del rey Pacal, la pirámide tiene nueve niveles; adentro, en el centro del nivel inferior, se halla la magnífica cámara mortuoria. Y hay más: trece cornisas suben de la tumba al piso superior. Nueve y trece: los pisos del inframundo y del cielo. En Tikal la pirámide I, asimismo tumba de un monarca, tiene nueve niveles. En Copán hay otro notable ejemplo de pirámide funeraria de nueve terrazas; se trata (quizá) de la tumba del rey Jaguar de Humo. En cambio, la pirámide de Tenayuca, cerca de México, tiene 52 cabezas de serpiente: los 52 años del siglo azteca. La de Kukulkán en Chichén-Itzá tiene nueve terrazas dobles: los 18 meses del año; sus escaleras tienen 364 gradas más una de la plataforma: los 365 días del calendario solar. En Teotihuacan las dos escaleras de la pirámide del Sol tienen, cada una, 182 gradas: 364 más una de la plataforma. El templo de Quetzalcóatl tiene 364 fauces de serpientes. En El Tajín la pirámide principal tiene 364 nichos más uno escondido. Nupcias del espacio y el tiempo, representación del movimiento por una geometría pétrea.

La pirámide no es el único ejemplo de la transformación del espacio en tiempo. El movimiento vertical que alza al cuadrilátero puede ser tam-

[1] Mary Ellen Miller, *The Art of Mesoamerica*, 1986.

bién horizontal; la metamorfosis se repite, el espacio se despliega y se vuelve tiempo, ahora convertido en calendario. La forma que asume es dual: el calendario lunar de 260 días y el solar de 360, más cinco finales, sin nombre y de significación funesta. Eran los días vacíos. Los aztecas, siempre poetas, los representaban como cinco enmascarados por pencas de maguey. El calendario lunar servía para la adivinación y tenía connotaciones religiosas y mágicas; así como en Occidente se nace bajo el signo de una estrella, en Mesoamérica se nacía bajo un signo del calendario lunar. Los signos eran ambiguos pues consistían en un haz de predisposiciones que podían enderezarse o torcerse, según el caso, por medio de conjuros y, como dice Sahagún, «por la diligencia o la negligencia y flojedad» de cada uno. No es necesario detenerse en los sutiles e intrincados pormenores de los dos calendarios pero sí es útil señalar que la rotación de los dos calendarios formaba un ciclo de 18 980 días, al cabo de los cuales un día determinado volvía a ocupar su posición inicial. Así pues, cada conjunción tardaba 52 años en repetirse: el siglo mesoamericano, dividido en cuatro partes de trece años cada una. Los mayas perfeccionaron el calendario al introducir la llamada Cuenta Larga. Idearon, como nosotros, una fecha ideal para comenzar la cuenta de los años; para nosotros es el nacimiento de Cristo, para ellos una fecha de actividad divina (el punto cero de la creación) que corresponde, en nuestro calendario, a 3114 a.C. Calendario: tiempo hecho piedra y piedra giratoria.

Al desplegarse horizontalmente, el cuadrilátero original —los cuatro puntos cardinales— tiende a volver sobre sí mismo y transformarse en un círculo, con un punto en el centro, inmóvil y no obstante activo. Aunque la concepción cíclica del tiempo fue general en muchos pueblos —apenas si necesito recordar a los griegos y a los romanos— sólo en la India tuvo la complejidad y el refinamiento que alcanzó en Mesoamérica. El calendario mesoamericano no sólo es tiempo vuelto espacio y espacio en movimiento sino que contiene, implícita, una filosofía de la historia fundada en los ciclos. El famoso disco basáltico llamado Piedra del Sol expresa con muda y plástica energía esta concepción. En el centro, la imagen del dios sol y el signo de nuestra era (4 Movimiento); a su alrededor, los símbolos de las cuatro eras o soles que han precedido a la actual; enseguida, otro anillo con los signos de los 20 días; y todo circundado por dos serpientes de fuego. El signo 4 Movimiento es el del comienzo del mundo pero, también, el de su fin por un cataclismo. El sol del movimiento es la energía que pone en marcha al universo y hace girar a los astros, a los signos y a las estaciones. Energía terrible, sol siempre sediento de sangre; por esto aparece —realismo espeluznante— con la lengua de fuera. El movimiento, que es giro rítmico, danza del tiempo, un día va a desacordarse. En el sentido musical, el desacuerdo es una desafinación; en el moral e histórico significa discordia. Así, desacuerdo es ruptura del ritmo cósmico y del orden social. En la Piedra del Sol los aztecas leían su principio, su mediodía y su fin.

EL ESPEJO DE LA DUALIDAD

Los historiadores subrayan el adelanto de la astronomía mesoamericana y la precisión de sus cálculos, sobre todo entre los mayas. Entendámonos: su astronomía era, asimismo, una astrología y una mitología. Los movimientos del cielo se veían como una historia divina, hecha de los combates, uniones y transformaciones de los astros-dioses; a su vez, las historias mitológicas eran una traducción de los giros de las estrellas y los planetas. El famoso Juego de Pelota es una traducción ritual de estas ideas. La antigüedad del juego se confunde con la de la civilización mesoamericana: entre las figurillas de la cultura neolítica de Tlatilco hay varios jugadores de pelota; en San Lorenzo, el sitio olmeca más antiguo, hay huellas inequívocas del Juego de Pelota, entre ellas una espléndida escultura de un jugador (decapitada y enterrada durante la destrucción violenta que sufrió ese lugar). Desde entonces hasta la llegada de los españoles, los pueblos de Mesoamérica practicaron con pasión este juego. En todos los santuarios y «centros ceremoniales» hay canchas rectangulares, limitadas por muros a veces decorados con relieves alusivos. Probablemente el gran foco de irradiación estuvo en la costa del Golfo, en El Tajín. En ese sitio se han encontrado once terrenos de juego, algunos notables por los relieves que adornan sus muros. Probablemente la gente de El Tajín, heredera de la cultura olmeca, se había especializado en la producción de pelotas elásticas de hule.[1]

También proceden de esa zona ciertos objetos en piedra llamados yugos, palmas y hachas. Los dos primeros son casi seguramente representaciones pétreas de las defensas de caucho que revestían los jugadores para protegerse, como los cascos y petos acolchados que usan ahora los

---

[1] Hule (caucho): del náhuatl *ulli*. El gentilicio *olmeca* se refiere a la «gente del país del hule». Entre los nahuas, el juego se llamaba *ulama*.

jugadores de futbol americano. Las hachas servían quizá como marcadores. Estos objetos son verdaderas esculturas, con frecuencia de gran belleza, unos por la economía y la energía de sus formas, otros por su expresividad y otros, en fin, por el movimiento sinuoso y elegante de sus líneas. Algunos de los campos de juego son grandiosos, como el de Chichén-Itzá, y otros, como los de Copán y Monte Albán, nos sorprenden por sus proporciones simétricas y por su armonía con el paisaje circundante. Uno de los grandes aciertos de los mesoamericanos fue haber hecho de la arquitectura una réplica del mundo natural. En Teotihuacan y en Monte Albán, diálogo entre las montañas y las altas moles geométricas de las pirámides; en Tikal y Palenque la relación se establece entre la vegetación delirante y el barroquismo fantástico de los templos y los palacios.

En Mesoamérica se inventó el juego entre dos equipos y con una pelota elástica. El futbol y el basquetbol son descendientes de ese antiguo juego ritual. Se practicaba, según parece, de dos maneras: como un deporte y como un rito. Este segundo aspecto, sin duda el más antiguo, es el tema de los relieves de El Tajín, Chichén-Itzá, Cotzumalhuapan y otros lugares. Como en el caso de los guerreros águilas y jaguares, el eje del rito es el combate celeste del sol contra las estrellas y del día frente a la noche, la dualidad polémica que mueve al mundo. La batalla del fresco de Cacaxtla es la pintura de un ritual en el que los guerreros águilas y jaguares representan (y pagan con su vida) el drama cósmico. El Juego de Pelota fue un rito de parecido significado y desenlace semejante: en un relieve de El Tajín se ve al capitán del equipo vencido en el momento de ser sacrificado. Otro relieve muestra un jugador decapitado: siete serpientes brotan de su tronco mutilado. En Chichén-Itzá un relieve repite la misma imagen terrible. Las serpientes significan fertilidad: el sacrificio es vida.

Las matemáticas mesoamericanas no fueron menos notables que su astronomía. Dos descubrimientos capitales en la historia del ingenio humano: la numeración por posiciones y el cero o signo de nulidad. Ambos fueron hechos por los olmecas y después perfeccionados por los mayas. La escritura también comenzó con los olmecas y fue desarrollada más tarde por los otros pueblos, sobre todo por los zapotecas de Monte Albán. También hay escrituras del mismo tipo —jeroglíficos con algunos elementos fonéticos, a manera de logogrifos— en Teotihuacan, El Tajín y otros sitios. Todavía no se han podido descifrar esas escrituras, salvo los glifos toponímicos y las fechas del calendario. La escritura mixteca y más tarde la azteca combinaron la pictografía con el fonetismo. Un ejemplo azteca: «el nombre de la población Atlan se escribe con el pictograma agua *(atl)* y con el pictograma diente *(tlan)*».[1] Una verdadera adivinanza.

El sistema más completo —y más complejo— fue el ideado por los mayas, pues combina la ideografía con el fonetismo de manera más total y sutil. Los mayas deben de haber poseído una extensa literatura, a juzgar por los libros del *Chilam Balam* y por el *Popol Vuh,* escritos después de la Conquista pero que recogen muchas de sus tradiciones religiosas y cosmogónicas, sus ritos y las profecías de sus sacerdotes. La inmensa mayoría de los códices mayas fue destruida. Sólo nos quedan cuatro; el más importante entre ellos, conservado en Dresden, se ocupa únicamente de temas astrológicos y rituales. Tenemos, además, las numerosas inscripciones en los templos y en las estelas. Estas inscripciones acompañan a las figuras labradas en los relieves o esculpidas en las estelas. Su función era semejante a la de las leyendas y títulos en nuestros periódicos y libros al pie de un grabado o de una fotografía: informan sobre un suceso y sus actores. Los extraordinarios avances últimos en el desciframiento de la escritura maya han cambiado muchas de nuestras ideas sobre la historia de ese pueblo. Sin embargo, todavía estamos lejos de comprender cabalmente su escritura.[2] Si algún día llegaran a descifrarse del todo esas inscripciones, temo que nos decepcionarían: lo más probable es que consistan en hileras de nombres, fechas, fastos palaciegos y hechos de guerra. La verdadera literatura —poemas, leyendas, cantos y cuentos— debe de haber sido oral, como entre los aztecas, los únicos que nos han dejado un admirable *corpus* de poesía.

No sólo los principios básicos y los mitos fueron los mismos para todos los pueblos de Mesoamérica; también su panteón fue semejante. Con nombres distintos y en lenguas diferentes veneraron a los mismos dioses con ritos parecidos. Dioses del cielo y dioses de la vegetación, dioses guerreros y dioses de la fertilidad, dioses civilizadores y dioses del placer. Dioses y diosas: el dios de la lluvia, Tláloc en la Altiplanicie y Chac en Yucatán; la diosa del agua, la de la falda de jade; el dios sol y la diosa luna; Coatlicue, la de la falda de serpientes, de cuyo tronco decapitado

[1] Michael D. Coe, México, 1984.

[2] Merecen citarse especialmente los trabajos de Yuri Knorosov, Heinrich Berlin y Tatiana Proskouriakoff. *Cf. The Mayas* (1984) de Michael D. Coe, y *The Blood of Kings* (1986) de Linda Schele y Mary Ellen Miller. Véase *Maya Gliphs* de S. P. Houston, University of California Press/British Museum, 1989.

nace Huitzilopochtli armado, como Minerva de la frente rota de Júpiter; el viejo dios del fuego; el joven dios del maíz, Xipe el Desollado y la diosa Tlazoltéotl, Mariposa de Obsidiana, la flechadora, diosa de la confesión y del baño de vapor, diosa barredora de inmundicias de la casa del alma; la Serpiente Emplumada, Quetzalcóatl en la Altiplanicie y Kukulkán en Yucatán, dios que asciende del Golfo y sopla un caracol marino y se llama Noche y Viento (Yohualli Ehécatl), dios del aliento vital y dios destructor de la segunda era del mundo, Estrella de la Tarde y Estrella Matutina, dios I Caña que desapareció por el lugar en donde «el agua del cielo se junta con el agua del mal» (el horizonte) y que volverá a aparecer por ese mismo lugar y ese mismo día para recobrar su herencia-Quetzalcóatl, dios pecador y penitente, pintor de palabras y escultor de discursos; Mixcóatl, Serpiente de Nubes, Vía Láctea, dios negro y azul constelado de puntos blancos: cielo nocturno...

La mitología mesoamericana es un teatro de metamorfosis prodigiosas que nunca tuvo un Ovidio. Como los cuerpos celestes, las plantas y los animales, los dioses cambian continuamente y se transforman. Tláloc, dios de la lluvia, aparece como dios guerrero entre los mayas de Yaxchilán; Xochipilli (I Flor), dios del canto y la danza, se transforma en Cintéotl, el maíz naciente; Xochiquetzal es la mujer del mancebo Piltzintecuhtli, que no es otro que Xochipilli, aunque, en otro momento del mito, la diosa se convierte en la consorte de Tezcatlipoca. ¿Cuál de todos? Pues hay cuatro: el Tezcatlipoca negro, Espejo Humeante, dios jaguar que ve en su espejo el fondo de los hombres y que se convierte en su doble contrario, el joven Huitzilopochtli, el colibrí, que es el Tezcatlipoca azul. En el otro punto del espacio aparece el Tezcatlipoca blanco, que es Quetzalcóatl, y en el cuarto punto, entre el maíz verde y la tierra ocre, el Tezcatlipoca rojo, que es Xipe Tótec. Los dioses aparecen y desaparecen como los astros en la boca de la noche, como el sol en el oeste, como el pájaro entre dos nubes, como el coyote entre los pliegues del crepúsculo. Los dioses son tiempo pero no tiempo petrificado sino en perpetuo movimiento: danza de las metamorfosis, danza que es «guerra florida», juego ilusorio y cruel, baile de reflejos lanzados por cuatro espejos que se enfrentan y combaten, se enlazan y se vuelven hogueras, se apagan y vuelven a encenderse. ¿Quién los enciende y quién los apaga? El Señor de la Dualidad.

Arte olmeca. *Pectoral*. Periodo Preclásico Medio (1000-600 a.C.)

Cultura del Golfo de México, Veracruz. *Palma*. Periodo Clásico.

Cultura del Golfo de México, Veracruz.
Caritas sonrientes. Periodo Clásico (siglos VI a IX).

Arte teotihuacano. *Brasero en forma de templo*. Periodo Clásico (200-600).

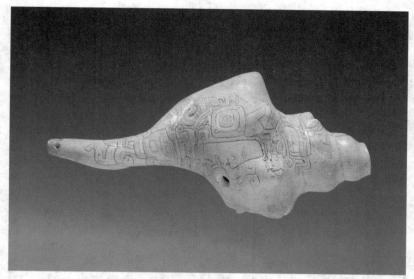

Arte maya. *Trompeta ritual*. Periodo Clásico Temprano (250-400).

Arte maya. *Visión de la reina Xoc*. Periodo Clásico Tardío (725).

Arte zapoteca. Monte Albán, Oaxaca. *Urna funeraria*. Monte Albán II,
Periodo Clásico Temprano (100-200).

Arte maya. *Numen de la orden «los caballeros águilas»*. Fragmento de «la batalla». Posclásico Temprano (900).

México

La caída de la civilización mesoamericana era inevitable. Otras sociedades más poderosas y con mayor capacidad defensiva —chinos, árabes, turcos, indostanos— tampoco pudieron resistir al gran oleaje europeo. Sin embargo, la rapidez fulminante de su caída y la celeridad con que los españoles lograron crear una nueva sociedad son hechos que merecen una explicación menos general. Los historiadores destacan un conjunto de circunstancias: la inferioridad técnica y militar, ejemplificada por la carencia de armas de fuego, de armaduras y de caballería; la vulnerabilidad ante los virus y epidemias europeas: la viruela cobró más vidas aztecas que los arcabuces de los españoles; las desuniones internas y el odio general que inspiraba la dominación azteca: sin la ayuda de los ejércitos indios, los españoles no habrían podido derrotar en un término tan breve al Estado mexica. Aquí es útil repetir que uno de los rasgos distintivos de Mesoamérica fue el carácter circular de su historia; la consecuencia más notoria fue su incapacidad para resolver el estado de guerra perpetua entre las diferentes naciones mediante el establecimiento de un Estado supranacional. Éste fue, precisamente, el gran logro de los españoles y lo que hizo posible que reinase la paz durante trescientos años.

Otra circunstancia no menos decisiva fue el desconcierto de los indios, rayano en estupor, ante los españoles. En su universo mental sólo había dos categorías para clasificar a los hombres: el bárbaro y el civilizado.[1] Los españoles no eran ni lo uno ni lo otro. Los mesoamericanos ignoraron una realidad muy conocida por los pueblos de Asia y de Europa: la existencia de hombres de otra civilización. De ahí que no pudiesen *pensar* a los españoles: no entraban en sus categorías mentales. Frente a lo desconocido sólo tenían una categoría privilegiada: lo sagrado. Su

---

[1] Llamados *chichimecas* y *toltecas,* respectivamente, en el Altiplano.

visión del más allá no era histórica sino sobrenatural: no otra civilización sino otros dioses. O los dioses antiguos que regresaban, como creyó Moctezuma. La actitud de los indios ante la caballería española es un ejemplo impresionante: creyeron al principio que el jinete y su montura eran un ser sobrenatural capaz de separarse y volver a juntarse. Cuando salieron de su error, persistieron en ver a los caballos como seres sobrenaturales y por esto los sacrificaban como si fuesen prisioneros de guerra. El *otro* es una dimensión constitutiva de la conciencia histórica. Aquel que no la tiene es un ser inerme ante el extraño.

La realidad no es menos compleja desde el lado español. El descubrimiento y la conquista de lo que hoy es América Latina son dos episodios de la historia de la expansión europea, comenzada al finalizar el siglo XV y que no terminó sino bien entrado el XIX. Pero el temple de los dos pueblos que realizaron esta empresa extraordinaria, los españoles y los portugueses, era muy distinto al de los europeos. La Reconquista de España termina cuando comienza la gran aventura americana; así, esta última puede verse como la continuación no sólo cronológica sino psicológica e histórica de la primera. El espíritu de la Reconquista, es decir: de cruzada, estaba vivo en el ánimo de Cortés y de sus soldados. Lo primero que se les ocurrió a muchos de ellos, al ver los templos de los indios, fue compararlos con las mezquitas musulmanas. ¿Y la sed de oro y de pillaje? La codicia y la ambición no fueron nunca pasiones ajenas al espíritu de cruzada. Sin embargo, Cortés no fue un guerrero medieval. La fe, el deseo de lucro y el amor a la fama se aliaban en su espíritu con un realismo político poco común y con una magna visión histórica. Fue un conquistador pero también fue un fundador. Su figura habría suscitado, si lo hubiesen conocido, la admiración contradictoria de un Maquiavelo y de un Julio César. En sus soldados se advierte una mezcla semejante de impulsos y tendencias; sus acciones hacen pensar tanto en el cruzado medieval como en el condotiero renacentista. Fue un ejército reducido pero rico en personalidades singulares y ¿cómo olvidar que dos de esos soldados fueron consumados escritores: Hernán Cortés y Bernal Díaz del Castillo?

Frente al aventurero y el capitán: el legista y el burócrata. La Conquista fue una empresa pública y privada; sus protagonistas eran voluntarios que guerreaban en nombre del rey y de la Iglesia pero en provecho propio. Apenas consumada la Conquista, se reprodujo el sistema feudal europeo, agravado por la constitución de las «encomiendas»; los conquistadores y sus hijos se convirtieron en señores de inmensos predios que comprendían pueblos enteros de indios «encomendados» (en realidad siervos y tributarios). El primer cuidado de la Corona fue limitar el poder de los «encomenderos». La lucha entre la monarquía absoluta y la aristocracia feudal se repitió en Nueva España y, como en Europa, terminó con la victoria del poder central. En esa lucha los virreyes de Nueva España —entre ellos, en este primer periodo, hubo algunos beneméritos, como Antonio de Mendoza y Luis de Velasco— encontraron un aliado poderoso en las órdenes religiosas que llegaron a la zaga de los conquistadores. Los doce primeros franciscanos desembarcaron en 1524; los dominicos y los agustinos muy poco después. Eran la respuesta del catolicismo reformado a la escisión protestante. Sahagún dice en el prefacio de su libro: «parece que en estos nuestros tiempos y en estas tierras y con esta gente ha querido nuestro señor Dios restituir a la Iglesia lo que el demonio le ha robado en Inglaterra, Alemania y Francia...» Alfonso Reyes definió a los misioneros con exacta concisión: «corderos de corazón de león». Aunque la mayoría eran españoles, había también frailes del sur de Francia, Flandes y el norte de Europa. Muchos estaban influidos por las doctrinas erasmistas y otros, como el obispo Vasco de Quiroga, inspirados por las ideas de Thomas More. Los frailes defendieron a los indios de las iniquidades de los «encomenderos», les enseñaron nuevas artes y oficios, ganaron sus corazones, recogieron sus historias y tradiciones, los bautizaron y, en fin, realizaron una verdadera revolución —si es que esta palabra tan gastada es aplicable a la conversión de los indios al cristianismo. Como todas las conversiones, la de los indios mexicanos consistió no sólo en un cambio de creencias sino en la transformación de las creencias adoptadas. Fue un fenómeno semejante al del cambio, mil años antes, del politeísmo mediterráneo al monoteísmo cristiano. Quiero decir: hubo conversión *al* cristianismo y conversión *del* cristianismo. La expresión suprema de esto fue y es la Virgen de Guadalupe, en la que se funden los atributos de las antiguas diosas con los de las vírgenes cristianas. Es natural que los indios la llamen todavía con uno de los epítetos de la diosa de la tierra: Tonantzin nuestra madre.

La evangelización necesitaba templos, conventos y colegios. También era necesario fundar pueblos pues la dispersión de las poblaciones dificultaba el apostolado, como había ocurrido en Europa en los primeros siglos. La obra constructora de los frailes tiene pocos paralelos en la historia. En menos de medio siglo cambió el paisaje: monasterios, santuarios, capillas abiertas y nuevos conjuntos urbanos. En esta ingente tarea los primeros virreyes no sólo proporcionaron la ayuda económica indispensable sino que contribuyeron con sensatas disposiciones jurídicas y aun estéticas. Sin embargo, la empresa habría sido imposible sin la colaboración de los indígenas. Miles y miles de obreros y artesanos indios trabajaron en la edificación de templos, conventos, acueductos y otras obras materiales. La participación de los indios no se explica —al menos exclusivamente— por la coacción social. Es evidente que fue decisiva la voluntaria cooperación de la mayoría. No es demasiado difícil entender el *porqué* de esa buena disposición. En primer término: por más penosos que hayan sido los trabajos que debían realizar, no eran comparables con los que se les exigía bajo la dura dominación azteca ni tampoco con las crueles exacciones de los «encomenderos». George Kubler señala, además, que en Mesoamérica no había una línea divisoria precisa entre rito y trabajo: muchas de las tareas que ejecutaban los indios eran consideradas como deberes o funciones rituales (y entre ellos, añado, nada menos que la guerra). Así pues, no es extraño que colaborasen en la edificación de los santuarios de su nueva religión. ¿Nueva? La pregunta merece respuesta aparte.

Ante todo es imperativo comprender las razones, sin duda instintivas pero dueñas de una lógica profunda, de la conversión de los indios al cristianismo. La coacción no explica el fenómeno ni puede dar cuenta de una fe religiosa tan sincera y ferviente como la que ha mostrado el pueblo mexicano desde el siglo xvi hasta nuestros días. Podemos vislumbrar la situación psicológica y existencial de los indios al otro día de la Conquista si aceptamos que este hecho terrible no fue únicamente una derrota militar y política sino espiritual. Los verdaderos vencidos fueron las divinidades ancestrales, todas ellas guerreras y todas impotentes ante los invasores. Hay que imaginar el desaliento de los aztecas cuando, al final del sitio de Tenochtitlan, sus jefes y sacerdotes deciden lanzar contra los invasores, como un recurso desesperado, «el arma divina» de Huitzilopochtli, su numen tutelar: una serpiente de fuego capaz de incendiar al mundo. La serpiente mágica era un armatoste de papel que fue deshecho inmediatamente por los mandobles de los españoles. Este fiasco precipitó, según parece, la caída de la ciudad. La derrota de sus dioses dejó a los indios en una orfandad espiritual que nosotros, modernos, apenas si podemos imaginar. De ahí el carácter literalmente *entrañable* que tuvo el culto a la Virgen de Guadalupe. Ahora bien, la nueva religión —y esto es lo que me parece decisivo— ofrecía un puente misterioso que la conectaba con la antigua. El fundamento de la religión mesoamericana, su mito fundador y el eje de sus cosmogonías y de su ética, era el sacrificio: los dioses se sacrifican para salvar al mundo y los hombres pagan con su vida el sacrificio divino. El misterio central del cristianismo también es el sacrificio: Cristo desciende, encarna entre nosotros y muere para salvarnos. Los teólogos cristianos habían visto en los ritos paganos vislumbres y premoniciones de los misterios cristianos; los indios, a su vez, vieron en la eucaristía, el misterio cardinal del cristianismo, una milagrosa aunque sublimada confirmación de sus creencias. En verdad, fue algo más que una sustitución o una sublimación: una consagración.

Los modelos estéticos de los misioneros fueron los de su tiempo. No eran artistas profesionales y su acarreo de las formas y estilos no estuvo inspirado por una filosofía estética, sino por razones de orden espiritual y por consideraciones prácticas. Tres estilos coexistieron en las construcciones religiosas de este periodo: las reminiscencias góticas, el mudéjar (hispanoárabe) y el plateresco, que fue la primera versión española de la arquitectura renacentista. En los tres estilos la ornamentación tiene una función cardinal. En el mudéjar predomina la decoración geométrica mientras que en el plateresco las fachadas están ricamente esculpidas. Al principio, los misioneros y los artesanos indios se sirvieron como modelos de libros de grabados europeos. Más tarde, a mediados de siglo, comenzaron a llegar pintores y artesanos españoles y de otros países. La influencia india es visible no tanto en los motivos y formas —aunque hay ejemplos notables de esta influencia— como en la manera de tratar los materiales. No las formas: la sensibilidad. Esto es palpable en la escultura y, en menor medida, en la pintura. El gran cambio, sin embargo, consistió en lo que George Kubler ha llamado, con acierto, la transformación de la sintaxis de los estilos europeos. Al adaptarlos a las nuevas condiciones materiales y espirituales, al paisaje físico y a las necesidades psicológicas de los nuevos creyentes, el sistema de relaciones internas y externas de esos estilos (su sintaxis) se modificó sustancialmente. El vocabulario también cambió: los motivos europeos se transformaron al ser reinterpretados por los artesanos indios, y lo mismo ocurrió con los motivos prehispánicos al insertarse en el nuevo contexto.

Los cambios se manifestaron sobre todo en la gran creación de la arquitectura de ese siglo: las capillas abiertas. Se llama así a los santuarios al aire libre que permitían la celebración de los oficios divinos ante una multitud de fieles. Desde la época de las catacumbas el culto cristiano se ha celebrado en recintos cerrados y cubiertos: iglesias, basílicas, capillas;

el culto mesoamericano era a cielo descubierto y en un espacio abierto, la multitud agolpada en una gran plaza rectangular y los sacerdotes arriba, en la plataforma que coronaba a la pirámide. Las capillas abiertas fueron un compromiso entre la tradición cristiana y la mesoamericana. Un compromiso pero asimismo, y sobre todo, una insigne creación estética. Otra correspondencia: los muros de las capillas están casi siempre ornados de relieves que representan episodios bíblicos o evangélicos como en los relieves de los santuarios indígenas aparecían escenas de sus mitos. En la religión mesoamericana los ritos y las ceremonias tenían una función central; era natural que los indios buscasen en su nueva religión un eco o una transposición de los fastos y ceremonias de su antigua fe. El catolicismo romano satisfacía plenamente esta necesidad psicológica. Otro ejemplo, en el interior de los templos: la magnificencia de los retablos. El estilo plateresco, que es acentuadamente escultórico, se prestó admirablemente a esta tendencia. El retablo, pintado o tallado, no sólo admite sino que reclama la intervención de la fantasía. Mundo de contrastes, oro y sombra, en el que aparecen y centellean figuras e imágenes resplandecientes. Los artistas novohispanos —unos europeos y otros indios— nos han dejado ejemplos eximios de este arte, lo mismo en el siglo xvi que en el periodo barroco.

El arte religioso de Nueva España en el siglo xvi fue el primer arte no indio de América. Nació de la conjunción de dos sensibilidades y de dos movimientos espirituales: el de los misioneros y el de los indios. No fue un arte de mera exportación europea ni una sobrevivencia de la tradición mesoamericana. Fue un arte nuevo y vivo, profundamente original y con rasgos propios e inconfundibles. Con él comenzó algo que todavía no termina. Desde entonces hasta nuestros días, sea en la América Latina o en los Estados Unidos y Canadá, la historia del arte americano ha sido la historia de las continuas transformaciones y metamorfosis que han experimentado las formas europeas al trasladarse y enraizar en nuestro continente. El primer ejemplo de esta tradición es el arte novohispano del siglo xvi. Un ejemplo excelso.

También fue de inspiración europea el trazo de las nuevas poblaciones. Kubler señala que los modelos no fueron las ciudades de la época, todas ellas de trazo irregular, sino las teorías y especulaciones de los grandes arquitectos italianos del Renacimiento, impregnados de neoplatonismo. Guillermo Tovar ha demostrado que el virrey Antonio de Mendoza se inspiró en el libro de Alberti *De re aedificatoria*, al dictar sus ordenanzas sobre el trazado de la ciudad de México. Aunque el trazo en forma de tablero de ajedrez fue seguido generalmente, el modelo italiano fue modificado de varias maneras. Una: en las dimensiones de las plazas; la de la ciudad de México es inmensa y recuerda más a la gran plaza de Tenochtitlan que a su homóloga en Madrid, la Plaza Mayor. Otra: la reunión en la misma plaza, frente a frente, de las sedes de las dos potestades, la religiosa y la temporal: la catedral y el palacio del virrey (o de la autoridad municipal). Aunque el siglo XVI dejó ejemplos notables de arquitectura civil, la pública y la privada, el gran momento corresponde al periodo posterior. Lo mismo debe decirse de la pintura no incorporada a los edificios. Por último, en la segunda mitad del siglo XVI se inicia la construcción de las grandes catedrales. Algunas, como las de Europa, tardaron varios siglos en terminarse. En las catedrales de México y Puebla la influencia del estilo herreriano fue manifiesta, aunque a esta manera se superpusieron otras, más y más barrocas a medida que se imponía ese estilo —o más bien, esa pluralidad de maneras que fue el barroco. El arte de Juan de Herrera, tal como lo vemos en su obra magna, El Escorial, es la modalidad española del Renacimiento maduro. Es un arte severo que tiene ya los rasgos mórbidos del manierismo, como corresponde a la figura del «imperial meditabundo», el melancólico Felipe II, enamorado de la pintura de El Bosco y de la filosofía hermética. En Nueva España el tránsito del manierismo al barroco fue rápido e insensible.

LLAMAS Y FILIGRANAS

Barroco es una palabra sobre cuyo origen y significado se discute sin cesar y desde hace mucho. Su indecisión semántica y etimológica —¿qué quiere decir realmente y de dónde viene?— se presta perfectamente para definir al estilo que lleva su nombre. Una definición que no acaba nunca de definirlo, un nombre que es una máscara, un adjetivo que, al calificarlo, lo elude. El barroco es sólido y pleno; al mismo tiempo es fluido, fugitivo. Se congela en una forma que, un instante después, se deshace en una nube. Es una escultura que es una pira; una pira que es un montón de cenizas. Epitafio de la llama, cuna del fénix. No menos variadas que las teorías que pretenden definirlo, son sus manifestaciones: aparece en Praga y en Querétaro, en Roma y en Goa, en Sevilla y en Ouro Prêto. En cada una de estas apariciones es distinto y, no obstante, es el mismo. Sin intentar definirlo, quizá se puede aventurar esta tímida conjetura: el estilo barroco es una transgresión. ¿De qué? Del estilo que le dio el ser: el clasicismo renacentista. Pero esta transgresión no es una negación; los elementos son los mismos: lo que cambia es la combinación de las partes, el ritmo que las une o las separa, las oprime o las distiende, el *tempo* que las mueve y las lleva de la petrificación a la danza, de la danza al vuelo, del vuelo a la caída. El estilo barroco es un sacudimiento, un temblor —y una fijeza. Una estalactita: caída congelada; una nube: escultura impalpable.

España adoptó pronto el nuevo estilo y le dio un brillo inusitado en todas las artes, de la poesía a la pintura y la arquitectura. Nueva España la siguió y no tardó en rivalizar con la metrópoli, a veces con fortuna, sobre todo en el dominio de la poesía y la arquitectura. El último gran poeta barroco de nuestra lengua nació en México. Doble singularidad en la historia de ese estilo hecho de singularidades, fue mujer y fue monja: Juana Inés de la Cruz. El barroco novohispano comenzó como una rama del árbol español. Al enraizar en nuestro suelo, creció y se convirtió en otro árbol. Para entender la extraordinaria fortuna estética de este injerto, hay que detenerse un poco en las condiciones históricas y sociales de la época. El siglo XVI fue el del apogeo político y militar de la monarquía española; también, al final del reinado de Felipe II, fue un periodo de grandes descalabros que prepararon los desastres del siglo siguiente, bajo el gobierno de sus descendientes. En Nueva España este gran siglo español fue el del comienzo: la Conquista, la evangelización y la fundación de una nueva sociedad. En el siglo XVII se precipitó la declinación política, militar, económica y científica de España, aunque en la esfera de las letras y las artes hubo grandes nombres y obras admirables. Los crepúsculos son hermosos. Mientras España decaía, Nueva España alcanzaba la madurez y gozaba de una prosperidad que, con altibajos, continuaría hasta finales del siglo XVIII. El historiador Enrique Florescano ha mostrado que las crisis y quebrantos de la economía española —por ejemplo, la quiebra de su comercio colonial— favorecieron paradójicamente a Nueva España, que fortaleció su mercado interno. La desaparición de las «encomiendas», la contratación libre de trabajadores agrícolas y la construcción de presas y obras de irrigación transformaron a la agricultura. En fin, un factor decisivo: el auge de la minería. Esta riqueza fue consecuencia de la paz. España se desangraba en sus guerras europeas pero la pacífica Nueva España se extendía y progresaba. Al comenzar el siglo XVIII Madrid hacía figura de pariente pobre frente al fausto de la ciudad de México. Tampoco las ciudades de Nueva Inglaterra podían compararse con las de Nueva España. La prosperidad coincidió con el ascenso de un nuevo grupo social: los criollos. Eran los descendientes de los españoles enraizados en la tierra de México. Muchos eran grandes o medianos agricultores, otros eran mineros, comerciantes, médicos, abogados, doctores universitarios, clérigos, militares. Los criollos eran ricos e influyentes, aunque les estaban vedados algunos puestos en el gobierno. Los virreyes invariablemente venían de España y pertenecían a la alta nobleza; tampoco era fácil para un criollo ser arzobispo de México, aunque la Iglesia era más abierta. Para la nobleza española de la sangre, los criollos eran una aristocracia de tenderos, boticarios y leguleyos. No es extraño que ya desde entonces empezasen a alentar un vago patriotismo que, un siglo más tarde, los llevaría a encabezar el movimiento de independencia. Se sentían víctimas de un trato injusto y su relación con la metrópoli era inestable, ambigua: España era y no era su patria. Experimentaban la misma ambigüedad frente a su tierra natal: era difícil sentirse compatriota de los indios y compartir su pasado prehispánico. Sin embargo, algunos entre ellos, los mejores, admiraban confusamente ese pasado e incluso lo idealizaban. El fantasma del Imperio romano les parecía que encarnaba, por momentos, en el Imperio azteca. El sueño criollo fue la creación de un Imperio mexicano y su doble arquetipo fueron Roma y Tenochtitlan. Los criollos percibían la extrañeza de su situación pero, como ocurre en esos casos, no podían trascenderla: las redes que los aprisionaban habían sido tejidas por ellos mismos. Su condición era motivo de orgullo y de menosprecio, de exaltación y de humillación. Los criollos se adoraban y se aborrecían. Eran sensibles y jactanciosos, generosos hasta la prodigalidad, vanos e imaginativos, amantes del boato, celosos de sus privilegios y capaces de quitarse la camisa ante un menesteroso, enamorados del «mundanal ruido» y nostálgicos de la celda conventual, libertinos y ascetas. En fin, se veían como seres singulares, únicos —y no sabían si regocijarse o llorar ante su imagen. Su propia singularidad los había hechizado.

El ascenso de los criollos coincidió con otros cambios. En el siglo XVI las órdenes mendicantes, con fondos de la Corona principalmente, habían realizado la gran empresa de edificación de templos y conventos. En el siglo XVII la Iglesia secular desplazó a las órdenes y se encargó de la administración de las parroquias; por otra parte, la Corona gastó menos en la construcción de conventos y templos. Los nuevos y dadivosos patrones fueron los criollos, inmensamente ricos y profundamente devotos. Los jesuitas, que eran los maestros y la conciencia moral y estética de la aristocracia novohispana, diestros recolectores de fondos y grandes constructores (no en balde se ha llamado «estilo jesuita» al barroco), fueron los inteligentes y eficaces beneficiarios de la esplendidez criolla. La conjunción entre la aristocracia nativa y la Compañía de Jesús fue el origen del segundo gran momento del arte novohispano. Las donaciones de los magnates criollos —colegios, hospitales, conventos, templos, retablos— tienen más de una semejanza con las modernas «fundaciones» norteamericanas dedicadas al fomento de la cultura. La actividad artística no se limitó al arte religioso; en esa época se erigieron palacios y colegios; muchos todavía están en pie y casi todos son admirables.

El estilo barroco fue ecléctico. No de una manera pasiva sino dinámica; aunque aceptó todas las formas y no desdeñó las excepciones ni las singularidades —al contrario: las buscó y las exaltó—, transfiguró todos esos elementos dispares con una decidida y no pocas veces violenta voluntad unitaria. La obra barroca es un mundo de contrastes pero es *un* mundo. Este amor a lo particular y la voluntad de insertarlo en un conjunto más vasto no podían sino impresionar y atraer a los criollos. En cierto modo, el barroco era una respuesta a su ansiedad existencial: ¿cómo no reconocerse en el apetito literalmente católico de ese estilo? Su amor por lo singular, lo único y lo periférico los incluía a ellos y a su singularidad histórica y psicológica. Como en el caso de la afinidad entre la religiosidad india y el celo de los misioneros en el siglo anterior, hubo una profunda correspondencia psicológica y espiritual entre la sensibilidad criolla y el estilo barroco. Era el estilo que necesitaban, el único que podía expresar su contradictoria naturaleza: conjunción de los extremos, el frenesí y la quietud, el vuelo y la caída, el oro y la tiniebla.

El barroco novohispano dejó obras notables y que cuentan entre las mejores de esa tendencia en todo el mundo. Me refiero a la poesía, a la arquitectura y al exquisito arte del retablo, que alía el volumen al color y la luz a la sombra. En cambio, la pintura es estimable y nada más. Los pintores siguieron a los peninsulares, sobre todo a Zurbarán, sin superarlos. A pesar de sus contrastes teatrales y de sus formas arrebatadas, el estilo barroco cae no pocas veces en una fría afectación. Su misma exuberancia nos cansa. Pienso en una de las obras representativas del mediodía de ese estilo, considerada con justicia como una joya: la capilla del Rosario, en

Puebla. Lo es, efectivamente, pero ¿podemos conmovernos ante una joya? Es imposible no admirar esa lujuriosa y dorada vegetación de formas: columnas salomónicas, remates corintios, arcos falsos, hojas, frutos, flores, astros, vírgenes, ángeles como nubes y nubes como ángeles. Es deslumbrante y, no obstante, esas sabias fulguraciones y esos calculados resplandores nos fatigan. La respuesta a esa hermosura empalagosa está a unos kilómetros de distancia, en la diminuta iglesia de un pueblecillo: Santa María Tonantzintla. Es la versión popular, india, de las pompas barrocas. La ejecución es más tosca y la materia más pobre; sin embargo, todo está vivo: las formas bailan y vuelan, los colores estallan, la cabellera negra de los ángeles fluye entre las columnas rojizas y los follajes resplandecientes, las hojas brillan, los frutos gotean gruesas gotas de miel oscura. La extraña relación —afinidad y contradicción— entre la capilla del Rosario y Santa María Tonantzintla es un ejemplo de ese diálogo constante entre lo espontáneo y lo calculado, la tradición popular y la culta, que es uno de los encantos del arte mexicano, desde sus orígenes hasta nuestros días.

Los historiadores dividen este periodo en dos momentos: el del barroco propiamente dicho y el del estilo *churrigueresco,* así llamado por el arquitecto español José de Churriguera (1665-1723). Se ha dicho que el segundo fue una exageración del barroco. Fue algo más: su conclusión lógica. El elemento distintivo del churrigueresco es la sustitución de la columna por el estípite, es decir, por una pilastra en forma de pirámide trunca, con la base menor hacia abajo. Una pirámide invertida. El estípite es un elemento arquitectónico y escultórico muy antiguo (aparece ya en Creta) pero tuvo una función estética primordial en esa radical versión hispánica del estilo barroco que fue el churrigueresco. El estípite divide las fachadas y los retablos en superficies rectangulares, cubiertas a su vez de ornamentaciones florales, cariátides, atlantes, guirnaldas y otras formas decorativas. Así, los estrictos espacios geométricos contienen una vegetación delirante. Aunque el churrigueresco nació en España, su tierra de elección fue México.

Es notable el empleo casi obsesivo de la forma piramidal precisamente en la tierra de las pirámides truncas. Sería excesivo atribuir a esta coincidencia un significado esotérico; sin embargo, es turbador que uno de los ejemplos más cumplidos del barroco estípite sea el Sagrario Metropolitano (obra de Lorenzo Rodríguez). La estructura de este edificio es piramidal y su ritmo, como el de las pirámides, es ascendente; a su vez, el ritmo de las fachadas, regido por las pirámides truncas, es descendente. Doble movimiento que parece una pétrea ilustración de la paradoja de Heráclito: el camino que sube es el camino que desciende. Otro ejemplo de arquitectura alucinante —no hay otro adjetivo—, no en piedra sino en madera, son los retablos del antiguo seminario de los jesuitas en Tepotzotlán. Se pasa de la luz del día a la penumbra eclesiástica y de pronto se encuentra uno en una suerte de alveolo dorado: ¿estamos en el centro de una inmensa gota de luz sólida? Sensación de *dépaysement*: estamos aquí pero aquí es *allá*. El trastocamiento de los espacios tiene una función no sólo estética sino espiritual. Corresponde a las metáforas en la poesía de Góngora que, a través de violentas inversiones sintácticas, transposiciones y juegos de palabras, transtorna a la realidad y la vuelve *otra*, nunca vista. Un ejemplo profano (y encantador) de esta tendencia barroca es la casa señorial construida al comenzar el siglo XVIII por una viuda, la condesa del Valle de Orizaba. Por un antojo ordenó que fuese enteramente revestida de azulejos. El resultado es placentero —y más: atrayente. También desconcertante: los azulejos servían para decorar las cocinas y, sobre todo, los cuartos de baño. Metáfora barroca y *strip-tease* simbólico: lo interior convertido en exterior. Un guiño arquitectónico. El arte barroco tiende a desrealizar los objetos: no el árbol palpable sino su reflejo en el agua, no la torre sino su sombra. La piedra se vuelve follaje, cortina, nube: juego de reflejos que, cuando intentamos asirlos, se desvanecen. Se trata de otro ejemplo de esa inveterada tendencia del espíritu humano que consiste en hacer de *esto*, piedra o metal, algo que parezca *aquello*: vegetal o encaje. Es una tendencia que aparece con cierta cíclica regularidad en la historia de las artes: el gótico florido, el barroco, el *art nouveau*... Ante la variedad de objetos y seres que componen al mundo, nos asombramos; al mismo tiempo, ante nuestra incapacidad para aprehenderlos en un solo acto intuitivo, nos desesperamos. ¿Qué nos queda? Nos queda la metáfora que reconcilia realidades enemigas, el *conceit* del poeta metafísico, la «concordia de los opuestos» del filósofo. Nos queda el estilo barroco.

LA ACADEMIA Y EL TALLER

México ha experimentado dos grandes cambios históricos: la Conquista y la Independencia. Estos cambios fueron nacimientos: Nueva España fue una sociedad radicalmente distinta a las sociedades indígenas que la precedieron y México es una entidad histórica distinta, aunque en menor grado, a Nueva España. La gran mutación fue la Conquista, pues fue un cambio de civilización mientras que la Independencia fue un cambio de régimen político. La Conquista rompió con el milenario aislamiento de Mesoamérica; sin embargo, como nuestra relación con el exterior se hacía primordialmente a través de España, nuestra visión de la cultura universal fue la de su versión española. La Independencia abrió las puertas al mundo y de pronto nos vimos lanzados, sin mucha preparación, al gran teatro de la historia internacional y sus contiendas (guerras con los Estados Unidos y con Francia). El proceso de apertura comenzó, en realidad, cincuenta años antes de la Independencia. Bajo el buen gobierno de Carlos III, un monarca «ilustrado», se comenzaron a conocer en México las ideas de la modernidad naciente. Un poco después, y con el ejemplo de las revoluciones de Estados Unidos y de Francia, esas ideas serían el fermento del movimiento independentista. Fue una época de grandes reformas, tanto en España como en sus dominios americanos. El neoclasicismo, sobre todo en sus versiones francesa e italiana, desplazó a la tradición barroca. Las nuevas tendencias llegaron a México y en 1781 se fundó la Real Academia de San Carlos, que fue el foco del movimiento neoclásico.

Los comienzos de la Academia fueron brillantes. Entre los maestros que impartieron cursos en este periodo inicial se encuentra una personalidad de primer orden, Manuel Tolsá, escultor y arquitecto. Nació en España, en Valencia, pero pertenece a México por su obra y su vida. Como todos los artistas neoclásicos, partía siempre de un modelo (veneraba el antiguo precepto: «imitad a los antiguos»); sin embargo, Tolsá no era un talento ecléctico sino sintético: no procedía por acumulaciones ni superposiciones sino por eliminación. Con frecuencia el resultado era, sobre todo en sus grandes obras, de gran fuerza y economía, concentración y equilibrio. Dos de sus obras son memorables y las dos pertenecen, por su excelencia, al patrimonio artístico de América: la estatua ecuestre de Carlos IV y el Palacio de Minería. La primera es obra de gran pureza clásica, más que clasicista, a pesar de sus reminiscencias barrocas. Se ha dicho que Tolsá siguió demasiado de cerca a François Girardon en su estatua ecuestre de Luis XIV; es difícil decidir sobre esto, pues la obra de Girardon fue destruida durante la Revolución francesa. En todo caso, la de Tolsá es soberbia. El Palacio de Minería es vasto, no imponente: tiene la belleza tranquila de la razón. Es sólido sin pesadez, convincente sin énfasis. No nos entusiasma: nos persuade. Toussaint dice que es frío. Yo diría que tiene la gravedad un poco triste de todo lo que es noble en este bajo mundo. La Academia pasó por muchas vicisitudes. Más de la primera mitad del siglo xix fue un periodo de guerras civiles y extranjeras, inmensa destrucción de riquezas y dilapidación de lo acumulado durante trescientos años de paz. A pesar de esos trastornos, la Academia perduró y mantuvo la continuidad de la cultura. Además, fue la única vía de comunicación de México con el arte universal. La Academia produjo a varios artistas estimables. El de mayor distinción fue Juan Cordero. Pintó murales y algunos retratos que me impresionan por su sabia, rica factura y por su sentimiento de los volúmenes. No frente a la Academia sino al margen e ignorada por ella, hubo una tradición más popular y espontánea, compuesta por pintores que realizaron su obra en la provincia. Se les ha llamado, alternativamente, populares o regionales. Los dos términos, aunque no los definen, son útiles. Su aislamiento y su tradicionalismo no significan que careciesen enteramente de educación estética. Por una parte, en las provincias mexicanas se conservaban obras de arte y, además, circulaban libros de estampas y grabados; por otra, en cada ciudad de importancia había una pequeña academia o, al menos, un estudio en donde un maestro impartía lecciones de dibujo, pintura y escultura. Era una tradición que venía de los talleres de siglos anteriores.

Los temas de estos pintores eran los de la vida diaria y los que sus clientes les encomendaban: retratos de un padre o una novia, unos desposados o una niña, escenas de costumbres, festividades íntimas o públicas, bodegones. Como sucede con sus congéneres de otros países y de época semejante, no conocemos sus nombres. Aunque el encanto de esta pintura es innegable, su gracia no la redime de cierta monotonía. Estamos ante obras de indudables artistas, pero artistas presos en una manera. En esto reside, justamente, su interés y su limitación. El verdadero artista se escapa siempre del estilo de su época, va más allá de la manera convertida en receta y crea un lenguaje personal. Los más grandes, además, nos revelan una visión del mundo. En esta tradición hay tres pintores que trascendieron el lenguaje común y lograron una expresión más auténtica y personal: José María Estrada (1810?-1866?), José Agustín Arrieta (1807-1874) y Hermenegildo Bustos (1832-1907). Los tres concurrieron a alguna escuela de pintura o siguieron por poco tiempo las lecciones de un maestro. Los tres trabajaron aislados y sin clara conciencia de que eran eslabones de una tradición que lentamente se extinguía. El más culto fue Arrieta; el más tradicional, Estrada; el más profundo y personal, Bustos.

Recordamos a Estrada por sus retratos, notables por su percepción de los volúmenes y por lo que podría llamarse el *peso* de las formas. Pintura grave, terrestre, atada al suelo. No nos presenta una verdad psicológica sino un ejemplar humano, un documento. ¿Limitación? Sí, pero asimismo veracidad; esos retratos nos dicen: *así fui.* Arrieta es menos estático y más vivaz. Pintó escenas de costumbres con tipos populares que nos hacen sonreír. Su punto flaco es el pintoresquismo; su fuerte, los espléndidos bodegones en donde triunfa su sentido de la composición, su preciso dibujo, sus colores vivos y netos, su sensualidad. El caso de Bustos tiene algo de milagroso: aislado en un pueblo perdido de Guanajuato, rodeado de una pequeña sociedad rústica y tradicional, entregada a los trabajos del campo y a sus placeres y devociones (el Diablo y la Iglesia), logró por sí solo recrear el gran arte del retrato. Sus cuadros son pequeños y en esa pequeñez cabe una inmensidad, no física sino psicológica. Cada cuadro se presenta como una pregunta que, a veces, es también una revelación. Sus personajes son lugareños, gente simple de vida simple, pero el pintor ha penetrado en su interior y nos revela algo que sabíamos y que habíamos olvidado: todos los seres humanos son excepcionales. Y lo son porque todos tienen *alma.*

El final del agitado siglo XIX fue de paz y prosperidad aunque de inmovilidad política y social. Durante los treinta años del régimen de Porfirio Díaz surgió una nueva clase acomodada que, como en el periodo barroco, aunque por corto tiempo y con menos brillo, se convirtió en patrona de las artes. El gobierno también fomentó, dentro de la tradición paternalista del Estado patrimonial español, las actividades artísticas. Los dos pintores más notables de nuestro siglo XIX pertenecen a este periodo: Hermenegildo Bustos y José María Velasco (1840-1912). La aparición de Velasco fue lo contrario de la de Bustos: natural y esperada. Velasco es el producto final y plenamente logrado de la Academia; Bustos es la expresión última de una tradición artística marginal. Las diferencias entre ambos abarcan tanto sus biografías como el carácter de sus obras: Bustos es pintor del rostro humano, lo más personal, mientras Velasco es pintor de paisajes, lo más impersonal.

La Academia comienza con un talento fuera de lo común, el escultor Manuel Tolsá; termina, casi un siglo después, con otro gran talento: el pintor José María Velasco. Con Tolsá comienza una tradición que acaba con Velasco. Me refiero a esa estética fundada en la confianza en la visión de la realidad sensible que nos dan la razón, los sentidos y esa prolongación de los sentidos que son los instrumentos científicos. Así como Tolsá creía en la razón y en la geometría, Velasco creía en la ciencia moderna (la de su tiempo). Para perfeccionarse en su oficio hizo estudios de matemáticas, botánica, zoología, anatomía y geología. Fue fotógrafo y miembro de la Sociedad de Historia Natural. En esos años los intelectuales mexicanos juraban por Comte y Spencer, como antes lo habían hecho por Santo Tomás y después lo harían por Marx. Velasco creía, como Constable, que «la pintura es una ciencia» y que la «pintura del paisaje puede considerarse como una rama de la filosofía natural». Ahora bien, la historia de la pintura moderna es la historia de las libertades que se han tomado los pintores con la llamada «realidad objetiva», a la que han convertido sucesivamente en sensación, idea, estructura, signo, «imago». En este sentido, con Velasco termina una estética. Pero su pintura perdura: no es una idea sino una realidad visible.

Como los pintores de la «escuela del Hudson», Velasco siente la grandeza de la naturaleza americana; a la inversa de ellos, no lo inspira el sentimiento romántico de lo sublime sino la contemplación del orden y la armonía que gobiernan los vastos espacios. No hay nada pintoresco en sus cuadros: ve al mundo como el inmenso teatro de los accidentes y fenómenos naturales: los cambios de la luz, el torbellino ocre del polvo en la lejanía, la vibración del sol de las tres de la tarde sobre las piedras pulidas de un arroyo seco, la lluvia verde del árbol pirú sobre el charco inmóvil. Sus grandes composiciones casi siempre están divididas por una línea invisible, frontera entre las dos zonas de la realidad: la terrestre y la aérea. Paisaje sin gente y sin drama. Nada se mueve y nada pasa, salvo la luz. La pintura de Velasco no es sino la crónica de la luz y sus epifanías. El valle de México que pintó ya no existe: se lo comió la lepra urbana. Pero sus cuadros no han cambiado un ápice. Creyó en lo que pintaba y la realidad que pintó se ha desvanecido. ¿Mintió? Charles Tomlinson ha escrito: «The artist lies for the improvement of the truth. Believe him».

El grabador José Guadalupe Posada (1852-1913) fue contemporáneo de Bustos y de Velasco pero ni los conoció ni ellos lo conocieron. Vivió en la capital, como Velasco, no entre artistas reconocidos y profesores famosos sino entre periodistas y artesanos. Su tema no fue el espectáculo de la naturaleza (Velasco), ni el misterio del rostro humano (Bustos), sino el gran teatro del mundo, a un tiempo drama y farsa. Fue grabador y cronista de la vida diaria: su obra es inmensa y diversa, no dispersa: ni la cantidad ni la variedad de los asuntos daña la unidad estilística. Naturalmente, hay mucho desechable; lo mismo sucede con todos los artistas que han pintado o escrito mucho y de prisa, de Lope de Vega a Picasso. El arte de Posada tiene un origen humilde: los caricaturistas que ilustraban los periódicos mexicanos en el siglo xix, influidos a su vez por los caricaturistas europeos, sobre todo los franceses. Muy pronto Posada creó un estilo propio, enriquecido sin cesar con sorprendentes variaciones. ¿Cómo podría definirse su técnica? El mínimo de líneas y el máximo de expresividad. Así pues, Posada pertenece, por derecho de nacimiento, a una manera que ha marcado el siglo xx: el expresionismo. Sin embargo, a la inversa de la mayoría de los artistas expresionistas, nunca se tomó demasiado en serio.

Cuando André Breton vio por primera vez grabados de Posada, dijo que se encontraba ante uno de los inventores del *humor negro* en las artes visuales. No sé si el humor de Posada es negro, verde o violeta; probablemente es de todos los colores. Sé, en cambio, que ese humor está impregnado de simpatía ante las debilidades y locuras de los hombres. No es un juicio sino un guiño que es, simultáneamente, de burla y de complicidad. Velasco buscó la regularidad de la naturaleza aun en las tempestades; a Posada lo fascinó la increíble variedad de la naturaleza humana. Fue un verdadero moralista, quiero decir, un moralista que no se propuso serlo ni enseñarnos nada. Un moralista involuntario: muestra sin demostrar. ¿Con Velasco y Posada termina el siglo xix? Sí y no: Velasco fue el maestro de Diego Rivera y Posada la gran influencia en el arte de Orozco.

ÁGUILAS Y JAGUARES

El primer movimiento artístico del continente americano fue el muralismo mexicano, iniciado en 1921. En general, se le considera como una consecuencia de la Revolución mexicana, que comenzó unos diez años antes. Es verdad pero no es toda la verdad. Los artistas que participaron en el movimiento se habían educado en las academias y escuelas de pintura del régimen anterior, pertenecían a la misma generación, habían pasado por experiencias similares y tenían propósitos y ambiciones semejantes. Todos tenían talento y voluntad creadora. Así pues, de todos modos habrían realizado una obra. Sin embargo, es indudable que sus vidas y su arte mismo habrían sido muy distintos sin la Revolución. En primer lugar, el gobierno revolucionario los llamó y les ofreció los muros de los edificios públicos; en segundo lugar, la Revolución fue un gran sacudimiento histórico que reveló muchos aspectos desconocidos de México. La Revolución no sólo se propuso crear o inventar una nueva sociedad, sino también rescatar e incluso desenterrar el pasado mexicano. De ahí que uno de sus rasgos distintivos fuese el tradicionalismo; a la inversa de las otras Revoluciones de la edad moderna, en México el fermento utópico, aunque considerable, no fue determinante: la gran novedad revolucionaria fue el redescubrimiento de la patria y de sus artes y tradiciones populares. La palabra *Revolución* fue sinónima de otra llena de resonancias religiosas: *Resurrección*.

El muralismo mexicano fue también el resultado de otra revolución, no nacional sino europea, no política sino estética: el movimiento del arte moderno. Aunque los artistas mexicanos venían de la Academia, todos ellos se habían familiarizado muy pronto con las tendencias que, desde la primera década del siglo, habían comenzado a modificar decisivamente la fisonomía del arte. Becado por el gobierno de Porfirio Díaz, Diego Rivera estudió y trabajó en Europa desde 1907 hasta 1921, primero en Madrid y después en París. En aquellos tiempos París era el cerebro y el corazón del movimiento moderno; Rivera participó en las aventuras de la vanguardia y por algunos años abrazó el cubismo. David Alfaro Siqueiros también estuvo en Europa, por corto tiempo; se interesó en el arte de los futuristas y en la pintura «metafísica» de Chirico y de Carrà. Tampoco José Clemente Orozco fue insensible a las tendencias modernas y en sus primeras obras es perceptible la huella de los expresionistas e incluso de algunos *fauves*. Pero la influencia del arte moderno no se ejerció únicamente en el dominio de las formas, las teorías y las técnicas; el arte moderno les abrió, literalmente, los ojos y les hizo ver con una mirada nueva el arte antiguo de México. El cubismo mostró a Rivera la vía de la comprensión de la escultura mesoamericana y otros artistas, como Gauguin, le revelaron la magia de una naturaleza y una vida ajenas a la moderna civilización urbana. El camino de regreso a México pasó por París y por la experiencia de la vanguardia cosmopolita del siglo XX.

La tradición de la pintura mural es muy antigua en México. Su historia se confunde con nuestra historia: todas las culturas mesoamericanas nos han dejado ejemplos de pintura mural, y lo mismo sucede en el periodo novohispano y en el siglo XIX. En 1920 un hombre notable, el escritor

José Vasconcelos, ministro de Educación y Bellas Artes del gobierno revolucionario, decidió llamar a los pintores para que decorasen los muros de los principales edificios públicos. Se inspiró en la tradición mexicana y, sobre todo, en los ejemplos de Bizancio y del *Quattrocento* italiano. Soñaba con un «arte público» para el México que nacía (o renacía) en esos días. Al llegar a este punto es necesario detenerse un instante y deshacer un largo y deplorable equívoco.

En el primer periodo, que fue el de los descubrimientos y el que le dio fisonomía, la pintura mural mexicana no tuvo la coloración marxista —o más exactamente: comunista— por la que se hizo famosa después. Fue una pintura social pero no ideológica, nacionalista y con tendencias que no sé si llamar populistas o humanitarias. Las mismas de la Revolución mexicana, que no tuvo nunca la índole doctrinal y dogmática de las otras revoluciones de este siglo. De ahí que sea más pertinente hablar de inclinaciones y tendencias que de ideas y doctrinas. Entre 1921 y 1924 los artistas pintaron escenas de la vida popular, «los trabajos y los días» de los mexicanos, la gesta revolucionaria con sus héroes y sus mártires, paisajes emblemáticos, efemérides patrióticas y celebraciones religiosas. Es impresionante el número de murales con asuntos religiosos. También hubo algunas alegorías teosóficas, muy del gusto del ministro de Educación, José Vasconcelos, como el primer mural de Rivera en el Colegio de San Ildefonso. El fenómeno no es tan extraño como parece a primera vista: la Revolución mexicana había redescubierto las tradiciones populares y en esta primera época no podía ignorarse el carácter central del catolicismo en las creencias y costumbres de México.[1]

Todo cambia entre 1924 y 1925: Vasconcelos renuncia al Ministerio de Educación, un nuevo gobierno inicia una política más extremista y violentamente anticatólica y algunos artistas se adhieren al movimiento comunista, entre ellos Rivera y Siqueiros. Su conversión es un ejemplo más de esa gran oleada de esperanza que levantó en todo el mundo la Revolución de Octubre, sobre todo en la comunidad intelectual. Pero el caso de México es único; el gobierno no era comunista, de modo que hubo conjunción de intereses políticos, no coincidencia en las ideas, entre el gobierno y los pintores. Fue un arreglo provechoso para ambas partes que duró muchos años, sin que lo rompiesen ni los vaivenes de la política

---

[1] Sobre las tendencias religiosas del primer periodo del muralismo son reveladores los testimonios de Orozco y Siqueiros. Véase, además: Jean Charlot, *An Artist on Art* (1959) y Laurence E. Schmeckebier, *Modern Mexican Art* (1939).

gubernamental, hostil a los comunistas durante algunos momentos, ni las actividades revolucionarias de los pintores. La historia del segundo periodo del movimiento es larga y ha sido contada muchas veces. No todo fue pérdida; en el segundo periodo hubo grandes momentos y se pintaron obras notables. Pero los dogmas estéticos y políticos se hicieron más y más rígidos hasta que el movimiento acabó por estancarse en repeticiones y autoimitaciones. El muralismo murió de infección ideológica. Comenzó como una búsqueda y terminó como un catecismo, nació libre y acabó por exaltar las virtudes liberadoras de las cadenas. Hubo excepciones. La más grande fue la del más grande: José Clemente Orozco.

¿Podemos ver las obras de Rivera y Siqueiros sin el vidrio deformante de la ideología? Es una pregunta difícil de contestar para un contemporáneo de Hitler y Stalin.[1] Sin embargo, contesto: ¡sí!, pues lo que vemos no son sus extravíos morales y políticos sino su pintura. Sin ella, el arte del siglo xx perdería una de sus dimensiones universales. El movimiento muralista mexicano fue la primera respuesta americana, en el dominio de las artes visuales, al gran monólogo del arte europeo. Antes hubo, es cierto, otras tentativas pero todas fueron aisladas y episódicas. El verdadero precedente no está en la pintura o la escultura sino en la literatura, en las novelas de Melville y en los poemas de Whitman. En 1921, por primera vez en la historia del arte de nuestro continente, un grupo de artistas no sólo asumió plenamente la herencia europea, especialmente la del arte moderno, sino que, sin negarla, respondió con un arte distinto y que expresaba realidades también distintas. Hasta entonces América había recibido las formas europeas y las había recreado, a veces con gran originalidad; el muralismo fue la primera respuesta, consciente y deliberada, al arte europeo. Con este movimiento se inicia ese gran diálogo entre Europa y América que después continuaría, con otro lenguaje estético, el expresionismo-abstracto norteamericano. Prueba del parentesco entre los dos movimientos: casi todos los expresionistas-abstractos sufrieron la influencia de los mexicanos y algunos fueron sus discípulos y ayudantes.

Diego Rivera no fue un innovador sino un gran talento ecléctico, capaz de asimilar muchas y opuestas lecciones, de los grandes italianos del *Quattrocento* a Cézanne, de Gauguin a Picasso, del arte popular mexicano al Ensor de *La entrada de Cristo a Bruselas*. Los grandes artistas se

---

[1] La terrible pregunta se extiende a muchos y grandes artistas: Pound, Brecht, Céline, Neruda y tantos otros.

distinguen por su gran apetito y el de Diego fue enorme. Artista de consumada habilidad y trabajador infatigable, pintó kilómetros de paredes con escenas de la historia de México y del mundo, alegorías revolucionarias y sátiras políticas. La historia fue cruel y hoy ha desmentido sus profecías y ridiculizado sus anatemas. Pero la naturaleza, piadosa, lo colmó de bienes. No la pintó en sus momentos tempestuosos sino en esas horas de serenidad que son como islas de dicha en el tiempo: unos niños trepados en un árbol frutal, unas mujeres bañándose en un río, unas flores sobre una mesa, una niña de ojos redondos e interrogantes. No los grandes combates revolucionarios sino lo que está más allá de la historia. El verdadero mito de Rivera no fue la Revolución sino la fecundidad de la naturaleza, encarnada en la mujer. En los muros de Chapingo la mujer es la tierra, el agua y la semilla. Diego no se cansó nunca de pintar ese misterio cotidiano que es el cuerpo femenino, tendido bajo las grandes hojas verdes del Principio.

Siqueiros o el movimiento. Pero el movimiento convulsivo, en lucha consigo mismo. Pintor de contrastes, descendiente de Caravaggio y también de Géricault. Asimismo, hombre contradictorio: aventurero y comediante, temperamento religioso y fanático que creía en simplismos pseudomarxistas como artículos de fe, inquisidor y rebelde, libertario y agente de la policía de Stalin, teórico osado de la pintura y polemista de café. Fue un innovador y exploró muchos territorios: la perspectiva aérea y en movimiento, la fotografía, los nuevos materiales e instrumentos, las experiencias con la «mancha de pintura», antecedente directo de Pollock, que fue su discípulo por algún tiempo. A la inversa de Diego, no fue extenso sino intenso. A veces, su pasión se volvió gesto y el gesto degeneró en gesticulación; otras, su pintura posee una exaltación a un tiempo sombría y luminosa —tempestad nocturna— y nos revela una materia incandescente y creadora de formas insólitas. Lava, psiquismo de volcán.

Orozco defendió toda su vida la independencia del artista y, con la misma pasión, la misión del arte. Para él esa misión no era política sino espiritual o, si se quiere, religiosa, sólo que fuera de todas las ortodoxias y las Iglesias. Desde el principio, fue afín al expresionismo y no es difícil encontrar en su obra ecos y coincidencias con artistas como Munch, Beckmann o Rouault. También con El Greco y Goya, para no hablar del grabador Posada. Orozco es uno de los grandes expresionistas de este siglo y es escandaloso que se le olvide o se le oculte ahora que hay una boga neoexpresionista en el mundo. La visión de Orozco era profundamente cristiana, aunque su cristianismo era esotérico. En sus primeras acuarelas su tema era el mundo de las prostitutas y los chulos; más tarde, los campesinos y soldados caídos en las luchas fratricidas de la Revolución, los líderes corrompidos, los banqueros de alma seca, los ideólogos sanguinarios —en suma, el hombre caído. Como los otros muralistas, se sumergió en las aguas crespas de la historia pero no creyó que su corriente nos llevase a paraíso alguno. No cometió el pecado moderno de deificar a la historia. Su pintura no es la crónica de nuestra marcha hacia el futuro; para él la historia no era un camino sino un purgatorio, un sitio de prueba y de purificación. La historia templa las almas y es el crisol de los héroes y los santos. Esta visión trágica no nos consuela pero nos reconcilia con el extraño destino de los hombres. Orozco: escultor de llamas.

El muralismo no escapó nunca enteramente de la oratoria pintada. Por esto no es extraño que, aun antes de que degenerase en fórmulas, surgiesen aquí y allá personalidades y obras independientes. Fue una rebelión silenciosa de unos cuantos solitarios. Buscaban una vía hacia el arte universal y hacia sí mismos. Los primeros brotes aparecieron hacia 1930 y veinte años después la corriente se había impuesto. Ninguna doctrina unía a estos artistas y cada uno de ellos se desarrolló aisladamente. Aunque Rufino Tamayo fue la figura central, hubo otros que, con menos brillo y energía pero no sin talento, contribuyeron al cambio. Carlos Mérida logró una síntesis personal entre el arte maya y el abstraccionismo. Julio Castellanos dejó una obra en la que los volúmenes están sostenidos por un dibujo preciso y elegante. Uno de los pintores más originales de este momento fue Antonio Ruiz: en sus pequeñas composiciones se alía el lirismo a un humor que no vacila en acudir a la complicidad del juego de palabras. Pero la pintura de Ruiz no habla: sonríe. Dos mujeres extraordinarias: María Izquierdo y Frida Kahlo. Los cuadros de María recuerdan a veces la pintura regionalista del siglo pasado aunque transformada por el onirismo: la realidad se vuelve fantasmal y los fantasmas, en noches de sueño agitado, encarnan en caballos de poderosa y melancólica sexualidad. En Frida Kahlo dos tradiciones se unen: la académica y la surrealista, según ocurre en muchos pintores de esta tendencia (Ernst, Magritte, Dalí, Delvaux). La maestría técnica al servicio de «la loca de la casa», la fantasía. Pintura de poeta visual, precisa, preciosa, punzante. Humor cruel: la llaga y la flor. Frida y María son muy distintas, incluso opuestas, pero de alguna manera se completan. Son nuestro Jano.

Entre los grandes pintores de esta segunda mitad del siglo está Rufino Tamayo. Viene inmediatamente después de los surrealistas y un poco antes del expresionismo-abstracto de los norteamericanos. En América Latina sus compañeros son otros dos solitarios: Matta y Lam. Desde su iniciación, la pintura de Tamayo se ha distinguido por su estricto rigor y por su violento lirismo. El rigor le evitó caer en las facilidades ideológicas y en los patetismos de sus predecesores. Una y otra vez ha dicho que la pintura es un mundo de relaciones plásticas: «todo el resto es fotografía, periodismo, literatura o cualquier otra cosa —por ejemplo, demagogia». El rigor no ahoga al lirismo: lo constriñe a someterse al dictado de la línea para que brote con mayor ímpetu. Geometría y pasión. Tamayo es un gran colorista y su paleta es alternativamente irisada y detonante, bárbara y refinada: abanico nocturno, mariposa solar, hierba machacada por una pezuña salvaje, muro tatuado, cicatriz rosa, nácar. En pocas obras contemporáneas, sin excluir a las de los más grandes, el mundo antiguo aparece con la fatalidad con que irrumpe en su pintura. En sus mejores cuadros la tradición mesoamericana regresa, transfigurada. La modernidad de Tamayo es milenaria. Hace unos años escribí estas líneas: «Si se pudiese decir con una sola palabra qué es aquello que distingue a Tamayo de los otros pintores de nuestro tiempo, yo diría sin vacilar: *sol*. Está en todos sus cuadros, visible e invisible; la noche misma no es para él sino sol carbonizado».

Después de Tamayo, el horizonte se despejó. La generación siguiente aparece hacia 1950. Como en todo el mundo, lo característico de este periodo, que llega hasta nuestros días, ha sido la pluralidad y la coexistencia de distintas tendencias y personalidades. Vivimos el crepúsculo de una «modernidad» que, en la esfera de las letras y las artes, comenzó hace cerca de dos siglos, con los primeros románticos. Fue una estética fundada en la idea de ruptura con la tradición inmediata, a la inversa del clasicismo y sus variantes manieristas y barrocas, que cultivaron la «imitación de los antiguos». Este movimiento, en oleadas sucesivas y cada vez más violentas, culminó en las vanguardias de la primera mitad de este siglo. La segunda posguerra vio el brote de varias tendencias que fueron más bien brillantes *revivals* de las del periodo anterior; asimismo, surgieron algunos artistas notables, singularmente en los Estados Unidos, en donde formaron una verdadera constelación. Después han proliferado y se han sucedido con una celeridad enfermiza los movimientos y los pseudomovimientos, las personalidades y las pseudopersonalidades. Vanguardias envejecidas y maquilladas por dos prefijos rejuvenecedores: *neo* y *trans*. Pero la crisis de las vanguardias no es la crisis del arte; el periodo actual —llamado, con inepta expresión, *posmoderno*— probablemente no es menos rico en obras que los precedentes, aunque sea más confuso.

México ha participado tanto en la confusión como en la vitalidad de estos años. La vida artística mexicana, durante los últimos treinta años, ha sido intensa y variada. Tengo entendido que por razones de espacio y de cronología, se ha decidido no incluir en esta exposición a los artistas nacidos después de 1910, es decir, al arte contemporáneo. Comprendo los motivos pero lo lamento profundamente. Aparte del mérito indudable de muchas de las obras de este periodo, creo que uno de los remedios contra los males que aquejan al arte contemporáneo consiste en romper la dictadura del mercado y de las modas estéticas que decretan los llamados «centros artísticos mundiales». Y la mejor manera de romper ese centralismo esterilizador es mostrar el arte vivo de la periferia. La historia ha mostrado una y otra vez que el arte juzgado hoy marginal se convierte con frecuencia en el arte central de mañana. Diré, finalmente, que en México conviven dos generaciones: la que ha alcanzado la madurez y otra de artistas jóvenes. Las obras de estos últimos son más que un augurio: el comienzo de una realidad.

He escrito estas páginas sobre el arte de México bajo la advocación de tres emblemas: el águila, el jaguar y la Virgen. Los dos primeros eran representaciones de la dualidad cósmica: el día y la noche, la tierra y el cielo. Sus combates crean al mundo, engendran al espacio y al tiempo, rigen la rotación de los días y los cambios de la naturaleza. Estas dos vertientes de la realidad se manifiestan de muchas maneras a lo largo de nuestra historia; por ejemplo: indios y españoles, simbolizados por el oeste y el este; norteamericanos y mexicanos, por el norte y el sur. El juego de oposiciones complementarias se manifiesta también en términos religiosos, éticos y estéticos que no es del caso mencionar ahora. En suma, la historia de México puede verse como los combates y reconciliaciones entre los dos principios, el aéreo y el terrestre, representados por el águila y el jaguar. Sin embargo, desde la Antigüedad hubo mediadores. Los indios concibieron a Quetzalcóatl, que es serpiente y pájaro, es decir, un ser en el que se conjugan el principio terrestre y el celeste. En el siglo XVI la imaginación religiosa nos reveló otra figura de mediación, la Virgen de Guadalupe. Es aún más misteriosa, más profunda y plena; por una parte es mediación entre el Viejo y el Nuevo Mundo, el cristianismo y las antiguas religiones; por otra, es un puente entre el aquí y el más allá. Es una mujer que es una Virgen y que es la madre del Salvador. No sólo concilia los dos aspectos de la realidad sino los dos polos de la vida, el femenino y el masculino. ¿Qué mejor que estas tres figuras, dos de oposición creadora y una de mediación que las trasciende, como abogados (*advocados*) de una exposición de arte mexicano?

México, a 19 de agosto de 1989

[«El águila, el jaguar y la Virgen» se publicó con el título «Voluntad de forma», como prólogo al catálogo de la exposición *México: esplendores de treinta siglos*, Museo Metropolitano de Nueva York, 1989.]

ARTE PRECOLOMBINO

El arte de México: materia y sentido

DIOSA, DEMONIA, OBRA MAESTRA

El 13 de agosto de 1790, mientras ejecutaban unas obras municipales y removían el piso de la plaza Mayor de la ciudad de México, los trabajadores descubrieron una estatua colosal. La desenterraron y resultó ser una escultura de la diosa Coatlicue, «la de la falda de serpientes». El virrey Revillagigedo dispuso inmediatamente que fuese llevada a la Real y Pontificia Universidad de México como «un monumento de la Antigüedad americana». Años antes Carlos III había donado a la Universidad una colección de copias en yeso de obras grecorromanas y la *Coatlicue* fue colocada entre ellas. No por mucho tiempo: a los pocos meses, los doctores universitarios decidieron que se volviese a enterrar en el mismo sitio en que había sido encontrada. La imagen azteca no sólo podía avivar entre los indios la memoria de sus antiguas creencias sino que su presencia en los claustros era una afrenta a la idea misma de la belleza. No obstante, el erudito Antonio de León y Gama tuvo tiempo de hacer una descripción de la estatua y de otra piedra que había sido encontrada cerca de ella: el Calendario Azteca.

Las notas de León y Gama no se publicaron sino hasta 1804 en Roma. El barón Alexander von Humboldt, durante su estancia en México, el mismo año, muy probablemente las leyó en esa traducción italiana.[1] Pidió entonces, según refiere el historiador Ignacio Bernal, que se le dejase examinar la estatua. Las autoridades accedieron, la desenterraron y, una vez que el sabio alemán hubo satisfecho su curiosidad, volvieron a enterrarla. La presencia de la estatua terrible era insoportable.

La *Coatlicue Mayor* —así la llaman ahora los arqueólogos para distinguirla de otras esculturas de la misma deidad— no fue desenterrada definitivamente sino años después de la Independencia. Primero la arrinco-

---

[1] *Cf.* Gutierre Tibón, *Historia del nombre y de la fundación de México*, Fondo de Cultura Económica, México, 1975.

naron en un patio de la Universidad; después estuvo en un pasillo, tras un biombo, como un objeto alternativamente de curiosidad y bochorno; más tarde la colocaron en un lugar visible, como una pieza de interés científico e histórico; hoy ocupa un lugar central en la gran sala del Museo Nacional de Antropología consagrada a la cultura azteca. La carrera de la *Coatlicue* —de diosa a demonio, de demonio a monstruo y de monstruo a obra maestra— ilustra los cambios de sensibilidad que hemos experimentado durante los últimos cuatrocientos años. Esos cambios reflejan la progresiva secularización que distingue a la modernidad. Entre el sacerdote azteca que la veneraba como una diosa y el fraile español que la veía como una manifestación demoniaca, la oposición no es tan profunda como parece a primera vista; para ambos la *Coatlicue* era una presencia sobrenatural, un «misterio tremendo». La divergencia entre la actitud del siglo XVIII y la del siglo XX encubre asimismo una semejanza: la reprobación del primero y el entusiasmo del segundo son de orden predominantemente intelectual y estético. Desde fines del siglo XVIII la *Coatlicue* abandona el territorio magnético de lo sobrenatural y penetra en los corredores de la especulación estética y antropológica. Cesa de ser una cristalización de los poderes del otro mundo y se convierte en un episodio en la historia de las creencias de los hombres. Al dejar el templo por el museo, cambia de naturaleza ya que no de apariencia.

A pesar de todos estos cambios, la *Coatlicue* sigue siendo la misma. No ha dejado de ser el bloque de piedra de forma vagamente humana y cubierto de atributos aterradores que untaban con sangre y sahumaban con incienso de copal en el Templo Mayor de Tenochtitlan. Pero no pienso únicamente en su aspecto material sino en su irradiación psíquica: como hace cuatrocientos años, la estatua es un objeto que, simultáneamente, nos atrae y nos repele, nos seduce y nos horroriza. Conserva intactos sus poderes, aunque hayan cambiado el lugar y el modo de su manifestación. En lo alto de la pirámide o enterrada entre los escombros de un *teocalli* derruido, escondida entre los trebejos de un gabinete de antigüedades o en el centro de un museo, la *Coatlicue* provoca nuestro asombro. Imposible no detenerse ante ella, así sea por un minuto. Suspensión del ánimo: la masa de piedra, enigma labrado, paraliza nuestra mirada. No importa cuál sea la sensación que sucede a ese instante de inmovilidad: admiración, horror, entusiasmo, curiosidad —la realidad, una vez más, sin cesar de ser lo que vemos, se muestra como aquello que está más allá de lo que vemos. Lo que llamamos «obra de arte» —designación equívoca, sobre todo aplicada a las obras de las civilizaciones antiguas— no es tal vez sino una configuración de signos. Cada espectador combina esos signos de una manera distinta y cada combinación emite un significado diferente. Sin embargo, la pluralidad de significados se resuelve en un *sentido* único, siempre el mismo. Un sentido que es inseparable de lo sentido.

El desenterramiento de la *Coatlicue* repite, en el modo menor, lo que debió de haber experimentado la conciencia europea ante el descubrimiento de América. Las nuevas tierras aparecieron como una dimensión desconocida de la realidad. El Viejo Mundo estaba regido por la tríada: tres tiempos, tres edades, tres humores, tres personas, tres continentes. América no cabía, literalmente, en la visión tradicional del mundo. Después del descubrimiento, la tríada perdió sus privilegios. No más tres dimensiones y una sola realidad verdadera: América añadía otra dimensión, la cuarta, la dimensión desconocida. A su vez, la nueva dimensión no estaba regida por el principio trinitario sino por la cifra cuatro. Para los indios americanos el espacio y el tiempo, mejor dicho: el espacio / tiempo, dimensión una y dual de la realidad, obedecía a la ordenación de los cuatro puntos cardinales: cuatro destinos, cuatro dioses, cuatro colores, cuatro eras, cuatro trasmundos. Cada dios tenía cuatro aspectos; cada espacio, cuatro direcciones; cada realidad, cuatro caras. El cuarto continente había surgido como una presencia plena, palpable, henchida de sí, con sus montañas y sus ríos, sus desiertos y sus selvas, sus dioses quiméricos y sus riquezas contantes y sonantes —lo real en sus expresiones más inmediatas y lo maravilloso en sus manifestaciones más delirantes. No otra realidad sino el otro aspecto, la otra dimensión de la realidad. América, como la *Coatlicue*, era la revelación visible, pétrea, de los poderes invisibles.

A medida que las nuevas tierras se desplegaban ante los ojos de los europeos, revelaban que no sólo eran una naturaleza sino una historia. Para los primeros misioneros españoles, las sociedades indias se presentaron como un misterio teológico. La *Historia general de las cosas de Nueva España* es un libro extraordinario, una de las obras con que comienza —y comienza admirablemente— la ciencia antropológica, pero su autor, Bernardino de Sahagún, creyó siempre que la religión de los antiguos mexicanos era una añagaza de Satanás y que había que extirparla del alma india. Más tarde el misterio teológico se transformó en problema histórico. Cambió la perspectiva intelectual, no la dificultad. A diferencia de lo que ocurría con persas, egipcios o babilonios, las civilizaciones de América no eran más antiguas que la europea: eran diferentes. Su diferencia era radical, una verdadera *otredad*.

Por más aislados que hayan estado los centros de civilización en el Viejo Mundo, siempre hubo relaciones y contactos entre los pueblos del Mediterráneo y los del Cercano Oriente y entre éstos y los de la India y el Extremo Oriente. Los persas y los griegos estuvieron en la India y el budismo indio penetró en China, Corea y Japón. En cambio, aunque no es posible excluir enteramente la posibilidad de contactos entre las civilizaciones de Asia y las de América, es claro que estas últimas no conocieron nada equivalente a la transfusión de ideas, estilos, técnicas y religiones que vivificaron a las sociedades del Viejo Mundo. En la América precolombina no hubo influencias exteriores de la importancia de la astronomía babilonia en el Mediterráneo, el arte persa y griego en la India budista, el budismo *mahayana* en China, los ideogramas chinos y el pensamiento confuciano en Japón. Según parece, hubo contactos entre las sociedades mesoamericanas y las andinas, pero ambas civilizaciones poco o nada deben a las influencias extrañas. De las técnicas económicas a las formas artísticas y de la organización social a las concepciones cosmológicas y éticas, las dos grandes civilizaciones americanas fueron, en el sentido nato de la palabra, originales: su origen está en ellas. Esta originalidad fue, precisamente, una de las causas, quizá la decisiva, de su pérdida. Originalidad es sinónimo de *otredad* y ambas de aislamiento. Las dos civilizaciones americanas jamás conocieron algo que fue una experiencia repetida y constante de las sociedades del Viejo Mundo: la presencia del *otro*, la intrusión de civilizaciones y pueblos extraños. Por eso vieron a los españoles como seres llegados de otro mundo, como dioses o semidioses. La razón de su derrota no hay que buscarla tanto en su inferioridad técnica como en su soledad histórica. Entre sus ideas se encontraba la de otro mundo y sus dioses, no la de otra civilización y sus hombres.

La conciencia histórica europea se enfrentó desde el principio a las impenetrables civilizaciones americanas. A partir de la segunda mitad del siglo XVI se multiplicaron las tentativas para suprimir unas diferencias que parecían negar la unidad de la especie humana. Algunos sostuvieron que los antiguos mexicanos eran una de las tribus perdidas de Israel; otros les atribuían un origen fenicio o cartaginés; otros más, como el sabio mexicano Sigüenza y Góngora, sobrino del gran poeta por el lado materno, pensaban que la semejanza entre algunos ritos mexicanos y cristianos era un eco deformado de la prédica del Evangelio por el apóstol Santo Tomás, conocido entre los indios bajo el nombre de Quetzalcóatl (Sigüenza también creía que Neptuno había sido un caudillo civilizador, origen de los mexicanos); el jesuita Athanasius Kircher, enciclopedia andante, atacado de egiptomanía, dictaminó que la civilización de México, como se veía por las pirámides y otros indicios, era una versión ultramarina de la de Egipto —opinión que debe de haber encantado a su lectora y admiradora, Sor Juana Inés de la Cruz... Después de cada una de estas operaciones de encubrimiento, la *otredad* americana reaparecía. Era irreductible. El reconocimiento de esa diferencia, al expirar el siglo XVIII, fue el comienzo de la verdadera comprensión. Reconocimiento que implica una paradoja: el puente entre yo y el *otro* no es una semejanza sino una diferencia. Lo que nos une no es un puente sino un abismo. El hombre es plural: los hombres.

LA PIEDRA Y EL MOVIMIENTO

El arte sobrevive a las sociedades que lo crean. Es la cresta visible de ese iceberg que es cada civilización hundida. La recuperación del arte del antiguo México se realizó en el siglo XX. Primero vino la investigación arqueológica e histórica; después, la comprensión estética. Se dice con frecuencia que esa comprensión es ilusoria: lo que sentimos ante un relieve de Palenque no es lo que sentía un maya. Es cierto. También lo es que nuestros sentimientos y pensamientos ante esa obra son reales. Nuestra comprensión no es ilusoria: es ambigua. Esta ambigüedad aparece en todas nuestras visiones de las obras de otras civilizaciones e incluso frente a las de nuestro propio pasado. No somos ni griegos, ni chinos, ni árabes; tampoco podemos decir que comprendemos cabalmente la escultura románica o la bizantina. Estamos condenados a la traducción y cada una de nuestras traducciones, trátese del arte gótico o del egipcio, es una metáfora, una transmutación del original.

En la recuperación del arte prehispánico de México se conjugaron dos circunstancias. La primera fue la Revolución mexicana, que modificó profundamente la visión de nuestro pasado. La historia de México, sobre todo en sus dos grandes episodios: la Conquista y la Independencia, puede verse como una doble ruptura: la primera con el pasado indio, la segunda con el novohispano. La Revolución mexicana fue una tentativa, realizada en parte, por reanudar los lazos rotos por la Conquista y la Independencia. Descubrimos de pronto que éramos, como dice el poeta López Velarde, «una tierra castellana y morisca, rayada de azteca». No es extraño que, deslumbrados por los restos brillantes de la antigua civilización, recién desenterrados por los arqueólogos, los mexicanos modernos hayamos querido recoger y exaltar ese pasado grandioso. Pero este cambio de visión histórica habría sido insuficiente de no coincidir con otro cambio en la sensibilidad estética de Occidente. El cambio fue lento y duró siglos. Se inició casi al mismo tiempo que la expansión europea y sus primeras expresiones se encuentran en las crónicas de los navegantes, conquistadores y misioneros españoles y portugueses. Después, en el xvii, los jesuitas descubren la civilización china y se enamoran de ella, una pasión que compartirán, un siglo más tarde, sus enemigos, los filósofos de la Ilustración. Al comenzar el xix los románticos alemanes sufren una doble fascinación: el sánscrito y la literatura de la India —y así sucesivamente hasta que la conciencia estética moderna, al despuntar nuestro siglo, descubre las artes de África, América y Oceanía. El arte moderno de Occidente, que nos ha enseñado a ver lo mismo una máscara negra que un fetiche polinesio, nos abrió el camino para comprender el arte antiguo de México. Así, la *otredad* de la civilización mesoamericana se resuelve en lo contrario: gracias a la estética moderna, esas obras tan distantes son también nuestras contemporáneas.

He mencionado como rasgos constitutivos de la civilización mesoamericana la originalidad, el aislamiento y lo que no he tenido más remedio que llamar la *otredad*. Debo añadir otras dos características: la homogeneidad en el espacio y la continuidad en el tiempo. En el territorio mesoamericano —abrupto, variado y en el que coexisten todos los climas y los paisajes— surgieron varias culturas cuyos límites, *grosso modo*, coinciden con los de la geografía: el noroeste, el Altiplano central, la costa del Golfo de México, el valle de Oaxaca, Yucatán y las tierras bajas del sureste hasta Guatemala y Honduras. La diversidad de culturas, lenguas y estilos artísticos no rompe la unidad esencial de la civilización. Aunque no es fácil confundir una obra maya con una teotihuacana —los dos polos o extremos de Mesoamérica— en todas las grandes culturas aparecen ciertos elementos comunes. A continuación enumero los que me parecen salientes:

el cultivo del maíz, el frijol y la calabaza;
la ausencia de animales de tiro y, por lo tanto, de la rueda y del carro;

una tecnología más bien primitiva y que no llegó a rebasar la Edad de Piedra, salvo en ciertas actividades, como los exquisitos trabajos de orfebrería;

ciudades-Estados con un sistema social teocrático-militar y en las que la casta de los comerciantes ocupaba un lugar destacado;

escritura jeroglífica; códices; un complejo calendario basado en la combinación de un año lunar de 260 días y otro, el solar, de 365 días;

el juego ritual con una pelota de hule (este juego es el antecedente de los deportes modernos en que dos equipos se disputan el triunfo con una pelota elástica, como el basquetbol y el futbol);

una ciencia astronómica muy avanzada, inseparable como en Babilonia de la astrología y de la casta sacerdotal;

centros de comercio no sin analogías con los modernos «puertos libres»;

una visión del mundo que conjugaba las revoluciones de los astros y los ritmos de la naturaleza en una suerte de danza del universo, expresión de la guerra cósmica que, a su vez, era el arquetipo de las guerras rituales y de los sacrificios humanos en grande escala;

un sistema ético-religioso de gran severidad y que incluía prácticas como la confesión y la automutilación;

una especulación cosmológica en la que desempeñaba una función cardinal la noción del tiempo, impresionante por su énfasis en los conceptos de *movimiento, cambio* y *catástrofe* —una cosmología que, como ha mostrado Jacques Soustelle, fue también una filosofía de la historia;

un panteón religioso regido por el principio de la metamorfosis: el universo es tiempo, el tiempo es movimiento y el movimiento es cambio, ballet de dioses enmascarados que danzan la pantomima terrible de la creación y destrucción de los mundos y los hombres;

un arte que maravilló a Durero antes de asombrar a Baudelaire, y en el que se han reconocido temperamentos tan diversos como los surrealistas y Henry Moore;

una poesía que combina la suntuosidad de las imágenes con la penetración metafísica.

La continuidad en el tiempo no es menos notable que la unidad en el espacio: cuatro mil años de existencia desde el nacimiento en las aldeas del Neolítico hasta la muerte en el siglo XVI. La civilización mesoamericana, en sentido estricto, comienza hacia 1200 antes de Cristo con una cultura que, *faute de mieux*, llamamos *olmeca*. A los olmecas se les debe, entre

459

otras cosas, la escritura jeroglífica, el calendario, los primeros avances en la astronomía, la escultura monumental (las cabezas colosales) y el impar, salvo en China, tallado del jade. Los olmecas son el tronco común de las grandes ramas de la civilización mesoamericana: Teotihuacan en el Altiplano, El Tajín en el Golfo, los zapotecas (Monte Albán) en Oaxaca, los mayas en Yucatán y en las tierras bajas del sureste, Guatemala y Honduras. Este periodo es el del apogeo. Se inicia hacia 300 después de Cristo y se caracteriza por la formación de ciudades-Estados gobernadas por teocracias poderosas.[1] Al final de esta época, aparecen los bárbaros por el norte y crean nuevos Estados. Comienza otra etapa, acentuadamente militarista. En 856, en el Altiplano, a imagen y semejanza de Teotihuacan —la Alejandría y la Roma mesoamericana—, se funda Tula. Su influencia se extiende, en el siglo x, hasta Yucatán (Chichén-Itzá). En Oaxaca declinan los zapotecas, desplazados por los mixtecos. En el Golfo: huastecos y totonacas. Derrumbe de Tula en el siglo xii. Otra vez los «reinos combatientes», como en la China anterior a los Han. Los aztecas fundan México-Tenochtitlan en 1325. La nueva capital está habitada por el espectro de Tula que, a su vez, lo estuvo por el de Teotihuacan. México-Tenochtitlan fue una verdadera ciudad imperial y a la llegada de Cortés, en 1519, contaba con más de medio millón de habitantes.

En la historia de Mesoamérica, como en la de todas las civilizaciones, hubo grandes agitaciones y revueltas pero no cambios sustanciales como, por ejemplo, en Europa, la transformación del mundo antiguo por el cristianismo. Los arquetipos culturales fueron esencialmente los mismos desde los olmecas hasta el derrumbe final. Otro rasgo notable y quizá único: la coexistencia de un indudable primitivismo en materia técnica —ya señalé que en muchos aspectos los mesoamericanos no rebasaron el Neolítico— con altas concepciones religiosas y un arte de gran complejidad y refinamiento. Sus descubrimientos e inventos fueron numerosos, y entre ellos hubo dos realmente excepcionales: el del cero y el de la numeración por posiciones. Ambos fueron hechos antes que en la India y con entera independencia. Mesoamérica muestra, una vez más, que una civilización no se mide, al menos exclusivamente, por sus técnicas de producción sino por su pensamiento, su arte y sus logros morales y políticos.

[1] En este ensayo, así como en «Dos apostillas: El punto de vista nahua», acepto la idea prevaleciente entre los historiadores y arqueólogos más respetados en esos años. Hoy la hipótesis ha sido desplazada por otra que vuelve a la concepción dinástica. Véase en este volumen: «Reflexiones de un intruso». [Nota de 1992.]

En Mesoamérica coexistió una alta civilización con una vida rural no muy alejada de la que conocieron las aldeas arcaicas antes de la revolución urbana. Esta división se refleja en el arte. Los artesanos de las aldeas fabricaron objetos de uso diario, generalmente en arcilla y otras materias frágiles, que nos encantan por su gracia, su fantasía, su humor. Entre ellos la utilidad no está reñida con la belleza. A este tipo de arte pertenecen también muchos objetos mágicos, transmisores de esa energía psíquica que los estoicos llamaban la «simpatía universal», ese fluido vital que une a los seres animados —hombres, animales, plantas— con los elementos, los planetas y los astros. El otro arte es el de las grandes culturas. El arte religioso de las teocracias y el arte aristocrático de los príncipes. El primero fue casi siempre monumental y público; el segundo, ceremonial y suntuario. La civilización mesoamericana, como tantas otras, no conoció la experiencia estética pura; quiero decir, lo mismo ante el arte popular y mágico que ante el religioso, el goce estético no se daba aislado sino unido a otras experiencias. La belleza no era un valor aislado; en unos casos estaba unida a los valores religiosos y en otros a la utilidad. El arte no era un fin en sí mismo sino un puente o un talismán. Puente: la obra de arte nos lleva del aquí de ahora a un allá en otro tiempo. Talismán: la obra cambia la realidad que vemos por otra: Coatlicue es la tierra, el sol es un jaguar, la luna es la cabeza de una diosa decapitada. La obra de arte es un medio, un agente de transmisión de fuerzas y poderes sagrados, *otros*. La función del arte es abrirnos las puertas que dan al otro lado de la realidad.

He hablado de belleza. Es un error. La palabra que le conviene al arte mesoamericano es *expresión*. Es un arte que *dice*, pero lo que dice lo dice con tal concentrada energía que ese decir es siempre expresivo. Expresar: exprimir el zumo, la esencia, no sólo de la idea sino de la forma. Una deidad maya cubierta de atributos y signos no es una escultura que podemos leer como un texto sino un texto/escultura. Fusión de lectura y contemplación, dos actos disociados en Occidente. La *Coatlicue Mayor* nos sorprende no sólo por sus dimensiones —dos metros y medio de altura y dos toneladas de peso— sino por ser un concepto petrificado. Si el concepto es terrible —la tierra, para crear, devora— la expresión que lo manifiesta es enigmática: cada atributo de la divinidad —colmillos, lengua bífida, serpientes, cráneos, manos cortadas— está representado de una manera realista, pero el conjunto es una abstracción. La *Coatlicue* es, simultáneamente, una charada, un silogismo y una presencia que condensa un «misterio tremendo». Los atributos realistas se asocian conforme a una sintaxis sagrada y la frase que resulta es una metáfora que conjuga los tres tiempos y las cuatro direcciones. Un cubo de piedra que es asimismo una metafísica. Cierto, el peligro de este arte es la falta de humor, la pedantería del teólogo sanguinario. (Los teólogos sostienen, en todas las religiones, relaciones íntimas con los verdugos.) Al mismo tiempo, ¿cómo no ver en este rigor una doble lealtad a la idea y a la materia en que se manifiesta: piedra, barro, hueso, madera, plumas, metal? La «petricidad» de la escultura mexicana que tanto admira Henry Moore es la otra cara de su no menos admirable rigor conceptual. Fusión de la materia y el sentido: la piedra dice, es idea, y la idea se vuelve piedra.

El arte mesoamericano es una lógica de las formas, las líneas y los volúmenes que es asimismo una cosmología. Nada más lejos del naturalismo grecorromano y renacentista, basado en la representación del cuerpo humano, que la concepción mesoamericana del espacio y del tiempo. Para el artista maya o zapoteca el espacio es fluido, es tiempo vuelto extensión; y el tiempo es sólido: un bloque, un cubo. Espacio que transcurre y tiempo fijo: dos extremos del movimiento cósmico. Convergencias y separaciones de ese ballet en el que los danzantes son astros y dioses. El movimiento es danza, la danza es juego, el juego es guerra: creación y destrucción. El hombre no ocupa el centro del juego pero es el dador de sangre, la sustancia preciosa que mueve al mundo y por la que el sol sale y el maíz crece.

Paul Westheim señala la importancia de la greca escalonada, estilización de la serpiente, del zigzag del rayo y del viento que riza la superficie del agua y hace ondular el sembrado de maíz. También es la representación del grano de maíz que desciende y asciende de la tierra como el sacerdote sube y baja las escaleras de la pirámide y como el sol trepa por el oriente y se precipita por el poniente. Signo del movimiento, la greca escalonada es la escalera de la pirámide y la pirámide no es sino tiempo vuelto geometría, espacio. La pirámide de Tenayuca tiene 52 cabezas de serpientes: los 52 años del siglo azteca. La de Kukulkán en Chichén-Itzá tiene nueve terrazas dobles (los 18 meses del año) y las gradas de sus escaleras son 364 más una de la plataforma superior (los 365 días del calendario solar). En Teotihuacan las dos escaleras de la pirámide del Sol tienen cada una 182 gradas (364 más una de la plataforma de la cúspide) y el templo de Quetzalcóatl ostenta 364 fauces de serpientes. En El Tajín la pirámide tiene 364 nichos más uno escondido. Nupcias del espacio y el tiempo, representación del movimiento por una geometría pétrea. ¿Y el hombre? Es uno de los signos que el movimiento universal traza, borra, traza, borra... «El Dador de Vida —dice el poema azteca— escribe con flores.» Sus cantos sombrean y colorean a los que han de vivir. Somos seres de carne y hueso pero inconsistentes como sombras pintadas y coloreadas: «solamente en tu pintura vivimos, aquí en la tierra».

CAMBIO Y CONTINUIDAD

El arte de la Nueva España y el del México independiente no necesitan una presentación extensa. Abarcan un periodo de cuatrocientos cincuenta años, mientras que el de Mesoamérica dura cerca de tres milenios. El siglo XVI fue el siglo de la gran destrucción y, asimismo, el de la gran construcción. Siglo conquistador y misionero pero también arquitecto y albañil: fortalezas, conventos, palacios, iglesias, capillas abiertas, hospitales, colegios, acueductos, fuentes, puentes. Fundación de ciudades, a veces sobre las ruinas de las ciudades indias. En general, la traza era la cuadriculada, con la plaza al centro, de origen romano. En los sitios montañosos se acudió a la traza mora, irregular. Transplante de los estilos artísticos de la época pero con cierto retraso y anarquía: el mudéjar, el gótico, el plateresco, el renacentista. Esta mezcla es muy hispánica y le convino perfectamente a México, tierra en la que se despliega como en ninguna la dialéctica, hecha de conjunciones y disyunciones, de los opuestos: la luz y la sombra, lo femenino y lo masculino, la vida y la muerte, el sí y el no. El siglo XVII adopta y adapta el barroco, estilo que ha dejado en México muchas obras de verdad memorables. El barroco, combinado con un churrigueresco que exagera al de España, continúa felizmente hasta bien entrado el XVIII. Este siglo, me parece, es más rico y fecundo, en materia de arquitectura, en Nueva España que en España. La Independencia nos sorprende en pleno neoclasicismo, un estilo que no se adaptaba ni a la tradición mexicana ni al momento que vivía el país. El último testimonio sobre la ciudad de México es de Humboldt. La llama «la ciudad de los palacios». El elogio era exagerado pero contenía un adarme de verdad: Boston era en aquellos años una aldea grande.

El arte de Nueva España comenzó por ser un arte transplantado. Pronto adquirió características propias. Inspirados en los modelos españoles, los artistas novohispanos fueron probablemente los más españolizantes de todo el continente; al mismo tiempo, hay algo en sus obras, difícilmente definible, que no aparece en sus modelos. ¿Lo indio? No. Más bien una suerte de desviación del arquetipo hispánico, ya sea por exageración o por ironía, por la factura cuidadosa o por el giro insólito de la fantasía. La voluntad de estilo rompe la norma al subrayar la línea o complicar el dibujo. El arte de Nueva España delata un deseo de ir más allá del modelo. El criollo se siente como carencia: no es sino una aspiración a ser y sólo llega a ser cuando ha tocado los extremos. De ahí sus oscilaciones psíquicas, sus entusiasmos y sus letargos, su amor a las formas que le dan seguridad y decoro y su amor a distender y complicar esas mismas formas hasta dislocarlas.

Nueva España produjo una muy decorosa pintura, aunque inferior a la de España, una excelente escultura y una arquitectura realmente extraordinaria. Una civilización no es solamente un conjunto de técnicas. Tampoco es una visión del mundo: es un mundo. Un todo: utensilios, obras, instituciones, colectividades e individuos regidos por un orden. Las dos manifestaciones más perfectas de ese orden son la ciudad y el lenguaje. Por sus ciudades y por sus obras poéticas Nueva España fue una civilización. En el dominio del lenguaje se observa el mismo fenómeno que en el de la arquitectura: un cierto *décalage* entre el tiempo de Europa y el de México. Esta diferencia no siempre fue desafortunada. Por ejemplo, la decadencia de la poesía barroca en España, a fines del siglo xvii, coincide con el apogeo en México de la misma manera: a las *Soledades* de Góngora, el poema central del xvii en España, corresponde —o, más bien, responde— cincuenta años más tarde el *Primero sueño* de Sor Juana Inés de la Cruz. ¿La obra de la monja mexicana representa un fin o un comienzo? Desde el punto de vista de la historia de los estilos, con ella acaba una gran época de la poesía de nuestra lengua; desde la perspectiva de la historia del espíritu humano, con ella comienza algo que todavía no termina: el feminismo. Fue la primera mujer de nuestra cultura que no sólo tuvo conciencia de mujer y escritora sino que defendió su derecho a serlo. Sería apasionante emprender un estudio comparativo de las dos grandes figuras femeninas de América durante el periodo colonial: Juana Inés de la Cruz, la Décima Musa mexicana, y Anne Bradstreet, la Décima Musa norteamericana. El contraste entre la arquitectura de la ciudad de México y la de Boston —una monumental, complicada y ricamente ornamental como una fiesta barroca, y la otra simple, desnuda y entre utilitaria y ascética— se reproduce en las obras de estas dos notables mujeres.

El siglo XIX fue un siglo de luchas, invasiones, desgarramientos, mutilaciones y búsquedas. Una época desdichada, como en España y en la mayoría de los pueblos de nuestra cultura. Al final, surge un gran artista: José Guadalupe Posada. En el prólogo a su *Antología del humor negro*, André Breton observa que el humor, salvo en la obra de Goya y de Hogarth, no aparece en la tradición de las artes visuales de Occidente. Y agrega: «El triunfo del humor al estado puro y pleno, en el dominio de la plástica, debe situarse en una fecha más próxima a nosotros y reconocer como a su primer y genial artesano al artista mexicano José Guadalupe Posada...» Más adelante Breton no vacila en comparar los grabados en madera de Posada, en blanco y negro, con ciertas obras surrealistas, especialmente los *collages* de Max Ernst. Añado que con Posada no sólo comienza el humor en las artes plásticas modernas sino también el movimiento pictórico mexicano. A pesar de que murió en 1913, Diego Rivera y José Clemente Orozco lo consideraron siempre no como un precursor sino como un contemporáneo suyo. Tenían razón. Me atreveré a decir que incluso Posada me parece más moderno que ellos. Entre los pintores mexicanos, José Clemente Orozco es el más cercano a Posada; pero en Orozco el humor negro de Posada se transforma en sarcasmo, es decir, en idea. Y la idea, la carga ideológica y didáctica, es el obstáculo que se interpone con frecuencia entre el espectador moderno y la pintura de Rivera, Orozco y Siqueiros. Sobre esto hay que repetir, una vez más, que la pintura no es la ideología que la recubre sino las formas y colores con que el pintor, muchas veces involuntariamente, se descubre y nos descubre su mundo.

La pintura mexicana moderna es el resultado de la confluencia, como en el caso del descubrimiento del arte prehispánico, de dos revoluciones: la social de México y la artística de Occidente. Rivera participó en el movimiento cubista. Siqueiros se interesó en los experimentos futuristas y Orozco presenta más de una afinidad con los expresionistas. Al mismo tiempo, los tres vivieron intensamente los episodios revolucionarios y sus secuelas. Rivera y Siqueiros fueron hombres de partido con programas y esquemas estéticos y políticos; Orozco, más libre y puro, anarquista y conservador a un tiempo, solitario, fue un verdadero rebelde. A pesar de que gran parte de la obra de estos tres pintores es un comentario plástico de nuestra historia y especialmente de la Revolución mexicana, su importancia no reside en sus opiniones y actitudes políticas. La obra misma, en los tres casos —aunque con diferencias capitales entre ellos—, es notable por su energía plástica y su diversidad. Tres pintores poderosos, inconfundibles, desiguales. En su momento, los tres ejercieron una gran influencia, dentro y fuera de México. Por ejemplo, la presencia de Siqueiros es visible en las primeras obras de Pollock, y la de Orozco en el Tobey de los comienzos. El escultor y pintor Noguchi fue ayudante y colaborador de Rivera durante algún tiempo. La lista podría alargarse. Está todavía por escribirse el capítulo de la influencia de los pintores mexicanos sobre los norteamericanos antes de que éstos abrazasen el expresionismo-abstracto. Al mismo tiempo, la obra de los tres está unida a la historia moderna de México, y en esta dependencia del acontecimiento se encuentra, contradictoriamente, su grandeza y su limitación. Encarnan los dos momentos centrales de la Revolución mexicana: la vuelta a los orígenes, el redescubrimiento del México humillado y ofendido; y, en Orozco sobre todo, la desilusión, el sarcasmo, la denuncia —y la búsqueda. La pintura mexicana, claro está, no termina con ellos. Son su comienzo, su pasado inmediato. Entre 1925 y 1930 surgió un nuevo grupo de pintores, Rufino Tamayo y otros pocos más. Con ellos se inicia otra pintura, la actual. No fueron incluidos en esta exposición porque se prepara otra consagrada exclusivamente al arte mexicano contemporáneo.

La tradición del arte popular —otra denominación vaga— es muy antigua en México y remonta al Neolítico. Una continuidad de verdad impresionante. En el periodo novohispano los artesanos mexicanos, después de haber adoptado las formas y motivos importados de España, recibieron influencias orientales: chinas, filipinas y aun de la India. El arte popular, del siglo xix, como el de nuestros días, es el resultado del cruce de todos estos estilos, épocas y civilizaciones. En el arte popular de México, como en los grabados de Posada, lo familiar se alía a lo fantástico, la utilidad se funde con el humor. Esos objetos son utensilios y son metáforas. Fueron hechos hoy mismo por artesanos anónimos que son, simultáneamente, nuestros contemporáneos y los de los artistas de las aldeas precolombinas. En verdad, esos objetos no son ni antiguos ni modernos: son un presente sin fechas.

Sin duda el espectador español experimentará, ante muchos de esos objetos, un sentimiento de familiaridad mezclado con otro de extrañeza. Por una parte, se reconocerá en ellos, por la otra, tendrá la sorpresa de lo inesperado. Entre estos polos se despliega la exposición de arte mexicano que se presenta este año de 1977 en Madrid y Barcelona: reconocimiento y descubrimiento. España puede verse en el espejo de esta exposición y, simultáneamente, descubrir otra dimensión de la realidad y del arte. Una dimensión ajena y suya. La mezcla de lo ya visto y lo nunca visto, de lo sólito y lo insólito, ¿no es lo que llamamos *iluminación* poética o estética? Rimbaud lo descubrió y lo dice, inolvidablemente, en una de sus *iluminaciones:* «Este ídolo, ojos negros y crin rubia, sin padres ni corte, más noble que la fábula, mexicana y flamenca...» El arte de la fiesta y el culto a la muerte como otro arte lujoso y en el que participan la sensualidad y la imaginación, fueron dones que Borgoña transmitió a España. Llegaron a México con los españoles de Carlos V y aquí encontraron a la danza india, los mantos de plumas, las máscaras de jade y los cráneos de turquesas. México y Flandes: dos extremos de España.

México, 1 de septiembre de 1977

[«El arte de México: materia y sentido» es el prólogo al catálogo de la exposición de arte mexicano exhibida en Madrid en 1977. Se publicó en *Sábado* (suplemento literario de *unomásuno*), núm. 1, México, 19 de noviembre de 1977.]

Escultura antigua de México

La seducción que ejercen los llamados pueblos primitivos sobre los modernos es la de la libertad. En esas viejas culturas —de estructura mucho más simple que la nuestra— el artista moderno encuentra que lo individual y lo social no se oponen sino se completan. De este equilibrio brota la obra de arte con plena naturalidad, como un fruto: nada parece conseguido por el esfuerzo o el rigor y todo —la vasija, el lienzo, la danza— posee esa gracia, libre y fatal al mismo tiempo, de la hoja, el fruto y la flor. La imaginación y la realidad se dan la mano y se confunden: ya no se sabe dónde termina la primera y dónde principia la segunda. Ninguna regla, ninguna convención parecen servir de contrapeso al soplo de la fantasía; este mundo de correspondencias mágicas está regido por la imaginación en libertad; gracias a ella la diosa de la muerte es también la de la vida, la serpiente es alada como las águilas, una pluma desprendida del sol fecunda a la estéril y hace nacer al héroe...

Es posible que esta concepción de las culturas primitivas refleje, más que la realidad, los sueños de los modernos, cansados de una vida que ha perdido ya, simultáneamente, el gusto por el orden y el goce de la libertad. Aunque las antiguas culturas mesoamericanas no pueden llamarse primitivas, es cierto que en ellas el equilibrio entre la sociedad y el individuo no se había roto; no es menos cierto que ese equilibrio se lograba a través de la absorción del hombre por el Estado-Iglesia. Se trataba de una servidumbre —voluntaria, sí, pero no por eso menos rígida y total. En todas las obras que conocemos de los antiguos indios no alienta ningún rasgo personal; el artista lo sacrificaba todo —y en primer término a sí mismo— a una concepción estética que no era suya sino de su ciudad. El estilo no es el hombre: el estilo es la sociedad. Y quizá la fuerza extraordinaria de la escultura precortesiana brote de ese rigor despiadado del artista para consigo mismo, de su absoluta sumisión al genio de su pueblo y de su decisión implacable de servir a sus dioses.

Empeñado en expresar una realidad siempre en movimiento y en la que todo —el viento, el fuego, la semilla— poseía una significación religiosa, el indio crea un arte realista y abstracto a la vez. Aprehende lo general a través de lo concreto —máscara de la realidad— y expresa conjuntamente al movimiento y al reposo, formas de una misma totalidad. Todos los elementos de la realidad son sagrados porque en cada fragmento alienta el todo, no de una manera simbólica sino efectivamente. Por eso se ve constreñido a simplificar sin eliminar y a reducir cada cosa a su forma más elemental. De allí también que se vea obligado a someter todos los elementos dispersos que componen la realidad a un orden superior y que no tiene relación ya con la realidad que ven los ojos de carne. La acumulación de formas y elementos deja de ser una simple acumulación porque la geometría reduce todo ese conjunto a sus leyes. Este rigor geométrico da unidad a cada creación y la hace universal. Pero el arte indio no es solamente realista y abstracto, intelectual y concreto; también y sobre todo es un arte que no se satisface con un pedazo del mundo sino con la totalidad. Cada obra es un mundo en sí y no un fragmento, como ocurre con frecuencia en la escultura occidental.

Aunque están muy lejos de nosotros —al menos en apariencia— las creencias y concepciones de los antiguos mexicanos, su visión del mundo resulta extrañamente moderna. Hay en la escultura azteca —además de este gusto por la abstracción que la acerca al arte actual— un sentimiento del horror que aparece también en algunos grandes artistas contemporáneos. Horror que es una especie de vértigo frente al abismo de la realidad: el hombre ve esa realidad, eternamente cambiante, como una gran boca hambrienta y vacía, que terminará por devorar a todos, tumba y matriz al mismo tiempo. El valor mágico de la sangre, capaz de divinizar a la víctima y al sacrificador; la ausencia de todo antropocentrismo, base del arte clásico y renacentista; el gusto por una belleza que no excluya lo horrible y lo grotesco; y la fascinación que ejerce sobre el hombre desvalido una realidad siempre a punto de destruirlo y a la que hay que comprar con sangre, son rasgos que aproximan el arte precortesiano al de ciertos pintores y escultores contemporáneos.

Todas estas afinidades no nos pueden hacer olvidar una diferencia fundamental: mientras las obras de arte contemporáneas son hijas del esfuerzo de una conciencia individual, muchas veces en lucha con la misma sociedad que la ha engendrado, las del antiguo México son el fruto de la identificación del artista con la sociedad. Sus creaciones no solamente estaban destinadas al culto público: expresaban el gusto público. Su desaparición —a la llegada de los conquistadores— significó una catástrofe, no para una minoría, sino para todo el pueblo, que veía en ellas algo más que formas artísticas: la sustancia misma de su cultura y la promesa de su perdurabilidad. Cuando cayeron los dioses cayó todo un pueblo en ellos.

París, abril de 1947

[«Escultura antigua de México» se publicó en la revista *Sur,* Buenos Aires, junio de 1947.]

Obras maestras de México en París[1]

Hace unos veinticinco años Toynbee reducía a seis las civilizaciones realmente originales: la egipcia, la sumeria, la sínica, la minoica, la maya y la andina. Las cuatro primeras, o sus descendientes, pronto entraron en relación, al grado de que la historia de los tres continentes en que nacieron es una historia común. Sería inútil hacer un catálogo de lo que deben los griegos a los egipcios, los chinos a los indios, los persas a los babilonios, los indios a los griegos, los europeos a los chinos. En cambio, la civilización de los Andes y la mesoamericana, que Toynbee llama con inexactitud maya, nacieron solas y solas crecieron. Separados del resto del mundo por dos océanos, aislados entre ellos por desiertos, montañas y selvas, sin disponer de ninguno de los animales domésticos de los otros continentes, menos afortunados que Robinson, dueño de los despojos de su barco, los indios americanos no tuvieron más remedio que inventarlo todo, desde la agricultura y las armas hasta la escritura, los dioses y la astronomía. Inclusive comenzaron antes del comienzo: el maíz, base de su alimentación durante milenios, no es una planta silvestre sino un híbrido, producto del ingenio humano. Haber «inventado» el maíz es una hazaña más sorprendente que la construcción de sus pirámides o la creación de sus mitos y poemas. No es extraño que lo hayan divinizado. Si el destino del hombre es adorar a sus criaturas, nada más legítimo que hacer del maíz una divinidad. Y la maravilla mayor consiste en que, verdaderamente, es un dios comestible.

El maíz no sólo es la semilla de la vida: es el arquetipo de las creaciones humanas. Las figurillas femeninas de Tlatilco son representaciones

[1] Crónica sobre la exposición de arte mexicano celebrada en París en 1962. Escrito para un semanario de esa ciudad, este texto no podía ser un examen del arte precortesiano desde el punto de vista de la historia de la civilización mesoamericana y de sus estilos sino una presentación de orden general.

simbólicas de los granos; por eso, a veces, brotan dos caras sonrientes de un mismo cuerpo. En los relieves mayas se ve subir al joven dios del maíz desde las profundidades subterráneas por un árbol o una escalera de jade. Su crecimiento rige la sucesión de los ritos y el ritmo de las imágenes del poema; sus formas y colores inspiran todas las artes, desde las suntuarias hasta la escultura. Es el lugar de encuentro de las fuerzas naturales y sobrenaturales: está hecho de agua, tierra, sangre y sustancia divina. Tiene todos los colores; en su madurez es la deidad amarilla, como el sol. Sería falso, no obstante, reducir las concepciones religiosas de Mesoamérica a un mero culto agrícola. Los mayas, más atentos a la historia del cielo que a la de la tierra, concibieron una religión que era también una astronomía y, a su manera, una filosofía de la historia. En Teotihuacan se elaboró una teología dualista y un ascetismo espiritual. Entre los toltecas encontramos un dios que se humaniza, reina entre los hombres, peca, se inmola voluntariamente y se transfigura en la estrella de la mañana. Los huastecos tenían una diosa de la confesión que era asimismo la patrona del placer carnal...

Nada más complejo que la religión de estos pueblos. Nada más preciso. Conciben el universo como movimiento; el mundo, en su origen, es dualidad: gemelos que se enlazan o combaten, sus abrazos y separaciones engendran las cuatro direcciones del espacio, los cuatro colores, los cuatro paraísos, los cuatro dioses, los cuatro destinos. Cada hombre nace en una fecha que es también un dios, un punto del espacio, un destino. La cifra cuatro es la cifra del universo; en el centro, ombligo o sexo del cosmos, está el punto fijo, el cinco, sol del movimiento. Nada reposa, excepto el centro; todo regresa y todo recomienza: los dioses nacen, crecen, envejecen, perecen, renacen. El hombre es un fragmento de la realidad: sobre sus hombros reposa la terrible carga de alimentar al movimiento universal. De ahí la necesidad de la penitencia, el sacrificio y la «guerra florida», doble terrestre de la guerra cósmica. La representación más perfecta del movimiento circular del universo es el calendario: la sustancia de la realidad es el tiempo actualizado y encarnado en un espacio. Cada división espacial está animada, imantada por un tiempo; el universo es un espacio-tiempo y su movimiento engendra distintos significados. Los antiguos mexicanos vivían en un mundo regido por la analogía, hecho de contradicciones y correspondencias.

Entre los mayas cada día era un dios, portador de una «carga de tiempo» fasto, nefasto o indiferente. Gracias a una ingeniosa combinación del calendario, cada 260 años terminaba un ciclo y comenzaba otro, siempre en el día *Ahau* (dios sol). Trece divinidades regían sucesivamente los periodos de 20 años en que estaba dividido cada ciclo. Obsesionados por la idea del tiempo, los mayas querían saber *de dónde venía* cada fecha, para utilizar su «carga» benéfica o, si era adversa, para neutralizarla por medio de ritos y sacrificios. El presente y el futuro eran el fatal resultado del pasado: no el de los hombres sino el de los astros. En una estela hay una inscripción que registra una fecha vertiginosa: 400 000 000 de años. Fue lo más lejos que llegaron en su exploración del pasado. La tentativa no era descabellada: les parecía la única manera de enfrentarse al presente y apoderarse del futuro. Esta inmensa investigación mágico-matemática al fin se reveló estéril: el tiempo es insondable.

Por más extraña que nos parezca la concepción del tiempo de los mayas, no deja de tener analogía con la nuestra. También para nosotros el tiempo se ha vuelto sustancia impregnada de sentido; también nosotros queremos fabricar el futuro o, al menos, conjurarlo. Tiempo histórico o tiempo sagrado, filosofía de la historia y tecnología o pensamiento cosmológico son expresiones de una misma obsesión. La preocupación por el «fin del mundo» (o por el comienzo de otra era) es, quizá, lo que nos acerca a los antiguos mexicanos y nos hace ver con otros ojos sus creaciones. Ya no son, como hace un siglo, obras peregrinas, bárbaras o maravillosas. Son los signos de un destino. Imagen cifrada de la catástrofe, estas obras nos enseñan a mirar frente a frente las constelaciones y su movimiento. Pasamos del horror a la fascinación, de la fascinación a la contemplación. El arte vuelve a ser espejo del cosmos.

Un arte poseído por especulaciones de esta índole parecería estar condenado a ignorar la sonrisa y la sensualidad. Lo primero que nos sorprende, en el alba de esta civilización, es una serie de figurillas de muchachas, desnudas, danzantes y sonrientes. Inmersas en un presente dichoso, no les preocupa el movimiento de los astros sino la plenitud de un instante. Es notable también la extraña abundancia de enanos y otros seres disformes, misterio que aún no nos han explicado del todo los arqueólogos. Pero la nota que predomina es una suerte de alegría paradisiaca. La misma sensualidad y el mismo realismo ingenuo se advierten en las figuras de la costa del Pacífico.[1] Seducción de la llamada «doncella de Occidente»

---

[1] Llamar «cultura de Occidente», como llaman nuestros arqueólogos al noroeste, zona marginal de la civilización mesoamericana, puede ser exacto desde el punto de vista de la geografía nacional pero revela una soberana indiferencia por la historia universal.

desnuda como sólo están desnudas las mujeres y las flores y, como ellas, entreabierta: los cuerpos y la risa no se someten a la tiranía de las estrellas. Con mayor mesura y elegancia, las terracotas de Jaina se inspiran también en la vida diaria: un dios joven surge entre los pétalos de una flor y sonríe. Entre los totonacas la sonrisa se vuelve risa franca: cada figurilla agita una sonaja de fertilidad; todas ríen y cada risa es distinta. No sabíamos, ahogados por los símbolos, que la vida fuese tan variada. Arte dichoso o triste, pero que huye siempre de la solemnidad de la religión y de la política. Más que el realismo, la naturalidad; más que el símbolo, la fantasía. La sonrisa, hierática en Teotihuacan, desaparece casi completamente en la época histórica, a partir de Tula. El pueblo, no obstante, no la olvida en sus creaciones. Al margen de los estilos oficiales de las teocracias y los Imperios, el arte popular es risueño hasta cuando es fúnebre. Aplastado por los dioses, los caudillos y los sistemas políticos y económicos, el pueblo mexicano produce desde hace miles de años obras frágiles y sonrientes. Con ellas nos dice que la vida cotidiana es maravillosa.

En el otro extremo, el arte monumental: la cabeza olmeca, el «atlante» de Tula, el *Chac-Mool* maya-tolteca, el monumento conmemorativo de la construcción del Templo Mayor de Tenochtitlan... La cabeza olmeca no es una escultura: es un gigantesco fruto de piedra caído del cielo. El «atlante» tolteca provoca la sorpresa, no la admiración: es grande sin grandeza. Tula muestra el tránsito del arte sagrado al oficial: todo lo que se me ocurre decir de esa piedra es que mide cinco metros y pesa siete toneladas. El *Chac-Mool*, obra de la misma tradición, nos conduce de nuevo al arte propiamente dicho: hieratismo sin pesadez. Dentro de esta línea estética —y ya en pleno periodo histórico: recreación en arte y sincretismo en religión—, una de las piezas más impresionantes es el monumento que erigieron los aztecas en 1507 para conmemorar la edificación del Gran Teocalli. El signo de «agua quemada» (lucha de los contrarios hasta su sangrante fusión) se impone con una plenitud y una ferocidad grandiosas. Imposible describirlo: no es un monumento sino un poema. Más que contemplarlo hay que leerlo; cada línea posee un significado, cada figura es un manojo de símbolos. Como en el arte olmeca, no es escultura en piedra sino piedra-escultura.

El arte que yo prefiero, equidistante del arcaico-popular y del monumental, nos fascina sin aplastarnos. Es grave sin pesadez y posee una voluntad de estilo, una conciencia, ausente de las figurillas de Tlatilco y de la costa del Pacífico. Es un arte que pertenece a todas las culturas y a todos los estilos. Lo encontramos en todos los momentos de la historia precolombina: desde los olmecas hasta los aztecas. Mencionaré en primer término a las esculturas huastecas y totonacas, que para el público francés constituyen, sin duda, una verdadera sorpresa.[1] Es la tradición más próxima a los olmecas y, para mí, la más pura. Una de las obras más hermosas de este grupo es la llamada «Lápida de Xólotl»: el dios, estrella de la tarde, conduce al sol agonizante. A su lado, la estatua de la diosa del maíz se impone con la simplicidad todopoderosa de la presencia.

Si la geometría inspira a las mejores esculturas huastecas, en el arte totonaca la línea posee una vibración que es la de la vida misma. Hachas, «yugos», «palmas», objetos rituales en piedra dura, todos admirables por la fantasía de sus símbolos y la nobleza de su hechura. Cada pieza se ofrece como un acertijo; apenas la contemplamos con atención, se transforma en respuesta evidente: no había otra solución. Esas piedras están animadas, habitadas por un ánima. Al lado de las obras totonacas habría que colocar el pectoral olmeca y varias estatuas, más bien pequeñas, en jadeíta: la piedra ha sido pulida de tal modo que invita a la caricia. Estas figuras presentan más de un enigma: ¿niños-jaguares, enanos, eunucos, gnomos, magos? Sabemos muy poco de los olmecas, a pesar de que sus sucesores les deben el jade, el sistema cronológico, el culto al jaguar y muchas otras cosas...

Destaco en la sala maya el vaso de ofrenda: la deidad solar sale entre las fauces del monstruo de la tierra y su tocado está hecho de aves y hombres, verdadera historia de la creación; a la cabeza del guerrero decapitado de la cripta de Palenque y al relieve del jugador de pelota. En la sección azteca, a la escultura de Quetzalcóatl-Ehécatl con la máscara bucal de pico de pato, a la de Xipe revestido con la piel de un adolescente y a la de Xochipilli, sentado sobre un trono de flores y mariposas... En estas obras, de origen, época y significado diversos, la escultura indígena se despliega como un abanico solar. Pero sería injusto olvidar, como ejemplos de geometría delirante, la máscara de turquesa de Teotihuacan y la zapoteca, de jade, que representa al dios murciélago. Artesanía precisa e imaginación preciosa: la orfebrería mixteca. El vaso de pulque en piedra verde, también mixteco, es otro objeto sorprendente: en sus paredes el artífice grabó un cráneo descarnado.

---

[1] Llamo «olmecas» y «totonacas» a ciertas obras, a sabiendas de que el primer término es incierto (hay unos olmecas históricos) y que se pone en tela de juicio que hayan sido los totonacas los creadores de la «cultura de El Tajín».

Todas estas obras representan apenas una porción de la herencia artística indígena. No he hablado de la pintura. El espectador puede ver algunos códices, para mi gusto tan hermosos como los manuscritos persas y medievales, y una copia de los murales de Bonampak. Por cierto, la copia es excelente; sin embargo, confieso que su exactitud me parece engañosa: sea por los colores, la animación de las líneas o por otras circunstancias, ofrece notables diferencias con las fotografías de esos mismos murales. ¿Por qué? Sospecho que, una vez más, el intangible «espíritu de la época» se mostró más poderoso que la maestría, la cultura y las buenas intenciones del artista copista. No se trata de un caso aislado: lo mismo ha ocurrido en Ajanta y otros sitios. De ahí el peligro de las reconstrucciones. Todos sabemos que hablamos y pensamos de una manera muy distinta a la de los hombres de otras civilizaciones, pero pocos recuerdan que también *vemos* de manera no menos distinta. A lo que se parecen las copias de los muros de Bonampak, más que a los originales, es a ciertos frescos de Diego Rivera que, a su vez, se parecen a veces a los murales de Ajanta. No es indescifrable el secreto de estos parecidos: las pinturas indias fueron restauradas por expertos italianos que, impresionados por algunas afinidades entre los fresquistas renacentistas y los indios, exageraron las semejanzas; Rivera, por su parte, recoge en su obra mural la tradición de los fresquistas italianos; por último, no es descabellado suponer que el copista, al ejecutar su trabajo, tuvo presente, inconsciente e involuntariamente, los murales de Rivera.

Los museos son engañosos: damos tres pasos y saltamos un milenio y cuatro estilos. Esta circunstancia aumenta la sensación de pluralidad de tendencias y direcciones. Aunque la civilización mesoamericana es una, parece dispersarse en el arte de cada pueblo y aun de cada ciudad. Durante más de dos mil años muchos grupos y naciones fundaron ciudades, destruyeron otras o asistieron a la destrucción de las suyas; crearon un estilo, copiaron el de otros, impusieron el suyo a los vencidos o trabajaron como artífices al servicio de sus vencedores. (Se olvida a veces que el arte azteca es obra de artistas originarios de pueblos sometidos.) La variedad de formas no debe ocultarnos la unidad de la civilización. Los monumentos de Teotihuacan, El Tajín y Tikal no se parecen entre sí, pero la pirámide trunca es común a todos esos centros religiosos. Todas las obras mesoamericanas poseen un inconfundible aire de familia y un espíritu común las anima. Así, no hay que caer en la trampa de la historia de los estilos o en la más obvia del catálogo de las técnicas. Las formas artísticas, las técnicas y los mitos son el lenguaje cifrado de las civilizaciones. ¿Cómo descifrar ese idioma? La civilización mesoamericana es un hecho estético, histórico, económico, religioso —y algo más: una visión del mundo. Si nos aproximamos al arte de México desde esta perspectiva veremos una danza sorprendente.

A la sucesión de los días en el año corresponde la aparición, la desaparición y la reaparición de los dioses enmascarados. El Juego de Pelota, parte esencial de todos los centros religiosos, es un arquetipo cósmico: los dioses juegan y ese juego culmina en un sacrificio. La máscara del dios revela sus atributos y oculta su vacío. No hay nada detrás: el dios también es una invención del tiempo. Todo es una representación: la lluvia, el trueno, el rayo, la vida colectiva y la individual, el nacimiento de un niño y la construcción de un templo, la llegada de la primavera y la guerra ritual. La ciencia más alta, el saber sagrado (la cuenta y el peso de los días, el calendario y la astronomía), es un rito, un baile de enmascarados. Cada fecha es un nombre y cada nombre una máscara. ¿Qué hay detrás de cada máscara? Otra. Un juego, un rito, una visión rítmica del cosmos. Una representación. Sin embargo, aquél no fue un mundo de fantasmas. Las pasiones eran fuertes y terribles, la sensualidad estaba siempre despierta, el placer no era una abstracción, ni el amor, el odio o la cólera. Los mayas eran moderados pero amaban el lujo; los huastecos eran libertinos, pero sus dioses eran los patronos del ascetismo. Pueblo realista e iluso, tenaz y apático, feroz y suave. Aunque casi siempre estas contradicciones desgarran a los hombres, hay una esfera en la que la lucha se convierte en danza, el caos en orden, el movimiento en ritmo. El arte de los antiguos mexicanos nos revela que para ellos la vida se resolvía en imagen danzante: los cuatro puntos cardinales que giran en torno a un sol de vida. Si el hombre no es el centro del universo, participa en la danza de los elementos. La muerte noble lo transforma en estrella. Volver a ser sol: destino de los mejores, sin excluir a los prisioneros inmolados en la piedra del sacrificio. Transfiguración: tal vez la palabra concentra el sentido de su arte y el significado que otorgaban a la vida. Si queremos juzgarlos, usemos esta medida. Es la única que conocían.

Sólo una pequeña parte de la exposición del Petit-Palais está dedicada al arte de la Nueva España y al del México moderno. Desdeñarlos sería un error. El arte de la época colonial posee un carácter propio. No es una mera variedad del español, aunque sus raíces estén en España. El arte de nuestros siglos XVII y XVIII es un capítulo muy valioso del barroco universal. Lo más característico y brillante es, quizá, la versión popular, espontánea y directa, de un estilo que en Europa fue «cultista» y refinado. Interpretado por los artesanos mexicanos, el barroco se aligera de citas clásicas y se enriquece con hallazgos poéticos. Los frutos vuelven a ser frutos, los ángeles son adolescentes fabulosos, las vírgenes ríen o bailan. La erudición mitológica del barroco se transforma en fantasía popular: una feria, una fiesta. Así pues, el arte de la Nueva España continúa, a su manera, el precolombino. No es una tradición que se prolonga sino una sensibilidad que reaparece y que, al adaptarse a las nuevas formas, las cambia. Los pintores populares del siglo pasado fueron el puente entre los artistas contemporáneos y el barroco. Después, hacia 1920, los artistas mexicanos descubren su pasado y el presente del mundo. No es necesario hablar de Rufino Tamayo, gran pintor bien conocido en Francia.[1] En cambio, es indispensable destacar la presencia de un humilde grabador que es, al mismo tiempo, un artista de genio: José Guadalupe Posada. Pero la peor injusticia sería no mencionar al gran creador anónimo, al pueblo, que desde hace siglos no deja de sorprendernos con tantos objetos y juguetes prodigiosos. No tengo la superstición del folklore y creo, como Ortega y Gasset, que las raíces del arte popular se encuentran en la imitación de un gran estilo histórico. Y esto es lo que me seduce en las obras de nuestros artesanos: la continuidad de una tradición que ayer no fue popular sino simbólica y religiosa, culta. Otra circunstancia me hace amar esos objetos: son una réplica viva a la fealdad del mundo moderno y sus eficaces artefactos. Su misma fragilidad es una burla a nuestros museos y colecciones.

París, marzo de 1962

[«Obras maestras de México en París» se publicó en *Puertas al campo*, UNAM, México, 1966.]

---

[1] La limitación del espacio impidió una presentación más completa de la pintura contemporánea. Entre tantas ausencias yo lamento la de dos grandes solitarios: Carlos Mérida y Juan Soriano.

Dos apostillas

Al releer mi artículo sobre la exposición mexicana en París (1962) encuentro, aparte de otros y más obvios defectos, dos afirmaciones que necesitan ciertas aclaraciones. La primera: mi tendencia a ver el arte antiguo de México desde la perspectiva de las concepciones cosmogónicas prevalecientes a la llegada de los españoles; la segunda: la originalidad de la civilización mesoamericana, afirmada con demasiado énfasis en los primeros párrafos del artículo.

EL PUNTO DE VISTA NAHUA

Todas las culturas indígenas de México son ramas de una misma civilización. Puede discutirse si nacieron de una raíz común —los olmecas y la gente del preclásico— o si hubo brotes independientes, aunque más o menos simultáneos, en las distintas zonas; no puede discutirse la relación íntima entre ellas, tanto en el tiempo como en el espacio. Por lo primero, la civilización mesoamericana presenta una continuidad mayor de dos milenios; por lo segundo, una contigüidad geográfica no menos definida. Parece inútil extenderse sobre este punto. Técnicas, concepciones religiosas, instituciones sociales y estilos artísticos se presentan ante el espectador como partes de un mundo coherente y dueño de una acusada unidad. Inclusive podría decirse que lo sorprendente no son las diferencias sino las semejanzas. El arte maya del periodo Clásico, por ejemplo, parece el antípoda del teotihuacano de la misma época, pero esas diferencias no son mayores de las que separan, en Occidente, al gótico florido del renacentista, al barroco del neoclásico. En la esfera de las ideas religiosas y de su fundamento o sustrato psíquico, las creencias cosmogónicas, la uniformidad no es menos visible: si los dioses y las fuerzas que mueven al cosmos y a los hombres cambian de nombre y atributos en Monte Albán, Palenque, El Tajín o Teotihuacan, la visión del mundo y del trasmundo es análoga. Una vez aceptado el principio de la unidad de la civilización mesoamericana, desde los olmecas hasta los aztecas, la prudencia aconseja matizar esta afirmación. Se trata de una unidad fluida: una corriente más que un esquema, una sensibilidad más que un estilo, una visión del mundo más que una teología. O para decirlo con los términos de la lingüística, aplicados con tanto brillo por Lévi-Strauss a la antropología: la civilización mesoamericana es un sistema de signos cuyas combinaciones producen textos diferentes aunque correspondientes, como las variaciones de una composición musical o las imágenes y ritmos de un poema. La aparición de un nuevo grupo dominante alteraba la jerarquía de las deidades: cambiaba la distribución de los elementos del cuadro, no las relaciones contradictorias y complementarias entre sus componentes. El ascenso de los aztecas provocó, como si se tratase de una rima, el de Huitzilopochtli, antes oscuro dios tribal: se modificó la posición de los elementos, no la lógica del sistema. Soustelle sostiene que todo el esfuerzo sincretista de la casta sacerdotal mexica tenía por objeto insertar a sus dioses, celestes y guerreros, en el panteón de las antiguas divinidades agrarias de Anáhuac. Algo semejante debe haber ocurrido en Tula. La leyenda de Quetzalcóatl es tanto el relato mítico de una guerra intestina como de una disputa teológica. En suma, me parece imposible desdeñar las variaciones y modificaciones, a veces verdaderas rupturas, que sufrieron las creencias e instituciones de los mesoamericanos en el transcurso de cerca de tres mil años de vida.

En los últimos años se tiende a interpretar la civilización mesoamericana *desde* los textos e informaciones recogidos por los misioneros españoles en el siglo XVI. Esta tendencia, por supuesto, es más común entre los historiadores y críticos de arte que entre los arqueólogos y antropólogos. Los admirables trabajos de Ángel Garibay K. y Miguel León-Portilla, que nos han revelado un mundo de imágenes y pensamientos de extraordinaria riqueza, han contribuido a popularizar y justificar lo que llamaría el *punto de vista nahua*. Sus ventajas son innegables y no las discutiré. Tenemos una idea bastante completa del periodo mexica y es legítimo compararlo con una atalaya, desde la cual podemos contemplar y aun reconstruir un paisaje que se extiende durante milenios. Pero los peligros y limitaciones de este punto de vista también me parecen innegables. El primero es el de confundir la parte con el todo; el segundo, suprimir las variaciones y rupturas, es decir, anular el movimiento de una civilización. El ejemplo de la India me servirá para aclarar el sentido de mi reserva. La unidad de la civilización de la India no es menos acentuada que la de Mesoamérica. Al mismo tiempo, su flexibilidad y su resistencia han sido mayores. La primera invasión, la de los arios, se remonta al segundo milenio antes de Cristo; la última, la de los europeos, se inicia en el siglo XVI y aún no termina (cesó la ocupación física, no la cultural y la psíquica). A pesar de tantas intromisiones e influencias extrañas, el substrato mental, la visión del cosmos y las divinidades populares, no ha variado fundamentalmente durante más de cuatro mil años: el dios asceta y fálico y la diosa de fecundidad de Mohenjodaro son el origen de los que hoy veneran los campesinos de Travancor y los bramines de Bengala.[1] Por otra parte, entre la religión védica y la de la India moderna se interponen dos acontecimientos de primera magnitud, para no hablar de otros cambios menores: la reforma budista y la contrarreforma hindú. Estos hechos son de tal importancia que ignorarlos sería tanto como ignorar en qué consiste realmente la civilización india: una continuidad de milenios y una ruptura, una permanencia y una contradicción. Esta continuidad y esa ruptura, simultáneamente, son la civilización de la India; la primera hace inteligible a la segunda y viceversa. Todo estudio de un periodo determinado de la historia del subcontinente debe tener en cuenta, al mismo tiempo, ambos puntos de vista.

Los presupuestos del budismo y el hinduismo son los mismos: transmigración, concepción cíclica del tiempo, ausencia de la noción de un dios creador, indiferencia ante la historia, prácticas ascéticas y místicas análogas. Pero el mismo alfabeto —y más: el mismo repertorio de frases— en un contexto distinto produce significados diferentes. Otro tanto puede decirse de la especulación filosófica y religiosa. La filosofía de Sankara es el pensamiento de Nagarjuna al revés; en esto radica precisamente su originalidad: allí donde el teólogo budista escribe *śunya* (vacuidad), Sankara dice *ser*, unidad. Una y otra afirmación deben verse como oposición de términos excluyentes; asimismo, esa oposición es la continuidad de la filosofía india: ambos pensadores hablan de lo mismo y su querella es un diálogo en el interior de un lenguaje. Si por una catástrofe semejante a la

---

[1] La civilización del valle del Indo es y no es india. Sus afinidades con Mesopotamia son mayores que con el mundo ario, que la sustituye en el subcontinente. No obstante, después de un periodo que llamaríamos subterráneo, sus dioses reaparecen en los cultos populares y, más tarde, entre las castas superiores.

Conquista española hubiese desaparecido la literatura budista, ¿sería lícito acercarse al arte de Gandhara o al de Sanchi desde la perspectiva de la literatura religiosa de la India medieval? El crítico que tomase como guía a los *Puranas* correría el riesgo de confundir un bodhisattva con una representación de Vishnu o de Shiva. Sería tanto como tratar de identificar a los personajes de un mosaico bizantino por medio de un libro de oraciones protestante. El historiador que no advirtiese que las imágenes de Buda y Shiva son *contradictorias y complementarias*, ignoraría el sentido de la tradición india, la lógica que une y separa, alternativamente, al budismo y al hinduismo. No niego la relación filial entre las *yakshas* de Bharhut y las figuras femeninas de Konarak: afirmo que sus diferencias me hacen más sensible su continuidad. Son su continuidad.

En Mesoamérica ocurrieron revoluciones y cambios que, dentro del ámbito cerrado de esa civilización, no fueron menos profundos que la reforma budista y la contrarreforma hinduista. En nuestra historia prehispánica hay una gran ruptura: la desaparición, hacia el siglo IX, de las sociedades que los historiadores modernos llaman «teocráticas», creadoras de los rasgos esenciales de la civilización mesoamericana, y la aparición, un poco más tarde, de nuevos Estados militaristas que inauguran el periodo propiamente histórico. La expresión más perfecta e impresionante de las sociedades teocráticas fue, en el centro de México, la gran metrópoli de Teotihuacan; a su vez, dos ciudades-Estados encarnan, también en el Altiplano, el nuevo estilo histórico: Tula primero y después México-Tenochtitlan. Ambas fueron nahuas. En Tula los nahuas, nómadas y guerreros, adaptan y reelaboran la versión de la civilización mesoamericana creada por los pueblos sedentarios del Altiplano y del Golfo de México. Esta síntesis, de la que no estaban ausentes ni el sincretismo religioso ni el hibridismo estético, constituyó lo que se llama «cultura tolteca», que fue el modelo que inspiraría posteriormente a los aztecas. En efecto, si Tula fue una versión rústica de Teotihuacan, México-Tenochtitlan fue una versión imperial de Tula. Ignoramos las causas y motivos de la ruina de Teotihuacan pero, en cambio, sabemos que Tula, después de un breve periodo de esplendor, fue destruida por una guerra intestina que fue asimismo un cisma religioso. Por desgracia, el único documento que poseemos acerca de este acontecimiento extraordinario —salvo los testimonios arqueológicos— es un poema o leyenda que enfrenta a dos figuras míticas: Quetzalcóatl y Tezcatlipoca. Su lucha, la victoria de Tezcatlipoca y la fuga de Quetzalcóatl constituyen simultáneamente un mito que cuenta la guerra entre dos magos o dioses, encarnaciones de principios religiosos antagonistas, y la historia de la ruina de Tula.[1]

Ante la ausencia de documentos históricos, lo primero que deberíamos hacer es preguntarnos qué sentido tiene la oposición mítica entre Quetzalcóatl y Tezcatlipoca y cuál es la realidad histórica que esconde. Tal vez el primero representa la tradición religiosa de las grandes teocracias y el segundo la religión de los nuevos pueblos, guerreros y nómadas. El culto de Quetzalcóatl es muy antiguo y tuvo su origen en la costa del Golfo de México; desde ahí ascendió, por decirlo así, al Altiplano y a Teotihuacan. Los nahuas de Tula, los llamados toltecas, adoptaron esta divinidad de modo tan completo que su caudillo y reformador religioso Topiltzin se llamó también Quetzalcóatl. Por supuesto, es arriesgado hablar de conversión en el sentido usual de la palabra, y tal vez lo contrario sea lo cierto: la conversión fue la del dios. Quiero decir: aquel que se convierte a otra religión también transforma al culto que adopta. ¿Topiltzin-Quetzalcóatl representa la intrusión de creencias anteriores, pertenecientes al periodo Clásico teocrático, que encontraron resistencia en poderosos núcleos conservadores, representados a su vez por Titlahuacán-Tezcatlipoca? A estas interpretaciones historicistas del mito se enfrenta otra hipótesis: ¿no podría ser la dualidad Tezcatlipoca/Quetzalcóatl una de las manifestaciones de ese dualismo religioso que, según parece, es un rasgo *permanente* de las culturas americanas? Krickeberg cita como ejemplo de paralelismo entre las creencias y costumbres de los indígenas de Norte y Mesoamérica «la división de la tribu en un pueblo de la tierra y otro del sol, cuya rivalidad es necesaria para el florecimiento del cosmos». Lévi-Strauss destaca también esta concepción dualista o binaria, no sin analogías con el Yin y Yang de los chinos, entre las tribus de Amazonia. Así, a través de la estructura invariante del mito habría que reconstruir los gestos históricos e irrepetibles del acontecimiento —adivinar en la rígida máscara del mito los rasgos variables e instantáneos de la historia. Se trata de una tarea que está, por ahora, más allá de las posibilidades de los historiadores y los antropólogos.[2]

No acertamos a comprender el fondo de la lucha civil y religiosa de Tula porque, entre otras cosas, ignoramos cuál era la relación entre la

---

[1] Los historiadores discuten todavía si los pueblos mesoamericanos tuvieron el concepto de *historia*, tal como se entiende en Occidente desde el Renacimiento.

[2] Recientemente lo ha intentado Nigel Davies. (Véase su ensayo «Vuelta a Tula», en *Vuelta*, núm. 74, México, enero de 1983.)

religión de Quetzalcóatl, tal como fue interpretada por los toltecas, y las religiones de las grandes teocracias, especialmente la de Teotihuacan. Nada podemos afirmar con certeza, excepto que el relato mítico alude a un hecho histórico cierto, confirmado por la arqueología: la destrucción de Tula. Pero la ruina de Tula no es sino un episodio frente a un hecho de mayores proporciones y que divide en dos la historia antigua de México: la extinción de las viejas sociedades teocráticas que representan el mediodía de la civilización mesoamericana. Aunque sabemos poquísimo de la historia de las grandes teocracias (inclusive si realmente lo fueron) no parece aventurado pensar que no fue ajena a su fin una crisis espiritual y política, acompañada o precedida o seguida por una material. Esa crisis no debe haber sido menos grave que la de Tula. ¿Cisma, revolución religiosa, revuelta popular? Lo único que podemos decir es que el fin de las grandes teocracias fue una ruptura. Tula no es una mera continuación de Teotihuacan sino el comienzo de algo distinto.

Nuestra ignorancia de la historia del periodo Clásico o teocrático explica que se nos escape, en buena parte, el sentido de sus creaciones. Ante las ruinas olmecas o frente a Teotihuacan, la posición del crítico recuerda a la de un lingüista inclinado sobre un texto en un idioma desconocido: a pesar de que distingue los signos, vislumbra sus relaciones y adivina que esa compacta escritura encierra una gramática, una sintaxis y una visión del mundo, no sabe qué es lo que dicen exactamente esos trazos extraños. En ese momento de perplejidad interviene el punto de vista nahua. Apenas utilizamos su clave las formas cobran sentido, el conjunto adquiere coherencia y el texto se vuelve inteligible. Temo que se trate de una comprensión engañosa. El punto de vista nahua, *por ser el de la ruptura*, anula las diferencias entre una época y otra, nos da la parte por el todo. A un tiempo aclara y desfigura la visión, quita con una mano lo que nos regala con la otra. Si aceptamos que la unidad de la civilización mesoamericana es fluida —o sea: que está hecha de variaciones—, el punto de vista nahua nos da la ilusión de una realidad estática y uniforme. Y agregaré: tendenciosa.

Entre Tula y México-Tenochtitlan hay un interregno de varios siglos turbulentos. Diversas naciones se disputan la herencia de Tula y sólo al final de esa lucha emerge como vencedor el pueblo mexica o azteca y, así, como el heredero de la cultura tolteca. Sabemos que los aztecas no sólo reelaboraron por su cuenta las antiguas creencias sino que reinventaron su historia, movidos sin duda por un sentimiento de ilegitimidad frecuente entre bárbaros y usurpadores. Nada más natural: entre todos los pueblos aspirantes a la supremacía política y cultural en el Altiplano, los aztecas eran el de pasado bárbaro más reciente. Aconsejado por Tlacaélel, el cuarto tlatoani, Itzcóatl, ordenó la quema de los códices. Con este acto se inició una inmensa tarea que en términos modernos llamaríamos de rectificación de la historia. La desfiguración y enmienda de las tradiciones, los mitos y la teología tuvieron el doble propósito de borrar los orígenes rústicos del pueblo mexica y de sus dioses y, así, legitimar su pretensión de ser los herederos de los toltecas. La decisión de Itzcóatl hace pensar en las falsificaciones de la historia de la Revolución rusa durante la época de Stalin y, sobre todo, en la destrucción de los libros clásicos ordenada en 213 a.C., por Shih Huang Ti a instigación de un consejero que, como Tlacaélel, era también un intelectual: el ministro Li Ssu. Pero la quema de los libros tuvo en China un sentido distinto; con ella el fundador de la dinastía Ch'ing afirma que con él comienza una época y de ahí que se haya hecho llamar el primer emperador. La ruptura quiso ser total y absoluta: borrón y cuenta nueva (por eso fracasó). En Tenochtitlan la ruptura se propone santificar una tradición: los aztecas son los sucesores legítimos de Tula. La ruptura afirma la continuidad. En realidad la medida inspirada por Tlacaélel es comparable a la sistemática deformación de la historia espiritual de la India llevada a cabo por la casta de los bramines durante el llamado periodo medieval. Como en el caso de los aztecas la reinterpretación del pasado se aliaba a una especulación sincretista tendiente a absorber dioses y creencias en una suerte de magma espiritual, el hinduismo. Para muchos bramines Buda no es sino uno de los avatares de Vishnu; la misma lógica vital lleva a los aztecas a levantar el templo de su dios tribal enfrente del santuario de Tláloc, adorado desde tiempos inmemoriales por todos los pueblos del México antiguo.

La quema de libros y el sincretismo azteca son apenas un episodio que refleja otro hecho, éste sí capital en la historia mesoamericana: la disgregación de las grandes teocracias. Sobre esto los aztecas y las otras fuentes contemporáneas nada nos dicen. Teotihuacan era un mundo tan desconocido para ellos como lo es para nosotros. Todos sus esfuerzos tendían a establecer su identidad filial con los toltecas, esto es, con aquella sociedad que es el punto de división, la ruptura entre las culturas clásicas y las históricas. Si debemos usar los textos aztecas con cierta reserva para comprender el periodo tolteca y el de Culhuacán, ¿qué decir cuando se pretende que nos sirvan de guías para estudiar el arte de las épocas anteriores? Compararé de nuevo la civilización mesoamericana con un texto cifrado del que sólo conocemos, así sea de manera incompleta y tendenciosa, la mitad de la clave. Con esa mitad podemos interpretar los signos del periodo histórico, desde Tula hasta Tenochtitlan. Aplicarla a otras épocas o a zonas distantes, como la mayatolteca (esta última plantea problemas específicos), es como ennegrecer las tinieblas. ¿Quiero decir que debemos confiar únicamente en los trabajos de la arqueología? No; el punto de vista nahua puede ser decisivo en la lectura de la mitad aún ilegible —a condición de que se le utilice como *hipótesis contradictoria.* Dentro de la unidad fluida que es la civilización mesoamericana, lo nahua expresa una ruptura: es el punto de vista *contrario* al de las épocas clásicas.[1]

ASIA Y AMÉRICA

La civilización del México antiguo no fue enteramente original: ningún especialista niega las relaciones e influencias entre las culturas de Norte, Sur y Mesoamérica. Por otra parte, el hombre americano es de origen asiático. Los primeros inmigrantes, que deben de haber llegado a Norteamérica hacia el fin del Pleistoceno, sin duda traían ya con ellos los rudimentos de una cultura. Entre esos rudimentos se encontraba, en gérmenes, una visión del mundo —algo infinitamente persistente y que, a fuerza de ser pasivo e inconsciente, resiste con mayor éxito a los cambios que las técnicas, las filosofías y las instituciones sociales. El origen asiático de los americanos explica tal vez las numerosas similitudes que se han observado entre la China preconfuciana y las civilizaciones americanas. Por ejemplo, para limitarme sólo a México, citaré unas cuantas entre las que menciona Miguel Covarrubias: la decoración abstracta que oculta casi enteramente el tema, verdadera máscara conceptual, tanto entre los mexicanos como entre los antiguos chinos; los vasos de la zona del Golfo y los de los periodos Shan y Chou; la crianza de perritos comestibles, usados también como víctimas en ciertos sacrificios funerarios. El simbolismo cosmogónico ofrece un parecido aún más notable: el dualismo (Yin y Yang entre los chinos, la divinidad dual en México), el monstruo de la tierra, la serpiente o el dragón emplumados, el calendario astrológico. En

---

[1] Un ejemplo impresionante de la coexistencia de distintos vocabularios estéticos son los relieves de Xochicalco y los murales de Cacaxtla, ambos inconfundiblemente mayas, dentro de un contexto nahua.

La Pensée cosmologique des anciens mexicains, Jacques Soustelle presenta un cuadro comparativo de las ideas de los chinos y los mexicanos sobre los mundos y trasmundos inferiores y superiores: división del espacio en cuatro regiones, cada una dotada de una significación y dueña de un color emblemático; propiedades de cada una de esas regiones; divinidades que las personifican; pisos del mundo; interrelación de las ideas de espacio y tiempo, de modo que a cada época corresponde una orientación espacial... Las diferencias son menos turbadoras que las semejanzas: diría que se trata de versiones distintas de una misma concepción. Estas analogías no significan forzosamente que haya habido influencia directa de la civilización china en América. Las creencias chinas cosmogónicas son anteriores a la reforma de Confucio, es decir, pertenecen a una época en la que el escaso adelanto del arte de la navegación prohíbe pensar en la posibilidad de relaciones marítimas entre ambos continentes. En consecuencia, es lícito inferir que los parecidos entre las creencias de los indios americanos y las de la China arcaica se explican por ser desarrollos independientes de una misma semilla. Así pues, cuando los historiadores hablan de la originalidad de los indios americanos debemos entender que afirman una originalidad relativa; lo que se quiere decir es que Mesoamérica no tuvo contactos con las altas civilizaciones de China, India y el sudeste asiático. Pero aun esta opinión debe someterse a examen más detenido.

Walter Krickeberg observa que las culturas de América aparecen bruscamente, casi sin antecedentes, como Huitzilopochtli y Palas Atenea, que nacieron ya adultos y armados de punta en blanco, uno del vientre de Coatlicue y la otra de la frente de Zeus. El profesor alemán cita como ejemplos a las que podríamos llamar las matrices de las civilizaciones americanas: la cultura olmeca entre nosotros y la del Chavín en los Andes. Por su parte, Covarrubias subraya que es igualmente repentina la aparición de la cultura del periodo Preclásico. En efecto, no se han encontrado restos de una época arcaica que hubiese preparado el florecimiento de Zacatenco y Tlatilco. Estos hiatos y saltos preocupan a los entendidos y no han faltado historiadores, extranjeros y mexicanos, que los atribuyan a un influjo exterior. Descartado el Occidente, desde los viajes de los nórdicos hasta el descubrimiento español, han vuelto los ojos hacia el Asia: los cambios súbitos son la consecuencia de la influencia de las altas civilizaciones asiáticas. Esta hipótesis tiene la ventaja, además, de explicar muchas analogías y semejanzas que nos intrigan, lo que no ocurre con la teoría de los contactos entre América y los pueblos del Pacífico.[1] Empezaré por decir que la explicación asiática, para llamarla de algún modo, no me parece tan convincente como parece a primera vista. En primer término: la idea de una evolución lineal y gradual cada día tiene menos partidarios, lo mismo en la esfera de las ciencias naturales que en las del hombre. Los genetistas piensan que la evolución no es gradual sino por mutaciones más o menos bruscas (microevolución). Lo mismo sucede en la prehistoria y en la historia: la revolución del Neolítico fue un salto y otro salto fue la irrupción de las grandes civilizaciones urbanas en Sumeria, Egipto y el valle del Indo. La lingüística y la antropología confirman que el tránsito de lo simple a lo complejo no es un hecho constante: las lenguas de los llamados primitivos no son menos complejas que las de los civilizados; algo parecido ocurre con las instituciones sociales: el sistema de intercambio matrimonial de los aborígenes de Australia es bastante más complicado que el de las sociedades modernas. Lejos de ser algo anormal o misterioso, el salto es la forma del movimiento histórico. Yo diría: la historia está hecha de saltos repentinos y bruscas caídas en la inmovilidad.

La teoría asiática presenta otro inconveniente: explica un misterio por otro más grande. Si hubo esos contactos, ¿cómo es posible que unos y otros, americanos y asiáticos, los hayan olvidado? Se dirá que la sensibilidad histórica es una adquisición relativamente moderna, patrimonio de los pueblos de Occidente. Si no hubiera sido por los historiadores griegos no sabríamos que Alejandro cruzó el Indo y llegó hasta el Pendjab: no hay una sola mención india de la expedición griega. El desdén de los indios por la historia es pasmoso: inclusive olvidaron la existencia de Ashoka, que ahora se ha vuelto una de las glorias nacionales del país. Sin los embajadores, conquistadores y viajeros griegos, chinos, persas, árabes y europeos nada sabríamos de lo que ocurrió en el subcontinente durante milenios. Pero los chinos no comparten esta indiferencia por la realidad. Parte de su literatura está compuesta por libros de historia y de viaje; son famosos los relatos de los peregrinos que, después de atravesar el Asia Central, descendieron hasta el Ganges y hasta Ceilán en busca de manuscritos budistas. Me parece increíble que el encuentro con otro mundo no

---

[1] Sobre la escasa influencia de las expediciones polinesias en América, véase Walter Krickeberg, *Las antiguas culturas mexicanas*, Fondo de Cultura Económica, México, 1964.

haya dejado ninguna huella ni en China ni en el sudeste asiático. Pasemos a otro punto.

Covarrubias advierte cierta relación entre las pirámides mexicanas, los montículos funerarios del norte de América y las pirámides egipcias. Krickeberg destaca la semejanza entre las pirámides mesoamericanas y los edificios escalonados de Angkor —sólo que, como los segundos son posteriores en varios siglos a los monumentos mexicanos, extiende su comparación hasta las estupas y los zigurats babilonios. ¿No es ir demasiado lejos? La analogía que destaca Covarrubias es engañosa. Los montículos funerarios, origen remoto de las pirámides egipcias, se encuentran en muchas otras partes del mundo, y de ahí que el parecido no indique contacto directo o indirecto entre las de Egipto y las de Mesoamérica. Por otra parte, los monumentos mexicanos son templos mientras que los egipcios son sepulturas.[1] En los primeros, el culto es al aire libre; en los segundos, la idea dominante es la del otro mundo como algo aparte y subterráneo. En realidad, las pirámides mexicanas, como los zigurats del Asia Menor, las estupas y las pagodas, son desarrollos y versiones independientes de una creencia primitiva: ver al mundo como montaña escalonada. La verdadera semejanza no reside en las formas y estructuras arquitectónicas sino en la concepción del mundo. No se trata de una influencia sino, como en el caso de las creencias cosmogónicas de chinos y americanos, de distintos desarrollos de una idea antiquísima, probablemente oriunda de Asia. En cuanto al zigurat babilonio y la estupa budista, observo lo siguiente: no está demostrado que la visión del mundo como una montaña (monte Meru), arquetipo de la estupa y del templo escalonado en India, sea de origen sumero-babilonio; tampoco hay una relación directa entre la estupa y el zigurat. Por último, la primera es un monumento redondo que contiene reliquias; la función del segundo, que es una construcción cuadrada, fue la de un santuario: templo y no tumba.

Krickeberg cita otros ejemplos pertenecientes al sudeste asiático: balaustradas de serpientes, atlantes, medias columnas como adorno de fachadas, etc. Todos ellos aparecen en India y el sudeste de Asia *después* que en Mesoamérica, según lo reconoce el mismo sabio alemán. Afirma, no obstante, que esos elementos tienen una mayor antigüedad en Asia, sólo que, por haber sido hechos de madera, han desaparecido. De nue-

---

[1] Ahora sabemos, después de descubrir la tumba del rey Pacal en el Templo de las Inscripciones (Palenque), que muchas pirámides son tumbas. Pero asimismo eran santuarios de un culto al aire libre, a diferencia de la pirámide egipcia y del zigurat mesopotámico.

vo: un misterio se explica con otro. En este caso el misterio es el de los orígenes del arte indio. La idea de que la arquitectura y la escultura india en madera son el origen del arte budista se ha puesto en boga para explicar otro salto: el de la aparición súbita de la escultura de piedra en Sanchi y Bharhut.[1] Más lógica me parece la opinión de los primeros historiadores europeos del arte indio: juzgan que Sanchi y Bharhut fueron la respuesta nativa ante el estímulo del arte persa y griego. La corte de los Maurya estaba impregnada de cosmopolitismo y en ella predominaban las influencias helenas y persas. Las primeras obras del arte indio propiamente dicho, salvo las estupas, son ligeramente posteriores a las Maurya y pueden considerarse como una reacción contra el cosmopolitismo de esta dinastía. Pero la disgregación del Imperio Maurya no preservó a la India de influencias extrañas sino que abrió de par en par las puertas a los griegos y, más tarde, a los *kushanes* helenizados. Por ejemplo, Bharhut fue terminado precisamente cuando el rey griego Meneandro, hacia 150 a.C., conquistaba la región en que se encuentra esa localidad. Entre la invasión de Alejandro en el Pendjab y las conquistas de Meneandro transcurrieron cerca de doscientos años: ¿cómo afirmar que el arte indio no debe nada al griego? Admito las semejanzas entre ciertas obras mesoamericanas e indias pero, puesto que las primeras no tienen nada de griego ni de persa, no me queda más remedio que suponer algo poco creíble: las relaciones entre India y América fueron anteriores al nacimiento de la escultura en piedra en la llanura del Ganges. Pasemos.

¿No es desconcertante que los mesoamericanos se hayan apropiado únicamente de ciertos elementos decorativos de las civilizaciones del Asia y hayan desdeñado los esenciales? En general, toda influencia exterior afecta a las técnicas y a las concepciones religiosas. Apenas es necesario recordar el punto flaco de los mesoamericanos: la existencia de una técnica relativamente primaria al lado de concepciones artísticas y religiosas de extrema complicación y refinamiento. ¿Por qué no asimilaron las técnicas asiáticas si adoptaron con tanta fortuna las formas artísticas? Resulta igualmente extraordinaria su indiferencia ante las religiones de sus visitantes. En Cambodia florecieron dos religiones que habrían servido admirablemente a los intereses de las grandes teocracias mesoamericanas: el culto del *raja lingam* y, bajo Jayarvaman VII, el budismo Mahayana.

---

[1] Sabemos por Megástenes —embajador del griego Seleuco ante el rey indio Chandragupta— que Pataliputra, capital del Imperio Maurya, estaba construida en madera. Pero no sabemos cómo eran las formas arquitectónicas y escultóricas.

Se trata, es cierto, de una época tardía. Pero si se escoge cualquier otro periodo, desde la aparición del budismo y el jainismo en el siglo VI a.c. hasta el fin del Imperio Khmer, en el siglo XIII, la objeción no pierde validez: no hay la menor huella de esas religiones en América. Algo semejante sucede con las ideas y creencias de China, trátese del confucionismo o del taoísmo.

¿Cómo explicar entonces los parecidos? No lo sé. Por esto no digo que la teoría asiática es falsa: afirmo que sus hipótesis son frágiles y sus pruebas insuficientes. Confieso, en fin, que siempre me ha maravillado precisamente lo contrario de lo que intriga a los partidarios de las relaciones con Asia: el carácter cerrado de la civilización mesoamericana, la ausencia de cambios de orientación, el movimiento circular de su evolución histórica. Los olmecas, cuyo pleno florecimiento se sitúa un poco antes de nuestra era, son un repentino y brillante comienzo. Las llamadas culturas clásicas (teocráticas) reciben esa herencia y la desarrollan, no sin interrupciones y lagunas, durante cerca de un milenio hasta el siglo IX. Durante todo este tiempo no hay saltos ni cambios notables de dirección. Hay, sí, momentos de apogeo, caídas y rupturas. Los primeros son desarrollos y variaciones, todo lo brillantes que se quiera, de una herencia común; las segundas fueron el resultado de discordias intestinas o de la irrupción de tribus bárbaras. En el Viejo Mundo, desde el Mediterráneo hasta China, hubo un continuo intercambio de bienes, usos, estilos, dioses e ideas; en el Nuevo Mundo las grandes teocracias no se enfrentaron a otras civilizaciones sino a hordas bárbaras que, luego de asolar las ciudades-Estados y los imperios, reedificaban por su cuenta la misma civilización. En América hubo cambios, algunos decisivos, pero ninguno fue comparable a los que experimentaron las civilizaciones de Asia y el Mediterráneo. Más que de mutaciones habría que hablar de variaciones y superposiciones. La gran ruptura —el fin de las teocracias y el nacimiento de Tula, que inaugura un nuevo estilo histórico— fue una transformación de primera magnitud *dentro* de la civilización mesoamericana, no el principio de *otra* civilización. Los pueblos americanos no conocieron nada que se pareciese a esa inyección de ideas, religiones y técnicas extrañas que fertilizan y cambian una civilización, tales como el budismo en China, la astrología babilonia en el Mediterráneo, la filosofía y las letras chinas en Japón, el arte griego en la India.

La civilización mesoamericana no sólo aparece más tarde que las del Viejo Mundo sino que su caminar fue más lento. O más exactamente: fue un constante recomenzar, un marchar en círculos, un levantarse, caer y levantarse para volver a empezar. Acepto que simplifico y aun que exagero. No demasiado. Entre los olmecas y los aztecas transcurren cerca de dos mil años; aunque las diferencias entre unos y otros son numerosas y decisivas, son mucho menores de las que dividen, en un lapso semejante, a la India védica de la budista y a ésta de la hindú, a la China feudal del Imperio Han y a éste de la dinastía Tang... Escojo ejemplos de civilizaciones más o menos cerradas y de trote pausado; la comparación habría sido más impresionante si hubiese citado a los pueblos del Oriente clásico y del Mediterráneo, con sus cruzamientos y cambios súbitos de ideas e instituciones. Si del tiempo pasamos al espacio, la sensación de estabilidad se transforma en la de uniformidad: por más alejadas que hayan estado las creencias mayas de las de zapotecas o teotihuacanos, todos pertenecían a una misma civilización; en cambio, indios y chinos, sumerios y egipcios, persas y griegos constituían mundos distintos y en perpetuo choque y cruce. En suma, lo que me asombra no son los saltos de Mesoamérica sino que hayan sido saltos en el mismo sitio.

El movimiento circular de la civilización mesoamericana se debe, en primer término, a limitaciones de orden físico y material (la ausencia de animales de tiro, por ejemplo); en seguida, a causas de orden social e histórico bien conocidas (la primera: la permanente presión de los bárbaros). Ninguna de estas circunstancias, sin embargo, fue tan importante como su aislamiento. Podemos discutir si ese aislamiento fue absoluto o parcial; no podemos negar que fue la razón determinante de su perpetuo marcar el paso durante siglos y siglos. El Viejo Mundo fue una pluralidad de civilizaciones; en América crecieron plantas distintas pero semejantes de una raíz única. Si ha habido civilizaciones realmente originales, ésas fueron las americanas. Y en esto radica su gloria —y su condenación: ni fecundaron ni fueron fecundadas. Sucumbieron ante los europeos no sólo por su inferioridad técnica, resultado de su aislamiento, sino por su soledad histórica: no tuvieron nunca, hasta la llegada de los españoles, la experiencia del *otro*.

La teoría asiática no me convence pero me impresiona. Si la reprueba mi razón, mi sensibilidad la acoge. Y el testimonio de los sentidos, para mí, no es menos decisivo que el del juicio. Desde hace unos años vivo en el Oriente: imposible no ver las numerosas semejanzas entre México y la India. Muchas de ellas, como algunos guisos y ciertas costumbres, nacen de similares condiciones de vida y clima; otras son importaciones posteriores al descubrimiento de América y deben atribuirse al comercio entre Oriente y las colonias americanas de España y Portugal. Lo mismo diré del aire de familia entre las artes populares: no es exclusivo de India y México, sino universal. El culto de Kali me recuerda a Coatlicue y la constante presencia de la Gran Diosa, bajo esta o aquella forma, me trae a la memoria nuestra devoción por Guadalupe-Tonantzin. Nada de esto tiene que ver con el tema de esta nota. Tampoco el parentesco entre ciertos tipos físicos: es un hecho estudiado por la etnología y que no tiene relación directa con los supuestos contactos históricos entre Asia y América, que deben de haber ocurrido muchísimo después de las emigraciones de la prehistoria.

¿Y el arte de la India? Lo primero que me asombra es su falta de parecido con el del Extremo Oriente. El área geográfica en que predomina —del valle del Indo a Ceilán, Indonesia y Cambodia— es un mundo claramente distinto al del centro y el este asiático. Es verdad que en algunos lugares hubo fusión o enlace; en Nepal, por ejemplo, el encuentro entre la India y el Extremo Oriente fue particularmente feliz, algo así como el abrazo de lo español y lo indígena en México. Pero la influencia india fue mayor en el Extremo Oriente que a la inversa. En cambio, el subcontinente indio recibió desde el principio de su historia la influencia del Asia Menor y del Mediterráneo: la ruta de las invasiones fue también la del arte. La presencia sumero-babilonia en Mohenjodaro y Harappa es palpable. Esas ciudades pueden considerarse una prolongación de las civilizaciones de Mesopotamia tanto o más que el lejano preludio de la civilización india. No menos profundas, y más duraderas y decisivas, fueron las influencias persas y griegas, especialmente las últimas. Ya sé que no está de moda pensar así. Apenas si discutiré las razones de los críticos que en los últimos años han tratado de atenuarlas. En el caso de los historiadores indios, es el fruto de un nacionalismo ingenuo y un poco *déplacé*. En los otros obedece a un prejuicio intelectual: la idea de que los estilos y las formas artísticas son la expresión de un alma nacional, una raza o una civilización. Sin negar la parte de la sensibilidad racial y la importancia de la tradición local, observo que los estilos, como las filosofías, las técnicas y las religiones, son viajeros. Y viajeros que se establecen en los países que visitan: verdaderos inmigrantes.

La influencia del arte persa, él mismo cruzado de babilonio y griego, fue palaciega; la del griego, más amplia y determinante, operó de dos maneras: como un estímulo y como un arquetipo. Ejemplo de lo primero: los relieves de Sanchi y Bharhut; y de lo segundo: el llamado arte de Ghandara. Los relieves de Sanchi y Bharhut son las primeras obras del arte indio y en ellas alcanza ya su perfección. Se dirá que nada tienen de griego; replico que fueron hechas poco después del encuentro entre ambos mundos y *frente* a los modelos griegos y greco-persas. Todos los críticos admiten que los indios no tuvieron arquitectura ni escultura en piedra sino hasta que entraron en relación con el arte de los aqueménidas y los griegos: ¿cómo iban a apropiarse de las técnicas sin dejarse penetrar por las formas artísticas? Un poco más tarde, en Mathura y en Amaravati, los artistas indios vuelven a responder al reto griego con creaciones espléndidas, aunque no sin antes haber asimilado aún más totalmente la lección de los extraños. La significación del arte de Ghandara es distinta; más que una influencia es la adaptación india de los modelos del helenismo.[1] Por lo demás, en Mathura y en Amaravati coexisten, lado a lado, el estilo que llamaríamos nacional y el grecobudista.

Las influencias griegas y persas contribuyen a explicar el nacimiento del arte indio, pero sería absurdo reducir una de las creaciones más originales y poderosas del genio humano a una simple derivación del helenismo oriental. A medida que se deja el noroeste de la India y se avanza hacia la costa oriental o hacia el centro y el sur, los arquetipos artísticos, sin cambiar nunca, se transforman insensiblemente y de una manera imponderable. Si la escultura de Mathura es ya una vigorosa réplica al arte helenístico, aunque se apropie de su naturalismo y haga suya la noción de movimiento, ¿qué decir de las estatuas de Orissa, el Decán o el extremo sur? No es que aparezcan nuevos elementos: surge otra sensibilidad. Es el mismo arte de la llanura del Ganges, sólo que más plenamente dueño de sí. El mismo mundo y otro mundo. Pero las diferencias con el arte del Extremo Oriente, lejos de atenuarse, son igualmente acusadas y netas. En

[1] Nuestras ideas sobre el arte greco-(romano)-budista se han ampliado considerablemente gracias a los estudios y trabajos de Daniel Schlumberger, director de la Misión Arqueológica Francesa en Afganistán. El descubrimiento de Surkh-Kothal y, el año pasado (1964), el de una ciudad griega a las orillas del Amu-Darya (Oxus), dan la razón a Foucher, que fue el primero en sostener el origen griego del arte de Ghandara. Esta tesis fue criticada por sir Mortimer Wheeler y otros arqueólogos ingleses, que vieron en el arte de Ghandara una mera prolongación del arte romano de la época de Augusto, transportado al valle del Indo y al actual Afganistán por la vía marítima. Los descubrimientos de Schlumberger demuestran que el estilo nació en Bactriana, bajo la dominación griega de esa región, y que desde allí se extendió hasta Mathura, en el periodo Kuchán. Véase «Descendants non-méditerranéens de l'art grec», París, 1960 (sobretiro de la revista *Syria*).

cambio, otro parecido empieza a despuntar. Muchas veces, en mis correrías por la India, al visitar sus viejos templos, las estatuas y relieves me recordaron vagamente otros, vistos en los llanos y selvas de México. Apenas los examinaba con espíritu crítico, el parecido se desvanecía. Sin embargo, algo perduraba, indefinible.

Mi sensación de extrañeza —quiero decir: sorprendida familiaridad— aumentó cuando abandoné el subcontinente y me interné en las zonas marginales de la civilización india. En Polannaruwa ciertas esculturas me *obligaron* a pensar en los mayas. En Angkor la sensación se volvió obsesionante. Allí encontré un arte que tenía un indudable parecido con el de los mayas. No pienso únicamente en la similitud de ciertos elementos —templos escalonados, serpientes, atlantes, posiciones de las estatuas— sino en la sensibilidad que modeló la piedra y en la visión que distribuyó los espacios: delirio y razón, geometría y sensualidad. El paisaje, por otra parte, contribuye a acentuar la sensación de semejanza. En Angkor, como en Palenque, la inmortalidad vegetal lucha contra la eternidad de la piedra. Al vencerla, la cambia, le da otra belleza. Bodas enigmáticas y fúnebres de la selva y la arquitectura, estatuas estranguladas por las lianas, aplastadas por las raíces enormes y, así, más hermosas, como si esas mutilaciones y cicatrices fuesen los signos de la identidad última entre las formas humanas y las naturales. Transfiguración de la piedra en dios, del dios en árbol. ¿Sólo somos naturaleza? Pensé en Pellicer y en su poema *Esquemas para una oda tropical.* El poeta mexicano afirma la primacía de otra acción sobre la ciega actividad de la naturaleza y de la historia, la vía de salida de Buda y, tal vez, de Quetzalcóatl:

... las pasiones
crecen hasta pudrirse. Sube entonces
el tiempo de los lotos y la selva
tiene ya en su poder una sonrisa.
De los tigres al boa hormiguea
la voz de la aventura espiritual.

En Angkor tuve la suerte de encontrar al señor Bernard Philip Groslier, director de los trabajos de restauración —obra maestra de la arqueología contemporánea— y reputado especialista del arte khmer. Naturalmente le confié mis impresiones y le pregunté si creía en la posibilidad de una relación entre el sudeste asiático y América. En contra de lo que me esperaba, su respuesta fue dubitativa: nada cierto se podía decir, pero las palpables analogías hacían vacilar las convicciones científicas más arraigadas. Me contó que varios americanistas, mexicanos y extranjeros, le habían hecho la misma pregunta. Le parecía dificilísimo probar la realidad de esos contactos, a pesar de que el descubrimiento de la dirección de los vientos monzónicos había hecho progresar muchísimo, desde una época remota, el arte de la navegación en esa parte del mundo. Le repuse que el comercio marítimo se hacía con el Mediterráneo y con China: si las fuentes históricas se refieren a ese intercambio ¿por qué no dicen nada de América? Asintió y me dijo que quizá habría que comenzar por un análisis comparado de los ritos y los mitos: «Por ejemplo, el de *El Volador*, estudiado en México por mi compatriota Stresser-Pean, y el de Krishna...» Este último es una de las divinidades más antiguas de la India y el sincretismo hindú lo ha convertido en un avatar de Vishnu. En todos los santuarios en que se le rinde culto figura un columpio, a veces cuna del niño dios y otras, para mayor confusión de los misioneros cristianos, mecedora propicia a los juegos eróticos del divino adolescente. La analogía señalada por el señor Groslier me hizo pensar inmediatamente en otra: Krishna es un dios negro o azul (los primeros antropólogos vieron en su color una prueba más de su origen preario); si se recuerda que Mixcóatl es también un dios azul, como Huitzilopochtli y otras divinidades celestes, no será arbitrario inferir que Krishna fue igualmente una deidad del cielo nocturno. El columpio y el juego ritual del Volador; dioses celestes, azules o negros, que descienden a la Tierra... Mi conversación con el señor Groslier, lejos de calmar mis dudas, las avivó.

Volví a perderme entre los follajes, las terrazas y las torres de Banyon. Cada punto del espacio: una gigantesca cabeza de Buda. Los bosques de columnas y árboles poco a poco se convirtieron en una selva de semejanzas. Repeticiones, juegos de espejos de los troncos y los torsos, las raíces aéreas y las balaustradas de serpientes. Juego de espejos de la memoria: todo lo que veía se parecía a Palenque y también a un cuadro de Max Ernst *(La Ville entière)*. Esa tela —una de las primeras obras que me abrieron la vía hacia el surrealismo— había suscitado en mí, con la violencia de lo visto en sueños, la imagen de una ciudad sumergida en las aguas vegetales de las selvas americanas. Años después, conversando con Ernst, le confié que su cuadro me había producido una suerte de estupor verde y ocre, semejante a la impresión que tuve al ver por primera vez las ruinas de El Tajín. Rió y me repuso: «Es un *frottage*. Traté de adivinar lo que me decían las formas que me ofrecía el azar. Es una construcción imaginaria: podría estar en Asia. O aquí». Al recordar las palabras del pintor descubrí otra coincidencia. El *frottage*, juego infantil y método surrealista, es también un procedimiento tradicional de la pintura en China y en el sudeste asiático... En el laberinto de árboles y torres que son caras de Buda, delirio de piedra entre hojas delirantes, comprobé que el verdadero realismo es imaginario. También la selva es arquitecto y escultor y sus construcciones no son menos fantásticas que las nuestras. ¿O debo decir que nuestras creaciones más extrañas, los surtidores pasionales, los chorros de vapor de la fiebre, son tan naturales como la vegetación de los trópicos y la geometría de las estepas? Bandadas de pensamientos y de nombres. Círculos, dispersión, reunión. Pellicer, Max Ernst, Angkor, Palenque: puentes suspendidos sobre los siglos y los mares que en un instante de exaltación se cruzaron en mi frente. Más allá de verdad o error —la discusión sigue abierta—, la teoría asiática nos hace ver con otros ojos las obras de los antiguos americanos. Es un puente.

Delhi, 29 de septiembre de 1965

[«Dos apostillas» se publicó en *Puertas al campo,* UNAM, México, 1966.]

Risa y penitencia

Al alba, un escalofrío recorre los objetos. Durante la noche, fundidos a la sombra, perdieron su identidad; ahora, no sin vacilaciones, la luz los recrea. Adivino ya que esa barca varada, sobre cuyo mástil cabecea un papagayo carbonizado, es el sofá y la lámpara; ese buey degollado entre sacos de arena negra, es el escritorio; dentro de unos instantes la mesa volverá a llamarse mesa... Por las rendijas de la ventana del fondo entra el sol. Viene de lejos y tiene frío. Adelanta un brazo de vidrio, roto en pedazos diminutos al tocar el muro. Afuera, el viento dispersa nubes. Las persianas metálicas chillan como pájaros de hierro. El sol da tres pasos más. Es una araña centelleante, plantada en el centro del cuarto. Descorro la cortina. El sol no tiene cuerpo y está en todas partes. Atravesó montañas y mares, caminó toda la noche, se perdió por los barrios. Ha entrado al fin y, como si su propia luz lo cegase, recorre a tientas la habitación. Busca algo. Palpa las paredes, se abre paso entre las manchas rojas y verdes del cuadro, trepa la escalinata de los libros. Los estantes se han vuelto una pajarera y cada color grita su nota. El sol sigue buscando. En el tercer estante, entre el *Diccionario etimológico de la lengua castellana* y *La garduña de Sevilla y anzuelo de bolsas*, reclinada contra la pared recién encalada, el color ocre atabacado, los ojos felinos, los párpados levemente hinchados por el sueño feliz, tocada por un gorro que acentúa la deformación de la frente y sobre el cual una línea dibuja una espiral que remata en una vírgula (ahí el viento escribió su verdadero nombre), en cada mejilla un hoyuelo y dos incisiones rituales, la cabecita ríe. El sol se detiene y la mira. Ella ríe y sostiene la mirada sin pestañear.

¿De quién o por qué se ríe la cabecita del tercer estante? Ríe con el sol. Hay una complicidad, cuya naturaleza no acierto a desentrañar, entre su risa y la luz. Con los ojos entrecerrados y la boca entreabierta, mostrando apenas la lengua, juega con el sol como la bañista con el agua. El calor solar es su elemento. ¿Ríe de los hombres? Ríe para sí y porque sí. Ignora nuestra existencia; está viva y ríe con todo lo que está vivo. Ríe para germinar y para que germine la mañana. Reír es una manera de nacer (la otra, la nuestra, es llorar). Si yo pudiese reír como ella, sin saber por qué... Hoy, un día como los otros, bajo el mismo sol de todos los días, estoy vivo y río. Mi risa resuena en el cuarto con un sonido de guijarros cayendo en un pozo. ¿La risa humana es una caída, tenemos los hombres un agujero en el alma? Me callo, avergonzado. Después, me río de mí mismo. Otra vez el sonido grotesco y convulsivo. La risa de la cabecita es distinta. El sol lo sabe y calla. Está en el secreto y no lo dice; o lo dice con palabras que no entiendo. He olvidado, si alguna vez lo supe, el lenguaje del sol.

La cabecita es un fragmento de un muñeco de barro, encontrado en un entierro secundario, con otros ídolos y cacharros rotos, en un lugar del centro de Veracruz. Tengo sobre mi mesa una colección de fotografías de esas figurillas. La mía fue como una de ellas: la cara levemente levantada hacia el sol, con expresión de gozo indecible; los brazos en gesto de danza, la mano izquierda abierta y la derecha empuñando una sonaja en forma de calabaza; al cuello y sobre el pecho, un collar de piedras gruesas; y por toda vestidura, una estrecha faja sobre los senos y un faldellín de la cintura a la rodilla, ambos adornados por una greca escalonada. La mía, quizá, tuvo otro adorno: líneas sinuosas, vírgulas y, en el centro de la falda, un mono de los llamados «araña», la cola graciosamente enroscada y el pecho abierto por el cuchillo sacerdotal.

La cabecita del tercer estante es contemporánea de otras criaturas turbadoras: deidades nariguadas, con un tocado en forma de ave que desciende; esculturas de Xipe-Tlazoltéotl, dios doble, vestido de mujer, cubierta la parte inferior del rostro con un antifaz de piel humana; figuras de mujeres muertas en el parto (cihuateteos), armadas de escudo y macana; «palmas» y hachas rituales, en jade y otras piedras duras, que representan un collar de manos cortadas, un rostro con máscara de perro o una cabeza de guerrero muerto, los ojos cerrados y en la boca la piedra verde de inmortalidad; Xochiquetzal, diosa del matrimonio, con un niño; el jaguar de la tierra, entre las fauces una cabeza humana; Ehécatl-Quetzalcóatl, señor del viento, antes de su metamorfosis en el Altiplano, dios con pico de pato... Estas obras, unas aterradoras y otras fascinantes, casi todas admirables, pertenecen a la cultura totonaca —si es que fue realmente totonaca el pueblo que, entre el siglo I y el IX de nuestra era, levantó los templos de El Tajín, fabricó por miles las figuritas rientes y esculpió «yugos», hachas y «palmas», objetos misteriosos sobre cuya función o utilidad poco se sabe pero que, por su perfección, nos iluminan con la belleza instantánea de lo evidente.

Como sus vecinos los huastecos, nación de ilusionistas y magos que, dice Sahagún, «no tenía la lujuria por pecado», los totonacas revelan una vitalidad menos tensa y más dichosa que la de los otros pueblos mesoamericanos. Quizá por esto crearon un arte equidistante de la severidad teotihuacana y de la opulencia maya. El Tajín no es, como Teotihuacan, movimiento petrificado, tiempo detenido: es geometría danzante, ondulación y ritmo. Los totonacas no son siempre sublimes pero pocas veces nos marean, como los mayas, o nos aplastan como los del Altiplano. Ricos y sobrios a un tiempo, heredaron de los olmecas la solidez y la economía, ya que no la fuerza. Aunque la línea de la escultura totonaca no tiene la concisa energía de los artistas de La Venta y Tres Zapotes, su genio es más libre e imaginativo. Mientras el escultor olmeca extrae sus obras, por decirlo así, de la piedra (o como escribe Westheim: «No crea cabezas, crea cabezas de piedra»), el totonaca transforma la materia en algo distinto, sensual o fantástico, y siempre sorprendente. Dos familias de artistas: unos se sirven de la materia, otros son sus servidores. Sensualidad y ferocidad, sentido del volumen y de la línea, gravedad y sonrisa, el arte totonaca rehúsa lo monumental porque sabe que la verdadera grandeza es equilibrio. Pero es un equilibrio en movimiento, una forma recorrida por un soplo vital, como se ve en la sucesión de líneas y ondulaciones que dan a la pirámide de El Tajín una animación que no está reñida con la solemnidad. Esas piedras están vivas y danzan.

¿El arte totonaca es una rama, la más próxima y vivaz, del tronco olmeca? No sé cómo podría contestarse a esta pregunta. ¿Quiénes fueron los olmecas, cómo se llamaban realmente, qué idioma hablaban, de dónde venían y adónde se fueron? Algunos arqueólogos han señalado presencias teotihuacanas en El Tajín. Por su parte, Medellín Zenil piensa, y sus razones son buenas, que también hubo influencias totonacas en Teotihuacan. ¿Y quiénes fueron, cómo se llamaban, de dónde venían, etc., los constructores de Teotihuacan? Jiménez Moreno aventura que tal vez fue obra de grupos nahua-totonacas... Olmecas, totonacas, popoloca-mazatecos, toltecas: nombres. Los nombres van y vienen, aparecen y desaparecen. Quedan las obras. Entre los escombros de los templos demolidos por el chichimeca o por el español, sobre el montón de libros y de hipótesis, la cabecita ríe. Su risa es contagiosa. Ríen los cristales de la ventana, la cortina, el *Diccionario etimológico,* el clásico olvidado y la revista de vanguardia; todos los objetos se ríen del hombre inclinado sobre el papel, buscando el secreto de la risa en unas fichas. El secreto está afuera. En Veracruz, en la noche rojiza y verde de El Tajín, en el sol que sube cada mañana la escalera del templo. Regresa a esa tierra y aprende a reír. Mira otra vez los siete chorros de sangre, las siete serpientes que brotan del tronco del decapitado. Siete: el número de la sangre en el relieve del Juego de Pelota en Chichén-Itzá; siete: el número de semillas en la sonaja de fertilidad; siete: el secreto de la risa.

La actitud y la expresión de las figurillas evocan la imagen de un rito. Los ornamentos del tocado, subraya Medellín Zenil, corroboran esta primera impresión: las vírgulas son estilizaciones del mono, doble o nahual de Xochipilli; los dibujos geométricos son variaciones del signo *nahui ollín,* sol del movimiento; la Serpiente Emplumada, es casi innecesario decirlo, designa a Quetzalcóatl; la greca escalonada alude a la serpiente, símbolo de fertilidad... Criaturas danzantes que parecen celebrar al sol y a la vegetación naciente, embriagadas por una dicha que se expresa en todas las gamas del júbilo, ¿cómo no asociarlas con la divinidad que más tarde, en el Altiplano, se llamó Xochipilli *(1 Flor)* y Macuilxóchitl *(5 Flor)*? No creo, sin embargo, que se trate de representaciones del dios. Probablemente son figuras de su séquito o personajes que, de una manera u otra, participan en su culto. Tampoco me parece que sean retratos, como se ha insinuado, aunque podrían inclinarnos a aceptar esta hipótesis la individualidad de los rasgos faciales y la rica variedad de las expresiones risueñas, a mi juicio sin paralelo en la historia entera de las artes plásticas. Pero el retrato es un género profano, que aparece tarde en la historia de las civilizaciones. Los muñecos totonacas, como los santos, demonios, ángeles y otras representaciones de lo que llamamos, con inexactitud, «arte popular», son figuras asociadas con alguna festividad. Su función en el culto solar, al cual indudablemente pertenecen, oscila tal vez entre la religión propiamente dicha y la magia. Procuraré justificar mi suposición más adelante. Por lo pronto diré que su risa, contra el fondo de los ritos de Xochipilli, posee una resonancia ambivalente.

El oficio que desempeña entre nosotros la causalidad lo ejercía entre los mesoamericanos la analogía. La causalidad es abierta, sucesiva y prácticamente infinita: una causa produce un efecto que a su vez engendra otro... La analogía o correspondencia es cerrada y cíclica: los fenómenos giran y se repiten como en un juego de espejos. Cada imagen cambia, se funde a su contraria, se desprende, forma otra imagen, se une de nuevo a otra y, al fin, vuelve al punto de partida. El ritmo es el agente del cambio. Las expresiones privilegiadas del cambio son, como en la poesía, la metamorfosis; como en el rito, la máscara. Los dioses son metáforas del ritmo cósmico; a cada fecha, a cada compás de la danza temporal, corresponde una máscara. Nombres: fechas: máscaras: imágenes. Xochipilli (su nombre en el calendario es *1 Flor*), numen del canto y de la danza, que empuña un bastón con un corazón atravesado, sentado sobre una manta decorada por los cuatro puntos cardinales, sol niño, es también, sin dejar de ser él mismo, Cintéotl, la deidad del maíz naciente. Como si se tratase de la rima de un poema, esta imagen convoca a la de Xipe Tótec, dios del maíz pero asimismo del oro, dios solar y genésico («nuestro señor el desollado» y «el que tiene el miembro viril»). Divinidad que encarna el principio masculino, Xipe se funde con Tlazoltéol, señora de las cosechas y del parto, de la confesión y de los baños de vapor, abuela de dioses, madre de Cintéotl. Entre este último y Xilomen, diosa joven del maíz, hay una estrecha relación. Ambos están aliados a Xochiquetzal, arrebatada por Tezcatlipoca al mancebo Piltzintecuhtli —que no es otro que Xochipilli. El círculo se cierra. Es muy posible que el panteón del pueblo de El Tajín, en la gran época, haya sido menos complicado que lo que deja entrever esta apresurada enumeración. No importa: el principio que regía a las transformaciones divinas era el mismo.

Nada menos arbitrario que esta alucinante sucesión de divinidades. Las metamorfosis de Xochipilli son las del sol. También son las del agua, o las de la planta del maíz en las distintas fases de su crecimiento y, en suma, las de todos los elementos, que se entrelazan y separan en una suerte de danza circular. Universo de gemelos antagonistas, gobernado por una lógica rigurosa, precisa y coherente como la alternancia de versos y estrofas en el poema. Sólo que aquí los ritmos y las rimas son la naturaleza y la sociedad, la agricultura y la guerra, el sustento cósmico y la alimentación de los hombres. Y el único tema de este inmenso poema es la muerte y la resurrección del tiempo cósmico. La historia de los hombres se resuelve en la del mito y el signo que orienta sus vidas es el mismo que dirige a la totalidad: *nahui ollín*, el movimiento. Poesía en acción, su metáfora final es el sacrificio real de los hombres.

La risa de las figurillas empieza a revelarnos toda su insensata sabiduría (uso con reflexión estas dos palabras) apenas se recuerdan algunas de las ceremonias en que interviene Xochipilli. En primer término, la decapitación. Sin duda se trata de un rito solar. Aparece ya en la época olmeca, en una estela de Tres Zapotes. Por lo demás, la imagen del sol como una cabeza separada de su tronco se presenta espontáneamente a todos los espíritus. (¿Sabía Apollinaire que repetía una vieja metáfora al terminar un célebre poema con la frase: *Soleil cou coupé*?) Algunos ejemplos: el *Códice Nutall* muestra a Xochiquetzal degollada en el Juego de Pelota, y en la fiesta consagrada a Xilomen se decapitaba a una mujer, encarnación de la diosa, precisamente en el altar de Cintéotl. La decapitación no era el único rito. Diosa lunar, arquera y cazadora como Diana, aunque menos casta, Tlazoltéotl era la patrona del sacrificio por flechamiento. Sabemos que este rito era originario de la costa, precisamente de la región huasteca y totonaca. Parece inútil, por último, detenerse en los sacrificios asociados a Xipe el Desollado;[1] vale la pena, en cambio, señalar que esta clase de sacrificios formaba parte también del culto a Xochipilli: el *Códice Magliabecchi* representa al dios de la danza y la alegría revestido de un pellejo de mono. Así pues, no es descabellado suponer que las figurillas ríen y agitan sus sonajas mágicas en el momento del sacrificio. Su alegría sobrehumana celebra la unión de las dos vertientes de la existencia, como el chorro de sangre del decapitado se convierte en siete serpientes.

El Juego de Pelota era escenario de un rito que culminaba en un sacrificio por decapitación. Pero se corre el riesgo de no comprender su sentido si se olvida que este rito era efectivamente un juego. En todo rito hay un elemento lúdico. Inclusive podría decirse que el juego es la raíz del rito. La razón está a la vista: la creación es un juego; quiero decir: lo contrario del trabajo. Los dioses son, por esencia, jugadores. Al jugar, crean. Lo que distingue a los dioses de los hombres es que ellos juegan y nosotros trabajamos. El mundo es el juego cruel de los dioses y nosotros somos sus juguetes. En todas las mitologías el mundo es una creación: un acto gratuito. Los hombres no son necesarios; no se sostienen por sí mismos sino por una voluntad ajena: son una creación, un juego. El rito destinado a preservar la continuidad del mundo y de los hombres es una imitación del juego divino, una representación del acto creador original. La frontera entre lo profano y lo sagrado coincide con la línea que separa al rito del trabajo, a la risa de la seriedad, a la creación de la tarea productiva. En su

---

[1] En los sacrificios asociados a Xipe Tótec «mataban y desollaban muchos esclavos y cautivos... y vestían sus pellejos». (Fray Bernardino de Sahagún, *Historia de las cosas de la Nueva España*, libro II.)

origen todos los juegos fueron ritos y hoy mismo obedecen a un ceremonial; el trabajo rompe todos los rituales: durante la faena no hay tiempo ni espacio para el juego. En el rito reina la paradoja del juego: los últimos serán los primeros, los dioses sacan al mundo de la nada, la vida se gana con la muerte; en la esfera del trabajo no hay paradojas: ganarás el pan con el sudor de tu frente, cada hombre es hijo de sus obras. Hay una relación inexorable entre el esfuerzo y su fruto: el trabajo, para ser costeable, debe ser productivo; la utilidad del rito consiste en ser un inmenso desperdicio de vida y tiempo para asegurar la continuidad cósmica. El rito asume todos los riesgos del juego y sus ganancias, como sus pérdidas, son incalculables. El sacrificio se inserta con naturalidad en la lógica del juego; por eso es el centro y la consumación de la ceremonia: no hay juego sin pérdida ni rito sin ofrenda o víctima. Los dioses se sacrifican al crear el mundo porque toda creación es un juego.

La relación entre la risa y el sacrificio es tan antigua como el rito mismo. La violencia sangrante de bacanales y saturnales se acompañaba casi siempre de gritos y grandes risotadas. La risa sacude al universo, lo pone fuera de sí, revela sus entrañas. La risa terrible es manifestación divina. Como el sacrificio, la risa niega al trabajo. Y no sólo porque es una interrupción de la tarea sino porque pone en tela de juicio su seriedad. La risa es una suspensión y, en ocasiones, una pérdida del juicio. Así retira toda significación al trabajo y, en consecuencia, al mundo. En efecto, el trabajo es lo que da sentido a la naturaleza; transforma su indiferencia o su hostilidad en fruto, la vuelve productiva. El trabajo humaniza al mundo y esta humanización es lo que le confiere sentido. La risa devuelve el universo a su indiferencia y extrañeza originales: si alguna significación tiene, es divina y no humana. Por la risa el mundo vuelve a ser un lugar de juego, un recinto sagrado, y no de trabajo. El nihilismo de la risa sirve a los dioses. Su función no es distinta a la del sacrificio: restablecer la divinidad de la naturaleza, su inhumanidad radical. El mundo no está hecho para el hombre; el mundo y el hombre están hechos para los dioses. El trabajo es serio; la muerte y la risa le arrebatan su máscara de gravedad. Por la muerte y la risa, el mundo y los hombres vuelven a ser juguetes.

Entre hombres y dioses hay una distancia infinita. Una y otra vez, por los medios del rito y el sacrificio, el hombre accede a la esfera divina —pero sólo para caer, al cabo de un instante, en su contingencia original. Los hombres pueden parecerse a los dioses; ellos nunca se parecen a nosotros. Ajeno y extraño, el dios es la *otredad*. Aparece entre los hombres como un *misterio* tremendo, para emplear la conocida expresión de Otto. Encarnaciones de un más allá inaccesible, las representaciones de los dioses son terribles. En otra parte, sin embargo, he tratado de distinguir entre el carácter aterrador del numen y la experiencia, acaso más profunda, del horror sagrado.[1] Lo tremendo y lo terrible son atributos del poder divino, de su autoridad y soberanía. Pero el núcleo de la divinidad es su misterio, su *otredad* radical. Ahora bien, la *otredad* propiamente dicha no produce temor sino fascinación. Es una experiencia repulsiva o, más exactamente, revulsiva: consiste en un abrir las entrañas del cosmos, mostrar que los órganos de la gestación son también los de la destrucción y que, desde cierto punto de vista (el de la divinidad), vida y muerte son lo mismo. El horror es una experiencia que equivale, en el reino de los sentimientos, a la paradoja y a la antinomia en el del espíritu: el dios es una presencia total que es una ausencia sin fondo. En la presencia divina se manifiestan todas las presencias y por ella todo está presente; al mismo tiempo, como si se tratase de un juego, todo está vacío. La *aparición* muestra el anverso y el reverso del ser. Coatlicue es lo demasiado lleno y colmado de todos los atributos de la existencia, presencia en la que se concentra la totalidad del universo; y esta plétora de símbolos, significaciones y signos es también un abismo, la gran boca maternal del vacío. Despojar a los dioses mexicanos de su carácter terrible y horrible, como lo intenta a veces nuestra crítica de arte, equivale a amputarlos doblemente: como creaciones del genio religioso y como obras de arte. Toda divinidad es tremenda, todo dios es fuente de horror. Y los dioses de los antiguos mexicanos poseen una carga de energía sagrada que no merece otro calificativo que el de fulminante. Por eso nos fascinan.

Presencia tremenda, el dios es inaccesible; misterio fascinante, es incognoscible. Ambos atributos se funden en la impasibilidad. (La *pasión* pertenece a los dioses que se humanizan, como Cristo.) Los dioses están más allá de la seriedad del trabajo y por eso su actividad es el juego; pero es un juego impasible. Cierto, los dioses griegos del periodo arcaico sonríen; esa sonrisa es la expresión de su indiferencia. Están en el secreto, saben que el mundo, los hombres y ellos mismos nada son, excepto figuras del Hado; para los dioses griegos *bien* y *mal*, *muerte* y *vida*, son palabras. La sonrisa es el signo de su impasibilidad, la señal de su infinita distancia

[1] *El arco y la lira*, México, 1956; incluido en volumen I, *La casa de la presencia*, de estas *OC*.

de los hombres. Sonríen: nada los altera. No sabemos si los dioses de México ríen o sonríen: están cubiertos por una máscara. La función de la máscara es doble; como un abanico, esconde y revela a la divinidad. Mejor dicho: oculta su esencia y manifiesta sus atributos terribles. De ambas maneras interpone entre los hombres y la deidad una distancia infranqueable. En el juego de las divinidades impasibles, ¿qué lugar tiene la risa? Las figurillas totonacas ríen a plena luz y con la cara descubierta. No encontramos en ellas ninguno de los atributos divinos. No son un misterio tremendo ni una voluntad todopoderosa las anima; tampoco poseen la ambigua fascinación del horror sobrenatural. Viven en la atmósfera divina pero no son dioses. No se parecen a las deidades que sirven, aunque una misma mano las haya modelado. Asisten a sus sacrificios y participan en sus ceremonias como supervivientes de otra edad. Pero si no se parecen a los dioses, tienen un evidente aire de familia con las estatuillas femeninas del periodo preclásico del centro de México y de otros lugares. No quiero decir que sean sus descendientes sino, apenas, que viven en el mismo ámbito psíquico, como las innumerables representaciones de la fecundidad en el área mediterránea y, asimismo, como tantos objetos del «arte popular». Esa mezcla de realismo y mito, de humor y sensualidad inocente, explica también la variedad de las expresiones y de los rasgos faciales. Aunque no son retratos, denotan una observación muy viva y aguda de la movilidad del rostro, una *familiaridad* ausente casi siempre en el arte religioso. ¿No encontramos el mismo espíritu en muchas de las creaciones de nuestros artesanos contemporáneos? Las figurillas pertenecen, espiritualmente, a una época anterior a las grandes religiones rituales —antes de la sonrisa indiferente y de la máscara aterradora, antes de la separación de dioses y hombres. Vienen del mundo de la magia, regido por la creencia en la comunicación y transformación de los seres y las cosas.[1]

Talismanes, amuletos de la metamorfosis, las terracotas rientes nos dicen que todo está animado y que todos son todo. Una sola energía anima la creación. Mientras la magia afirma la fraternidad de todas las cosas y criaturas, las religiones separan al mundo en dos porciones: los creadores y su creación. En el mundo mágico la comunicación y, en consecuencia, la metamorfosis, se logra por procedimientos como la imitación

---

[1] No quiero decir que, literalmente, la magia sea anterior a la religión, como creía Frazer. En toda religión hay elementos mágicos y viceversa. Ahora bien, la actitud mágica, desde el punto de vista psicológico, es el sustento de la religiosa y, en ese sentido, es anterior a esta última.

y el contagio. No es difícil descubrir en las figurillas totonacas un eco de estas recetas mágicas. Su risa es comunicativa y contagiosa; es una invitación a la *animación general*, un llamado tendiente a restablecer la circulación del soplo vital. La sonaja encierra semillas que, al chocar unas contra otras, imitan los ruidos de la lluvia y la tormenta. La analogía con los «tlaloques» y sus vasijas salta a los ojos: no sería improbable que existiese una relación más precisa entre las estatuillas y Tláloc, una de las divinidades más antiguas de Mesoamérica. Y hay más: «El número siete —dice Alfonso Caso— significa semillas». Era un número fasto. Aquí me parece que evoca la idea de fertilidad y abundancia. Entre la seriedad contraída del trabajo y la impasibilidad divina, las figuritas nos revelan un reino más antiguo: la risa mágica.

La risa es anterior a los dioses. A veces los dioses ríen. Burla, amenaza o delirio, su risa estentórea nos aterra: pone en movimiento a la creación o la desgarra. En otras ocasiones, su risa es eco o nostalgia de la unidad perdida, es decir, del mundo mágico. Para tentar a la diosa-sol, escondida en una cueva, la diosa Uzumé «descubrió sus pechos, se alzó las faldas y danzó. Los dioses empezaron a reír y su risa hizo temblar los pilares del cielo». La danza de la diosa japonesa obliga al sol a salir. En el principio fue la risa; el mundo comienza con un baile indecente y una carcajada. La risa cósmica es una risa pueril. Hoy sólo los niños ríen con una risa que recuerda a la de las figuritas totonacas. Risa del primer día, risa salvaje y cerca todavía del primer llanto: acuerdo con el mundo, diálogo sin palabras, placer. Basta alargar la mano para coger el fruto, basta reír para que el universo ría. Restauración de la unidad entre el mundo y el hombre, la risa pueril anuncia también su definitiva separación. Los niños juegan a mirarse frente a frente: aquel que ría primero, pierde el juego. La risa se paga. Ha dejado de ser contagiosa. El mundo se ha vuelto sordo y de ahora en adelante sólo se conquista con el esfuerzo o con el sacrificio, con el trabajo o con el rito.

A medida que se amplía la esfera del trabajo, se reduce la de la risa. Hacerse hombre es aprender a trabajar, volverse serio y formal. Pero el trabajo, al humanizar a la naturaleza, deshumaniza al hombre. El trabajo literalmente desaloja al hombre de su humanidad. Y no sólo porque convierte al trabajador en asalariado sino porque confunde su vida con su oficio. Lo vuelve inseparable de su herramienta, lo marca con el hierro de su utensilio. Y todas las herramientas son serias. El trabajo devora al ser del hombre: inmoviliza su rostro, le impide llorar o reír. Cierto, el hombre es hombre gracias al trabajo; hay que añadir que sólo logra serlo plenamente cuando se libera de la faena o la transmuta en el juego creador. Hasta la época moderna, que ha hecho del trabajo una suerte de religión sin ritos pero con sacrificios, la vida superior era la contemplativa; y hoy mismo la rebelión del arte (tal vez ilusoria y, en todo caso, aleatoria) consiste en su gratuidad, eco del juego ritual. El trabajo consuma la victoria del hombre sobre la naturaleza y los dioses; al mismo tiempo, lo desarraiga de su suelo nativo, seca la fuente de su humanidad. La palabra placer no figura en el vocabulario del trabajo. Y el placer es una de las claves del hombre: nostalgia de la unidad original y anuncio de reconciliación con el mundo y con nosotros mismos.

Si el trabajo exige la abolición de la risa, el rito la congela en rictus. Los dioses juegan y crean el mundo; al repetir ese juego, los hombres danzan y lloran, ríen y derraman sangre. El rito es un juego que reclama víctimas. No es extraño que la palabra *danza*, entre los aztecas, significase también penitencia. Regocijo que es penitencia, fiesta que es pena, la ambivalencia del rito culmina en el sacrificio. Una alegría sobrehumana ilumina el rostro de la víctima. La expresión arrobada de los mártires de todas las religiones no cesa de sorprenderme. En vano los psicólogos nos ofrecen sus ingeniosas explicaciones, valederas hasta que surge una nueva hipótesis: algo queda por decir.[1] Algo indecible. Esa alegría extática es insondable como el gesto del placer erótico. Al contrario de la risa contagiosa de las figurillas totonacas, la víctima provoca nuestro horror y nuestra fascinación. Es un espectáculo intolerable y del que, no obstante, no podemos apartar los ojos. Nos atrae y repele y de ambas maneras crea entre ella y nosotros una distancia infranqueable. Y sin embargo, ese rostro que se contrae y distiende hasta inmovilizarse en un gesto que es simultáneamente penitencia y regocijo, ¿no es el jeroglífico de la unidad original, en la que todo era uno y lo mismo? Ese gesto no es la negación sino el reverso de la risa.

«La alegría es una», dice Baudelaire; en cambio, «la risa es doble o contradictoria; por eso es convulsiva».[2] Y en otro pasaje del mismo ensayo: «En el paraíso terrenal (pasado o por venir, recuerdo o profecía, según lo imaginemos como teólogos o como socialistas)... la alegría *no* está en

---

[1] Una hipótesis reciente atribuye la expresión de dicha extática de muchas de las figurillas a los efectos de una droga ingerida antes del sacrificio.

[2] *Curiosités esthétiques: de l'essence du rire et généralement du comique dans les arts plastiques* (1855).

la risa». Si la alegría es una, ¿cómo podría estar excluida la risa del paraíso? La respuesta la encuentro en estas líneas: la risa es satánica y «está asociada al accidente de la antigua caída... la risa y el dolor se expresan por los órganos donde residen el gobierno y la ciencia del bien y del mal: los ojos y la boca». Entonces, ¿en el paraíso nadie ríe porque nadie sufre? ¿Será la alegría un estado neutro, beatitud hecha de indiferencia, y no ese grado supremo de felicidad que sólo alcanzan los bienaventurados y los inocentes? No. Baudelaire dice que la alegría paradisiaca no es humana y que trasciende las categorías de nuestro entendimiento. A diferencia de esta alegría, la risa no es divina ni santa: es un atributo humano y por eso reside en los órganos que, desde el principio, han sido considerados como el asiento del libre albedrío: los ojos, espejos de la visión y origen del conocimiento, y la boca, servidora de la palabra y del juicio. La risa es una de las manifestaciones de la libertad humana, a igual distancia de la impasibilidad divina y de la irremediable gravedad de los animales. Y es satánica porque es una de las marcas de la ruptura del pacto entre Dios y la criatura.

La risa de Baudelaire es inseparable de la tristeza. No es la risa pueril sino lo que él mismo llama «lo cómico». Es la risa moderna, la risa humana por excelencia. Es la que oímos todos los días como desafío o resignación, engreída o desesperada. Esta risa es también la que ha dado al arte occidental, desde hace varios siglos, algunas de sus obras más temerarias e impresionantes. Es la caricatura y, asimismo, es Goya y Daumier, Brueghel y Bosch, Picabia y Picasso, Marcel Duchamp y Max Ernst... Entre nosotros es José Guadalupe Posada y, a veces, el mejor Orozco y el Tamayo más directo y feroz. La antigua risa, revelación de la unidad cósmica, es un secreto perdido para nosotros. Entrevemos lo que pudo haber sido al contemplar nuestras figurillas, la risa fálica de ciertas esculturas negras y tantos otros objetos insólitos, arcaicos o remotos, que apenas empezaban a penetrar en la conciencia occidental cuando Baudelaire escribía sus reflexiones. Por esas obras adivinamos que la alegría efectivamente era una y que abrazaba muchas cosas que después parecieron grotescas, brutales o diabólicas: la danza obscena de Uzumé («baile de mono», dicen los japoneses), el alarido de la ménade, el canto fúnebre del pigmeo, el príapo al lado del romano... Alegría es unidad que no excluye ningún elemento. La conciencia cristiana expulsa a la risa del paraíso y la transforma en atributo satánico. Desde entonces es signo del mundo subterráneo y de sus poderes. Hace apenas unos cuantos siglos ocupó un lugar cardinal en los procesos de hechicería, como síntoma de posesión demoniaca; confiscada hoy por la ciencia, es histeria, desarreglo psíquico, anomalía. Y sin embargo, enfermedad o marca del diablo, la antigua risa no pierde su poder. Su contagio es irresistible y por eso hay que aislar a los «enfermos de risa loca».

La risa une; lo «cómico» acentúa nuestra separación. Nos reímos de los otros o de nosotros mismos y en ambos casos, señala Baudelaire, afirmamos que somos diferentes de aquello que provoca nuestra risa. Expresión de nuestra distancia del mundo y de los hombres, la risa moderna es sobre todo la cifra de nuestra dualidad: si nos reímos de nosotros mismos es porque somos dos. Nuestra risa es negativa. No podía ser de otro modo, puesto que es una manifestación de la conciencia moderna, la conciencia escindida. Si afirma esto, niega aquello, no asiente (eres como yo), disiente (eres diferente). En sus formas más directas, sátira, burla o caricatura, es polémica: acusa, pone el dedo en la llaga; alimento de la poesía más alta, es risa roída por la reflexión: ironía romántica, humor negro, blasfemia, epopeya grotesca (de Cervantes a Joyce); pensamiento, es la única filosofía crítica porque es la única que de verdad disuelve los valores. El saber de la conciencia moderna es un saber de separación. El método del pensamiento crítico es negativo: tiende a distinguir una cosa de la otra; para lograrlo, debe mostrar que esto *no* es aquello. A medida que la meditación se hace más amplia, crece la negación: el pensamiento pone en tela de juicio a la realidad, al conocimiento, a la verdad. Vuelto sobre sí mismo, se interroga y pone a la conciencia en entredicho. Hay un instante en que la reflexión, al reflejarse en la pureza de la conciencia, se niega. Nacida de una negación de lo absoluto, termina en una negación absoluta. La risa acompaña a la conciencia en todas sus aventuras: si el pensamiento se piensa, ella se ríe de la risa; si piensa lo impensable, ella se muere de risa. Refutación del universo por la risa.

La risa es el más allá de la filosofía. El mundo empezó con una carcajada y termina con otra. Pero la risa de los dioses japoneses, en el seno de la creación, no es la misma del solitario Nietzsche, libre ya de la naturaleza, «espíritu que juega inocentemente, es decir, sin intención, por exceso de fuerza y fecundidad, con todo lo que hasta ahora se ha llamado lo santo, lo bueno, lo intangible y lo divino...» (*Ecce homo*). La inocencia no consiste en la ignorancia de los valores y de los fines sino en saber que los valores no existen y que el universo se mueve sin intención ni propósito. La inocencia que busca Nietzsche es la conciencia del nihilismo. Ante la vertiginosa visión del vacío, espectáculo realmente único, la risa es también la única respuesta. Al llegar a este punto extremo (más allá sólo hay: nada), el pensamiento occidental se examina a sí mismo, antes de disolverse en su propia transparencia. No se juzga ni condena: ríe. La risa es una proposición de esa *ateología* de la totalidad que desvelaba a Georges Bataille. Proposición que, por su naturaleza misma, no es fundamental sino irrisoria: no funda nada porque es insondable y todo cae en ella sin tocar nunca el fondo. «¿Quién reirá hasta morir?», se pregunta Bataille. Todos y ninguno. La antigua receta racional y estoica era reírse de la muerte. Pero si, al reír, morimos: ¿somos nosotros o es la muerte la que se ríe?

El sol no se va. Sigue en la pieza, terco. ¿Qué hora es? Una cifra más o una menos adelanta o retrasa mi hora, la de mi pérdida definitiva. Porque estoy perdido en el tiempo infinito, que no tuvo comienzo ni tendrá fin. El sol vive en otro tiempo, es otro tiempo, finito e inmortal (finito: se acaba, se gasta; inmortal: nace, renace con la risa pueril y el chorro de sangre). Sol degollado, sol desollado, sol en carne viva, sol niño y viejo, sol que está en el secreto de la verdadera risa, la de la cabecita del tercer estante. Para reír así, después de mil años, hay que estar absolutamente vivo o totalmente muerto. ¿Sólo las calaveras ríen perpetuamente? No: la cabecita está viva y ríe. Sólo los vivos ríen así. La miro de nuevo: sobre su tocado una línea dibuja una espiral que remata en una vírgula. Ahí el viento escribió su verdadero nombre: me llamo liana enroscada en los árboles, mono que cuelga sobre el abismo verdinegro; me llamo hacha para hendir el pecho del cielo, columna de humo que abre el corazón de la nube; me llamo caracol marino y laberinto del viento, torbellino y cruce de caminos; me llamo nudo de serpientes, haz de siglos, reunión y dispersión de los cuatro colores y de las cuatro edades; me llamo noche e ilumino como el pedernal; me llamo día y arranco los ojos como el águila; me llamo jaguar y me llamo mazorca. Cada máscara, un nombre; cada nombre, una fecha. Me llamo tiempo y agito una sonaja de barro con siete semillas adentro.

París, 4 de febrero de 1962

[«Risa y penitencia» es el prólogo a *Magia de la risa*, textos de OP y Alfonso Medellín Zenil, fotografías de Francisco Beverido, Universidad Veracruzana, Xalapa, 1962 (Colección de Arte de la UV). Se publicó en *Puertas al campo*, UNAM, México, 1966.]

Reflexiones de un intruso
POST-SCRIPTUM

Desde mi adolescencia me fascinó la civilización del antiguo México. Fascinación en todos los sentidos de la palabra: atracción, repulsión, hechizo. Varias veces, no sin temor, me he atrevido a escribir sobre ese mundo y sus obras; o más exactamente: sobre ese mundo de obras, casi siempre enigmáticas y con frecuencia admirables. Naturalmente, mis reflexiones sobre el arte de Mesoamérica han sido notas al margen, reflexiones individuales de un escritor, no juicios de un especialista. Sin embargo, en esos escritos procuré siempre atenerme a las pautas de los historiadores modernos, incluso cuando sus clasificaciones y nomenclaturas me parecían demasiado generales o vagas, confusas. Por ejemplo, llamar *Clásico* al periodo del apogeo de la civilización mesoamericana, entre el siglo IV y el X, implica cierto desdén por las distintas acepciones que ha tenido y tiene el término en la historia de las artes. Acepto que el estilo de Teotihuacan, forzando un poco el sentido del vocablo, pudiera llamarse *clásico*, pero ¿su contemporáneo, el arte maya, lujurioso y delirante? Lo mismo digo de la expresión «cultura de Occidente» para designar a la de los pueblos más bien rústicos del oeste de México. No sólo las palabras sino los conceptos han provocado mis dudas. Nunca creí que fuesen realmente *teocracias* los regímenes imperantes en las sociedades del llamado periodo Clásico. Aún menos que esas «teocracias» fuesen pacíficas. En esto último seguí la opinión de algunos historiadores mexicanos —Caso, Toscano, Westheim— que no compartían, sobre todo después del descubrimiento de los frescos de Bonampak, en 1946, las ideas de Thompson, Morley y otros sobre el carácter pacífico de las «teocracias» mayas. Otro tanto debe decirse de Teotihuacan, ciudad imperialista como la llama Ignacio Bernal en un luminoso ensayo sobre este tema.[1]

[1] «Teotihuacan», *Plural*, núms. 21, 22 y 23, México, junio, julio y agosto de 1973.

Cruz atrial del convento de San Agustín de Acolman, 1560.

Fachada del convento de San Agustín de Acolman, 1560.

Altar de la iglesia del ex convento de Tepotzotlán, 1755.

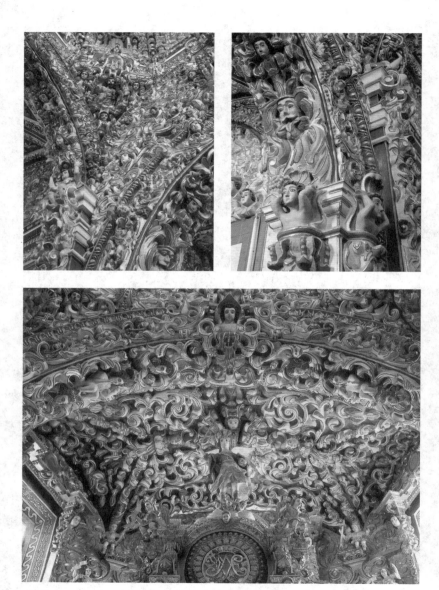

Ángeles de la iglesia de Santa María Tonantzintla, siglo XVII.

Miguel Cabrera, serie sobre el mestizaje (1763). *De español e india, mestisa;*
De español y mestisa, castisa; De español y albina, torna atrás;
De español y torna atrás, tente en el ayre.

V. R.^{ta} de Sor Ana María de S.ⁿ Fran.^{co} y Neve, Colegiala q̃ fue d.^l R.^l Colegio de Sta Rofa de Viterbo dela Ciud.^d d.Queretaro y actual Novicia en el Conv.^{to} dela Puriſſima Concepcion dela Ciudad de Mex.^{co} tomó el habito de bendicion en dho Conv.^{to} a los 2 de Septiembre de 1759 y Años...

Anónimo, *Retrato de Sor Ana María de San Francisco y Neve*, 1750-1768.

La Señora Dª Juana María Romero Nació el dia 23. de Junio del año de 1760. se desposó con el Sr D. José Manuel Garcia
Aurioles de León el dia 28 de Oct. de 776 se Retrató en Mexico a 1. de Novbi de 94   haviendo tenido 9 partos y 3 malos partos siendo el vltimo en Mexico el año de 93.
del que se vido muy arriesgada.

Ignacio María Barrera, *Retrato de doña Juana María de Romero*, 1794.

Manuel Tolsá, *Estatua ecuestre de Carlos IV*, 1795.

Mis ensayos y notas fueron escritos, el primero, hace más de veinte años, y el último, en 1977. Desde entonces, paulatinamente, los estudios en epigrafía e iconografía mayas han modificado nuestra visión de ese mundo. Aunque en las zonas del centro, Veracruz y Oaxaca los cambios no han sido tan radicales, es imposible pasar por alto las investigaciones de Dillon y Sanders en Teotihuacan, Matos en el Templo Mayor de México y, en Tula, las de Nigel Davies. Este último es autor de ensayos penetrantes sobre el fin de la sociedad tolteca y acerca de las ideas que tenía ese pueblo de su propio pasado, curiosa combinación de mito e historia, tiempo circular y tiempo lineal. Entre todos estos trabajos —y otros más que no menciono en aras de la brevedad— los de la zona maya han sido, como ya dije, los de mayor alcance. Este deslumbrante conjunto de hallazgos ha culminado en la reciente y extraordinaria exposición de arte dinástico y ritual maya organizada por Linda Schele y Mary Ellen Miller en Fort Worth, bajo los auspicios del Museo Kimball. Las señoras Schele y Miller son también autoras de *The Blood of Kings. Dinasty and Ritual in Maya Art* (1986), obra notable tanto por su texto como por las ilustraciones y dibujos que lo acompañan.

El asombroso desciframiento de la escritura maya, una tarea que todavía no termina, nos hace ver con ojos nuevos más de mil años de la historia de ese pueblo. La primera y más notable sorpresa: los mayas no estaban dedicados únicamente a estudiar en el cielo los movimientos de los astros y los planetas, como se pensaba hace quince años todavía, sino que sus inscripciones y relieves relatan las historias del ascenso, las batallas, las victorias, las ceremonias y la muerte de muchos reyes. Entre ellos la del gran Pacal, que gobernó Palenque cerca de setenta años (615-683). El primer paso lo dio el lingüista ruso Yuri V. Knorosov, que tuvo «la audacia de revivir el desacreditado *alfabeto* que nos había dejado fray Diego de Landa».[1] Aunque Knorosov fracasó en sus tentativas, su hipótesis era básicamente acertada: la escritura maya combina, como la japonesa, los ideogramas con los signos fonéticos. Algunos investigadores recogieron esta hipótesis y en 1958 Heinrich Berlin, en su análisis del sarcófago de Pacal, en el Templo de las Inscripciones de Palenque, mostró que los glifos se referían a las figuras que adornan la gran lápida. En 1960 Tatiana Proskouriakoff, de la Universidad de Harvard, afirmó que las inscripciones mayas eran primordialmente de carácter histórico. En la década

[1] Michael D. Coe, prefacio a *The Blood of Kings*.

siguiente «fue posible la reconstrucción, completa o parcial, de la historia dinástica de distintas ciudades mayas... y en Palenque, por ejemplo, se han reconstruido doce generaciones reales».[1] La historia de estas investigaciones y descubrimientos ha sido muy rica y variada pero no tengo espacio para examinarla ahora. El lector puede encontrar una información muy amplia en el prefacio de Coe a *The Blood of Kings* y en el capítulo final de ese libro, «The Hieroglyphic Writing System». Por último, a pesar de los progresos alcanzados, hay que decir que todavía estamos lejos de una comprensión cabal de la escritura maya. Se han logrado leer muchas inscripciones porque éstas aparecen en los relieves, las estelas y las pinturas de los vasos al lado de representaciones de escenas en las que participan varios personajes. La función de las inscripciones es análoga a la de las leyendas y títulos al pie de una fotografía o de un grabado. La representación iconográfica es el tema, invariablemente, de la inscripción. Los textos son, por la naturaleza de su función, extremadamente simples, aunque con cierta frecuencia el amor de los escribas mayas por los juegos de palabras dificulta la recta comprensión de los glifos. Las autoras de *The Blood of Kings* confiesan que los «textos que no están acompañados por una imagen directamente relacionada con su asunto, no son descifrables».

La primera consecuencia de estos hallazgos ha sido el desvanecimiento de la hipótesis de las «teocracias pacíficas». En su lugar aparece un mundo de ciudades-Estados en perpetua guerra unas contra otras y regidas por reyes que se proclaman de sangre divina. Las guerras no tenían por objeto la anexión de territorios sino la imposición de tributos y la captura de prisioneros. La guerra era el deber y el privilegio de los reyes y de la nobleza militar. Los prisioneros pertenecían a esta clase y su destino final era el sacrificio, ya en lo alto de la pirámide o en el Juego de Pelota. Este último no era tanto un juego, en la acepción moderna de la palabra, como una ceremonia ritual que terminaba casi siempre en el sacrificio por decapitación, según puede verse en el relieve de Chichén-Itzá y en otros sitios, dentro y fuera de la zona maya. (El impresionante relieve del Juego de Pelota de El Tajín es un ejemplo notable.) El rito, común a toda Mesoamérica, podría asemejarse, a primera vista, al sacrificio gladiatorio romano. Hay una diferencia esencial: este último era profano mientras que el del Juego de Pelota era un ritual que se insertaba dentro de la lógica

---

[1] *The Blood of Kings.*

religiosa de la «guerra florida». Las ciudades-Estados mayas y sus luchas intestinas hacen pensar en las ciudades griegas, en los Reinos Combatientes de la antigua China, en las monarquías medievales del fin de la Edad Media y en las repúblicas y principados italianos del Renacimiento. Sin embargo, al contrario de lo que ocurrió en otras partes, todos esos siglos de guerras no desembocaron en la constitución de un Estado hegemónico o en un Imperio universal. La historia maya tiene un carácter, a la vez, alucinante y circular.

Schele y Miller subrayan la función central de la institución monárquica entre los mayas y el carácter dinástico de su historia. En efecto, la mayoría de las inscripciones se refieren a los hechos de los soberanos; asimismo, muchas de las figuras que aparecen en los relieves de los monumentos y en las estelas son representaciones estilizadas de los reyes, sus mujeres y sus séquitos. Es un arte dinástico afín al de los faraones de Egipto y al de los *rajas* de la antigua Kampuchea. También recuerda al de los monarcas absolutos de Europa, como el Rey Sol de Francia en el siglo XVII. ¿Palenque fue el Versalles de Pacal? Sí y no. Las ciudades mayas eran algo más que residencias del rey y de su corte. Cierto, quien dice monarquía dice corte; los reyes mayas fueron el centro de una sociedad aristocrática y refinada, compuesta de altos dignatarios, sus mujeres y su parentela. Es indudable que esos cortesanos eran guerreros: se trata de un rasgo común a todas las monarquías de la historia. Otra nota que aparece en ese tipo de sociedades: la existencia de cofradías militares y semisacerdotales formadas por la aristocracia. Los admirables frescos del santuario-fortaleza de Cacaxtla, de clara factura maya, son representaciones de las dos órdenes militares, la de los guerreros jaguares y la de las águilas. La continua presencia de representaciones de estas dos órdenes en distintos sitios y en monumentos de épocas diferentes es un indicio de que se trata de un elemento permanente y, por decirlo así, constitutivo de las sociedades mesoamericanas.

Una vez que aceptamos la visión del mundo maya que nos proponen los nuevos historiadores, debemos matizarla. La concepción puramente dinástica y guerrera tiene obvias limitaciones. Llevadas por su legítimo entusiasmo descubridor, Schele y Miller minimizan a veces, en algunos pasajes de su notable y revolucionario libro, ciertos rasgos de la cultura maya que me parecen no menos determinantes. Su pintura del mundo maya es, a ratos, una imagen invertida de la que tenían Thompson y Morley. Para aquéllos, la verdadera historia maya era la del cielo; aquí abajo, bajo el dominio de las «pacíficas teocracias», no pasaba nada. Para la nueva concepción, la historia desciende del cielo y regresa a la tierra: aquí abajo pasan muchas cosas. Lo malo es que siempre son la misma cosa: reyes que ascienden al trono, combaten, triunfan o son vencidos, mueren. Se sustituye así una generalización por otra. Aclaro: la imagen que nos presentan Schele y Miller es verdadera pero recubre realidades más complejas. El subtítulo mismo de su libro, por lo demás, lo dice: *dinastía y ritual en el arte maya*. El elemento dinástico se inserta en el rito; a su vez, el rito nace de una cosmogonía, es su representación simbólica.

Hasta hace poco se creía que las ciudades mesoamericanas no eran realmente ciudades sino centros ceremoniales habitados únicamente por los sacerdotes y algunos funcionarios. Ahora sabemos que eran verdaderas ciudades, es decir, centros de actividad económica, política, militar y religiosa. Uno de los descubrimientos más notables de los últimos años es la existencia de una agricultura intensiva, sin la cual es imposible la supervivencia de los centros urbanos. Aparte de la agricultura: la producción artesanal y el comercio. Los trabajos de René Dillon en Teotihuacan han mostrado que esa gran ciudad era un centro manufacturero y comercial de primer orden. En Teotihuacan había barrios de extranjeros, compuestos por artesanos y artífices cuyos productos, desde la cerámica hasta las armas y las piedras finas talladas, eran distribuidos por todo el territorio mesoamericano. El caso de Teotihuacan no es único: los grandes centros urbanos de Mesoamérica fueron también centros de producción artesanal en gran escala y de distribución internacional de esos productos.

El comercio requiere la existencia de una clase especializada en esa actividad: los comerciantes. A su vez, el comercio internacional es indistinguible de la política exterior de una nación. Por último, la política internacional y la guerra son dos manifestaciones del mismo fenómeno, los dos brazos del Estado al proyectarse hacia el exterior. No sólo hay una relación estrecha entre la clase de los guerreros y la de los comerciantes sino que, con frecuencia, hay fusión entre ellas. La acción de los comerciantes se vierte hacia el exterior como la de los guerreros, aunque no para combatir al extraño y dominarlo sino para negociar con él. En Tenochtitlan los comerciantes formaban una clase aparte y sus actividades incluían el espionaje. La figura del cortesano se desdobla en la del guerrero y en la del comerciante.

Para los pueblos mesoamericanos el comercio y la guerra eran inseparables de la religión. Es imposible no advertir la función capital de los ritos en las actividades de los guerreros y los comerciantes. Ser guerrero o comerciante no sólo era una categoría social sino religiosa. Para comprender la función social de los guerreros y comerciantes hay que interrogar a los ritos que estaban asociados a esas profesiones. Los ritos son manifestaciones de los mitos y los mitos son expresiones de las cosmogonías. Lo que sabemos de las religiones mesoamericanas nos permite decir que, a pesar de la diversidad de los nombres de los dioses y de otras diferencias (por ejemplo, el lugar inusitado de Huitzilopochtli en el panteón azteca), todas ellas son variaciones de los mismos mitos cosmogónicos y de la misma teología. El fondo religioso común a todos los pueblos mesoamericanos es un mito básico: los dioses se sacrificaron para crear al mundo; la misión de los hombres es preservar la vida universal, incluso la suya propia, alimentando a los dioses con la sustancia divina: la sangre. Este mito explica el lugar central del sacrificio en la civilización mesoamericana. Así, la guerra no es sólo una dimensión política y económica de las ciudades-Estados sino una dimensión religiosa. La guerra y el comercio son una política y, al mismo tiempo, un ritual.

El triángulo se dibuja: comerciantes, guerreros y sacerdotes. En el centro: el monarca. El rey es guerrero, sacerdote y, en ciertos momentos del rito, es una divinidad. En el ensayo más arriba citado, Bernal dice que «en Tula y en Tenochtitlan había una continua simbiosis entre el jefe, el sacerdote y el guerrero». Apenas si necesito recordar que los *tlatoanis* mexicas no sólo eran los jefes militares y civiles de Tenochtitlan sino sus sacerdotes supremos. Por su parte, Linda Schele señala que los reyes mayas aparecen siempre con los atributos y signos de las divinidades. En resumen: la ciudad nos llevó al comercio, el comercio a la política y a la guerra, la guerra a la religión, la religión al sacrificio. En el mito mesoamericano de la creación aparece con toda claridad la doble naturaleza del sacrificio: los dioses, para crear al mundo, derramaron su sangre; los hombres, para mantener al mundo, deben derramar su sangre, que es el alimento de los dioses. La figura del monarca-dios es la manifestación visible de la dualidad del sacrificio: el rey es guerrero (sacrifica prisioneros) y es dios (derrama su propia sangre). El sacrificio de los otros se realiza en «la guerra florida»; el autosacrificio en las prácticas ascéticas de los monarcas.

El arte maya ha expresado en obras inolvidables —relieves, frescos, pinturas, dibujos e incisiones en jade, hueso y otros materiales— las dos formas del sacrificio. La manifestación guerrera y caballeresca aparece con fuerza extraordinaria en numerosos relieves y sobre todo —al menos para una imaginación y una sensibilidad modernas— en los frescos de Cacaxtla. Este santuario-fortaleza, enclavado muy lejos del área maya, me recuerda los castillos de los templarios en el Cercano Oriente: edificios a un tiempo militares y religiosos, conventos que son plazas de armas rodeadas de enemigos y palacios habitados por hermandades aristocráticas de guerreros-sacerdotes. En Cacaxtla dos pinturas murales, una frente a otra, nos presentan en vivos colores y perfecto aunque recargado dibujo, los númenes de las dos órdenes militares, los águilas y los jaguares. En la explanada central hay un vasto fresco —en parte dañado— que tiene por tema una batalla. El conjunto hace pensar en ciertas composiciones de Ucello, tanto por el ritmo y la disposición de las figuras como por el juego de oposiciones complementarias de colores, líneas y formas. Brillo de los ropajes de los combatientes, relampagueo de lanzas, escudos, macanas y flechas: la batalla evoca el fasto de los torneos del gótico florido. Ballet de formas y colores vívidos, danza alucinante y atroz: estandartes, ondear de plumas verdiazules, charcos de sangre, hombres destripados, rostros deshechos. El fresco glorifica la «guerra florida» y su fúnebre cosecha de flores: los corazones de los prisioneros. El torneo medieval era una fiesta cortesana, erótica y cruel; la batalla de Cacaxtla es la representación de un rito terrible, un drama que termina con el sacrificio de los cautivos.

La otra cara del sacrificio no es menos impresionante: las prácticas ascéticas y penitenciales de los reyes y sus mujeres. Los monarcas eran de sangre divina; nada más natural, por lo tanto, que en ciertas ceremonias derramasen su sangre. El rito repetía el mito de la creación del universo y, al *re-producirlo*, aseguraba la continuidad de la vida. La sangre del príncipe y la de su consorte reanimaban los lazos sociales, fertilizaban a la tierra y aseguraban la victoria sobre los enemigos. En Kampuchea se identificó el culto al *lingam* (miembro viril) del dios Shiva con la persona del rey: el monarca *era* el *lingam* divino. Entre los mayas, la sangre del monarca era la sangre de los dioses: por esto tenía que derramarla. El autosacrificio era el privilegio del monarca y de sus consortes pero se extendía también a la clase sacerdotal y a la nobleza: hay varias representaciones de altos señores practicando el rito sangriento. El sacrificio era, literalmente, un sacramento: por eso no es extraño que los instrumentos para realizarlo (una lanceta, generalmente la espina dorsal de la raya) fuesen deificados. Las incisiones y perforaciones podían hacerse en todo el cuerpo pero sobre todo en tres zonas: los lóbulos de las orejas, la lengua de las mujeres y el pene (el prepucio) de los hombres.[1] Con las lancetas sagradas los reyes mayas, sus mujeres y sus cortesanos perforaban y laceraban sus cuerpos. La sangre se recogía en vasijas también sagradas que contenían trozos de papel que, durante el sacrificio, se encendían. Unión de la sangre y el fuego.

Las ceremonias eran privadas y públicas. Las primeras se celebraban en el interior de los templos y en el secreto de las cámaras reales, presenciadas quizá por un reducido número de sacerdotes y cortesanos. Uno de los relieves de Yaxchilán (Dintel 24)[2] es un retrato estilizado del rey Escudo de Jaguar y su mujer, la señora Xoc. El atuendo del rey es el de los penitentes; cubre su cabeza un penacho de plumas y lleva en la espalda la encogida cabeza de una víctima sacrificada. El rey empuña una enorme antorcha, sin duda porque la ceremonia se celebró en la noche o en una cámara subterránea. La antorcha ilumina una extraña escena: la reina Xoc está arrodillada, vestida con gran pompa: diadema, rico huipil de dibujos geométricos, aretes, collares, ajorcas. Tiene los ojos en blanco y tira de una larga cuerda con espinas a través de su lengua perforada. La cuerda cae en una canasta que contiene papel empapado de sangre. Los glifos indican la fecha de la ceremonia (28 de octubre de 709), los nombres de los penitentes y el acto ritual de sacar sangre de su propio cuerpo.

En otro relieve se ve a Pájaro Jaguar, hijo de Escudo de Jaguar, practicando el mismo rito. Lo acompaña su *cahal*, es decir, el gobernador de un territorio dependiente. El rey está vestido de una manera suntuosa y en su espalda lleva como adorno una máscara de su padre, Escudo de Jaguar. El pene del monarca, cubierto por una lanceta divinizada que remata en un penacho de plumas, gotea sangre que Pájaro Jaguar esparce con las manos y deja caer en una canasta que contiene papel que después será quemado. Tal vez esta ceremonia se realizó en público y en un sitio abierto. Imaginemos la escena: el sol, el cielo inmaculado, las altas pirámides pintadas en los vivos colores rituales, la multitud, la blancura de las mantas y el colorido de los penachos, los músicos y los danzantes, los plumajes y los braseros de copal, los nobles y los sacerdotes. Entre estos últimos, muchos habían pasado por un periodo de ayunos, privaciones y pérdida de sangre en ceremonias análogas a las que he descrito. En el momento justo,

---

[1] Se han estudiado apenas la anatomía y la fisiología de los mayas, sin duda mágicas y simbólicas, asociadas a mitos cosmogónicos. El historiador López Austin ha realizado estudios valiosos en el área nahua.

[2] Museo Británico, Londres.

en la hora favorable, escogida por la conjunción feliz de los astros y los planetas, aparecen el rey y la reina. Vestidos con ropajes rituales que revelan su naturaleza divina, se plantan en el centro de la alta plataforma y «a la vista de todos, él lacera su pene y ella su lengua». La sangre empapa largas tiras de papel que los acólitos colocan en vasijas y braseros. Se enciende el fuego y la sangre, vuelta columna de humo, asciende al cielo. Los participantes, dice Linda Schele, estaban preparados psicológica y fisiológicamente —los ayunos, las sangrías, la fe, el entusiasmo, el terror— para experimentar un trance visionario.

Las sangrías rituales tenían un doble objeto: asegurar la continuidad de la vida por un rito que era la reproducción simbólica de la creación divina y provocar una visión del otro mundo. Es sabido que una pérdida considerable de sangre produce reacciones químicas y psíquicas propicias a la experiencia alucinatoria. Además, los mayas usaban drogas y acudían a los enemas para suscitar estados visionarios.

Aunque el arte maya ha dejado numerosas representaciones de estas experiencias, sólo ahora podemos comprender con cierta claridad su sentido. Éste es, sin duda, uno de los mayores méritos de Schele y de Miller. En un relieve de Yaxchilán (Dintel 25)[1] que pertenece a la serie de Escudo de Jaguar, figura la misma reina Xoc en un trance (24 de octubre de 681). Está de nuevo arrodillada, cubierta por un huipil y tocada por una diadema constelada de símbolos. La adornan un largo collar de jade, un pectoral del dios Sol y otros atavíos. Con la mano izquierda sostiene una patena con papel ensangrentado y dos lancetas; extiende la derecha en ademán de dádiva. A sus pies, como siempre, la canasta con los papeles manchados de sangre, las lancetas del autosacrificio y la cuerda de espinas. De la canasta brota una fantástica serpiente de dos cabezas que se tuerce en el aire. La sangre vuelta fuego y el fuego vuelto humo se han materializado en una visión. Xoc mira hacia arriba: entre las fauces enormes de la serpiente aparece un guerrero con los atributos de Tláloc, armado de un escudo y de una lanza con la que apunta a la reina. ¿El guerrero es un antepasado o un dios? Tal vez los dos: Xoc era de sangre divina. El dios que la visita es uno de sus manes.

La visión de la serpiente fantástica aparece en relieves, estelas, pinturas de vasos y otros objetos. Entre todas estas obras hay una admirable: un caracol marino. Por medio de incisiones y dibujos, el artista ha dado al

---

[1] Museo Británico, Londres.

caracol la forma de una cabeza humana que representa al dios que anuncia la aparición de la serpiente divina. El objeto puede llamarse, sin exageración, la escultura del grito; quiero decir: el grito, en lugar de perderse en el aire, encarna en un rostro humano. En un pliegue del caracol hay varias líneas entrelazadas que forman un dibujo finísimo. Vistas desde un ángulo, las líneas componen la figura de un joven héroe, sentado en un cojín que le sirve de trono y, enfrente, el signo de la diosa lunar. Visto desde el ángulo opuesto, las líneas trazan otra figura: un joven que abraza una serpiente fantástica, la cabeza levantada y en espera de la aparición a través de las fauces del prodigioso reptil. El joven héroe no es otro que Hun-Ahu, uno de los gemelos divinos del *Popol Vuh*. Aquí el rito divino repite al humano: también los dioses laceran su cuerpo e invocan a la serpiente donadora de visiones. La imagen de la serpiente se repite con obsesiva frecuencia: las visiones no brotan de la imaginación individual sino que han sido codificadas en un ritual. Al contrario de nuestros sueños y visiones, son la expresión de creencias colectivas. La serpiente es un verdadero arquetipo. Canal de transmisión entre el mundo de los hombres y el mundo infernal, entre sus fauces aparecen los dioses y los antepasados.

El arte maya me sorprende de dos maneras. Una, por su realismo o, más exactamente, por su literalidad: las imágenes que nos presenta pueden *leerse*. No son ilustraciones de un texto: son el texto mismo. A la inversa de las del arte moderno, no son únicamente imágenes: son signos-imágenes. El artista, al agruparlas y disponerlas conforme a cierto orden, nos presenta un texto. Esta literalidad se refiere, en primer término, a los temas de asunto histórico y realista: batallas, procesiones de cautivos, sacrificios, escenas del Juego de Pelota o episodios de la vida cotidiana, unos tiernos, otros atroces y otros cómicos. Pero la literalidad se extiende también al mundo sobrenatural y a la sintaxis de los símbolos, es decir, a las formas en que éstos se enlazan hasta formar conjuntos que son verdaderos discursos y alegorías. Por ejemplo, al ver la danza triunfal del rey Chan-Bahlún en el mundo inferior, *leemos* que ha vencido a los dioses de la muerte y que ascenderá al mundo superior; la misma operación, a un tiempo sensible e intelectual, se repite ante la lápida de la tumba de Pacal, aunque aquí la complejidad de los símbolos es mucho mayor; de la misma manera, al contemplar la ceremonia de la reina Xoc, leemos su visión serpentina y oímos, figuradamente, el mensaje de su divino antepasado.

La otra manera, menos frecuente pero más plena e intensa, consiste en la transformación del realismo literal en un objeto que es una metáfora, un símbolo palpable. Los signos-imágenes, sin cesar de ser signos, se funden enteramente con las formas que los expresan y aun con la materia misma. Bodas de lo real y lo simbólico en un objeto único. La caracola marina que antes mencioné es un ejemplo notable. Su función práctica es ser una trompeta, probablemente usada en alguna ceremonia de autosacrificio. Pero la caracola trompeta se convierte en un dios, el dios en un grito y el grito en un rostro. No sólo se nos ofrece la cristalización de una idea en un objeto material sino que la fusión de ambos es una verdadera metáfora, no verbal sino sensible. La idea se transforma en materia: una forma que, al tocarla, se vuelve pensamiento, un pensamiento que podemos acariciar y hacer resonar.

La fusión entre lo literal y lo simbólico, la materia y la idea, la realidad natural y la sobrenatural, es una nota constante no sólo en el arte maya sino en el de todos los pueblos de Mesoamérica. Me parece que su arte es una clave para comprender un poco mejor a su civilización. Es imposible entender en términos puramente económicos, por ejemplo, la función del comercio y de los mercados precolombinos. Por un lado, como se ha visto, el comercio nos lleva a la política y la guerra; por el otro, a la religión y al rito. Lo mismo sucede con la guerra: no sólo es una dimensión de la política exterior de las ciudades-Estados sino que es una expresión religiosa, un rito. El eje de ese rito es doble: el sacrificio de los prisioneros y el autosacrificio. A su vez, las prácticas ascéticas se enlazan con visiones del otro mundo. Por último, lo imaginario sobrenatural ha sido codificado por un pensamiento religioso colectivo que nos sorprende por su rigor y por su fantasía.

La civilización mesoamericana es, como sus obras de arte, un complejo de formas animadas por una lógica extraña pero coherente: la lógica de las correspondencias y las analogías. La historia de estos pueblos —trátese de la economía, la política o la guerra— se expresa o, más bien, se materializa en ritos y símbolos. Como el caracol, su historia es un objeto material y un símbolo: un grito-escultura. La historia mesoamericana puede verse como una inmensa y dramática ceremonia ritual. El tema de esta ceremonia, repetido incansablemente en variaciones sin cuento, no es otro que el mito del origen: creación / destrucción / creación / destrucción / creación... Abolición del tiempo lineal y sucesivo: el mito (la historia) se repite una y otra vez como los días y las noches, los años y las eras, los planetas y las constelaciones.

En los últimos quince años los investigadores —casi todos norteamericanos— han aclarado grandes enigmas de la historia de Mesoamérica. Aunque su labor ha sido portentosa, muchas preguntas siguen sin contestar. Entre ellas hay una, capital, que se han hecho varias generaciones de historiadores: ¿cómo y por qué declinó de manera súbita la civilización mesoamericana del periodo Clásico? En todo el territorio, casi al mismo tiempo, las ciudades-Estados se derrumban y en menos de un siglo se convierten en ruinas abandonadas. Los historiadores modernos todavía no han podido responder a esta pregunta. Sin embargo, sus descubrimientos han sido de tal modo sustanciales que, al cambiar la perspectiva tradicional, nos obligan a formular esta pregunta de una manera radicalmente diferente. Me explicaré en seguida.

El tránsito entre las culturas del periodo Clásico y las del Posclásico se resumía hasta hace poco en esta simple fórmula: fin (inexplicado) de las teocracias y nacimiento de ciudades-Estados militaristas y expansivos. El arquetipo de estos últimos fue Tula y, después, a su imagen y semejanza, México-Tenochtitlan. Hoy sabemos que el periodo Clásico fue también una época de guerras y que los protagonistas de esas luchas fueron ciudades-Estados con regímenes políticos no muy distintos a los del periodo Posclásico. En uno y en otro periodo la realidad política central fue el rey rodeado de una clase militar-sacerdotal. Si de la política y la guerra se pasa a la religión y el arte, también las fronteras entre ambos periodos se adelgazan: tanto los mitos, los ritos y las cosmogonías como los estilos artísticos son muy parecidos. En general, las creaciones del Posclásico son derivaciones y variaciones de las del Clásico. Lo mismo puede decirse de la economía y de los otros aspectos de la vida social. Así pues, la oposición entre uno y otro periodo se atenúa y, a veces, desaparece del todo. Las viejas clasificaciones y nomenclaturas se derrumban: ¿no es hora de repensar la historia de Mesoamérica?

Después de la erosión de tantas ideas y conceptos, ¿qué es lo que todavía queda en pie? En primer lugar, la unidad de la civilización mesoamericana. Se trata de un hecho que no necesita demostración: salta a la vista. No sólo hubo continua interrelación e influencia entre las distintas sociedades y épocas —olmecas, mayas, zapotecas, gente de Teotihuacan y El Tajín, Tula, Cholula, Mitla, Tenochtitlan— sino que eran semejantes las formas y expresiones culturales, desde los mitos cosmogónicos y los estilos artísticos hasta las instituciones políticas y económicas. Al lado de la unidad, como su natural complemento, la extraordinaria continuidad. Fue una continuidad de más de dos milenios. Cierto, en Mesoamérica hubo cambios y alteraciones pero no las bruscas rupturas ni las transformaciones revolucionarias de los otros continentes. Mesoamérica no conoció mutaciones religiosas como el abandono del politeísmo pagano por el monoteísmo cristiano, la aparición del budismo o la del islam. Tampoco hubo las revoluciones científicas, técnicas y filosóficas del Viejo Mundo. No debemos confundir continuidad con inmovilidad. Las sociedades mesoamericanas se movían pero su proceso era circular. Con cierta cíclica regularidad, las ciudades-Estados caen, víctimas de transtornos internos o de otras causas; perpetuo recomenzar: pueblos nuevos y semibárbaros asimilan la cultura anterior y comienzan de nuevo. Cada recomienzo fue una reelaboración y recombinación de principios, ideas y técnicas heredados. Recreaciones y superposiciones: la historia mesoamericana tiene el carácter circular y obsesivo de sus mitos. Las causas de la circularidad del proceso son numerosas. No obstante, debo repetir lo que he dicho en otros escritos: la determinante fue la falta de contacto con otras civilizaciones. La historia de los pueblos es la historia de sus choques, encuentros y cruces con otros pueblos y con otras ideas, técnicas, filosofías y símbolos. Como en la esfera de la biología, la historia es repetición y cambio; las mutaciones son casi siempre el resultado de las mezclas y los injertos. La inmensa y prolongada soledad histórica de Mesoamérica es la razón de su grandeza y de su debilidad. Grandeza porque fue una de las pocas civilizaciones realmente originales de la historia: nada les debe a las otras; debilidad porque su aislamiento la hizo vulnerable frente a la experiencia capital lo mismo en la vida social que en la biológica: la del *otro*.

El aislamiento fue la causa principal de la caída de los pueblos mesoamericanos y de ella se derivan todas las otras, las biológicas y las técnicas, las militares y las políticas. La indefensión ante los virus y las epidemias europeas diezmó a los indígenas; su inferioridad técnica y cultural los hizo víctimas de las armas de fuego, la caballería de los conquistadores y las armaduras de hierro; no menos cruciales fueron sus rivalidades intestinas, aprovechadas con suprema habilidad por Cortés. Sobre esto último debo decir algo que en general los historiadores omiten: las divisiones entre los indios fueron el resultado natural del carácter circular de la historia mesoamericana. Las luchas entre las ciudades-Estados duraron lo que duró su civilización, es decir, dos mil años. Sin embargo, a diferencia de lo que ocurrió en otras partes del mundo, esas luchas no llevaron a la creación de un Estado universal. Ni México-Tenochtitlan ni sus antecesores —Tula y Teotihuacan— lo consiguieron. Pero ¿lo intentaron realmente? Lo dudo: entre las ideas filosóficas y políticas de los mesoamericanos no figuraba la noción de Imperio universal.

Me falta por mencionar lo más grave y decisivo: la parálisis psicológica, el estupor que los inmovilizó ante los españoles. Su desconcierto fue la terrible consecuencia de su incapacidad para *pensarlos*. No podían pensarlos porque carecían de las categorías intelectuales e históricas en las que hubiese podido encajar el fenómeno de la aparición de unos seres venidos de no se sabía dónde. Para clasificarlos no tenían más remedio que utilizar la única categoría a su alcance para dar cuenta de lo desconocido: lo sagrado. Los españoles fueron dioses y seres sobrenaturales porque los mesoamericanos no tenían sino dos categorías para comprender a los otros hombres: el civilizado sedentario y el bárbaro. O como decían los nahuas: el tolteca y el chichimeca. Los españoles no eran ni lo uno ni lo otro; por lo tanto, eran dioses, seres que venían del más allá. Durante dos mil años las culturas de Mesoamérica vivieron y crecieron solas; su encuentro con el *otro* fue demasiado tardío y en condiciones de terrible desigualdad. Por esto fueron arrasadas.

México, 25 de octubre de 1986

[«Reflexiones de un intruso. *Post-scriptum*» se publicó en la revista *Vuelta*, núm. 122, México, enero de 1987.]

ARTE MODERNO

Yo, pintor, indio de este pueblo:
Hermenegildo Bustos

Al disponerme a escribir estas páginas sobre Hermenegildo Bustos, volví a pensar en su caso y de nuevo me maravillé: ¿cómo explicarlo? Estamos acostumbrados a ver en cada hecho la consecuencia de otros hechos que, enlazados, lo determinan y en cierto modo lo producen. Los historiadores discuten interminablemente acerca de las causas de la decadencia de Roma (incluso sobre si es pertinente la noción misma de *decadencia*) pero ninguno de ellos niega que cada hecho histórico es el resultado de la acción conjunta de otros hechos, factores y causas. En el campo del arte la concatenación entre las tradiciones y las escuelas, la sociedad y las personalidades no es menos visible y determinante. Cierto, trátese de la política y los cambios sociales o de las artes y las ideas, la historia se resiste siempre a las explicaciones rígidamente deterministas; en cualquier fenómeno histórico hay siempre una parte imprevisible —la antigua fortuna, el accidente, el genio, el temperamento individual. Pero la aparición del pintor Hermenegildo Bustos en el pueblecillo de la Purísima del Rincón, a mediados del siglo pasado, nos enfrenta a un hecho realmente insólito. Bustos no es ni el heredero ni el iniciador de un movimiento pictórico: con él comienza su arte y con él acaba. No tuvo maestros ni compañeros ni discípulos; vivió y murió aislado en un pueblo perdido del centro de México, un país también aislado, en esos años, de las grandes corrientes artísticas. Sin embargo, la pintura de Bustos —al mismo tiempo profundamente tradicional e intensamente personal— se inserta en la gran tradición del retrato y, dentro de esa tradición, ocupa un lugar único.

Ante Bustos podemos repetir que «el Espíritu sopla donde quiere». Es una explicación que no ha cesado de escandalizar a los racionalistas, desde la Antigüedad. Ya Porfirio se burlaba de los cristianos y de los judíos que creían en un dios todopoderoso hacedor de milagros, como detener al sol, abrir en dos al mar o transformar las piedras en panes; no, Dios no quiere ni puede sino aquello que es verdadero, justo y bueno; tampoco puede violar el orden y las leyes del universo, como no puede negar los axiomas de la geometría: sería negarse a sí mismo. No me atrevo a desmentir al filósofo, pero lo cierto es que lo inesperado nos rodea y diariamente nos desafía; no solamente colinda con lo inexplicado sino que, a veces, se confunde con lo inexplicable. Para neutralizarlo acudimos a nombres y conceptos como lo fortuito, la casualidad, el accidente o la excepción. Estos términos revelan nuestra perplejidad pero no descifran los enigmas; son maneras de clasificar un hecho anormal, no de comprenderlo ni de comprender su razón de ser. Desde la perspectiva de la historia del arte, la pintura de Bustos me parece inexplicable. Al mismo tiempo, es una realidad visible y que tuvo un origen no milagroso sino cotidiano: un hombre que se llamó Hermenegildo Bustos y del que conocemos no sólo un puñado de fechas y anécdotas sino su retrato pintado por él mismo y que es una de sus obras maestras: ¿No es bastante?

A menos de treinta kilómetros de la ciudad de León, en el estado de Guanajuato, se encuentran dos pequeños pueblos colindantes: Purísima (Virgen) del Rincón y San Francisco del Rincón. Fueron fundados en 1603 con indios otomíes y tarascos. Todavía hasta la fecha la población es predominantemente indígena aunque los idiomas nativos han sido desplazados por el castellano. La región es rica por la agricultura y el comercio; en el pasado lo fue también por las minas de plata: en el siglo xvi los tres grandes centros mineros del mundo eran Guanajuato, Zacatecas y Potosí (Bolivia). La prosperidad minera duró, con altibajos, hasta comienzos del siglo xix. En cambio, la agricultura sigue siendo, hasta nuestros días, el principal recurso de la población. «Los pueblos del Rincón —dice Raquel Tibol en la monografía que ha dedicado a Bustos— conocieron una estabilidad sin remecimientos: ni abismos de miseria ni prosperidad espectacular».[1] La Purísima creció más rápidamente que San Francisco y hacia 1860 tenía ya unos 16 000 habitantes. Aparte de las haciendas que lo rodeaban, el pueblo tenía huertos frutales, una artesanía floreciente y un comercio activo con la vecina León. La población vivía con modestia pero sin grandes apuros. La componían jornaleros, artesanos, pequeños y medianos propietarios, comerciantes y varios clérigos. Había una escuela de primeras letras, una orquesta y un grupo teatral de aficionados dirigidos por el cura.

---

[1] R. Tibol, *Hermenegildo Bustos, pintor de pueblo*, Guanajuato, 1981.

Eran frecuentes los desfiles cívicos y las procesiones religiosas, no había luz eléctrica y el pueblo estaba comunicado con León por un servicio de diligencias.

Aunque los vecinos de la Purísima participaron en los transtornos de la época y en las luchas entre conservadores y liberales, el rasgo que los define es el tradicionalismo. El núcleo de ese tradicionalismo era la religión católica en su versión hispanomexicana: ritualismo, intensa piedad colectiva, culto a las imágenes, abundancia de fiestas y ceremonias. La Iglesia, lo mismo en el sentido material que en el institucional y el psicológico, era refugio, inspiración, pauta y conciencia. El otro eje de la vida pueblerina era la familia. Entre la vida pública y la familiar, los intereses y las pasiones tejían una red de afinidades y enemistades: intercambios de bienes y productos, jolgorios, matrimonios, bautizos, sepelios y también rivalidades entre clanes y familias, envidias y riñas. Vida rítmica pero sacudida por las pasiones y sus violencias, principalmente la lujuria y los celos: no eran infrecuentes las fugas de las enamoradas, los raptos y las venganzas sangrientas de padres, hermanos y esposos ofendidos. Al lado de las pasiones y sus estragos, las maravillas y los horrores de la naturaleza: eclipses, inundaciones, sequías, cometas.

Todas estas agitaciones, lo mismo las humanas que las naturales, estaban referidas a los valores y doctrinas tradicionales. Gracias a la Iglesia el mundo, aun en sus extravíos, poseía coherencia y sentido. La religión no sólo comunicaba al pueblo con las vastas fuerzas sobrenaturales y naturales que rigen al cosmos y a las almas, sino con el pasado y el presente de México. La historia de la nación se confundía con la de la religión católica. Por último, con sus instituciones y doctrinas pero también y sobre todo con sus imágenes —el Crucificado y su madre, los profetas y los mártires, los santos y las santas— la Iglesia unía a la Purísima y a su gente con Roma y el Viejo Mundo. El catolicismo hispanomexicano, además de ser una visión del mundo y del trasmundo, una moral colectiva y un lazo de unión entre los mexicanos, era un puente entre México y la antigua cultura europea. Lo primero que vieron los ojos de Hermenegildo Bustos, indio puro como él decía con orgullo, fueron copias, reproducciones e imitaciones de las imágenes religiosas europeas.

El acta de nacimiento de Hermenegildo Bustos se ha perdido, pero sabemos por una relación escrita de mano de su padre que nació el 13 de abril de 1832. El minucioso José María Bustos anotó el día del nacimiento de su hijo (un miércoles), la hora (11:30 de la mañana), el nombre de la partera, los de los padrinos y el del cura que lo bautizó ¡pero olvidó anotar el de su madre! Se llamaba Juana Hernández. El padre era campanero de la parroquia del pueblo. Hermenegildo también estuvo ligado a la iglesia, No sabemos si realmente fue sacristán de la parroquia, como dice algún crítico, o si desempeñó en ella diversos trabajos de restauración de los altares, los cuadros y las esculturas. También se ocupaba del arreglo de las imágenes y sus vestiduras así como del adorno de la iglesia durante las fiestas religiosas. Hermenegildo repartía su vida entre sus ocupaciones en la parroquia, a la que concurría por las mañanas, y sus trabajos profesionales por las tardes, en su pequeño taller.

Si es difícil establecer una relación cronológica de su vida y sus hechos, no lo es tener una idea de su carácter y actividades. Se conservan algunos papeles de Hermenegildo Bustos, entre ellos un calendario de 1894 en cuyas márgenes, con letra muy fina y menuda, anotó con maniática imparcialidad los acontecimientos de cada día, sobre todo los fenómenos de la naturaleza —nublados, heladas, lluvias— y los escándalos pueblerinos. Sus ocupaciones y preocupaciones durante los otros años no deben haber sido muy distintas: la vida en la Purísima fluía con la regularidad y la constancia de los rosarios de las beatas. Además, Bustos causó una profunda impresión entre sus coetáneos y dejó una leyenda que ha llegado hasta nosotros. No es difícil separar en ella la realidad de las quimeras. Su ferviente y fantasioso biógrafo Pascual Aceves Navarro le atribuye infinidad de talentos.[1] Sin duda exagera —es difícil que haya sido arquitecto, director de teatro y relojero— pero no demasiado. Aunque su vocación profunda era la pintura, en el pueblo tradicional en que transcurrió su vida la especialización y la división del trabajo no habían llegado a los extremos actuales.

A los veintidós años se casó con Joaquina Ríos, que tenía apenas quince. Fue un matrimonio sin hijos, estable pero quizá no muy bien avenido: Bustos era enamoradizo, tuvo varias amantes y con una de ellas, María Santos Urquieta, uno o dos hijos. Poseía un huerto con árboles frutales y legumbres, que cultivaba él mismo ayudado por uno o dos jornaleros. Lujuria y excentricidad: vivía con un tecolote, un perro y un perico hablantín. Decía con cierta sorna que eran toda su familia. Fue un verdadero *bricoleur* y la variedad de sus ocupaciones y actividades no cesa de maravillarme: nevero, curandero, hortelano, prestamista, músico, hojalatero,

---

[1] *Hermenegildo Bustos, su vida y obra*, Guanajuato, 1956.

maestro de obras, carpintero, escultor, pintor. En verano él y su mujer hacían nieve de limón que él mismo pregonaba por todo el pueblo; levantaba muros, reparaba techumbres y reconstruyó la capilla del Señor de las Tres Caídas; prestaba dinero bajo prenda, criaba sanguijuelas y las alquilaba; sus infusiones y cocimientos de hierbas aromáticas y medicinales eran célebres; rasgueaba la guitarra, tañía la mandolina, soplaba el saxofón y era miembro de la banda municipal que tocaba todos los domingos en la plaza; fabricó una clepsidra y corrigió el reloj de sol de la parroquia; sobresalió en los trabajos de carpintería y fabricó mesas, camas, sillas, alacenas y, sobre todo, ataúdes —entre ellos el de su mujer y el suyo propio, que guardó hasta su muerte en su pequeño taller; fue sastre y él mismo cortaba y cosía sus trajes según el dictado de su fantasía eclesiástico-militar; también cortaba y arreglaba los ropajes de las vírgenes y los santos de los altares; fue hojalatero y, como director y jefe del batallón farisaico que desfilaba los días santos, fabricó las armaduras, los escudos y los cascos de los soldados y los oficiales; era orfebre y hacía collares, broches y rosarios; fue escultor y tallador: todavía se conservan algunas de sus esculturas en madera de santos, Vírgenes, Cristos y un *Ecce Homo* que guarda la parroquia de la Purísima; dejó una serie de máscaras que servían para las escenificaciones de la Semana Santa; no era un letrado pero su familiaridad con las cosas de la Iglesia —oía misa todos los días y comulgaba con frecuencia— lo hizo leer libros de devoción y aprender algunos latinajos.

Hombre de humor cáustico, se le atribuyen salidas memorables. Por ejemplo, solía decir que en este mundo sólo había tres personas notables: Su Santidad el Papa (Pío X), Porfirio Díaz, dictador de México, y Hermenegildo Bustos, pintor y sabelotodo. Vestía trajes de su invención y se había hecho un vestido de gala compuesto de una casaca verde de corte militar y botones dorados, en el cuello tres cruces bordadas y su nombre: H. Bustos, otras dos cruces en el pecho, banda roja y pantalones de charro. El uniforme de una milicia mitad republicana y mitad celestial. Usaba un sombrero indochino de paja y entre sus instrumentos de música se encontraba un *pipa* chino. ¿Cómo llegaría a sus manos? Hay dos fotografías de Hermenegildo y de Joaquina, su mujer. En una de ellas hay una inscripción que dice: «Nos retrató el señor cura Gil Palomares, el 13 de abril de 1901». Él tenía sesenta y nueve años y ella sesenta y dos. En una de las fotos la pareja está sentada; en la otra, la mejor, de pie. Joaquina viste como las lugareñas de entonces: falda larga y un ancho rebozo que la arrebuja cubriéndole la cabeza y la mitad del cuerpo. Lo único visible es la cara: seria, surcada de arrugas y acentuadamente india. Hermenegildo viste su uniforme de gala, la famosa casaca verde que, semiabierta, deja ver una camisa plisada, un paliacate y una faja con borlas que no es difícil adivinar roja o morada. Hermenegildo no era muy alto y, tal vez para compensar esta desventaja, su brazo izquierdo descansa sobre los hombros de su mujer, gesto a un tiempo familiar e imperioso. La cabeza levantada; los ojos profundos y entrecerrados, como para ver mejor el lente de la cámara; entre las cejas una hondonada: el ceño, arruga geológica desde la que desciende majestuosa la nariz; el bigote espeso y entrecano; el labio inferior ancho; el mentón firme, los pómulos salientes, la frente amplia, el pelo ralo y muy corto. La cara de ella revela resignación, cansancio y cierta impasibilidad; la de él es enérgica e inteligente: piel soleada, músculos y huesos poderosos. Cara de indio pero también de tártaro. Cara de hombre-pájaro que ve de lejos y penetra hondo. Hermenegildo Bustos murió seis años después de tomada esta fotografía, en 1907, a los setenta y cinco años de edad, uno después de su mujer. Cuando ella murió, le pidió a un vecino que lo ayudase a amortajarla, cerró la casa sin dejar entrar a nadie y pasó la noche solo con ella. Con la misma serenidad y la misma reserva dispuso cómo debía ser enterrado... Excéntrico, caprichoso, avaro, diligente, reconcentrado, astuto, religioso, sarcástico, imaginativo, ceremonioso, lujurioso, devoto, perspicaz, penetrante: un verdadero *raro* o, como se decía en el siglo XVII: un monstruo.

No recordaríamos las excentricidades de Hermenegildo y sus habilidades en las artes mecánicas, unas y otras indudablemente magnificadas por la fantasía pueblerina, si no fuese por su excelencia como pintor. Mientras vivió, fue estimado y admirado por sus paisanos de la Purísima y de San Francisco del Rincón. Sin duda su fama rebasó los límites de los dos poblados y llegó a otros lugares cercanos; entre los retratos pintados por Bustos hay algunos de vecinos de León y de otros sitios contiguos. Su fama, sin embargo, fue local y reducida a una zona geográfica muy precisa: la Purísima y sus alrededores. Su clientela estuvo compuesta por sus coterráneos. También es notable que no haya estado circunscrita a una clase o a una categoría social; entre sus modelos hay clérigos, comerciantes, propietarios de huertas, agricultores, artesanos, familias de mediano pasar y muchas mujeres de distintas clases y condiciones: jóvenes, casadas, viudas, la dueña de una pulquería, beatas. Todos estos lugareños eran gente modesta, aunque, claro, había diferencias entre un simple agricultor y un comerciante más o menos acomodado. La actividad de Bustos se desplegaba en tres direcciones: cuadros y murales con asuntos religiosos, exvotos y retratos. Por las tres actividades recibía modestas remuneraciones y en ese sentido era un pintor profesional, aunque él siempre insistió —¿humildad o desafío?— en llamarse aficionado.

No se conservan muchos ejemplos de su pintura religiosa. No es extraño: por una parte, pintor cuidadoso y lento, su obra no es abundante; por otra, no debe haber tenido muchos encargos fuera de la Purísima y de San Francisco: su fama no era tan grande como para atraer a los altos prelados de León y Guanajuato. Además, en esos años la Iglesia ya había dejado de ser la gran protectora de las artes. Bustos pintó cuadros de caballete de asunto devoto y algunos murales. Entre los primeros es curiosa una alegoría, *La belleza vence a la fuerza*, en la que se ve a un león y a una linda muchacha que, armada de unas descomunales tijeras, recorta no se sabe si la melena o las garras de la fiera. ¿Reminiscencia de Santa María Egipciaca? La voz pública quiere que la figura femenina sea la de su querida, María Santos Urquieta... Los murales en el Altar Dorado de la parroquia de la Purísima representan escenas de la Pasión de Jesús y no fueron pintados enteramente por Bustos sino «retocados», como él mismo lo dice en una inscripción. Pero cuando Bustos habla de «retocación —observa con buen juicio Raquel Tibol— se refiere a algo más que trabajos de restauración. Agrega trozos enteros de su invención. Por ejemplo, en el tablero del Vía Crucis en que Jesús encuentra a la Virgen, los rostros de las mujeres son suyos». Así es: esas fisonomías sólo podían ser de vecinas de la Purísima. En las pechinas de la cúpula de la parroquia hay cuatro pinturas: *San Bernardo, San Ildefonso, San Buenaventura* y *San Alfonso de Ligorio*. Son indudablemente suyas, pues debajo del último aparece esta inscripción: «Los pintó Hermenegildo Bustos, aficionado y natural de este pueblo». Ni los óleos ni los murales son memorables: son ejemplos más bien impersonales de la pintura religiosa de esa época. Copias de copias europeas.

Los exvotos son mejores. Todos fueron pintados sobre lámina de latón de pequeñas dimensiones y representan sucesos dignos de memoria: el donante da las gracias a la Virgen o a un santo de su devoción por haberlo salvado de un peligro grave: la caída de una escalera, el asalto de unos facinerosos, la embestida de un toro bravo, unas fiebres malignas. Desde el siglo xviii hasta bien entrado el xx se han pintado en México miles de retablos. Los de Bustos se ajustan a las reglas no dichas de la tradición: son pinturas populares en el sentido recto de la palabra y esto las distingue de su pintura religiosa, a medio camino entre la academia y el arte popular. Pero nada nos haría detenernos en los exvotos de Bustos si no fuese porque varios entre ellos son algo más que ejemplos de un arte tradicional y estereotipado. No todos, naturalmente. En muchos casos Bustos cedió a las facilidades del género y, además, entre los que se le atribuyen hay un buen número que no deben ser suyos: en nada se distinguen de otros cientos de exvotos. Pero hay unos cuantos que inmediatamente nos cautivan, no por la ingenuidad del trazo y del asunto —maravillas a lo largo monótonas— sino por la energía y la veracidad de ciertos rostros. El retablo deja de ser una muestra más de una tradición impersonal y se convierte en una obra de arte auténtica e intensamente personal: el retrato de una persona única.

Pintor más o menos hábil de imágenes religiosas tradicionales y de exvotos populares, Bustos merece ser recordado por lo que realmente fue: un extraordinario retratista. Las pinturas religiosas son obras de mediocre interés y los retablos no se apartan, salvo excepcionalmente, de las limitaciones y convenciones de una fórmula tradicional. En todas esas obras Bustos es un verdadero aficionado; en cambio, en los retratos se revela como un pequeño maestro. Pequeño por las limitaciones del género, por el número de sus cuadros y hasta por la modestia de sus dimensiones; maestro por su intensidad, su penetración y, no pocas veces, por su perfección. Ante estas obras es imposible no preguntarse: ¿dónde, cómo y con quién aprendió el arte de la pintura? Reaparece así la pregunta que me hice al comenzar estas páginas. No es fácil contestarla pero procuraré, al menos, insertarla en su contexto histórico.

Después de su muerte, Bustos fue casi enteramente olvidado. Como todo el país, la Purísima no escapó a los transtornos de la Revolución mexicana. Hacia 1920, la paz restablecida, los mexicanos se inclinan sobre su pasado: buscan en su historia pruebas no de lo que fueron sino de lo que son. Andan en busca de sí mismos. El arte popular les parece, simultáneamente, un indicio de lo que fueron y una promesa de la supervivencia de la nación. En 1933 el pintor Roberto Montenegro publica un libro, *Pintura mexicana (1800-1860)*, en el que aparece entre las láminas que lo ilustran un retrato de autor anónimo: Joaquina Ríos (la mujer de Bustos).[1] El error no tardó en ser reparado: ya para entonces Francisco Orozco Muñoz

---

[1] *Cf.* la citada monografía de Raquel Tibol, que contiene una sucinta pero completa relación del proceso de descubrimiento y rescate de Bustos y su pintura.

había comenzado su paciente investigación y unos pocos años después los críticos y los conocedores de México descubrían, paulatinamente, la obra y la personalidad de Bustos. La acción de Orozco Muñoz fue decisiva. Nació en San Francisco del Rincón, fue poeta y diplomático. Vivió durante muchos años en Bélgica, allá se casó con una mujer inteligente y también amante del arte: Dolly van der Wel. Allá también pudo familiarizarse con los pintores flamencos del siglo XV, especialmente con Jan van Eyck, artista por el que sentía devoción. Tal vez la afortunada combinación de esas admiraciones y el amor a la tierra nativa —sin olvidar lo determinante: su sensibilidad y su inteligencia— explican que, ante los retratos flamencos, Orozco Muñoz haya recordado los pequeños cuadros pintados sobre láminas de latón que él había visto, durante su niñez y su adolescencia, en su casa de San Francisco del Rincón y en las de otras familias del mismo pueblo. Un indicio de la afinidad que estableció entre los retratistas flamencos y el modesto Bustos es que, al descubrir en el dorso de su autorretrato esta inscripción orgullosa en su humildad: «me retraté por ver si podía», inmediatamente la asoció con la divisa de Van Eyck: *Als ik Kan* («como yo puedo»). Orozco Muñoz logró reunir un número considerable de obras de Bustos pero nunca escribió sobre él. Sin embargo, casi todo lo que se escribió sobre Bustos en este primer periodo ostenta la huella de sus conversaciones. A Orozco Muñoz le gustaba mostrar su colección y hablar sobre sus hallazgos.

Los pocos críticos que se ocuparon de Bustos entre 1930 y 1950 lo veían como un «primitivo», aunque algunos entre ellos se daban cuenta de lo inapropiado del término. No hay nada primitivo ni ingenuo en obras como el *Autorretrato* (1891), la *Mujer de las flores* (1862), el retrato de Alejandra Aranda (1871) o el de Francisca Valdivia (1856). Por esto Walter Pach decía con discernimiento que Bustos, más que un «primitivo» (¿qué se quiere decir exactamente con este vago término?), era un autodidacta: «unos pocos libros acerca del empleo de los aceites y sobre la preparación de los colores (que él elaboraba para sí propio como los pintores de antaño) más la contemplación de las obras de arte que existen en cualquier población antigua de México, formaron el fondo técnico de su oficio».[1] En ese mismo ensayo seminal, Pach señala que, en su primera juventud, «pretendió recibir algunas enseñanzas» pero que, desanimado por las burlas de los otros estudiantes, «se retiró en seguida al campo de

[1] Walter Pach, «Descubrimiento de un pintor americano», *Cuadernos Americanos*, noviembre-diciembre de 1942.

donde había venido y resolvió los problemas del arte con sus propios recursos». Es claro que el origen de esta información fue alguna confidencia de Orozco Muñoz, de quien proceden todas las noticias de Pach sobre Bustos. La información era muy vaga pero en 1952 se precisó. En ese año se realizó la primera gran exposición retrospectiva de Bustos, organizada por Fernando Gamboa. En el catálogo podía leerse que, aunque Bustos había intentado estudiar el arte de la pintura en León con el maestro Herrera, «a los seis meses abandonó a tan mal mentor pues ese maestro, más que enseñar a sus discípulos, los utilizaba en diversos quehaceres». La fuente de esta noticia no puede ser distinta a la de Pach: todo apunta hacia Orozco Muñoz, conocedor de las tradiciones orales del Rincón. Subrayo que se trata de una tradición oral: hasta esta fecha no se ha encontrado documento alguno que pruebe la presencia de Bustos en el taller del pintor académico Juan N. Herrera. La hipótesis es plausible en apariencia, dada la cercanía entre León y la Purísima; no obstante, parece difícil que un pueblerino humilde y sin recursos como Bustos hubiese logrado ingresar en una academia de la ciudad de León. ¿Con qué títulos, con qué valedores y con qué dinero?

En 1973 un historiador del arte mexicano, Gonzalo Obregón, publicó un ensayo en el que mantiene que Bustos fue discípulo de Herrera.[1] No aporta ninguna prueba documental y se funda únicamente en la cercanía de León y en la crítica interna: es imposible que, por sí solo, Bustos tuviese el dominio de oficio que atestiguan sus retratos. A Obregón le parece que Bustos estudió más de seis meses con Herrera: ya en sus primeros cuadros revela una notable maestría técnica. Así es: el retrato del *Sacerdote* (1850) y el de su padre (1852), pintados entre los dieciocho y los veinte años, son obras de madurez. En el caso del segundo, se trata de una composición a un tiempo luminosa y sombría: la camisa blanca, la chaqueta negra, el brillo oscuro del pelo, la tez tostada, la boca desafiante, los ojos que nos acechan desde una lejanía próxima. Según Obregón estas tempranas muestras de maestría revelan un aprendizaje prolongado: Bustos debe haber estudiado con Herrera de 1848 a 1851, entre sus dieciséis y diecinueve años. Después, regresa a su pueblo y «se encuentra solo, sin influencia de nadie y su arte tiende a lo popular». Además, la economía: «su clientela de la Purísima no iba a dar lo que la gente acomodada de León». Para Obregón hay una involución: abandonado a sus propios

[1] «Un pintor desconocido: Juan N. Herrera, 1818-1878», *Artes de México*, núm. 138, México, 1973.

medios y frente a una clientela pobre e ignorante, Bustos regresa a lo popular aunque conserva cierta calidad que le debe a Herrera. Por tres razones juzgo insostenible esta hipótesis. La primera es la falta de documentos: todo es una suposición, incluso la asistencia de Bustos al taller de Herrera por unos meses. La segunda: desde sus primeras obras hasta las últimas los retratos de Bustos son notables y, muchas veces, perfectos: no hay grandes cambios entre los del comienzo y los del fin. También desde el principio es notable su torpeza con las figuras y los fondos así como el trazado inhábil de las perspectivas. Lo primero que se aprende en una academia, antes que a modelar una fisonomía, es a trazar una figura y dominar el arte de la perspectiva. Es inverosímil que en el caso de Bustos se haya invertido el proceso. Para remediar esta falla de su razonamiento, Obregón acude a una hipótesis aún más ligera: la de la involución. No: la excelencia de Bustos en el arte del retrato y su debilidad en los otros aspectos técnicos se deben, precisamente, a que no estudió en una academia. En fin, la tercera: no sólo una y otra vez Bustos se declara pintor *aficionado,* es decir, sin estudios académicos, sino que en 1903, en el Altar Dorado de la iglesia parroquial, firma: «Hermenegildo Bustos, pintor aficionado sin maestro y en 72 años de edad». Después de esto, no nos queda sino volver a las suposiciones del principio: los maestros de Bustos fueron algunos libros, unas pocas imágenes y, sobre todo, sus ojos, que penetraban en lo que veía, su memoria, que retenía lo visto y su pulso y su imaginación, que lo reproducían y transfiguraban.

Bustos no pintó paisajes ni interiores ni desnudos. Tal vez se lo impidió su desmaño para pintar figuras, fondos y lejanías. La perspectiva no era su fuerte. En el caso de los desnudos debe añadirse, además, la pudibundez de la provincia mexicana. Conocemos dos bodegones en los que aparecen distintas frutas, algunas legumbres, una rana y un alacrán. El pintor evadió las dificultades de la composición y dispuso las frutas y legumbres en hileras. Más que un cuadro, las dos pinturas parecen ilustraciones de un tratado de horticultura. Los retratos, en cambio, son casi siempre notables por su verismo, su modelado, sus colores y su dibujo firme, suelto y fino (cualidades no contrapuestas, en su caso, sino complementarias). Vale la pena subrayar la excelencia de su dibujo: el trazo, como ya dije, es seguro y neto pero ligero y, en cierto modo, reflexivo; quiero decir: la mano que dibuja las líneas sirve al ojo que mira y a la mente que mide y que, al medir, compara y construye. Para Bustos el dibujo, más que una composición, es una exploración. Ninguno de los que conozco es una obra en sí: son estudios, apuntes para el futuro retrato. Sin embargo, tienen un encanto propio: son el presentimiento de una obra, la prefiguración de un rostro. Pienso en el boceto que precede al retrato de su mujer: es difícil olvidar esos ojos que miran con cierto asombro al mundo bajo unas cejas pobladas y una frente más soñada que dibujada. El rostro de la muchacha es un fruto en el momento de entreabrirse: ¿cómo ese óvalo inmaduro y delicioso pudo convertirse en los rasgos severos de la matrona del retrato y en la cara resignada y un poco estólida de la foto de 1901?

Los dibujos de Bustos eran probablemente ejercicios de memoria visual; también le servían para familiarizarse con el modelo y para *se faire la main*. Después, sobre la lámina o el lienzo, comenzaba a pintar directamente, ya sea en monocromo o en colores muy tenues; más tarde aplicaba el color con delicadeza y cuidado. El toque es firme, nunca violento: no hay nada extremado en sus pinceladas. La sensibilidad de Bustos era ajena a cualquier expresionismo. Walter Pach se pregunta cómo fue posible que el artista lograse con ese procedimiento pintar composiciones en las que el modelado parece estar sostenido por el esqueleto del dibujo. Quizá la respuesta está en lo que señalé más arriba: la memoria visual. Al pintar, Bustos seguía el trazo mental de sus dibujos: su mano pintaba, su memoria dibujaba. De ahí la necesidad de los apuntes previos. En fin, cualquiera que haya sido su método, lo cierto es que los óleos de Bustos revelan a un extraordinario dibujante. Como los huesos que, recubiertos por los músculos y la piel, forman y conforman una fisonomía, su dibujo sostiene a los pigmentos y a las manchas. Es una arquitectura invisible.

Bustos pinta a la perfección lo más complejo, difícil y misterioso: el rostro humano, pero no acierta con un cuerpo, con una arboleda o con tres libros, un vaso y una lámpara sobre una mesa. Esto explica los estrictos límites que se impuso y que son los de sus talentos y limitaciones. Eliminó los fondos, no pintó interiores ni escenas y redujo sus modelos a lo esencial: el rostro. Adivinamos su condición por la ropa que visten, por sus prendas y adornos y, a veces, por el objeto que sostienen sus manos: un libro, una moneda, una flor, una carta con su nombre, una pizarra de colegial. Los retrata en general de tres cuartos y de medio cuerpo. Salvo en el caso de un retrato de mujer que muestra los hombros desnudos —el escote de la ligera blusa deja ver el nacimiento de unos senos macizos— Bustos presenta a sus modelos enteramente vestidos. La ropa los cubre y los define: agricultor, comerciante, cura, viuda, soltera, madre de familia. Sin embargo, todos esos retratos irradian —o mejor: transpiran— una poderosa carnalidad. El cuerpo se ha vuelto energía, ha dejado de ser forma y volumen para convertirse en gesto, temperatura, mirada. Si se me pidiese definir con una sola palabra la impresión que me causan esos retratos, respondería sin vacilar: intensidad. El dibujo, el modelado, los colores, los volúmenes, todo, se resuelve en una energía reconcentrada. Tras la impasibilidad de esos rostros requemados se adivina un hervor de pasiones y deseos subterráneos, una inmensa vitalidad a un tiempo contenida y obstinada.

Es natural que ante esta obra breve pero, en su brevedad, no pocas veces perfecta y, dentro de sus límites más bien reducidos, casi siempre extremadamente personal, los pocos críticos que se han ocupado de ella hayan vuelto los ojos hacia la tradición en busca de antecedentes y paralelos. Por su realismo, su indiferencia ante los rangos sociales y ante las convenciones y fórmulas de la belleza ideal, así como por su economía visual y su «esencialismo» —algo muy distinto a la búsqueda de lo característico y lo extraño—, en suma: por su equidistancia del idealismo clásico y del barroquismo y el expresionismo, Bustos hace pensar en los orígenes del arte del retrato: los flamencos del siglo xv. No busca en el retrato un tipo ideal como los grandes renacentistas ni una singularidad o una excepción como los barrocos y los modernos: retrata personas reales y esto evoca a los flamencos. Pero apenas se enuncia el parecido, se disipa: compararlo con Jan van Eyck, como algunos lo han hecho, es temerario. Esa cercanía lo empequeñece e, incluso, lo aplasta. Van Eyck es un comienzo o, más exactamente, *es el comienzo* del gran arte del retrato de Occidente; Bustos es un momento de esa tradición, un parpadeo apenas: un pequeño maestro. Pero la comparación, aunque exagerada, es útil. En Bustos no encontramos los misteriosos interiores del flamenco con su mezcla de vida cotidiana y objetos simbólicos, las ventanas como golfos de claridad y los espejos de reflejos recónditos, las conjunciones de la luz y la sombra en las telas y los metales, pero hay la misma pasión por la verdad humana y la misma honradez ante lo que ven nuestros ojos: una persona, un ser único y vulnerable. Pintar un rostro no es tanto una consagración como un reconocimiento, una fraternidad.

Debemos a Walter Pach una comparación menos aventurada: los cuadros de Bustos le recuerdan al crítico norteamericano los retratos anónimos de Fayún. Estas obras, menos complejas que las de los flamencos, ofrecen efectivamente ciertos parecidos sorprendentes con los retratos de Bustos. No obstante, según se verá, esas semejanzas no ocultan diferencias notables y más profundas. Pach señaló el parecido, pero no pudo o no quiso desarrollar su idea; tampoco lo han hecho los que, más tarde, han repetido su opinión. Los parecidos saltan a la vista: las pequeñas dimensiones de las obras; la ausencia de fondos; el rostro visto de tres cuartos (en las tabletas de Fayún la representación frontal también es frecuente); la figura humana reducida al rostro y la parte superior del tronco; el cuidado de los detalles emblemáticos (la diadema de hojas doradas en el retrato de un sacerdote del culto de Serapis y el breviario y la cruz en el de un cura de la Purísima del Rincón, la tableta y el estilo entre las manos de una maestra griega y la tiza y el pizarrón entre las de un colegial mexicano); en fin, el realismo: ni los artistas de Fayún ni Bustos pretendieron representar tipos sino individuos concretos. Procuraron ante todo ser verídicos, sin idealizar o embellecer al modelo. Estas semejanzas no son engañosas: son superficiales. Hay diferencias profundas entre los retratos pintados sobre los sarcófagos que guardaban las momias de los terratenientes del nomo Arsinoitico[1] y los de los lugareños de Bustos. Esas diferencias se refieren a la función social de las pinturas, pero asimismo a sus elementos formales y a su significado profundo.

Los retratos de Fayún son doblemente anónimos: no conocemos los nombres de los artistas que los pintaron y sólo en contadas ocasiones han llegado hasta nosotros los de los retratados. Los ejemplos más antiguos se remontan a unos cien años después de la caída del Egipto ptolomeico bajo la dominación romana (30 a.C.) y los últimos al siglo IV. No sólo es notable la continuidad de esta tradición —más de tres siglos— sino que durante tanto tiempo no se presenten variaciones estilísticas apreciables. Sin negar el encanto e incluso la verdad psicológica y el *pathos* religioso de muchos de esos retratos, es indudable que estamos ante una manera colectiva que prohíbe todo cambio y variación individual. Durante más de trescientos años cientos de ejecutantes repitieron, con mayor o menor fortuna, una fórmula. Los retratos de Fayún pertenecen más a la historia de la religión que a la del arte. Desde su descubrimiento, a fines del siglo pasado, se han recobrado más de setecientas tabletas. Parece mucho pero es poco ante lo que se ha perdido o siguen ocultando los cementerios de esa región. Todos los retratados pertenecían a la clase acomodada de esa provincia: terratenientes y sus familias, altos funcionarios

---

[1] El actual Fayún se llamó Arsinoitico en la Antigüedad, en honor de Arsinoe II, la mujer y hermana de Ptolomeo Filadelfo.

y matronas, oficiales romanos casados con damas de la aristocracia nativa, sacerdotes del culto oficial. Por último, el nomo Arsinoitico era una de las regiones más ricas del riquísimo Egipto y su clase dirigente estaba compuesta por una población cosmopolita —romanos, griegos, egipcios, sirios— en continua relación con Alejandría, Atenas, Roma y los otros centros del Imperio.

Un vistazo al mundo de Bustos y un breve examen del carácter de su arte y de las circunstancias que lo rodearon bastarán para mostrar el contraste con el arte de Fayún. Las notas dominantes de este último son la continuidad, la impersonalidad y la uniformidad. El arte de Bustos es profundamente individual; fue un autodidacta y su tradicionalismo no es una herencia sino una conquista y casi una invención. No son menos significativas las otras diferencias. Sus modelos no pertenecían a la clase dirigente de México o, siquiera, de su provincia: eran gente modesta de su pequeño pueblo. Tampoco son anónimos: conocemos sus nombres y, en muchos casos, la fecha de su nacimiento, la de su matrimonio, su estado civil, su profesión, el número y los nombres de sus hijos, su estatura y otros detalles curiosos. La obra de Bustos no es numerosa y cubre apenas medio siglo de la oscura vida de un rincón —el nombre de su pueblo no pudo ser más apropiado— de la provincia de México, un país en esos años apartado del mundo. En fin, diferencia capital, cada retrato de Hermenegildo Bustos fue una experiencia distinta. Cada una de esas obras fue una aventura estética y humana: confrontación y encuentro.

Los retratos de Fayún son una de las expresiones finales de los antiguos cultos funerarios del Egipto faraónico. El hecho de que esos cultos, asociados a Isis y Osiris, hayan llegado hasta la época de la dominación romana es una prueba no sólo del tradicionalismo egipcio sino de la naturaleza casi indestructible de las creencias religiosas. Desde el principio se guardaron las momias de las personas acomodadas en sarcófagos que imitaban la forma del cuerpo humano. Los arqueólogos llaman «antropomorfos» a esos sarcófagos pero Klaus Parlasca, en el interesante e instructivo ensayo que ha dedicado al tema, piensa que deberían llamarse «osiriformes», ya que están relacionados con el culto de Osiris, dios de los muertos, la vegetación y la resurrección.[1] La costumbre se conservó bajo la dinastía lágida y durante la dominación romana. Los sarcófagos se depositaban en una sala especial consagrada a los antepasados, en la que

[1] Klaus Parlasca, «Le Mummie del Fayyum», *Gente del Fayyum*, FMR, núm. 13, Milán, mayo de 1983. Contiene también ensayos de Giorgio Manganelli y Gianni Guadalupi.

se celebraban en los días rituales, libaciones y banquetes funerarios. Al cabo de dos o tres generaciones, las momias eran enviadas a los cementerios. En el distrito de Fayún los sarcófagos, «por razones de espacio», se colocaban en forma vertical y con frecuencia se guardaban en armarios. Primero se inscribía únicamente el nombre del difunto sobre la parte superior del sarcófago, pero bajo la dominación de Roma se implantó la costumbre de colocar una tableta de madera con un retrato del muerto pintado al encausto. No es difícil imaginar la emoción del devoto al encontrarse, en los días señalados, frente a frente con la momia y el retrato del abuelo o de la madre.

En los sarcófagos de Fayún se funden dos tradiciones: el culto a Osiris (bajo la forma helenística de Serapis) con su promesa de resurrección y el retrato romano que reproduce, para perpetuarlas, las características físicas de un personaje y, a través de ellas, su índole psicológica. El realismo romano al servicio de la escatología egipcia. Me parece, sin embargo, que en los retratos de las momias de Fayún hay otro elemento: la vivacidad, el amor a lo característico y a lo singular que distinguen al arte alejandrino. A pesar de la técnica uniforme con que están pintados, hay en estos retratos tal variedad de fisonomías, temperamentos y caracteres que, al verlos, es imposible no pensar en los personajes de la Comedia Nueva o en los poemas de Meleagro. Por los nombres que aparecen en los sarcófagos se sabe que muchos de los difuntos eran griegos o, al menos, de cultura griega. El helenismo no desapareció de Egipto sino hasta la invasión de los árabes. En suma, la sala donde se conservaban las momias de los antepasados en Arsinoitico albergaba una asamblea de abocados a la inmortalidad por la doble acción de Serapis y el arte del retratista. Era una inmortalidad limitada a los pudientes que podían pagar los crecidos gastos de la momificación y los honorarios del artista. Los retratos de Fayún se insertan dentro de un ritual religioso cuyo eje es la creencia en la resurrección. Pero esos retratos no son imágenes sagradas ni reliquias: son una suerte de pasaporte ultraterreno, los documentos de identidad de un viaje sobrenatural.

El arte de Hermenegildo Bustos, a pesar de su asociación con la Iglesia y de su devoción, es esencialmente profano. No se inserta en un rito funerario ni alude a una creencia en el más allá; tampoco está referido a la muerte o a otra realidad intemporal. Parlasca encuentra una curiosa analogía entre el arte de Fayún y la costumbre, en la Polonia aristocrática del siglo XVII, de colocar sobre el féretro un retrato del difunto pintado por un artista especializado en la pintura de muertos. Es una costumbre que también encontramos en México. La pintura de difuntos —gente de pro, monjas, clérigos, niños— fue muy frecuente durante los siglos XVIII y XIX. Sin embargo, a diferencia de sus contemporáneos, Bustos apenas si pintó difuntos. La excepción es el retrato de una *Niña muerta* (1884). El cliente del artista de Fayún, al ver el retrato de su antepasado, dialogaba silenciosamente con un muerto; el cliente de Bustos dialogaba consigo mismo. El realismo de los artistas de Fayún es una fórmula impersonal impuesta por la cultura grecorromana de sus clientes. En el caso de Bustos, el gusto del artista coincidía con el de sus clientes: su arte nace de la confluencia entre su visión personal y el gusto colectivo.

Como el arte de Fayún, el de México es el resultado de una conjunción de influencias externas y realidades locales. En un caso, el arte de un grupo dominante —griegos y romanos— se inserta en la religión del antiguo Egipto; en el de México, la religión y el arte de Europa fecundaron la sensibilidad y la imaginación de una población que la Conquista había reducido a una suerte de orfandad espiritual. Ahora bien, la actitud de Bustos ante la tradición artística no es de simple sumisión; no sólo proclama que es «aficionado» y que no ha tenido maestros sino que se afirma orgullosamente *indio*. En el reverso de su autorretrato escribe: «Hermenegildo Bustos, indio de este pueblo de Purísima del Rincón». Al pie del retrato del padre Martínez, repite: «Yo, Hermenegildo Bustos, aficionado pintor, indio de este pueblo...» No vale la pena multiplicar las citas pero sí subrayar su sentido: para Bustos la pintura es una experiencia individual, una prueba. De ahí que haya escrito en el reverso de su autorretrato: «por ver si puedo». En esa prueba se juega su ser entero y algo más: su identidad racial. Bustos se afirma frente a la tradición y esa afirmación es doble: la de un artista marginal que no tuvo educación académica y la de un indio. Su tradicionalismo es extraordinariamente moderno y, en cierto modo, polémico.

No es necesario prolongar más la comparación: el arte de Bustos es decididamente histórico. Brota del encuentro entre el pintor y su modelo, se nutre de la confrontación de dos alteridades y se resuelve en una obra que expresa no una verdad intemporal sino una percepción instantánea: la movilidad de un rostro, quieto por un instante. Llamar *histórico* a este arte quizá puede inducir a confusión. Todas las artes son históricas, como hechuras humanas que son; quiero decir: todas nacen en la historia y todas, de esta o aquella manera, son expresión suya. Todas, también de esta o de aquella manera, la trascienden y, a veces, la niegan. Sin embargo, el arte de Bustos es histórico en un sentido más limitado y particular. En primer término, no está referido a ninguna de esas ideas o entidades intemporales que expresan a una sociedad y en las que ella se reconoce: la Cruz, el Creciente, la Hoz y el Martillo, el Sol naciente. En su pintura no hay mitologías, símbolos o alegorías. No es una visión del mundo ni del trasmundo. Ni paisajes ni paraísos ni infiernos. Tampoco hay historia en el sentido usual de la palabra: héroes, traidores, tiranos, mártires, multitudes, sucesos. No pintó acontecimientos sino el *acontecer* mismo. Para Bustos, como para todos nosotros, el tiempo *pasa* pero no en los lugares escogidos, no en los escenarios históricos, sino en las afueras; en sitios sin nombre. Cada uno de sus cuadros está fechado y ha sido pintado en un lugar determinado pero esas fechas son privadas y ese lugar está fuera de la gran historia. Entonces, ¿en qué sentido es histórica su pintura? Nace en el tiempo, expresa el tiempo: es tiempo puro. El retrato es el testimonio, fijo y momentáneo, del encuentro de dos personas —diálogo, combate, descubrimiento— resuelto en un reconocimiento. El *otro* se presenta como una presencia corpórea. Esa presencia nos habla, nos mira, nos oye y nosotros la oímos, le hablamos y la miramos. Así descubrimos que la presencia es una persona o, como se decía antes, un *alma*. Un ser único, semejante a nosotros, vulnerable y enigmático. Al ver un cuadro de Bustos, repetimos este descubrimiento; el tiempo, sustancia de la historia, aparece por un momento: es un rostro humano.

México, marzo de 1984

[«Yo, pintor, indio de este pueblo: Hermenegildo Bustos» se publicó en *FMR*, núm. 31, Milán, marzo de 1985.]

Pinturas de José María Velasco

Después de recorrer la exposición del pintor José María Velasco, el espectador se siente en lo alto de un valle frío y respira un aire delgado, aire sólo para las águilas, en un misterioso equilibrio entre el cielo y la tierra, frío otoño de las alturas. Cielos azules, límpidos; nubes blancas a un tiempo sólidas y aéreas; aguas tranquilas, ensimismadas; algún cactus solitario, un pirú y, como en un espejo, la lejanía: las mismas aguas, los mismos cielos, la misma tierra rojiza, volcánica, levemente áspera. Cielo y tierra. Y el aire, invisible presencia que delata a los grandes pintores. Todo está suspendido en un momento de pausa, como si la naturaleza se hubiese detenido un instante para después proseguir su marcha. Pintor de límites, Velasco nos muestra un mundo que no es el del reposo absoluto ni tampoco el del movimiento sino el del descanso. El paisaje que nos revela también posee esa tonalidad: la meseta, donde la desolación de la montaña se inicia y cesa la lujuria de la costa. La hora y la luz predilectas de este pintor son equidistantes de la plenitud del mediodía y del abatimiento crepuscular. La pintura de Velasco vive en una reserva inmóvil, que no pertenece al abandono sino al equilibrio, a esa pausa en la que todo cesa y se detiene brevemente, antes de transformarse en otra cosa.

Mas esta tregua prodigiosa no posee ningún temblor. Todo es firme y neto y la reflexión de la creación —porque a esa hora la naturaleza parece reflexionar— no está invadida por las vacilaciones de la duda o el fulgor del presentimiento. Este mundo exacto y transparente parece ignorar la inquietud de la vida y la del hombre. Nada de lo que allí vemos solicita la complicidad de nuestros sentidos o de nuestros apetitos; su misión se reduce a aislarnos de lo humano y provocar, más que un contagio o una comunión, un estado de soledad. Mundo silencioso, extrañamente vivo, pero ajeno a nosotros, a nuestra vida. Lección de desdén.

Casi todos los cuadros de Velasco están compuestos de un modo muy simple: una línea horizontal divide, a la mitad de la composición, la tierra del cielo. Y eso le basta para revivir un mundo profundo y sólido, de hondas perspectivas e infinitas lejanías. Esta línea sólo tiene una función estética y no posee significación espiritual: ni separa a dos mundos, como ocurre con otros pintores, ni señala las fronteras entre el infierno y el cielo, entre el «acá» y el «allá». No hay ningún dualismo en Velasco; este pintor «católico» ignora al infierno tanto como al cielo. Sólo hay un mundo, este mundo de límpidas apariencias, de transparentes disfraces, parecen decirnos sus cuadros, si es que esta alma fría y desdeñosa intentó decirnos algo.

No le basta a su reserva, sin embargo, rehusarse a pintar el trasmundo de las cosas; lejos de contemplar al valle de México con los ojos del asombro, lo retrata como un naturalista. Su pulso anota, sin temblor y sin precipitaciones, lo que su tranquila mirada de águila descubre, con la misma apasionada indiferencia del sabio que sólo pretende registrar los fenómenos, sin intentar hundirse en ellos.

Hay una suerte de horror al hombre en todo lo que pinta; la figura humana sólo aparece cuando necesita subrayar la desolación o la grandeza solitaria de la naturaleza, en medio de la cual el hombre es siempre un intruso. Es sorprendente oír por ahí que Velasco es un pintor cristiano: ¿en dónde están el cielo o el infierno, la sensualidad, el erotismo de los cristianos? Este pintor ignora la existencia de otro mundo que no sea éste. Una nota domina toda su producción: la ausencia de sensualidad. Ni amor a la carne, ni incendio de la carne. Su pincel es casto, aunque carece por completo de inocencia, de asombro virginal. Y no sólo huye de la sensualidad y de la imaginación; ni siquiera la geometría, esa abstracción intelectual, le seduce: está lejos de ella como de la sensibilidad del impresionismo. Imparcial, exacto y desdeñoso, su orden es el de la ciencia.

El equilibrio, la sobriedad arquitectónica, los ritmos austeros recuerdan la precisión de ciertos poemas mexicanos. Si Velasco hubiera sido poeta, su forma predilecta habría sido el soneto. Sus paisajes poseen el mismo rigor, la misma arquitectura desolada y nítida, la misma monotonía de los sonetos de Othón. La línea horizontal que los divide tiene la calidad de un final de estrofa. Y hasta se atreve con sobrias rimas, ecos, correspondencias. El cielo frío y azul, inmenso, rima con el agua parada de los charcos, reducido infinito; las nieves de los volcanes, nubes inmóviles, son algo más que un recuerdo, una alusión y un eco de las otras nubes que se mueven, silenciosa e invisiblemente, en la profundidad del cielo: son una verdadera metáfora. Como Othón, logra recrear el paisaje de México sin ninguna concesión, sin ningún adjetivo. No necesita vestir la desnudez de lo que pinta con atavíos más o menos regionales para expresar que ese paisaje frío y altanero, más desolado que triste, sólo pertenece a México. La ausencia de la figura humana —más indiferencia que desprecio— tiene estrecha relación con el famoso soneto *Una estepa del Nazas.* Aunque no hay semejanza entre el paisaje de Othón y el de Velasco —uno canta el desierto del norte y el otro pinta el valle de México— sí existe cierta identidad en la actitud espiritual de ambos artistas:

Ni un verdecido alcor, ni una pradera;
tan sólo miro, de mi vista enfrente,
la llanura sin fin, seca y ardiente,
donde jamás reinó la primavera.

Rueda el río monótono en la austera
cuenca, sin un cantil, ni una rompiente
y, al ras del horizonte, el sol poniente,
cual la boca de un horno, reverbera.

Y en esta gama gris que no abrillanta
ningún color; aquí, do al aire azota
con ígneo soplo la reseca planta,

sólo, al romper su cárcel, la bellota
en el pajizo algodonal levanta
de su cándido airón la blanca nota.

Pero Othón encuentra, en los sonetos del *Idilio salvaje,* que la desolación del paisaje sólo es un eco y un símbolo del desierto de su espíritu. Velasco, nada amoroso, menos profundo, jamás se entrega: se repite infatigablemente, como un espejo que no conoce la sed ni la saciedad. Hay algo aterrador, inhumano, en esta altiva perfección que no descansa.

Cuando se termina de recorrer esta exposición, se siente una especie de plenitud fría, como al respirar el aire puro, horriblemente puro de la cumbre. Y ante esta pureza el espectador se pregunta: ¿cuál es el significado de esta obra, toda ojos y pulso, en la pintura mexicana? Su importancia reside, precisamente, en ese ascetismo y ese desdén ante los excesos y las tentaciones de la sensibilidad; gracias a esta reserva puede ahora la pintura mexicana, después de tantas aventuras, contemplarse en una parte de su ser: el rigor, la reflexión, la arquitectura, la castidad, la lealtad. Frío y riguroso, insensible y lúcido, José María Velasco sólo es una mitad del genio. Pero es una mitad que nos advierte de los peligros de la pura sensualidad y de la sola imaginación.

México, 1942

[«Pinturas de José María Velasco» se publicó en la revista *Hoy*, núm. 290, México, 12 de septiembre de 1942.]

Jean Charlot, estridentista silencioso

En la sección de Artes Visuales de este número de *Vuelta* reproducimos unas páginas de Stefan Baciu sobre Jean Charlot. Es un fragmento de un extenso ensayo que nuestro amigo y colaborador acaba de publicar en un cuaderno del que se han hecho unos cuantos ejemplares: *Jean Charlot, estridentista silencioso*. El cuaderno reproduce muchos grabados en madera de Charlot, todos ellos de sus años mexicanos. Algunos son excelentes y aparecen en este número de *Vuelta*. El título del ensayo de Baciu refleja con mucha claridad, en su contradicción misma: *estridentista* y *silencioso*, la situación a un tiempo central y marginal de Jean Charlot en la vanguardia de esos años (muralismo mexicano y movimiento estridentista en México y Jalapa). En efecto, católico, admirador y amigo de Paul Claudel, por sus gustos e inclinaciones Charlot estuvo quizá más cerca de los Contemporáneos, especialmente de un poeta como Carlos Pellicer, que del futurismo de Maples Arce y sus amigos. Al mismo tiempo, la decepción que le produjo la civilización europea, después de la primera Guerra Mundial, así como su amor por el arte popular, lo aproximaban a los muralistas y a los poetas del grupo de Jalapa. Hay que decir, sin embargo, que la inclinación por el arte colectivo era, en Charlot, nostalgia del arte medieval de Occidente (y en México del arte religioso de los siglos XVI y XVII). De ahí que se trate de una coincidencia lateral, por decirlo así, con el muralismo, más que de una adhesión a las especulaciones ideológicas y a las doctrinas estéticas de Rivera y Siqueiros.

El excelente ensayo de Baciu, aparte de su interés intrínseco como evocación de una personalidad olvidada por la mayoría de nuestros críticos e historiadores del arte, contribuye decisivamente a rectificar la imagen estereotipada y tradicional del muralismo mexicano. El movimiento artístico de esos años (1920-1935) fue mucho más complejo, diverso y heterogéneo de lo que generalmente se cree. Para comprobarlo basta con recordar que entre sus protagonistas centrales se encontraban Orozco, Mérida y Charlot, tres artistas que escapan a las definiciones ideológicas. Una vez más, como en el caso de los ensayos sobre la poesía hispanoamericana y brasileña contemporánea, hay que agradecer a Baciu su mirada esclarecedora y su segura erudición.

[«Jean Charlot, estridentista silencioso» se publicó en *Vuelta*, núm. 63, México, febrero de 1982.]

Apollinaire, Atl, Diego Rivera, Marius de Zayas y Ángel Zárraga

Los escritos de Apollinaire sobre el arte de la pintura son notables por su extensión, su diversidad y sus frecuentes adivinaciones. No fue un gran crítico en el sentido en que lo fueron Baudelaire o Breton; en él la mirada no se alía a la reflexión ni la sensibilidad se transmuta en pensamiento. Ni sus ideas ni sus teorías son memorables; lo son sus intuiciones y sus descubrimientos. Extraña mezcla de profeta, promotor y gacetillero: sus razones no siempre eran buenas pero su ojo era infalible. Tenía en un grado insuperable esa cualidad que los franceses llaman *flair* y que no es simplemente olfato sino visión y, más que visión, facultad de ver lo que va a venir. Presentir aquello que está en el aire y que todavía no tiene forma: el futuro en el momento de volverse presente o, mejor dicho, presencia. La crítica de arte de Apollinaire —escrita de prisa, desordenada, improvisada como una conversación en el café, fragmentaria— nos asombra por la frecuencia con que la realidad confirmó afirmaciones que parecían despropósitos. También por el número y la diversidad de obras y personas que, así fuese por un instante, cautivaron su atención. Encadenado al periodismo, fue un gacetillero de arte y, desde 1902 hasta su muerte, en 1918, escribió casi todos los días una crónica sobre la vida artística de París. L. C. Breunig publicó hace algunos años una selección de esas crónicas: es un volumen de más de 600 páginas. El tomo no incluye los ensayos del libro que Apollinaire publicó en 1913 y que contribuyeron decisivamente al triunfo de la nueva estética: *Les Peintres cubistes, Méditations esthétiques*. Apollinaire es el anti-Baudelaire y no sólo en el dominio de la poesía sino en el de la crítica pictórica.

La otra tarde, hojeando ese enorme y descosido conjunto de informaciones, trivialidades y descubrimientos que son las *Chroniques d'art*, me encontré con tres notas; las tres de 1914 y las tres dedicadas a tres artistas mexicanos (aunque el último lo sea sólo por su origen): Diego

Rivera, Atl y Marius de Zayas. No me cabe duda de que Apollinaire sintió cierta simpatía hacia México. Su hermano Alberto se instaló en nuestro país en 1913 y aquí murió, en 1919. El primer caligrama de Apollinaire, *Lettre-Océan*, publicado en *Les Soirées de Paris* en junio de 1914, dedicado a Alberto, está escrito en una tarjeta postal de la República mexicana. En este caligrama hay alusiones a Veracruz, Coatzacoalcos, los mayas, Juan Aldama, el vapor *Ipiranga, les jeunes filles à Chapultepec*, la chirimoya y dos expresiones que lo divirtieron: hijo de la Cingada (a la italiana) y Pendeco («C'est + qu'*un imbécile*»). Por todo esto es natural que viese con interés y benevolencia una exposición del Doctor Atl que tenía por tema y título *Las montañas de México* (Galería Joubert et Richebourg, del 1 al 15 de mayo de 1914). El texto del catálogo era del mismo Atl; una explicación de su arte y de su técnica pictórica, «sólida derivación de los métodos pictóricos helénicos». Apollinaire decidió citar el texto de Atl en su integridad, probablemente para ahorrarse trabajo y ganar espacio. La nota de Apollinaire se publicó en *Paris-Journal* el 5 de mayo *(sic)* y termina así:

Aparte de esas novedades técnicas, la exposición de Atl tiene el mérito de mostrar a un pintor de montañas. Es sabido que son escasos, los japoneses son los que más éxito han tenido en esta difícil representación. Quienes gustan de los viajes lejanos y de los lugares singulares contemplarán con placer, extraídos del cuaderno de viaje del elocuente Atl, estos paisajes americanos dominados por cimas altivas con nombres aztecas o toltecas: *El Popocatépetl, La cumbre del Iztaccíhuatl, El Colima, El Citlaltépetl, El Pico de Orizaba, El valle de Ameca, El Toluca*, etc.

La nota sobre Diego Rivera es breve. Fue publicada el 7 de mayo, dos días después de la de Atl. Se refiere a una exposición de Diego en la Galería B. Weill. Es curioso que los dos jóvenes artistas mexicanos expusieran sus obras en el mismo mes. La pintura de Rivera interesó a Apollinaire más que la de Atl; la de este último era más bien tradicional mientras que la del primero era resueltamente moderna. Como no dejó de señalarlo Apollinaire, Rivera estaba marcado por el cubismo. El poeta trata al joven pintor con simpatía; en cambio, se indigna ante el Prefacio del catálogo. Para que el lector comparta su irritación (justificada: ese texto es estúpido) reproduce el malhadado prólogo. Ocho días después, el 15 de mayo, en *Les Soirées de Paris*, vuelve a mencionar con elogio la exposición de

Rivera y vuelve a criticar el catálogo, sólo que en esta ocasión dedica al asunto únicamente cuatro líneas y media. El prólogo debió molestar a Picasso y sus amigos. El título de la nota de Apollinaire lo da a entender: «Un prefacio singular». Comienza con un rápido elogio del artista: «Rivera expone estudios y dibujos que muestran hasta qué punto este joven pintor ha sido tocado por el arte moderno; la sensibilidad de dos o tres dibujos justifica, por lo demás, esta exposición». En seguida dice: «Alguien que firma B.[1] ha escrito para el catálogo un *Prefacio* en el cual el pintor al que se le ha encargado de presentar es, por decirlo así, injuriado. Es la primera vez que sucede algo semejante». A continuación reproduce en su integridad el vitriólico texto. El prologuista ataca a los pintores de ese momento y a sus críticos; hay un párrafo dedicado a Picasso: «Otro pintor vació ya su saco pero sigue reinando como un señor y su corte entera, en cuclillas, se pelea por los restos; él, burlón y engreído, contempla la rebatinga; aunque español, su genio no ha crecido». Doble estocada, al artista y al hombre: Picasso agotó su arte, no tiene ya nada adentro; Picasso, aunque español (gente *alta*nera), no ha crecido: sigue siendo *chaparro*.

Apollinaire disculpa a nuestro pintor: «Monsieur Rivera no ha podido saber quién es el autor de este prefacio en el que se habla con desprecio de todo lo que él (Rivera) ama en el arte moderno. ¿Pero qué puede decirse de un crítico que acepta escribir el prefacio de una exposición de un artista cuya tendencia reprueba y sin que éste siquiera se lo haya pedido?»

Aunque no parece creíble que Rivera haya permitido que ese prólogo apareciese sin su consentimiento, todos los testimonios tienden a exculparlo: fue víctima de la diabólica Bertha Weill. De otra manera, ¿cómo explicar que Apollinaire, amigo íntimo de Picasso, estuviese seguro de su inocencia? En esos años Rivera se decía discípulo de Picasso. La exposición que comentó Apollinaire fue la primera y la última del pintor mexicano en París. Es indudable que su carrera sufrió tropiezos en esos años y que esos tropiezos lo llevaron a dejar Europa y regresar a México después de catorce años de ausencia. A los treinta y cuatro años recomenzó con gran vitalidad y realizó una obra considerable por su calidad y su extensión. Algunos críticos atribuyen la frialdad con que fue recibido Diego en París a la impertinencia del texto que apareció en el catálogo de su exposición en la galería de Bertha Weill, en mayo de 1914. Incluso

---

[1] Más tarde Bertha Weill confesó ser la autora de ese texto.

Ramón Favela, en su valioso ensayo sobre los años europeos de Diego, afirma que se hizo el silencio en torno a la exposición como una represalia.[1] Pero el silencio, como se ha visto, no fue completo. Además, incluso si no hubo más comentarios que los dos de Apollinaire, la exposición no pasó desapercibida: Diego era un pintor conocido y estimado. Al mismo tiempo, su obra no podía suscitar comentarios entusiastas ni polémicas encendidas: era un seguidor más del cubismo triunfante. Sus colores vivos lo apartaban de esa tendencia y lo exponían a la crítica que temían más los cubistas: incurrir en la decoración. El cubismo no fue un arte de expresión: fue un esencialismo.

La tercera nota también es breve, pero es la más importante y personal. La actividad y la obra de Marius de Zayas, artista de origen mexicano, están asociadas íntimamente al movimiento de la vanguardia en Nueva York, entre 1911 y 1920. De Zayas se ganó la vida como caricaturista del *Evening Star* y pronto sus obras gráficas conquistaron el reconocimiento de los jóvenes artistas y poetas neoyorquinos. Fue un colaborador cercano de Alfredo Stieglitz y participó en las actividades del célebre Estudio 291 así como en el gran escándalo del *Armory Show*, la primera exhibición de arte moderno en nuestro continente (1913). Gran amigo de Duchamp y Picabia (su nombre aparece con frecuencia en la correspondencia del artista hispanocubano), estuvo en París en 1914, un poco antes de que estallase la guerra. Allá conoció a Apollinaire e inmediatamente hizo suya la estética «simultaneísta» que el poeta y sus amigos difundían en *Les Soirées de Paris* y en otras publicaciones. En 1915, ya en Nueva York, Marius de Zayas fundó, con Paul Haviland y la poetisa Agnes Ernst-Meyer, la revista *291* (en homenaje al Estudio de Stieglitz). Luego Picabia recogió el título —aunque cambió el número inicial— para su revista trashumante: *391*. Los dadaístas, pese a sus furores, no fueron enteramente insensibles a la continuidad. Hay una tradición de la antitradición.

Las caricaturas-poemas de Marius de Zayas, algunas escritas en colaboración con Agnes Ernst-Meyer, representan una curiosa y original prolongación de dos formas inventadas por Apollinaire: el caligrama y el poema-conversación. Agrego que, aunque menos espontáneas, son más complejas que las composiciones de Apollinaire. En De Zayas hay una vena abstracta e intelectual; otra satírica. Ambas lo convierten en un hermano menor de Duchamp. Sus caricaturas de Apollinaire, Stieglitz,

[1] Ramón Favela, *Una nueva perspectiva: Los años de España, Francia y el cubismo*, México, 1983.

Picabia, Duchamp, Suzanne Duchamp-Crotti, Jean Crotti, Paul Guillaume y otros merecen recordarse: son obras plásticas y son ecuaciones psicológicas. De Zayas fue, además, el punto de unión entre Dadá y la vanguardia de Nueva York.[1] Pero la personalidad de Marius de Zayas merece un ensayo aparte. Creo que José Miguel Oviedo escribe uno.[2] Mientras tanto, me limito a reproducir el comentario de Apollinaire publicado, como los otros, en *Paris-Journal*, el 9 de julio de 1914. En su brevedad es una consagración:

La caricatura es un arte importante. Las caricaturas de Leonardo da Vinci, de Gillray, de Daumier, de André Gill no son obras menores. Entre los caricaturistas no incluyo a satíricos como Hogarth, Gavarni o Forain. El arte de hoy, tan expresivo, sólo había dado en la caricatura a Jossot, artista injustamente olvidado. Ahora hay un nuevo caricaturista, Marius de Zayas, y su caricatura, que emplea medios totalmente nuevos, congenia con el arte de los más audaces pintores contemporáneos. He tenido ocasión de ver algunas de sus nuevas caricaturas. Son de una fuerza inimaginable. La de Ambroise Vollard, la de Bergson, la de Henri Matisse. El próximo Salón de los Humoristas deberá reservar una sala a la obra de Marius de Zayas. Vale la pena.

La Guerra Mundial, comenzada diez días después de la aparición de esta nota, impidió la realización del deseo de Apollinaire. Han pasado cincuenta años y en ninguna sala de ningún museo de México se ha celebrado una exposición de Marius de Zayas. Tampoco ningún crítico mexicano le ha dedicado una línea.

AL MARGEN: PICASSO, RIVERA, ZÁRRAGA

Los años de Diego Rivera en París han dado origen a suposiciones extravagantes hijas del furor ideológico. Se ha dicho que abandonó el cubismo por convicción revolucionaria y que fue víctima de una conspiración de críticos y *marchands* enemigos del socialismo, entre ellos el poeta Pierre

---

[1] *Cf.* la correspondencia entre Tristan Tzara y Marius de Zayas, recogida en el libro de Michel Sanouillet: *Dada à Paris* (1969).

[2] En el número 81 de *Vuelta* (agosto de 1983) se publicó un ensayo de Dorothy Norman lleno de noticias curiosas sobre Marius de Zayas y su actividad en torno a la revista *291*.

Reverdy.[1] Presunción temeraria: en esos años ni Diego era comunista ni nadie hablaba en París de arte social. Sólo después de la Revolución rusa de octubre de 1917 se comenzó a discutir sobre estos temas y sólo unos años después se convirtieron en comidilla de los cafés de artistas y poetas. Tampoco es cierto que Rivera haya roto con las galerías de arte por amor a los principios marxista-leninistas. A otro perro con ese hueso: nunca dejó de vender sus cuadros y aceptó comisiones y encargos de los «enemigos de clase». También se ha hablado de su gran amistad con Picasso y de la actitud ambigua del pintor español, al que estorbaba la figura de Diego. En ninguna de las memorias de la época figura Rivera entre los íntimos de Picasso o, siquiera, en el número de sus amigos. Es indudable que se conocieron —y nada más. Diego no ocultaba en aquellos años su admiración hacia Picasso; no hay indicios, en cambio, de la de Picasso hacia Diego. A veces Picasso habló con elogio de otros artistas; por ejemplo, de Lam. Otras se burló con mezquindad de sus amigos: «¿Braque? Es mi mujer...» No consta que Picasso se haya burlado de Rivera o lo haya elogiado. Después de esto, me atrevo a referir un sucedido.

En 1946 yo vivía en París. Uno de mis amigos era el dramaturgo Rodolfo Usigli. Buen escritor y hombre difícil o más bien de humor fantástico, *bizarre,* Rodolfo había llegado a París provisto de cartas de presentación para varias notabilidades literarias y artísticas. Como ocurre generalmente, pocas entre ellas le contestaron. Entre las cartas sin respuesta había una dirigida a Picasso. En esos días la revista *Fontaine,* que dirigía Max Pol Fouchet, había publicado unos poemas míos. La traductora, Alice Gascar, que después traduciría el *Canto general* de Neruda, tenía amigos en el *entourage* de Picasso y gracias a ella pudimos concertar una entrevista con el pintor. Una mañana de febrero o marzo nos citamos enfrente del estudio de Picasso, el 7 de la rue des Grands Augustins, Rodolfo, Miguel de Iturbe y yo. Llegamos un poco antes y dimos dos o tres vueltas en la calle. En una pequeña galería, cercana al estudio de Picasso, se exhibía, en una vitrina, un gran retrato de Diego Rivera pintado por Modigliani. Al principio, no di demasiada importancia a esta coincidencia. Después, me pareció una premonición.

A la hora indicada entramos en el inmueble donde estaba el estudio, atravesamos la gran *cour* y por una escalera subimos al primer piso. Nos anunciamos y nos hicieron pasar a un saloncito, en donde nos esperaba

---

[1] Véase en este volumen: «Re/visiones: la pintura mural», pp. 572-612.

Jaume Sabartés, un catalán inteligente y vivaz. Nos dijo que Pablo se había retrasado —vivía ya en el campo— pero que no tardaría mucho. Mientras tanto, podríamos esperarlo en el estudio. Abrió una puerta, entramos y Sabartés desapareció. El estudio era vasto y destartalado: no había sillas ni muebles. En realidad, no era un estudio sino una suerte de gran bodega. Vimos adosadas contra la pared un gran número de telas. En los estantes y también por el suelo muchas esculturas, cuadros y otros objetos. Nos atrevimos a voltear algunos cuadros y vimos retratos de Dora Maar y de Marie Thérèse Walter, de Olga y de Paul, desnudos, bañistas, dos autorretratos, naturalezas muertas, cráneos, faunos, toros, caballos, guitarras —todas las épocas y todos los emblemas de Picasso. No eran menos impresionantes las esculturas y las cosas y desechos transformados por la magia del creador en obras de arte. Había también telas de Rousseau, Matisse, Derain, Balthus y no sé qué otros más. Entre las esculturas, varias eran de Matisse y otras griegas arcaicas, fenicias, hititas. Muchos años después, al visitar el Museo de Picasso en el Hôtel Salé, reconocí algunas de las obras que había visto medio siglo antes en el estudio de la rue des Grands Augustins.

A pesar de todas sus riquezas, el estudio no era un museo. Me pareció más bien la cueva de Alí Babá, sólo que en lugar de los montones de oro, diamantes, rubíes, perlas y esmeraldas, lo que estaba regado por el suelo era el botín de Picasso: la tradición del arte moderno. Entre todas las imágenes de Picasso —torero, Perseo, payaso, Ulises, Eróstrato, Pan— la de Alí Babá se me impuso con una suerte de evidencia estremecedora. Picasso el saqueador, el salteador. También el conquistador: en aquel estudio podíamos ver amontonados los trofeos y despojos de sus expediciones y pillajes. Pero a diferencia de Alí Babá y de Alejandro, cada uno de aquellos objetos había sido transformado y transfigurado por el artista. La cueva del pirata era realmente la caverna del mago. Picasso o el Señor de las Mutaciones.

En el suelo veíamos sus obras y las obras que habían sido sus fuentes de inspiración, desde el tercer milenio a.C., hasta nuestros días. También había reunido las de aquellos de sus contemporáneos ante los que había sentido afinidad o rivalidad. Entre ellas y sobre todo las de Matisse. Pensé: no sé si Picasso y Matisse son los dos pintores mayores del siglo xx; hay otros que me conmueven más profundamente o que me interrogan y me hacen pensar de veras, pero ninguno me seduce tan totalmente como este par. Sus dos nombres llenan el siglo. El cambio y la permanencia, el movimiento y la quietud... Una manera de entrever lo que se propone realmente un artista es preguntarse: ¿cuál es su paraíso? En los paraísos de los dos pintores la figura central es la mujer, encarnación de los poderes naturales. La de Matisse es un gran golfo de calma: la revelación solar del mediodía: la respiración del mar: el súbito reverdecer de la tierra negra. La de Picasso es instantánea y vertiginosa, el relampagueo de unos ojos en la noche: un paraíso entre dos abismos... Mientras me perdía en estos confusos pensamientos, Sabartés regresó y nos anunció que Pablo nos esperaba en el cuarto contiguo.

Era pequeño pero la penetración de su mirada, la vivacidad de su rostro y la animación de sus palabras hacían olvidar inmediatamente su estatura. ¿Cómo era y cómo estaba vestido? No podría responder con exactitud: veo una ventana alta que filtra una luz fría cayendo sobre una figura oscura y cálida. Una sensación más mental que visual: electricidad, vitalidad, inmensa y comprimida vitalidad, un dinamo que emitía breves descargas convertidas en frases, gestos, risas, *boutades...* La voz era baja, veloz, burlona, vehemente; el acento era español, la sintaxis y el vocabulario, franceses. Un español de París, un *parigot* de Barcelona. No percibí nada malagueño en su persona. Se dijo algo sobre la situación internacional —vivíamos ya en la Guerra Fría— y el movimiento de la paz. Sabartés se dio cuenta de que estos temas no nos interesaban demasiado y desvió la conversación hacia los asuntos hispanoamericanos. Gabriela Mistral acababa de obtener el premio Nobel pero Picasso confesó que no había leído nada de ella. Saltamos a México y a la República española:

—¡Ah, el único país que abrió las puertas a los españoles antifascistas! Fue un gesto magnífico de vuestro... vuestro...

—Cárdenas.

—Sí, claro, el general Lázaro Cárdenas.

Los mexicanos estábamos complacidos. Se habló de los republicanos españoles y Usigli, de pronto, aprovechó un momento de silencio para decirle que le traía una carta de Manuel Rodríguez Lozano.

—¿Se acuerda usted de él?

La respuesta fue un ademán sonriente y un ininteligible murmullo que, más o menos, quería decir: «Umh, no me pregunte eso, han pasado tantos años...»

Me atreví a preguntar:

—¿Y de Diego Rivera?

El mismo murmullo pero ahora más lejano e incomprensible, como el bufido de un toro en una plaza fantasmal. En seguida, con una sonrisa ancha:

—No conozco bien a la pintura mexicana. Estamos tan alejados... La guerra y todo lo demás...

Silencio. Entonces, como para consolarnos, dijo:

—Pero me han hablado de uno... muy interesante. Vi unos grabados suyos hace poco. Creo que ha hecho una exposición en Austria. Unos grabados muy fuertes... Un poco alemanes...

Después de una pausa y mirando a Sabartés:

—¿Te acuerdas tú? ¿Cómo se llama?

Nos miramos todos tratando de adivinar. De pronto, tuve una sospecha:

—¿No será Orozco?

—Eso es. Sí, creo que se llama Orozco. Un poco alemán, ¿verdad? Pero muy interesante, sí, fuerte...

Volví a la carga:

—Diego Rivera vivió muchos años en París. Entre 1910 y 1920. Fue muy amigo de muchos amigos suyos. Modigliani le hizo un retrato y...

Me interrumpió:

—Tuve un amigo mexicano que quise mucho. Un hombre inteligente, fino, culto. Muy amable y excelente persona. También era pintor.

—¿Quién era? ¿Cómo se llamaba?

Alegre al fin de poder dar un nombre, Picasso contestó:

—Ángel Zárraga. Un caballero. *Un honnête homme.* Era muy mundano y un poco cursi. De esos que en el salón tienen un vaso de cristal con un pétalo de rosa flotando en el agua. Sí, Ángel Zárraga...

Usigli comentó:

—Lo conozco. Es un hombre inteligente. También ha escrito poemas vanguardistas y son curiosos.

Picasso hizo un gesto. Usigli continuó:

—Le traigo un regalo de un pintor mexicano. Lo admira mucho y me rogó que, si lo veía, le entregase esto en su nombre como un mínimo homenaje.

Le tendió un rollo de papel que Picasso desenrolló. Era una linda *gouache* de Jesús Reyes. (¿Un caballito o un ángel-diablo?)

Picasso lo vio con agrado y sonrió:

—Es precioso. ¡Esto *sí* me gusta! Debe de ser muy joven este pintor.

—No —respondió Rodolfo—. Es casi de la edad de usted. O quizá más grande.

—Pues da lo mismo. Es un viejo muy joven. Tiene gracia, frescura.

—Guárdalo. —Le entregó el rollo a Sabartés.

No se habló mucho más. Habían pasado unos veinte minutos, Sabartés veía la hora y Picasso movía la cabeza:

—¡Qué lata! Tengo que recibir a una delegación de mujeres del Uruguay. Imagínense. Son del movimiento de la paz. No hay más remedio: hay que hacerlo... Oímos voces afuera: la delegación uruguaya había llegado. Nos despedimos.

Bajamos la escalera con prisa. Ya en la calle, Usigli me dijo furioso:

—¿Cómo es posible que sólo recordase a Zárraga?

—Es comprensible. Zárraga vivió muchos años en París. Fue amigo de casi todos los pintores de esa época. Aquí pintó y obtuvo un modesto renombre, un sitio decoroso. Reverdy habló de él en algunos de sus escritos... Lo incomprensible es que los mexicanos lo hayamos olvidado.

—¿Y lo de Diego? Me pareció abominable.

—No sé. Tal vez no estima a Diego y no quiso ofendernos. Porque no es creíble que no se acordase de él.

—O han llegado a sus oídos los improperios de Diego contra la escuela de París y contra él mismo. Prefirió callarse, ignorarlo.

—No sé. Los ataques de fuera le deben parecer zumbidos de mosquitos... Lo único que sabemos de cierto es que Picasso no es de fiar.

—Tampoco Diego.

México, julio de 1982

[«Apollinaire, Atl, Rivera, Marius de Zayas y Ángel Zárraga» se publicó en *Sombras de obras*, Seix Barral, Barcelona, 1983.]

Juan Cordero, *Retrato de doña Dolores Tosta de Santa Anna*, 1855.

José María Estrada, *Retrato de don Miguel Arochi y Baeza*, 1850.

Hermenegildo Bustos, *Autorretrato*, 1891.

Hermegildo Bustos, *Retrato de Joaquina Ríos de Bustos*, siglo XIX.

José María Velasco, *El valle de México*, 1875.

José María Velasco, *Candelabro de Oaxaca*, 1887.

José Guadalupe Posada, *Todo lo vence el amor*, 1903.

José Guadalupe Posada, *¡Feliz Año Nuevo!*, 1893.

Llovizna sobre mojado:
la momificación de Diego Rivera

La celebración del centenario del nacimiento de Diego Rivera se convirtió, como muchos temían, en una larga y tediosa ceremonia de momificación. Intervinieron en el embalsamamiento muchos peritos en este género de operaciones: autoridades, críticos de arte, periodistas, locutores de la radio y la televisión y esa especie que en México ha sobrevivido a todas las crisis y a todos los temblores, lo mismo a los de la tierra que a los de la conciencia: los intelectuales orgánicos. Los llamo así no aludiendo a Gramsci, sino por estar incrustados o, mejor dicho: inmersos, en un organismo que les sirve de claustro materno. Una entidad colectiva: Estado, partido, secta, cofradía, hermandad, etcétera.

Diego Rivera fue un artista notable y se merecía algo más que esa pompa oficial y que todas esas publicaciones que, juntas, no logran hacer una que valga la pena. Entre las reediciones, la única que merecía ese honor es la de Wolfe, valiosa en su tiempo y todavía entretenida aunque irrevocablemente fechada. Habríamos preferido una nueva biografía, con un criterio menos anecdótico y desde una perspectiva más actual. La exposición de Bellas Artes no carece de valor. Fue reunida y presentada por una institución extranjera, el Museo de Detroit; además, no iguala a la que hace unos años organizó el Museo Tamayo, acompañada por un catálogo excelente. Tampoco opaca a la reunida por Ramón Favela sobre el periodo cubista de nuestro pintor, una exposición que, aunque pequeña, fue sorprendente y que nos reveló a un Rivera casi desconocido. Fue presentada en el Museo de Arte de Phoenix, Arizona, y después en el Museo Nacional de Arte de México.

Durante los doce meses de la celebración echamos de menos algún libro de verdad nuevo y valioso sobre la vida y obra de Rivera. También pensamos que los críticos, los artistas y los escritores de México podrían haber intentado un examen, generoso pero no ciego, de su obra: ¿cuál es su lugar y su significación en la tradición pictórica mexicana y en la del arte moderno del mundo? Nos hubiera gustado una confrontación crítica entre Diego Rivera y sus grandes rivales de México —Orozco, Siqueiros, Tamayo— y ante los creadores del arte moderno: Matisse, Picasso, Klee, Duchamp, Kandinsky, Chirico. Por último, la persona misma de Rivera: el gigante y el niño; el astuto publicista de sí mismo y el inventor de fábulas maravillosas y grotescas que terminaron por transformarlo, a él también, en una fábula andante, a veces prodigiosa y otras lamentable; el artista y el militante trotskista, al final convertido —caso único en la historia de las apostasías modernas— en ferviente partidario de Stalin. ¿A quién fue fiel Diego Rivera? No a sus amigos ni a sus ideas ni a sus mujeres: a la pintura. Por este amor se le pueden perdonar muchas cosas. Perdonarlas, no cerrar los ojos ante ellas.

Ante todo esto, decidimos echar dos baldes de agua —fría pero potable— sobre ciertas cabezas afiebradas. El primero: otros fragmentos de mi estudio en forma de diálogo imaginario sobre el muralismo mexicano (parte del libro *Los privilegios de la vista*, que aparece el próximo mes de marzo);[1] el segundo: una pequeña sátira de Pierre Reverdy, escrita después de un altercado con Rivera, en 1917. Hubiéramos querido publicar otro texto ocultado por los guardianes de la fe: el ensayo de Gabriel García Maroto aparecido en el primer número de *Contemporáneos* (junio de 1928). La falta de espacio lo impidió. Apenas si es necesario advertir que nuestra intención no ha sido denigrar a Diego Rivera, sino presentar el reverso de la medalla e impedir así que un gran artista vivo se convierta en otra momia más de nuestro panteón cívico.

[«Llovizna sobre mojado: la momificación de Diego Rivera» se publicó en *Vuelta*, núm. 123, México, febrero de 1987.]

---

[1] Se trata de «Re/visiones: la pintura mural» recogido en este mismo volumen, pp. 572-612.

LA PINTURA MURAL

Los muralistas a primera vista

Como todas nuestras artes contemporáneas —y quizá más acusadamente— la pintura es hija de la Revolución mexicana. Según he intentado explicar en otra parte,[1] concibo a este movimiento como una inmersión de México en su propio ser. Al hacer saltar las formas que lo oprimían y desnaturalizaban, meras superposiciones históricas, el país se encuentra a solas consigo mismo. México se descubre pero al mismo tiempo descubre que su tradición —catolicismo colonial y liberalismo republicano— no podrá resolver sus conflictos. Así, la Revolución es un regreso a los orígenes tanto como una búsqueda de una tradición universal.

Acaso no sea inútil señalar que empleo la palabra *tradición* en el sentido de un programa o proyecto común que inserte a la nación en el mundo moderno. La Revolución, por una parte, es una revelación del subsuelo histórico de México; por la otra, una tentativa por hacer de nuestro país una nación realmente moderna y así, mediante un salto —el salto que no pudieron dar los liberales— suprimir lo que llaman nuestro «retraso histórico». Ahora bien, ser «una nación moderna» no quiere decir solamente adoptar técnicas de producción sino insertarse en una tradición universal determinada. O inventar un nuevo proyecto, una nueva visión del hombre y de la historia. Todos sabemos que esta búsqueda de una tradición que sustituyese a las que antes habían modelado a nuestro país terminó en un compromiso inestable, que aún no hemos superado. Pues bien, la pintura mexicana participa de esta doble condición. Desde el primer momento los pintores vuelven los ojos hacia México y, también desde ese primer momento, sienten la necesidad de insertar su nacionalismo en la corriente general del espíritu moderno. Todos los equívocos posteriores, estéticos y morales, parten de esa insuficiencia de la Revolución

[1] *El laberinto de la soledad*, México, 1950, libro incluido en el volumen V, *El peregrino en su patria*, de estas OC.

mexicana que, si fue una revelación de nuestro ser nacional, no logró darnos una visión del mundo ni enlazar su descubrimiento a una tradición universal.

México, su historia y su paisaje, sus héroes y su pueblo, su pasado y su futuro constituyen el tema central de nuestros pintores. Naturalmente, ese regreso se hizo utilizando valores, formas y principios rescatados por la cultura europea. En el trópico de Rivera hay ecos de Gauguin y de Rousseau, como en la poesía de López Velarde es visible la presencia, directa o refleja, de ciertos simbolistas franceses. Y la lección que el mismo Rivera recoge de los primitivos italianos acaso hubiese sido distinta sin el ejemplo de Modigliani. El descubrimiento de las artes precortesianas y populares también es un resultado de la curiosidad de la estética occidental. Desde el romanticismo hasta nuestros días el arte no cesa de enriquecerse con obras y conceptos ajenos al orbe grecolatino. Podemos ver con ojos limpios el arte precortesiano porque desde hace más de un siglo se nos ha enseñado a ver el arte gótico, el oriental y, más tarde, el de África y Oceanía. Estas conquistas no sólo han enriquecido nuestra sensibilidad sino que han influido en las obras de todos los grandes artistas contemporáneos. Recuérdese lo que significaron las máscaras negras para el cubismo, el arte egipcio para Klee, la escultura sumeria para Picasso. La obra de los pintores mexicanos participa en esta tradición que inicia el romanticismo. Sin ella, Rivera sería inexplicable. Nuestra pintura es un capítulo del arte moderno. Pero, asimismo, es la pintura de un pueblo que acaba de descubrirse a sí mismo y que, no contento con reconocerse en su pasado, busca un proyecto histórico que lo inserte en la civilización contemporánea.

Una pintura con estas ambiciones necesitaba —salvo en el caso de Orozco, dispuesto a dejarse devorar por los extremos y que siempre se burló de las ideas— el concurso de una filosofía que la justificara y trascendiera. Esta necesidad no era accidental ni partía del temperamento o del capricho de los pintores mexicanos. Obedecía a las mismas causas que llevaron a Vasconcelos —primer protector de los muralistas— a fundar la educación mexicana en una filosofía de la «raza cósmica» y a la Revolución a buscar una tradición universal que trascendiese sus limitaciones nacionales. Ninguno de los sistemas que les ofrecía la realidad mexicana podía satisfacer a los pintores; por eso volvieron los ojos hacia el marxismo. Mas la adopción del pensamiento marxista no era ni podía ser consecuencia de la existencia de un gran proletariado o de un movimiento socialista de significación. El marxismo de Rivera y sus compañeros no tenía otro sentido que el de reemplazar por una filosofía revolucionaria internacional la ausencia de filosofía de la Revolución mexicana. Su función no era diversa a la de las especulaciones hinduistas de Vasconcelos o al bergsonismo de Caso. Y mientras el Partido Comunista se formaba apenas o vivía en la clandestinidad, los muros oficiales se cubrieron de pinturas que profetizaban el fin del capitalismo, sin que nadie, ni los pintores ni los mecenas, se escandalizaran. Esta ausencia de relación entre la realidad y las visiones que pretenden expresarla da a buena parte de la pintura de Rivera, Siqueiros y algunos otros un carácter fatalmente inauténtico. Cuando su pintura predica, deja de ser lo que ellos quieren que sea: una respuesta orgánica a la realidad. Hija de las especulaciones de un grupo de artistas intelectuales, carece de esa relación total con su pueblo y su momento que da veracidad a Giotto, Cimabue o Piero della Francesca. No se puede ser al mismo tiempo pintor oficial de un régimen y artista revolucionario sin introducir la confusión y el equívoco.

La ideología de esta pintura sólo es una cáscara. Si se la aparta, se descubre que es una de las expresiones más altas de nuestra Revolución. Sus mismas limitaciones, su búsqueda de una visión universal que supere nuestras contradicciones, sus deslumbrantes hallazgos son los del movimiento iniciado en 1910. De allí que la pintura mural posea, a su manera, un carácter orgánico. Y ese carácter, más que sus ambiciones ideológicas, es lo que le otorga fisonomía, autenticidad y grandeza.

La ideología no les sirvió a los pintores para establecer vínculos orgánicos con la realidad, pero les dio ocasión para integrar su particular visión del mundo. Si el espectador se detiene ante la obra de Diego Rivera, descubre inmediatamente que este pintor no es tanto un materialista dialéctico como un materialista a secas; quiero decir: un adorador de la materia como sustancia cósmica. Rivera reverencia y pinta sobre todo a la materia. Y la concibe como una madre: como un gran vientre, una gran boca y una gran tumba. Madre, inmensa matriz que todo lo devora y engendra, la materia es una figura femenina siempre en reposo, soñolienta y secretamente activa, en germinación constante como todas las grandes divinidades de la fertilidad. El erotismo monumental de ese pintor lo lleva a concebir al mundo como un enorme fluir de formas, contemplado por los ojos absortos y fecundos de la madre. Paraíso, procreación, germinación bajo las grandes hojas verdes del principio. Una gran corriente erótica atraviesa todas sus creaciones. Como en esos microscopios de laboratorio biológico que tanto le interesan, en sus muros pululan hombres, plantas, máquinas, signos. Hay algo oriental en esa riqueza de gérmenes. Su horror al vacío le hace llenar el espacio de figuras, de modo que el muro, cualesquiera que sean sus dimensiones, parece que va a estallar por la presión de los seres que hormiguean en su interior. Nada más opuesto a esta repleta inmovilidad de primer día del mundo que el dinamismo, hecho de oposiciones y reconciliaciones, de una concepción dialéctica de la historia. Y de allí que Rivera caiga en la ilustración cuando intenta acceder a la historia. Como muralista, es el pintor de la creación y recreación incesante de la materia.

Para Alfaro Siqueiros, en cambio, todo es luz y sombras, movimiento y contraste. Los antecedentes de su pintura, hecha de antítesis, distorsiones violentas y bruscas iluminaciones, podrían encontrarse en ciertos pintores barrocos, españoles y flamencos, en los románticos —también preocupados por ese dualismo de luz y sombra— y en los futuristas italianos, que quisieron pintar el movimiento. El mundo de Siqueiros es el de los contrastes: materia y espíritu, afirmación y negación, movimiento e inmovilidad. Sus figuras parece que quieren escapar del cuadro, dejar de ser pintura y convertirse en símbolo puro. Si el peligro de Rivera es el estatismo, el de Siqueiros es el efectismo teatral. A veces sus formas se hinchan como los músculos de un Hércules de feria. Otras, tienden a un esquematismo sumario: las ideas no llegan a encarnar realmente en la pintura. Si Diego hace ilustraciones estáticas, Siqueiros incurre en la arenga mural. Pero es una arenga que no logra su expresión plástica y que se queda en signo intelectual. Literatura pintada, «ideología» que se sirve de las formas como de letras: precisamente lo contrario de lo que se propone ser. El temperamento dialéctico de Siqueiros lo ha llevado a predicar la utilización de nuevos materiales pictóricos. No es ésta ocasión de analizar sus ideas, aunque muchas de ellas no dejan de ofrecer un interés real. En cambio, sí es oportuno señalar que esta necesidad de emplear nuevos materiales es en Siqueiros más fatal de lo que él mismo se imagina, pues toda su pintura, cuando triunfa, cuando se realiza, tiende a negar la materia, a inflamarla y transformarla en otra cosa. Buscar nuevos materiales es una de las maneras en que este dialéctico pretende escapar de la materia.

Orozco, como Siqueiros, ama al movimiento; como Rivera, es monumental. Es tan enfático como ellos. Cuando cae, cae más pesadamente: cae de más alto. Al contrario de sus compañeros, no intenta penetrar la realidad con el arma de las ideologías, sino que arremete contra ellas y sus encarnaciones. La Revolución mexicana no escapa a sus ataques. Su pintura puede parecernos a veces una explosión, pero sabemos que esa explosión es real: quema. Y al primero que quema es al pintor. Pues esta pintura es, por encima de todo, un monólogo. Villaurrutia lo ha llamado el pintor del horror. Quizá sea más justo llamarle el pintor de lo terrible. El horror nos inmoviliza; es un erizarse el alma y la piel, una contemplación fascinada, un mareo: la realidad de pronto abre sus entrañas y nos deja ver su fondo, que es el sin fin. Y ante ese vacío sentimos la náusea del vértigo: la nada nos fascina. El horror es una de las formas de aprehensión de lo sagrado. Éste se manifiesta ya como lo pleno y repleto —la escultura azteca, por ejemplo— o como lo vacío —el hoyo de la conciencia, el aburrimiento de Baudelaire. El hombre es ajeno a lo horrible, que es por naturaleza lo extraño, lo radicalmente *otro*. En el horror aprehendemos lo sagrado como lo ajeno y nuestra reacción ante lo horrible es de absorta inmovilidad. La pintura de Orozco no nos produce esa suerte de pasmo. Es una pintura humana que sí se interesa en nuestro destino. El personaje de Orozco no es la materia ni la historia y su dialéctica de sombras y luces, sino Prometeo, el héroe en combate solitario contra todos los monstruos. En pocos artistas ha encarnado con tal violencia la voluntad de México, que si es voluntad de romper con la madre también lo es de trascender nuestra situación de orfandad. El hombre de Orozco está solo. Los dioses han muerto; frente a nosotros gesticulan las máscaras feroces de todas las ideologías y una selva de garras y guiños: la mentira de este mundo y del otro. La obra de Orozco completa la de Rivera. Ambas representan los dos momentos de la Revolución mexicana. Rivera, la vuelta a los orígenes; Orozco, el sarcasmo, la denuncia y la búsqueda.

París, noviembre de 1950

[«Los muralistas a primera vista» apareció originalmente como introducción del ensayo «Rufino Tamayo en la pintura mexicana»). Se publicó en *Las peras del olmo*, UNAM, México, 1957.]

Re/visiones: la pintura mural[1]

EXPRESIONISMOS

—*¿Cómo distinguiría usted el muralismo mexicano de las otras tendencias expresionistas del siglo?*

—El movimiento muralista mexicano tiene características propias, inconfundibles. No es exagerado decir que ocupa un lugar único en la historia del arte del siglo XX. Por una parte, es una consecuencia de los movimientos artísticos europeos de comienzos de siglo; por la otra, es una respuesta a esos movimientos que es, en cierto modo, también una negación. Hay en la pintura mural mexicana una suerte de desgarramiento entre sus ambiciones estéticas y sus ambiciones ideológicas. Pero para entender este desgarramiento hay que tener en cuenta las circunstancias históricas y sociales que hicieron posible el nacimiento de este movimiento artístico al comenzar la década de los veinte. Sin la Revolución mexicana la pintura mural no habría existido —o habría sido muy distinta.

—*¿En qué sentido fue determinante la Revolución mexicana en el movimiento muralista?*

—La Revolución mexicana fue, entre las revoluciones del siglo XX, un fenómeno singular. Revuelta nacionalista y agraria, no fue una revolución ideológica. No fue la obra de un partido y apenas si tuvo programa: fue una explosión popular, una sublevación espontánea que no tuvo una cabeza sino muchas. Siempre me he preguntado si fue una revolución,

---

[1] El origen de este texto fue una entrevista con la Televisión francesa, en una serie dedicada al expresionismo, uno de cuyos capítulos es el muralismo mexicano. Al escribirlo, decidí darle el carácter de un diálogo imaginario y lo aumenté considerablemente. Por último, antes de enviarlo a la imprenta, en mayo de 1986, volví a revisarlo y añadí más de treinta páginas.

en el sentido moderno de esta palabra, o una revuelta. Creo que fue una revuelta. Algo así como una explosión de la vida subterránea de México. Nuestra revolución sacó afuera, como en un parto, un México desconocido. Sólo que el niño que nació en 1920 tenía siglos de existencia: era el México popular y tradicional, ocultado por el régimen anterior. Un México que ahora unos y otros, progresistas de izquierda y progresistas de derecha, han vuelto a enterrar. La Revolución mexicana fue el descubrimiento de México por los mexicanos. Insinué que había sido algo así como una gigantesca revuelta; añado ahora otra palabra: revelación. La Revolución nos reveló a México. Mejor dicho: nos devolvió los ojos para verlo. Y se los devolvió, sobre todo, a los pintores, a los poetas y a los novelistas: Azuela, Rivera, Martín Luis Guzmán, Orozco, López Velarde, Vasconcelos.

La Revolución fue una vuelta a los orígenes pero también fue un comienzo o, más exactamente, un recomienzo. México volvía a su tradición no para repetirse sino para inaugurar otra historia. Ésta era la idea, más o menos confusa, que inspiraba al nuevo régimen y singularmente al ministro de Educación Pública de esos años, José Vasconcelos. Un hombre de genio. Vasconcelos llamó a los artistas para que colaboraran en la tarea de hacer o rehacer a México. Llamó lo mismo a los poetas que a las bailarinas, a los pintores que a los músicos. Se enseñaron a los niños de las escuelas los cantos y las danzas tradicionales, se exaltó el arte popular, se publicaron libros y revistas, se distribuyeron los muros entre los pintores. Vasconcelos creía en la misión del arte. También creía en la libertad y por eso no impuso a los artistas ningún dogma estético ni ideológico. En su política artística se inspiró no sólo en el ejemplo de la gran pintura religiosa de la Edad Media y del Renacimiento sino en el de Nueva España, sobre todo el del siglo XVI: en casi todos los conventos de esa época la pintura mural tiene un lugar de elección. Pero Vasconcelos, a diferencia de la Iglesia, dejó en libertad a los artistas.

Vasconcelos abandonó pronto el Ministerio de Educación. Sus sucesores, aunque no compartieron sus ideas, sí percibieron su utilidad política: el joven Estado revolucionario necesitaba de una suerte de legitimación o consagración cultural ¿y qué mejor consagración que la pintura mural? Así comenzó un equívoco que acabó por desnaturalizar a la pintura mural mexicana: por una parte, fue un arte revolucionario, o que se decía revolucionario; por la otra, fue un arte oficial. Volveré sobre esto más adelante. Ahora sólo quiero señalar las circunstancias que rodearon al nacimiento de la pintura mural mexicana: la revelación del México real que fue la Revolución mexicana y, simultáneamente, las necesidades políticas e ideológicas del nuevo régimen revolucionario.

—*¿Puede decirse que la pintura mural es una expresión de la Revolución mexicana?*

—Sí y no. Las circunstancias históricas y políticas no explican todo. La Revolución había descubierto al pueblo de México y a sus artes tradicionales; a su vez, los gobiernos revolucionarios necesitaban la consagración, por decirlo así, de los artistas. Sin embargo, lo esencial fue la aparición de un grupo de artistas que vio con otros ojos, con ojos nuevos y no con los del arte académico, la realidad. Para un artista mexicano del siglo XIX no hubiera sido fácil *ver* la herencia artística precolombina ni la riqueza y originalidad del arte popular. Aquí interviene la otra circunstancia decisiva, no política sino estética, no nacional sino internacional: la lección del arte moderno de Europa. La gran revolución estética europea, iniciada a principios del siglo XIX con los románticos, nos ha enseñado a ver las artes y las tradiciones de otros pueblos y civilizaciones, desde las orientales y africanas hasta las de la América precolombina y Oceanía. Sin los artistas modernos de Occidente, que hicieron suyo todo este conjunto de estilos y visiones de las tradiciones no-occidentales, los muralistas mexicanos no hubieran podido comprender la tradición mexicana indígena. El nacionalismo artístico mexicano fue una consecuencia del cosmopolitismo del siglo XX.

La pintura mural mexicana es el resultado tanto del cambio en la conciencia social que fue la Revolución mexicana, como del cambio en la conciencia estética que fue la revolución artística europea del siglo XX. Debo agregar que los muralistas fueron más bien tímidos en su utilización de las formas precolombinas y populares. Es extraño, pero Rivera, gran conocedor de los estilos modernos y gran admirador del arte precolombino, revela en sus formas una visión más bien académica y europea del mundo indígena. Siqueiros estuvo más cerca del arte barroco y del futurismo italiano que del arte popular. Lo mismo puede decirse de Orozco: tuvo mayor afinidad con el expresionismo europeo que con las artes tradicionales de México. Nada más alejado del hieratismo y la geometría de los artistas precolombinos que el patetismo de Orozco o las gesticulaciones de Siqueiros. Aunque el arte prehispánico es un arte con frecuencia terrible, no es un arte que grita. No hay exclamaciones en el arte mesoamericano. En realidad, el artista que ha sabido llevar hasta sus últimas consecuencias tanto la lección del arte precolombino como la del arte popular ha sido Rufino Tamayo.

—*¿Puede decirnos algo más sobre las relaciones entre el muralismo y el arte europeo?*

—El muralismo mexicano tiene muchas deudas con la pintura moderna europea. No hay que olvidar que Diego Rivera pasó cerca de quince años en Europa. Participó en la vida artística de París, fue amigo de Modigliani y de Juan Gris, se peleó con Pierre Reverdy y los curiosos de historia literaria y artística encontrarán su nombre en muchas de las contiendas e incidentes de la época.

El caso de Rivera no es, por otra parte, el único. Varios artistas y poetas hispanoamericanos han participado en los movimientos artísticos de París durante este siglo. Además de Rivera habría que citar a Picabia (hispanocubano), Marius de Zayas (mexicano y neoyorquino), Huidobro y Matta (chilenos), Lam (cubano) y a otros que en distintos periodos convivieron con la vanguardia europea, especialmente con el surrealismo.

—*Como usted mismo...*

—Y también como el poeta peruano César Moro y, más recientemente, el pintor Alberto Gironella... Volvamos a Rivera. En la evolución de Rivera hay un momento cubista. El cubismo de Diego Rivera pertenece al segundo periodo, el final de esta tendencia. Es revelador que ya desde entonces se haya distinguido por su amor a la anécdota folklórica y a unos colores vivos muy alejados de la austeridad cubista. Rivera fue un pintor de muchos recursos pero, a mi juicio, fue un pintor académico. Su cubismo fue exterior y lo mismo puede decirse de sus otras maneras y estilos. Su arte no brota de dentro. En Rivera hay habilidad, gran habilidad, a veces maestría, talento indudable, nunca o casi nunca pasión. Pintura exterior, en el extremo opuesto a la de Orozco. Fue un artista ecléctico que combinó varias maneras. Más que inventar, adaptó y combinó estilos, a veces con gran facilidad. Pienso en esos muros (Educación Pública, Chapingo) donde recrea con verdadero talento la doble lección de los fresquistas del *Quattrocento* y de Gauguin. Este último fue fundamental en su interpretación de la naturaleza y del hombre mexicanos. Las indias y los indios de Rivera vienen de Gauguin. Hay otro pintor con el que tiene indudable afinidad en ciertos momentos: Ensor. Me refiero al Ensor más popular, como el de su célebre *Entrada de Cristo en Bruselas*. Es curioso que la crítica no se haya detenido en esta afinidad. Otro parecido en el que, creo, tampoco se ha reparado: Léger. La evolución de Léger se parece un poco a la de Rivera. Como éste, pasó del cubismo —aunque el de Léger fue más riguroso, arriesgado e inventivo— a un arte más directo y popular, uno de cuyos encantos mayores reside en esa extraña y maravillosa alianza entre la máquina y el cuerpo femenino. En Rivera también aparece el erotismo enlazado al maquinismo.

Rivera fue el más culto, pictóricamente hablando, de los muralistas, pero los otros también conocían las experiencias y logros de la pintura moderna. En Siqueiros hay ecos, lo mismo en su pintura que en sus preocupaciones estéticas, del futurismo italiano. La tentativa por pintar el movimiento es algo que comparte Siqueiros con un Boccioni. En cuanto a Orozco: aparte de la influencia de Daumier y Toulouse-Lautrec, hay coincidencias y afinidades con el expresionismo alemán y con artistas que vienen del fauvismo, como Rouault. También encuentro en Orozco, a veces, a Ensor y, claro está, a Kokoschka.

—*El arte de los muralistas pertenece, sin duda, a la corriente expresionista, pero ¿cómo ve usted las relaciones entre el expresionismo europeo y el movimiento mexicano?*

—Hay que comenzar por una aclaración: a veces se olvida que el expresionismo mexicano, para llamarlo así, no se reduce únicamente al muralismo. El grabador Posada, sin saberlo él mismo, fue un extraordinario expresionista. Rufino Tamayo también lo es, a su manera. Lo mismo puede decirse de José Luis Cuevas. El caso de los muralistas es distinto. Lo es tanto desde el punto de vista cronológico como estético. Con ellos comienza el arte moderno en México e incluso, como movimiento, en el Continente Americano; además, su expresionismo tuvo características únicas. Su relación con el expresionismo europeo fue, por decirlo así, un parentesco polémico. Para aclarar esta relación hay que comenzar por el principio.

Los dos grandes movimientos europeos con los que el muralismo mexicano muestra afinidades y semejanzas son el *fauvisme* y el expresionismo. El primero fue francés y mediterráneo; el segundo, alemán, flamenco, nórdico. Ambos movimientos aparecen hacia 1905 y son anteriores en muchos años al muralismo mexicano. Es indudable que nuestros pintores no sólo conocieron estas corrientes y tendencias sino que las asimilaron y las adaptaron, casi siempre con talento y de una manera muy personal. Y hay algo más: la fuente común del fauvismo y del expresionismo fueron Van Gogh y Gauguin. Ellos y Cézanne, decía el expresionista Nolde, «fueron los primeros rompehielos del arte moderno». Ya señalé que Rivera recoge la lección de Gauguin. También, aunque no de una manera tan ostensible, la de otro gran abuelo: Rousseau. En el caso de Orozco podrían citarse otros nombres: Daumier, Toulouse-Lautrec. Así, los muralistas bebieron en las mismas fuentes que los expresionistas y los *fauves*.

Aparte de esta comunidad de orígenes, es evidente que entre los muralistas y los expresionistas las afinidades son continuas, constantes. Semejanzas que no siempre son influencias sino coincidencias o, más bien, confluencias. Esto es cierto sobre todo en los dos artistas en donde aparece más acentuado el expresionismo: Orozco y Siqueiros. El caso de Rivera es muy distinto. Su relación más directa es con el fauvismo. En cambio Grosz, Otto Dix, Kokoschka, Rouault y Ensor pertenecen a la misma familia espiritual de Orozco. Un pintor de masas compactas y volúmenes sólidos como Permeke hace pensar en el Siqueiros de los años treinta, no en el muralista sino en el pintor de caballete, que es quizá el mejor Siqueiros.

—¿*No exagera?*

—Sólo un poco. Como muralista, Siqueiros fue un gran inventor de formas pero lo dañaron la hinchazón retórica y el simplismo ideológico. Alianza desconcertante entre la invención plástica y el lugar común. En su pintura de caballete esos defectos no son tan visibles. Los retratos de Siqueiros son, muchas veces, notables por la energía del trazo, la economía de las líneas, el modelado sobrio y el color que, aunque violento, casi nunca es chillón. Fue un maestro de los ocres. Sus mejores retratos colindan con el relieve y aun con la escultura. Siqueiros asimiló con talento la lección de los bizantinos y también la de las máscaras precolombinas. Su arte se mueve entre dos extremos: el Pantocrátor bizantino, como en el dramático y viril *Cristo de San Ildefonso,* y la escultura azteca, como en el entierro del mismo mural. Más tarde otros retratos suyos (los de María Asúnsolo, por ejemplo) hacen pensar no tanto en los grandes españoles, según se ha dicho, como en su continuador moderno: Manet. Pero Siqueiros no sólo nos ha dejado algunos retratos espléndidos; no sé si alguien lo ha dicho ya: entre sus mejores cuadros hay una serie cuyo tema son unas enormes calabazas y otros frutos humildes. El asunto no puede ser más tradicional y menos ideológico. Esos cuadros recuerdan a los grandes bodegones españoles pero tienen un dramatismo propio e inexplicable. Son frutos taciturnos que evocan gigantescas cabezas cercenadas o melancólicos planetas. Son composiciones en las que no aparecen los dos defectos de casi toda su obra: la gesticulación y la elocuencia. Son formas, simplemente *formas*, que emiten una emoción reconcentrada.

—*Se refirió usted antes al fauvismo y al expresionismo*...

—Me parece que la comparación entre las dos tendencias ayuda a comprender el carácter único del expresionismo de la pintura mural mexicana. La relación entre el fauvismo y el expresionismo es, a un tiempo, íntima y contradictoria. El fauvismo es un arte dinámico, sensual, ebrio de sensaciones, luminoso, poseído por una vitalidad que no es inexacto llamar erótica. No en balde la figura central fue Matisse, el pintor más pintor de este siglo y aquel cuya pintura es la única que, sin deshonor, en nuestra época vil, merece ser llamada dichosa. El expresionismo también es dinámico pero su dinamismo es subjetivo; no busca la reconciliación con las fuerzas naturales como el fauvismo, sino que quiere ahondar la triple escisión: la del hombre y la naturaleza, la del hombre con sus semejantes y la del hombre consigo mismo. El expresionismo, brutal cuando no irónico, es casi siempre patético. El fauvismo es orgiástico; el expresionismo es crítico. Para el primero la realidad es una fuente de maravillas; para el segundo, de horrores. El fauvismo es una gran exclamación de asombro y aplauso ante la vida; el expresionismo es un grito de desdicha y una acusación moral.

El muralismo mexicano —con la notable excepción de Rivera— está más cerca del expresionismo que del fauvismo. Por sus gustos, su sensibilidad y su sentido de la forma, Rivera es un pintor muy distinto a sus dos compañeros y rivales. Si todavía fuese válida la oposición entre artista romántico y clásico, es claro que Orozco y Siqueiros serían románticos y Rivera clásico. Lo es, sobre todo, por la superioridad de su dibujo y por su sentido de la composición. Su color nunca es agrio y su línea, a veces demasiado plácida, jamás se tuerce ni retuerce. Ni la tortura ni la contorsión, los dos polos de Orozco y Siqueiros como dibujantes. Hay, además, un rasgo que lo separa radicalmente de sus compañeros y por el que se hace perdonar muchos kilómetros de pintura plana y monótona: su amor a la naturaleza y su amor a la forma femenina. Árboles entrelazados, flores húmedas y mujeres que tienen también algo de plantas. No pintura materialista sino pintura animista.

El mundo de Orozco y Siqueiros es otro. Sus deformaciones de la figura humana están muy lejos de la sensualidad *fauviste*; como en los expresionistas nórdicos, esas deformaciones tienen no sólo un sentido estético sino moral. En unos y otros la imagen pictórica —intensa, brutal, desgarrada— más que una visión del horror del mundo es un juicio y una condena. Arte crítico, arte de negación y de sarcasmo. Aquí aparece la primera diferencia: el expresionismo europeo y el muralismo mexicano son visiones subjetivas de la realidad pero el subjetivismo de los europeos es sobre todo un *affaire* de sensibilidad mientras que el de los mexicanos no es sólo emocional y psicológico sino ideológico (moral en el caso de Orozco). El expresionismo es el arte de unos hombres muy inteligentes que han renunciado a la inteligencia o que ven en ella solamente un arma para vengarse de la estupidez y la maldad del mundo; los muralistas, de nuevo con la excepción de Orozco, creyeron en la razón, así fuera bajo la forma paradójica y contradictoria de la dialéctica. El expresionismo fue pesimista y el muralismo optimista (salvo, otra vez, Orozco). El expresionismo fue un arte contra la sociedad y el Estado; aunque muchos de los expresionistas alcanzaron fama y dinero, ninguno de ellos se convirtió en un artista oficial; el muralismo fue el arte de un joven Estado nacionalista y sus obras más características fueron pintadas en los muros gubernamentales. Más allá de las semejanzas formales y de las afinidades de sensibilidad y concepción estética, hay una profunda divergencia entre ambos movimientos. Son dos caminos que se cruzan pero que se dirigen hacia puntos opuestos.

DIEGO RIVERA

—*¿No le parece demasiado tajante lo que ha dicho sobre el fauvismo y el expresionismo? Nadie había hablado del fauvismo al referirse a la pintura mexicana...*

—Tiene usted razón. Me serví de ese término para subrayar, por oposición, el carácter acentuadamente expresionista del muralismo mexicano. El fauvismo, entendido como sensualidad y color violento, me pareció útil para destacar el sitio único de Diego Rivera y su pintura. Pero admito que el término no le conviene sino parcialmente. Su evolución fue muy compleja y en ella se reflejan los cambios de la pintura universal entre 1900 y 1920.

—*Usted dijo también que Diego había sido académico.*

—No lo dije en un sentido únicamente peyorativo. El artista académico es aquel que aprende su oficio en una academia y que domina ese oficio. Hay ejemplos admirables: Rafael, Ingres. También es académico,

579

aunque en sentido negativo, aquel que se deja dominar por su oficio y que convierte su arte en recetas. Los dos extremos se encuentran en Diego.

—*Dijo también que carecía de pasión...*

—De nuevo: debo matizar esta afirmación. Diego no tuvo el *pathos* y la furia de Orozco pero no fue un pintor frío: fue un pintor sensual, enamorado de este mundo y de sus formas y colores. Por esto pensé en el fauvismo al hablar de su amor a la naturaleza y a la mujer. ¿Cómo olvidar la terrestre hermosura de los desnudos de Chapingo? Pero *también* fue un pintor frío: el Diego Rivera didáctico, discursivo, prolijo.

—*Hay algo más: usted lo llamó ecléctico.*

—El eclecticismo tiene mala fama. En moral lo confunden con «la manga ancha». Es injusto: se puede ser tolerante sin ser acomodaticio. En materia de moral y política Diego fue lo contrario de un ecléctico: fue autoritario y fanático. En arte el eclecticismo denota a veces ausencia de personalidad y de originalidad. No siempre: Poussin fue ecléctico y lo fue, a su manera bárbara, Picasso. Hay dos familias de artistas: los que se definen por sus negaciones y sus exclusiones y los que aspiran a integrar en su obra diversas maneras y estilos. Diego pertenece a la segunda familia. En este sentido está más cerca de Poussin que de Cézanne, para hablar de pintores del pasado. No fue, en el dominio estricto de la pintura, un revolucionario o un innovador: fue un asimilador y un adaptador. Como el de Poussin, su eclecticismo fue búsqueda de un arte completo que englobase muchas tendencias. No siempre lo consiguió: a veces las presencias ajenas son demasiado visibles; otras, en cambio, se funden en su poderosa visión, aunque sin desaparecer del todo. Esto es cierto, sobre todo, en sus años de formación.

—*¿Únicamente?*

—No. Hay ejemplos en toda su obra, lo mismo en la pintura mural que en la de caballete. Citaré uno entre muchos: el *Retrato de Ana Mérida* (1952) es un tardío *pastiche* del *Desnudo descendiendo una escalera* (1911) de Marcel Duchamp. Pero esto no lo daña demasiado: hay que juzgar a los artistas por sus logros, no por sus caídas. Los de Diego fueron muchos y grandes.

—*Se ha escrito poco sobre sus años de formación.*

—Es verdad y es lástima. Esos años son la clave de su evolución. Sin embargo, en los últimos años la crítica ha comenzado a interesarse en los años de Madrid y París. Ramón Favela ha publicado un ensayo excelente sobre el tema.[1] Favela señala que Rivera regresa a México cuando tenía ya treinta y cuatro años. Era un hombre hecho y derecho, un artista formado. Había pasado catorce años en Europa. Ignorar esos años decisivos ha sido un error de la crítica.

—*Hay que tener en cuenta, además, que Diego fue un artista precoz.*

—Así es. Entró en la Academia de San Carlos a los doce años. Allí estudió con artistas académicos de distinción como Rebull, Parra, Fabrés y el gran Velasco. A los veinte años, en 1907, becado por el gobierno de Porfirio Díaz, se trasladó a Madrid y estudió con otro pintor de nota: el realista académico Eduardo Chicharro. Su pintura oscilaba entonces entre el simbolismo en boga en México y el realismo tradicional español. Madrid, a la inversa de Barcelona, había sido insensible a los distintos movimientos que sacudían a París y a Europa desde fines del siglo pasado. Aunque los años de Madrid le dieron una técnica sólida, no le abrieron nuevas vías.

—*Tal vez por eso, en 1909, deja Madrid...*

—Y se instala en París. Pero sigue a la zaga y cultiva, tardiamente, un impresionismo derivado de Monet. En 1910, recaída en Zuloaga. Después, un salto: a través de Signac y el puntillismo, conoce la obra y la estética de Seurat. Casi al mismo tiempo y en dirección contraria, sufre la influencia de Derain, el *fauve*. Según Rivera, en esta época descubrió a Cézanne, cuyo ejemplo no lo abandonaría a lo largo de toda su carrera. Pero Favela ha mostrado que la pintura de Diego estaba muy lejos de la estética de Cézanne. En realidad, a imitación de su amigo Ángel Zárraga, se inspira en El Greco. A esta influencia se unió, dice Favela, la de ciertas telas precubistas pintadas por Braque hacia 1907 y 1908. El resultado de esta doble y divergente seducción fue una obra memorable, su primer gran cuadro: *La adoración de la Virgen* (1913). En seguida, da otro salto, ahora más tímido, hacia un «simultaneísmo» mundano: el retrato de Best Maugard, en el que las dinámicas ruedas mecánicas de Delaunay se vuelven decoraciones de teatro. Amistad con Modigliani, que pintó un maravilloso retrato de su amigo mexicano. En 1914 conoce a Juan Gris.

—*Otro encuentro capital.*

[1] Ramón Favela, *Diego Rivera, The Cubist Years*, Phoenix Art Museum, 1984. (Hay una traducción al español, que no he consultado.) Una versión abreviada del ensayo de Favela aparece en el libro *Diego Rivera*, Fundación Televisa, México, 1983, obra coordinada por Manuel Reyero y que contiene, además, ensayos de Salvador Elizondo, Adrián Villagómez y el mismo Reyero.

—Sí, aunque Diego abrazó el cubismo sólo por unos años. Llegó tarde a este movimiento. Entre 1914 y 1917 Diego pintó telas notables. Su composición era impersonal, defecto que no es tan grave pues el cubismo, por sus ambiciones clasicistas, fue una escuela de impersonalidad. El color era vivo y fuerte; es probable que los cubistas ortodoxos hayan encontrado decorativas esas coloridas composiciones. En ese mismo año de 1914 se celebró la primera y única exposición individual de Diego en París, en la diminuta galería de Bertha Weill, antigua amiga de Picasso pero que había reñido con él. Una *maladresse:* la autora de la presentación fue la Weill. La firmó sólo con la inicial de su nombre de pila (B.) y aprovechó la ocasión para burlarse del pintor español y de sus amigos. Favela dice que ese texto fue el causante del silencio que rodeó a la exposición. No: Apollinaire escribió dos comentarios, breves pero favorables en los que trata de disculpar a Rivera. Después de reproducir el texto injurioso, dice que sin duda Rivera era inocente, ya que el prólogo trata con desprecio el arte moderno que el pintor ama.[1] En aquellos años Rivera admiraba a Picasso y se decía su discípulo. Apollinaire, íntimo amigo del español, lo sabía; disculpó a Rivera porque estaba convencido de su inocencia.

Favela y otros ven en este incidente y en la disputa con Reverdy, tres años después, el origen de una conspiración de los pintores, los críticos y las galerías en contra de Rivera. Exageran. La verdad es que su pintura, aunque no carente de interés y mérito, no podía interesar demasiado: no abría nuevos caminos. Rivera era un seguidor tardío del cubismo. No menos erróneo es decir que Diego, movido por sus convicciones revolucionarias, rompió en esos años con las galerías y con el «arte burgués». Es más verosímil suponer que, ante las dificultades que encontraba en París, haya pensado en el regreso a su patria como una vía de salida. Fue una fortuna: el retorno a México fue otro recomienzo —el definitivo.

—Pero hubo otras escaramuzas...

—Diego era amigo de Gris y de Lipchitz. En junio de 1917 firmó con ellos y con Metzinger, Lothe y Severini una declaración en contra de Apollinaire.[2] Unos meses antes, en mayo, Rivera se había liado a golpes

---

[1] Guillaume Apollinaire, *Chroniques d'art, 1902-1918*, París, 1960.

[2] El 24 de junio se estrenó en París *Les Mamelles de Tirésias*, «drama surrealista» de Apollinaire. Los decorados y los trajes eran de Serge Férat. La prensa habló, vagamente, de escenografía cubista y esto bastó para desencadenar la cólera de Gris y de otros cubistas, que no veían con buenos ojos a Férat. La protesta de esos pintores, bastante moderada, decía: «Nosotros, pintores y escultores cubistas, protestamos contra la molesta conexión que intenta establecerse entre nuestras obras y ciertas fantasías literarias y teatrales que no nos toca

con el poeta Pierre Reverdy, en una reunión en casa de André Lothe. No es el único ejemplo de violencia física en la carrera de Diego. En México se paseó durante una temporada con un grueso bastón de Apizaco para, decía, «orientar a la crítica». Reverdy también era hombre de malas pulgas y era célebre no sólo por sus poemas y ensayos sino por sus estallidos de cólera. Todavía se habla de su pleito con Vicente Huidobro acerca de la paternidad del «creacionismo». Reverdy dedicó en su revista *Nord-Sud* una divertida crónica a la pelea con Diego. Pero es absurdo atribuir el ataque satírico de Reverdy, como se ha dicho por ahí con cierto atolondramiento, a su falta de simpatía por el socialismo. Ese tema no estaba sobre el tapete de la discusión y el mismo Rivera se habría asombrado si alguien lo hubiera sacado a colación a propósito de la estética del cubismo. En mayo de 1917 ni siquiera Lenin sabía que tomaría el poder en octubre.

—*Al año siguiente Diego abandonó el cubismo.*

—Sí, pero no para abrazar el todavía inexistente «realismo socialista». Es una tontería decir que dejó el cubismo impulsado por sus convicciones revolucionarias y porque así quiso romper con las galerías y el «arte burgués». Es imposible encontrar, en el Rivera de esos años, huellas de preocupaciones políticas revolucionarias. Había llegado a Europa en 1907, becado por un prohombre del antiguo régimen, Teodoro Dehesa, gobernador de Veracruz; en 1910 regresa por unos meses a México y precisamente el 20 de noviembre, es decir, el día en que comenzó la Revolución mexicana, Rivera expone sus obras en la Academia de San Carlos. No parece que el pintor se haya dado cuenta de que se iniciaban graves trastornos sociales: su exposición fue inaugurada por doña Carmen Romero Rubio, la esposa de Porfirio Díaz. Casi todos los cuadros fueron vendidos y Rivera regresó inmediatamente a París, probablemente con la misma pensión del gobierno de Veracruz.[1]

Como todos los otros mexicanos residentes en Europa, Diego habrá seguido con emoción y angustia los sucesos de México pero sin mostrar

juzgar...» La declaración afectó a Apollinaire y en una carta a Reverdy le dice: «la banda de los que han invadido el cubismo y con los que nunca quise estar, pensaron que era el momento de caer sobre Serge y sobre mí... Así me han dado la ocasión de separarme del cubismo comercial... Me quedaré con los grandes pintores del cubismo... lo siento por Gris pero él no tenía por qué meterse en este lío...» Enseguida, rompe con Gris en otra carta: «Te aviso que ha cesado nuestra amistad... No olvides, por otra parte, que la pieza es surrealista y que la palabra cubismo ha sido cuidadosamente suprimida». (Véase Pierre Marcel Adéma, *Guillaume Apollinaire*, La Table Ronde, París, 1968.)

[1] Ramón Favela, *op. cit.*

ninguna inclinación política y social definida. En 1914, cuando estalló la guerra, pensó por un momento alistarse como voluntario en el ejército francés: ¡extraña decisión para un revolucionario! Tampoco, durante el primer año de su regreso a México, mostró tendencias ideológicas afines al marxismo. Su primer mural, *La Creación* (1923), en el Anfiteatro Simón Bolívar, es una composición alegórica con motivos mitológicos y religiosos. Asimismo, sus primeros frescos en la Secretaría de Educación Pública (1923) no revelan una tendencia ideológica. Sólo en 1924, en el mismo edificio, comienza a pintar temas revolucionarios.

—¿*Cómo explica usted que haya abandonado el cubismo en 1917?*

—Es difícil responder a su pregunta. En esos años la mayoría de los cubistas exploran otras vías. Pero es indudable que Diego no dejó el cubismo por la pintura social; tampoco se aventuró por nuevos territorios: regresó a Cézanne. De ahí su insistencia en afirmar, una y otra vez, que había descubierto a Cézanne en 1910; así quería demostrar que su evolución había sido semejante a la de los grandes cubistas: Picasso, Braque, Gris. El regreso a Cézanne, en 1917, después de la experiencia cubista, es otra prueba del tradicionalismo de Diego. Es una nota constante en su obra, como ya dije. Élie Faure aprobó el cambio pero el aplauso del crítico, aunque lo estimuló, no le abrió las puertas de las galerías ni las del reconocimiento de la crítica. En este momento, cuando todo se tambaleaba, el destino aparece: en 1920 conoce a Alberto J. Pani, ministro de México en París. Pani amaba el arte, protegió a Zárraga y a otros pintores y rehizo nuestra Misión en el estilo *art-déco* (dañada por sucesores bárbaros). Diego pintó su retrato y Pani le compró *El matemático*, uno de sus mejores cuadros. Poco después, le arregló un viaje a Italia, comisionado por la Universidad de México, es decir, por José Vasconcelos, que era entonces el rector. En Italia Diego se enfrenta con los mosaicos bizantinos de Ravena, medita en la lección del *Quattrocento* y estudia a los maestros de Siena. Al año siguiente, llamado por el gobierno, regresa a México... Creo que esta atropellada relación da una idea de su compleja evolución.

—*Diego fue un gran pintor de caballete...*

—Sí. Algunos de sus óleos no son inferiores a sus mejores pinturas murales. He recordado la *Adoración de la Virgen* (1913) y *El matemático* (1919) pero hay otros. Salvador Elizondo menciona con razón el poderoso retrato de la poderosa Guadalupe Marín (1938) y dos desnudos extraordinarios de 1939: *Bailarina en reposo* y *Danza en la tierra*. Podrían añadirse otras composiciones de flores y frutos y muchos retratos, sobre todo de gente anónima; niños y niñas de pueblo. Estos últimos son inolvidables.

PREJUICIOS Y TELARAÑAS

—*Volvamos al muralismo: ¿Cuál es su opinión actual?*

—Es difícil dar un juicio de conjunto. Orozco, Rivera y Siqueiros fueron muy distintos. Cada uno de ellos fue una poderosa personalidad y no es posible juzgar con el mismo criterio al anárquico Orozco y a dos artistas ideológicos como Rivera y Siqueiros. En general, puede decirse que la pintura mural mexicana me impresiona por su vigor. Además ¡la cantidad! Es imposible permanecer indiferente frente a tantos kilómetros de pintura, algunos abominables y otros admirables. Es una pintura que con frecuencia me irrita pero que también, a veces, me exalta. No se puede ni ocultarla ni desdeñarla: es una presencia poderosa en el arte de este siglo. Sin embargo, antes de juzgarla, deberíamos deshacer varios equívocos que se interponen entre ella y el espectador. Esos equívocos son velos emocionales e ideológicos que nos impiden *verla* realmente.

—*¿Cuáles son esos equívocos?*

—En primer lugar, el nacionalismo. Los muralistas mexicanos se han convertido en santones. La gente mira sus pinturas como los devotos las imágenes sagradas. Sus muros se han vuelto no superficies pintadas que podemos ver sino fetiches que debemos venerar. El gobierno mexicano ha hecho del muralismo un culto nacional y, claro, en todos los cultos se proscribe la crítica. La pintura mural pertenece a lo que podría llamarse el museo de cera del nacionalismo mexicano, presidido por la testa de Juárez el taciturno. Aparte de este equívoco sentimental, la incongruencia estética. Muchos de los murales fueron pintados en venerables edificios de los siglos XVII y XVIII. Una intrusión, un abuso, algo así como ponerle a la *Venus de Milo* un gorro frigio. ¿Qué tiene que ver el Colegio de San Ildefonso, obra maestra de la arquitectura novohispana, con los frescos que pintó allí Orozco? Algunos, más que verdadera pintura mural, son litografías amplificadas, aunque, no lo niego, impresionantes.

El tercer equívoco es más grave. Es de orden moral y político. Esas obras que se llaman a sí mismas revolucionarias y que, en los casos de Rivera y Siqueiros, exponen un marxismo simplista y maniqueo, fueron encomendadas, patrocinadas y pagadas por un gobierno que nunca fue marxista y que había dejado de ser revolucionario. El gobierno aceptó que los pintores pintasen en los muros oficiales una versión pseudomarxista de la historia de México, en blanco y negro, porque esa pintura contribuía a darle una fisonomía progresista y revolucionaria. La máscara del Estado mexicano ha sido la del nacionalismo populista y progresista. En cuanto a Rivera y a Siqueiros: es imposible que no se diesen cuenta de que en México podían pintar con una independencia que nunca hubieran podido tener en Rusia. Así pues, hubo una doble complicidad, la de los gobiernos y la de los artistas. Aquí debo hacer nuevamente una excepción: la de Orozco. Fue el más rebelde e independiente de estos artistas; probablemente también fue el mejor. Espíritu apasionado, sarcástico y religioso, nunca fue prisionero de una ideología: fue el prisionero de sí mismo. Su genio contradictorio y extremoso lo hizo caer a veces en un dramatismo retórico pero otras ilumina su obra con una conmovedora autenticidad.

El equívoco ideológico y político ha afectado también a la crítica y ha desfigurado ciertos episodios centrales de la historia del muralismo. Se ha intentado velar el sentido del momento inicial y se ha regateado e incluso escamoteado la participación de ciertos artistas, como Jean Charlot, o de ciertas personalidades, como José Vasconcelos. En el caso del primero, se pretende ignorar que fue él, no Rivera ni Orozco, el descubridor de Posada; tampoco se mencionan sus trabajos teóricos, decisivos en el momento de iniciación. A Charlot le debemos, por otra parte, el primer fresco del movimiento. En cuanto a Vasconcelos: su acción fue determinante. Poseído por los fantasmas de Bizancio y del primer Renacimiento, es decir, por la idea del «arte público», llamó a los artistas para que pintasen los muros de varios edificios oficiales. Vasconcelos no fue, claro, el inventor de la pintura mexicana moderna pero sin él ¿existiría nuestra pintura mural?

Debo mencionar ahora otro olvido, mucho más grave, de varios críticos e historiadores: en sus primeros años, entre 1921 y 1924, que fueron los que le dieron carácter y fisonomía, la pintura mural no tuvo la uniforme coloración ideológica que tendría después y que acabó por petrificarla en una retórica de lugares comunes revolucionarios. Para comprobarlo basta con echar un vistazo a los murales pintados en la etapa inicial. Roberto Montenegro terminó el primer muro en 1921, en la iglesia de San Pedro y San Pablo. El tema: paisajes y arquitecturas; la técnica: el temple (con tan poca experiencia que muy pronto la pintura comenzó a desprenderse). El Doctor Atl, en el contiguo convento de San Pedro y San Pablo, pintó en 1922 varios paisajes y composiciones esotéricas; en el mismo lugar y el mismo año, Montenegro ejecutó una composición a la encáustica: *El día de la Santa Cruz.* En el Colegio de San Ildefonso varios pintores mostraron la misma inclinación por la pintura de fiestas religiosas: un mural de Fernando Leal representa la fiesta del Santo Señor de Chalma (1922). Jean Charlot pintó *La caída de Tenochtitlan* (1922), obra magistral por su composición dinámica y su ritmo; Ramón Alva de la Canal, utilizando la técnica de los pintores de pulquería, pintó un fresco que tiene por tema la erección de la primera Cruz en las playas de México. Otro ejemplo: los murales inacabados de Alfaro Siqueiros, también en San Ildefonso. Son memorables. Pienso en su trágico Cristo, en sus ángeles de coloridas alas bizantinas y, sobre todo, en su *Entierro de un obrero,* composición impregnada de piedad profunda y viril que no vacilo en llamar religiosa. Los muros de Orozco, hechos entre 1923 y 1927, son muy variados: religiosos como los de los franciscanos y los indios; alegóricos como la botticelliana *Maternidad* y el monumental que representa a Cortés y a la Malinche; otros son agresivamente anticlericales y antiburgueses, más en la tradición anarquista que en la marxista; otros, en fin, son sátiras del movimiento revolucionario, como *La Trinidad.* En el Anfiteatro Simón Bolívar, en el mismo edificio, Rivera pintó, según dije antes, una alegoría simbólica y mitológica. Ya mencioné los primeros frescos de Diego en la Secretaría de Educación Pública (1922-1923), muy alejados de la estética ideológica que adoptaría un poco después.

El 19 de julio de 1922 José Vasconcelos, al inaugurar el nuevo edificio de la Secretaría de Educación Pública, pronunció un discurso en el que, en términos sucintos pero claros, delineó su proyecto histórico y cultural. Este proyecto —suyo y del nuevo gobierno revolucionario— era *nacional* pero no, dijo, «porque pretenda encerrarse en nuestras fronteras geográficas sino porque se propone crear el carácter de una cultura autóctona hispanoamericana». El nacionalismo de Vasconcelos era un hispanoamericanismo. A su vez, esta vocación hispanoamericana estaba abierta al mundo. En otro pasaje de su discurso el escritor mexicano indica que las cuatro figuras y nombres que aparecen en las cuatro esquinas del patio principal del edificio poseen un simbolismo preciso: Platón, Grecia y el origen de nuestra civilización; Quetzalcóatl, la antigua civilización india; Las Casas, España y el cristianismo apostólico; Buda, la futura síntesis entre Oriente y Occidente que deberá realizar la «estirpe indoibérica». Esta doctrina fue la que inspiró en su origen al muralismo. Fue desechada más tarde por Calles y su gobierno, que adoptarían el nacionalismo revolucionario. En el mismo discurso Vasconcelos se refiere a Diego Rivera con expresiones que revelan de un modo inequívoco el acuerdo entre sus ideas y las del pintor: «Para la decoración de los lienzos del corredor del edificio, nuestro gran artista Diego Rivera tiene ya dibujadas figuras de mujeres con trajes típicos de cada estado de la República y para la escalera ha ideado un friso ascendente que parte del nivel del mar con su vegetación tropical, después se transforma en el paisaje de la altiplanicie y termina en los volcanes».

El testimonio de Orozco es meridiano: «todos los pintores comenzaron con asuntos derivados de la iconografía tradicional cristiana... el Pantocrátor, vírgenes, santos, entierros, mártires y hasta la Virgen de Guadalupe». En la primera parte de esta enumeración Orozco alude a los murales de Siqueiros en el «colegio chico» de la Escuela Nacional Preparatoria (el *Cristo*, el *Ángel* y el *Entierro de un obrero*); en la segunda se refiere a Leal, Revueltas y Alva de la Canal. Orozco también señala (y lamenta) que los pintores hayan retocado a veces sus pinturas para introducir ciertos cambios. Probablemente se refiere, entre otros, a la tapa del féretro del entierro pintado por Siqueiros en la escalera del «colegio chico», que hoy ostenta una hoz. El mismo Orozco, por lo demás, también cambió sustancialmente varios murales en el piso bajo de San Ildefonso. En la Secretaría de Educación Pública, Jean Charlot y Amado de la Cueva pintaron frescos inspirados en los trabajos y en las fiestas populares...

Creo que no es necesario mencionar más ejemplos. Este breve resumen muestra que en su origen el movimiento muralista fue plural y animado por distintas tendencias. Sólo más tarde, bajo la influencia de Siqueiros y Rivera, secundados por discípulos celosos y críticos fanáticos, se convirtió en un arte ideológico.

—*Y una vez apartados los equívocos que no dejan ver esta pintura, ¿qué ve usted?*

—Compruebo que la obra de arte es siempre infiel a su creador. La obra de arte dice algo distinto a lo que se propuso el artista. Daré un ejemplo: son justamente célebres los murales de Ajanta en la India; sin embargo, nadie piensa que sea necesario ver esos murales *desde* la perspectiva del budismo sino *a través* de las creencias e ideas de esa religión. No hay que creer en los bodhisattvas para amar esas pinturas. El arte es un más allá; el arte dice algo más y, casi siempre, algo distinto de aquello que el artista quiso decir. Pues bien, en sus mejores y más intensos momentos la pintura mural mexicana es algo más, y algo distinto, de lo que fue la ideología de esos pintores y de su mecenas, el gobierno mexicano. El pintor Rivera, por fortuna, desmintió muchas veces al ideólogo Rivera.

HISTORIA DE ANTIFACES

—*Ha hablado usted sobre todo de Rivera. ¿Cree que su influencia fue decisiva en el cambio del movimiento muralista hacia posiciones más y más marxistas?*
—No. Diego veía crecer la hierba y se apresuró a seguir la corriente. Para esclarecer este punto basta con recordar que regresó a México en julio de 1921, ya iniciado el movimiento muralista, y que los asuntos de sus primeros murales, en el Anfiteatro Simón Bolívar y en la Secretaría de Educación Pública, fueron alegorías mitológicas y representaciones de la vida popular.
—*¿Y Siqueiros?*
—También estaba en Europa. Volvió a México un año después que Rivera, en septiembre de 1922. En Barcelona redactó un llamamiento a los artistas de América publicado en el único número de la revista de vanguardia *Vida Americana* (mayo de 1921). En este texto denuncia la pintura académica española, el «arte anémico de Aubrey Beardsley, el arcaísmo de Zuloaga», y, en fin, el *art nouveau*. Se declara heredero de Cézanne, admira a «tres españoles de genio: Picasso, Gris, Sunyer *(sic)*» y acoge con entusiasmo las experiencias de los cubistas y de los futuristas. A ejemplo de los artistas modernos (europeos) ante «el admirable fondo humano del arte negro y, en general, del primitivo», preconiza el regreso al arte de los mayas, los aztecas y los incas. Sin embargo, se pronuncia en contra de las «lamentables reconstrucciones arqueológicas a la moda, como el indianismo y el americanismo». (Es una crítica que, años después, de una manera más amplia y consistente, repetirá frente a Rivera y sus seguidores.) El manifiesto termina con un ataque a «los motivos literarios» y una exaltación de «la plástica pura». Sería inútil buscar en este texto alusiones al arte social, al colectivismo o a la pintura ideológica y política. La posición de Siqueiros, en 1921, no era distinta a la de la mayoría de los artistas europeos de vanguardia, especialmente a la de los futuristas. La portada de la revista, conforme al gusto estético de sus redactores, reproducía una caricatura de Ambroise Vollard, obra de Marius de Zayas, el amigo de Apollinaire y de Duchamp.

—*La influencia futurista está presente no sólo en la obra de Siqueiros sino en muchas de sus ideas y preocupaciones sobre la técnica pictórica.*

—Sí, en la actividad de Siqueiros hay una faceta futurista y otra constructivista. En cambio, es menos conocido su interés por la *pintura metafísica* de De Chirico y Carrà. En un libro reciente dedicado a la pintura mural mexicana, Serge Fauchereau, conocido por otros valiosos trabajos sobre la poesía moderna, subraya que Siqueiros, al pasar por Milán, visitó a Carrà.[1] En *Vida Americana* se reproduce un cuadro de Siqueiros que ostenta la doble influencia de De Chirico y de Carrà. Los maniquíes y autómatas de estos pintores reaparecen una y otra vez en los murales del pintor mexicano. Pero el viaje a Italia fue memorable por otra razón: los frescos de los grandes maestros del primer Renacimiento y los mosaicos de Ravena. Esta experiencia lo marcó, como a Rivera. A su regreso, en 1922, según ya dije, Siqueiros pintó en los muros del «colegio chico» de San Ildefonso varias composiciones notables por su emoción religiosa. El testimonio de Charlot disipa cualquier duda sobre esto: «Las raíces del arte moderno mexicano estaban tan profundamente enterradas en el pasado colonial, que mis nuevos amigos... apenas si podían concebir un arte que no fuese religioso... Orozco, el buen anarquista, pintó una serie de frescos a la gloria de San Francisco. Siqueiros, aludiendo a Colón, pintó un San Cristóbal».[2] El mismo Siqueiros se refirió «a las tendencias místicas y al subjetivismo romántico que aparecen en mis obras».[3] En otro escrito roza de nuevo el tema: «El esteticismo místico de nuestros primeros pintores murales, es decir, los de la primera época de la Escuela Nacional Preparatoria». Siqueiros se incluía, naturalmente, en ese misticismo.

—*Entonces, el cambio...*

—El cambio puede situarse, con cierta precisión, en 1924. No fue general: Orozco siguió por otra vía, Charlot dejó el país, otros acentuaron el nacionalismo y el folklorismo. El cambio fue visible en dos figuras

---

[1] Serge Fauchereau, *Les Peintres révolutionnaires mexicains*, Messidor, 1985. En mi opinión, la monografía de Fauchereau es la mejor síntesis histórica y crítica del muralismo mexicano. El libro de Laurence E. Schmeckebier (*Modern Mexican Art*, 1939), más amplio y todavía imprescindible en varios puntos, ha envejecido un poco.

[2] Jean Charlot, *An Artist on Art* (I), The University Press of Hawai, Honolulú, 1972.

[3] *Synthèse du cours historique de la peinture mexicaine moderne*, conferencia pronunciada por Siqueiros en el Palacio de Bellas Artes el 10 de diciembre de 1947. Recogida en *L'Art et la Révolution* (Éditions Sociales, París, 1974), selección de textos de Siqueiros por Raquel Tibol. Uso la traducción francesa porque en *Textos de David Alfaro Siqueiros*, prólogo y selección de Raquel Tibol, Fondo de Cultura Económica, México, 1974, no figura esta conferencia.

centrales: Rivera y Siqueiros. En ellos y en sus discípulos, seguidores e imitadores, que fueron muchos. Fue precedido por la fundación del Sindicato de Trabajadores Técnicos, Pintores y Escultores Revolucionarios de México, en 1923. El manifiesto de la nueva organización fue escrito, según parece, por David Alfaro Siqueiros y firmado por Rivera, Orozco, Charlot, Mérida, Fermín Revueltas y otros. Es un texto revolucionario, como muchos que aparecieron en esos años en otros países, pero no es un texto marxista. Por esto, sin duda, lo firmaron Orozco, Charlot, Mérida, Montenegro y algunos más. Por esto, también, se interpretó de distintas maneras la fundación del Sindicato. Schmeckebier dice: «algunos lo vieron como un órgano de propaganda comunista, otros como un *gremio* medieval patrocinado por el gobierno y otros más como una espontánea manifestación del renacimiento de la antigua cultura y del arte de México».

—*¿Cuál es su opinión?*

—Me parece que las tres interpretaciones son verdaderas. El antecedente del Sindicato, su origen, fue el Centro Artístico, una agrupación fundada en 1910 por el Doctor Atl y un grupo de jóvenes artistas. Eran rebeldes, antiacadémicos y nacionalistas. En las ideas de Atl no era difícil percibir vagos relentes anarquistas y socialistas. Gracias a la agitación de Atl, el gobierno de Díaz encargó al Centro Artístico la decoración de los muros del Anfiteatro Bolívar. En realidad Justo Sierra había escogido, originalmente, al pintor Saturnino Herrán pero éste, por diversas circunstancias, no pudo ejecutar el encargo. Tampoco los jóvenes del Centro Artístico: cuando ya estaban colocados los andamios para comenzar la obra, estalló la Revolución. Doce años después Diego Rivera pintó esos muros. Otro ejemplo de un secreto a voces: las rupturas entre el régimen de Díaz y el revolucionario se resuelven casi siempre en continuidad.

El Sindicato de 1923 recogió la herencia del Centro Artístico de 1910 y fue, ante todo, una asociación de artistas, un gremio. Pero el gremio se transformó casi inmediatamente en un organismo político e ideológico. Con su habitual oportunismo, Rivera deseaba unirlo a la CROM (Confederación Regional de Obreros Mexicanos), lo que habría significado uncirlo a la política del gobierno. Por su parte, el doctrinario Siqueiros concebía al Sindicato como un órgano afiliado más o menos directamente al Partido Comunista de México. Según Schmeckebier, los artistas no tenían confianza en Rivera, «sediento de publicidad y que no había tenido verdadera relación con el movimiento revolucionario de México: sus tendencias, al principio, habían sido histórico-religiosas (*La Creación*, en el Anfiteatro Bolívar) o poscubistas (primeros muros de la Secretaría de Educación Pública) y en ambos casos sin carácter revolucionario». Lo malo fue que, apartado Rivera, el Sindicato «se convirtió en el club privado de Siqueiros».[1]

Mil novecientos veinticuatro fue un año focal, el año del cambio. José Vasconcelos renunció al Ministerio de Educación Pública en enero, el general Calles asumió el poder en septiembre y el 15 de marzo apareció el primer número de *El Machete*, dirigido por Rivera, Siqueiros y Guerrero. Los primeros números fueron memorables por los grabados satíricos de José Clemente Orozco. Pronto, sin embargo, dejó de ser una publicación de artistas para transformarse más y más en un órgano de propaganda comunista. La primera etapa del muralismo tocaba a su fin. Siqueiros ingresó ese mismo año de 1924 en el Partido Comunista, al que sería fiel hasta el día de su muerte. Rivera también se convirtió. Con exuberancia característica, prodigó declaraciones de principios, decretó artículos de fe y fulminó anatemas en contra de lo que había amado y pensado unos meses antes. En una pared del edificio de Educación Pública pintó una caricatura de su benefactor, José Vasconcelos. *Cría cuervos...* El Sindicato se convirtió en una agrupación dogmática, cerrada. Abandonado por la mayoría de sus fundadores, terminó por disgregarse. No fue víctima de la hostilidad del gobierno sino de sus disensiones internas.

—*Pero las relaciones entre el gobierno y los pintores comunistas empeoraron rápidamente...*

—No. El proceso fue más lento y complejo. El gobierno de Calles fue más radical que el anterior, sobre todo durante los primeros años de su mandato presidencial. Fue un régimen nacionalista, revolucionario y anticlerical. Ese mismo año de 1924 se establecieron relaciones diplomáticas con la URSS. La primera embajadora fue la célebre e inteligente Alexandra Kollontay, que cautivó a los intelectuales mexicanos y a la prensa. Fue muy comentada su declaración: «No hay dos países en el mundo de hoy que sean tan parecidos como México y la URSS». La prensa conservadora de los Estados Unidos y de otras partes comenzó a hablar de la «bolchevización de México». La situación cambió al final de este periodo: en 1929, bajo el gobierno de Portes Gil, se rompieron las relaciones con la URSS y se inició una represión contra los comunistas. Pero en 1934, al

[1] L. E. Schmeckebier, *op. cit.*

ocupar la presidencia el general Cárdenas, los comunistas recuperaron sus posiciones y ganaron otras.

Todos estos vaivenes repercutieron en la actitud del gobierno frente a los pintores comunistas pero sin que cesase enteramente el patronazgo gubernamental. Se continuó la política de Vasconcelos y los muros oficiales se cubrieron de frescos. El más favorecido fue Diego Rivera. En la política gubernamental había una dosis considerable de oportunismo y lo mismo debe decirse de la actitud de los pintores. Unos y otros, los artistas y sus mecenas, encontraban ventajoso este compromiso. Aquí no es inútil señalar, de paso, que las relaciones entre los gobiernos de esa época y los muralistas son un capítulo —no el central— de un tema mucho más vasto que ha marcado profundamente la historia moderna de México. Me refiero a la integración, dentro del sistema político que nos rige, de la clase intelectual, sobre todo de los sectores llamados «de izquierda». Se trata de un *modus vivendi* que ha durado más de medio siglo, de 1920 a nuestros días. Es un arreglo tácito que ha sobrevivido a todas las crisis y divorcios; a cada rompimiento sucede, al poco tiempo, una nueva alianza. Este compromiso ha dañado gravemente la vida política mexicana, ha mutilado el pensamiento independiente y es una de las causas —no la única— de la pobreza de nuestra crítica intelectual y moral.

—¿*Cómo explica usted las actitudes del Estado y de los pintores?*

—Nuestros gobiernos se ven como los herederos y continuadores de la Revolución mexicana. Por esto, desde el principio, se propusieron utilizar, hasta donde fuese posible, la pintura de los muralistas, cerrando los ojos —o, más bien, entrecerrándolos— ante ciertas violencias dogmáticas y doctrinarias. Veían la pintura mural como un arte público que, más allá de esta o aquella inclinación ideológica, expresaba el genio de nuestro pueblo y su revolución. Para los pintores —los ortodoxos, los heterodoxos como el trotskista Rivera y aun para los meros «simpatizantes»— tampoco era desdeñable, de nuevo: hasta donde fuese posible, utilizar los muros públicos para propagar sus creencias. Así, los intereses divergentes del gobierno y de los pintores coincidían en un punto esencial.

—*Su explicación es sobre todo de orden político.*

—Yo corregiría levemente su juicio: se trata de una explicación de orden funcional. Por esto, sin ser falsa, es incompleta. Hay que considerar otras circunstancias, no menos determinantes: históricas, sociales, psicológicas, afectivas.

VISIÓN E IDEOLOGÍA

—*¿Quiere usted ser más explícito?*

—Me he referido al tema en varias ocasiones, de modo que seré breve. Uno de los rasgos distintivos de la Revolución mexicana fue la ausencia —relativa, claro está— de una ideología que fuese asimismo una visión universal del mundo y de la sociedad. La comparación con la Revolución inglesa del siglo XVII, con las de los Estados Unidos y Francia a fines del XVIII o con la de Rusia en el XX me ahorra una larga demostración. La Revolución mexicana fue una terrible erupción popular y por eso más de una vez la he llamado: *revuelta*. El resultado de esa revuelta, como he procurado mostrar en varios escritos, fue un compromiso no sólo político entre las diversas facciones sino ideológico.[1] Pero las revoluciones, que son las versiones modernas de las antiguas religiones (y no pocas veces sus sangrientas caricaturas), necesitan una visión total del hombre y de la historia. Esas ideologías globales son su justificación, su razón de ser; sin ellas, no serían realmente revoluciones. Las religiones se fundan casi siempre en la revelación de una deidad; las revoluciones, en la revelación de una Idea. De ahí que las revoluciones sean religiones desencarnadas, el esqueleto o el fantasma de la religión.

En México, por fortuna, no tuvimos una ideología total, una Idea convertida por los doctores revolucionarios en un catecismo universal, fundamento del Estado y de la sociedad. *No tuvimos metahistoria.* Esto nos salvó de muchos horrores; por ejemplo, hemos tenido violencia popular y gubernamental pero no terror ideológico. Sin embargo, la ausencia de la Idea fue resentida por muchos, especialmente por los intelectuales. No hay que olvidar que los intelectuales modernos son los descendientes de las órdenes clericales y eclesiásticas del pasado. Hubo algunos que quisieron llenar ese hueco; unos con filosofías de su invención, como Vasconcelos; otros, con la importación de filosofías e ideologías globales.

[1] Véase sobre todo *El laberinto de la soledad* (1950); libro incluido en el volumen V, *El peregrino en su patria*, de estas OC. Apenas si debo señalar que mis atisbos deben completarse. Falta, por ejemplo, un análisis sobre un tema esencial de nuestra historia: la función preponderante de los intelectuales en las revoluciones del siglo pasado (la Independencia y el liberalismo), en contraste con su escasa participación en la gran revuelta popular de 1910. Otro tema digno de ser meditado: el predominio de la clase intelectual durante el régimen de despotismo liberal ilustrado de Porfirio Díaz y durante el posrevolucionario, de 1920 a nuestros días.

Entre ellas y en primer término, el marxismo, que ha sido en el siglo XX la ideología por excelencia de la clase intelectual.

—*En su primer ensayo sobre los muralistas, en 1950, usted decía que «el marxismo de Rivera y sus compañeros no tenía otro sentido que el de reemplazar por una filosofía revolucionaria internacional la ausencia de filosofía de la Revolución mexicana».*

—Exactamente. En el mismo texto señalaba que «la inexistencia de un gran proletariado o de un movimiento socialista de significación —es decir: la falta de relación entre la realidad social e histórica y la pintura que pretendía expresarla— daba al muralismo de Rivera, Siqueiros y otros un carácter fatalmente inauténtico». Sigo pensando lo mismo.

—*¿Qué otro camino podían escoger los pintores?*

—Era muy difícil que no escogiesen el que escogieron. La pintura mural mexicana fue ante todo la expresión de una revolución triunfante. Esa revolución, como todas, se veía a sí misma como el comienzo de una nueva edad. Atrás quedaban no sólo la dictadura de Díaz sino el liberalismo del siglo XIX. Después de todo, el régimen de Díaz había sido una desviación, una forma aberrante del liberalismo. La Revolución fue algo más que una rectificación de los vicios y errores de la dictadura. Por una parte fue una resurrección: el pasado mexicano, la civilización india, el arte popular, la enterrada realidad espiritual de un pueblo; por la otra, fue una renovación o, más exactamente, una *novación*, en el sentido jurídico y en el figurado: un comienzo total. El primero que tradujo esta idea a términos estéticos fue Vasconcelos. Con frecuencia habló de un arte orgánico, total, inspirado en el de las grandes épocas, sobre todo en el del cristianismo: Bizancio y el *Quattrocento*. Los pintores inmediatamente hicieron suya esta concepción, la desarrollaron y la llevaron a la práctica. ¿Por qué? Pues porque correspondía admirablemente a sus aspiraciones y a las necesidades del momento. Era una respuesta, a un tiempo creadora y propia (nacional), al arte moderno que ellos habían conocido y practicado en París. Una respuesta, no una negación: ellos también eran modernos —como lo dijeron Orozco, Siqueiros y Rivera más de una vez— y habían integrado en su arte muchos de los procedimientos y formas de sus contemporáneos europeos.

—*Tal vez hay que detenerse un poco sobre este tema.*

—Y repetir ciertas cosas... La ambición de crear un arte público exige, por lo menos, dos condiciones. La primera: una comunidad de creencias, sentimientos e imágenes; la segunda: una visión del hombre y de su lugar y misión en el mundo. En cuanto a lo primero: es claro que los pintores creían que expresaban las creencias colectivas de los mexicanos. Si se piensa en el momento inicial de su actividad, no se equivocaban. Al principio se inspiraron en las imágenes de la tradición y celebraron los fastos patrios, las fiestas y la vida popular. También exaltaron a la Revolución mexicana y a sus héroes y mártires. Pero no hay duda de que, durante la segunda etapa del movimiento, la ideológica, ni sus imágenes y asuntos ni sus creencias y convicciones podían ser las del pueblo mexicano. En este segundo momento su arte no fue popular sino didáctico; no expresaba al pueblo: se proponía adoctrinarlo. Su interpretación de nuestra historia fue interesada, intolerante, parcial; sus frescos son la contrapartida de las opiniones no menos injustas e ignaras que profesaron muchos clérigos, en el siglo XVI, ante la religión y la civilización de los indios. Tampoco la pintura de Orozco fue expresión de las creencias y sentimientos populares: fue una visión personal y trágica del destino del hombre. Por lo que toca a lo segundo: ni la filosofía de Vasconcelos —pronto desechada por el gobierno— ni la ideología del régimen revolucionario —zurcido de distintas tradiciones y tendencias políticas y sociales— podían convertirse en esa visión total del mundo y del hombre que es la inspiración del arte público. Diré, de nuevo, que esas visiones han sido siempre religiosas, como lo muestran los ejemplos del arte egipcio y el de la *polis* griega, el budista y el hindú, el cristiano y el islámico.

—*¿Cómo se explica usted que Rivera, Siqueiros y sus seguidores hayan visto en la ideología comunista el equivalente moderno de la visión que había inspirado a los artistas cristianos?*

—Es una prueba más de la funesta confusión moderna entre religión y política, revolución y salvación. Orozco, en cambio, distinguió entre política, clericalismo y religión. Su visión del mundo y de la historia venía de una tradición simbólica y esotérica. Pero su arte tampoco fue público: fue una visión personal.

—*¿Y los otros?*

—Para entender la decisión de los que adoptaron la versión *bolchevique* del marxismo hay que recordar que en esos años aparece en el horizonte histórico la imagen de la Revolución rusa como un acontecimiento destinado a cambiar el destino de los hombres. He hablado de *imagen* y de *aparición* porque se trata de una verdadera *visión*, en el sentido psicológico y en el religioso. Fue un hecho que conmovió a los intelectuales y a los artistas de todo el mundo. Para los pintores mexicanos —no olvidemos la religiosidad de muchas de sus primeras composiciones murales— tuvo una significación especial: fue la respuesta a su predicamento. La Aurora Rusa, como la llamó Waldo Frank, iluminó muchas conciencias en 1924. Conforme a la lógica de todos los milenarismos, un grupo de artistas mexicanos vivió en esos años una experiencia portentosa: ser testigos y actores del Cambio de los Tiempos. Sólo la mirada zahorí de Orozco percibió, con aterradora claridad, la realidad real de esa terrible aurora; los otros dos, Siqueiros y Rivera, se convirtieron a la nueva idolatría.

—*¿Qué piensa usted del arte público de México?*

—¿Se refiere a la idea o a la realidad, es decir, a la pintura? Sobre esta última ya le di mi opinión: el conjunto es impresionante. Es imposible cerrar los ojos ante una presencia tan vasta, poderosa y abigarrada. En cambio, la idea de arte público me parece una nostalgia y un peligroso anacronismo. Tanto Vasconcelos como Rivera y Siqueiros se propusieron seguir, aunque con fines diferentes, el ejemplo del arte de Bizancio, Egipto, Teotihuacan, el *Quattrocento*. Subrayo que ese arte no sólo fue religioso sino estatal y aun dinástico. Fue la expresión de creencias y mitologías colectivas pero, asimismo, el producto de la voluntad de Estados e Iglesias en los que había fusión entre la religión y el poder, es decir, entre una doctrina y una burocracia eclesiástica y militar. Fue un arte que se inspiró en una comunidad de sentimientos e imágenes colectivas; igualmente fue y es un testimonio de la unanimidad que imponen las ortodoxias religiosas y políticas cuando ejercen el poder. El arte libre ha roto una y otra vez esa unanimidad. En Occidente el arte libre aparece primero en Atenas y es hijo de la democracia política. Es el arte de la tragedia y la comedia en la Edad Clásica: Esquilo, Sófocles, Eurípides, Aristófanes. Con ellos aparece la crítica de la religión, de la moral social y del poder. Su tema es religioso y político: los desastres de la *hybris*, pecado de dioses y semidioses, de héroes y príncipes. Roma conoció también el arte libre y apenas si debo recordar a Lucrecio y a Lucano o a *El satiricón*. En el Renacimiento el arte libre reaparece y, desde entonces, ha sido el arte de la modernidad. No sólo se ha manifestado en las letras sino en la música y las artes visuales —Goya, Courbet y tantos otros.

El arte de la modernidad ha sido, simultáneamente, creación crítica y crítica creadora; quiero decir, es un arte que ha hecho de la crítica una creación y de la creación una potencia crítica, subversiva. Por esto, los Estados despóticos y las Iglesias intolerantes lo han visto siempre con horror y lo han perseguido cuando han podido. En las obras modernas se enlazan la afirmación y la negación; el análisis, la reflexión y la duda dialogan con las viejas certidumbres. El arte público tuvo por misión celebrar una ortodoxia y exaltar a sus héroes y a sus bienaventurados; también condenar a todas las heterodoxias y maldecir a los herejes, a los réprobos y a los rebeldes. El arte moderno, precisamente por no ser un arte público, ha hecho la crítica del cielo y del subsuelo, de la razón y de las pasiones, del poder y de la sumisión, de la santidad y la abyección, del mito y de las utopías. Esa crítica ha sido creadora pues ha inventado mundos de imágenes, formas y criaturas vivas. Y hay algo más: se ha inclinado sobre sí mismo, ha desmontado el proceso creador y ha reflexionado sobre las formas y sus secretas estructuras. Estas exploraciones han sido creaciones y se llaman, en el siglo xx, impresionismo, expresionismo, cubismo, arte abstracto. A la subversión de las formas corresponde la rebelión de las pasiones y de las imágenes: romanticismo, surrealismo. Las aventuras del arte han sido las aventuras de la libertad.

Por todo esto me parece que la idea de volver al arte público, o de inventar uno para nuestro tiempo, fue una nostalgia reaccionaria. El arte público ha sido invariablemente el arte religioso de un Estado o de una Iglesia poderosa como un Estado. No hay, por definición, arte público hecho por individuos aislados o por grupos privados. En cambio, el arte revolucionario, que no es sino una variante del arte libre, ha sido la obra de individuos o grupos independientes, marginales o clandestinos. La frase *arte público revolucionario* no sólo encierra una contradicción sino que, en verdad, carece de sentido. Asimismo, sólo por un abuso de lenguaje —que es también un abuso lógico y moral— puede hablarse de arte revolucionario del Estado.

Como vivimos en una época terrible de luchas intestinas, pasiones caóticas y violencias desencadenadas —un tiempo sin dios ni ley— la idea del orden ha fascinado a muchos de nuestros contemporáneos. Es natural y comprensible. Este espejismo ha hechizado, en un extremo, a Eliot y a Claudel, en el otro a Brecht y a Neruda. Pero la nostalgia por las ortodoxias y por el orden que imponen esconde en general el miedo o el odio a la libertad. El orden ha sido no pocas veces la máscara del despotismo, sobre todo en periodos de convulsiones inmensas como el nuestro. En el siglo xx las viejas formas de opresión de los hombres se han extendido, renovado y fortificado, pero su novedad no debe hacernos olvidar que, como las del pasado, su esencia consiste en ser una alianza entre la idea y la espada. El arte público de Rivera y Siqueiros fue con frecuencia la apología pintada de la dictadura ideológica de una burocracia armada. En este sentido, más que en el estético, recuerdan al arte de los faraones y al de Bizancio.

—*Antes habló usted de la falta de relación orgánica entre las ideas de los muralistas y la realidad social mexicana.*

—Éste es el rasgo más extraño y turbador del muralismo como fenómeno histórico, político y moral. Ni la nación era comunista ni el Estado mexicano lo era; sin embargo, el Estado adoptó como suyo un arte que expresaba ideas distintas y aun contrarias a las suyas. ¿Demagogia, duplicidad, inconsciencia? Del lado de los pintores, la paradoja —llamémosla así— no era menos escandalosa: su pintura era, simultáneamente, oficial y revolucionaria, estatal y adversaria del Estado y de su ideología. La reflexión sobre las relaciones entre el Estado y los muralistas nos revela la historia moderna de México como un juego de máscaras. Añado que el muralismo no es sino uno de los episodios de ese juego.

—*¿No le falta nada a su explicación o, mejor dicho, al conjunto de explicaciones que usted ha esbozado?*

—Falta la circunstancia determinante y de la que dependen todas las otras.

—*¿Cuál es?*

—La inexistencia de un mercado artístico. En el pasado, la nobleza novohispana y la Iglesia habían sido los mecenas de los artistas. Sobre todo, la Iglesia: el gran arte de la Nueva España fue esencialmente religioso. Las guerras civiles del siglo xix que empobrecieron al país, el triunfo de la facción liberal y, en fin, la decadencia intelectual y artística de la misma Iglesia, acabaron con los mecenazgos tradicionales. A diferencia de lo que ocurrió en Europa, la burguesía no pudo sustituir sino tímida y aisladamente a los antiguos patrones. Sin embargo, al final del régimen de Porfirio Díaz, gracias a los años de paz y prosperidad, existía ya una clase que comenzaba a interesarse en los artistas nacionales y adquiría sus obras. Un ejemplo entre otros: la exposición de Diego Rivera en 1910, en la que vendió casi todos sus cuadros. La Revolución empobreció a la oligarquía y de ahí que en 1920 los pintores no encontrasen más protector que el Estado. El caso de un mecenas como Sergio Francisco de Iturbe, formado en Europa, fue excepcional y no se repitió sino años después. Si un pintor quería pintar, tenía que acudir al gobierno, mecenas universal.

—*Fue una curiosa forma de paternalismo.*

—Entre 1920 y 1945 el Estado mexicano sustituyó a la sociedad tanto en el campo de las artes —pintura, escultura, música, danza— como en el de las letras. En la esfera de la pintura el resultado fue el arte público, un arte que fue al mismo tiempo oficial y revolucionario. En la de las letras el resultado también fue paradójico. No había editoriales ni apenas lectores y la carrera de profesor universitario —hoy tan socorrida— estaba cerrada para la mayoría (aparte de que los salarios eran irrisorios). Para sobrevivir, los escritores tuvieron que ingresar en la burocracia gubernamental. Los gobiernos revolucionarios los recibieron con beneplácito y los protegieron: los escritores sabían escribir y manejar las ideas, de modo que fueron muy útiles en este primer periodo de reconstrucción nacional. Pero no tenían lectores o, más exactamente, los lectores de los escritores eran los mismos escritores. Así nació una literatura refinada y hermética, a veces exquisita y preciosista, otras inclinada sobre su propio abismo. La poesía floreció. Una poesía que tuvo como maestros a los poetas más exigentes y difíciles, como Valéry y Rilke. A este periodo le debemos algunas de las obras más puras y perfectas de la poesía moderna en lengua española, como los poemas de Gorostiza y Villaurrutia. Doble rostro del arte de este periodo: el arte público y la poesía secreta, la plaza y la alcoba, la multitud y el espejo. Simetría inversa. Dos extremos, los dos irrenunciables: ¿a cuál escoger? Ya sé que con frecuencia se olvida a nuestros poetas mientras que los pintores están siempre presentes en la memoria pública. Esto me parece, más que una falta de gusto o un pecado estético, una mutilación espiritual.

—*La prosa de ese periodo no tiene el mismo carácter de la poesía.*

—Una parte sí lo tiene. Pienso en el ensayo y el cuento, sobre todo. Pero también hubo autores que escribieron para un público más general y que pronto encontraron lectores, aunque éstos no fueron muy numerosos al principio: Azuela, Vasconcelos, Martín Luis Guzmán y otros pocos. Fueron leídos también en la América hispana y —modesta prefiguración del *boom*— Azuela y Guzmán fueron traducidos y estimados en los Estados Unidos, Francia y otros países. En cuanto a la pintura: por una parte, poco a poco se formó una clientela, compuesta por la nueva clase surgida de la Revolución; por otra, aparecieron los coleccionistas norteamericanos. Esto último fue decisivo. Durante esos años los Estados Unidos se convirtieron en el mercado de los pintores revolucionarios mexicanos. Nueva paradoja: ese mercado era esencialmente capitalista pues estaba compuesto por gente acomodada y por instituciones creadas por la iniciativa privada: museos y universidades. Después de la guerra el gusto cambió en los Estados Unidos, surgió el expresionismo-abstracto norteamericano y declinó el interés por los pintores revolucionarios de México (aunque no por Tamayo). Pero ya para entonces había aparecido en México una nueva clase que empezó a comprar pintura y a leer a los autores mexicanos. El cambio comenzó en 1945, al finalizar la guerra, o un poco antes. Mi generación fue la primera en beneficiarse: los escritores mexicanos empezamos a tener lectores mexicanos... Pero nos hemos alejado mucho del tema inicial: las circunstancias que explican el cambio de orientación de la pintura mural mexicana entre 1924 y 1925.

DAVID ALFARO SIQUEIROS

—*Creo que hemos mencionado ya todos los factores del cambio: políticos, sociales, económicos, históricos, intelectuales y personales. Entre estos últimos, usted menciona la figura de Siqueiros. ¿Quiere decir algo más?*

—Orozco no influyó ni participó en el cambio. Era enemigo natural de los sistemas y especulaciones. Un verdadero solitario. Diego era muy inteligente pero, aparte de que nunca logró conquistar la confianza de sus compañeros, sus ideas pronto se transformaban en fantasías y sus teorías en fábulas. Charlot era el único que, además de Siqueiros, poseía un temperamento reflexivo. Una cabeza de primer orden, pero ni era mexicano ni profesaba una filosofía social que pudiese servir a las necesidades expresivas y psicológicas del movimiento.

—*¿No atribuye usted demasiada importancia a las ideas? Después de todo, hablamos de un movimiento artístico.*

—Creo que el arte de una época es inseparable de las ideas de esa misma época. Además, no he hablado sólo de ideas sino de la acción de este o aquel artista. La acción de ciertos artistas es central en ciertos momentos y circunstancias. Darío y el modernismo hispánico, Pound y la poesía moderna de lengua inglesa, Breton y el surrealismo. La acción de Siqueiros fue determinante. Sus ideas sobre la función del arte en el mundo moderno eran, a un tiempo, mesiánicas y revolucionarias.

—*¿Mesiánicas y revolucionarias?*

—Sí, en sus escritos se unían los dos extremos: el arte público del pasado (sobre todo el del cristianismo) y el arte colectivo de la nueva sociedad comunista. Siqueiros veía en la Revolución rusa algo semejante a lo que él creía que había sido el cristianismo primitivo, sólo que en una etapa histórica más elevada. La superioridad de nuestra época era doble: por una parte, la revolución proletaria no era el resultado de una visión religiosa sino de una filosofía científica de la historia: el marxismo —ciencia *per se;* por la otra, la revolución no sólo era social sino científica y tecnológica. Era inevitable la comparación con el Renacimiento: Siqueiros se sentía y se decía un «primitivo» de este futuro Renacimiento. A diferencia del primero, que desembocó en la revolución burguesa y en la sociedad liberal capitalista, el del siglo xx sería el del nuevo colectivismo: la sociedad comunista mundial. El comunismo sería la síntesis del embrionario colectivismo cristiano y del humanismo renacentista. Las creencias de Siqueiros eran primarias y quiméricas; sin embargo, nos conmueven. Son hijas de la fe —algo más que una estética cualquiera.

—*Gran elogio. Creía que usted era enemigo de Siqueiros.*

—Es vil rebajar a nuestros adversarios. Siqueiros fue un pintor de gran talento, dueño de una inteligencia lógica y de una habilidad polémica que no es frecuente hallar entre los artistas. Su temperamento lógico lo llevó a idolatrar los sistemas y esta perversión intelectual lo convirtió en un sectario fanático. En el fondo de ese fanatismo estaba viva —aunque sepultada por toda clase de supersticiones y creencias pseudocientíficas y falsamente racionales— una veta de religiosidad. Sed de comunión con los otros, pasión por los desamparados y los desvalidos, es decir, la antigua caridad cristiana que hoy llamamos con un nombre mitad secular mitad religioso: fraternidad revolucionaria. Comprendo la admiración de Siqueiros por Cimabue y Giotto.

—*¿También por El Greco?*

—En este caso fue decisiva, sobre todo, la afinidad estética. Digo esto porque en Siqueiros hay una tendencia manierista y aun barroca: el amor por las formas dinámicas, el movimiento, los contrastes, el claroscuro. Otra nota: cierto romanticismo. Su pintura hace pensar, a veces, en Delacroix y, sobre todo, en Géricault. Elocuencia, sí, pero también pasión. Su defecto más notable: la oratoria. ¡Metros y metros de arengas grandilocuentes, gesticulaciones, lugares comunes melodramáticos! Pero ¿cómo olvidar los momentos de invención formal y las composiciones, a un tiempo vastas e intensas, sobrias y pasionales?

—*¿Lo admira?*

—Lo admiro, lo repruebo y me cansa, todo junto. Hablé de su fondo religioso, pero debo recordar que estaba unido al orgullo del teólogo.

Soberbia e intolerancia: vicios de ideólogo que se cree dueño de la verdad. Una verdad reducida a dos o tres fórmulas. ¿Qué le faltó? La duda, el examen de conciencia, la humildad de someter sus ideas y creencias a una crítica rigurosa. La humildad y la sabiduría: la ideología es la enemiga del verdadero saber. Fue un descendiente de los teólogos españoles, de los utopistas del Renacimiento y de los doctores medievales. Estuvo poseído por el demonio de los sistemas. No fue el único entre nuestros contemporáneos: son muchos los que en nuestro siglo han adorado a esta divinidad abstracta y feroz. Apenas si necesito citar a los más conocidos: Pound, Sartre, Neruda. Por esto crece más y más, a mis ojos, la figura de Marcel Duchamp: no sólo fue un gran artista sino un verdadero sabio. Nuestro Diógenes, nuestro Chuang-tsé.

—*La vida de Siqueiros no fue ejemplar...*

—Fue un hombre de acción, un aventurero, como Malraux. Como todos los aventureros, fue también un actor, una figura de la Comedia del Arte, una suerte de Matamoros, el personaje de *L'Illusion comique,* pero capaz de llevar a cabo sus fanfarronadas. Fue valeroso, participó en la Revolución mexicana y en la guerra de España. Sin embargo, es imposible olvidar o perdonarle ciertos actos, como el fallido atentado contra Trotski y su familia, que terminó en el asesinato a sangre fría de un secretario del líder revolucionario. Ese cadáver arroja una sombra sobre la memoria de Siqueiros. ¿Puede un pintor tener las manos manchadas de sangre? Pregunta terrible que yo no sé cómo responder. Pero *sé* que es una pregunta que todos debemos hacernos. ¿Se la han hecho nuestros críticos?

—*Hoy muy pocos defienden a Siqueiros. En cambio, se exalta la figura de Diego Rivera y, sobre todo, la de Frida Kahlo.*

—La tentativa de beatificación de estos dos artistas, que no tuvieron escrúpulos en traicionar y difamar bajamente a su antiguo amigo y guía, Lev Trotski, me parece un síntoma más de una infección moral muy grave. De nuevo, la alianza entre nacionalismo e ideología, las dos pasiones que han pervertido y desecado las almas. Por lo visto, muchos intelectuales mexicanos de izquierda han sido incapaces de llevar a cabo una crítica radical de sus actitudes. Porque no basta con denunciar los vicios, errores y perversiones del estalinismo: hay que ir al fondo y examinar las causas —psicológicas, morales, históricas— que hicieron posible la aberración estalinista. Los casos de Diego y Frida no deberían ser tema de beatificación sino objeto de estudio —y de arrepentimiento.

—*Volvamos a Siqueiros, al artista.*

—Sí, pero antes debo decirle que para mí ha sido difícil hablar de ciertos aspectos de su vida. Lo conocí en España, durante la Guerra Civil. Era coronel del ejército republicano español y mandaba un regimiento en el frente Sur. Fuimos amigos entonces pero nos separamos cuando él dirigió el atentado contra Trotski. Fue un suceso que me afectó profundamente. Tampoco puedo olvidar que Siqueiros fue estalinista toda su vida: fue uno de los poquísimos que aplaudieron la entrada de los tanques rusos en Praga. No sería honrado ocultar la otra cara de la medalla: fue un militante que padeció cárceles y persecuciones por sus creencias. Fue un hombre apasionado y un ególatra; en su vida y su pintura abundan los relámpagos de verdad y los relámpagos de teatro. Un temperamento más mediterráneo que mexicano, una suerte de ítalo-español. Tres personas en una: un pintor dotado de materia gris *(rara avis)* manejado por un empresario napolitano, ambos bajo la dirección de un teólogo obtuso.

—*Pero el artista...*

—Es imposible ignorarlo. Tampoco al crítico, casi siempre acertado, tanto del arcaísmo de Rivera y sus secuaces como de la influencia nefasta de las galerías y de la especulación financiera en materia de arte. El tiempo ha terminado por darle la razón —aunque su remedio, el arte estatal, sigue siendo peor que la enfermedad... Como pintor, Siqueiros no tuvo el *savoir-faire* ni el color, el dibujo y la sensualidad de Rivera; tampoco la visión dramática de Orozco. En cambio, fue más inventivo y osado. En su primer manifiesto, en 1921, exaltó a la «plástica pura»; pues bien, algunos de sus murales y de sus telas merecen ser llamados así: son admirables composiciones en las que triunfan las formas en movimiento y en las que la materia posee una suerte de vivacidad extraordinaria. ¿Qué más puedo decir?

—*¿Y el inventor?*

—Sus ideas sobre la utilización de la fotografía, los nuevos instrumentos y materiales, la integración entre arquitectura, pintura y escultura, la perspectiva en movimiento y otros temas afines, fueron originales e influyeron en algunos pintores contemporáneos. Entre sus discípulos, aparte de Pollock y otros norteamericanos, hay varios sudamericanos y un indio de gran talento: Satish Gujral, que además de ser pintor y escultor, se ha revelado como arquitecto.

Uno de sus descubrimientos me interesa sobre todo: la «Utilización del accidente». El primero que habló de esto fue, si no me equivoco, Leonardo. Casi al mismo tiempo que Siqueiros, los surrealistas —Masson,

Ernst— realizaron exploraciones y experimentos semejantes. Siqueiros llegó por su propio camino y de una manera independiente y, lo que me parece más importante, con fines distintos. Hay un momento maravilloso en el que el artista, guiado por lo que llamamos la casualidad, pero que es, sin duda, algo más antiguo y misterioso, se encuentra de pronto ante una conjunción entre lo externo y lo interno, es decir, entre aquello que es del mundo de afuera y aquello que viene de la intimidad más profunda. Su voluntad y la del mundo se cruzan. En ese momento se opera un desdoblamiento: el artista es testigo de su creación o, más exactamente, el artista se da cuenta de que él mismo no es sino uno de los elementos del proceso creador, el canal de transmisión de la energía universal. Es una experiencia que puede compararse a la del descubridor en la esfera de la ciencia o a la experiencia mística. Siqueiros la vivió un día de abril de 1936 en Nueva York, cuando aún no estaba poseído enteramente por el demonio de los sistemas. El resultado fue uno de sus mejores cuadros, hoy en el Museo de Arte Moderno de Nueva York: *El nacimiento del fascismo*. Como siempre ocurre, la obra va más allá del título y de las intenciones del artista. El cuadro podría llamarse también *El nacimiento de la pintura*.

Siqueiros tuvo conciencia plena de su experiencia y la relata, maravillado, en una carta impresionante a su amiga María Asúnsolo. Se trata de un testimonio extraordinario por su emoción humana y su interés psicológico y artístico. Reproduzco un largo fragmento.

Trabajé toda la noche del sábado y todo mi domingo, parando sólo para comer esos *sandwiches* de aquí que apenas si saben a comida. Pero el resultado fue magnífico. Te lo digo con entusiasmo y sin exageración: confirma todas mis teorías... Se trata de la utilización del accidente en la pintura, es decir, de la utilización de un método especial de absorción de dos o más colores superpuestos que se infiltran los unos en los otros y que producen las formas más fantásticas y maravillosas que pueda imaginar la mente humana; algo que no se parece sino a la formación geológica de la tierra, a las vetas policromas y poliformes de las montañas, a la integración de las células y a todos esos fenómenos microscópicos que el hombre no puede ver sino con aparatos especiales. En fin, la síntesis, la equivalencia de toda la creación de la vida, esa cosa organizada que sale de la profundidad del misterio quién sabe por qué leyes terribles. Hay en esas *absorciones* (así las llamamos en nuestra jerga plástica) las formas más perfectas que puedas imaginar.

Conchas de formas infinitas modeladas con una perfección increíble, formas de pescados y de monstruos que nadie podría crear directamente con los medios tradicionales de la pintura. Y sobre todo: un dinamismo tumultuoso de tempestad, de revolución psíquica y social que te da miedo.[1] Confesión impresionante y que es imposible leer sin emoción. La materia está viva y es creadora. ¿Materialismo? Yo diría: animismo. Pero no importa la definición filosófica del fenómeno: lo que cuenta es ver la intersección de la voluntad humana y de la voluntad de la materia (no hay más remedio que llamar así a esos movimientos creadores de formas y figuras). ¿Qué hace el artista? Provoca el movimiento de las sustancias y los colores, se deja guiar por sus alianzas sorprendentes y, a su vez, las guía... La pasividad es actividad y la actividad es pasividad. También exaltación y lucidez: Siqueiros asiste al nacimiento de su pintura como si asistiese al nacimiento mismo de la vida y del universo. Y más: fue testigo de su nacimiento como artista. Fue su creador y fue su criatura.

REMATE

—*Rivera y Siqueiros fueron rivales, ¿fue un choque de personalidades o de ideologías?*

—Las diferencias de temperamento no fueron menos determinantes que las intelectuales y políticas. Rivera *usó* las ideas revolucionarias: no el arte al servicio de la revolución, como dijo muchas veces, sino la idea revolucionaria al servicio de su arte; Siqueiros, en cambio, *creía* en lo que decía y pintaba. Esta diferencia psicológica fue también una diferencia moral, cualesquiera que hayan sido los graves y reprobables extravíos de Siqueiros. Pero estas diferencias no deben ocultarnos ciertas semejanzas, igualmente notables. Por ejemplo, aunque Rivera haya sido trotskista durante una larga temporada y Siqueiros no haya abandonado jamás el estalinismo, su marxismo es similar y pertenece a esa variedad simplista y simplificadora que fue popular hace cuarenta años. Es evidente que esa ideología esquemática, en conjunción con el oficialismo, influyó en la progresiva degeneración estilística y emocional que revelan las obras de sus últimos años. En general los grandes artistas —Tiziano, Rubens, Goya,

[1] David Alfaro Siqueiros, *L'Art et la Révolution*. De nuevo, en *Textos de David Alfaro Siqueiros* no aparece esta carta de Alfaro Siqueiros a María Asúnsolo.

Cézanne, Renoir, Matisse— lograron sus creaciones más altas al final de su vida. La buena pintura es como el buen vino: mejora con el tiempo. No en el caso de Rivera y Siqueiros. El último Rivera se convirtió en un productor en serie, una mano que pintaba sin cesar guiada mecánicamente no por la inspiración sino por el hábito. Lo de Siqueiros sería risible si no fuese patético: sus últimos murales son un enredijo de formas hinchadas.

—¿*Cree usted, como muchos críticos, que la pintura de Rivera y Siqueiros son ejemplos del «realismo socialista»?*

—Nadie sabe qué quiere decir «realismo socialista». La verdad es que, como ocurre con casi todas las obras pertenecientes a esa tendencia, su pintura no es realista y menos aún socialista. Es pintura alegórica y éste es uno de los rasgos menos modernos del muralismo. La alegoría fue el modo predilecto de expresión de la Edad Media. Hoy está en desuso. Los últimos artistas que practicaron el género fueron los *pompiers* del siglo xix, que pintaron alegorías del Progreso, la Ciencia, el Comercio, la Industria. Pero no hay que denigrar a la alegoría: en la época de su apogeo nos dio obras como la *Divina Comedia*. La pintura de nuestros muralistas —la observación vale también para Orozco— está muy lejos de esa complejidad y sutileza: es una visión dualista de la historia. En el caso de Rivera y Siqueiros este maniqueísmo alegórico procede de una versión primaria del marxismo, en la que cada imagen visual representa ya sea a las fuerzas del progreso o a las de la reacción. Los buenos y los malos.

—¿*Cómo calificaría usted a esta actitud?*

—La he llamado maniquea pero he sido injusto con el maniqueísmo, que fue un dualismo muy amplio y capaz de expresar la diversidad de matices de la realidad. Lo mismo ocurre, por lo demás, con el marxismo auténtico. Daré un ejemplo de este dualismo estrecho y dogmático. Los murales de Rivera y Siqueiros presentan la Conquista de México como una verdadera maldición, como el triunfo de la reacción, es decir, del mal. Así, idealizan a la sociedad precolombina —Rivera incluso exaltó los sacrificios humanos y el canibalismo— mientras que acentúan hasta la caricatura los rasgos negativos y sombríos de los conquistadores. Sin embargo, para Marx y Engels la Conquista, a pesar de su crueldad y de haber reducido a los indios a la servidumbre, fue un fenómeno positivo, como lo fue la dominación británica sobre la India. La expansión imperialista de Occidente era positiva porque había impuesto en sociedades atrasadas y estáticas la nueva y dinámica racionalidad económica y cultural del capitalismo. El triunfo de Occidente era el triunfo de un modo de producción superior al azteca o al hindú. Por la misma razón fueron partidarios de los Estados Unidos en su guerra contra México: los norteamericanos representaban el progreso, la técnica y la democracia. Para ellos el lado «malo», si expresaba el movimiento histórico hacia adelante, era realmente el «bueno». Pensaban que la historia, a la larga, no se equivoca y que sus desastres se transforman al final en progreso. Los «malos» —los conquistadores españoles— eran «buenos» porque su acción era el resultado de nuevas fuerzas históricas. La pólvora de sus mosquetes era superior a los arcos y las flechas de los indios como la ciencia europea del Renacimiento era superior a la magia azteca. Se puede reprobar esta manera de pensar pero no ignorarla, sobre todo si uno se dice marxista. Reducir el marxismo al dualismo en blanco y negro de nuestros muralistas (también de muchos poetas, como Neruda) no sólo es empobrecerlo sino desfigurarlo.

La idea de la bondad escondida en el lado aparentemente malo de la historia, es decir, de su positividad final, Marx y Engels la tomaron de Hegel (lo real es racional) que, a su vez, sigue una tradición filosófica que se remonta a Platón: el ser es, porque *es*, necesariamente bueno. ¿Y el mal? En el neoplatónico Proclo, muy admirado por Hegel, se anuncia ya la respuesta que daría la «dialéctica de la historia». Proclo subrayó los poderes positivos de la negación, afirmó que la progresión se realiza en relación continua con la regresión y que, incluso, la progresión supone necesariamente la regresión. Por eso, dijo, el Caos no es menos divino que el Orden. Pero teníamos que llegar a nuestra época para encontrar esa sombría caricatura de la «dialéctica» que nos hace llamar «democracias populares» a las dictaduras burocráticas del Este.

—*Aparte de estas semejanzas ideológicas, ¿no le parecen opuestas las personalidades de Rivera y Siqueiros?*

—Sí, pero muchas de esas diferencias brotan de un fondo común: la teatralidad. Rivera y Siqueiros fueron actores natos y para ambos las fronteras entre representación y realidad eran más bien tenues; insensiblemente, como siempre ocurre, dejaron de ser personas para convertirse en personajes. Su pintura se volvió gesto. La diferencia entre ambos consiste en que la personalidad de Siqueiros pertenece al melodrama y la de Rivera a la farsa. Rivera tenía algo de *clown* y éste es uno de los rasgos más simpáticos de su carácter. Fue un maravilloso inventor de cuentos y fantasías. Sin embargo, el gusto por la fabulación lo podía llevar a la mentira y aun a cosas más graves. Es saludable no tomar en serio ni a los demás ni a uno mismo; no lo es perderse el respeto y perdérselo a la gente. La carrera política de Siqueiros fue, al menos para un hombre de mis convicciones, reprobable, no incoherente; la de Rivera fue lamentable e inconsistente. Participó en el movimiento trotskista y fue amigo cercano de Trotski y de su mujer, Natalia Sedova, durante los primeros años de su exilio en México. ¿Cómo pudo, al final de su vida, renegar, abrazar el estalinismo y cubrir de elogios al asesino de su antiguo amigo? El escrito en que solicita su readmisión en el Partido Comunista Mexicano es un triste documento, un *mea culpa* abyecto y no pedido. La retractación de Frida Kahlo, influida sin duda por Rivera, no fue menos vergonzosa.

Recuerdo todo esto porque en las publicaciones oficiales consagradas a estos pintores se oculta la verdad. Las biografías de todos ellos han sido expurgadas y amañadas con propósito de canonización y de momificación. El catálogo de la exposición retrospectiva de Frida Kahlo en Bellas Artes fue particularmente grotesco: no sólo aparecía como una beata militante de irreprochable ortodoxia sino que su variada vida erótica había sido cuidadosamente ocultada. Un ejemplo de la insensibilidad artística, política y moral de nuestras autoridades es el Museo Frida Kahlo en Coyoacán. Pero sobre esto es mejor ceder la palabra a Jean van Heijenoort, antiguo secretario de Trotski, que convivió con Frida Kahlo y con Diego Rivera durante los años de exilio del revolucionario ruso en México:

> La casa donde Trotski y Natalia vivieron en Coyoacán ha sido transformada en el Museo Frida Kahlo. Mediante falsas inscripciones («Frida y Diego vivieron en esta casa 1929-1954») todo ha sido hecho para borrar las huellas de la estancia de Trotski. Las sesiones de la Comisión Dewey se celebraron allí pero nada le recuerda este hecho histórico al visitante. En el cuarto en que Trotski y Natalia durmieron por más de dos años, alguien ha dejado, como un montoncito de excremento, un pequeño busto de Stalin.[1]

En 1983 Hayden Herrera publicó en Nueva York su biografía de Frida Kahlo.[2] Es un libro en que al fin aparece la verdadera Frida, artista fascinante y mujer compleja y complicada, habitada por fantasmas enemigos. Obra atrayente, más hija de la admiración que de la lucidez, rica en episodios curiosos y en noticias poco conocidas, pero cuyo único objeto, muy en el gusto actual de los norteamericanos, ávidos de intimidades ajenas,

---

[1] *With Trotsky in Exile. From Prinkipo to Coyoacán,* Harvard University Press, 1978.
[2] Hayden Herrera, *A Biography of Frida Kahlo,* Nueva York, 1983.

es *contar* y no desentrañar un enigma ni recrear un personaje. Por ejemplo, el bisexualismo de Frida merecía al menos una pausa y una reflexión pero la autora se limita a contarnos un amorío tras otro. La falta de curiosidad psicológica se convierte en insensibilidad moral y miopía histórica cuando se tocan los temas políticos y sociales. El paso de Diego y Frida del trotskismo al estalinismo, que Trotski calificó, no sin razón, como una «muerte moral», no provoca en la autora ni un estremecimiento ni un comentario. Le parece un incidente entre otros. Lo mismo ocurre con las innobles declaraciones de Frida en el periódico *Excelsior,* pocos años después de la muerte de Trotski, que la había amado, en las que lo llama «viejo loco» y lo acusa de haberse robado varios objetos de su casa, ¡entre ellos catorce fusiles y una lámpara! Ante estas contorsiones morales, me repito la pregunta que se hizo Breton ante ciertas actitudes de Aragon y de Éluard: ¿se puede ser, al mismo tiempo, un artista y un canalla? Sí, se puede. Pero no impunemente; el arte es insobornable e implacable: los desfallecimientos, manchas y fallas que aparecen en las obras de Diego y Frida son de origen moral. Los dos traicionaron sus grandes dones y esto *se ve* en su pintura. Un artista puede cometer errores políticos y aun crímenes del orden común pero los verdaderamente grandes —Villon o Pound, Caravaggio o Goya— pagan sus faltas y así salvan su arte y su honor.

—¿*Qué puede decirnos de Orozco?*

—Orozco fue el más libre y el más profundo de los tres. Fue un temperamento intenso. No sabía reír ni sonreír. Otra limitación, grave para un pintor: no era sensual. En Goya hay la fascinación y el horror por la carne; en Daumier y en Toulouse-Lautrec, el sexo es un diablo y el diablo, como es sabido, es el inventor de la risa. En Orozco todo es serio, todo es tétrico. Los cuerpos de Orozco ignoran la caricia: son cuerpos de verdugos y de víctimas. Arte contraído, torturado y a veces monótono: la violencia llega a cansar. Pero hay momentos de terrible intensidad, momentos en que el artista nos impresiona y nos sacude. Orozco nos conmueve, además, por otra cualidad admirable: la libertad de espíritu. Un verdadero rebelde. Por sus ideas tanto como por su temperamento Orozco tiene más de una semejanza con Vasconcelos. Los dos comenzaron como revolucionarios y los dos terminaron en admiradores de Cortés, el coco de los liberales y revolucionarios. La Reacción mexicana (así, con mayúscula) tiene en Vasconcelos y en Orozco a sus dos expresiones más altas y auténticas en este siglo. Ambos fueron profundamente religiosos, aunque

Orozco no cayó jamás en la beatería de Vasconcelos ni en sus extravíos políticos. Al contrario: Orozco fue uno de los primeros en ver las semejanzas entre el hitlerismo y el estalinismo. Fue un espíritu apasionado y sin embargo extrañamente lúcido, clarividente. Un hombre y un artista de veras libre que, caso extraordinario en México, no tuvo miedo de ejercitar su libertad. Contra viento y marea.

—¿*Otras afinidades del muralismo con movimientos extranjeros?*

—El muralismo no sólo asimiló influencias y estímulos de fuera sino que también influyó en otras partes. La historia de la influencia de la pintura mexicana en América Latina está todavía por escribirse. Sucede algo parecido con la influencia de los muralistas sobre el expresionismo-abstracto norteamericano. No pienso únicamente en el caso de Pollock, muy conocido, sino en el de otros menos citados como Tobey y el escultor Noguchi. En *Puertas al campo* me ocupé de este tema y no quisiera ahora repetir lo que allí escribí.[1] Me limitaré a señalar unas cuantas cosas. Se ha dicho muchas veces que el expresionismo-abstracto es un automatismo que viene directamente del surrealismo, en particular de Masson y Matta. Esto es cierto. Sin embargo, se olvida el ejemplo de Siqueiros. El pintor mexicano fue uno de los primeros en utilizar sistemáticamente el *accidente*. Estética cercana al automatismo: arrojar contra el muro un chorro de pintura y pintar a partir de esa mancha. Pero la influencia mexicana no se reduce sólo a esto. En el expresionismo-abstracto, como su nombre mismo lo dice, había una contradicción transparente (diré de paso que en esa contradicción está la razón de su extraordinaria vitalidad): por una parte, abstracción; por la otra, expresión. El abstraccionismo europeo fue intelectual y metafísico: quiso reducir las formas a una geometría, las sensaciones a arquetipos y la vida misma a ritmos. Aunque los norteamericanos renunciaron, como los abstraccionistas europeos, a la representación de la realidad, no quisieron pintar arquetipos sino emociones, sensaciones concretas e inmediatas. Esto los acercaba al expresionismo y, claro está, a la pintura mexicana (Siqueiros y Orozco) que había influido en casi todos ellos en la década de los treinta. El abstraccionismo de los norteamericanos venía de Europa; su expresionismo venía de México. En suma: automatismo surrealista + abstraccionismo europeo + expresionismo mexicano. Todo esto confirma lo que dije al comenzar esta conversación: el movimiento muralista mexicano tiene un lugar a un tiem-

---

[1] Véase, en este volumen, «El precio y la significación», pp. 709-725.

po singular y poderoso en la historia de la pintura en el siglo xx. Lo tiene, primero, por sí mismo, quiero decir por las obras notables, muchas de ellas admirables, que dejaron Rivera, Orozco, Siqueiros y algunos otros artistas que, aunque menores, no son desdeñables; en seguida, por su influencia sobre la pintura de los Estados Unidos y de otras partes. El muralismo ni fue una copia de la pintura europea de su tiempo ni fue un arte provinciano: fue y es una presencia en el mundo.

Una reflexión final: la influencia del muralismo ilustra un fenómeno que se ha repetido una y otra vez en la historia de las artes. En México la influencia del muralismo fue nefasta porque, en lugar de abrir puertas, las cerró. El muralismo engendró una secta de discípulos académicos y vociferantes. En los Estados Unidos esa influencia fue benéfica: abrió las mentes, las sensibilidades y los ojos de los pintores. En un caso, la influencia paralizó a los artistas; en el otro, los liberó. Nada más natural que los protagonistas del siguiente capítulo de la historia de la pintura mexicana hayan sido los heterodoxos y los marginales, los que se atrevieron a decir *No* al academismo y al ideologismo en que había degenerado el muralismo. Este nuevo capítulo —inaugurado por Tamayo, Mérida, Gerzso y otros— aún no termina. A mí no me parece inferior al muralismo: es algo muy distinto, con vida propia y que ya es hora de ver con rigor y generosidad. El mismo rigor y la misma generosidad con que deberíamos ver y juzgar a los muralistas.

México, agosto de 1978

[«Re/visiones: la pintura mural» se publicó en *Sábado* (suplemento literario de *unomásuno*), núm. 43, México, 9 de septiembre de 1978.]

Ocultación y descubrimiento de Orozco[1]

*Las palabras más tramposas y traidoras en la crítica de
arte son Moral, Ideología, Mensaje Social, Revolución y más
Revolución... y otras del mismo jaez.*

José Clemente Orozco

1

La gloria es siempre equívoca. Es una exaltación y, al mismo tiempo, una
desfiguración. Al glorificar a esta o aquella obra casi siempre la recortamos
y la reducimos. La pintura mural mexicana es una impresionante ilustración de la suerte que sufren todos los grandes movimientos artísticos y
espirituales: la beatificación se alcanza por el camino de la simplificación.
El muralismo fue un movimiento complejo, contradictorio, irreductible
a una sola dirección y en el que participaron diversas personalidades, cada
una dueña de una visión particular del mundo. Fue un movimiento polémico no sólo frente al arte del pasado inmediato sino en su interior; quiero decir, el muralismo mexicano estuvo siempre en lucha consigo mismo.
De ahí su vitalidad. Sin embargo, en los últimos treinta años se ha reducido su historia al desarrollo lineal de una sola idea, una sola estética y un
solo objetivo.

Los responsables de esta simplificación han sido, por una parte, los
críticos e historiadores que representan los puntos de vista estéticos y
políticos de una tendencia que se pretende marxista; por la otra, la ideología oficial. Todas las obras y personalidades que no caben dentro de este
esquema han sido, unas, eliminadas y, otras, oscurecidas. Esta operación
de rectificación de la historia afecta sobre todo a pintores como José Clemente Orozco, Jean Charlot y Roberto Montenegro. Como en el caso de

---

[1] El 12 de julio de 1983, bajo los auspicios de El Colegio Nacional, se celebró en el Hospital de Jesús un coloquio sobre la figura y la obra de José Clemente Orozco, en el que participamos Salvador Elizondo, Miguel León-Portilla y yo. Estas páginas son la versión ampliada
y corregida de mis intervenciones.

Orozco es imposible negar la importancia artística de su obra, se ha intentado, con éxito, velar su significado. Se exaltan ciertos aspectos de su pintura pero se escamotean otros, los más polémicos. Para justificar este juego de manos basta con esta o aquella frase. Por ejemplo, decir que Orozco es un gran artista pero que es anárquico y contradictorio. Con esto se insinúa que hay que aceptar la violencia de Orozco a condición de purgarla de sus elementos subversivos y demoniacos. Lamentar las contradicciones de Orozco es olvidar que la contradicción es el corazón mismo de casi todas las grandes creaciones artísticas y literarias de la época moderna. Miguel Ángel es contradictorio, lo es Caravaggio, lo es Rembrandt, lo es Goya y lo son casi todos los grandes poetas y pintores del siglo XIX y del XX. En México fueron contradictorios Vasconcelos y José Clemente Orozco. Deseo que se me entienda: no pretendo negar la pintura de Diego Rivera ni la de Alfaro Siqueiros. Eso sería incurrir en otra simplificación y en otra mutilación. Se trata de devolverle al muralismo su riqueza original, su complejidad y, en una palabra, su ambigüedad histórica y estética.

Por todo esto me decidí a escribir estas páginas. No para celebrar a un gran pintor sino para descubrir en su obra aquello que la distingue y hace única. A diferencia de los otros pintores que fueron sus contemporáneos y que han sido ya asimilados y canonizados, la obra de Orozco guarda intactos sus poderes de subversión. Es una obra subversiva porque, lo mismo en el dominio de la estética que en el de la visión de la realidad humana, se atrevió a decir *no* a las grandes simplificaciones modernas: *no* a la versión oficial de nuestra historia, *no* al clericalismo, *no* a la burguesía, *no* a las sectas. El gran *no* violento y contradictorio de Orozco se resuelve en ciertos momentos en una afirmación trágica: el hombre que aparece en su pintura es un victimario y también una víctima. De ambos modos provoca nuestra ira y nuestra piedad. Pintura que nos conmueve y que, además, nos hace reflexionar sobre el enigma que es el hombre, cada hombre.

Las primeras obras de José Clemente Orozco son dibujos, grabados, caricaturas y acuarelas. Fueron ejecutadas entre 1910 y 1918. Sus temas son los de la realidad cotidiana en los barrios bajos de la ciudad; no son obras realistas: son visiones satíricas y grotescas, con frecuencia terribles. Visiones negras. La serie de las acuarelas es impresionante. Escenas de burdel: salas destartaladas, cuartuchos con camastros y roperos enormes, purgatorios de mujeres de carnes fláccidas y huesos prominentes, semidesnudas, cubiertas por andrajos desvaídos y chillones, acopladas o en conciliábulo con tipos flacuchos de bigotito, en paños menores pero con calcetines. Hacia 1920 aparecen los primeros e inolvidables óleos y dibujos con escenas de la Revolución de México. Sorprende la energía del dibujo, violento, cruel, sarcástico, a veces patético y otras compasivo, intenso siempre. Casi enteramente libres de ideología, estas obras son verdaderos *testimonios*, en el sentido en que no lo son las fotos de la época. Nueva comprobación de la falsedad de una idea moderna: las fotos y los reportajes, salvo en casos excepcionales, son documentos, pero no testimonios. El verdadero testimonio alía a la veracidad la comprensión, a lo visto, lo vivido y revivido por la imaginación del artista. La comprensión nace de la simpatía moral y se expresa de muchos modos: piedad, ironía, indignación. La comprensión es participación.

Desde sus comienzos hasta su muerte Orozco no dejó de pintar. Su obra es abundante y variada: dibujos, óleos, murales, grabados, *gouaches*, acuarelas. En el curso de los años, sus temas se ensancharon y pasó de la sátira de la vida diaria a las grandes composiciones murales en las que la visión profética de la historia se une a vastas alegorías religiosas. A pesar de todos estos cambios, su inspiración fue siempre la misma: el Orozco de los primeros dibujos y acuarelas (*Escenas de mujeres*, 1910-1916) no es esencialmente distinto al Orozco de los murales del Hospital de Jesús (*Alegoría del Apocalipsis*, 1942-1944). ¿Cómo definir una obra tan vasta y, en todos sus cambios, tan fiel a sí misma? Las obras que de verdad cuentan son únicas; quiero decir: aunque pertenezcan a este o aquel estilo, son siempre una ruptura que libera al artista y lo impulsa a ir más allá de ese estilo. Hay dos maneras de concebir la historia del arte: como una sucesión de estilos y como una sucesión de rupturas. Ambas son valederas. Y más: son complementarias. Una vive en función de la otra: porque hay estilo, hay transgresión del estilo. Mejor dicho: los estilos viven gracias a las transgresiones, se perpetúan a través de ellas y en ellas. Incesante recomenzar: cada transgresión es el fin de un estilo y el nacimiento de otro. El caso de Orozco confirma la relación contradictoria entre el estilo, que es siempre colectivo, y la ruptura, que es un gesto individual. Su obra se inscribe dentro de la corriente expresionista de nuestro siglo, pero es imposible comprenderla si no se advierte que se define por ser, precisamente, una transgresión del expresionismo. La pintura de Orozco consagra aquello mismo que niega: su transgresión del expresionismo es un gesto expresionista.

El expresionismo nació a comienzos del siglo y su lugar de elección fueron los países germánicos y escandinavos. Sin embargo, como sucede con los otros grandes movimientos artísticos, es imposible reducirlo a una época y a una región. El último Goya fue un gran expresionista, *avant la lettre;* el último Picasso también lo fue, *après la lettre.* Los dos fueron meridionales. En las primeras obras de Orozco se advierte la presencia de un expresionista que no fue ni alemán ni noruego y que seguramente jamás se enteró de que era expresionista: José Guadalupe Posada. Más tarde no es difícil percibir la lección de otros dos artistas que están antes (y después) del expresionismo: El Greco y Goya. Hay también huellas de un pintor que los críticos, salvo Antonio Rodríguez, generalmente no citan: el terrible Grünewald. Las afinidades entre este pintor alemán del siglo XVI y el mexicano del siglo XX son el resultado de un parentesco espiritual: ambos compartían, a través de los siglos y las culturas, la creencia en el valor sobrenatural de la sangre y del sacrificio. Los dos sufrieron la fascinación de la doble figura del verdugo y la víctima, unidos no por vínculos psicológicos sino mágico-religiosos.

Mencioné a El Greco, constante presencia en la obra de Orozco. En el *Prometeo* de Pomona los críticos advierten huellas de *El entierro del conde de Orgaz,* y en las figuras de los brujos enemigos de Quetzalcóatl, en Darmouth College, encuentran recuerdos de *La expulsión de los mercaderes del templo* del mismo pintor. Estos ejemplos no son los únicos pero bastan a mi propósito: mostrar cómo Orozco recoge la tradición, la usa para sus fines y, así, la transforma. El caso de El Greco se repite con Miguel Ángel, otra vez con el tema de *La expulsión de los mercaderes* y en uno afín, el de *La expulsión del Paraíso.* Ambos asuntos son frecuentes en la pintura del Renacimiento. Es imposible olvidar otro antecedente, que sin duda conocía Orozco: Masaccio. El poderoso fresco *El sepulturero,* en San Ildefonso, presenta una figura tendida que evoca, por su posición y por el tratamiento pictórico, una de Piero della Francesca: *El sueño de Constantino.* Pero el clasicismo de Piero está lejos de Orozco, más próximo al arte dinámico y convulsivo de Miguel Ángel y El Greco. Por eso no es extraño que el famoso *Hombre de fuego* del Hospicio Cabañas tenga indudable parentesco con una célebre y audaz composición de Correggio: *La ascensión de Cristo,* en la cúpula de San Juan Evangelista de Parma.[1] En fin, apenas si necesito recordar otras presencias frecuentes en Orozco: Giotto, que inspiró en parte las pinturas de los franciscanos en la escalera de

---

[1] Véase Laurence E. Schmeckebier, *Modern Mexican Art,* The University of Minnesota Press, Minneapolis, 1939. También Justino Fernández se ocupó de las relaciones entre Orozco y la pintura del Renacimiento en su libro *Orozco, forma e idea,* México, 1942.

San Ildefonso, y el arte bizantino. Este último fue un estímulo y una guía que abrió perspectivas a todos los muralistas: Rivera, Siqueiros, Orozco y Charlot. A mi juicio Orozco y Siqueiros comprendieron más profundamente que los otros la lección de los bizantinos. La economía dramática que aparece en varias composiciones de Orozco y en algunos retratos de Siqueiros revela una comprensión muy honda de esta gran tradición.

Orozco se inició como dibujante y artista gráfico. Nada más natural que haya visto en Goya a un ejemplo y un maestro. Pero no sólo en sus obras gráficas sino en la serie de óleos sobre la Revolución de México. Nada más natural, asimismo, que haya aprovechado la lección de Daumier. También asimiló, en dirección opuesta, la de Toulouse-Lautrec. Todos estos nombres definen su familia espiritual y su estirpe artística. Estos antecedentes explican que haya aceptado con naturalidad y asimilado con fortuna la influencia del expresionismo. Esta tendencia le dio un vocabulario de formas que él, con genio y libertad, transformó y recreó. No fue un discípulo ni un seguidor, pero sin los grandes expresionistas probablemente no habría sido lo que fue y es: un pintor universal. No hablo sólo de sus deudas con este o aquel pintor sino de lo que significó el ejemplo de varios artistas que él, desde México, conoció de manera imperfecta y en reproducciones mediocres. No importa: ellos le abrieron un camino. Pienso en Rouault, Munch, Ensor, Kokoschka, Grosz, Max Beckmann. El parecido con este último es notable y constante. A pesar de que las semejanzas son extraordinarias, es imposible hablar de influencias sin incurrir en una grosera simplificación, como lo señala Hans Heufe, un crítico que ha escrito con discernimiento sobre el tema. Orozco es más vigoroso y vasto, pero es imposible decir que Beckmann es un seguidor o que Orozco lo sea. Es un caso de consanguinidad artística y espiritual.

Salvador Elizondo ha señalado la presencia de otra corriente en el arte de Orozco, que él llama idealista. También podría denominarse hermética o simbólica. Elizondo encuentra una relación entre esta tendencia y las ideas de Matila G. Ghyka, autor de varios libros célebres en su tiempo sobre el ritmo, la sección áurea, la estética de las proporciones y otros temas afines. Nuestro pintor probablemente conoció estas ideas durante los años en que, en Nueva York, frecuentó el Círculo Délfico, un grupo del poeta griego Angelo Sikelianos, su mujer Eva y otros artistas e intelectuales más o menos cercanos al movimiento neohelénico. En el libro que Alma Reed escribió sobre la vida y la obra de Orozco, se detiene largamente en este episodio (1928-1931).[1] El movimiento délfico sostenía ciertos principios estéticos y filosóficos —el ritmo universal, la dinámica de las proporciones y otras herencias del neoplatonismo y el ocultismo— enlazados a la nueva física y mezclados a ideales políticos como el nacionalismo y la paz universal. Naturalmente no faltaba el ingrediente del orientalismo. Angelo Sikelianos y Alma Reed compartían un vasto apartamento, conocido como el *Ashram*. Era un centro de reunión de artistas y escritores, todos interesados en las doctrinas herméticas y esotéricas. En política eran partidarios fervientes del movimiento por la independencia de la India. Se hablaba de estética, dice Alma Reed, y de las doctrinas de los grandes maestros: Jesús, el Buda, Lao-tsé, Zoroastro, Emerson, Gandhi. Había también discípulos de Blake y de Nietzsche. Uno de los asiduos era el poeta José Juan Tablada, que fue uno de los primeros defensores de Orozco.

No es fácil imaginarse al taciturno pintor en ese mundo. Sin embargo, no sólo pintó un retrato de Eva Sikelianos sino que algunas de sus ideas estéticas vienen de ese momento y de ese círculo. Elizondo ha subrayado con pertinencia la influencia de la Simetría Dinámica, una doctrina estética del matemático y artista canadiense Jay Hambidge. Aunque Orozco no conoció a Hambidge, que murió joven, sí fue amigo de su viuda, Mary Hambidge, que difundía en el Círculo Délfico las ideas de su marido y que escribió un libro sobre ellas. Orozco siguió los preceptos de la Simetría Dinámica en el fresco de Pomona College (1930) que representa a Prometeo y en los de la New School for Social Research (1930-1931). En estas composiciones de exaltado espiritualismo simbólico no es difícil percibir las huellas de las especulaciones filosóficas, estéticas y políticas del Círculo Délfico. Herencia neoplatónica y renacentista: la geometría concebida como una estética, es decir, como un sistema de proporciones que reflejan o simbolizan la figura racional del universo y de la mente creadora. Hay que añadir que Orozco ya estaba preparado para recibir y asimilar estas ideas: antes de un viaje a Nueva York había pintado en la Casa de los Azulejos, en 1925, el mural *Omnisciencia*, de acentuado carácter simbólico y espiritualista. ¿Influencia de Vasconcelos y su teoría del ritmo universal o de las preocupaciones de Sergio Francisco de Iturbe, el gran mecenas mexicano que le encargó esas pinturas?[2]

---

[1] Alma Reed, *José Clemente Orozco*, Oxford University Press, Nueva York, 1956.

[2] Ya escritas estas páginas apareció, en el segundo semestre de 1983, el libro *Orozco: una relectura* (Universidad Nacional de México). Contiene varios ensayos recogidos por el crítico

En algunas composiciones tardías, fiel a estas preocupaciones metafísicas y estéticas, Orozco se apartó del expresionismo aún más radicalmente que en la época del Círculo Délfico. Me refiero al mural transportable: *Dive bomber and tank* (Nueva York, 1940),[1] a la *Alegoría nacional* (Escuela Normal, 1947-1948) y a una obra inconclusa: *La primavera* (Multifamiliar Miguel Alemán, México, 1949). A reserva de volver sobre este tema al final de este trabajo, apunto ahora que en estas obras Orozco se inclina hacia la abstracción, pero sólo para acentuar aún más su carácter simbólico. Hay una relación íntima, como lo vio primero que nadie Worringer, entre abstracción y visión simbólica. Estas composiciones son verdaderos iconos, no de dioses sino de ideas. Son formas-ideas. Subrayo que Orozco se sirve de la abstracción para expresar y simbolizar; quiero decir: conserva la relación entre forma y significado, a la inversa precisamente de la pintura abstracta, que tiende a anular las diferencias entre forma e idea, significante y significado.

Este brevísimo examen de las composiciones en que Orozco se desvía del expresionismo confirma que aun en sus transgresiones no dejó de ser expresionista. Más exactamente: su heterodoxia es un expresionismo exacerbado. Sólo que es un expresionismo crítico de sí mismo y que va más allá de los límites tradicionales del movimiento. Por el camino de la negación —el expresionismo es sátira, blasfemia, sarcasmo: gran negación pasional— Orozco llega a los grandes símbolos religiosos. Apenas si debo

Xavier Moyssén. Entre ellos, me impresionaron uno de Fausto Ramírez sobre el esoterismo en la obra de Orozco y otro de Jacqueline Barnitz acerca de sus años «délficos». Fausto Ramírez señala la más que probable influencia de las ideas estéticas de Antonio Caso y, sobre todo, de José Vasconcelos. La influencia de este último es indudable; es el autor de dos libros que fueron muy leídos en su tiempo: *Pitágoras, una teoría del ritmo* (1917) y *El monismo estético* (1918). Ramírez destaca las afinidades entre los pintores mexicanos influidos por el simbolismo y las ideas de Vasconcelos. También alude al esoterismo de algunos poetas amigos de los pintores, como Tablada. Olvida quizá la influencia general y generalizada de Darío y los otros grandes modernistas hispanoamericanos, todos ellos creyentes en las teorías del ritmo universal y en la de las correspondencias. (Véase el capítulo IV de *Los hijos del limo*, Seix Barral, Barcelona, 1974; incluido en el primer volumen, *La casa de la presencia*, de estas *OC*.) El paralelo que hace Ramírez entre las ideas teosóficas de Schuré y la pintura de Orozco es convincente. El ensayo de Jacqueline Barnitz es rico en informaciones acerca del periodo «délfico». Contiene un excelente análisis de la gestación del *Prometeo* de Pomona; el tema probablemente le fue sugerido a Orozco por Alma Reed, para la que hizo algunos carteles de propaganda anunciando la representación, en Delfos, del *Prometeo encadenado* de Esquilo, dirigido por el poeta Sikelianos.

[1] Fue encargado por el Museo de Arte Moderno de Nueva York, en donde era exhibido de manera prominente. Hoy lo tienen arrumbado en las bodegas de ese museo. También se han recluido en ese purgatorio varias telas, algunas admirables, de Tamayo, Siqueiros y Rivera.

agregar que esos símbolos no son abstracciones sino formas vivas, angustiadas y angustiosas. El expresionismo es una negación de todos los símbolos; aborrece las abstracciones, los tipos y los arquetipos; es un arte de lo singular y lo único, de aquello que rompe la norma y la medida. La negación opone siempre lo característico a lo universal, el esto o el aquello a la idea. Por el camino de negaciones del expresionismo Orozco llega a resultados diametralmente opuestos a los que se propusieron los artistas expresionistas europeos. Por esto pensé en su involuntario parecido con Grünewald.

Su actitud frente al expresionismo se repite en la que adoptó ante las otras dos tendencias que lo atrajeron: el esoterismo simbólico de su juventud y, al final de su vida, la pintura abstracta. Su atracción por el arte abstracto no es extraña: en los primeros y grandes abstraccionistas, como Kandinsky y Mondrian, son claramente visibles las ideas ocultistas y teosóficas. Para Orozco, en cambio, la forma es expresión y esto lo aparta de todos los formalismos, sobre todo del moderno, el arte abstracto; al mismo tiempo, a través de una sucesión de autonegaciones cada vez más radicales, la expresión llega a negarse a sí misma, deja de expresar, por decirlo así, para convertirse en un icono. Pero es un icono que no podemos adorar y que, al conmovernos, nos abre los ojos hacia una realidad abismal. Es un icono que contiene su negación. El icono de Orozco no es un dios ni una idea sino una realidad a un tiempo actual y eterna, universal y concreta, una realidad en perpetua lucha contra ella misma. El icono está doblemente amenazado: por la abstracción y por la expresión, por la universalidad y por la singularidad. Para escapar, niega a la expresión con el símbolo, al símbolo con la expresión. El icono se niega a sí mismo en una incesante y cruel ceremonia de autopurificación: Cristo rompe su cruz, Quetzalcóatl peca y huye, el cielo se desploma sobre Prometeo, el fuego devora al hombre. El expresionismo, estética de la negación moderna, le sirve a Orozco para pintar iconos en continua combustión. La llama se vuelve escultura y cada una de sus creaciones termina en un incendio que destruye a sus criaturas.

2

Las diferencias entre Orozco y los otros muralistas mexicanos no son menos profundas que las que lo separan de los expresionistas europeos. Cierto, sus temas son los mismos: la historia de México, la Revolución, los grandes conflictos sociales del siglo xx. Sin embargo, su actitud casi siempre es distinta a la de Rivera y Siqueiros. Incluso, muchas veces, es la opuesta. Su verdadero tema no es la historia de México sino lo que está atrás o debajo, lo que oculta el acontecer histórico. El pasado, el presente y el futuro son una corriente temporal que fluye, pasa y regresa, una sucesión engañosa y enigmática que el ojo del artista o del profeta penetra: adentro aparece otra realidad. La historia no es para él una épica con héroes, villanos y pueblos, un proceso temporal dotado de una dirección y de un sentido; la historia es un misterio, en la acepción religiosa de la palabra. Ese misterio es el de la transfiguración de los hombres en héroes; casi siempre los elegidos son víctimas voluntarias que, por el sacrificio y la sangre, se transforman en emblemas vivientes de la condición humana. Orozco no cuenta ni relata; tampoco interpreta: se enfrenta a los hechos, los interroga, busca en ellos una revelación.

No sólo es distinta su actitud ante la historia; también lo son sus ideas y opiniones ante los hechos y los protagonistas históricos. Miguel León-Portilla ha recordado su posición en el viejo debate entre los indigenistas y los hispanistas, los partidarios de Cuauhtémoc y los de Cortés. En su *Autobiografía* se escandaliza de esta ociosa disputa y dice:

Parece que fue ayer la Conquista de México por Hernán Cortés y sus huestes; tiene más actualidad que los desaguisados de Pancho Villa; no parece que hayan sido a principios del siglo xvi el asalto al Gran Teocalli, la Noche Triste y la destrucción de Tenochtitlan sino el año pasado, ayer mismo. Se habla de ello con el mismo encono con que pudo haberse hablado del tema en tiempos de don Antonio de Mendoza, el primer virrey.

Y concluye: «Este antagonismo es fatal». En sus murales, como lo ha señalado el mismo León-Portilla, es aún más explícito: ni idealiza al mundo indígena ni le parece una abominación la Conquista.

Orozco ve a la antigua civilización de México con una mezcla de horror y admiración. Admira la grandeza de sus templos y pirámides, le maravillan sus artes y monumentos, le repelen sus mitos y sus ritos. Algunos rasgos le parecen detestables: el servilismo y el culto a los jefes, el militarismo y la divinización de la guerra perpetua, la reverencia supersticiosa y obtusa ante los sacerdotes y chamanes, el clericalismo innato de esas sociedades —natural complemento de la preeminencia de la función guerrera— y, en fin, los sacrificios humanos y el canibalismo ritual. Siente fascinación y repugnancia por ese mundo a un tiempo bárbaro y decadente. Lo ve como una edad oscura. Pero su condenación no es absoluta: los rasgos horribles de la civilización prehispánica son horribles no por ser indios sino por ser humanos. Los crueles sacrificios reaparecen en la edad moderna: en los muros de Darmouth College (1932-1934) pinta, al lado de un antiguo sacrificio humano, otro moderno. En un caso, la víctima desnuda sobre una piedra, el sahumerio de copal, la figura espantable del ídolo, el sacerdote enmascarado y sus acólitos, el cuchillo de pedernal; en el otro, un hombre caído con las botas puestas, la ametralladora asesina, la guirnalda cívica, la lámpara votiva del patriotismo, el monumento al soldado desconocido, el ondear de las banderas. Religión y nacionalismo, muerte ritual azteca y muerte anónima moderna: dos idolatrías e idéntica crueldad.

Hay una figura que ilumina las sombras del mundo indio: Quetzalcóatl. En los muros de Darmouth College aparece, según lo cuenta la leyenda, como un hombre blanco y barbado, llegado del otro lado del mar, patrón de las artes, inventor del calendario y la escritura de los códices. El Quetzalcóatl de Orozco no es un dios: es un héroe civilizador, una figura sobrehumana. Según el mito, después de gobernar Tula, enseñar las artes de la civilización y proscribir los sacrificios humanos, Quetzalcóatl es víctima de las hechicerías de su rival Tezcatlipoca y sus brujos. Derrotado, huye de la ciudad pero profetiza que un día como ése *(Ce Ácatl)* regresará para recobrar su reino. Moctezuma creyó que Cortés era Quetzalcóatl o, al menos, un enviado suyo. Cortés aprovechó con habilidad esta creencia. Muy pronto los misioneros, los cronistas y los historiadores de Nueva España adoptaron y transformaron el mito. El dios blanco y barbado que llega del mar y desaparece por el «lugar donde el agua se junta con el cielo», se convirtió en un europeo, quizá Santo Tomás en persona, que enseña a los nativos las artes y las ciencias pero al que traicionan los sacerdotes idólatras que restablecen los sacrificios y los cultos oscuros. La profecía del retorno de Quetzalcóatl también se transformó: su regreso significó la llegada de los españoles y la Conquista de México. Esta interpretación, reelaborada y secularizada en el siglo XIX, fue la que hizo suya Orozco, siguiendo a Vasconcelos y a otros intelectuales de esa época.

En los frescos de Darmouth College figuran, con gran dramatismo, varios de sus temas predilectos: la aparición de un reformador, la traición de los sacerdotes, la profecía del héroe traicionado y, en fin, la llegada de los conquistadores. Así, Orozco ve a la Conquista como un castigo por la traición a Quetzalcóatl, el civilizador. El héroe del mundo prehispánico,

Quetzalcóatl, es también su víctima; a su vez, la víctima se convierte en lengua justiciera que profetiza el castigo de su pueblo. El instrumento de la justicia, el vengador del héroe, se llama Cortés. En la mitología de Orozco —otra gran diferencia con Rivera y Siqueiros— Cuauhtémoc no es un héroe. Tampoco Cortés. No son reformadores ni víctimas transfiguradas por su sacrificio: son herramientas, instrumentos de la justicia cósmica.

Nada más distinto al Cortés de Rivera que el de Orozco. El de Rivera es un ser deforme y enteco; ante esa figura grotesca, uno se pregunta cómo ese lisiado pudo pelear, montar a caballo, mandar hombres, atravesar selvas y desiertos, quemar poblados, enamorar mujeres. El Cortés de Rivera es un retrato de las pasiones mezquinas de ese gran pintor, la confesión de un resentimiento pequeño. El de Orozco es un guerrero cubierto de hierro, una terrible profecía de la edad mecánica. En el fresco del Hospicio Cabañas (Guadalajara, 1938-1939) Cortés parte en dos a un guerrero indio con su espada mientras lo besa el ángel de la victoria. Orozco no amaba a los vencedores pero no ocultó su admiración por el conquistador español: su Cortés es formidable, no inhumano ni sórdido. Movido por el huracán de su época, es el agente del destino. No es el Cortés de los libros de historia: es un emblema de la grandeza y la soledad de los vencedores... Hay otro Cortés, no revestido de hierro sino desnudo y sin espada, enlazando a una india también desnuda, la Malinche. Las dos figuras se enlazan en un momento fuera del tiempo y su quietud inspira temor y veneración. Son dos columnas sobre las que descansan los siglos. Su inmovilidad es la del mito antes de la historia. Con ellos comienza México; un comienzo terrible: a sus pies yace un indio muerto. Orozco nos muestra una imagen del mito que devora a México y nos devora: el padre es el asesino, el lecho de amor es el patíbulo, la almohada el cuerpo de la víctima. Pero no debemos cerrar los ojos ante esa imagen atroz: los fantasmas se disipan si somos capaces de verlos de frente.

La Conquista y sus consecuencias: la evangelización, la servidumbre de los indios y la lenta gestación de otra sociedad, fue un fenómeno doble, como casi todo lo que acontece sobre esta tierra. A diferencia de sus compañeros y rivales, Rivera y Siqueiros, poseídos por el espíritu de sistema y de partido, Orozco fue muy sensible a la ambigüedad inherente a la historia. Frente a Cortés y sus guerreros implacables, tempestad de hierro y sangre (*Los teules*, México, 1947),[1] aparecen los frailes misioneros. En los

---

[1] Serie de pinturas al temple y piroxilina sobre masonita.

frescos de San Ildefonso (México, 1926-1927), los franciscanos levantan a los indios del polvo y les dan el líquido mágico: el agua que calma la sed y el agua del bautismo. En los frescos del Hospicio Cabañas, ante la figura de Cortés combatiente se yergue la de un franciscano armado de una cruz. Atrás, el mismo ángel de la victoria que besa a Cortés en el mural de enfrente, despliega un pergamino con las letras del abecedario. La cruz libera porque enseña a leer y abre el entendimiento a la nueva sabiduría. También esclaviza, engaña, roba y mata. Orozco pintó, en los mismos muros de San Ildefonso, una caricatura del Padre Eterno que habría envidiado Lautréamont, así como otras imágenes que muestran la complicidad de la Iglesia con los ricos y los opresores. Cierto, son escenas de la vida moderna mexicana, pero en otros frescos (por ejemplo: los de Darmouth College) la cruz emerge del montón de ruinas a que redujo la Conquista al mundo indio, no se sabe si como un refugio o como un monumento opresor. Me inclino por lo segundo: es una cruz severa, impiadosa.

La misma dualidad frente a la suerte de los vencidos en el Virreinato: en los frescos de San Ildefonso se les ve arrastrarse por el suelo, cubiertos de llagas, sedientos y sólo socorridos por los frailes; pero en ese mismo edificio hay otro fresco que representa dos figuras enérgicas, imagen de la voluntad constructora, cuyo título es: *El conquistador edificador y el trabajador indio.* Todo esto confirma lo que antes dije: aunque la historia es la materia prima de su arte, no la concibe como sucesión temporal sino como *el lugar de prueba.* Es un sitio de perdición pero, asimismo, por el sacrificio creador, de transfiguración.

Es natural que un temperamento tan extremoso apenas si se haya detenido en los tres siglos en que México se llamó Nueva España. Es un periodo en el que no abundan los episodios dramáticos. La historia del siglo XIX tampoco lo apasionó. Las alegorías de Hidalgo (Palacio de Gobierno, Guadalajara, 1937) y de Juárez (Castillo de Chapultepec, México, 1948) son vastas composiciones altisonantes. En la primera sorprende la violencia del pintor: Hidalgo empuña la tea del incendio mientras abajo una masa confusa de hombres rabiosos se apuñalan. De nuevo la historia vista como castigo y venganza. Otro muro tiene por tema *La gran legislación revolucionaria mexicana,* un título más para un compendio jurídico que para una pintura. Arte público, huero y grandilocuente. Lo mismo hay que decir de la alegoría de Juárez en Chapultepec. En el fresco de Jiquilpan (1930), aunque dañado por la misma retórica oficialesca, la violencia no se disuelve en mera gesticulación: la ferocidad de esas figuras es real, sobre todo la de los animales emblemáticos de México: el jaguar, el águila, la serpiente. También hay grandeza en la mujer —¿la nación?— montada sobre un jaguar. Me pregunto si no hay en esta imagen un recuerdo inconsciente de Durga y su tigre, una representación hindú que debe de haber visto en el Ashram de Alma Reed y Eva Sikelianos.

En estos frescos —hay otros, como los de la New School for Social Research de Nueva York— Orozco confundió la fuerza con la elocuencia, la pasión con el gesto. Dos tentaciones amenazan a la pintura mural: la de la oratoria y la de la confidencia. La pintura mural es un arte público que tiende a suplantar la visión personal del artista y su acento propio por estereotipos y clichés; al mismo tiempo, soporta difícilmente la intrusión de las emociones e ideas íntimas del pintor. Orozco pecó, a veces, por lo segundo, pero en otras ocasiones, como en estas pinturas, incurrió en el primer vicio: el lugar común y la perorata.

Dos periodos de la vida de México lo apasionaron: la Conquista y la Revolución. Veía en la primera, con razón, el acontecimiento decisivo de nuestra historia, la gran ruptura y la gran fusión. La segunda es el complemento contradictorio de la primera, la réplica que, al negarla, la consuma. Orozco participó sólo lateralmente en la Revolución, como la mayoría de los mexicanos de su edad y su clase. En su *Autobiografía* dice: «Yo no tomé parte alguna en la Revolución, la Revolución fue para mí el más alegre y divertido de los carnavales». Debería haber escrito: «el más lúgubre de los carnavales». Muy joven participó en la agitación —mitad estética y mitad política— que encabezaba Gerardo Murillo, el Doctor Atl. Después, al triunfo de la Revolución, se mostró adversario del movimiento y fue autor de crueles caricaturas en las que ridiculizaba a Madero y a otros jefes revolucionarios, como Zapata y Gustavo Madero, el hermano del presidente.

El golpe de Estado de Victoriano Huerta lo hizo cambiar de bando. Estuvo en Orizaba con el Doctor Atl; en el periódico *La Vanguardia* publicó caricaturas del dictador, la Iglesia y el embajador de los Estados Unidos. Pero en ese mismo periódico revolucionario aparecen otras caricaturas que dejan ver su precoz desilusión y su horror ante las atrocidades de la guerra civil. Entre ellas hay una que revela la ambigüedad de sus sentimientos: representa la cara de una muchacha —una risueña pizpireta de grandes ojos— tocada por un hacha y una daga, con esta leyenda: «¡Yo soy la revolución, la destructora!» La misma ambivalencia —menos polémica y atemperada por la admiración y la piedad— aparece en la serie doble *México en Revolución* (óleos, acuarelas, aguadas, dibujos y litografías, 1913-1917 y 1920-1930). Estas obras representan uno de los más altos momentos de Orozco como pintor de caballete, tanto por su excelencia pictórica como por su visión. Ve a la Revolución con ojos de artista, no de ideólogo: no es un movimiento de este o aquel partido sino la erupción de las profundidades históricas y psicológicas de nuestro pueblo. En esas pinturas hay grandeza y hay horror, fusilamientos y saqueos, violaciones y baileto en el fango y la sangre, heroísmo y piedad, melancolía y cólera. Hay el maguey sobre la tierra reseca, verde presencia tenaz como la vida.

A pesar de los ecos y resabios de los renacentistas italianos, la disparidad entre las diversas partes del conjunto y la confusión entre grabado satírico y pintura mural, los frescos de San Ildefonso son una de sus obras más logradas. Fue un gran comienzo. Aunque algunas de esas pinturas son ilustraciones —defecto común a nuestros muralistas y, quizá, del género mismo— otras me parecen obras maestras, como *La destrucción del Viejo Orden, La huelga* y *La trinchera*. Esta última aún guarda intactos todos sus poderes, a pesar de la abundancia de baratas reproducciones. En estos frescos hay pasión sin patetismo, vigor sin brutalidad, fuerza serena, nobleza en el dibujo y mesura en la violencia misma del color. Otros son caricaturas amplificadas de la burguesía, las instituciones y la justicia. Orozco se equivocó en la escala, pero confieso que esos enormes sarcasmos coloridos me impresionan hoy tanto como hace cincuenta años, cuando los vi por primera vez al ingresar en la Escuela Nacional Preparatoria. Otros frescos me conmueven más profundamente: aquellos en que expresa su amargura, su piedad y su cólera ante la locura revolucionaria, es decir, ante la locura humana. Uno de ellos anuncia ya las grandes composiciones de Guadalajara: tres obreros, uno manco, otro que se tapa los oídos y tercero al que ciega un manto rojo y que empuña un fusil. El fresco se llama *La trinidad revolucionaria*: doble cuchillada, contra el dogma religioso y contra el dogma revolucionario.[1]

En 1924 Orozco colabora con los pintores comunistas en el periódico *El Machete*. Pronto abandona esta tendencia y un año después pinta

---

[1] En el lujoso libro *La pintura mural de la Revolución mexicana*, editado en Holanda en 1960 por una institución oficial, el Banco Nacional de Comercio Exterior, el título de este fresco es más púdico: *Trilogía*. Esta obra es una muestra de la ocultación de Orozco a que me referí al comenzar este trabajo. Por ejemplo, al reproducir el fresco llamado *El carnaval de las ideologías*, se suprime todo el fragmento en que aparecen la hoz y el martillo al lado de la cruz gamada. Tampoco figuran en este libro las obras de Jean Charlot y las de Roberto Montenegro.

Omnisciencia, en la Casa de los Azulejos, un fresco simbólico. Pero ni las ideas políticas ni los sistemas filosóficos lo definen. Fue, ante todo, un artista; en seguida, y no menos totalmente, fue un espíritu religioso. Su religión carecía de dogmas, Iglesias y dioses visibles, no de revelaciones y misterios. Religión de cólera justiciera y de piedad vengativa. Anticlerical, antiescolástico, antifariseo, solitario, taciturno y sarcástico, amó y odió a sus semejantes con la misma exasperación con que se amó y se detestó a sí mismo. La Revolución lo fascinó porque vio en ella una explosión de lo mejor y lo peor de los hombres, la gran prueba de la que salimos unos condenados y otros transfigurados. Se burló de ella como idea, le repugnó como sistema y le horrorizó como poder. Con la misma pasión con que exaltó y compadeció a los mártires —fuese la víctima un revolucionario traicionado como Carrillo Puerto o un pobre burgués ajusticiado— se ensañó contra los líderes, los gobernantes, los ideólogos, los generales y los demagogos. ¿Qué fue entonces para él la Revolución? Como institución y gobierno le pareció no menos abominable que la Iglesia romana, la banca internacional, el partido comunista o el partido fascista. Como sismo social fue magnífica y cruel, abyecta y generosa: fue la Bola, la gran confusión, la vuelta al amasijo del comienzo, el gran relajo. La Revolución, vientre en donde el tiempo cría sus prodigios y sus monstruos: el héroe, el verdugo, el ladrón, la puta, el mártir, la hermana de la caridad, la guerrillera, el león, la culebra, el asno coronado.

No menos trágica es su visión del animal humano. El pueblo es la arcilla y la pólvora con que se hacen las revoluciones, las guerras y las tiranías. Pero el pueblo se degrada en masa: esa sucesión de rostros borrosos que vemos en las procesiones religiosas, en los desfiles patrióticos y en las manifestaciones políticas. Engañado, robado, golpeado y torturado por los militares y los curas, los líderes revolucionarios y los ideólogos, el pueblo es cruel y blando, duro y estúpido, víctima y victimario. El pueblo hace la revolución y los revolucionarios en el poder deshacen al pueblo.

Hay una turbadora analogía entre la visión negra de Orozco y la de tres grandes escritores mexicanos: Mariano Azuela, Martín Luis Guzmán y José Vasconcelos. Por su imagen de la Revolución como la gran Bola que rueda al azar, río crecido salido de madre que derriba todo lo que se le opone, me hace pensar en Azuela; por su denuncia de los crímenes de los militares y las mentiras de los demagogos, en Martín Luis Guzmán; por su visión colérica, justiciera y, al fin, religiosa de la historia, en Vasconcelos. Quizá con este último es con el que tiene mayor afinidad. Pero algo distingue al pintor de los tres escritores, especialmente de Vasconcelos: para Orozco la Revolución en el poder no es distinta a la religión petrificada en Iglesia. Aquí aparece una imagen arquetípica y central de Orozco: Roma/Babilonia. Es una imagen que viene de la Biblia y de los grandes textos religiosos: Babilonia era Roma para San Juan; para Orozco, Babilonia es la Revolución triunfante y, también, las grandes ciudades modernas: Nueva York, Londres, París, Berlín... Babilonia es Cosmópolis, la Gran Ramera. Orozco fue un lector asiduo del Apocalipsis y es imposible entender sus visiones si se olvida este texto sagrado. Naturalmente su interpretación no es ortodoxa y está influida por sus ideas y por las opiniones y lucubraciones de sus amigos del *Ashram* de Nueva York. El tema del Apocalipsis me lleva a otra fase de su pintura.

3

La Conquista de México es inexplicable sin el caballo. Aparte de la superioridad militar de la caballería española sobre la infantería india, hubo la fascinación mítica: el caballo fue para los indios una criatura sobrenatural. Creyeron que el jinete y su montura eran un ser doble capaz de unirse y separarse a voluntad: por esto, durante el sitio de Tenochtitlan, los aztecas sacrificaban en el Gran Teocalli no sólo a los jinetes prisioneros sino a sus caballos. Pero la obsesiva abundancia de imágenes ecuestres en los muros del Hospicio Cabañas no se debe únicamente a razones históricas: para Orozco el caballo era un animal simbólico. El día en que se estudien con un poco de atención sus símbolos y figuras, se verá que sus visiones más intensas son resurrecciones de imágenes ancestrales enterradas en su alma. Otra fuente fueron sus preocupaciones religiosas y filosóficas que se manifestaban naturalmente como imágenes visuales: para él, pensar era ver. Ya señalé la semejanza de la figura de la mujer montada en un jaguar con la imagen tradicional de Durga y su tigre. Es un ejemplo entre muchos. La iconografía y el bestiario de Orozco son simbólicos y pertenecen a un fondo tradicional. Algunas de esas imágenes son precolombinas, la mayoría son cristianas, otras vienen del gnosticismo y de las religiones precristianas y del Oriente. Nos hace falta un buen estudio iconológico de su pintura.[1]

---

[1] Justino Fernández lo inició tímidamente en su *José Clemente Orozco, forma e idea* (México, 1942). En ese libro examina someramente el *Prometeo* de Pomona y se refiere a

Entre todos los caballos del Hospicio Cabañas hay dos que son notables. Uno es un caballo bicéfalo montado por un jinete de hierro. La figura representa a la España guerrera. ¿Por qué es bicéfala la bestia? La primera respuesta que se me ocurre es ésta: la Conquista fue la obra dual de la espada y la cruz. Es probable que este obvio simbolismo esconda otro más sutil y profundo. Frente al caballo bicéfalo aparece, en el muro contiguo, otra bestia no menos fantástica y más terrible: un caballo mecánico montado por un robot que empuña una bandera con las armas imperiales de España. Yuxtaposición de épocas: el caballo y su jinete pertenecen al siglo XX, la bandera al Renacimiento. En el teatro de imágenes que es la historia para Orozco, el sentido no puede ser sino el siguiente: la Conquista, obra del jinete y su caballo, abre las puertas a la era moderna, la edad mecánica. En la escatología de Orozco la edad mecánica corresponde a la deshumanización de los hombres. Los cuatro caballos de la revelación de San Juan —el blanco, el bermejo, el negro y el amarillo— se funden en este caballo mecánico de acero gris cuyos remos son émbolos y cilindros, la cola una cadena de hierro y el jinete una máquina asesina. El tránsito del mundo renacentista al moderno se expresa a través del simbolismo que transforma el caballo bicéfalo de la Conquista en bestia mecánica. La serie simbólica nos revela un proceso hecho de saltos y caídas: Quetzalcóatl → la traición → la huida → la Conquista → el caballo bicéfalo: espada y cruz → la edad mecánica → la deshumanización. La historia no es sino el girar de la rueda de la justicia cósmica.

La deshumanización fue un *leitmotiv* de la generación de Orozco. Para Ortega y Gasset era una suerte de higiene mental contra los excesos románticos; para otros era una verificación del concepto de alienación de Hegel y Marx; para otros más, como Orozco, un pecado, una caída: la pérdida del ser. El alma humana transformada en mecanismo. En el Hospicio Cabañas el pintor representa al diablo como un ídolo horrible, Huitzilopochtli, embadurnado de sangre y rodeado de sacerdotes caníbales. En otro muro, frente al ídolo, el símbolo de la edad moderna: el caballo mecánico y su jinete. El diablo moderno no es un ídolo: es una máquina cuyo único movimiento es la repetición del mismo gesto mortífero. El alma es soplo, movimiento creador y vivificador; el mal es su caricatura: el movimiento estéril de la máquina, condenada a repetirse sin cesar. Pero

los estudios iconográficos de Panofsky. Por desgracia, no persistió ni avanzó en esa dirección. Es una lástima, pues Justino Fernández fue el primero en destacar el sentido filosófico-religioso del simbolismo de Orozco.

la mecanización no es sino un aspecto de la deshumanización universal. El otro es la ideología: la era mecánica es también el siglo de las ideologías. La ideología nos deshumaniza porque nos hace creer que sus sombras son realidades y que las realidades, incluso la de nuestro propio ser, no son sino sombras. Es un juego de espejos que nos oculta la realidad, que nos roba la cara y el albedrío para convertirnos en reflejos. La repetición es el modo de ser propio del diablo: el robot repite los mismos gestos, el ideólogo las mismas fórmulas. Si la máquina es la caricatura de la vida, la ideología es la caricatura de la religión. Orozco pintó en el Palacio de Gobierno de Guadalajara, lado a lado, en 1937, dos frescos: *Los fantasmas de la religión en alianza con el militarismo* y *El carnaval de las ideologías*. El primero representa el viejo pecado conservador que empezó, en la historia del cristianismo, con Constantino: la confusión entre el poder y la religión, el trono y el altar. Esta corrupción clerical y política de la fe ha sido el cáncer de América Latina, desde la Independencia hasta nuestros días. La sacrílega alianza entre la espada y la cruz es el equivalente de Huitzilopochtli y sus guerreros sanguinarios. El otro fresco nos muestra la realidad política y espiritual del mundo moderno, dividido en sectas feroces, cada una dueña de un libro donde el adepto encuentra respuesta a todos los enigmas de la historia. En *El carnaval de las ideologías* aparece una banda de seres grotescos, payasos crueles, locos astutos y obstinados, doctores sanguinarios, cada uno armado con un signo: el crucifijo, la hoz y el martillo, la svástica, el *fascio*, las llaves de este mundo o las del porvenir. No es difícil reconocer en esos peleles los rostros de muchos de los doctrinarios y maestros del siglo, todos poseídos por el *odio teológico*. Cada secta se cree dueña de la verdad total y está dispuesta a imponerla por la fuerza y por el exterminio de las otras sectas. El siglo xx ha sido un siglo ideológico como el siglo xii fue un siglo religioso. Los fantasmas de la religión provocaron las persecuciones contra los heréticos, las guerras religiosas del siglo xvi y otros desastres; las ideologías del siglo xx han llevado la guerra a todas las naciones, han asesinado a millones de hombres y han esclavizado a países inmensos como continentes.

El tema de la Revolución corrompida por el poder desemboca en dos imágenes de la sociedad moderna: la mecanización y la enajenación ideológica. Por la Revolución, nuestro país penetró al fin en el mundo moderno, pero ese mundo no es el que soñaban los liberales y los revolucionarios: el progreso sin fin y la fraternidad universal. Hace años, al tocar este tema, escribí: «Por primera vez somos contemporáneos de todos los hombres».[1] Esta frase no siempre ha sido leída con propiedad. Yo me refería al derrumbe de las creencias y utopías; señalaba que hoy estamos solos y que, como el resto de los hombres, vivimos a la intemperie: «no hay ya viejos o nuevos sistemas intelectuales capaces de albergar nuestra angustia... frente a nosotros no hay nada». En efecto, el rasgo distintivo de este fin de siglo ha sido el fracaso de las revoluciones que encendieron las esperanzas de inmensas multitudes y de muchos intelectuales hace apenas cincuenta años. Al mismo tiempo, los países que no han sufrido la congelación de las dictaduras totalitarias revolucionarias y que han escapado de las tiranías militares, es decir: las naciones liberales de Occidente, han sido incapaces de detener el proceso de la deshumanización. Los males han sido menores que en los regímenes totalitarios pero la degradación de la existencia humana ha sido, de todos modos, inmensa. Una sociedad de consumidores no es siquiera una sociedad hedonista. Es un mundo movido por un proceso circular: producir para consumir y consumir para producir. Orozco vio hondo y claro: ya somos modernos porque somos ciudadanos de la edad mecánica e ideológica. Somos los mutilados del ser.

Después de *El carnaval de las ideologías*, Orozco pintó en varios frescos su visión de la sociedad mexicana posrevolucionaria y del mundo moderno. En 1941, en la Suprema Corte de Justicia de México, se atrevió a mostrar la venalidad de nuestra justicia. Dio en el blanco: sin la reforma del poder judicial, México no podrá enderezarse nunca. En el elegante *Turf Club* pintó, en 1945, una sátira de la sociedad afluente que anticipa al filme de Fellini *(La dolce vita)*. Pero la obra característica de este periodo, lo mismo por su violencia que por su tema, es un poco anterior: *Catarsis* (Palacio de Bellas Artes, 1934). Verdadera purgación no sólo de sus sentimientos sino de sus obsesiones. Una multitud de personajes bestiales, revueltos y apeñuscados, luchan entre ellos y se apuñalan. Son los faccionarios, los fanáticos, los negociantes, los ladrones, los demagogos, los santones doctrinarios, convertidos en una masa feroz y ávida: aquí y allá, inmensas, sobradas de carnes y de años, abiertas de piernas, revolcándose entre la sangre y el excremento, las cortesanas. Sus grandes risotadas cubren el golpeteo de las ametralladoras. Esta imagen de la sociedad moderna no es sino, remozada, la vieja imagen bíblica de Babilonia, la Gran Ramera.

[1] *El laberinto de la soledad*, México, 1950; libro incluido en el volumen V, *El peregrino en su patria*, de estas OC.

La visión se manifiesta con mayor claridad en uno de sus últimos frescos (inconcluso): *Alegoría del Apocalipsis* (Hospital de Jesús, 1942-1944). Las alusiones al texto de San Juan son más directas y explícitas. La ramera viste y bebe a la moderna pero cabalga un ser inmundo: "y vi una mujer sentada sobre una bestia de color de grana, llena de nombres de blasfemias y que tenía siete cabezas y diez cuernos... y en la frente de la mujer estaba escrito: Misterio, Babilonia la Grande, la madre de las fornicaciones y de las abominaciones de la Tierra». La Gran Ramera no es otra que la Roma imperial, señora de todos los vicios y tiranías: «Y la mujer que has visto es la grande ciudad que tiene su reino sobre los reyes de la Tierra». Al lado de Roma/Babilonia aparecen otras imágenes sacadas del texto santo. Vemos al ángel atar a Satanás y después desatarlo: «y cuando mil años fueren cumplidos, Satanás será suelto de su prisión. Y saldrá para engañar a las naciones que están en las cuatro esquinas de la tierra, Gog y Magog, a fin de congregarlas para la batalla, el número de las cuales es como la arena de la mar». La liberación de Satán desencadena la guerra universal: nuestro tiempo.

La interpretación esotérica de la historia está muy lejos del marxismo de Rivera y Siqueiros; también de las ideas de la mayoría de los artistas e intelectuales modernos. Sin embargo, para comprender lo que llaman las contradicciones de Orozco —mejor dicho: para comprender que no son contradicciones— debe aceptarse que su pintura es una visión simbólica de la historia y de la realidad humana. Sus símbolos son herencia de la tradición, pero libremente enlazados e interpretados. Orozco ve con los ojos de la cara y con los de la mente; somete lo visto y lo pensado a geometría, proporción, color y ritmo; su pintura es un puente simbólico que nos lleva a otras realidades. El arte de pintar lo que vemos se transforma en el arte de mostrarnos la transfiguración de la realidad humana en forma, idea y, en fin, en geometría hecha luz y ritmo. Por esto era natural que, sobre todo al final de su vida, sintiese atracción por la pintura abstracta, esto es, por el juego de los colores y las formas que han dejado de significar y que, simplemente, *son*. En el Hospicio Cabañas y en el Hospital de Jesús la divinidad está representada por formas abstractas. Pero también era natural, por la lógica misma de su tentativa artística, que se resistiese a la abstracción: pintar fue para él un acto polémico, incluso trágico, mediante el cual, a través de la forma, el hombre se significa y, así, se transfigura. Pintar es expresar nuestra sed, jamás saciada, de significaciones absolutas. Orozco no pintó certidumbres intemporales: pintó el ansia de certidumbre.

Los símbolos dialogan entre ellos; Quetzalcóatl convoca a Cortés, que convoca a la edad mecánica, que desemboca en un apocalipsis. La lógica de los símbolos es consistente pero ¿cuál es su sentido? La historia no tiene sentido: la historia es la búsqueda de sentido. Ése es su sentido. Por esto es el lugar de la purificación y de la transfiguración. El héroe y el mártir son los emblemas de la condición humana trascendida o transfigurada. Cada uno de nosotros, en nuestra pequeña escala, podemos ser héroes, es decir, pruebas vivientes de la posibilidad que tenemos de ir más allá de nosotros mismos. ¿Dónde está ese más allá? Orozco no lo sabe o, mejor dicho, según lo confesó en alguna ocasión a Justino Fernández: *sabe que es lo desconocido.* Respuesta que no carece de grandeza. Hay una palabra que define lo mismo al arte que a la persona que fue Orozco: autenticidad.

En un trabajo como éste es imposible examinar con detenimiento la evolución y los cambios de su estilo. Escribo un ensayo, no una monografía. Así, me limito a señalar, de paso, que los dos términos, *evolución* y *cambio,* designan vías que sin cesar se entrecruzan: por una parte, el paulatino dominio de las formas y las técnicas, por otra, el descubrimiento del mundo propio. Para un artista verdadero aprender a pintar significa, ante todo, apropiarse de medios para expresarse; *evolución* es el movimiento gradual y ascendente que lo lleva a la posesión de esos medios. A su vez, *cambio* es una mutación dotada de un sentido y una dirección: el artista se busca a sí mismo y sus cambios son los distintos momentos de esa búsqueda. Para Orozco la búsqueda terminó pronto: desde sus primeros y dramáticos dibujos y acuarelas se encontró. Aunque después exploró otros caminos y ensayó técnicas y maneras distintas, no cambió para encontrarse sino para ensancharse y anexar nuevos territorios de la realidad. A la inversa de Picasso, sus cambios no lo hicieron otro: le sirvieron para ahondar en sí mismo y para expresarse mejor. Todas sus variaciones revelan una extraordinaria continuidad. Sus experiencias y sus aventuras, como traté de mostrar en la primera parte de este ensayo, obedecieron no a un afán de novedad sino a necesidades íntimas de expresión.

En el primer tercio de nuestro siglo la pintura experimentó transformaciones radicales, del fauvismo y el cubismo al surrealismo y la pintura abstracta. Todo lo que se ha hecho después no ha sido sino variaciones y combinaciones de lo que se pintó e inventó durante esos años. El movimiento muralista mexicano es parte —aunque parte excéntrica—

de esos grandes cambios. Ninguno de nuestros pintores cerró los ojos ante las sucesivas revoluciones estéticas del siglo; asimismo, ninguno de ellos se entregó totalmente a esos movimientos. El más conservador fue el que, en su juventud, había participado más plenamente en las aventuras pictóricas del siglo xx (fauvismo y cubismo): Diego Rivera. En el otro extremo, David Alfaro Siqueiros. Fue el más audaz, el más inventivo e imaginativo; siempre he lamentado que sus obsesiones y fanatismos políticos hayan dañado sus grandes poderes de innovador. Aun así, es indudable que sus concepciones acerca del dinamismo de la materia y de la utilización de la mancha de color son un antecedente del expresionismo-abstracto de los norteamericanos. A Orozco le interesó menos que a Siqueiros la invención plástica: su genio no era especulativo. No obstante, también exploró y utilizó, según ya dije, los recursos de la abstracción y del geometrismo, aunque siempre al servicio de su peculiar visión del mundo. Señalo, por otra parte, que sus tentativas geométricas y no figurativas pertenecen a su último periodo. Salvador Elizondo ha indicado con perspicacia que Orozco murió en plena búsqueda y cuando exploraba vías distintas: ¿qué habría hecho si hubiese vivido unos años más?

Orozco o la fidelidad: en las acuarelas de su juventud ya está todo lo que sería más tarde. Si el dibujo es admirable por su nerviosa economía, la composición anuncia su futuro dominio de las grandes superficies: en esos cuadros de dimensiones más bien pequeñas, el espacio es vasto y respira. Los colores son ácidos y turbios pero esto, que podría ser un defecto en otro tipo de pintura, contribuye a acentuar el agobio y la pena que habitan esos purgatorios urbanos que son los burdeles de Orozco. Un poco más tarde abandona esos mundos cerrados y asfixiantes, sale al aire libre y pasa de la congoja a la cólera, de la burla a la imprecación, del comentario oblicuo a la gran poesía profética. A estos cambios psicológicos y morales corresponden otros en su pintura: su dibujo se hace más enérgico y rotundo, sus colores más brillantes y violentos. Es verdad que no fue un gran colorista, sobre todo si se le compara con dos maestros del color como Tamayo y Matta. Pero tampoco puede reducirse su arte, como se ha dicho, al blanco y negro. Esta confusión se extendió mucho en una época y yo mismo la compartí por algún tiempo. No es difícil averiguar la razón: Orozco comenzó como artista gráfico y nunca dejó de serlo enteramente. Incluso algunos de sus primeros murales —me refiero a la serie *Falsedades sociales* (1924) del Colegio de San Ildefonso— parecen amplificaciones gigantescas de grabados satíricos. Pero en el mismo edificio otros frescos suyos revelan un notable sentimiento del color, casi siempre exaltado y, en ocasiones, radiante. La limitación del blanco y el negro se resuelve en riqueza de claroscuros; su monotonía, en intensidad. No es extraño que Orozco haya dejado tantos ejemplos soberbios de un género que se prestaba particularmente a su temperamento a un tiempo obsesivo y extremoso. Muchos de sus grabados y litografías resisten la cercanía de los más grandes, de Goya a Munch. También algunos de sus frescos en blanco y negro son memorables. Pero esta modalidad es sólo una faceta, aunque capital, de su pintura. Su genio consistió en *traducir* la furia concentrada del blanco y el negro a toda la gama cromática. No siempre acertó. Enamorado de la violencia y no pocas veces víctima suya, ignoró las gradaciones, los matices, las fosforescencias, las transparencias. A veces su color es agrio; sin embargo, con más frecuencia, sus rojos y verdes relampaguean, sus amarillos centellean, sus azules se irisan, sus grises son cuchilladas. Detonaciones, colores de la tormenta, la angustia, el incendio. El dibujo —su gran don— sostiene indemne esas construcciones llameantes. Es un dibujo neto, preciso, firme. Ni arabescos ni sinuosidades como en Matisse ni la línea serpentina de Picasso, que se enrosca con cierta lascivia en el Árbol de la Vida. Dibujo directo, cuerpo a cuerpo con el espacio, dibujo inventor de cuerpos y de arquitecturas. Dibujo atlante.

Sería inútil buscar en la pintura de Orozco la naturaleza paradisiaca de Diego Rivera, gran pintor de árboles, lianas, flores, musgos, agua, hombres y mujeres de cuerpos cobrizos. Mundo del primer día, recorrido por una sexualidad todopoderosa, paraíso más animal que humano y más vegetal que animal. Diego Rivera, el pintor, paga así la deuda contraída por Diego Rivera el ideólogo. Contemplar esos frescos, que nos muestran el apogeo prodigioso y colorido de los poderes genésicos del principio, es una generosa compensación por el hastío de tantos y tantos kilómetros de pintura didáctica y simplismos ideológicos. El paisaje de Orozco es árido, desgarrado, arisco: cielos tempestuosos, inmensos llanos secos, peñascos taciturnos, árboles retorcidos, caseríos petrificados. Los cuerpos humanos —hombres caídos, mujeres enlutadas— son la parte sufriente del paisaje. También la parte feroz: son garras, son colmillos, son pezuñas que aplastan lo que pisan. El paisaje de Orozco es algo más que un *paysage moralisé*; es un emblema doble de la ferocidad de la naturaleza y de la naturaleza feroz del hombre. Sin embargo, en esos parajes desolados, imagen de la sequía, brota el maguey. No es una planta alegre: surtidor vegetal, es una verde obstinación, una terca voluntad de nacer, crecer, pervivir. El maguey: México o la tenacidad. El paisaje urbano es la réplica del paisaje natural. Réplica física y moral. En las obras de Orozco abundan los panoramas y las perspectivas industriales: fábricas, rascacielos, trenes, puentes de hierro, máquinas y más máquinas, hombres y mujeres espectrales caminando por calles sin fin entre altos edificios grises. Orozco vivió muchos años en Nueva York y en San Francisco, visitó París y Londres, estuvo en Roma y fue testigo de la transformación de México en ciudad moderna. A la inversa de otros pintores y poetas de nuestro siglo —Léger, Boccioni, Apollinaire, Joyce— no vio a la ciudad moderna con asombro sino con horror. Para él la ciudad no fue el Cosmos que había celebrado Whitman ni la gran fábrica de lo maravilloso que fascinó a Breton. Más cerca de Eliot, la vio con ojos bíblicos: lugar de condena, patria de la Gran Ramera, vasta como el desierto y asfixiante como la celda en donde se apeñuscan los prisioneros. En sus visiones de México aparecen a veces cubos blancos, grises, ocres: son casas de donde salen mujeres dolientes, cortejos fúnebres. En otras ocasiones pinta panoramas de cúpulas, iglesias, torres, fuertes, muros, terrazas: lo que queda del México antiguo. Esos fondos están pintados con nostalgia y son como un adiós a un mundo desaparecido. Agrego que todos esos paisajes urbanos están *construidos;* quiero decir: el ojo y la mano de Orozco son arquitectos. Fue un gran pintor de volúmenes y sólidos. Fue un inspirado pero también un geómetra.

En un ensayo célebre en su momento, Villaurrutia llamó a Orozco «pintor del horror». En otro lugar ya expuse y justifiqué mi desacuerdo. La pintura de Orozco, por su intensidad y su violencia, merece ser llamada terrible. El horror nos inmoviliza, es una fascinación; lo terrible es amenazante y nos causa pavor, temor.[1] Más exacto me parece decir que Orozco es un pintor inmenso y limitado. Inmenso porque su pintura hunde sus raíces en los dos misterios que nadie ha develado: el del origen y el del fin. Limitado porque en su pintura echo de menos muchas cosas: el sol, el mar, el árbol y sus frutos, la sonrisa, la caricia, el abrazo. En el

[1] Véase: *Xavier Villaurrutia, en persona y en obra,* México, 1978; incluido en la primera parte, *Generaciones y semblanzas,* del volumen III de estas *OC.* He dedicado al horror, tratando de distinguirlo de lo terrible, otras páginas en *El arco y la lira* (en el capítulo «La otra orilla»), México, 1956, incluido en el volumen I, *La casa de la presencia,* de estas *OC,* y en un ensayo, «Risa y penitencia», recogido en *Puertas al campo* (México, 1966) y en este volumen, pp. 498-511.

extremo opuesto de Matisse, ignora la dicha, la plenitud solar del cuerpo femenino tendido a nuestro lado como una playa o un valle; ve en la mujer a la madre, a la ramera o a la hermana de la caridad: no ve en ella a la granada fatal que, al abrirse, nos da el alimento sagrado que nos hace cantar, reír y delirar. También ignora la contemplación de las estrellas en el cielo de la mente, al alcance no de la mano sino del pensamiento, rotación de las formas y colores, imagen de la perfección del universo que maravilló a Kandinsky, juego encantado de los átomos y los soles. Ignora, en fin, la sonrisa de Duchamp, que nos revela al mismo tiempo la fisura insondable del universo y el arte más alto y difícil: bailar sobre el precipicio.

Nuestro pintor compensa todas esas limitaciones con la intensidad de su visión y con la energía trágica de sus creaciones. No supo sonreír, contemplar ni abrazar, pero conoció la burla, el sarcasmo, el grito, el silencio, la soledad, la fraternidad, el jadeo en el martirio, la visión divina sobre el peñasco árido o en la oscuridad de la cueva. ¿Qué nos dejó? Unas formas incendiadas que dibujan una interrogación: el titán Prometeo castigado por su amor a los hombres, Quetzalcóatl que predica en el desierto, Felipe II que abraza una cruz de piedra, Cristo que destruye la suya, Carrillo Puerto que cae ensangrentado. Iconos de la interrogación humana, iconos de la transfiguración. Todos ellos se disuelven y resuelven en otro: el hombre en llamas.

México, a 1 de marzo de 1986

[«Ocultación y descubrimiento de Orozco» se publicó en la revista *Vuelta*, núm. 119, México, octubre de 1986.]

SOLITARIOS
E INDEPENDIENTES

TRES ENSAYOS SOBRE RUFINO TAMAYO

1
Tamayo en la pintura mexicana

La pintura mexicana moderna comienza con Diego Rivera, José Clemente Orozco, David Alfaro Siqueiros, Jean Charlot, Roberto Montenegro, Fermín Revueltas, Alva de la Canal y los otros muralistas. Fue un comienzo admirable y poderoso. Pero fue un comienzo: la pintura mexicana no termina en ellos. La aparición de un nuevo grupo de pintores —Tamayo, Agustín Lazo, María Izquierdo, Manuel Rodríguez Lozano, Carlos Orozco Romero, Antonio Ruiz, Julio Castellanos y otros— entre 1925 y 1930, produjo una escisión en el movimiento iniciado por los muralistas. Un estilo de llama termina siempre por devorarse a sí mismo. Repetir a Orozco habría sido una insoportable mistificación; el nacionalismo amenazaba convertirse en mera superficie pintoresca, como de hecho ocurrió después; y el dogmatismo de los pintores «revolucionarios» entrañaba una inaceptable sujeción del arte a un «realismo» que nunca se ha mostrado muy respetuoso de la realidad. Todos conocemos los frutos de esta nueva beatería y a qué extremos morales y estéticos ha conducido el llamado «realismo socialista».

La ruptura no fue el resultado de la actividad organizada de un grupo sino la respuesta aislada, individual, de diversos y encontrados temperamentos. Nada más alejado de la constante búsqueda e invención de Carlos Mérida y Jesús Reyes que la lenta maduración de Julio Castellanos; nada más opuesto a la poesía explosiva de Frida Kahlo que el mundo sonámbulo de Agustín Lazo. Pero a todos los impulsaba el deseo de encontrar una nueva universalidad plástica, esta vez sin recurrir a la «ideología» y, también, sin traicionar el legado de sus predecesores: el descubrimiento de nuestro pueblo como una cantera de revelaciones. Así, la ruptura no tendía tanto a negar la obra de los iniciadores como a continuarla por otros caminos. La pintura perdía su carácter monumental pero se aligeraba de retórica.

La búsqueda de Rufino Tamayo ha sido arriesgada y radical; esta doble independencia lo convierte en la oveja negra de la pintura mexicana. La integridad con que Tamayo ha asumido los riesgos de su aventura, su decisión de llegar hasta el límite y de saltarlo cada vez que ha sido necesario, sin miedo al vacío o a la caída, seguro de sus alas, son un ejemplo de intrepidez artística y moral. Al mismo tiempo, constituyen la prueba de fuego de una vieja verdad: lo genuino vence todas las influencias, las transforma y se sirve de ellas para expresarse mejor. Nada, excepto la pereza, la repetición o la complacencia en lo ya conquistado, daña ese fondo ancestral que lleva en sí todo artista verdadero. La aventura plástica de Tamayo no termina aún y, en plena madurez, el pintor no deja de asombrarnos con creaciones cada vez más deslumbrantes. Mas la obra realizada posee ya tal densidad y originalidad que es imposible no considerarla como una de las más preciosas e irremplazables de la pintura universal de nuestro tiempo tanto como de la mexicana.

Nacida bajo el signo del rigor y la búsqueda, la pintura de Tamayo se encuentra ahora en una zona de libertad creadora que la hace dueña del secreto del vuelo sin perder jamás el de la tierra, fuerza de gravedad de la inspiración. El lirismo de hoy es el fruto del ascetismo de ayer. Hasta hace pocos años su pintura se ofrecía al espectador como un deliberado sacrificio en favor de la desnudez esencial del objeto. Ahora ese núcleo vibrante y puro a que se había reducido su arte emite una serie de descargas, tanto más directas y libres cuanto más inflexiblemente sometidas a una implacable voluntad de pureza. La libertad, nuevamente, se nos muestra como una conquista. Vale la pena ver cómo Tamayo alcanzó esta tensa libertad.

En lo que podríamos llamar su primera época, el pintor no parece sino interesarse en la experiencia plástica pura. Naturalmente, no en el sentido de «pintar bien» o de «dominar el oficio», porque con sus atrevidas composiciones Tamayo no se proponía «aprender a pintar» o «vencer dificultades», sino encontrar nuevas formas de expresión plástica. Por eso no es extraño que le hayan atraído sobre todo los pintores contemporáneos que voluntariamente redujeron la pintura a sus elementos esenciales. En ellos iba a encontrar un mundo de formas que se prohibían toda significación que no estuviese contenida en los valores plásticos. El ejemplo de Braque, según me ha dicho el mismo Tamayo, fue precioso entre todos. En efecto, el cubismo de Braque no posee la rabia alada de Picasso ni el radicalismo desesperado de Juan Gris —que, a mi juicio, es el único artista contemporáneo que ha pintado castillos racionales sobre los abismos del espacio puro. El más tradicional de estos tres grandes revolucionarios, el más «pintor» también, Braque no deja nunca de apoyarse en la realidad. Una realidad que no es nunca la realidad en bruto, inmediata, de Picasso, sino algo tamizado por la inteligencia y la sensibilidad. No un muro que hay que saltar sino un punto de apoyo para el vuelo. Y asimismo, un punto de aterrizaje. Más crudo y violento, el mexicano necesitaba la lección moderadora de Braque. Él le enseña las virtudes de la contención y del rigor. Y así, será inútil buscar en las telas de Tamayo la presencia de Braque, pues su influencia no se ejerció como una imitación o un contagio sino como una lección. No es en los cuadros de Tamayo en donde se puede encontrar a Braque, sino en su actitud frente a la pintura, que vuelve a ser considerada como un universo de correspondencias exclusivamente plásticas.

Todas las obras de esa época —naturalezas muertas, grupos de mujeres y hombres, alegorías de Zapata y Juárez, muro del Conservatorio— son estrictamente composiciones. Nada más. Nada menos. Su concepto del cuadro obedece a una exigencia plástica. Se niega a concebirlo como ese foro en que la pintura tradicional lo ha convertido y se sitúa frente a la tela como lo que es realmente: una superficie plana. El espacio recobra toda su importancia. No lo rellena: es un valor, un elemento que sostiene a los otros valores. Tamayo deja de «pintarlo»: sabe que el espacio vacío puede transformarse en un agujero capaz de tragarse el resto del cuadro. Por gracia del color, el espacio vibra, existe. Pero Tamayo no conquista el espacio por su color sino por su sentido de la composición. Colorista nato, ha logrado servirse de su don nativo —en lugar de ahogarse en él sometiéndolo al rigor de la composición. De allí que sea imposible hablar de Tamayo como de un simple colorista. Sus colores se apoyan en una estructura y no pueden considerarse sino como funciones de una totalidad: el cuadro.

Si para Tamayo la pintura es un lenguaje plástico que no está destinado a narrar y que desdeña la anécdota, ¿qué se propone decirnos con ese lenguaje? La respuesta a esta pregunta, implícita en casi toda su obra, se expresa de manera inequívoca en sus últimas telas, desde hace quince años. Primero fue una serie de animales terribles: perros, leones, serpientes, coyotes; más tarde, personajes inquietantes, solitarios o en grupo, danzando o inmóviles, todos arrastrados o petrificados por una fuerza secreta. La antigua rigidez de las figuras y objetos cede el sitio a una concepción más dinámica: todo vuela o danza, corre, asciende o se despeña. Las deformaciones dejan de ser puramente estéticas para cumplir una función que no es exagerado llamar ritual: a veces consagran; otras, condenan. El espacio, sin renunciar a sus valores plásticos, se convierte en el vibrante lugar de cita del vértigo. Y los antiguos elementos —la sandía, las mujeres, las guitarras, los muñecos— penetran quedamente en un mundo regido por los astros y los pájaros. El sol y la luna, fuerzas enemigas y complementarias, presiden este universo, en donde abundan las alusiones al infinito. El pintor, como esos enamorados de una de sus telas o ese astrónomo que es también un astrólogo, no tiene miedo de asomarse a la muerte y resurrección de los mundos estelares. Tamayo ha traspuesto un nuevo límite y su mundo es ya un mundo de poesía. El pintor nos abre las puertas del viejo universo de los mitos y de las imágenes que nos revelan la doble condición del hombre: su atroz realidad y, simultáneamente, su no menos atroz irrealidad. El hombre del siglo XX descubre de pronto lo que, por otras vías, ya sabían todos aquellos que han vivido una crisis, un fin de mundo. Como en el poema de Moreno Villa, «hemos descubierto en la simetría la raíz de mucha iniquidad».

La presencia de símbolos de fertilidad y destrucción, las correspondencias que es fácil encontrar entre el lenguaje del pintor y el de la magia o sus coincidencias con ciertas concepciones plásticas y religiosas precortesianas, no deben engañarnos: Tamayo no es un intelectual ni un arqueólogo. Este hombre moderno también es muy antiguo. Y la fuerza que guía su mano no es distinta de la que movió a sus antepasados zapotecas. Su sentido de la muerte y de la vida como una totalidad inseparable, su amor por los elementos primordiales tanto como por los seres elementales, lo revelan como un temperamento erótico, en el sentido más noble de la palabra. Gracias a esa sabiduría amorosa, el mundo no se le ofrece como un esquema intelectual sino como un vivo organismo de correspondencias y enemistades.

Xavier Villaurrutia fue uno de los primeros en advertir que el elemento solar acompaña a este pintor en todas sus aventuras. En efecto, Tamayo es un hijo de la tierra y del sol. Su infancia está viva en su obra y sus secretos poderes de exaltación están presentes en todas sus telas. En su primer periodo dio sensualidad y frescura a frutas tropicales, guitarras nocturnas, mujeres de la costa o del Altiplano. Hoy ilumina a sus más altas creaciones. Su materia, al mismo tiempo reconcentrada y jugosa, rica y severa, está hecha de la sustancia de ese sol secreto. Un sol que, si es el de su infancia, es también el de la infancia del mundo y, más entrañablemente, el mismo que presidió los cálculos astronómicos de los antiguos mexicanos, la sucesión ritual de sus fiestas y el sentido de sus vidas. La presencia del elemento solar, positivo, engendra la respuesta de un principio contrario. La unidad esencial del mundo se manifiesta como dualidad: la vida se alimenta de la muerte. El elemento solar rima con el lunar. El principio masculino sostiene en todas las telas de Tamayo un diálogo con el principio lunar. La luna que arde en algunos de sus cuadros rige el hieratismo de esas mujeres que se tienden en posición de sacrificio. Necesario complemento del sol, la luna ha dado a esta pintura su verdadero equilibrio —no en el sentido de la armonía de las proporciones, sino en el más decisivo de inclinar la balanza de la vida con el peso de la muerte y la noche. Y acaso ese mismo principio lunar sea la raíz de la delicadeza refinada de algunos fragmentos de sus telas, vecinos siempre de trozos sombríos y bárbaros. Porque Tamayo sabe instintivamente que México no sólo es un país hosco y trágico sino que también es la tierra del colibrí, de los mantos de pluma, de las «piñatas» y de las máscaras de turquesa.

Toda la obra de Tamayo parece ser una vasta metáfora. Naturalezas muertas, pájaros, perros, hombres y mujeres, el espacio mismo no son sino alusiones, transfiguraciones o encarnaciones del doble principio cósmico que simbolizan el sol y la luna. Por gracia de esta comprensión del ritmo vital, su pintura es un signo más en el cielo de una larga tradición. La naturalidad con que Tamayo reanuda el perdido contacto con las viejas civilizaciones precortesianas lo distingue de la mayor parte de los grandes pintores de nuestro tiempo, mexicanos o europeos. Pues para casi todos, inclusive para aquellos que, como Paul Klee, se mueven en un ámbito de poesía y conocen el secreto de la resurrección ritual, el descubrimiento de la inocencia es el fruto de un esfuerzo y de una conquista. Las excavaciones en esos «cementerios de cultura» que son los museos de arte y antropología, han precedido a muchas de las creaciones más sorprendentes de la pintura contemporánea. A Picasso, en cambio, y sin mengua de su incomparable apetito universal, le basta con cerrar los ojos para recobrar al viejo Mediterráneo adorador del toro. Otro tanto ocurre con Miró. Como ellos, Tamayo no necesita reconquistar la inocencia; le basta descender al fondo de sí para encontrar al antiguo sol, surtidor de imágenes. Por fatalidad solar y lunar encuentra sin pena el secreto de la antigüedad, que no es otro que el de la perpetua novedad del mundo. En suma, si hay antigüedad e inocencia en la pintura de Tamayo, es porque se apoya en un pueblo: en un presente que es asimismo un pasado sin fechas.

A diferencia de lo que ocurría en la Antigüedad y en la Edad Media, para el artista moderno, dice André Malraux, el arte es el único «absoluto». Desde el romanticismo el artista no acepta como suyos los valores de la burguesía y convierte a su creación en un «absoluto». El arte moderno «no es una religión, pero es una fe. Si no es lo sagrado, es la negación de lo profano». Y este sentimiento lo distingue del esteta o del habitante de cualquier torre, de marfil o de conceptos. Al negarse a la pintura social, Tamayo niega que el hombre sea un instrumento en las manos de un «absoluto» cualquiera: Dios, la Iglesia, el partido o el Estado. Pero ¿no cae así en los peligros de un arte «puro», vacío o decorativo? Ya se ha visto cómo nuestro pintor trasciende el puro juego de las formas y nos abre las puertas de un universo regido por las leyes de atracción y repulsión del amor. Servir a la pintura quiere decir revelar al hombre, consagrarlo.

Por otra parte, la irrupción de las fuerzas «locas» —alternativamente creadoras o destructoras— en el último periodo de la pintura de Tamayo, muestra hasta qué punto su arte es una respuesta directa e instintiva a la presión de la historia. Por eso es un testimonio de los poderes que pretenden destruirnos tanto como una afirmación de nuestra voluntad de sobrevivir. Sin acudir a la anécdota ni al discurso, con los solos medios de un arte tanto más verídico cuanto más libre, denuncia nuestra situación. Su «Pájaro agresivo» no es nada más eco de los que crea la industria moderna, sino también señal de una imaginación que se venga. Reprimida por toda clase de imposiciones materiales, morales y sociales, la imaginación se vuelve contra sí misma y cambia el signo creador por el de la destrucción. El sentimiento de agresión —y su complemento: el de autodestrucción— es el tema de muchas de sus telas, como *Loco que salta al vacío* o *Niños jugando con fuego*. Un significado análogo tiene la *Figura que contempla el firmamento*, que advierte en el cielo recién descubierto por la física figuras tan inquietantes como las que la psicología ha descubierto en nuestras conciencias.

Ante los descubrimientos de estas ciencias —para no hablar de la cibernética— ¿cómo aferrarse al antiguo realismo? La realidad ya no es visible con los ojos; se nos escapa y disgrega; ha dejado de ser algo estático, que está ahí frente a nosotros, inmóvil, para que el pintor lo copie. La realidad nos agrede y nos reta, exige ser vencida en un cuerpo a cuerpo.

Vencida, trascendida, transfigurada. Y en cuanto al «realismo ideológico», ¿no resulta por lo menos imprudente, ante los últimos cambios operados en la vida política mundial, afirmar que este o aquel jefe encarna el movimiento de la historia? ¡Cuántos artistas —precisamente aquellos que acusaban de «escapismo» y de «irrealismo» a sus compañeros— tienen hoy que esconder sus poemas, sus cuadros y sus novelas! De la noche a la mañana, sin previo aviso, todas esas obras han perdido su carácter «realista» y, por decirlo así, hasta su realidad. Después de esta experiencia, creo que los artistas afiliados al «realismo socialista» nos deben una explicación. Y, sobre todo, se la deben a ellos mismos, a su conciencia de artistas y de hombres de buena fe. Pero hay otro realismo, más humilde y eficaz, que no pretende dedicarse a la inútil y onerosa tarea de reproducir las apariencias de la realidad y que tampoco se cree dueño del secreto de la marcha de la historia y del mundo. Este realismo sufre la realidad atroz de nuestra época y lucha por transformarla y vencerla con las armas propias del arte. No predica: revela. Buena parte de la pintura de Tamayo pertenece a este realismo humilde, que se contenta con darnos su visión del mundo. Y su visión no es tranquilizadora. Tamayo no nos pinta ningún paraíso futuro, ni nos adormece diciendo que vivimos en el mejor de los mundos; tampoco su arte justifica los horrores de los tirios con la excusa de que peores crímenes cometen los troyanos: miseria colonial y campos de concentración, Estados policiacos y bombas atómicas son expresiones del mismo mal.

La ferocidad de muchos personajes de Tamayo, la bestialidad encarnizada de su *Perro rabioso*, la gula casi cósmica de su *Devorador de sandías*, la insensata alegría mecánica de otras de sus figuras, nos revelan que el pintor no es insensible al «apetito» destructor que se ha apoderado de la sociedad industrial. La abyección y miseria del hombre contemporáneo encarnan en muchas de las obras que ahora expone Tamayo; aun la mirada más distraída descubre una suerte de asco en algunas de sus composiciones más recientes; en otras, el pintor se encarniza con su objeto —hombre, animal, figura imaginaria: no importa—, lo desuella y lo muestra tal cual es: un pedazo de materia resplandeciente, sí, pero roída, corroída por la lepra de la estupidez, la sensualidad o el dinero. Poseído por una rabia fría y lúcida, se complace en mostrarnos una fauna de monstruos y medios seres, todos sentados en su propia satisfacción, todos dueños de una risa idiota, todos garras, trompas, dientes enormes y trituradores. ¿Seres imaginarios? No. Tamayo no ha hecho sino pintar nuestras visiones más secretas, las imágenes que infectan nuestros sueños y hacen explosivas nuestras noches. El reverso de la medalla, el rostro nocturno de la sociedad contemporánea. La pared ruinosa del suburbio, la pared orinada por los perros y los borrachos, sobre la que los niños escriben palabrotas. El muro de la cárcel, el muro del colegio, el muro del hogar, el muro del dinero, el muro del poder. Sobre ese muro ha pintado Tamayo algunos de sus cuadros más terribles.

Pero la violencia sólo es una parte. La otra es su antiguo mundo solar, visto con nostalgia y melancolía. Naturalezas muertas, sandías, astros, frutos y figuras del trópico, juguetes, todo ahora bañado por una luz fantasmal. En estos cuadros Tamayo ha alcanzado una delicadeza y una finura casi irreales. Nunca el gris nos había revelado tantas entonaciones y modulaciones, como si oyésemos un poema hecho de una sola frase, que se repite sin cesar y sin cesar cambia de significado. El mundo luminoso de ayer no ha perdido nada de su fuerza, nada de su poder de embriaguez; pero la seducción de hoy, como una luz filtrada por las aguas de un estanque, es más lúcida y, me atreveré a decir, desolada. En la *Figura con un abanico* el mundo entero, la vivacidad de la vida, se despliega como una verdadera aparición; sólo que es una aparición sostenida en el aire, suspendida sobre el vacío, como un largo instante irrecuperable. Este cuadro me produce una impresión que sólo puede dar una palabra nacarada: melancolía. Muchas de estas telas recientes, por su suntuosa y rica monotonía, por su luz ensimismada, me recuerdan ciertos sonetos fúnebres de Góngora. Sí, Góngora, el gran colorista, pero también el poeta de los blancos, los negros y los grises, el poeta que oía el paso del instante y de las horas:

las horas que limando están los días,
los días que royendo están los años.

La pintura de Tamayo no es una recreación estética; es una respuesta personal y espontánea a la realidad de nuestra época. Una respuesta, un exorcismo y una transfiguración. Inclusive cuando se complace en el sarcasmo, esta pintura nos abre las puertas de una realidad, perdida para los esclavos modernos y para sus señores, pero que todos podemos recobrar si abrimos los ojos y extendemos la mano. El cuadro es el lugar de reunión de muchas fuerzas. Como el poema, la pintura está hecha de enemistades y reconciliaciones, rimas, correspondencias y ecos. No es un mundo privado sino el espacio propicio al encuentro: es un sitio de comunión. «La poesía —escribí hace años— intenta volver sagrado al mundo. De allí el recelo con que la han visto Iglesias, capillas, sectas y partidos políticos. Mediante la palabra el poeta consagra la experiencia de los hombres y las relaciones entre el hombre y la mujer, la naturaleza o su propia conciencia.» Tamayo ha redescubierto la vieja fórmula de consagración.

París, noviembre de 1950

[«Tamayo en la pintura mexicana» fue escrito como un comentario a la primera exposición de Tamayo en París. Se publicó en *Las peras del olmo*, UNAM, México, 1957.]

2
De la crítica a la ofrenda

Reducida a su forma más inmediata, la experiencia estética es un placer, un tipo particular de relación con un objeto real o imaginario que suspende, así sea momentáneamente, nuestra facultad razonante. El objeto nos seduce y la fascinación que ejerce sobre nosotros va de la beatitud a la repulsión, del agrado al dolor. Aunque la gama de sensaciones es casi infinita, todas ellas tienen en común paralizar nuestra razón; el placer la transforma y de reina la convierte en cómplice o en escandalizado e impotente censor de nuestras sensaciones. El juicio participa en nuestro desvarío. Su luz ilumina la representación de una acción insensata, guía los pasos de la pasión o le opone ilusorios obstáculos. Es un elemento más, un nuevo condimento del extraño brebaje, la espuela que apresura o retarda la carrera. ¿Cómo escribir sobre arte y artistas sin abdicar de nuestra razón, sin convertirla en servidora de nuestros gustos más fatales y de nuestras inclinaciones menos premeditadas? Nuestros gustos no se justifican; mejor dicho, satisfacerse, encontrar el objeto que desean, es su única justificación. A mis gustos no los justifica mi razón sino aquellas obras que los satisfacen. En ellas, no en mi conciencia, encuentro la razón de mi placer. Pero poco o nada puedo decir sobre esas obras, excepto que me seducen de tal modo que me prohíben juzgarlas y juzgarme. Están más allá del juicio, me hacen perder el juicio. Y si me decido a juzgar, no me engaño ni engaño a nadie sobre el verdadero significado de mi acto: lo hago sólo para añadir placer a mi placer.

Tal es, o debería ser, el punto de partida de toda crítica. Y tal es su primer alto. ¿Pues si, a la luz de la reflexión, mi placer se evapora? No me quedaría más remedio que confesar que mis sentidos se engañaron y me engañaron. Me hicieron creer que una sensación fugitiva era pasión duradera. El juicio me enseña a desconfiar de mis sentidos y emociones. Pero los sentidos son irremplazables. El juicio no puede sustituirlos porque su oficio no es sentir. Tendré que adiestrarlos, hacerlos a un tiempo más fuertes y más delicados, ora resistentes, ora frágiles; en una palabra, más lúcidos. Oiré con la vista y con la piel, me cubriré de ojos. Todo, el juicio mismo, será tacto y oreja. Todo deberá sentir. También pensaré con los ojos y con las manos: todo deberá pensar. Aunque la crítica no destrona al sentir, se ha operado un cambio: el juicio ya no es un criado sino un compañero. A veces un aliado, otras un adversario, y siempre un testigo exigente e insobornable. Penetra conmigo en el mundo cerrado de las obras y aunque mis ojos, mis oídos y mi tacto, la emoción y el instinto, van adelante, él (ciego, sordo e impasible) ilumina sus pasos. Si me acerco al cuadro para escuchar su palpitación secreta (la marea del rojo, el lento ascenso del verde hacia las frías superficies), él toma el pulso a la fiebre. Deshace y rehace el objeto que contemplo y descubre que aquello que me parecía un organismo vivo sólo es un ingenioso artefacto. Poco a poco me enseña a distinguir entre las obras vivas y los mecanismos. Así me revela los secretos de las astutas fabricaciones y traza la frontera entre arte e industria artística. En fin, al gustar las obras, las juzgo; al juzgarlas, gozo. Vivo una experiencia total, en la que participa todo mi ser.

La crítica no sólo hace más intenso y lúcido mi placer sino que me obliga a cambiar mi actitud ante la obra. Ya no es un objeto, una cosa, algo que acepto o rechazo y sobre lo cual, sin riesgo para mí, dejo caer una sentencia. La obra ya forma parte de mí y juzgarla es juzgarme. Mi contemplación ha dejado de ser pasiva: repito, en sentido inverso, los gestos del artista, marcho hacia atrás, hacia el origen de la obra y a tientas, con torpeza, rehago el camino del creador. El placer se vuelve creación. La crítica es imitación creadora, reproducción de la obra. Cierto, el cuadro que contemplo no es idéntico al del pintor. Me dice cosas que no le dijo al pintor. No podría ser de otro modo, ya que lo ven dos pares de ojos distintos. No importa: gracias a la crítica ese cuadro es también obra mía. La experiencia estética es intraducible, no incomunicable ni irrepetible. Nada podemos decir sobre un cuadro, salvo acercarlo al espectador y guiarlo para que repita la prueba. La crítica no es tanto la traducción en palabras de una obra como la descripción de una experiencia. La historia de unos hechos, una gesta, que convirtieron un acto en obra. Acto: obra: gesta. Tal es, o debería ser, el fin de toda crítica.

Estas reflexiones se me ocurrieron, casi a pesar mío, cuando me disponía a escribir sobre la exposición de Rufino Tamayo en la Galerie de France.

Quizá no sean del todo ociosas, si se piensa que, contra lo que muchos creen, la obra de Tamayo no es sólo hija del instinto sino de la crítica. Además, singularidad sobre la cual no se ha reparado bastante, para este artista la pintura es tanto crítica como descubrimiento de realidades. El caso de Tamayo comprueba, una vez más, que la creación implica una actividad crítica en diversos niveles: el artista está en lucha con el mundo y en un momento o en otro de su vida ha de poner en tela de juicio la realidad, la verdad o el valor de este mundo; en lucha con las obras de arte que lo rodean, contemporáneas o del pasado; y sobre todo y ante todo, en lucha consigo mismo y con sus propias obras.

Cuando Tamayo empezó a pintar, la pintura mural mexicana había alcanzado su mediodía. No me parece legítimo, como es ahora costumbre, desdeñar este movimiento. Su importancia fue capital no sólo para México sino para toda América. Su influencia fue particularmente profunda en los Estados Unidos, durante la década 1929-1939, es decir, en el periodo inmediatamente anterior a la aparición, casi explosiva, de los grandes pintores angloamericanos. Muchos de los expresionistas-abstractos trabajaron en los «Proyectos Federales de Arte» de la época de Roosevelt, tentativa inspirada, al menos parcialmente, en el movimiento mexicano. En el momento en que Tamayo inicia su obra, la pintura mural se había convertido ya, de espontánea búsqueda, en escuela. No tardaría en degenerar en fórmula. El peligro residía no sólo en el agotamiento del lenguaje pictórico sino en las pretensiones ideológicas del movimiento. En esos días se hablaba, casi siempre en tono inapelable, de «arte nacional», noción que ya se confundía con otras no menos vagas, como la de «arte proletario». (Su mezcla, años más tarde, serviría de levadura al «realismo socialista».) La sumisión o la heterodoxia eran los caminos que se abrían a los artistas. Tamayo escogió la heterodoxia y, con ella, la soledad y la crítica. En primer término se rehusó a reducir su arte a una forma más de la retórica política; en seguida, decidió oponer al llamado estilo nacional de pintura un lenguaje personal de pintor, es decir, se resolvió a crear, a buscarse a sí mismo, en lugar de repetir a los otros.

Invención del romanticismo alemán, la idea de un arte o estilo nacional reaparece con cierta periodicidad y conquista, en los lugares más apartados entre sí, la adhesión de los espíritus más antagónicos y dispares. Es indudable que las artes expresan (entre otras cosas acaso más profundas) el temperamento de cada nación. Pero no hay nada menos estable que un temperamento siempre sujeto al cambio, a la acción combinada de los elementos y del tiempo. Temperamento colinda con temperatura. Más determinante que el inasible carácter nacional es el acento individual de cada artista, a menudo en lucha con su gente y con su medio. Por lo demás, las fronteras de los estilos casi nunca coinciden con las de las naciones. Los estilos son más vastos, engloban a muchos países, son internacionales. ¿El estilo gótico (ya el nombre es una trampa) es francés o alemán? ¿El barroco es italiano, español, germano? La poesía lírica italiana nace del estilo provenzal (quizá importado de la España musulmana, que a su vez...) Curtius ha mostrado que nuestras literaturas, desde el siglo XII, son una literatura: la europea. Sin Petrarca, no habría Garcilaso; ni Corneille sin Alarcón; ni poesía moderna en inglés, ruso o japonés sin Baudelaire y los simbolistas franceses. A partir del siglo XVI la literatura europea conquista paulatinamente América, Rusia y hoy al mundo entero. Y a medida que se extiende y triunfa, deja de ser europea.

Los estilos son temporales; no pertenecen a los suelos sino a los siglos. Son manifestaciones del tiempo histórico, la forma de encarnación del espíritu y las tendencias de una época. Los estilos son viajeros y van de un lugar a otro. Viajan de acuerdo con los medios de locomoción de su tiempo: en la Edad Media con los peregrinos y los caballeros, en el Renacimiento con los soldados y los embajadores. La rapidez casi instantánea con que en nuestros días se transportan los estilos no es una prueba de fertilidad. El tiempo de la comunicación y de la información no es el tiempo de la germinación espiritual. El catarro despobló regiones enteras de la América indígena; cierta pintura abstracta puede ser mortal para muchos pintores latinoamericanos. Un estilo se transforma en una enfermedad contagiosa si aquellos que lo abrazan no ofrecen resistencia. Pero si le oponen demasiada, el estilo se agota y muere. La fecundidad de un estilo depende de la originalidad del que lo adopta. Entre el artista y el estilo se entabla una lucha que sólo termina con la muerte de uno de los contendientes. Un verdadero artista es el sobreviviente de un estilo. Resuelto a vivir, Tamayo no tuvo más remedio que enfrentarse a la «escuela mexicana de pintura». Abandonó la visión estereotipada de la realidad (punto de congelación de los estilos) y se lanzó a ver al mundo con otros ojos. Lo que su mirada le reveló fue, naturalmente, algo increíble. ¿No es ésta una de las misiones del pintor: enseñarnos a ver lo que no habíamos visto, enseñarnos a creer en lo que él ve?

Algunos artistas aspiran a ver lo nunca visto; otros, a ver como nunca se ha visto. Tamayo pertenece a la segunda raza. Ver el mundo con otros ojos, en su caso, quiere decir: verlo como si su mirada fuese la primera mirada. Visión brutal e inmediata, limpidez casi inhumana, muy pocas veces conseguida por unos cuantos artistas. Entre nuestra mirada y el mundo se interponen las imágenes previamente manufacturadas por el hábito, la cultura, los museos o las ideologías. Lo primero que debe hacer un pintor es limpiarse los ojos de las telarañas de estilos y escuelas. La experiencia es vertiginosa y literalmente cegadora: el mundo nos salta a los ojos con la ferocidad inocente de lo demasiado vivo. Ver sin intermediarios: aprendizaje penoso y que nunca termina. Tal vez por esto los pintores, al revés de lo que sucede con los poetas, crean sus obras más frescas al final de sus días: ya viejos logran ver como niños. Ascetismo de la visión: que la mano obedezca al ojo y no a la cabeza, hasta que la cabeza deje de pensar y se ponga a ver, hasta que la mano conciba y el ojo piense. Ver al mundo así es verlo con todo el cuerpo y el espíritu, recobrar la unidad original para reconquistar la mirada original. La primera mirada: la mirada que no es antes ni después del pensamiento, la mirada que piensa. El pensamiento de esa mirada arranca la cáscara y la costra del mundo, lo abre como un fruto. La realidad no es lo que vemos sino lo que descubrimos.

Pintar, para Tamayo, fue (y es) aprender a ver, afilar la mirada para penetrar la realidad y descubrirle las entrañas. Al iniciar su camino, tuvo que desechar la idea estilizada de la realidad que le ofrecían los pintores mexicanos de la generación anterior. Apenas empezó a verla con ojos limpios, la realidad dejó de ser una presencia estable y dócil. Se erizó, comenzó a cambiar, se volvió un surtidor de enigmas. Verla fue desnudarla, y más: desollarla; pintarla: combatirla, apresarla. De un salto, Tamayo pasó de la crítica de los estilos a la crítica del objeto. Sin moverse de su sitio, se encontró en plena pintura moderna, es decir, en otro mundo. Los viajes reales (París, Nueva York, Roma) no tardarían en suceder a este primer salto espiritual. Pero nada de esto se hizo pensando sino pintando. Rufino Tamayo no es un hombre de ideas sino de actos pictóricos.

A lo largo de los años, a pesar de los cambios, rupturas, variaciones y búsquedas en todas direcciones, Tamayo ha sido fiel a su actitud inicial. A primera vista su tentativa puede parecer contradictoria. Ver el mundo con otros ojos significa dos cosas distintas: verlo con ojos nuevos y verlo con ojos que no son los nuestros. En el caso de Tamayo esos ojos extraños son los de la pintura universal y, sobre todo, los del arte moderno. La visión universal parece oponerse o, mejor dicho, superponerse, a la mirada personal. La contradicción se disuelve si se piensa que para todos los artistas verdaderos el arte moderno no es tanto una escuela como una aventura. Experiencia más que lección, aguijón para inventar y no modelo que debemos repetir. Un camino que cada uno ha de hacerse y por el que debe caminar a solas. Lo que le enseñó la pintura moderna a Tamayo fue el camino más corto hacia sí mismo. Gracias a la pintura universal pudo ver con otros ojos, los *suyos*, el universo de formas e imágenes del pasado de México y de su arte popular. Recobró los ojos antiguos y advirtió que esos ojos eran nuevos y suyos. El arte moderno y el precolombino le revelaron la posibilidad de verse a sí mismo. A un artista tan ricamente dotado, dueño por derecho propio de un mundo de formas y colores a un tiempo monumentales y alados, sobrios y delirantes, no podía hacerle daño el contacto con las grandes obras contemporáneas y del pasado. Más bien es cierto lo contrario: esos contactos producen chispas, iluminaciones.

La obra de Tamayo se despliega en dos direcciones: por una parte, guiado por su poderoso instinto, es una constante búsqueda de la mirada original; por la otra, es una crítica del objeto, esto es, una búsqueda igualmente constante de la realidad esencial. No hay dispersión porque los dos caminos se cruzan. La crítica, la pintura intelectual, es una suerte de vía negativa. Es un ejercicio ascético destinado a encauzar al instinto más que a domarlo, como la compuerta que se alza precisamente en el momento en que es más imperiosa la presión de las aguas. Gracias a la crítica, no a pesar de ella, Tamayo sigue siendo un pintor instintivo (pues esto es lo que es, realmente). Sólo que se corre el riesgo de mutilarlo si se comprende demasiado literalmente la palabra *instinto*. El arte popular mexicano es instintivo, en el sentido en que es una tradición, un gesto que se repite desde hace siglos. La maestría de los artistas populares no evoca la idea de esfuerzo sino la de espontaneidad. Pero el arte olmeca o el totonaca, no menos sino quizá más espontáneos que el popular, no son una herencia, una maestría heredada: son un comienzo, la fundación de una tradición. Y por esto son una geometría y una visión del mundo. Cada línea es una analogía, una respuesta o una pregunta a la otra línea, a la otra imagen. A diferencia del arte popular contemporáneo, las grandes obras plásticas precortesianas son tratado, discurso o himno. La variedad y riqueza de elementos se resuelve en unidad gracias a un rigor geométrico que es asimismo rigor intelectual. Cada objeto es una constelación de alusiones. Todas estas obras, sin excluir a las menores, son *composiciones*. Pues bien, la palabra *composición*, y su contrapartida: *instinto*, son claves de la pintura de Tamayo.

Solitarios e independientes

El instinto lleva a nuestro pintor a un arte directo, a veces expresionista, otras poético (popular o mítico: de ahí sus coincidencias con Miró
y algunos surrealistas). Al mismo tiempo, cierta predisposición de su espíritu, no sin antecedentes en el arte precortesiano, lo acerca a lo que
llamaría pintura reflexiva. Las dos tendencias sostienen un diálogo en el
interior de su obra: fija mirada que descompone y rehace el objeto, mirada
que no vacilo en llamar inquisitiva porque en su fijeza hay un amor implacable e inhumano; y frente a ella, el esplendor de un astro carnal, una
fruta, una forma de barro negro y piedra verde, un cielo nocturno, el ocre,
el rojo, la danza de los colores aullando alrededor del hueso blanco, hueso
de muerte y resurrección. Pintura dual que sólo alcanza la unidad para
desgarrarse y de nuevo volver a reunirse. La vitalidad del arte de Tamayo depende de la convivencia de estas dos tendencias. Apenas una de ellas
prevalece en exceso, el artista vacila. Si la crítica triunfa, la pintura se seca
o languidece; si el instinto domina, cae en un expresionismo crudo. El
equilibrio no se logra, sin embargo, con la tregua de los contrarios. Para
vivir, esta pintura necesita pelear consigo misma, alimentarse de sus contradicciones. Ni la inmovilidad ni el movimiento sino la vibración del
punto fijo. El centro, el punto sensible.

Lo primero que impresiona al visitante de la reciente exposición de
Tamayo, si por un instante se defiende de la seducción de los colores, es
el rigor. La reflexión pictórica alcanza aquí un refinamiento extremo, una
osadía y una delicadeza que hacen pensar a veces en una suerte de cubismo renovado y otras en las experiencias más arriesgadas de la pintura
abstracta.

Cubismo porque muchos de los cuadros expuestos, además de ser sólidas construcciones plásticas, son una despiadada investigación del objeto, en su triple función: como cosa en el mundo; como forma aislada en
el espacio, modelo para el ojo; y, en fin, como arquetipo o esencia, como
idea. Pintura abstracta pura (por contraposición a la informal o expresionista) porque cada uno de estos cuadros es una investigación, un análisis
y una recreación de la materia como materia, esto es, como materia pre-
cipitada, por decirlo así, en su «materialidad», materia que se ve a sí misma y pretende extraer de sí misma su significación.

En uno y otro caso, Tamayo se propone algo que sólo consigue plenamente en sus momentos más altos. Algo que no es ni crítica del objeto
ni inmersión en la espesura de la materia: una suerte de transfiguración
del mundo que no me atrevo a llamar poética, aunque lo es, porque la

palabra se ha gastado por el uso inmoderado. Algunos de sus cuadros últimos nos revelan al mejor Tamayo, al más secreto. Un Tamayo casi sin rostro, apenas personal, muy viejo y muy joven, recién despertado de un sueño de siglos. Esos cuadros no son una crítica del objeto. No, esta pintura no es metafísica ni cirugía. Dije más arriba que su mirada era de inquisición; debí escribir: sacrificio. Mirada-pedernal que atraviesa el objeto-ofrenda. Entre la muerte y la vida el sacrificio traza un puente: el hombre. Y por eso su pintura a veces nos parece una de aquellas esculturas aztecas que revestían con una piel humana. El sacrificio es transfiguración.

París, 29 de diciembre de 1960

[«De la crítica a la ofrenda» se publicó en *Puertas al campo*, UNAM, México, 1966.]

3
Transfiguraciones

1

Hay muchas maneras de acercarse a una pintura: en línea recta hasta plantarse frente al cuadro y contemplarlo cara a cara, en actitud de interrogación, desafío o admiración; en forma oblicua, como aquel que cambia una secreta mirada de inteligencia con un transeúnte; en zig-zag, avanzando y retrocediendo con movimientos de estratega evocadores tanto del juego de ajedrez como de las maniobras militares; midiendo y palpando con la vista, como el convidado goloso examina una mesa tendida; girando en círculos, a semejanza del gavilán antes de descender o del avión en el aterrizaje. La manera franca, la manera cómplice, la reflexiva, la cazadora, la manera de la mirada imantada... Desde hace más de veinte años giro en torno a la pintura de Rufino Tamayo. Primero quise fijar mis impresiones en un ensayo que pretendió situarlo en su contexto más inmediato: la pintura mexicana moderna; más tarde escribí un poema; después un artículo de crítica pictórica propiamente dicha: Tamayo en su pintura, su visión del espacio, las relaciones entre el color y la línea, la geometría y la sensación, los volúmenes y las superficies vacías. Ahora, con más cautela, escribo estas notas: no un resumen sino un volver a comenzar.

¿Cómo definir mi actitud ante la obra de Tamayo? Rotación, gravitación: me atrae y, simultáneamente, me mantiene a distancia —como un sol. También podría decir que provoca en mí una suerte de apetito visual: veo su pintura como un fruto, incandescente e intocable. Pero hay otra palabra más exacta: *fascinación*. El cuadro está allí, frente a mí, colgado en una pared. Lo miro y poco a poco con, inflexible y lenta seguridad, se despliega y se vuelve un abanico de sensaciones, una vibración de colores y de formas que se extienden en oleadas: espacio vivo, espacio dichoso de ser espacio. Después, con la misma lentitud, los colores se repliegan y el cuadro se cierra sobre sí mismo. No hay nada intelectual en esta experiencia: describo simplemente el acto de ver y la extraña, aunque natural, fascinación que nos embarga al contemplar el cotidiano abrir y cerrarse de las flores, los frutos, las mujeres, el día, la noche. Nada más lejos de la pintura metafísica o especulativa que el arte de Tamayo. Al contemplar sus cuadros no asistimos a la revelación de un secreto: participamos en el secreto que es toda revelación.

2

Dije que el arte de Tamayo no es especulativo. Tal vez debería haber escrito: ideológico. En aquel primer ensayo de 1950 señalé que la importancia *histórica* de Tamayo, dentro de la pintura mexicana, consistía en haber puesto en entredicho con ejemplar radicalismo el arte ideológico y didáctico de los muralistas y sus epígonos. Hay que agregar que la verdadera originalidad de Tamayo —su originalidad *pictórica*— no reside en su actitud crítica frente a la confusión entre pintura y literatura política en que se debatían los artistas mexicanos en esos años, sino en su actitud crítica ante el objeto. En este sentido sí podría hablarse de pintura especulativa. Pintura que somete el objeto a una inquisición sobre sus propiedades plásticas y que es una investigación de las relaciones entre los colores, las líneas y los volúmenes. Pintura crítica: reducción del objeto a sus elementos plásticos esenciales. El objeto visto no como una idea o representación sino como un campo de fuerzas magnéticas. Cada cuadro es un sistema de líneas y colores, no de signos: el cuadro puede referirse a esta o aquella realidad pero su significado plástico es independiente.

Al primer periodo de Tamayo, pasados los años de titubeo y aprendizaje, pertenecen varias composiciones, como el *Homenaje a Juárez* y algunos murales, que revelan una afinidad, inevitable y natural por lo demás, con la pintura mexicana de esa época. Es su deuda con los muralistas, especialmente con Orozco. Pronto se aleja (y para siempre) de esa manera elocuente. Otra será su aventura. Entre 1926 y 1938 pinta muchos óleos y *gouaches* —pienso sobre todo en las naturalezas muertas y en varios paisajes urbanos: arcos, cubos, terrazas— que lo sitúan en la línea de Cézanne. Por ese camino llegará, un poco después, a Braque. No es pintura cubista: es una de las consecuencias de ese movimiento, uno de los caminos que podía tomar la pintura después del cubismo. En otras telas de esos mismos años aparece una inspiración, más libre y lírica, que puede definirse como la exaltación por el color de la vida cotidiana. Sensualidad más que erotismo: Matisse. En Tamayo, claro está, hay una exasperación y una ferocidad ausentes en la obra del gran maestro francés. Otros elementos de esos cuadros —y unos cuadros pintados en esos mismos años— lo acercan a otro centro de irradiación: Picasso. Sólo que aquí la lección no es de rigor ni de equilibrio sensual: la violencia pasional, el humor y la rabia, las revelaciones del sueño y las del erotismo. La pintura no como una investigación del objeto ni como una construcción plástica: la pintura como una operación devastadora de la realidad y, asimismo, como su metamorfosis. Al final de este periodo, Tamayo comienza a pintar una serie de telas violentas, a veces sombrías, otras exaltadas y siempre intensas y reconcentradas: perros aullando a la luna, pájaros, caballos, leones, amantes en la noche, mujeres en el baño o danzando, solitarios contemplando un firmamento enigmático. Nada teatral ni dramático: nunca fue más lúcido ni más dueño de sí el delirio. Alegría trágica. Tamayo descubre por esos años la facultad metafórica de los colores y las formas, el don del lenguaje que es la pintura. El cuadro se convierte en la contrapartida plástica de la imagen poética. No la traducción visual del poema verbal, procedimiento practicado por varios surrealistas, sino una metáfora plástica —algo más cerca de Miró que de Max Ernst. Y así, por un proceso continuo de experimentación, asimilación y cambio, Tamayo convierte a su pintura en un arte de la transfiguración: el poder de la imaginación que hace un sol de un mamey, una media luna de una guitarra, un pedazo de campo salvaje del cuerpo de una mujer.

Creo que los nombres que he citado forman una constelación que, más que determinar, sitúan la tentativa de Tamayo en su época de iniciación. Recordaré que en los albores de nuestra lengua la palabra *sino*, doble de signo, quería decir, literalmente, constelación. Sino: signo: constelación: el sitio de Tamayo y, asimismo, sus signos al empezar su exploración del mundo de la pintura y ese otro mundo, más secreto, que es su ser de hombre y de pintor. Puntos de partida hacia sí mismo.

3

Definir a un artista por sus antecedentes es tan vano como pretender describir a un hombre maduro por las señas de identidad de sus padres, abuelos y tíos. Las obras de los otros artistas —aquello que está antes, después o al lado— sitúan a una obra individual, no la definen. Cada obra es una totalidad autosuficiente: comienza y acaba en ella. El estilo de una época es una sintaxis, un conjunto de reglas conscientes e inconscientes con las que el artista puede decir todo lo que se le ocurra, salvo lugares comunes. Lo que cuenta no es la regularidad con que opera la sintaxis sino las variaciones: violaciones, desviaciones, excepciones —todo aquello que vuelve única a la obra. Desde el principio, la pintura de Tamayo se distinguió de todas las otras por la preeminencia de ciertos elementos y por la forma singular de combinarlos. Procuraré describirlos, así sea de una manera muy general; en seguida intentaré mostrar cómo la combinación de esos elementos equivale a la transformación de una sintaxis impersonal e histórica en un lenguaje inimitable.

Tamayo es riguroso y se ha impuesto una limitación estricta: la pintura es, ante todo y sobre todo, un fenómeno visual. El tema es un pretexto; lo que el pintor se propone es dejar en libertad a la pintura: las formas son las que hablan, no las intenciones ni las ideas del artista. La forma es emisora de significados. Dentro de esta estética, que es la de nuestro tiempo, la actitud de Tamayo se singulariza por su intransigencia frente a las facilidades de la fantasía literaria. No porque la pintura sea antiliteraria —nunca lo ha sido ni puede serlo— sino porque afirma que el lenguaje de la pintura —su escritura y su literatura— no es verbal sino plástico. Las ideas y los mitos, las pasiones y las figuras imaginarias, las formas que vemos y las que soñamos, son realidades que el pintor ha de encontrar *dentro* de la pintura: algo que debe brotar del cuadro y no algo que el artista introduce en el cuadro. De ahí su afán de pureza pictórica: la tela o el muro es una superficie de dos dimensiones, cerrada al mundo verbal y abierta hacia su propia realidad. La pintura es un lenguaje original, tan rico como el de la música o la literatura. Todo se puede decir y hacer en pintura —dentro de la pintura. Por supuesto, Tamayo no formularía así sus propósitos. Al enunciarlos en una forma sumaria y verbal, temo traicionarlo: la suya no es una ortodoxia sino una ortopraxia.

Estas preocupaciones lo han llevado a una lenta, continua y obstinada experimentación pictórica. Investigación del secreto de las texturas, los colores y sus vibraciones, el peso y la densidad de las materias y las pastas, las leyes y las excepciones que rigen las relaciones entre la luz y la sombra, el tacto y el ojo, las líneas y sus estructuras. Pasión por la materia, pintura materialista en el sentido recto de la palabra. Insensiblemente, guiado por la lógica de su investigación, Tamayo pasa de la crítica del objeto a la crítica de la pintura misma. Exploración del color: «a medida que usamos un menor número de colores —dijo alguna vez a Paul Westheim— crece la riqueza de las posibilidades. Es más valioso, pictóricamente hablando, agotar las posibilidades de un solo color que usar una variedad ilimitada de pigmentos». Se dice y repite que Tamayo es un gran colorista; hay que añadir que esa riqueza es fruto de una sobriedad. Para Baudelaire el color era un acorde: una relación antagónica y complementaria entre un color cálido y uno frío. Tamayo extrema la búsqueda: crea el acorde dentro de un solo color. Obtiene así una vibración luminosa de resonancias menos amplias pero más intensas: el punto extremo, casi inmóvil a fuerza de tensión, de una nota o un tono. La limitación se vuelve abundancia: universos azules y verdes en un puñado de polen, soles y tierras en un átomo amarillo, dispersiones y conjunciones de lo cálido y lo frío en un ocre, castillos agudos del gris, precipicios de los blancos, golfos del violeta. La abundancia no es abigarrada: la paleta de Tamayo es pura, ama los colores francos y se rehúsa, con una suerte de salud instintiva, a todo refinamiento dudoso. Delicadeza y vitalidad, sensualidad y energía. Si el color es música, ciertos trozos de Tamayo me hacen pensar en Bartók, como la música de Anton Webern me hace pensar en Kandinsky.

La misma severidad frente a las líneas y los volúmenes. El dibujo de Tamayo es el de un escultor y es lástima que no nos haya dado sino unas cuantas esculturas. Dibujo de escultor por el vigor y la economía del trazo pero, sobre todo, por su esencialidad: señala los puntos de convergencia, las líneas de fuerza que rigen una anatomía o una forma. Un dibujo sintético, nada caligráfico: el verdadero esqueleto de la pintura. Volúmenes plenos, compactos: monumentos vivos. El carácter monumental de una obra no tiene nada que ver con el tamaño: es el producto de una relación entre el espacio y las figuras que lo habitan. Los murales de Tamayo son lo menos afortunado de su obra. Pero no son las dimensiones sino la actitud ante el espacio —grande o chico— lo que cuenta. Lo que distingue a un ilustrador de un pintor es el espacio: para el primero es un marco, un límite abstracto; para el segundo, un conjunto de relaciones internas, un territorio regido por leyes propias. En la pintura de Tamayo las formas y figuras no están en el espacio: son el espacio, lo forman y conforman, del mismo modo que las rocas, las colinas, el cauce del río y la arboleda no están en el paisaje: construyen o, mejor dicho, *constituyen* el paisaje. El espacio de Tamayo es una extensión animada: el peso y el movimiento, las formas sobre la tierra, la obediencia universal a las leyes de la gravitación o a las otras, más sutiles, del magnetismo. El espacio es un campo de atracción y repulsión, un teatro en el que se enlazan y desenlazan, se oponen y abrazan las mismas fuerzas que mueven a la naturaleza. La pintura como un doble del universo: no su símbolo sino su proyección en la tela. De nuevo: el cuadro no es una representación ni un conjunto de signos: es una constelación de fuerzas.

El elemento reflexivo es la mitad de Tamayo: la otra mitad es la pasión. Una pasión contenida, ensimismada, que jamás se desgarra y que nunca se degrada en elocuencia. Esta violencia encadenada o, más bien, desencadenada sobre sí misma, lo aleja y lo acerca a un tiempo del expresionismo en sus dos vertientes: la alemana del primer cuarto de siglo y la que más tarde, forzando un poco los términos, se ha llamado expresionismo-abstracto. Tamayo: la pasión que distiende a las formas; la violencia de los contrastes; la energía petrificada que anima a ciertas figuras, dinamismo que se resuelve en inmovilidad amenazante; la exaltación brutal del color, la rabia de ciertas pinceladas y el erotismo sangriento de otras; las oposiciones tajantes y las alianzas insólitas... Todo esto recuerda el verso de nuestro poeta barroco: «feo hermosamente el rostro». Esta frase es una definición del expresionismo: la belleza no es proporción ideal ni simetría sino carácter, energía, ruptura, expresión. La unión de barroquismo y expresionismo es más natural de lo que comúnmente se piensa: los dos son exageración de la forma, los dos son estilos que subrayan con tinta roja. En la pintura de Tamayo el barroquismo y el expresionismo han pasado por una prueba de ascetismo plástico: el primero ha perdido sus curvas y sus ornamentos, el segundo su vulgaridad y su énfasis. En Tamayo no hay grito de pasión: hay un silencio casi mineral.

No postulo definiciones: arriesgo aproximaciones. Expresionismo, pureza pictórica, crítica del objeto, pasión por la materia, soberanía del color: nombres, flechas indicadoras. La realidad es otra: los cuadros de Tamayo. La crítica no es ni siquiera una traducción aunque ése sea su ideal: es una guía. Y la crítica mejor es algo menos: una invitación a realizar el único acto que de veras cuenta: ver.

4

El gran periodo creador de Tamayo, su madurez de pintor, se inicia hacia 1940, en Nueva York. Vivió allá cerca de veinte años duros y fecundos.

En 1949 viaja por primera vez a Europa y expone en París, Londres, Roma y otras ciudades de ese continente. Reside en París por algún tiempo y en 1960 regresa a México, para instalarse definitivamente. Los últimos años de Nueva York y los primeros de París coinciden con la aparición y el apogeo, en los Estados Unidos, del expresionismo-abstracto: un movimiento que ha dado tres o cuatro grandes pintores. Casi al mismo tiempo surgen en Europa poderosas figuras aisladas, como Fautrier y Dubuffet, para no hablar de otros más jóvenes como Nicolas de Staël, Bacon y ese solitario entre los solitarios que se llama Balthus. En suma, en la década de los cuarenta emerge un nuevo grupo de pintores, los verdaderos contemporáneos de Tamayo y, algunos, sus pares. Es una generación que no ha cesado de asombrarnos en estos veinticinco años últimos y cuya obra aún no concluye, a pesar de que, naturalmente, hayan surgido ya otros grupos y otras tendencias. Arte cosmopolita, como lo ha sido desde su nacimiento todo el arte moderno según lo advirtió primero que nadie Baudelaire. Este cosmopolitismo se ha acentuado después de la segunda Guerra y no sólo por el carácter internacional de los estilos sino porque sus protagonistas pertenecen a todas las naciones y culturas, sin excluir a las del Extremo Oriente, del chino Zao WuKi al japonés Sugai. Es tentador situar a Tamayo dentro de este contexto, como antes lo hice frente a sus antecesores.

Si pensamos en los dos latinoamericanos contemporáneos de Tamayo, el cubano Wifredo Lam y el chileno Roberto Matta, descubriremos pronto que hay poquísimos puntos de contacto entre ellos. No sucede lo mismo si dirigimos la vista hacia los Estados Unidos y Europa. Lo que he llamado, con muchas reservas, el expresionismo de Tamayo, presenta afinidades ciertas con el de Willem de Kooning y, desde otro ángulo, con la pintura de Jean Dubuffet. Al primero lo une, además, tanto su obsesión por lo que tiene de mítico y de gran diosa madre el cuerpo de la mujer como la violencia generosa del color. La afinidad con el segundo también es doble: la ferocidad del trazo, el encarnizamiento con y contra la figura humana no menos que la predilección y la preocupación por las texturas y sus propiedades físicas, ya sean táctiles o visuales. Los tres son pintores terrestres, materiales. Los tres han pintado algunas de las obras maestras de lo que podría llamarse el salvajismo pictórico contemporáneo. Los tres han humillado y exaltado a la figura humana. Los tres han creado una obra aparte, inconfundible.

Las semejanzas entre Tamayo y Dubuffet son tan reveladoras como sus diferencias. He mencionado su común amor por las texturas y los materiales. La investigación de Dubuffet es metódica y delirante. El rigor implacable de la razón aplicado a objetos y realidades que tradicionalmente escapaban a la medida cuantitativa: la topografía general de un milímetro de suelo, el mapa orográfico de un vientre femenino, la morfología de las barbas. La actitud de Tamayo es más empírica e instintiva. Una exposición de Dubuffet es una demostración a un tiempo convincente y abrumadora: cuelga en las paredes todas las variantes posibles de una invención plástica. Tamayo busca los ejemplares únicos. El hilo de Ariadna de sus exploraciones no es el análisis sino la lógica de las correspondencias: traza un puente entre sus ojos, su mano y las espirales del cristal, la madera, la piel y la galaxia. Uno usa la navaja del silogismo; el otro, el arco de la analogía.

En Dubuffet hay un radicalismo racional, inclusive (o mejor dicho: sobre todo) cuando hace la apología del irracionalismo y del *arte bruto*. Es tan inteligente que pinta con la lógica totalitaria de los locos, pero la lucidez, que es su don y su castigo, no lo abandona nunca; los locos saben, a veces, que están locos y saben también que no pueden dejar de estarlo; Dubuffet sabe que no está loco y que nunca lo estará. Sus pinturas infantiles son la obra impresionante de un niño de mil años de edad, visionario y demoniaco, que conoce y no ha olvidado la sintaxis de todos los estilos. La creación de Dubuffet es crítica y su ferocidad es mental. Su obra no es una celebración de la realidad sino un enfrentarse a ella, una venganza más que un acto de amor. Su canibalismo es auténtico y, social y moralmente, justificado. No obstante, horrorizaría a los caníbales de verdad: no es un ritual sino el juego macabro de la ironía y la desesperación. No una comunión: un comelitón en una mesa de cirugía. Delirios de la razón. Un mundo que evoca, no sólo por la violencia sino por su carácter sistemático, el nombre de Sade más que el de Goya.

El genio de Dubuffet es enciclopédico; el de Tamayo es menos extenso, no menos rico. Sus cuadros también están poblados de monstruos y su pincel también desuella al hombre. Este artista, a veces tan alegre y tierno, sabe ser cruel: el humor ocupa un lugar central en su obra. Pero las raíces de su crueldad no son ni la ironía ni el sistema sino la sátira y el sentido de lo grotesco. El amor por los monstruos, los fenómenos y los esperpentos: herencia india y española. El arte precolombino abunda en seres disformes y lo mismo sucede con la gran pintura española. Moctezuma y sus jorobados, Felipe IV y sus bobos. La pintura de Tamayo es rica en personajes descomunales, sórdidos o bufos: el glotón, el hombre-que-ríe, la dama de sociedad, el maniaco, el idiota y otros adefesios. Entre sus imágenes terribles hay una que posee el valor de un emblema sin perder el otro, más inmediato, de ser una realidad diaria: el hueso, el montón de huesos que somos. Huesos de perro, luna de hueso, pan de hueso, huesos de hombre, paisajes de hueso: planeta-osario. La obsesión por el hueso, al principio satírica, se transforma en una imagen cósmica. La ferocidad de Tamayo no es intelectual; es sátira y rito, burla popular y ceremonia mágica. Sus locos son patéticos y grotescos, no despreciables; sus monstruos son vitales, engendros y abortos de la naturaleza, no caricaturas metafísicas. Sus deformaciones de la figura humana son la escritura de los estragos y las victorias de la pasión, el tiempo y las fuerzas inhumanas del dinero y las máquinas. El mundo físico es su mundo. Lluvia, sangre, músculos, semen, sol, sequía, piedra, pan, vagina, risa, hambre: palabras que para Tamayo no sólo tienen sentido sino también sabor, olor, gusto, peso, color.

Las oposiciones y similitudes con De Kooning son de otro orden. El peligro de Dubuffet es el sistema; el de Tamayo, el estatismo; el de Willem de Kooning, el gesto. Al mismo tiempo, hay en De Kooning una abundancia vital y nada sistemática, que nos conmueve y nos conquista. Una cordialidad, en el sentido mejor de la palabra: coraje ante la vida y concordancia con las fuerzas que nos habitan. La otra faz de la concordia es la discordia: dos palabras que forman el eje de su obra. Todo esto lo acerca a Tamayo, pintor que también obedece al corazón y a las corazonadas. Dore Ashton descubre en la pintura del artista norteamericano dos elementos: un impulso pasional, alternativamente demoniaco y orgiástico, y una tendencia hacia el barroquismo.[1] El cuerpo femenino, centro de su arte incluso en sus composiciones no figurativas, encarna la dualidad de estos elementos y su final conjunción: es la esfera que engloba a todas las formas y el erotismo que las despedaza. Paradoja del erotismo: en el acto amoroso poseemos el cuerpo de la mujer como una totalidad que se fragmenta: simultáneamente, cada fragmento —un ojo, un pedazo de mejilla, un lóbulo, el resplandor de un muslo, la sombra del pelo sobre un hombro, los labios— alude a los otros y, en cierto modo, contiene a la totalidad. Los cuerpos son el teatro donde efectivamente se representa el juego de la correspondencia universal, la relación sin cesar deshecha y renaciente entre la unidad y la pluralidad. Si el erotismo une a estos dos pintores, el barroquismo los separa. Ya he señalado en qué consiste el de Tamayo y los lími-

[1] Dore Ashton, *The Unknown Shore*, 1962.

tes severos que le impone. Una severidad ausente en De Kooning. En el norteamericano hay desbordamiento; en el mexicano, concentración. Versiones diferentes de lo orgiástico: la kermés flamenca y la fiesta mexicana. El elemento pasional y demoniaco corresponde en Tamayo a lo que he llamado *transfiguración*, imaginación analógica. Para Tamayo el mundo todavía es un sistema de llamadas y respuestas y el hombre aún es parte de la tierra, es la tierra. La actitud de Tamayo es más *antigua*: está más cerca de los orígenes. Es uno de los privilegios, entre tantas desventajas, del haber nacido en un país subdesarrollado. En De Kooning, vitalismo romántico: el hombre está solo en el mundo; en Tamayo, naturalismo: visión de la unidad entre el mundo y el hombre. De Kooning ha dicho: «When I think of painting today, I find myself always thinking of that part which is connected with the Renaissance. It is the vulgarity and fleshy part of it which seems to make it particularly Western». Nada menos *fleshy* que la pintura de Tamayo: por una parte, sus figuras y hasta sus paisajes y composiciones abstractas son óseas; por la otra, el mismo ascetismo que le prohíbe caer en la tentación barroca de la curva le impide precipitarse en la blandura carnal. Como ocurre con todos los grandes artistas, sin excluir a De Kooning, la muerte es una presencia constante en la pintura de Tamayo. Esa presencia es severa y ensimismada: no el vértigo de la caída, ni las pompas y esplendores de la pudrición sino, como ya dije, la geometría de los huesos, su blancura, su dureza y el polvo finísimo en que se convierten.

5

En las notas anteriores me propuse describir la actitud de Tamayo frente a la pintura y el sitio de la suya en la pintura contemporánea: las relaciones entre el pintor y su obra y las relaciones de su obra con las de otros pintores. Hay otra relación no menos decisiva: Tamayo y México.

Todos los críticos han señalado la importancia del arte popular en su creación. Es innegable, pero vale la pena investigar en qué consiste esa influencia. Ante todo, ¿qué se entiende por arte popular? ¿Arte tradicional o arte del pueblo? El *pop art*, por ejemplo, es popular y no es tradicional. No continúa una tradición sino que, con elementos populares, intenta y a veces logra crear obras que son nuevas y detonantes: lo contrario de una tradición. En cambio, el arte popular es siempre tradicional: es una manera, un estilo que se perpetúa por la repetición y que sólo admite variaciones ligeras. No hay revoluciones estéticas en la esfera del arte popular. Además, la repetición y la variación son anónimas o, mejor dicho, impersonales y colectivas. Ahora bien, si es verdad que las nociones de *arte* y *estilo* son inseparables, también lo es que las obras de arte son las violaciones, las excepciones o las exageraciones de los estilos artísticos. El estilo barroco o el impresionista son un repertorio de términos plásticos, una sintaxis que sólo se vuelve significante cuando una obra única viola al estilo. Lo que constituye realmente al impresionismo no es un estilo sino las transgresiones a ese estilo: un conjunto de obras únicas e irrepetibles. El arte popular, por constituir un estilo tradicional sin interrupciones ni cambios creadores, no es arte, si se emplea esta palabra de una manera estricta. Por lo demás, no quiere ser arte: es una prolongación de los utensilios y de los ornamentos y no aspira sino a confundirse con nuestra existencia diaria. Vive en el ámbito de la fiesta, la ceremonia y el trabajo: es vida social cristalizada en un objeto mágico. Digo mágico porque es muy probable que el origen del arte popular sea la magia que acompaña a todas las religiones y creencias: ofrenda, talismán, relicario, sonaja de fertilidad, figurilla de barro, fetiche familiar. La relación entre Tamayo y el arte popular debe buscarse, por tanto, en el nivel más profundo: no sólo en las formas sino en las creencias subterráneas que las animan.

No niego que Tamayo haya sido sensible al hechizo de las invenciones plásticas populares: señalo que no aparecen en su pintura por ser hermosas, aunque lo sean. Tampoco por un descabellado afán nacionalista o populista. Su significación es otra: son canales de transmisión, unen a Tamayo con el mundo de su infancia. Su valor es afectivo y existencial: el artista es el hombre que no ha sepultado enteramente a su niñez. Aparte de esta función psíquica y en una capa aún más profunda, esas formas populares son algo así como venas de irrigación: por ellas ascienden la savia ancestral, las creencias originales, el pensamiento inconsciente, pero no incoherente, que anima al mundo mágico. La magia, dice Cassirer, afirma la fraternidad de todos los seres vivos porque se funda en la creencia en una energía o fluido universal. Dos consecuencias del pensamiento mágico: la metamorfosis y la analogía. Metamorfosis: las formas y sus cambios son simples transmutaciones del fluido original; analogía: todo se corresponde si un principio único rige las transformaciones de los seres y las cosas. Irrigación, circulación del soplo primordial: una sola energía recorre todo, del insecto al hombre, del hombre al espectro, del espectro a la planta, de la planta al astro. Si la magia es la animación universal, el arte popular es su supervivencia: en sus formas encantadoras y frágiles está grabado el secreto de la metamorfosis. Tamayo ha bebido el agua de ese manantial y conoce el secreto. No con la cabeza, que es la única manera en que nosotros, modernos, podemos conocerlo, sino con los ojos y con las manos, con el cuerpo y la lógica inconsciente de lo que, inexactamente, llamamos instinto.

Las relaciones de Tamayo con el arte precolombino no se manifiestan en la zona inconsciente de las creencias sino en el nivel consciente de la estética. Antes de tocar este tema es indispensable disipar algunos equívocos. Me refiero a esas frecuentes confusiones entre la nacionalidad del artista y la del arte. No es difícil advertir, a primera vista, el «mexicanismo» de la pintura de Tamayo; tampoco lo es, si se reflexiona un poco, descubrir que es un rasgo que no define sino muy superficialmente a su arte. Ninguna obra, por lo demás, se define por su nacionalidad. Aún menos por la de su autor: decir que Cervantes es español y que Racine es francés, es decir muy poco o nada sobre Cervantes y Racine. Olvidemos pues la nacionalidad de Tamayo y consideremos las circunstancias que determinan su encuentro con el arte antiguo de México. Lo primero que debe subrayarse es la distancia que nos separa del mundo mesoamericano. La Conquista española fue algo más que una conquista: la destrucción por la violencia de la civilización (o civilizaciones) de Mesoamérica y el comienzo de una sociedad distinta. Entre el pasado prehispánico y nosotros no hay la continuidad que existe entre la China de los Han y la de Mao, entre el Japón de Heian-Kio y el contemporáneo. Por tanto, hay que delinear, así sea de una manera muy general, nuestra peculiar posición frente al pasado mesoamericano.

La reconquista del arte prehispánico es una empresa que habría sido imposible de no intervenir dos hechos determinantes: la Revolución mexicana y la estética cosmopolita de Occidente. Sobre lo primero se ha escrito mucho, de modo que sólo tocaré lo que me parece esencial. Gracias al movimiento revolucionario, nuestro país se ha sentido y se ha visto como lo que es: un país mestizo, racialmente más cerca del indio que del europeo, aunque no suceda lo mismo en materia de cultura y de instituciones políticas. El descubrimiento de nosotros mismos nos llevó a ver con apasionado interés los restos de la antigua civilización tanto como sus supervivencias en las creencias y costumbres populares. De ahí que el México moderno haya intentado reconquistar ese pasado grandioso. El fondo de México es indio y son numerosas las supervivencias culturales, sociales y psíquicas de las sociedades prehispánicas. Incluso es inexacto hablar de supervivencias y más bien habría que decir estructuras mentales y sociales. Esas estructuras, semienterradas, informan y conforman nuestros mitos, nuestra estética, nuestra moral y nuestra política. Pero como *civilización* el mundo indígena ha muerto. Más exactamente: fue asesinado. Veneramos y recogemos en los museos los despojos de Mesoamérica pero no hemos intentado, ni podríamos, resucitar a la víctima. Aquí interviene el otro factor: la visión europea de las civilizaciones y tradiciones distintas a la grecorromana.

El descubrimiento del *otro*, en la esfera de las sociedades y las culturas, es reciente. Se inicia casi al mismo tiempo que la expansión imperialista de Europa y sus primeros testimonios son los relatos, crónicas y descripciones de los navegantes y conquistadores portugueses y españoles. Es la otra cara del Descubrimiento y la Conquista: una *conversión* afectiva e intelectual que, al revelar la humanidad y la sabiduría de las sociedades no-europeas, reveló simultáneamente los remordimientos y el horror que experimentaron unas cuantas conciencias ante la destrucción de pueblos y civilizaciones. El siglo xviii, con su curiosidad y respeto por la civilización china y su exaltación del salvaje inocente, dio un paso más y abrió las mentes a una concepción menos etnocéntrica de la especie humana. Y así, poco a poco, como un contrapunto crítico de las atrocidades cometidas en Asia, África y América, cambió la visión europea de los otros pueblos. Último desastre: precisamente en el momento en que nace la antropología, comienza el fin inexorable de las últimas sociedades primitivas. Ahora, en el momento de su victoria, destruidas o petrificadas todas las otras civilizaciones, Occidente se descubre en las persecuciones raciales, el imperialismo, la guerra y el totalitarismo. La civilización de la conciencia histórica, la gran invención europea, llega en nuestros días a otra conciencia: la de las fuerzas autodestructivas que la habitan. El siglo xx nos enseña que nuestro lugar en la historia no está lejos de los asirios de Sargón II, los mongoles de Gengis Khan y los aztecas de Itzcóatl.

El cambio de la visión estética europea fue aún más lento. Aunque Durero no ocultó su admiración por la orfebrería mixteca, hubo que esperar al siglo xix para que ese juicio aislado se transformase en una doctrina estética. Los románticos alemanes descubrieron la literatura sánscrita y el arte gótico; sus sucesores en toda Europa se interesaron después por el mundo islámico y las civilizaciones del Extremo Oriente;

por fin, a principios de este siglo, aparecieron en el horizonte estético las artes de África, América y Oceanía. Sin los artistas modernos de Occidente, que hicieron suyo todo ese inmenso conjunto de estilos y visiones de la realidad y lo transformaron en obras vivas y contemporáneas, nosotros no habríamos podido comprender y amar el arte precolombino. El nacionalismo artístico mexicano es una consecuencia tanto del cambio en la conciencia social que fue la Revolución mexicana como del cambio en la conciencia artística que fue el cosmopolitismo estético europeo.

Después de esta digresión puede verse con mayor nitidez en qué consiste el equívoco entre el nacionalismo y la civilización precolombina. En primer término, no puede decirse que esta última sea, estrictamente, mexicana: ni México existía cuando fue creada ni sus creadores tenían conciencia siquiera de ese concepto político moderno que llamamos nación. En segundo lugar, y en un sentido todavía más estricto, es discutible que las artes tengan nacionalidad. Lo que tienen es *estilo:* ¿cuál es la nacionalidad del arte gótico? Pero aun si la tuviese, ¿qué significación tendría? No hay derecho nacional de propiedad en arte. El gran crítico contemporáneo del arte medieval francés se llama Panofsky y Berenson es la gran autoridad de la pintura italiana renacentista. Los mejores estudios sobre Lope de Vega probablemente son los de Vossler. No fueron los medianos pintores españoles del siglo XIX los que recogieron la tradición pictórica española sino Manet. ¿Para qué seguir? No, la comprensión del arte precolombino no es un privilegio innato de los mexicanos. Es el fruto de un acto de amor y reflexión, como en el caso del crítico alemán Paul Westheim. O de un acto de creación, como en el del escultor inglés Henry Moore. En arte no hay herencias: hay descubrimientos, conquistas, afinidades, raptos: recreaciones que son realmente creaciones. Tamayo no es una excepción. La estética moderna le abrió los ojos y le hizo ver la modernidad de la escultura prehispánica. Después, con la violencia y simplicidad de todo creador, se apoderó de esas formas y las transformó. A partir de ellas pintó formas nuevas y originales. Cierto, el arte popular había ya fertilizado su imaginación y la había preparado para aceptar y asimilar el del antiguo México. No obstante, sin la estética moderna ese impulso inicial se habría disipado o habría degenerado en mero folklore y decoración.

Si se piensa en los dos polos que definen a la pintura de Tamayo, el rigor plástico y la imaginación que transfigura al objeto, se advierte inmediatamente que su encuentro con el arte precolombino fue una verdadera conjunción. Empezaré por lo primero: la relación puramente plástica. Las cualidades más inmediatas y sorprendentes de la escultura precolombina son la estricta geometría de la concepción, la solidez de los volúmenes y la admirable fidelidad a la materia. Ésas fueron las cualidades que desde un principio impresionaron a los artistas modernos y a los críticos europeos. La actitud de Tamayo obedece a la misma razón: la escultura mesoamericana, como la pintura moderna, es ante todo una lógica de las formas, las líneas y los volúmenes. Esta lógica plástica, a la inversa de lo que ocurre con la tradición grecorromana y renacentista, no está fundada en la imitación de las proporciones del cuerpo humano sino en una concepción del espacio radicalmente distinta. Una concepción que, para los mesoamericanos, era religiosa; para nosotros, intelectual. En uno y otro caso, se trata de una visión *no* humana del espacio y del mundo. El pensamiento moderno sostiene que el hombre ya no es el centro del universo ni la medida de todas las cosas. Esta idea no está muy alejada de la visión que tenían los antiguos del hombre y del cosmos. Correspondencias artísticas de estas concepciones contradictorias: en la tradición renacentista la figura humana es de tal modo central que hay una tentativa por someter el paisaje mismo a su imperio (por ejemplo: la humanización del paisaje en la poesía del XVI y XVII o el subjetivismo de los románticos); en el arte precolombino y en el moderno, en cambio, la figura humana se somete a la geometría de un espacio no humano. En el primer caso, el cosmos como un reflejo del hombre; en el segundo, el hombre como un signo entre los signos del cosmos. Por un lado: humanismo e ilusionismo realista; por el otro: abstracción y visión simbólica de la realidad. El simbolismo del arte antiguo se transforma en *transfiguración* en la pintura de Tamayo. La tradición mesoamericana le reveló algo más que una lógica y una gramática de las formas: le mostró, con mayor vivacidad aún que Klee y los surrealistas, que el objeto plástico es un emisor de alta frecuencia que dispara significados e imágenes plurales. Doble lección del arte prehispánico; primero, la fidelidad a la materia y a la forma: para el azteca, la escultura de piedra es piedra esculpida; después: esa piedra esculpida es una metáfora. Geometría y transfiguración.

Me pregunto, ¿y todo esto no lo sabía ya Tamayo? Como la experiencia de la mezcalina para Michaux, su encuentro con el arte precolombino fue, más que un descubrimiento, una confirmación. Quizá el verdadero nombre de la creación sea *reconocimiento*.

José Clemente Orozco, *Indio vendado* (de la serie *Los teules*), 1947.

Diego Rivera, *Germinación*, 1926-1927.

David Alfaro Siqueiros, *Mujer con metate*, 1931.

Rufino Tamayo, *Naturaleza muerta con pie*, 1928.

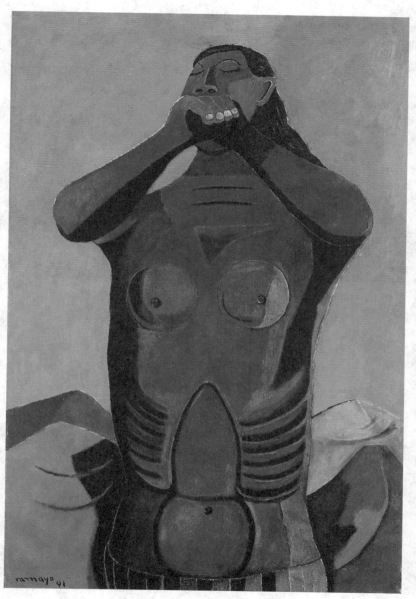

Rufino Tamayo, *Mujer llamando*, 1941.

Frida Kahlo, *La tierra misma o Dos desnudos en la jungla*, 1939.

María Izquierdo, *El circo*, 1939.

Manuel Álvarez Bravo, *Retrato de lo eterno*, 1935.

6

En el curso de estas reflexiones he repetido dos palabras: *tradición y crítica*. Varias veces he señalado, y no soy el único, que la crítica es la sustancia, la sangre de la tradición moderna. La crítica concebida como instrumento de creación y no únicamente como juicio o análisis. Por eso cada obra nueva se coloca en actitud polémica frente a las que la preceden. Nuestra tradición se perpetúa por obra de las sucesivas negaciones y rupturas que engendra. El único arte muerto es aquel que no merece el homenaje supremo de la negación creadora.

La diferencia con el pasado es significativa; los artistas antiguos imitaban las obras maestras de sus predecesores; los modernos, las niegan o, al menos, procuran crear otras que no se les asemejen. Dentro de esta tradición en constante crisis (y que tal vez toca a su fin), todavía es posible hacer otra distinción: hay artistas que convierten a la crítica en un absoluto y que, en cierto modo, hacen de la negación una creación —un Mallarmé, un Duchamp; hay otros que se sirven de la crítica como un trampolín para saltar a otras tierras, a otras afirmaciones— un Yeats, un Matisse. Los primeros ponen en crisis al lenguaje, sea éste el de la poesía, la música o la pintura; quiero decir: enfrentan el lenguaje a la crítica sin apelación del silencio. Los segundos hacen de ese mismo silencio un recurso del lenguaje. Es lo que he llamado, dentro de la tradición moderna de la ruptura, la familia del No y la del Sí. Tamayo pertenece a la segunda.

Un pintor de la pintura, no de su metafísica ni de su crítica. En el extremo opuesto de un Mondrian o, para hablar de sus contemporáneos, un Barnett Newman. Del lado de un Braque o un Bonnard. Para Tamayo la realidad es corporal, visual. Sí, el mundo existe: lo dicen el rojo y el morado, la iridiscencia del gris, la mancha del carbón; lo dicen la superficie lisa de esta piedra, los nudos de la madera, la frialdad de la culebra de agua; lo dicen el triángulo y el octágono, el perro y el coleóptero. Lo dicen las sensaciones. Las relaciones entre las sensaciones y las formas que crean al enlazarse y separarse, se llaman pintura. La pintura es la traducción sensible del mundo. Traducir el mundo en pintura es perpetuarlo, prolongarlo. Tal es el origen del rigor de Tamayo frente a la pintura. Su actitud, más que una estética, es una profesión de fe: la pintura no es una realidad autosuficiente: es una manera de tocar a la realidad. No nos da la sensación de la realidad, nos enfrenta a la realidad de las sensaciones. Las más inmediatas y directas: los colores, las formas, el tacto. Un mundo material que, sin perder su materialidad, es también mental: esos colores son colores pintados. Toda la inquisición crítica de Tamayo tiende a salvar la pintura, a preservar su pureza y perpetuar su misión de traductora del mundo. Contra la literatura no menos que contra la abstracción, contra la geometría que hace de ella un esqueleto y contra el realismo que la degrada en ilusión tramposa.

La traducción sensible del mundo es una transmutación. En el caso de Tamayo la transmutación nunca es abstracta: su mundo es la vida cotidiana, como lo señaló André Breton. Esta observación carecería de interés si el mismo Breton no hubiese dicho en seguida que el arte de Tamayo consistía en insertar la vida cotidiana en el ámbito de la poesía y el rito. O sea: transfiguración. Ese tejido de sensaciones pictóricas que es un cuadro de Tamayo es, asimismo, una metáfora. ¿Qué dice esa metáfora? El mundo existe, la vida es la vida, la muerte es la muerte: *todo es*. Esta afirmación, de la que no están excluidas ni la desdicha ni el azar, es un acto de la imaginación más que de la voluntad o el entendimiento. El mundo existe por obra de la imaginación que, al transfigurarlo, lo revela.

7

Si se pudiese decir con una sola palabra qué es aquello que distingue a Tamayo de los otros pintores de nuestro tiempo, yo diría sin vacilar: *sol*. Está en todos sus cuadros, visible o invisible; la noche misma no es para Tamayo sino sol carbonizado.

Delhi, a 11 de abril de 1968

[«Transfiguraciones» se publicó en *El signo y el garabato*, Joaquín Mortiz, México, 1973.]

Solitarios e independientes[1]

Entre 1930 y 1940, como he indicado varias veces, aparece una reacción frente al muralismo. El nombre de Tamayo es central pero no es el único. Un grupo de pintores, cada uno por su cuenta y sin ningún propósito de escuela, explora otras vías: Carlos Mérida, Julio Castellanos, Jesús Reyes Ferreira, Agustín Lazo, Alfonso Michel y otros más, entre los que se encuentran dos notables mujeres: Frida Kahlo y María Izquierdo. La pintura mexicana está viva gracias a esos heterodoxos. Con ellos se inicia otra tradición. No podía ser de otro modo: el arte es aventura, exploración y, a veces, descubrimiento. La única herencia artística que concibo es aquella que es un punto de partida, no un asilo para gente cansada. ¿Los muralistas no tuvieron discípulos? Tuvieron algo mejor: contradictores.

Carlos Mérida mostró desde el principio una actitud de inteligente independencia artística frente al arte ideológico de Rivera y Siqueiros así como ante el expresionismo de Orozco. Desde su iniciación, Mérida tuvo una concepción muy distinta de la pintura mural, como pudo verse en los muros del Multifamiliar Benito Juárez, destruido por el temblor de 1985, pero también en el Palacio Municipal de Guatemala y en el Centro Cívico de San Antonio, Texas. En esas obras intentó, y logró, fundir la pintura mural con la pintura abstracta y geométrica. El resultado fue convincente aunque a veces, para mi gusto, colindante con la decoración. Peligros del geometrismo. Gran conocedor de las vanguardias europeas tanto como

---

[1] En «Repaso en forma de preámbulo», que abre la primera parte de *Los privilegios de la vista*, lamenté algunas omisiones y lagunas. He intentado remediar esas ausencias, así sea parcialmente, con este breve recuento y un ensayo en forma de diálogo sobre María Izquierdo. Me doy cuenta de las insuficiencias de este texto pero en los últimos tiempos no he tenido ocasión ni desahogo para escribir algo más y con la extensión que merecen algunos de estos artistas. Pienso sobre todo en Frida Kahlo.

del arte precolombino —especialmente del maya: Mérida era de origen guatemalteco— en su obra presenciamos la conjunción, casi siempre feliz, de estas dos tradiciones, la del arte universal del siglo xx y la prehispánica. Su sentido del orden plástico se alió a su profunda y real afinidad con las formas precolombinas y populares. No cayó en el nacionalismo ni en el arcaísmo, como Diego Rivera, sino que encontró en el arte mesoamericano una fuente de insólita modernidad. Dos palabras definen a este excelente pintor: la inteligencia y la sensibilidad, expresadas en un dibujo preciso y colores nítidos. La unión de estas dos facultades dio a la pintura de Mérida una solidez límpida no pocas veces admirable.

En el polo opuesto de Mérida, vanguardista decidido, se encuentra el temperamento clásico de Julio Castellanos. En el breve ensayo que Villaurrutia le dedicó, señala con acierto las huellas de dos grandes pintores europeos en la obra de Castellanos: la de Picasso y la de Ingres. Debo añadir que el Picasso que interesó a Castellanos fue el del periodo llamado neoclásico, es decir, el Picasso influido precisamente por Ingres. «Cada artista —decía Gide— tiene las influencias que merece»: Castellanos mereció plenamente las suyas. Aparte de ser un excelente dibujante, como Ingres y Picasso, también pintó murales y, sobre todo, varios óleos de refinada y compleja composición, dueños de un equilibrio que no es exagerado llamar clásico. Entre esos cuadros sobresale una pequeña obra maestra: *El día de San Juan*. Julio Castellanos fue un pintor limitado que, en su misma limitación y ante el panorama agitado y revuelto de la pintura mexicana, nos da una lección de perfección y sobriedad. Uno de nuestros mejores pintores.

Los poetas de *Contemporáneos* se definieron como un «grupo sin grupo», es decir, como un grupo de solitarios. Lo mismo puede decirse de los pintores de ese momento y singularmente de Agustín Lazo. Fue pintor, grabador y escenógrafo. Lazo representa la vertiente más europea de la pintura de ese periodo. Sus *collages* recuerdan a Max Ernst y sus óleos a De Chirico. En un estudio reciente sobre este pintor, Miguel Cervantes señala que se ha exagerado la influencia de De Chirico. Es posible que tenga razón; sin embargo, aparte de los caballos, las arcadas y las plazas, motivos característicos de De Chirico, casi todos los cuadros y grabados de Lazo están bañados por una indefinible atmósfera onírica —más exactamente: sonámbula— que hace pensar irresistiblemente en el pintor italiano. La obra de Lazo es escasa pero no carece de carácter y de cierto lirismo. Su amigo Villaurrutia lo definió en tres líneas: «Lazo pinta sin modelo aunque lo tenga enfrente. Pinta de memoria, con los ojos cerrados y abiertos que usamos durante el sueño».

Manuel Rodríguez Lozano fue un temperamento poderoso y una mente clara. Más que un solitario fue un aislado por voluntad propia. Sin embargo tuvo discípulos, algunos de ellos notables, como Abraham Ángel, muerto prematuramente. Rodríguez Lozano fue, ante todo, un excelente dibujante, tanto en sus dibujos como en sus óleos. Así como en ciertos pintores de esos años —María Izquierdo, Lazo y, a veces, el mismo Tamayo— hay rastros de los caballos y las arquitecturas de De Chirico y de la zoología fantástica de Chagall, en otros, como Rodríguez Lozano, está presente el Picasso monumental del periodo neoclásico. Al lado de Picasso, más tenues, otras presencias renacentistas, sobre todo las de Mantegna. Los colores puros —azules, verdes, carmines— recuerdan a ciertos florentinos del Renacimiento temprano, sobre todo a Filippo Lippi. Pero lo mejor de esos óleos es el dibujo. Algunos, los que prefiero, parecen estudios de esculturas.

Un verdadero solitario: Alfonso Michel. Todavía espera ser reconocido. Nos dejó algunas naturalezas muertas que rivalizan con las de Tamayo. Aunque encontramos en ellas huellas de Cézanne y Derain, nos damos cuenta de que no podían haber sido pintadas sino por él. Son una moderna y muy personal continuación de la venerable tradición de los bodegones mexicanos. Carlos Orozco Romero fue otro solitario. En sus mejores cuadros se alían la melancolía y el colorido brillante. Alianza que no es inusitada: es el sentimiento de pérdida y exaltación que provoca un muñeco de colores vistosos, abandonado en un rincón de la memoria.

Jesús Reyes, Chucho Reyes, fue un artista tapatío que tuvo una gran influencia sobre dos notables talentos: el arquitecto Luis Barragán y el pintor Juan Soriano. Hace muchos años, en 1946, el escritor Rodolfo Usigli y yo visitamos a Picasso en su estudio de la rue des Grands Augustins. Chucho Reyes le había rogado a Usigli que le entregase a Picasso, como un mínimo homenaje, un *gouache*. Si la memoria no me es infiel, era uno de sus «caballitos» fantásticos. A Picasso le gustó el *gouache* y nos dijo: «Este joven tiene talento». Le aclaré: «No es joven, tiene la edad de usted». Rápido, Picasso contestó: «Pues es un viejo muy joven». Gran elogio.

Este periodo es memorable por la aparición de dos mujeres que fueron dos grandes artistas: Frida Kahlo y María Izquierdo. Se trata de un fenómeno único en la historia de la pintura mexicana. Aunque fueron contemporáneas, sus personalidades eran muy distintas y sus obras se despliegan en direcciones opuestas. Las dos son deudoras del surrealismo; asimismo, ambas mostraron predilección por los temas mexicanos. En otra parte de este libro me ocupo de María. En cuanto a Frida: fue una artista a un tiempo limitada e intensa; su forma, casi siempre, fue perfecta y esa perfección hizo que las materias inflamables que contenía —sueño, sexo, muerte— ardiesen con una suerte de suntuosa violencia. En su formación la tradición académica fue determinante. Su dibujo, su composición y la maestría con que pintó al óleo, revelan al artista culto, que ha pasado por la academia. Naturalmente, Frida Kahlo fue algo más que una correcta académica: fue un intenso poeta visual y sus visiones fueron muchas veces *incorrectas,* como lo son todas las revelaciones que brotan de nuestros abismos interiores.

En los cuadros de Frida aparece con cierta frecuencia un elemento verbal, generalmente una expresión popular o un lugar común, que ella convierte en una imagen poética que, a su vez, transforma en una imagen visual. Un ejemplo entre varios: *La niña de mis ojos.* La chispa poética enciende la frase coloquial y, en un segundo movimiento, la artista convierte la metáfora verbal en representación visual. Tres niveles: el popular, el poético y el pictórico. Algunos críticos han visto en estos juegos sobre todo, o exclusivamente, la familiaridad inteligente e inventiva con que Frida manejaba las tradiciones y formas populares, es decir, subrayan el popularismo y el nacionalismo de la pintora. Pero hay algo más y más determinante: el procedimiento que convierte a esos elementos verbales en combustibles poéticos es característico de la pintura surrealista. Frida asimiló con inmensa originalidad y maestría esta lección del arte surrealista.

Sus imágenes visuales fueron, casi siempre, verdaderas explosiones del subsuelo psíquico, quiero decir, fueron simultáneamente *pinturas* y *revelaciones.* De muy pocos artistas se puede decir esto. En las metáforas visuales de Frida hay una autenticidad impresionante; ante sus cuadros casi siempre podemos decir: *esto es verdad, esto ha sido vivido, padecido y recreado.* Frida sufrió mucho. Era valiente y era narcisista. Así, no tuvo escrúpulos en mostrar en sus cuadros las heridas y llagas de su cuerpo martirizado por la enfermedad y los cirujanos. A veces, debo confesarlo, ese *pathos* me abruma: me conmueve pero no me seduce. Siento que estoy ante una queja, no ante una obra de arte. Esta complacencia en el patetismo daña, a veces, algunos cuadros de Frida Kahlo. (Algo semejante me sucede con buena parte de la «poesía confesional», en boga, hace más de veinte años, en los Estados Unidos y en Inglaterra.) Nuestra pintora se salva, casi siempre, gracias a la intervención de sus dos grandes dones de poeta visual: el humor y la fantasía. Dos facultades que, al servicio del pequeño gran artista que fue Frida, son capaces de convertir la realidad de todos los días en una imagen relampagueante en la que se funden los dos polos de la existencia.

Es explicable la fascinación de André Breton cuando, en 1938, vio por primera vez uno de sus cuadros: *Lo que el agua me ha dado*. Realismo sangriento pero realismo con alas y llamas. Realismo transfigurado: surrealismo. La mejor y más sucinta definición del arte de Frida Kahlo también es de André Breton: «su pintura es una bomba envuelta por una cinta de seda». Añado: sí, una cinta bordada, azul o rosa, en la que una niña perversa ha escrito, con una caligrafía de pájaro, un mensaje de palabras aladas y punzantes.

México, 1988

[«Solitarios e independientes» se publicó en el tomo VIII, *Los privilegios de la vista*, de *México en la obra de Octavio Paz*, Fondo de Cultura Económica, México, 1989.]

Frida y Tina: vidas no paralelas

La exposición conjunta, en un museo de la ciudad de México, de las obras pictóricas de Frida Kahlo y de una serie de fotografías de Tina Modotti presenta una coexistencia biográfica —las dos vivieron durante algunos años en la misma ciudad y frecuentaron los mismos círculos— como si fuese una coincidencia artística y una camaradería política. Doble equívoco, artístico y moral. Como artistas, Frida y Tina no pueden ser más distintas: la primera fue, desde el principio hasta el fin, una pintora; la segunda sólo dedicó unos pocos años de su vida al arte de la fotografía y los demás a la militancia política, al lado de sucesivos compañeros y amantes, todos ellos dirigentes estalinistas. Para Tina la fotografía fue un incidente, ligado a sus amores con su maestro y amante, el fotógrafo Edward Weston; para Frida, la pintura fue la pasión de toda su vida. La obra fotográfica de Tina es más bien escasa y ostenta la huella de la personalidad de Weston. Es una obra derivada. La pintura de Frida, nacida de la conjunción entre una visión muy personal del mundo y una maestría de ejecución poco frecuente, es un universo propio y autosuficiente que poco o nada debe al arte de Diego Rivera y los otros pintores mexicanos. Frida está más cerca, como artista, de un Max Ernst o de un Delvaux que de un Rivera o un Siqueiros. Su realismo —si su arte tolera ese marbete— es el antípoda del realismo socialista. Nada menos ideológico que las visiones a un tiempo precisas y alucinantes que nos presentan sus cuadros.

El equívoco artístico se convierte en trampa moral cuando se convierte a estas dos mujeres en figuras piadosas del mismo santoral político. Frida no se distinguió por la coherencia de sus ideas y actitudes políticas. Durante muchos años fue trotskista, como su marido, Diego Rivera; cuando Diego rompió con Trotski y la Cuarta Internacional, Frida lo siguió dócilmente. Años más tarde Diego escribió una abyecta carta de retractación, dirigida al Comité Central del Partido Comunista de México, en la que pedía ser readmitido. Frida lo siguió por el camino de las abjuraciones. Al final, ambos murieron en olor de santidad estalinista. Ninguno de los dos fue un modelo de consistencia moral y política. Tina mostró más firmeza y persistencia que Frida; desde muy joven fue estalinista y nunca dejó de serlo. Su nombre estuvo mezclado a varios asesinatos políticos: ¿tuvo alguna participación en ellos? No sabría decirlo. Durante toda su vida calló: ¿su silencio fue connivencia, complicidad o terror?

Se ha presentado a Frida y Tina como camaradas. Es verdad que por algunos años fueron amigas pero cuando Diego fue expulsado del Partido Comunista en 1929 —el mismo año de su matrimonio con Frida— Tina rompió con ellos. Cerca de quince años después Tina regresó a México con Vittorio Vidali, su compañero. Diego lo atacó inmediatamente, acusándolo de haber cometido graves crímenes políticos en España, como el asesinato de Andreu Nin. No es fácil que Frida viese con buenos ojos a Vidali y a su mujer: apenas si necesito recordar que uno de sus amores había sido un joven militante del POUM, el partido de Nin diezmado por los estalinistas. A poco murió Tina sin haberse reconciliado con Diego y Frida. Nada de eso se ha dicho en los artículos sobre las dos mujeres publicados en la prensa mexicana los últimos meses.

A riesgo de desilusionar a alguna feminista, agrego que en algo se parecen Frida y Tina: ninguna de las dos tuvo pensamiento político propio. Al seguir una causa, siguieron a sus maridos y amantes. Nos interesan no como militantes sino como personas complejas y pasionales. Sus figuras pertenecen más a la historia de las pasiones que a la de las ideologías.

México, 1983

[«Frida y Tina: vidas no paralelas» se publicó en *Al paso*, Seix Barral, Barcelona, 1992.]

María Izquierdo sitiada y situada[1]

MIGUEL CERVANTES: *¿Cuándo conociste a María Izquierdo?*

OCTAVIO PAZ: A mi regreso de España, hacia 1938, en el Café París. Durante más de quince años, de 1930 a 1945, fue uno de los centros de la vida literaria y artística de la ciudad de México. Era muy concurrido por escritores, pintores, músicos, actores y actrices, periodistas y por un mundo flotante de curiosos, azotacalles y gente sin oficio ni beneficio. La sala era espaciosa y clara, los muros estaban pintados de verde pálido, las mesitas y las sillas de mimbre eran también verdes, las meseras trataban con familiaridad a los clientes y en el mostrador, entre dos grandes cafeteras de metal reluciente que lanzaban con estrépito chorros de vapor, tronaba la rubia y *plantureuse* propietaria, Madame Hélène, famosa matrona, amparo de novilleros sin contrato y golfo de mancebos extraviados. Olía a café y a tabaco. Las malas lenguas hablaban de tráfico de drogas. *Chi lo sa?* El rumor de las conversaciones subía y bajaba en mansos oleajes, lo contrario de lo que ocurría en el tormentoso Café Tupinamba, favorecido por los refugiados españoles.

MC: *¿Esa Madame Hélène no tuvo después un restaurante?*

OP: Sí, Chez Hélène, en las calles de Lerma. Pero eso fue quince años más tarde. Se comía bien. Yo iba a veces con José Gorostiza, que era amigo de la patrona desde los tiempos del Café París. O con Carlos Fuentes, Fernando Benítez y José Iturriaga... El Café París tuvo un carácter

[1] En las salas del Centro Cultural Arte Contemporáneo se celebró, en el otoño de 1988, una gran exposición retrospectiva de María Izquierdo (1902-1955). Los organizadores me pidieron que escribiese el prólogo del catálogo. Les contesté que, a pesar de mi admiración hacia la pintura de María Izquierdo, no me sería posible escribir nada en tiempo oportuno. Me propusieron entonces una entrevista. Acepté y en los primeros días de agosto, en mi casa, se efectuó la conversación. Participamos en la plática Robert Littman, director del Centro, Miguel Cervantes, Marie José Paz y yo. El texto que se publica es una versión revisada de lo que dijimos.

muy distinto. Su nombre no pertenece a la historia de la gastronomía y ni siquiera a la de las costumbres sino a la de la literatura y del arte. Mejor dicho, a esa historia, todavía por escribirse, de los grupos, las personas y las tendencias que componen la sociedad literaria y artística de una época. Una historia, más que de las ideas y las obras, de las formas de convivencia y, sobre todo, del *gusto*. Creo que los años del Café París han sido el único periodo en que hemos tenido lo que se ha llamado «vida de café», como en Francia, España e Italia. El café fue una institución literaria que sustituyó al salón. Pero en México no tuvimos salones: los escritores se reunían en algunas librerías y los poetas modernistas en los bares. El Café París fue una sociedad dentro de la sociedad. Asimismo, una geografía: cada mesa era una tertulia, cada tertulia una isla y una plaza fortificada. Las relaciones entre las islas eran, al mismo tiempo, frecuentes y arriesgadas. Siempre había algún intrépido —o algún inconsciente— que iba de una mesa a otra. Unos eran mensajeros y otros desertores. Porque había también emigraciones y escisiones. Nuestra mesa se dividió dos o tres veces. Incluso, durante una temporada, cuando fundamos *El Hijo Pródigo*, acaudillados por Barreda, emigramos del Café París —que se había vuelto demasiado populoso y agitado— y nos establecimos en un café cercano en la calle de Bolívar.

MC: *¿Cómo llegaste al Café París?*

OP: No recuerdo si invitado por Octavio Barreda o por Xavier Villaurrutia. La revista *Letras de México* se hacía prácticamente en el Café París. Yo comencé a colaborar en ella y, poco a poco, me convertí en un asiduo de la tertulia, aunque era mucho más joven que ellos. Asistían con regularidad Barreda, Villaurrutia, Celestino Gorostiza, Samuel Ramos, Antonio Magaña Esquivel, Carlos Luquín y Orozco Romero. Concurrían con menos frecuencia Jorge Cuesta, Elías Nandino, José Gorostiza, Ortiz de Montellano, Rodolfo Usigli. Cuando llegaron los españoles se incorporaron al grupo Moreno Villa y León Felipe. Se presentaban, de vez en cuando, algunos jóvenes: José Luis Martínez, Alberto Quintero Álvarez, Antonio Sánchez Barbudo. Los pilares de la mesa eran Villaurrutia y Barreda. Se hablaba de literatura y de arte, se comentaban los libros y las exposiciones, se chismeaba un poco, se componían epigramas, nos reíamos de los demás y de nosotros mismos. Frente a nuestra mesa había otra, también de escritores y artistas. Casi todos eran de la LEAR (Liga de Escritores y Artistas Revolucionarios) y de la revista *Ruta*, que dirigía el escritor José Mancisidor. Entre sus compañeros estaban el crítico Ermilo Abreu Gómez y el músico Silvestre Revueltas. Este último —sin corbata, despechugado, gordo y serio, con su cabeza de Balzac esculpida a navajazos— no faltaba nunca. Las relaciones entre las dos mesas eran corteses, crispadas en el caso de Abreu Gómez, irónicas en el de Villaurrutia. Nosotros llegábamos a eso de las cuatro y nos retirábamos hacia las cinco y media. Alrededor de las seis aparecía un grupo tumultuoso y colorido, compuesto por varias mujeres y algunos jóvenes excéntricos. El cabecilla era un muchacho flaco, nervioso y chispeante: Juan Soriano. Entre las mujeres recuerdo a María Izquierdo, a Lupe Marín, a Lola Álvarez Bravo y a Lya Kosta, que después se casó con Luis Cardoza. Los centros de la atracción, por su porte y manera de vestir, Lupe Marín y María Izquierdo.

MARIE JOSÉ PAZ: *¿Y Lola Olmedo?*

OP: Lola frecuentaba otros mundos. Lupe Marín era la elegante de la pequeña banda. Era modista y había estado en París; si su vida era tempestuosa y su lenguaje descarado, su indumentaria era irreprochable y de un sobrio buen gusto. María Izquierdo era lo contrario. Parecía una diosa prehispánica. Un rostro de lodo secado al sol y ahumado con incienso de copal. Muy maquillada, con un maquillaje no *up to date* sino antiguo, ritual: labios de brasa; dientes caníbales; narices anchas para aspirar el humo delicioso de las plegarias y los sacrificios; mejillas violentamente ocres; cejas de cuervo y ojeras enormes rodeando unos ojos profundos. El vestido era también fantástico: telas azabache y solferino, encajes, botones, dijes, aretes fastuosos, collares opulentos...

MC: *¡Indígenas!*

OP: A veces. Otras de fantasía.

MJP: *¿Con calaveras, no?*

OP: Con dientes de jaguar. Al verla, pensaba: lo único que le falta es que, de pronto, le salgan unos colmillos o saque del *brassière* el cuchillo de obsidiana y le extraiga el corazón a Juan Soriano. Pero aquella mujer con aire terrible de diosa prehispánica era la dulzura misma. Tímida, íntima. En esa época la traté poco. A veces coincidíamos, los sábados, en un pequeño cabaret que se llamaba...

MC: *¿Las veladoras?*

OP: Leda... Al Leda iba mucha gente. No solamente el grupo de Juan Soriano, María Izquierdo, Lupe Marín y Lola Álvarez Bravo; también se veía a Renato Leduc, a Edmundo O'Gorman y, cosa extraña, a Justino Fernández. Otros *habitués*: José Luis Martínez, Pita Amor, Diego de la Mesa, Neftalí Beltrán, José Revueltas. Con este último, en medio de la batahola, yo hablaba de Lenin y de Dostoyevski. O sea, de la Revolución y del Pecado. Ésta fue la primera época de mi trato con María. Trato superficial pero cordial, cálido... Me gustaba su pintura. Aunque ya había pasado su gran momento, todavía seguía haciendo cosas admirables. Precisamente en esos años hicimos una revista, *Taller*. La fundamos cuatro jóvenes: Rafael Solana, Efraín Huerta, Alberto Quintero Álvarez y yo. El primer número de *Taller* (diciembre de 1938) fue ilustrado con reproducciones en color de cuadros de María Izquierdo. Fue un homenaje de los escritores jóvenes a una pintora en cierto modo heterodoxa y cuyo arte estaba muy lejos de la pintura ideológica de los muralistas. El texto de presentación estaba firmado por Rafael Solana. Un texto inteligente y bien escrito. Lo he releído y aún me gusta. Es raro —no, no es raro: es lo normal en nuestro medio de envidiosos y desmemoriados de profesión que los cronistas y los críticos de arte no hayan reparado en la significación de este homenaje de un grupo de jóvenes poetas. Incluso por la fecha: 1938.

ROBERT LITTMAN: *Pero, ¿en dónde se conocía la obra? ¿En las galerías?*

MC: *En las galerías y en las casas.*

RL: *¿En las casas?*

MC: *Sí. Había quienes tenían obras de María. Por ejemplo, Rafael Solana, Juan Soriano y otros.*

OP: Además, podíamos ver sus obras en la galería de Inés Amor y en las exposiciones de Educación Pública.

RL: *Los coleccionistas, ¿se interesaban en la obra de Tamayo en esa época?*

OP: No sé... Sin duda, Jacques Gelman... A Tamayo lo conocí, brevemente, en 1938, en los locales del Frente Popular Español. Era muy amigo, como yo, de los republicanos. Se había separado de María y estaba ya casado con Olga. Al poco tiempo dejaron México y se fueron a Nueva York. Unos años después lo volví a ver en esa ciudad. Entonces nos hicimos buenos amigos. He hablado de este encuentro en «Repaso en forma de preámbulo», un ensayo que abre mis escritos sobre el arte.[1] Pero lo traté poco en la época de que hablamos, aunque lo admiraba por su actitud independiente frente al muralismo.

MC: *Quería preguntarte si sabías de la amistad entre Artaud y María. ¿Se hablaba de eso?*

OP: Sí, lo sabía, pero no se hablaba mucho. Artaud había dejado

---

[1] En este volumen, pp. 11-28.

México unos años antes. Debo aclarar, además, que Artaud fue conocido únicamente por una minoría. No es extraño: tampoco en París, durante esos años, era una figura de primera magnitud. Sólo más tarde, después de la guerra y de su salida del asilo de locos, conquistó la celebridad. Su fama internacional fue póstuma. Y ya que hablamos de Artaud, el Café París tuvo dos épocas, la de la calle de Gante y la de la calle 5 de Mayo. A la primera época —que yo no alcancé: era muy chico— pertenecen dos poetas míticos: el norteamericano Hart Crane y el francés Antonin Artaud. Yo pude leer algunos artículos de Artaud en *El Nacional* pero no lo conocí sino mucho después, en 1947, en París. Había dejado el asilo de Rodez y vivía en una población cercana, Yvry. Descubierto tras años de olvido y sufrimientos, en esos días se había celebrado un gran acto público de reconocimiento en un teatro. La concurrencia era numerosa y brillante: toda la juventud literaria, muchos actores y actrices y las notabilidades del día, entre ellas André Gide, que al final se levantó, subió al foro y abrazó a Artaud. Uno de los oradores del acto fue André Breton, vuelto hacía poco de los Estados Unidos. Al hablar, no ocultó su emoción: Artaud había sido, veinte años antes, una de las voces realmente inspiradas del movimiento surrealista pero, asimismo, entre ellos habían surgido ruidosas desavenencias. A pesar de su fama de implacable, Breton era un espíritu generoso y, al terminar su breve intervención, dijo: «Yo sé que Antonin Artaud ha *visto*, en el sentido en que Rimbaud y, antes, Novalis y Arnim, han hablado de *ver*... y poco importa que aquello que así se ha *visto* no corresponda a lo que es objetivamente visible». Estas palabras conmovieron a todos los oyentes. Sin embargo, ahora, al cabo de tantos años, me pregunto si es lícito comparar el caso de Artaud con los de Novalis y Arnim o con el de Rimbaud. Ninguno de los tres estuvo internado en un asilo. Las vidas de Novalis y de Arnim no fueron excepcionales, salvo por sus dones y sus creaciones literarias; la de Rimbaud fue excéntrica, violenta e irregular, no vesánica como la de Artaud. Incluso la comparación con Hölderlin y con Nerval es insostenible. También ellos fueron víctimas de terribles perturbaciones mentales y padecieron reclusión —Hölderlin más de la mitad de su vida— pero sus visiones y sus obras tienen un carácter totalmente distinto al de las de Artaud. Los poemas de Hölderlin nos sorprenden por su misteriosa hermosura: son composiciones, no eyaculaciones. En los textos de Nerval nos seduce y nos estremece el continuo tránsito del desvarío a la lucidez; *Aurélia* es un libro único porque expresa la conciencia en el delirio... Pero éste es un tema abismal y que pide reflexión aparte.

MJP: *Nos contabas tus impresiones de aquella famosa soirée en honor de Artaud.*

OP: Sí, perdón por la digresión. Al fin le tocó su turno a Artaud. Fue inolvidable: dijo tres poemas, uno de ellos con tema indio. Después se refirió a ciertos episodios de su vida: el viaje a Dublín, su reclusión, los horrores del tratamiento eléctrico, las hechicerías y embrujamientos que había sufrido. Esta segunda parte de su intervención fue escuchada con cierto respetuoso escepticismo. A pesar de la evidente predisposición del público en su favor, sus revelaciones sobre las conjuras mágicas en su contra fueron recibidas con frialdad. No convencieron a nadie.

MJP: *¿Cómo lo explicas?*

OP: Era un público moderno, secular. La gente había ido a *protestar.* Veían en Artaud a una víctima de los poderes e instituciones impersonales de la modernidad pero, en el fondo, ellos creían en los principios que han fundado y justifican esa aborrecida modernidad. Ésta es la paradoja de los intelectuales modernos y éste es el secreto, a un tiempo patético e irrisorio, de su rebelión. Son, o más bien: somos, los hijos rebeldes de la modernidad... pero somos modernos. No en el caso de Artaud: era un verdadero poeta moderno y era también un verdadero perturbado mental. Su perturbación lo sustraía a la modernidad y lo convertía en un hombre de otro tiempo. Creía en lo que decía. Por esto fue escalofriante oírlo decir sus rotos, espasmódicos poemas con voz igualmente rota y espasmódica, interrumpidos de tiempo en tiempo por versos puramente rítmicos, en una lengua de su invención, como piedras cayendo en un pozo

nuyon kadi
nuyon kadan
nuyon kada
bara bama
baraba

MJP: *Esto me recuerda el «hablar en lenguas» de la Iglesia de Pentecostés, en aquella pequeña comunidad negra en un suburbio de Boston, en 1974, ¿te acuerdas?*

OP: Sí. Es un *trance* que aparece en muchas religiones y en todas las épocas, lo mismo entre los gnósticos y los cristianos primitivos que entre ciertas comunidades rusas o, ahora mismo, en los Estados Unidos y en México. Es revelador que la glosolalia, fenómeno asociado generalmente a las ceremonias religiosas, aparezca en la edad moderna entre los poetas. Los primeros casos que conozco son los del dadaísta Hugo Ball, en Zurich, en 1917 y, un poco antes, el de los futuristas rusos. Años más tarde, el de los dos últimos cantos de *Altazor*, el poema de Huidobro, aunque éste haya sido menos espontáneo, más literario, un texto escrito y no hablado. No es menos revelador que nadie, o casi nadie, entre los que oían a Artaud aquella noche, se diese cuenta de que eran testigos de una experiencia que no hay más remedio que llamar religiosa. ¡Qué miopía!

MJP: *Más bien, ¡qué sordera! No oír...*

OP: ... la voz del Comienzo... En fin, unos días después de este acontecimiento literario, salí a cenar a Saint-Germain des Près con un joven amigo mexicano. Decidimos antes beber una copa en un pequeño bar que todavía existe: Le Bar Vert. Nos acomodamos en la barra y pedimos algo. En una mesa contigua un grupo hablaba con animación. Pronto abandonaron el local, excepto uno de ellos. Lo reconocí inmediatamente. Aunque en el teatro lo había visto de lejos, acababa de ver una foto suya en la galería de Pierre Loeb. Terrible visión: un hombrecillo delgado, encorvado, con movimientos bruscos de rama golpeada por el viento, sin corbata, sucio, unos pocos mechones de pelo lacio cayendo sobre su cuello, mejillas chupadas, labios delgados, boca desdentada, ojos encendidos y que miraban desde el fondo de no sé qué abismo, manos huesudas y elocuentes... Pensé: *El Desdichado*. ¿En esto había terminado el príncipe de Aquitania y su torre abolida?... Al oírnos hablar en español, se levantó y nos preguntó si éramos mexicanos. Asentimos. Entonces nos dijo: ¿Saben ustedes quién soy? ¡Claro!, respondí. Usted es el poeta Antonin Artaud. Le encantó mi respuesta. Inmediatamente se había dado cuenta de que estaba ante personas que conocían su obra. Hablamos de su salida del asilo, de su nueva actividad poética, de México y de sus recuerdos de México. Nos dijo: «No debe quedar ya nada de su país. El progreso y la industrialización habrán podrido todo. Ni siquiera el Tíbet ha podido resistir al progreso. La *pourriture* es universal». Nos miró y agregó: «El mundo está gangrenado. Por eso me secuestraron y me encerraron en el asilo. El México que yo conocí todavía estaba vivo aunque ya se veía que no duraría mucho. Han cegado todas las antiguas fuentes...» Mientras hablaba, recordé que alguien me había contado —¿o él mismo nos lo contó esa noche?— que cuando sentía la invasión de la ola de la desesperación, empuñaba un hacha y hendía un enorme tronco de árbol que había en el patio de su casa. Los hachazos lo pacificaban.

MJP: *¿Habló de María Izquierdo?*

OP: Primero recordó a varios amigos que había conocido en México, como el poeta Gorostieta (no pudo decir su nombre con exactitud) y Luis Aragón (olvidó el Cardoza). Después habló con unción de María. La mujer y la pintora. Hablaba de ella como se habla de una montaña que fuese también una persona, una mujer. «En sus cuadros el México verdadero, el antiguo, no el ideológico de Rivera, sino el de los ríos subterráneos y los cráteres dormidos, aparece con una calidez de sangre y de lava. ¡Los rojos de María! Y siguió: Cuando dejé México, ella me dio cuatro cuadros para que los enseñara aquí y arreglase una exposición suya en París. Me los robaron en el asilo, con mis manuscritos. ¿Quiénes? Los enviados de... Y se nos quedó viendo fijamente. Y tras una pausa: Bueno, ustedes ya saben de quién. Están en todos lados. Son los mismos que encerraron a Van Gogh y después lo *suicidaron*. Ellos fueron los que se robaron mis manuscritos y los cuadros de María. Sí, los enviados...»

MC: *Llevo mucho tiempo tratando de localizar las obras que se llevó Artaud.*

OP: Siguió hablando con exaltación del Tíbet, de las montañas de los tarahumaras, de los hechizos y conjuros que diariamente tenía que vencer, de los enviados y del fin de este periodo de la historia humana...

MJP: *¿Quiénes serían esos «enviados» y quién los enviaba?*

OP: Vivía en un mundo de conspiraciones y de fuerzas tenebrosas. Por ejemplo, estaba convencido de que muchas de las personas a las que veía y con las que hablaba eran, en realidad, muertos. A veces, esos muertos no sabían que estaban muertos. Creía que Breton había querido salvarlo cuando lo habían internado en el asilo, en 1937, y que había muerto combatiendo con los policías y los psiquiatras.

MJP: *¿Pero cómo explicaba la presencia de Breton en su homenaje?*

OP: Muy fácilmente: Breton *no sabía* que estaba muerto. Era un verdadero *revenant*. El mundo de Artaud estaba poblado de vivos muertos y de muertos vivos. Es una confusión que, aunque parezca raro, todos hemos vivido. En nuestros sueños hablamos con frecuencia con los muertos. A veces, esos muertos no saben que están muertos. Yo he soñado, incluso, que estaba muerto; esto no me impedía conducirme como los vivos, aunque con una angustia secreta: tenía miedo de que los otros me descubriesen. Vergüenza no del pecado original sino del pecado de no-ser...

Bueno, en eso regresaron sus amigos, entre ellos el actor y director de teatro Roger Blin y Paule Thenevin, que más tarde se encargaría con gran competencia de la edición de sus obras completas en Gallimard. Artaud se despidió de nosotros y se fue con sus amigos. No volví a verlo. Murió un poco después.

MJP: *Volvamos a México.*

OP: A pesar de que no era una mujer literaria y de que leía poco, María Izquierdo vivió siempre ligada al mundo literario. Fue amiga de Artaud, en el Café París la rodeaban los poetas jóvenes, frecuentó a Villaurrutia y, en fin, fue gran amiga de Pablo Neruda. En casa de Pablo yo la veía mucho, a ella y a su segundo marido, Raúl Uribe, también chileno. Antes de nuestra disputa —comenzada en aquella triste cena en su homenaje, en el Centro Asturiano— me unió a Neruda una amistad que no sé si llamar estrecha pero sí entrañable. Frecuentaba mi casa y yo la suya. Recuerdo las comidas dominicales, en la casona de Mixcoac que, no sé por qué, Pablo se empeñaba en decir que había sido de López Velarde. Le gustaba vivir rodeado de gente y sus fiestas eran divertidas y tumultuosas. Había siempre tres o cuatro «parásitos», en el sentido original, romano, de la palabra: los que divertían a los ricos y compartían su mesa. Sus «parásitos» eran graciosos profesionales y ayudaban a Delia del Carril, La Hormiguita, a atender a los numerosos invitados. Había también un huésped más pintoresco y terrible: un tejón, que bebía vino tinto y destrozaba las medias de las señoras... Pablo era generoso y, al mismo tiempo, tiránico. Era muy fiel con sus amigos pero no le gustaba que fuesen demasiado independientes. Tal vez la placidez de María lo atrajo. Lo cierto es que siempre la distinguió con su afecto. Cuando Pablo decretó mi muerte civil —una orden que acataron sin chistar varios amigos míos, mexicanos y españoles— María tuvo el valor de desobedecerlo y siguió viéndome. Esos años visitó mi casa muchas veces, con Raúl Uribe. En octubre de 1943 abandoné México y no regresé sino diez años más tarde. Ya no pude volver a verla.

MC: *Es curioso: los años en que la conoce Octavio coinciden con el mejor periodo de María, que son los de «los circos» de 1938 a 1941.*

OP: Creo que su mejor época es ligeramente anterior, durante y poco después de los años de su *liaison* con Rufino Tamayo. Hay que deshacer un equívoco acerca de María, semejante al que se ha propalado sobre José Revueltas: no fue una desconocida ni una artista marginal. Fue reconocida por José y Celestino Gorostiza, por Villaurrutia, por Fernando

Gamboa. Este último la ayudó. Ya me referí a la admiración que le profesábamos algunos jóvenes.

MC: *La pintura que les gustaba a ustedes, en los años treinta, ¿tenía ese timbre populista de María?*

OP: No populista: ¡popular!

MC: *¿Admiraban lo popular?*

OP: Muchísimo. Los jóvenes de aquella época no teníamos mucha cultura visual. No habíamos salido de México y había pocos libros, todos caros. Yo había entrevisto los museos de París y Nueva York durante un corto viaje —y nada más. Pero sabíamos que el arte popular de México era una fuente y que lo mejor de nuestra pintura tenía una relación con ese fondo popular y tradicional. Además, nos dábamos cuenta de que el arte moderno europeo había redescubierto el arte de otras civilizaciones, entre ellas la del antiguo México. Las visitas de Breton y otros grandes admiradores del arte precolombino y del popular, nos fortificaron en estas ideas.

MC: *¿Y los muralistas?*

OP: Estábamos cansados de los grandes y elocuentes discursos plásticos de Orozco, Rivera, Siqueiros y sus acólitos. Oratoria pintada, decíamos. En cambio, algunos pintores más jóvenes —Tamayo, María Izquierdo, Julio Castellanos y, un poco mayor, Carlos Mérida— nos parecían más vivos y actuales. No predicaban el mexicanismo como Rivera: eran mexicanos sin proponérselo. Su relación con el arte popular era más auténtica que la de los muralistas. Algunos, como Tamayo, habían asimilado con talento y originalidad la gran experiencia de la pintura europea moderna. Al lado de estos pintores, en los que el arte popular era el gran regalo visual, había otros más europeos, como Agustín Lazo. Lo respetábamos, pero no nos emocionaba. Otros nos interesaban por la mezcla de humor y fantasía, como en el caso de Antonio Ruiz. Y ya que recuerdo esos años, debo hablar de Manuel Rodríguez Lozano. Era un hombre muy inteligente, muy rebelde y muy aislado. Un ególatra con gran talento. Un talento más literario que plástico: lo mejor suyo no eran los cuadros sino las opiniones. El más sólido y dotado entre ellos fue Julio Castellanos. Le debemos cuatro o cinco cuadros que merecen ser llamados, por su armonía sobria y su sabia composición, clásicos. También muchos dibujos extraordinarios. Otros olvidados: Alfonso Michel, que espera todavía ser descubierto, y Carlos Orozco Romero. Podría citar más nombres pero temo ser injusto. Entre todos ellos, la persona y la obra de María brillaban con una luz única, más lunar que solar. Me parecía muy moderna y muy antigua.

MC: *Ayuda a la comprensión de su obra, verla en su momento y entre sus contemporáneos.*

OP: Además, este pequeño resumen demuestra que la rebelión contra el muralismo y su estética de tambor y de trompeta era ya general al finalizar esa década. Hay que repetir estas cosas porque, una y otra vez, ciertos críticos, arrepentidos a medias de sus prejuicios y extravíos ideológicos, tratan de *maquillar,* ésa es la palabra, la historia de la pintura mexicana.

RL: *¿Y dónde está Frida Kahlo en todo esto? ¿Ella y María no eran amigas?*

OP: Frida y Diego vivían lejos de los escritores y los artistas mexicanos. Su mundo era internacional: críticos y periodistas norteamericanos, celebridades, gente rica. Carlos Pellicer los veía y también, probablemente, Salvador Novo, que dedicó a Frida uno de sus poemas surrealizantes. Frida y María se parecían en el folklorismo indumentario; como personas y como artistas poco o nada tenían que ver. El atuendo de María era más fantástico que el de Frida; quiero decir, los trajes de Frida eran realmente prendas regionales mientras que los de María eran versiones fantasiosas de las modas populares. Las ropas de María, a pesar de su hieratismo, recubrían a una personalidad simple, popular; las de Frida, a una personalidad compleja y nada popular.

RL: *Es interesante. Tienes por un lado a María Izquierdo y por el otro a Frida Kahlo: las dos andan con esos trajes extraordinarios, las dos pintan sus vidas en cuadros pequeños, retratos y autorretratos pero realmente...*

MC: *... había una gran diferencia entre ellas. En primer lugar, como muchos pintores surrealistas, Frida comenzó como una pintora académica. Ni su dibujo ni su composición tienen nada ingenuo. En el momento en que Frida deja de ser académica y empieza a hacer una pintura muy interesante, está claramente influida por los surrealistas.*

OP: Exactamente. Es absurdo negar la influencia del surrealismo en la pintura de Frida, como han intentado hacerlo algunos críticos nacionalistas... Puede irse más allá de lo que ha dicho Miguel. Las diferencias entre María y Frida son evidentes y saltan a la vista. Empezando por los nombres: Frida es un nombre extranjero y, entre nosotros, aristocrático; en cambio, María es pueblo puro. Después, el origen social: Frida venía de una familia acomodada y culta; María salió del pueblo, de la provincia.

Una era medio europea (alemana) y otra acusadamente indígena. Frida conoció los talleres académicos y las aulas universitarias; María pasó fugazmente por San Carlos; en realidad, se hizo sola, con sus amantes, sus compañeros de oficio y algunos escritores que la trataron. Incluso su sexualidad fue distinta. Mejor dicho: opuesta. Frida tuvo siempre algo de muchacho: la esbeltez, la travesura, el bozo poblado; de joven, le gustaba vestirse de hombre. La masculinidad de Frida no sólo es visible en su físico sino en su bisexualismo: sus grandes pasiones fueron mujeres. Su relación con Diego —una figura obesa, fofa— fue la del muchacho con la madre inmensa, oceánica. Una madre toda vientre y vastas mamas. María fue lo contrario. Profundamente femenina, su relación con sus amantes y sus amigos fue maternal. Fue una encarnación de la poderosa pasividad de la madre tradicional, a la mexicana. Amparó a Artaud, protegió a Raulito e incluso soportó con estoicismo de «sufrida mujer» las violencias verbales y físicas de algún otro.

En Frida, el narcisismo es central; en María, como en todos los arquetipos femeninos tradicionales, la palabra clave es *sacrificio*. Frida, activa; María, pasiva. Otra diferencia: sus carreras. Frida logró la fama internacional, María fue reconocida por unos cuantos y únicamente en nuestro país. Su relación con México también fue distinta. Frida quiso ser mexicana con pasión pero su mexicanismo es una máscara; lo que cuenta en ella no es el folklore (tampoco en Diego, otro pintor culto y académico) sino el genio poético, la fantasía, el humor. En cambio, María no quería ser mexicana: no tenía más remedio que serlo. En María, como ser humano y como artista, hay fatalidad y espontaneidad; en Frida hay una trágica voluntad por sublimar y transformar en arte sus terribles sufrimientos. Frida tenía más fantasía y era más inteligente; sin embargo, en la pobreza de sus recursos, María poseía mayor poder visual. Tenía menos oficio que Frida —su dibujo era simple, su composición ingenua— pero su instinto era más seguro y más profundo su sentido del color y de las relaciones cromáticas. Hay más vuelo en Frida, más tierra en María. En Frida hay un dramatismo y un humor que no aparecen en María. Al decir esto, digo también que la pintura de María es más pintura que la de Frida. Las comparo no para achicar a una y engrandecer a la otra: intento distinguirlas. Admiro a las dos por razones diferentes.

MC: *Los temas de María son temas tradicionales, vienen de la pintura popular, son naturalezas muertas, paisajes...*

OP: Bueno, Miguel, es cierto, pero también es cierto que hay ecos europeos en ella. Los cuadros con el tema del circo vienen de la pintura europea.

RL: *Sí, de Picasso.*

OP: La influencia de Picasso fue determinante en muchos pintores de ese momento. Ante todo, en Diego Rivera. Me refiero, claro, al Picasso que recoge la lección de Ingres. O sea, al Picasso neoclásico. Ese Picasso —pues hay muchos— también influyó en Rodríguez Lozano y es visible, asimismo, en lo mejor de Julio Castellanos y de Guerrero Galván. En María las influencias de la pintura moderna europea se filtraron a través del ejemplo de Tamayo.

MC: *Sí, es cierto. ¿De Chirico?*

OP: De Chirico estuvo muy presente en esos años. El más cercano fue Agustín Lazo. A través de Lazo, sin duda, Villaurrutia. La atmósfera de ciertos poemas de Xavier es la de los cuadros de De Chirico.

MC: *El Nocturno dedicado a Lazo, el Nocturno de la estatua, es un De Chirico.*

OP: También en un pequeño y precioso texto crítico en prosa, «Fichas sin sobre para Lazo», las alusiones a De Chirico son constantes. Las huellas del pintor italiano están muy diluidas en María. La fantasía de María no es literaria ni bebe en las fuentes clásicas de De Chirico. Se inspiró en su infancia provinciana: las columnas y las arcadas que aparecen en su pintura no son las de las ruinas de Italia sino las que todavía pueden verse en muchos pueblos de México. Pero me apresuro a aclarar: el realismo de María no es realista sino *legendario*; quiero decir: es una evocación, filtrada por su sensibilidad, de su infancia y de la poesía rústica de los pueblos del centro y del occidente de México. Antigüedad viva. De ahí su cercanía con un pintor como Chagall, señalada con perspicacia por José Pierre. Como siempre, en su caso las influencias son realmente confluencias. Hay otro elemento tradicional en la pintura de María: la fraternidad con los animales. No los animales exóticos de Frida sino los de su infancia: vacas, toros, perros, pájaros, burros y los caballos genésicos.

MC: *¿De Chirico?*

OP: Tal vez. Pero sería mucho olvidar que esos caballos son los de su infancia y su adolescencia. La mitología popular mexicana está llena de caballos o, como dice la gente, de «cuacos». Desde la Conquista, el caballo ha estado presente en nuestras luchas y en nuestras fiestas y ceremonias. Uno de los mejores poemas de Reyes tiene por tema los caballos de su infancia. Y López Velarde: «quiero raptarte en la cuaresma opaca/sobre un garañón y con matraca». Los caballos de María Izquierdo están impregnados de sexualidad simbólica y de violencia pasional. El inconsciente mítico y popular fue determinante en su arte. La presencia de sirenas en su pintura tampoco es accidental: vienen del arte popular pero igualmente de las imágenes tradicionales. Otro tanto ocurre con los circos. Es un motivo universal que, en el arte moderno, tiene el precedente de Picasso y, en la poesía, el de Apollinaire y el de Rilke. Pero el circo está inscrito en la memoria popular; aparece de nuevo en López Velarde —hay un verso inolvidable en *Memorias del circo:* «y en el viudo/oscilar del trapecio»— y, claro, en muchos grabados de Posada. María vio, leyó y vivió todo eso.

MC: *¿Cómo definirías el arte de María Izquierdo?*

OP: No sé. Desconfío de las definiciones. Pero sé que el día en que se escriba la verdadera historia de la pintura mexicana de este siglo, el nombre y la obra de María Izquierdo serán un pequeño pero poderoso centro de irradiación magnética. Una obra corta, hecha más con el instinto que con la cabeza, pura, espontánea y fascinante como una fiesta en la plaza de un pueblo pequeño. Fiesta secreta, que pasa no ahora ni aquí sino en un *allá-no-sé-dónde*. Interiores y naturalezas muertas en las que las cosas se asocian conforme a las leyes no de la geometría sino de la simpatía, es decir, de la magia afectiva. Retratos que nos muestran, más que a una persona, a una intimidad. Espejos, tocadores, repisas, mesas con floreros o frutas, lechos: objetos rituales de una religión íntima, femenina. Cosas diarias y graciosas, simples o recargadas, ventanas con cortinas de colores violentos o cálidos, formas y volúmenes atados a este mundo por un oscuro deseo de ser y persistir. Victoria de la gravitación: estar, nada más estar. Paisajes, casas, personajes emblemáticos y como hipnotizados —una caballista, un payaso y un aro, una niña y tres esferas, una muchacha que se peina en una habitación desierta—, criaturas míticas, bestias inocentes y adormecidas, plantas, nubes, astros, todo sumergido en una atmósfera detenida: el tiempo que transcurre sin transcurrir, el tiempo parado de los pueblos, ajeno al tráfago de la historia. Tiempo de los circos fuera del tiempo y de las plazas con una iglesia y un corro de fresnos, tiempo de los caballos y los llanos rodeados de colinas, tiempo de las voces de las mujeres que se bañan en los ríos y de la muchacha que, en la noche de hechicería, desciende al pozo guiada por la luna. María Izquierdo o la realidad más real: no la de la historia sino la de la leyenda.

[«María Izquierdo sitiada y situada» se publicó en el tomo VIII, *Los privilegios de la vista*, de *México en la obra de Octavio Paz*, Fondo de Cultura Económica, México, 1989.]

Luis Barragán y los usos de la tradición

Durante la última semana las páginas y las secciones culturales de nuestros diarios y revistas rebosaron, por decirlo así, con las efervescentes declaraciones de los participantes en un encuentro de escritores más notable por sus ausencias que por sus presencias. Sin embargo, esos mismos días, en las páginas interiores de esos mismos diarios se anunció al público mexicano, de una manera casi vergonzante, salvo en un caso o dos, que a un compatriota nuestro, el arquitecto Luis Barragán, se le había otorgado el premio Pritzker de arquitectura. Este premio es una consagración mundial pues es el equivalente del premio Nobel. Luis Barragán es el primer mexicano que obtiene una distinción de esta importancia.

¿Cómo explicar la reserva, rayana en la indiferencia, con que han recibido esta noticia los mundos y mundillos culturales de México, para no hablar del increíble silencio del Instituto Nacional de Bellas Artes? Esta actitud se debe, probablemente, a la influencia de la ideología y la política. Barragán es un artista silencioso y solitario, que ha vivido lejos de los bandos ideológicos y de la superstición del «arte comprometido». Lección moral y estética sobre la que deberían reflexionar los artistas y los escritores: las obras quedan, las declaraciones se desvanecen, son humo. Las ideologías van y vienen pero los poemas, los templos, las sonatas y las novelas permanecen. Reducir el arte a la actualidad ideológica y política es condenarlo a la vida precaria de las moscas y los moscardones. El arte de Barragán es moderno pero no es «modernista», es universal pero no es un reflejo de Nueva York o de Milán. Barragán ha construido casas y edificios que nos seducen por sus proporciones nobles y por su geometría serena; no menos hermosa —y más benéfica socialmente— es su «arquitectura exterior», como él llama a las calles, muros, plazas, fuentes y jardines que ha trazado. La función social de estos conjuntos no está reñida con su finalidad espiritual. Los hombres modernos vivimos aislados y necesitamos reconstruir nuestra comunidad, rehacer los lazos que nos unen a nuestros semejantes; al mismo tiempo, debemos recobrar el viejo arte de saber quedarnos solos, el arte del recogimiento. Las plazas y arboledas de Barragán responden a esta doble necesidad: son lugares de encuentro y son sitios de apartamiento.

Barragán dijo una vez que su arquitectura estaba inspirada por dos palabras: la palabra *magia* y la palabra *sorpresa*. Y agregó: «se trata de encontrar sorpresas al caminar por cualquier calle y al llegar a cualquier plaza». Las raíces de su arte son tradicionales y populares. Su modelo no es ni el palacio ni el rascacielos. Su arquitectura viene de los pueblos mexicanos, con sus calles limitadas por altos muros que desembocan en plazas con fuentes. En la arquitectura popular mexicana se funde la tradición india precolombina con la tradición mediterránea. Las formas son cúbicas, los materiales son los que se encuentran en la localidad y los muros están pintados con vivos colores —rojos, ocres, azules— a diferencia de los pueblos mediterráneos y moriscos, que son blancos.

El arte de Barragán es un ejemplo del uso inteligente de nuestra tradición popular. Algo semejante han hecho algunos poetas, novelistas y pintores contemporáneos. Nuestros políticos y educadores deberían inspirarse en ellos: nuestra incipiente democracia debe y puede alimentarse de las formas de convivencia y solidaridad vivas todavía en nuestro pueblo. Estas formas son un legado político y moral que debemos actualizar y adaptar a las condiciones de la vida moderna. Para ser modernos de verdad tenemos antes que reconciliarnos con nuestra tradición.

México, mayo de 1982

[«Luis Barragán y los usos de la tradición» se publicó en *Vuelta*, núm. 43, México, junio de 1980, con el título «Premio Pritzker a Luis Barragán», y se recogió en *Sombras de obras*, Seix Barral, Barcelona, 1983.]

Instante y revelación:
Manuel Álvarez Bravo

Hoy nadie pone en duda, salvo uno que otro excéntrico, que la fotografía es un arte. No siempre fue así. En sus comienzos muchos la vieron como un simple medio de reproducción mecánica de la realidad visible, útil como instrumento de información científica y nada más. Aunque sus poderes eran ya mayores que los del ojo —penetraba en el espacio estelar y en el microscópico, atravesaba la niebla, percibía con la misma precisión las oscilaciones del copo de nieve al caer que el aleteo de la mosca contra el vidrio— se pensaba que la cámara fotográfica carecía de sensibilidad e imaginación. En su crónica del Salón de 1859 Baudelaire escribe:

> La fotografía debe ser la servidora de las artes y las ciencias, pero la humilde servidora, como la imprenta y la estereografía, que no sustituyen a la literatura... Le agradecemos que sea la secretaria y el archivo de todos aquellos que, por su profesión, necesitan de una absoluta exactitud material... pero ¡ay de nosotros! si le permitimos inmiscuirse en los dominios de lo impalpable y lo imaginario.

Sorprendido por el nuevo instrumento e irritado por sus poderes de reproducción inmediata, el poeta olvidaba que detrás de la lente fotográfica hay un hombre: una sensibilidad y una fantasía. Un punto de vista. Casi en los mismos años, Emerson se entusiasma ante aquello mismo que escandaliza a Baudelaire: «La fotografía es el verdadero estilo republicano de la pintura. El artista se hace a un lado y deja que uno se pinte a sí mismo». Curiosa ceguera: aunque el francés la deploraba y el norteamericano la aplaudía, ambos veían en la cámara fotográfica al sustituto de la pintura.

La confusión de Baudelaire y de Emerson ha sido recurrente. Por ejemplo, desde los albores del arte moderno se ha dicho que la fotografía, al ocupar muchos territorios de la realidad visible que hasta entonces habían sido exclusivos de la pintura, la había obligado a replegarse sobre sí misma. La pintura dejó de ver al mundo y exploró las esencias, los arquetipos y las ideas; fue pintura de la pintura: cubismo y abstraccionismo. O se desplegó en los dominios que Baudelaire llamaba «de lo impalpable y lo imaginario»: fue pintura de aquello que vemos con los ojos cerrados. La realidad no tardó en desmentir a esta teoría y muy pronto los fotógrafos, por medio del fotomontaje y de otros procedimientos, exploraron por su cuenta los mundos de la abstracción y los del sueño. ¿Debo recordar a Man Ray y a Moholy-Nagy? Así, no es extraño que en los últimos años la idea de la fotografía como rival de la pintura haya cedido el sitio a otra tal vez más justa: pintura y fotografía son artes visuales independientes aunque afines. Incluso, como siempre ocurre, los críticos han ido más allá. Ahora algunos de ellos ven a la fotografía no como una invención mecánica que representó una ruptura de la tradición pictórica sino, al contrario, como la natural consecuencia de la evolución de la pintura de Occidente.

La historia de la pintura europea, desde el siglo XVI, es la historia de la perspectiva, es decir, del arte y la ciencia de la percepción visual; así pues, la fotografía, que reproduce de modo instantáneo la perspectiva, no puede verse como una interrupción sino como una culminación de la tradición. Hace poco, en 1981, el Museo de Arte Moderno de Nueva York albergó una exposición de cuadros y fotos destinada a ilustrar esta idea. «La fotografía —dice Peter Galasi— no es una bastarda abandonada por la ciencia a las puertas de la pintura sino la hija legítima de la tradición pictórica de Occidente.»[1]

Después de más de un siglo de titubeos, la crítica ha vuelto al punto de partida; no para condenar a la fotografía a la manera de Baudelaire, que la veía como un pobre sucedáneo de la pintura, sino para exaltarla como un arte nacido de la misma tradición. Apenas si es necesario extenderse sobre la pertinencia de este criterio: a diferencia de lo que ocurre con el arte pictórico de otras civilizaciones, es imposible comprender la historia de la pintura europea, desde el Renacimiento hasta el impresionismo, como un proceso aparte y separado de la evolución de la perspectiva. Al inventar la fotografía, la óptica completó y perfeccionó un procedimiento iniciado por los pintores renacentistas. Sin embargo, se corre el riesgo de

[1] Catálogo de la exposición *Before Photography. Painting and the Invention of Photography*, Museo de Arte Moderno de Nueva York, 1981.

caer nuevamente en la confusión entre pintura y fotografía si no se advierte que la segunda, aunque nacida para satisfacer la vieja obsesión de la pintura por reproducir la ilusión de la perspectiva, no tardó en separarse del arte pictórico para crearse un reino distinto y suyo, regido por leyes y convenciones particulares. La fotografía nace, como siglos antes la perspectiva, de la unión entre la ciencia y la pintura pero no es ni una ni otra: es un arte distinto. El fenómeno se repite con el cine: nace de la fotografía y, no obstante, es imposible confundirlo con ella. El cine es el deshielo de la imagen fija, su inmersión en la corriente temporal. En la pantalla la imagen se mueve, cambia, se transforma en otra y otra; la sucesión de imágenes se despliega como una historia. La foto detiene al tiempo, lo aprisiona; el cine lo desata y lo pone en movimiento. Así, se aleja de la fotografía y se acerca a los géneros literarios regidos por la sucesión: el relato, la novela, el teatro, la historia, el reportaje.

El descubrimiento de la perspectiva coincidió con la visión de un orden ideal de la naturaleza, fundado en la razón y en la ciencia. El punto de vista del pintor renacentista no era realmente el suyo: era el de la geometría. Era un punto de vista ideal frente a una realidad igualmente ideal. Uso el adjetivo *ideal* en su acepción platónica: proporción, *ratio*, idea. Pero los distintos movimientos pictóricos que se han sucedido en Occidente, del manierismo al fauvismo, se han caracterizado por una creciente y cada vez más violenta intervención de la subjetividad en el arte de pintar. La objetividad ideal de la perspectiva renacentista se quebró o, mejor dicho, se dispersó: por una parte, movilidad del ángulo óptico y, por otra, pluralidad de puntos de vista. La continuidad fundada en la geometría se rompió; la perspectiva dejó de ser una medida ideal y se puso al servicio de la fantasía, la sensibilidad o el capricho del artista.

La fotografía aparece en un momento culminante de esta evolución. Por su facultad de reproducir mecánicamente a la perspectiva, sin intervención del artista, facilitó la movilidad de los puntos de vista y los multiplicó. Lo más sorprendente fue que se consumase el triunfo de la subjetividad gracias a un procedimiento mecánico que reproduce con la máxima fidelidad al mundo visible. En la foto se conjugan subjetividad y objetividad: el mundo tal cual lo vemos pero, asimismo, visto desde un ángulo inesperado o en un momento inesperado. La subjetividad del punto de vista se alía a la instantaneidad: la imagen fotográfica es aquel fragmento de la realidad que vemos sin detenernos, en una ojeada; al mismo tiempo, es la objetividad en su forma más pura: la fijeza del instante. El lente es una poderosa prolongación del ojo y, sin embargo, lo que nos muestra la fotografía, una vez revelada la película, es algo que no vio el ojo o que no pudo retener la memoria. La cámara es, todo junto, el ojo que mira, la memoria que preserva y la imaginación que compone. Imaginar, componer y crear son verbos colindantes. Por la *composición*, la fotografía es un arte. Le debo a la fotografía una de mis primeras experiencias artísticas. Fue en mi adolescencia y la experiencia está asociada a mi descubrimiento de la poesía moderna. Era estudiante de bachillerato y una de mis lecturas favoritas era la revista *Contemporáneos*. Tenía dieciséis o diecisiete años y no siempre lograba comprender todo lo que aparecía en sus páginas. A mis amigos les ocurría lo mismo, aunque ni ellos ni yo lo confesábamos. Ante los textos de Valéry y Perse, Borges y Neruda, Cuesta y Villaurrutia, íbamos de la curiosidad al estupor, de la iluminación instantánea a la perplejidad. Aquellos misterios —muchas veces, hoy lo veo, baladíes—, lejos de desanimarme, me espoleaban. Una tarde, hojeando el número 33 (febrero de 1931), después de una traducción de *Los hombres huecos* de Eliot, descubrí unas reproducciones de tres fotos de Manuel Álvarez Bravo. Temas y objetos cotidianos: unas hojas, la cicatriz de un tronco, los pliegues de una cortina. Sentí una turbación extraña, seguida de esa alegría que acompaña a la comprensión, por más incompleta que ésta sea. No era difícil reconocer en una de aquellas imágenes a las hojas —verdes, oscuras y nervadas— de una planta del patio de mi casa, ni en las otras dos al tronco del fresno de nuestro jardín y a la cortina del estudio de uno de mis profesores. Al mismo tiempo, aquellas fotos eran enigmas en blanco y negro, callados pero elocuentes: sin decirlo, aludían a otras realidades y, sin mostrarlas, evocaban a otras imágenes. Cada imagen convocaba, e incluso *producía*, otra imagen. Así, las fotos de Álvarez Bravo fueron una suerte de ilustración o confirmación visual de la experiencia verbal a la que me enfrentaban diariamente mis lecturas de los poetas modernos: la imagen poética es siempre doble o triple. Cada frase, al decir lo que dice, dice otra cosa. La fotografía es un arte poético porque, al mostrarnos *esto*, alude o presenta a *aquello*. Comunicación continua entre lo explícito y lo implícito, lo ya visto y lo no visto. El dominio propio de la fotografía, como arte, no es distinto al de la poesía: lo impalpable y lo imaginario. Pero *revelado* y, por decirlo así, *filtrado*, por lo visto.

En el arte de Manuel Álvarez Bravo, esencialmente poético en su realismo y desnudez, abundan las imágenes, en apariencia simples, que contienen otras imágenes o producen otras realidades. A veces la imagen fotográfica se basta a sí misma; otras se sirve del título como de un puente que nos ayuda a pasar de una realidad a otra. Los títulos de Álvarez Bravo operan como un gatillo mental: la frase provoca el disparo y hace saltar la imagen explícita para que aparezca la otra imagen, la implícita, hasta entonces invisible. En otros casos, la imagen de una foto alude a otra que, a su vez, nos lleva a una tercera y a una cuarta. Así se establece una red de relaciones visuales, mentales e incluso táctiles que hacen pensar en las líneas de un poema unidas por la rima o en las configuraciones que dibujan las estrellas en los mapas celestes. La primera fotografía de este libro tiene como título *Acto Primero*: unos niños frente a un telón blanco como la página de un cuaderno o como el futuro antes de comenzar a vivir. Hay una foto que puede verse, mejor dicho, que *es* la respuesta visual a la no formulada pregunta de la primera: sobre una pared blanca vemos las huellas de una mano. Una pared ya manchada por las sombras, los hombres, el tiempo. La simplicidad del título *(Pared con mano)* subraya la complejidad de las relaciones entre el hombre y las cosas: manos que son actos que son huellas que son días.

El juego de las rimas visuales y verbales —escojo mis ejemplos un poco al azar— se repite en *Sol frío* y *Caja en el pasto*: la misma luz plateada ilumina el mismo pasto sobre el que descansan la caja y el rostro del trabajador tendido. Pero lo que une a estas dos imágenes no es nada más el sol del Altiplano y la brisa invisible que mece a las hierbas sino ese estado de gracia que designa la palabra *pausa*: un momento de inmovilidad en la rotación del día. El momento de los ojos entrecerrados: percibimos el parpadeo del tiempo, sus pasos invisibles.

Entre las fotografías de este libro hay una justamente famosa que muestra a un obrero asesinado. Ante ella André Breton escribió que Álvarez Bravo «se había elevado a lo que Baudelaire llamó el estilo eterno». El realismo de esta imagen es sobrecogedor y podría decirse, en el sentido recto de estas palabras y sin el menor fideísmo, que roza el territorio eléctrico del mito y lo sagrado. El hombre caído está bañado en su sangre y esa sangre es silenciosa: ha caído en su silencio, en el silencio. *Campana y tumba* es una réplica dramática. El silencio se vuelve clamor: un alto valle, unos cerros talados, una tumba y una campana colgada de un travesaño entre dos palos, campana silenciosa y, no obstante, capaz de despertar a los muertos. Campana que suscita otras imágenes: esas *Manos de la casa de Díaz* que parecen brotar de una cueva de sombras y que no sabemos si acusan o imploran. Manos de víctimas.

En el otro extremo, tres fotos que componen una verdadera epifanía de la presencia femenina. En *Montaña negra, nube blanca* se ve una colina redonda cubierta a trechos por el claroscuro de una vegetación fina, movida por el viento soleado de la tarde; arriba, sobre la tierra morena, como ropa blanca que vuela en el aire, una nube. La presencia que evocan apenas la colina en sus repliegues, las hierbas en el juego de luces y sombras, la nube en su blancura, se manifiesta en otras dos fotos. Una de ellas, también célebre: *Las lavanderas sobrentendidas,* gran acierto visual y verbal, muestra unos magueyes de los que cuelgan unas amplias sábanas como telones; arriba, en el fondo, de nuevo la rima: las nubes inmaculadas del Altiplano. Nubes para esculpir imágenes que un soplo desvanece. ¿Qué juegos o qué ritos celebran las lavanderas, escondidas detrás de la blancura? Enigma cándido y diario: el telón se abre y una muchacha surge entre las mantas del tendedero pero sin que podamos ver su rostro. Juego de oposiciones y simetrías: la cara cubierta, el sexo descubierto. Cada elemento explícito —mantas, nubes, hierbas, colinas— se enlaza con los otros hasta configurar y hacer visible la imagen implícita: una presencia terrestre.

Otra foto cargada de secretos poderes es *Las bocas.* Un paisaje acuático: ¿estero o brazo de río?; sobre el agua dormida flotan objetos negruzcos: ¿leños?; hay una playa cubierta de piedrecillas y puntos negros, como cenizas minerales; enfrente, en el otro lado, una colina ondulada. Cielo aborregado, luz indecisa: ¿son las cinco de la mañana o las cinco de la tarde? El lugar se llama *Las bocas.* Perfecta correspondencia: la colina, al reflejarse sobre el agua inmóvil, dibuja unos labios inmensos. ¿Qué dicen? No dicen palabras, dibujan un signo: la correspondencia entre las formas naturales y las humanas. La foto es una variación afortunada de la vieja metáfora: la naturaleza es un cuerpo y el cuerpo un universo.

El mismo sistema de equivalencias y transformaciones rige a otra serie. El elemento central no es el agua, la tierra o la nube sino el fuego, de nuevo en relación con el hombre. En *La chispa* aparece en su forma primordial y prometeica: el fuego de la industria, que perfora el hierro, lo funde o lo moldea. A esta imagen de destrucción creadora sucede otra: *Retrato de lo eterno.* ¿Qué es lo «eterno» aquí? ¿La mujer sentada que se peina y arranca chispas de su cabellera oscura o la mirada con que se ve en su pequeño espejo? La mujer se mira y nosotros la miramos mirándose. Tal vez lo «eterno» sea esto: el mirarse, el ser mirado, el mirar. La chispa, la llamarada, la claridad, la luz de los ojos que preguntan, desean, contemplan, comprenden. Ver: iluminar, iluminarse. En otra fotografía, *Retrato ausente*, el fuego se ha consumido y ha consumido a la imagen de la mujer: no queda sino un vestido vacío sobre una butaca y una raya de sol sobre la pared desnuda. Por supuesto, Álvarez Bravo no nos ha contado una historia: nos ha mostrado realidades en rotación, fijezas momentáneas. Todo se enlaza y desenlaza. Revelaciones del instante pero también instantes de revelación.

México, 8 de febrero de 1982

[«Instante y revelación: Manuel Álvarez Bravo» es el prólogo a *Instante y revelación* (treinta poemas de OP y sesenta fotografías de Manuel Álvarez Bravo), México, 1982. Se publicó en *Sombras de obras*, Seix Barral, Barcelona, 1983.]

ARTE CONTEMPORÁNEO

El precio y la significación

Una y otra vez algunos críticos de arte me denuncian como un «enemigo de la escuela mexicana de pintura». Contestaré de nuevo, aunque me parezca un anacronismo discutir ahora la vigencia del movimiento muralista: se trata de una estética pasada, hoy vista con horror por todos los artistas jóvenes. Repetiré, por otra parte, que yo no comparto el desdén de los jóvenes y de la crítica extranjera por la pintura mural de México. Ese desdén es explicable pero injusto. Explicable porque el arte de los muralistas, precisamente por su desmesura, hoy nos parece insuficiente: interminables y aburridas disertaciones históricas de Rivera, perpetuo rictus de Orozco, efectismo teatral y oratorio de Siqueiros... Injusto porque en nombre de una estética de comerciantes se pretende negar algo que tuvo vida propia, lo que no ocurre con la mayoría de la pintura contemporánea mundial.

Si en arte, como en todo, la condición primera es *ser*, la pintura mural de México *fue*, tuvo acento, existencia, carácter indudable y aun agresivo. No se puede decir lo mismo de muchos de los cuadros que exhiben en nuestros días las galerías de Nueva York, Ámsterdam, Bombay o Buenos Aires. Al mismo tiempo, resulta grotesca la actitud de cierta crítica mexicana que atribuye a una conspiración internacional del imperialismo yanqui el descrédito de la pintura mural. En lugar de acudir a explicaciones delirantes, esos críticos deberían recordar que los coleccionistas y los museos angloamericanos fueron los primeros, y casi los únicos, que compraron un gran número de obras mexicanas y que los críticos de ese país contribuyeron, en gran medida, a la reputación internacional de nuestros pintores. Hoy la crítica angloamericana ignora a la pintura mexicana. También niega a la francesa, con la que el arte norteamericano tiene una deuda más larga y más profunda. ¿A qué asombrarse? En todas partes se cuecen habas y nadie se salva, por lo visto, de la infección nacionalista.

En 1950 publiqué un artículo, «Tamayo en la pintura mexicana», en el que me propuse mostrar el lugar de este pintor dentro del movimiento mexicano. Ese texto, a pesar de la limitación natural de su tema, era una tentativa por considerar a nuestra pintura como un todo, es decir, como una tradición. En la primera parte trataba de situar a los predecesores de Tamayo, especialmente a Rivera, Orozco y Siqueiros.[1] Procuré dilucidar el sentido de sus obras, atendiendo más a las pinturas que a las intenciones. Quise verlas no como ideas sino como visiones del mundo. En aquellos años creía que para *ver* a esta pintura deberíamos apartar la cáscara de la ideología (no sólo del cuadro sino de nuestra mente). Todavía lo creo: una obra es algo más que los conceptos y los preceptos de un sistema. Y esto, verla con ojos puros, es lo que no han hecho ni los amigos ni los enemigos de la pintura mural. ¿Pero es necesario defender mi punto de vista? ¿No es eso lo que hacemos diariamente cuando contemplamos las obras del pasado? El movimiento de nuestros muralistas —movimiento y no escuela— es algo más que la ideología de esos pintores y de su mecenas (el gobierno mexicano). Esa ideología fue, por otra parte, contradictoria: nada más opuesto al pensamiento de Orozco que las doctrinas de Rivera y Siqueiros.

La pintura mural mexicana no fue una consecuencia de las ideas revolucionarias del marxismo, aunque Rivera y Siqueiros hayan profesado esa filosofía, sino del conjunto de circunstancias históricas y personales que llamamos Revolución mexicana. Sin la Revolución esos artistas no se habrían expresado o sus creaciones habrían adoptado otras formas; asimismo, sin la obra de los muralistas, la Revolución no habría sido lo que fue. El movimiento muralista fue ante todo un descubrimiento del presente y del pasado de México —algo que el sacudimiento revolucionario había puesto a la vista: la verdadera realidad de nuestro país no era lo que veían los liberales y los porfiristas del siglo pasado sino otra, sepultada y no obstante viva. El descubrimiento de México se realizó por la vía del arte moderno de Occidente. Sin la lección de París, el pintor Diego Rivera no habría podido ver al arte indígena. Pero no bastaba tener los ojos abiertos ni poseer una sensibilidad adiestrada por la gran transformación del arte moderno occidental: era menester que la realidad se incorporase y se echase a andar. El mundo que vieron los ojos de Rivera no era una colección de objetos de museo sino una presencia viva. Y lo que infundía

---

[1] Véase en este volumen, pp. 641-649.

vida a esa presencia era la Revolución mexicana. Todos tenemos nostalgia y envidia de un momento maravilloso que no hemos podido vivir. Uno de ellos es ese momento en el que, recién llegado de Europa, Diego Rivera vuelve a ver, como si nunca la hubiese visto antes, la realidad mexicana. En mi artículo sobre Tamayo, a despecho de su tono polémico (en esos días se negaba encarnizadamente a este pintor), procuré ser justo con los muralistas. ¿Por qué no lo sería quince años después, cuando esa tendencia ha dejado de ser un movimiento vivo? No es un secreto para nadie que la pintura mural mexicana no tiene en México descendiente de talla, aunque sus tristes epígonos sigan cubriendo las paredes de universidades, museos y oficinas públicas. Lo maravilloso no se hereda: se conquista. Los verdaderos sucesores de los muralistas no fueron los discípulos, manada dócil e intolerante, sino los que se atrevieron a penetrar en nuevas comarcas.

Fuera del ámbito mexicano hubo algo más. Es revelador que los críticos nacionalistas y «progresistas» nunca hayan reparado en la significación de la influencia de Rivera, Orozco y Siqueiros en la pintura norteamericana moderna al comenzar la década de los treinta. Muchos de los artistas norteamericanos no sólo fueron influidos por el arte y las doctrinas de los mexicanos sino que colaboraron directamente con ellos, como ayudantes. El caso de Pollock es el más conocido pero no es el único; Philip Guston también fue ayudante de Siqueiros, en Los Ángeles, hacia 1932; Isamo Noguchi, el gran escultor, colaboró con Rivera, vivió en México una temporada y aquí dejó un mural (se trata de una obra apenas conocida, en el mercado Abelardo Rodríguez); otra notable escultora, Louise Nevelson, fue ayudante de Diego Rivera en Nueva York, en 1930.

Entre 1929 y 1939 puede situarse el periodo de la influencia mexicana sobre la nueva pintura norteamericana. Fueron los años de formación de varios grandes artistas y por eso fueron decisivos. La huella de Orozco es visible en las primeras obras de Tobey y algo semejante puede decirse de Kline, Rothko, Gorky y hasta de un Milton Avery, que durante un momento vio a Matisse *a través* de Rivera. La pintura mexicana obró como un estímulo y no sólo como un modelo. Por ejemplo, a Pollock la lección de Siqueiros le mostró los inmensos recursos de la espontaneidad y las posibilidades de usar el *accidente* —la mancha de pintura— como punto de partida; a Louise Nevelson el ejemplo de Rivera le abrió las puertas de la comprensión, dice Hilton Kramer, de la escultura y la arquitectura precolombinas. En ambos casos los artistas norteamericanos fueron más allá de sus maestros. ¿Por qué nuestra crítica no ha dicho nada de esto? Cierto, para críticos preocupados por la nacionalidad o por el partido político del artista y no por lo que dicen efectivamente las formas, más atentos a leer que a contemplar un cuadro, resulta escandaloso asociar los nombres de Rivera, Orozco y Siqueiros a los de unos pintores que rechazaron expresamente el llamado del arte social. El escándalo deja de serlo si se piensa que los angloamericanos no se propusieron repetir una lección (eso fue lo que hicieron los epígonos mexicanos) sino recoger una experiencia y llevarla a sus últimas consecuencias. Una cosa es la imitación y otra la influencia.

La influencia del movimiento mural mexicano en los artistas de los Estados Unidos se ejerció en la década que precede a la iniciación de la segunda Guerra Mundial. Fueron los años de la reputación internacional de Rivera, Orozco y Siqueiros. Su fama nunca llegó del todo a Europa pero sus nombres y sus obras conquistaron a los Estados Unidos. Muchos pintores angloamericanos visitaron entonces nuestro país con el mismo fervor con que en el siglo pasado los ingleses iban a Italia y algunos, como ya dije, trabajaron en México o en Estados Unidos como ayudantes de los muralistas. Por supuesto, esas influencias no fueron las únicas ni, al final, resultaron las más importantes. Pero es imposible ocultarlas, como pretenden ahora algunos críticos norteamericanos. No me propongo, en este artículo, detenerme sobre el tema. Me limitaré a mencionar algunas circunstancias que explican esta influencia mexicana.

La primera tentativa de la vanguardia angloamericana se remonta a la famosa exposición llamada *Armory Show*, en 1913. A pesar de que participaron en ella muchos pintores norteamericanos, la exposición fue, ante todo y sobre todo, una expresión del arte europeo de esos días. Aparte de figuras conocidas como las de Picasso, Matisse y Braque, dos nombres concentraron la irritación y el asombro de los críticos y del público: Francis Picabia y Marcel Duchamp. Ambos influyeron en los precursores de la nueva pintura angloamericana; y el segundo, cincuenta años después, es el maestro indiscutible de los jóvenes artistas de los Estados Unidos, entre ellos dos de gran talento: Jasper Johns y Robert Rauschenberg. Sin embargo, las experiencias de la vanguardia europea no fueron asimiladas inmediatamente por los angloamericanos y hubo que esperar veinticinco años más para que fructificasen plenamente. Dore Ashton observa que en esos años los artistas de su país estaban obsesionados por la búsqueda de un arte que fuese, simultáneamente, *nuevo* y *americano*. Nada más natural que volviesen los ojos hacia México, un país en el que los artistas tenían ambiciones semejantes y cuya obra era elogiada por muchos críticos norteamericanos. A esta circunstancia debe agregarse otra: esos años son los del gran debate entre el arte puro y el social. Muchos escritores y artistas se *convirtieron*, ésta es la palabra, al marxismo; otros profesaron un «humanismo» un poco vago aunque no menos militante. Así, no es extraño que los artistas angloamericanos se apoyasen en el ejemplo de los mexicanos, que desde hacía años cultivaban esas tendencias. A mayor abundamiento, en lugar de refugiarse en el academismo de los rusos —es la época en que triunfa el estalinismo en el arte—, los mexicanos adoptaron algunas de las innovaciones de la vanguardia europea e inclusive Orozco y Siqueiros exploraron nuevas formas y técnicas. (Es curioso que Diego Rivera, el único que pasó por el cubismo, haya sido el más conservador.) Por último, en esa misma década la administración del presidente Roosevelt comisionó a los pintores para que decorasen edificios públicos, a la manera de México, aunque en menor escala (WPA). Entre esos pintores se encontraban algunos que serían los creadores de la nueva pintura angloamericana: Gorky, De Kooning, Pollock, Davis. Todos ellos y Mark Rothko, Gottlieb y algunos otros fundaron hacia 1939 la Federación de Pintores y Escultores Modernos.

La década que va de 1929 a 1939, según indiqué antes, es la de la influencia mexicana; la que le sigue es la de la ruptura. En su primera manifestación pública, hacia 1940, la Federación de Pintores y Escultores Modernos se declaró contra el arte social y especialmente contra el nacionalismo «que niega la tradición universal, base de los movimientos artísticos modernos». Las razones de este brusco cambio son numerosas, unas de orden social y otras estético. La segunda Guerra Mundial, como podemos verlo ahora, fue el principio del fin de las ideologías (un fin provisional: las ideologías renacen como la hidra). El arte social había sido degradado de tal modo en Rusia que alistarse bajo sus banderas era ya más un síntoma de servilismo que de rebeldía. En todo el mundo los artistas se empezaban a cansar de la propaganda y de sus versiones simplistas de la realidad. Los artistas angloamericanos mostraron una encomiable libertad de espíritu al rebelarse contra el nacionalismo, en plena guerra y cuando la presión partidista era más sofocante. Por último, todo desafío al paternalismo estatal es saludable y el gesto de los pintores norteamericanos se inscribía en la mejor tradición del individualismo de ese país. Pero lo decisivo fue el cambio interior: los pintores no sólo se dieron cuenta de las limitaciones del arte pseudohumanista y del sofisma que encierra todo didactismo: descubrieron que la verdadera creación artística, en nuestro tiempo, es una exploración de realidades tercamente negadas por el siglo XIX. Volvieron los ojos hacia el ejemplo europeo y así pudieron internarse en sí mismos.

La ruptura con las tendencias del arte mexicano, que hasta entonces los había nutrido, fue completa y brusca. No tanto, sin embargo, que nos impida advertir, por debajo del cambio de inspiración y de estética, ciertas huellas de los mexicanos: el gusto por la pincelada brutal, el amor por las formas desgarradas, la violencia en el color, los contrastes sombríos, la ferocidad. Todo esto, que es mexicano, también es muy norteamericano. Pero su origen es europeo: el expresionismo. Fue una de las fuentes de ambos movimientos. Los mejores ejemplos, en uno y otro país, son Clemente Orozco y Willem de Kooning. Hay, además, otra semejanza: la común afición al arte monumental y tremendo. Debemos a la tentación de lo grandioso, en las dos mitades del continente, obras extraordinarias y apenas si necesito recordar las pirámides de Teotihuacan y la arquitectura de Chicago y Nueva York. En el caso de la pintura, Hilton Kramer dice que «desde hace mucho se ha reconocido que el movimiento mural mexicano fue una de las fuentes del cambio en la escala de las obras que caracteriza al expresionismo-abstracto». Este cambio fue una rebelión saludable en contra del formato europeo, cuyas proporciones corresponden casi siempre al interior de los apartamentos burgueses. Sin el ejemplo de los muralistas (*Les gouaches découpées* de Matisse aparecen más tarde) los norteamericanos quizá no se hubiesen atrevido a cambiar las dimensiones de sus obras; al mismo tiempo, la adopción de la nueva escala reveló una real y espontánea afinidad entre mexicanos y norteamericanos. La vastedad de nuestro continente y la inmensidad de sus espacios son una realidad que se impone por sí misma, por encima de las diferencias históricas y culturales de nuestros pueblos. Pero lo grandioso puede degenerar a veces en gigantismo. Nuestro continente está desgarrado entre los extremos, lo demasiado grande y lo demasiado pequeño: América es un continente de rascacielos y enanos, de pirámides y pulgas vestidas. Por esto es bueno recordar a nuestros artistas desmesurados la existencia de obras menos extremadas pero dueñas de una irradiación, por secreta, más poderosa: Uxmal y El Sagrario de México. Esto fue lo que hizo la Nevelson: al adoptar la escala precolombina, la humanizó.

La nueva pintura angloamericana nace hacia 1940, con la llamada *action-painting* o expresionismo-abstracto. El movimiento se inicia como una ruptura con las tendencias prevalecientes hasta entonces en los Estados Unidos. ¿Rompió así con la idea de encontrar una expresión que fuese nueva y americana? Al contrario. Léanse las declaraciones de los iniciadores del movimiento, en Nueva York y en San Francisco: una y otra vez insisten, con cierta confusión, en afirmar un arte universal y americano, primitivo y de nuestro tiempo. La idea, no formulada enteramente, que anima todas estas declaraciones es la siguiente: América (querían decir: los Estados Unidos) ha llegado a la universalidad y toca a sus artistas expresar esta nueva visión universal. Como todas las visiones nuevas o revolucionarias, la de estos pintores es asimismo la de una antigüedad no histórica: esa nueva visión es la original o primitiva. Así, su arte es la culminación de la modernidad y, simultáneamente, la expresión de aquello que está antes de la historia. Doble rebelión: contra Europa, símbolo de la historia; y contra el nacionalismo primario de sus antecesores. Su actitud recuerda a la de Whitman y, más cerca de nosotros, a la de William Carlos Williams. Algo semejante sucede con el *pop art*. Duchamp, Picabia y Schwitters son los maestros de estos jóvenes pintores, pero el *pop art* repite el gesto del expresionismo-abstracto y se presenta otra vez como un «americanismo». El movimiento, a sabiendas o no de sus protagonistas, no aspira tanto a ser un cosmopolitismo (anglo)americano como a convertir el cosmopolitismo moderno en un (anglo)americanismo.

El expresionismo-abstracto habría sido imposible sin la lección europea. (Apenas si es necesario subrayar que varios de los protagonistas de la nueva pintura habían nacido en Europa: Gorky, De Kooning, Yunkers...) Aparte de la influencia de los que llamaríamos los «clásicos» del arte contemporáneo (Picasso, Kandinsky, Klee, Mondrian), fue decisiva la de los surrealistas: Miró, Max Ernst, Lam, Matta, André Masson. Creo que el ejemplo de los dos últimos, sobre todo el de Matta, fue determinante. El automatismo pictórico —pues eso son el *dripping* y otras técnicas de la *action-painting*— fue explorado primero que nadie por Masson y Ernst, precisamente durante su residencia en Nueva York, en los años de la segunda Guerra. Es conocida, además, la impresión que causaron en los círculos artísticos neoyorquinos la obra y la persona de Matta. Su ejemplo fue más que un estímulo para Gorky y Robert Motherwell. No menos profunda fue la de Lam, otro surrealista latinoamericano. Parece ocioso, en fin, referirse a la presencia de André Breton y a sus relaciones con

Gorky, uno de los grandes artistas angloamericanos. Incluso en un artista tan alejado (en apariencia) de la «imagen surrealista» como Barnett Newman es muy profunda la influencia del automatismo y de la *actitud* del surrealismo ante el arte, la vida y la política. Ahora bien, los experimentos de los surrealistas estaban al servicio de una estética distinta a la que, un poco después, proclamarían los artistas de Nueva York. Para los europeos la búsqueda consistía en provocar, por medio del automatismo, la revelación de la imagen: estética de la aparición; para los angloamericanos, lo que contaba era el gesto mismo de pintar: ese acto era ya la imagen buscada.

Al lado de estas influencias, que son las más citadas, deben citarse otras dos, ambas hispanoamericanas, también decisivas. Una, la del uruguayo Joaquín Torres García, uno de los pocos artistas universales que ha dado nuestra América. Otra, la de David Alfaro Siqueiros. No me extenderé sobre la del primero: véase lo que dice Dore Ashton en *The Unknown Shore* acerca del parecido entre los cuadros de Torres García y los de Adolph Gottlieb (la obra del uruguayo es anterior en unos quince años). La influencia de Siqueiros sobre Pollock fue tanto la de una sensibilidad como la de una estética. En primer término, su concepción del espacio: Siqueiros rompe los límites del cuadro, que deja de ser una dimensión estática para convertirse en una superficie dinámica. El espacio es movimiento: no es aquello sobre lo que se pinta sino que él mismo engendra, por decirlo así, sus figuraciones. Es materia en movimiento. De ahí la importancia de la teoría de la mancha de pintura, principio que Pollock recoge de Siqueiros y que le abre las puertas de un universo físico que es, asimismo, un mundo psíquico. La diferencia con otros pintores (Max Ernst como ejemplo más notable) consiste en que no es la imaginación del pintor la que descubre en la mancha estas o aquellas figuras sorprendentes: es la materia misma, arrojada al lienzo o al muro, la que guía al pintor. No es el azar surrealista. Para Siqueiros la materia es movimiento, energía en lucha consigo misma, dueña de una dialéctica. Pollock aprovechó esta intuición y la llevó hasta sus últimas consecuencias, sin permitir que la contaminase o la desviase ninguna «orientación» ideológica. La manipulación intelectual de Siqueiros se convierte en peso afectivo en Pollock. La limitación del primero es el esquema ideológico; la del segundo, la caída en la mera sensibilidad, dominio de lo informe. Pero la obra de Pollock, gran pintor en sus momentos más altos, es una visión de la materia que se expande y se distiende hasta negarse a sí misma, hasta dejar de ser materia para transformarse en grito. Grito y no palabra: afirmación total de la energía y, simultáneamente, negación no menos total de la significación. Ante ciertos cuadros de Pollock me pregunto: ¿cuál es el lugar del hombre, el ser significante por definición, en el torbellino del movimiento que sin cesar se expande y se contrae? No sé si esta pregunta tenga respuesta. Sé que a ella deberán enfrentarse los nuevos poetas y pintores. El interés de las ideas y experimentos de Siqueiros no se agota con lo anterior. Por ejemplo, el empleo de la pistola de aire y su insistencia en la utilización de nuevos materiales seguramente impresionaron a los pintores angloamericanos de la década anterior a la guerra. Los artistas modernos, en general, han utilizado en el cuadro (casi siempre en el *collage*) utensilios y objetos de la vida moderna pero muy pocas veces se han decidido a pintar con los nuevos instrumentos. Las preocupaciones de Siqueiros prolongaban las de los futuristas y otras escuelas de principios de siglo, que intentaron no sólo expresar la vida moderna sino lograr que el arte fuese moderno, esto es, que se sirviese de los útiles y materiales de la sociedad industrial. En cambio, su búsqueda de una perspectiva dinámica, concebida dentro de la estética del realismo, me parece que está alejada de las preocupaciones del arte contemporáneo. De todos modos, todas estas experiencias ofrecen un carácter sistemático y son algo inseparable de una historia y de una sociedad. Para Siqueiros la técnica es, por sí misma, significante. O dicho de otro modo: es algo más que un medio; es una visión de la realidad como movimiento y energía y que sólo se revela al contacto de la acción transformadora del hombre. Las ideas de Siqueiros fueron una brillante respuesta al «arcaísmo» de Rivera. Pronto se incrustaron en un marxismo primario, para decirlo con palabras suaves, que sostiene, entre otras cosas, que las artes «progresan» y que el fin de ese progreso es el «realismo social». La ideología oficial del estalinismo, un poco después, acabó por secar todas estas semillas de vida.

Desde hace años sostengo una pequeña e intermitente polémica, no contra este o aquel artista sino contra dos actitudes que me parecen gemelas: el nacionalismo y el espíritu de sistema. Ambos son estériles y ambos convierten en desierto aquello que tocan. Los dos son enfermedades de la imaginación y su verdadero nombre es mentira. Uno expresa, en su arrogancia, un sentimiento de inferioridad; el otro, en su certidumbre, un vacío intelectual. Mentira pasional, mentira razonadora. La función del nacionalismo es ocultar una herida, esconder una carencia, disfrazar una realidad que nos avergüenza. Es una mentira que nadie cree, excepto el que la dice. Por eso es peligrosa. Principia como una falsa complacencia frente a nosotros mismos y una intolerancia ante los demás; termina con un descubrimiento: negamos a los otros porque no estamos seguros de nuestra existencia propia. El espíritu de sistema, representado desde hace más de un cuarto de siglo por versiones cada vez más groseras del marxismo oficial, confunde la parte con el todo, la eficacia con la verdad y el culto a la autoridad con la disciplina. Nació del pensamiento crítico más valeroso y hoy repite fórmulas mágicas. Es un ritual y, ahí donde conquista el poder, una inquisición. En política, la expresión más extrema del nacionalismo es el linchamiento; y del sistema, la purga.

En México, entre 1940 y 1950 aproximadamente, atravesamos por un periodo vacío. Desaparecidas las grandes revistas (la última fue *El Hijo Pródigo*), silenciosa la generación de *Contemporáneos* —isla de lucidez en un mar de confusiones—, la crítica oscilante entre el vituperio y el incienso, sólo dos o tres voces, en la poesía y la pintura, se opusieron al nacionalismo y al sistema. La moda era «progresista» y se condenaba al disidente con el «ninguneo». Al final de este periodo se inició una nueva era. La poesía, *como siempre,* anunció el cambio. Bastaron unos cuantos libros para transformar el desierto. Uno de ellos fue *Varia invención,* de Juan José Arreola; otro, *El llano en llamas,* de Juan Rulfo; otro más, una colección de poemas de Jaime Sabines. Obras de imaginación negra, cruel. En la de Arreola la desesperación está armada de alas; en la de Rulfo, la muerte habla con una suerte de sonámbula precisión: si las piedras hablasen, hablarían como sus personajes; en la de Sabines, la pasión tiene el sabor amargo de la resaca en la marisma. En esos años aparecen los estudios, nada complacientes, sobre el mexicano; Uranga vuelve a mostrar que el ensayo puede ser brillante sin dejar de ser riguroso; Jorge Portilla, como Cuesta veinte años antes, abandona la escritura por la palabra: si no nos dejó una obra, suscitó varias; Luis Villoro inicia una meditación hecha de precisión exigente y transparencia intelectual. Más cerca de la poesía que los otros ensayistas de su generación, Ramón Xirau se interroga sobre el sentido de la palabra poética, a un tiempo presencia y ausencia, voz y silencio, significación y no-significación. Su tema es el de las relaciones entre poesía y filosofía y su final identidad. Nuestra poesía contemporánea debe a Xirau algunos ensayos penetrantes y luminosos, algo insólito en un medio que confunde la crítica con la reseña periodística o con la dentellada de un perro rabioso. Al lado de estos ensayistas, un poeta que es también, cuando quiere, un crítico agudo: Jaime García Terrés. Autor de una obra estricta y afilada, García Terrés convirtió a la *Revista de la Universidad* en un centro de irradiación de la nueva literatura mexicana e hispanoamericana. Poco después irrumpen los jóvenes. Carlos Fuentes y Emmanuel Carballo fundan la *Revista Mexicana de Literatura*. El primero publica un sorprendente libro de cuentos *(Los días enmascarados)* y escribe las páginas poderosas y confusas de su primera novela, una admirable novela que abre un nuevo camino a nuestras letras. Desde entonces Carlos Fuentes no ha cesado de enriquecer la novela contemporánea de nuestra lengua con una obra al mismo tiempo abundante y preciosa. Casi al mismo tiempo aparece un escritor para mí esencial: el poeta Tomás Segovia. Temo que la mayoría aún no haya advertido que su obra, solitaria pero no aislada, singular y no marginal, constituye una tentativa por rescatar como totalidad experiencias que en otros aparecen separadas: vida y reflexión, lo cotidiano y lo extraordinario, el presente y la memoria. En esos años Juan García Ponce inicia su exploración de ciertas zonas prohibidas del erotismo y, simultáneamente, renueva la crítica de arte en México. No es accidental esta doble dirección de la obra de García Ponce: el punto de unión entre el erotismo y la crítica de arte es la *mirada*. Las mejores páginas de este joven escritor poseen una transparencia quieta, como si el tiempo reposase: fijeza de la luz sobre la cicatriz del árbol, fijeza de la mirada del *voyeur* sobre el sexo de la mujer. Jorge Ibargüengoitia: insoportable insobornable, autor de novelas y textos en los que el humor, guiado por el delirio, perfora galerías en el subsuelo psíquico de los mexicanos —esa zona infestada de culebras. Dos guerrilleros, dos cortadores de cabezas en la selva literaria: Carlos Monsiváis y Luis Guillermo Piazza. El caso de Monsiváis me apasiona: no es ni novelista ni ensayista sino más bien cronista, pero sus extraordinarios textos en prosa, más que la disolución de estos géneros, son su conjunción. Un nuevo lenguaje aparece en Monsiváis —el lenguaje del muchacho callejero de la ciudad de México, un muchacho inteligentísimo que ha leído todos los libros, todos los *comics* y ha visto todas las películas. Monsiváis: un nuevo género literario... Imposible olvidar a Fernando Benítez, un escritor que en lugar de servirse, como tantos otros, de los indios para hacer literatura, renueva en nuestros días la gran tradición moral y estética de los cronistas e historiadores de Indias... Benítez el escritor pero también el animador del semanario *México en la Cultura*, uno de nuestros bastiones, un claro en la espesura de cactus. He mencionado a unos cuantos ensayistas y novelistas.

Aunque debería detenerme para no convertir este párrafo en un catálogo, no resisto a la tentación de citar, por lo menos, a dos recién llegados: a Salvador Elizondo, autor de *Farabeuf,* una novela fría y resplandeciente como un castillo de navajas, y a Inés Arredondo, que nos revela en sus cuentos la ambigüedad de todos los paraísos, la perversidad de toda inocencia. En el teatro ocurrió algo semejante. Los iniciadores son dos autores de verdadero talento, Emilio Carballido y Luisa Josefina Hernández. Ambos parten del realismo descriptivo pero su obra posterior desemboca en un arte más rico y libre. La verdadera vanguardia nace con Poesía en voz alta. O, más bien, renace: su antecedente, ya que no su origen, es el grupo Ulises y las primeras tentativas teatrales de Villaurrutia y Lazo. El nombre no expresa enteramente las ideas y ambiciones de sus fundadores. Ninguno de ellos —Juan Soriano, Leonora Carrington y yo— teníamos interés en el llamado teatro poético; queríamos devolverle a la escena su carácter de *misterio:* un juego ritual y un espectáculo que incluyese también al público. Recuerdo que Leonora Carrington propuso que los espectadores llevaran máscaras... *Poesía en voz alta* fue el origen de experiencias más recientes, como las de Héctor Azar. Además, dio a conocer las piezas cortas de un poeta dramático de primer orden, Elena Garro, que más tarde se revelaría también como notable cuentista y novelista. Una obra sorprendente por su obsesiva intensidad y su extraña fantasía. Unos años después un temblor de tierra: Alejandro y sus *happenings.* En poesía: la gran explosión de Marco Antonio Montes de Oca y la más secreta, pero no menos violenta, de Homero Aridjis. Si cada poeta puede definirse, según Bachelard, por sus afinidades con algunos de los cuatro elementos, el signo de Aridjis no es el agua o la tierra sino el fuego y el viento: luz y aire. Luz también, pero ya cristalizada, hecha mirada que traspasa las cosas y los seres, la poesía de Gabriel Zaid. La poesía y la prosa. Y los más jóvenes, ya en esta década: José Emilio Pacheco, apasionado y contenido, el más maduro y lúcido, Isabel Freire, Sergio Mondragón...

Ya expliqué, en otra sección de este libro, que entre 1930 y 1940 aparecieron otras tendencias frente al muralismo. Hacia 1950 la ruptura se consuma por la intervención decisiva de un grupo de jóvenes artistas. Otra circunstancia favorable a la ruptura con el academismo de la llamada «escuela mexicana de pintura» fue la presencia de un notable grupo de artistas europeos, que se radicaron en México hacia 1939 y que desde entonces viven entre nosotros. Sólo por nacionalismo obtuso se les puede llamar extranjeros. Algunos de ellos pertenecían al grupo surrealista

(Leonora Carrington, Wolfgang Paalen, Remedios Varo, Alice Rahon); otros, como Matías Goeritz, representaban una corriente distinta a la vanguardia, más o menos cercana a Dadá. La influencia de los primeros se ejerció sobre todo a través del ejemplo; Matías Goeritz, en cambio, intervino directamente en la vida artística de México y la presencia de su osado, inventivo temperamento pronto se hizo visible en la pintura y, sobre todo, en la escultura y la arquitectura.

El pintor austriaco Wolfgang Paalen se estableció en México durante la guerra y aquí murió, en 1959. Perteneció al grupo surrealista, se interesó en el arte antiguo de México y publicó una revista (*Dyn*) que fue un lugar de encuentro entre el pensamiento científico y las teorías artísticas de la vanguardia. Habitada por los contrarios y al fin desgarrada por ellos, la vida de Paalen fue una sucesión de luchas espirituales. Se acercó con pasión al arte antiguo de México, al que iluminó con su exquisita comprensión estética; al mismo tiempo, ese arte dio extrañas reverberaciones a su pintura. Al recordar a Paalen es imposible no pensar en los románticos alemanes. Fue uno de ellos y, un siglo después, desapareció entre las vegetaciones de reflejos del trópico mexicano.

La pintora española Remedios Varo, también surrealista, nos ha dejado una obra no muy numerosa pero de rara poesía. Remedios edificó un mundo de simetrías, analogías y transparencias; en un centro mana una fuente de música secreta que oímos con los ojos. Pintora y escritora, Leonora Carrington pertenece a varias mitologías: a la celta y a la mexicana, a la del surrealismo en uno de sus momentos más locos y a la de Alicia en el país de los espejos. No es una poeta: es un poema que camina, sonríe, abre un paraguas que se vuelve un pájaro, un pájaro que se vuelve un pescado y desaparece en el fondo del lago. Los cuadros de Leonora son enigmas: debemos oír sus colores y bailar con sus formas sin nunca tratar de descifrarlos. No son cuadros misteriosos sino maravillosos. Entre los aerolitos que cayeron en México durante la segunda Guerra se encuentra otro surrealista inglés: Edward James. A la manera de Gaudí o de los incógnitos arquitectos-escultores de los jardines de Bomarzo, convirtió su hacienda tropical en un parque de quimeras. Arquitectura y escultura labradas en la piedra por el delirio.

Este periodo inicial, el más difícil, tiene por protagonistas centrales a dos figuras aisladas: Pedro Coronel y Juan Soriano. (Señalo, de paso, que la influencia de este último ha sido decisiva no sólo entre los pintores y escultores sino en el teatro y la poesía.) Al final de esta etapa aparece, violento y seguro de sí, José Luis Cuevas. Un temperamento extraordinario y una maestría innata. Se le clasifica como un pintor expresionista. Lo es, aunque en sentido distinto al de los otros expresionistas mexicanos. Su obra no es un juicio sobre la realidad exterior. Es un mundo de figuraciones que, asimismo, es una revelación de realidades escondidas. No es aquello que el artista ve desde la ventana de sus «buenos» sentimientos y que condena en nombre de la moral o de la revolución. El mal que pinta Cuevas no es el mal visible. Esos monstruos no están únicamente en los hospitales, burdeles y suburbios de nuestras ciudades: habitan nuestra intimidad, son una parte de nosotros. Otro artista excepcional: el escultor y pintor Manuel Felguérez que, hacia 1955, a su regreso de Europa, inicia una obra precisa y agresiva, plena de invención, lirismo y solidez, a igual distancia del gesto expresionista y de la fabricación abstraccionista. Más austero y riguroso, pero no menos dueño de sus dones y a veces más amplio que los otros jóvenes, Vicente Rojo: precisión e invención, ingeniería sonámbula. Cerca de ellos, Lilia Carrillo: no la pintura femenina, la pintura sin más. Entre tantos jóvenes, un hombre que se aproxima a los cincuenta y del que nuestra crítica apenas se ha ocupado: Günther Gerzso. Se susurra que es nuestro mejor pintor abstracto. Es cierto pero no es todo: es uno de los grandes pintores latinoamericanos. En el otro extremo, la pasión, el humor y la fantasía de Gironella que, en su primera exposición en París, obtuvo la inmediata y cálida adhesión de André Breton. No citaré más nombres. La ausencia me ha impedido conocer la obra de varios jóvenes como Fernando García Ponce, Coen, y otros. Pero todos sabemos que las cosas han cambiado aunque algunos no se dan cuenta. Por primera vez en la historia de México hay una literatura y un arte que están al margen y, a veces, en contra de la cultura oficial. ¿Vale la pena, a estas alturas, combatir contra los viejos molinos de viento que un día confundimos con gigantes? Molinos o gigantes, la amenaza aún persiste. Ha cambiado de forma, no de identidad: se llama uniformidad. Ayer fue pasional y nacionalista, ideológica y maniquea; hoy es técnica.

El arte moderno se inició como una crítica de nuestra sociedad y como una subversión de valores. En menos de cincuenta años la sociedad ha asimilado y digerido esos venenos. Las obras que escandalizaron a nuestros padres hoy figuran en los museos y las muchachas universitarias escriben tesis escolares sobre Joyce o Lawrence. Lo más grave no es esta sospechosa consagración: si es cierto que, como decía Baudelaire, «las naciones tienen a sus grandes artistas a pesar suyo», también lo es que una vez muertos se apresuran a levantarles monumentos de gusto dudoso. Lo que me inquieta es que hoy ya no es necesario esperar a que los artistas mueran: se les embalsama en vida. El peligro se llama éxito. La obra debe ser «novedosa» y «rebelde». Se trata de una novedad en serie y de una rebeldía que no asusta a nadie. Los artistas se han vuelto ogros de feria, espantapájaros. Y las obras: monstruos en plástico, recortados, empacados, rotulados y provistos de toda clase de certificados para atravesar las aduanas morales y estéticas. Monstruos inofensivos. Aunque no creo que la rebeldía sea el valor central del arte, sí me avergüenza contemplar esos objetos cuya manufactura obedece a una concepción servil de la idea de rebelión. Lo más triste es que esos artefactos se parecen entre sí: la uniformidad reina de París a Delhi y de Nueva York a Bogotá. La originalidad, corazón de la obra, ha sido extirpada como un tumor.

La uniformidad de maneras podría atribuirse al contagio: los estilos se transmiten y la imitación es la forma más común de difusión de la cultura. Al menos eso creía yo hace algunos años. Olvidaba que el rasgo distinto de la situación actual no es la imitación —fenómeno de todas las épocas— sino la mutilación de las obras y los artistas. Esta operación, más simple que la enajenación ideológica y el autoengaño nacionalista, es anónima: no es el Estado ni el partido, sino un ser sin cabeza, sin nombre y sin sexo, el que corta, despedaza, recose, empaca y distribuye los objetos artísticos. El proceso es circular como, según Ramon Llull, es «la pena en el infierno»: un movimiento sin sentido y condenado a repetirse indefinidamente. La pintura ha sido siempre, al menos desde el Renacimiento, un producto que se vende. La diferencia entre el proceso de producción de ayer y de hoy puede condensarse en esta frase: del taller a la fábrica. En el pasado era frecuente que un maestro, incapaz de satisfacer a toda su clientela, confiase a sus discípulos y ayudantes una parte de la ejecución de sus obras: cinco, diez o más pintores dedicados a pintar como un *solo pintor*. Hoy el proceso se ha invertido; comisionado por una galería, un artista produce un sinnúmero de cuadros y cambia, cada tres o cuatro años, de manera: un pintor dedicado a pintar como *cien pintores*. No sé si así gane más dinero el artista; sé que la pintura se empobrece. No es ésta la única mutilación. La noción de valía se convierte en la de precio. Al juicio de los entendidos, que nunca fue justo pero que era *humano*, se sustituye ahora la etiqueta: tener éxito. El cliente y el mecenas antiguo han desaparecido: el comprador es el público anónimo, este o aquel rico de Texas o de Singapur, el museo de Dallas o el de Irapuato.

El verdadero amo se llama mercado. No tiene rostro y su marca o tatuaje es el precio. El nacionalismo y el arte didáctico socialista son enfermedades de la imaginación y, en el sentido recto de la palabra, son enajenaciones. El mercado suprime a la imaginación: es la muerte del espíritu. El mecenas obtuso o inteligente, el burgués sensible o grosero, el Estado, el Partido y la Iglesia eran, y son, patrones difíciles y que no siempre han mostrado buen gusto. El mercado no tiene ni siquiera mal gusto. Es impersonal; es un mecanismo que transforma en objetos a las obras y a los objetos en valores de cambio: los cuadros son acciones, cheques al portador. Los Estados y las Iglesias exigían que el artista sirviese a su causa y legislaban sobre su moral, su estética y sus intenciones. Sabían que las obras humanas poseen un significado y que, por eso, podían perforar todas las ortodoxias. Para el mercado las obras sólo tienen precio y, así, no impone ninguna estética, ninguna moral. El mercado no tiene principios; tampoco preferencias: acepta todas las obras, todos los estilos. No se trata de una imposición. El mercado no tiene voluntad: es un proceso ciego, cuya esencia es la circulación de objetos que el precio vuelve homogéneos. En virtud del principio que lo mueve, el mercado suprime automáticamente toda significación: lo que define a las obras no es lo que dicen sino lo que cuestan. Por la circulación —nunca fue más expresiva esta palabra— se transforman las obras, que son los signos de los hombres (sus preguntas, sus afirmaciones, sus dudas y negaciones), en cosas no significantes. La anulación de la voluntad de significar hace del artista un ser insignificante.[1]

A medida que pasa el tiempo me parece más cierto que la creación artística requiere un temple moral. La palabra es equívoca pero no tengo otra a la mano. Cuando escribo *moral* no pienso en las buenas causas ni en la conducta pública o privada. Aludo a esa fidelidad del creador con lo que quiere decir, al diálogo entre el artista y su obra. La creación exige cierta insensibilidad frente al exterior, una indiferencia, ni resignada ni orgullosa, ante los premios y castigos de este mundo. El artista es el distraído: no escucha al mundo y su moral porque está pendiente del hilo de esa conversación solitaria que sostiene —no consigo mismo sino con otro.

---

[1] Leo en *Le Monde* un artículo sobre una exposición de César, un escultor de indudable talento. Dice el crítico: «Este artista representa uno de los momentos más asombrosos del arte moderno: el momento en que el automóvil Mercedes, convertido por César en un metro cúbico de chatarra, obtuvo el mismo precio de un Mercedes recién salido de la fábrica». El precio *es* la significación.

Con alguien o, más bien, con algo, que no es ni será nunca suyo sino de los otros: sus imágenes, sus figuraciones. Y hay un momento en que el poema interroga al poeta, el cuadro contempla al pintor. Ese momento es una prueba: aunque podemos traicionar a nuestras creaciones, ellas nunca nos traicionan y siempre nos dirán lo que somos o lo que fuimos. La moral del artista es su temple para soportar la mirada de sus creaciones mejores. Hay en México dos artistas admirables, dos hechiceras hechizadas: jamás han oído las voces de elogio o reprobación de escuelas y partidos y se han reído muchas veces del amo sin cara. Insensibles a la moral social, a la estética y al precio, Leonora Carrington y Remedios Varo atraviesan nuestra ciudad con un aire de indecible y suprema distracción. ¿Adónde van? A donde las llaman imaginación y pasión. No son un ejemplo y ellas se escandalizarían si alguien las propusiese como modelo. Un verdadero artista no es un ser ejemplar: es un ser fiel a sus visiones. Su distracción es un desprendimiento: al crear, se desprende de sí mismo. Su acto niega al mercado y a su moral aritmética.

En el pasado inmediato varios grandes artistas, frente a una civilización que había vuelto ambiguos valores y palabras, intentaron crear un arte que disipase todos los fantasmales significados y revelase que, literalmente, significan *nada*. Su decisión los enfrentó a los poderes de este mundo. Hoy el artista debe enfrentarse a sí mismo. Ante una sociedad que ha perdido la noción misma de significado —el mercado es la expresión más acabada del nihilismo— el artista ha de preguntarse *para qué* escribe o pinta. No pretendo conocer la respuesta. Afirmo que es la única pregunta que cuenta.

Delhi, 10 de enero de 1963

[«El precio y la significación» se publicó en *Puertas al campo*, UNAM, México, 1966.]

Álvar Carrillo Gil

«Su vocación es soberana: compone música en un mundo de sordos.» Nada define mejor la situación del artista mexicano moderno que este epigrama de Carlos Díaz Dufoo. Como el pájaro, el artista canta por fatalidad natural; y en su canto —no en el aplauso o la rechifla del entendido público de sordos que lo rodea— está todo su placer, su condena y su recompensa. Álvar Carrillo Gil lo sabe de sobra, de modo que no muestra sus cuadros para obtener la ilusoria consagración de una crítica que ha hecho del error una tradición (ayer ignoró a Tamayo como hoy ignora a Soriano; sólo recuerda a Goitia y Atl para olvidar mejor a Mérida y Lazo). Y así, con un gesto mitad amistoso, mitad indiferente —el gesto del durazno al florecer, el gesto del manzano, el peral, el naranjo y el chicozapote cuando están cargados de frutos— Carrillo Gil nos enseña sus cuadros. No busca nuestra aprobación sino la alegría de nuestros ojos. Alegría del descubrimiento, alegría del reconocimiento. Descubrir, reconocer, agradecer: función de los ojos enamorados ante la obra nueva, viva, acabada de nacer y, sin embargo, ya dueña de una antigüedad inmemorial.

En un mundo de pintores profesionales, Carrillo Gil se presenta como un «aficionado». También Jesús Reyes Ferreira, uno de nuestros grandes pintores, tuvo la modestia o, más bien, la humorada, de hacer creer a la crítica, durante años, que era un «aficionado». No nos engañemos: en uno y otro caso «aficionado» quiere decir un hombre para el que la pintura es una pasión, una devoción, y no una carrera burocrática o comercial. Para Carrillo Gil —como para todo artista verdadero— primero es la devoción y luego la obligación. Su obra tiene la perfección de aquello que se hace por el puro gozo de hacer. Su hacer no es un quehacer: es un crear en el que participan, en dichoso equilibrio, el saber pictórico y la inspiración más fresca e inocente. Maestría y espontaneidad.

Carrillo Gil nos muestra ahora una serie admirable de cuadros de formato reducido. ¿Miniaturas? Depende de lo que se entienda por esta palabra. La grandeza, en arte, no se mide; la verdadera grandeza no depende del tamaño sino que es una dimensión interior, irreductible a la noción de *cantidad*. Kilómetros o centímetros de pinturas: es igual. Lo que importa es la riqueza de revelación que encierra la superficie pintada. Y ante una sociedad en la que tirios y troyanos veneran sobre todo la cantidad (estúpida disputa acerca de quién es más grande, quién es más fuerte, quién es *más*), Carrillo Gil nos muestra, sin aire de desafío, una colección de obras pequeñas. Perfección de lo pequeño, sí, como es perfecta la gota de agua, el colibrí o el coleóptero que lleva en su caparazón toda la primavera; perfección que es, por lo demás, grandeza verdadera: la de la mariposa que sostiene en sus alas al día y a la noche. Obras pequeñas pero ricas, poderosas como diminutos soles dueños de una inextinguible energía.

Estos cuadros de Carrillo Gil nos abren una ventana a la inmensidad. Y en este sentido su pintura realiza la más alta de las operaciones poéticas: mostrarnos la correspondencia, que se resuelve en identidad, entre lo grande y lo pequeño: *to see a world in a grain of sand*.

México, 1958

[«Álvar Carrillo Gil» se publicó en *Puertas al campo*, UNAM, México, 1966.]

Gerzso: la centella glacial

El visitante que recorra la exposición de la colección Carrillo Gil en el Museo de Arte Moderno con ojos limpios de las telarañas de la propaganda y el nacionalismo (pero son muy pocos los que entre nosotros se han curado de la enfermedad óptica y la superstición estética llamada «muralismo mexicano») descubrirá inmediatamente que entre los «tres grandes» —Rivera, Orozco y Siqueiros— el mejor es... Günther Gerzso. Confirma esta impresión el hermoso libro sobre Gerzso que acaba de publicar Luis Cardoza y Aragón en la desigual Colección de Arte de la Universidad Nacional (México, 1972). El libro tiene 111 ilustraciones en blanco y negro y 18 en color, unas y otras excelentes. El texto de Cardoza y Aragón, como los mejores suyos, oscila entre la traducción y la creación. Traducción al lenguaje verbal del lenguaje plástico del pintor; creación, a partir del discurso pictórico, de otro discurso que, sin embargo, depende de la pintura y vuelve a ella continuamente. Ambas operaciones se confunden y son, quizá, una y la misma: la crítica es traducción y ésta es creación poética. El texto de Cardoza y Aragón es el texto de un poeta que oye con los ojos y el tacto el lenguaje de un pintor.

Günther Gerzso nació en 1915, en México. Pasó su niñez y parte de su juventud en Europa. Regresó a nuestro país en 1942 y entonces empezó a pintar, apartado de las tendencias que imperaban en ese momento. Condición de pájaro solitario, que es la de las almas contemplativas según San Juan de la Cruz. En 1950, ya tarde, expone por primera vez en la Galería de Arte Mexicano de Inés Amor. Las primeras obras de Gerzso son de inspiración y de factura surrealista. Fue amigo de los surrealistas que llegaron a México durante la segunda Guerra Mundial (Leonora Carrington, Wolfgang Paalen, Remedios Varo, Alice Rahon) y especialmente de Benjamin Péret. El retrato del poeta francés es uno de los mejores cuadros de su periodo inicial. Pronto abandona la figuración y se interna por el espacio no figurativo. Cardoza y Aragón ve en este cambio una ruptura con el surrealismo. Discrepamos: Gerzso abandona la factura, no la inspiración surrealista.

Aunque el tema es de interés secundario por lo que toca a la pintura de Gerzso, vale la pena detenerse un instante: ¿realmente la figuración es la línea divisoria entre el surrealismo y la pintura abstracta? Se dice que el surrealismo es figurativo porque, a pesar de su desdén por el realismo y la representación de la realidad exterior, hace suya la noción de *modelo interior*. El surrealismo opone al objeto que vemos con los ojos abiertos, aquel que vemos cuando los cerramos o aquel que descubre la mirada del salvaje, el niño o el loco. Pero en los grandes fundadores del arte abstracto también encontramos conceptos afines al de *modelo interior*. Kandinsky dijo que el arte obedecía a una *necesidad interior* y añadió: «Es hermoso aquello que es interior». Para Kandinsky ver era sinónimo de imaginar e imaginar de conocer. El conocimiento artístico es de orden espiritual: en las visiones interiores del artista se reflejan de una u otra manera los arquetipos universales. Por medio de la teosofía Kandinsky redescubre la analogía y la teoría de las correspondencias, esa corriente espiritual que desde el Renacimiento no cesa de irrigar y fecundar al arte de Occidente. En cuanto a Klee: su obra presenta tal parentesco con las obras surrealistas que me ahorra el trabajo de una demostración. Malévich quería reducir la pintura a unos cuantos elementos básicos: círculo, cuadrado, triángulo, cruz. Pasamos así de la cosmología mística de Kandinsky a una cosmología geométrica. Es una tendencia que encontrará su formulación más rigurosa en Mondrian: «las cualidades que se atribuyen al sílex, al plátano o a la muchacha, son los atributos del ángulo recto». El ángulo recto sostiene el espectáculo de la llamada realidad. Lo que vemos es una apariencia: abajo están los arquetipos, las formas básicas, el verdadero aunque escondido sustento de la realidad. Estos ejemplos muestran la extraordinaria proximidad de las nociones de *arquetipo* y *modelo interior*. Por lo demás, ¿puede llamarse figurativos —en el sentido en que lo son un Magritte o un Dalí— a pintores como Arp, Picabia, Sophia Tauber y aun Miró y Tanguy? No, a mi juicio la diferencia entre una tendencia y otra consiste en lo siguiente: para los surrealistas la noción de *modelo interior* es pasional y subversiva: se trata de cambiar la realidad; para los pintores abstractos, el modelo interior se convierte en un arquetipo ideal. El último arte idealista de Occidente ha sido la primera pintura abstracta.

Las afinidades del surrealismo con el segundo momento de la pintura abstracta, es decir, con el expresionismo-abstracto norteamericano y con el tachismo e informalismo, son de índole distinta. Lo que los acerca no es tanto la idea del *modelo interior* como la posición privilegiada de la subjetividad pasional, el recurso al automatismo, a la inspiración y al azar. Esta semejanza recubre, de nuevo, una diferencia: el automatismo surrealista está al servicio de la imagen, la función del gesto es provocar la *aparición*; entre los norteamericanos el mismo gesto cambia de dirección y busca la destrucción de las imágenes. El segundo arte abstracto busca *un más allá* de la imagen. El surrealismo quiso llevar el lenguaje a sus extremos: la metáfora y el juego de palabras; el expresionismo-abstracto hace del lenguaje un grito —o un silencio. En el caso de Gerzso el tránsito de la figuración no implica ruptura con el surrealismo. La noción de *modelo interior* deja de ser explícita, pero no desaparece, y el automatismo sigue siendo un recurso esencial del pintor. Por supuesto, sería absurdo tratar de encerrar a Gerzso en una escuela o en una fórmula: Gerzso es Gerzso y nada más.

Más que un sistema de formas, la pintura de Gerzso es un sistema de alusiones. Los colores, las líneas y los volúmenes juegan en sus cuadros el juego de los ecos y las correspondencias. Equivalencias y diferencias, llamados y respuestas. Pintura que no cuenta pero que dice sin decir: las formas y colores que ve el ojo señalan hacia otra realidad. Invisible pero presente, en cada cuadro de Gerzso hay un secreto. Su pintura no lo muestra: lo señala. Está más allá del cuadro. Mejor dicho: *detrás* del cuadro. La función de esas desgarraduras, heridas y oquedades sexuales es aludir a lo que está del *otro* lado y que no ven los ojos. Por eso, como dice acertadamente Cardoza y Aragón, la pintura de Gerzso «no representa pero significa». ¿Qué significa? Aquello que está más allá de ella misma y que no puede reducirse a conceptos. Al llegar a este punto la crítica pictórica —la traducción en palabras— se transforma en creación poética: el cuadro es un trampolín para saltar hacia la significación que la pintura emite. Una significación que, apenas la tocamos, se deshace.

Los títulos de muchos de los cuadros de Gerzso aluden a paisajes de México y Grecia. Otros, a espacios más bien imaginarios. Paisajes-mitos y no paisajes míticos. Todos ellos revelan la sed de *otro* espacio del pintor-poeta. No el espacio interior de un Michaux, que es el espacio de las apariciones, sino un espacio que se extiende y se desenrolla o se enrolla, se despliega, se parte y se reparte y se reúne consigo mismo, un espacio-

espacios. La sed de espacio a veces se vuelve violencia: superficies desgarradas, laceradas, hendidas por un frío ojo-cuchillo. ¿Qué hay detrás de la presencia? La pintura de Gerzso es una tentativa por responder a esta pregunta, tal vez la pregunta clave del erotismo y, claro, raíz del sadismo. Violencia pero, en el otro extremo, la geometría, la búsqueda del equilibrio. Cada cuadro tiende a inmovilizarse no en el reposo sino en una tensión: pacto de muchas fuerzas adversas, convergencias, nudos magnéticos. Pintura-balanza, mundos sorprendidos en un instante de extraño equilibrio, pintura en mitad del tiempo, suspendida sobre el abismo, pedazo de tiempo vivo. Pintura-antes-del-acontecimiento, antes-de-lo-que-va-a-venir. Expectación, pintura más allá del espectáculo, al acecho ¿de qué? Esta pintura tan rigurosa y exquisitamente pintura reposa sobre una hendidura de tiempo. Geometrías de fuego y hielo construidas sobre un espacio que se desgarra: abolición de las leyes de la gravedad.

México, enero de 1973

[«Gerzso: la centella glacial» se publicó en *El signo y el garabato*, Joaquín Mortiz, México, 1973.]

Rostros de Juan Soriano

EN 1941

Cuerpo ligero, de huesos frágiles como los de los esqueletos de juguetería, levemente encorvado no se sabe si por los presentimientos o las experiencias; manos largas y huesudas, sin elocuencia, de títere; hombros angostos que aún recuerdan las alas de petate del ángel o las membranas del murciélago; delgado pescuezo de volátil, resguardado por el cuello almidonado y estirado de la camisa; y el rostro: pájaro, potro huérfano, extraviado. Viste de mayor, niño vestido de hombre. O pájaro disfrazado de humano. O potro que fuera pájaro y niño y viejo al mismo tiempo. O, al fin, simplemente, niño permanente, sin años, amargo, cínico, ingenuo, malicioso, endurecido, desamparado.

Niño viejo, petrificado, inteligente, apasionado, fantástico, real. Niño consciente de su niñez, arrepentido de su niñez, arremetiendo sin compasión contra su niñez, armado de todas las armas de los adultos y sin ninguna de sus hipocresías, virtudes y niñerías: no conoce el instinto de conservación. (Instinto que no nace con el hombre: lo crean las esperanzas, las ambiciones, los miedos, los triunfos, los años.)

Con la crueldad y el candor arrojado de los niños y la experiencia cautelosa de los viejos, hiere a su niñez. De la herida brotan seres misteriosos: «changos» con algo de niños, casi a punto de hablar; «niñas de vecindad», petrificadas o danzando penosamente en un aire sólido que las ahoga; flores de papel, frutos de piedra; animales fraternales y consanguíneos: moscas, camaleones, pequeños reptiles, pájaros, ardillas; puertas de madera —¿qué infancia triste, qué lágrimas o qué soledad hay detrás de ellas?— y barandales y corredores por los que corren niños solitarios, siempre a punto de caer en el patio.

Entre su obra y el que la contempla se crea un contacto, un choque, a veces una repulsa, y siempre una respuesta. Su dibujo es en ocasiones ríspido, angustioso; sus colores, en otras, agrios. ¿Qué busca o expresa? ¿Busca esa niñez que odia, como el enamorado que se golpea el corazón? Revela una infancia, un paraíso, púa y flor, perdido para los sentidos y para la inteligencia, pero que mana siempre, no como el agua de una fuente, sino como la sangre de una entraña. Nos revela, y se revela a sí mismo, una parte de nuestra intimidad, de nuestro ser. La más oculta, mínima y escondida; quizá la más poderosa.

México, agosto de 1941

EN 1954

Ante esta nueva exposición de Juan Soriano, los más se dicen: ya es otro, nos lo han cambiado. Y es cierto: Juan Soriano ya es otro. Pero este cambio no es una renuncia ni una abdicación. El pintor no reniega de su obra ni de sí mismo. Esto que es hoy, no sería si no hubiese sido lo que fue. La obra de ayer, el ser que fuimos, es siempre un punto de partida para alcanzar al ser que somos, la obra que seremos. Por fidelidad a sí mismo, Soriano se escapa de sí, de la forma en que se había inmovilizado y que ya era prisión.

Juan Soriano, el pájaro entumido de ayer, se ha echado a volar. Está en pleno vuelo. Al verlo perderse entre nubes que flotan como un archipiélago, reaparecer en un recodo del cielo, volverse a perder en un golfo azul, nos preguntamos: ¿caerá, regresará, se romperá las alas, lo quemará el sol? Y mientras nos hacemos estas preguntas, el poeta, el pintor, va dejando caer sus cuadros, como quien deja caer frutos cortados en la altura: el torso roto del mar, un pedazo de cielo campestre donde «pace estrellas» el toro sagrado, un manojo de serpientes solares, la isla de Creta, otra isla sin nombre, un fragmento de sol, otro fragmento de otro sol, el mismo sol, el sol. El amarillo triunfa; el azul edifica palacios verdes con manos moradas; el rojo se extiende como una marea de gloria; el amarillo de nuevo asciende como un himno. Oleadas de vida, oleadas de muerte cálida. La materia es dichosa en su esplendor perecedero, el espíritu se baña en la dicha solar de este minuto. Hermosura del instante, máscara del día cuajada en transparencia y temblor detenido. Una gota de agua resbala sobre la piel color de astro. Veo a través del instante un remolino dorado de formas que se hunden y resurgen más tarde como cabelleras o espigas, columnas o cuerpos, peces o dioses. ¿Y hemos de morir, ha de acabar este minuto que late como un corazón? La muerte nos mira; su mirada es terrible, pero no se burla ni nos aplasta. El fuego y el agua se mezclan. El surtidor solar no cesa de manar. Apenas caben en el cuadro tantas riquezas: ¿estallará esta pintura en una explosión de vida?

Soriano vuela, Soriano navega. También excava, minero. No extrae ídolos de nariz rota, ni sortijas mágicas, ni piedras grabadas. No es arqueólogo. Cava en sí mismo y tras años de sequía y aridez, poco a poco encuentra su verdad —la vieja verdad, que no le pertenece porque es de todos y no hay nada *personal* que decir ni que pintar: el mundo existe, la muerte existe, el hombre es pero también no es, el mar es el mar y una manada de caballos, podemos bañarnos en el fuego, estamos hechos de agua y tierra y llama. Y de aire, de espíritu que sopla y hace vivir las formas y las cambia. Todo es metáfora: le nacen alas a la serpiente, el león de piedra es ya un incendio que es un león, las espumas cuchichean y dicen algo que no es distinto al silencio de las estrellas, la muchacha que soñamos anoche aparece en la esquina, todo es real y está bien instalado en su realidad, todo está dispuesto a cambiar. Soriano ya es otro; ya es, al fin, *él mismo*. Ha descubierto el viejo secreto de la metamorfosis y se ha reconquistado.

Vuelvo el rostro: no hay nadie. El pintor ha desaparecido. Algunos esperamos, confiadamente, su regreso.

México, enero de 1954

[«Rostros de Juan Soriano» se publicó en *Las peras del olmo*, UNAM, México, 1957.]

Una exposición de Juan Soriano

El lenguaje de la pintura, como todo lenguaje artístico, es intraducible. Lo que nos dice un cuadro está a la vista: son formas y colores. Pero hay algo más: la pregunta que nos hace, la visión que nos impone, el secreto que nos revela o el puente que nos tiende para que penetremos en esta o aquella realidad. O sea lo que, con cierta vaguedad, llaman el significado. Sólo que el sentido de una pintura no se puede reducir ni a palabras ni a conceptos; la obra apunta siempre hacia un más allá (o un más acá) que es indecible con las palabras. Los cuadros, como los poemas, se explican por sí mismos. Para dialogar con nosotros no necesitan de intérpretes: basta con verlos. La conversación es directa, sin intermediarios y sin palabras, como en el amor y en otros actos decisivos del hombre. Asunto de ojos: todo es mirar y dejarse mirar. Así pues, la misión del crítico no consiste tanto en explicar una obra como en acercarla al espectador: limpiar nuestra vista y espíritu de telarañas, colocar el cuadro bajo la luz más favorable. En suma, poner a uno y otro frente a frente: invitar a la contemplación, provocar el encuentro silencioso. Todo lo demás —lo que suscita en nosotros el cuadro— no pertenece al dominio de la crítica propiamente dicha sino al de la recreación artística. Es nuestra respuesta a lo que nos dice el artista. Y en la profundidad, riqueza o autenticidad de esa respuesta reside la eficacia de la obra de arte, su fertilidad.

Pocos pintores mexicanos provocan en mí la diversidad de respuestas que la obra a un tiempo cambiante y fiel a sí misma de Juan Soriano. En dos ocasiones, en 1941 y en 1954, he tratado de fijar en unas cuantas palabras apresuradas su imagen. No me propuse opinar sobre su arte ni tampoco aludir a lo que me parece significar. La crítica no es mi fuerte. Quise responder a una descarga con otra, oponer la velocidad de la palabra a la inmovilidad fascinante de la representación pictórica. Hoy, a más de veinte años de mi primer texto, siento el mismo entusiasmo ante la obra y la misma imposibilidad crítica para juzgarla.

Hace unos días fui a su estudio y el pintor *desplegó* (ésa es la palabra, como si se tratase de un abanico o de una capa de torear) un conjunto de cuadros —los mismos que expone ahora en la Galería Misrachi— con un tema único y múltiple. Abanico: sucesión rápida o lenta de paisajes, escenas, cuerpos, rostros, realidades que aparecen y desaparecen con la precisión y la lejanía —están allí, a la mano, y son intocables— de las visiones que nos regala la memoria involuntaria en ciertos momentos excepcionales. Visiones que van de la atracción al horror y de las cuales no podemos apartar los ojos. El abanico se abre y un mundo, hecho de muchos mundos, nos revela sus entrañas; después, con un golpe seco, la mujer lo cierra. No queda nada salvo una vibración, un eco negro, rosa y otra vez negro. Las visiones se resuelven en ceguera, las presencias se disuelven en la memoria. Esa mujer que abre y cierra el abanico con una gracia no exenta de ferocidad, esa mujer sin edad (las tiene todas y en un instante pasa de la vejez a la adolescencia), ¿quién es? Antes de que pudiese responder a esta pregunta, sobrevino la imagen de la capa de torear: un hombre solo, desarmado, en el centro de un circo inmenso y sin espectadores, aguarda un toro fantasmal, hecho de humo y pensamiento. ¿Espera su muerte, lucha contra sí mismo o contra los espectros de su pasado? La visión del abanico que abre y cierra una mujer y la de la capa que un hombre despliega en una plaza solitaria se funden en una sola frase, compuesta por tres palabras: mujer, muerte, memoria.

Quizá lo primero que debería haber dicho es que la actual exposición de Soriano está compuesta por una serie alucinante de retratos de una mujer también alucinante: Lupe Marín. No faltará quien defina (y condene) estas obras como un inesperado paso atrás, una vuelta al arte tradicional. Las definiciones son engañosas. La pintura de Soriano (la de hoy como la de ayer) es tradicional en un sentido muy distinto al del mero regreso a las formas y procedimientos del pasado. Lo que se propone el pintor, sirviéndose de todos los medios a su alcance, es una exploración de la realidad. No es un azar que Lupe Marín sea su modelo, real o imaginario. Lupe pertenece a la realidad y a la mitología del México contemporáneo. Diego Rivera la retrató muchas veces. En sus grandes composiciones murales aparece como símbolo de la tierra o el agua; y en óleos memorables el artista nos dio varias imágenes de la persona real. Pero siempre, símbolo o realidad, Diego retrata a Lupe como lo que es, lo único que es, esta persona única: la mujer. Con una libertad mayor que Diego Rivera, con más crueldad pero también con más ternura, Soriano pinta ahora a Lupe. La pinta con pinceles fanáticos, con el rigor del poeta ante la realidad cambiante de un rostro y un cuerpo, con la devoción del creyente que contempla la figura inmutable de la deidad. Movilidad y permanencia. Lupe aparece en muchos tiempos y manifestaciones de su existencia terrestre (cada instante es una encarnación diferente) y toda esa pluralidad contradictoria de rostros, gestos y actitudes se funde, como en la imagen final del abanico, en una visión inmóvil, obsesionante: Lupe-Tonantzin.

Más que un grupo impresionante de retratos, más que los resultados de una experiencia pictórica total y encarnizada, Juan Soriano nos presenta las visiones o, mejor dicho, los momentos visionarios de una obsesión. Su modelo (mitad real, mitad soñado) es un arquetipo antiguo como el hombre. Se llama Mujer y también se llama Muerte. En un mundo que ha olvidado casi por completo el sentimiento de lo que es sagrado, Soriano se atreve, con un gesto en el que el sacrilegio es casi inseparable de la consagración, a *endiosar* a la mujer. Acto de fe y, asimismo, acto de desesperación. ¿No es la mujer, a pesar de ella misma, la única *realidad* que podemos tocar los hombres modernos, la única ventana que se abre hacia el *otro lado* de la existencia? Cubierta de joyas centelleantes, vestida de colores violentos como una tempestad en agosto, las manos terribles y finas (caricia o sacrificio), los ojos translúcidos (ojos que no reflejan nada sino nuestra propia avidez), la frente llena de pensamientos que nunca adivinaremos, la boca sabia en monosílabos angustiosos y ambiguos, la mujer aparece y desaparece como las figuras del abanico que se abre y se cierra. Después no hay nada: la no-visión, el vacío impenetrable. Y en el centro de sí mismo, como si estuviese en el centro de un desierto, un hombre a solas con su memoria.

La exposición de Soriano no nos revela a un gran pintor. Hace mucho que Soriano lo es. Y no deja de ser significativo que uno de los primeros en afirmarlo haya sido el mismo Diego Rivera, como si hubiese presentido que su experiencia pictórica alguna vez se cruzaría en un punto magnético con la de Soriano. Tampoco vale la pena repetir que su pintura pertenece a la tradición verdadera de nuestros pueblos, corriente subterránea que surge de pronto, en momentos de gran sequía, como un manantial inesperado (a veces se llama Tamayo, otras Lam...) Monumento levantado a la mujer en su ambigüedad esencial, presencia y vacío, estas obras de Soriano (óleos, acuarelas, dibujos y una escultura) son también

Arte contemporáneo

un canto y un desafío al tiempo, a la realidad espectral del mundo. Lo tocamos, lo acariciamos y pulimos largamente, y al cabo sólo nos queda entre las manos el hueco de una forma. Con esos restos irreales el hombre crea su propia, instantánea, precaria realidad: las obras de arte.

México, 22 de julio de 1962

[«Una exposición de Juan Soriano» se publicó en *Puertas al campo,* UNAM, México, 1966.]

Juan Soriano

AGUA AZUL[1]

Regreso a Guadalajara después de muchos años de ausencia. Naturalmente, me han sorprendido sus cambios: son muchos y notables. Como todos los de las grandes ciudades modernas, unos han sido maravillosos y otros, la mayoría, deplorables. Mientras reflexionaba sobre la suerte de las ciudades en este fin de siglo, alcé los ojos y vi el cielo de Jalisco: no ha perdido su azul ni ha cesado de producir, con infinita constancia y no menos infinita fantasía, nubes y más nubes. Cada una es distinta y todas son la misma. Diaria y admirable lección de la naturaleza: sus cambios son repeticiones y sus repeticiones, cambios. El secreto de la inagotable creatividad de la naturaleza es muy simple y nosotros no deberíamos olvidarlo nunca: la invención no es la enemiga sino el complemento de la tradición. Los viejos tratados de estética decían: si quieres crear como los antiguos debes, primero, aprender a imitarlos.

Hablar de tradición y creación, imitación e invención, es una buena manera de comenzar a hablar de Juan Soriano. Su obra es la afortunada fusión de las tres potencias del arte: la tradición, la fantasía poética y la imaginación visual. La tradición es la herencia, no recibida como dádiva sino reconquistada; la fantasía es el soplo que anima aquello que vemos con los ojos abiertos o cerrados; la imaginación es la facultad que concibe las formas en que encarnan los fantasmas de la fantasía. La unión de tradición e invención es semejante al diálogo, a veces resuelto en abrazo y otras en discordia, entre el agua y el cielo. Para expresar con claridad y brevedad la índole de ese diálogo, me serviré de dos palabras que me impresionaron mucho cuando yo era niño. Aunque nací en México, mis abuelos paternos

---

[1] Palabras en un homenaje a Juan Soriano, Guadalajara, 9 de septiembre de 1987.

eran tapatíos de vieja cepa; en mi casa se hablaba con frecuencia de Guadalajara, y entre los lugares que se mencionaban con mayor entusiasmo
había uno que, literalmente, me encantaba: el parque de Agua Azul. Lo
soñé como un manantial de agua pura en el centro de una espesura verde
de plantas y árboles paradisiacos. *Agua azul:* al oír estas dos palabras yo
pensaba en una agua celeste o en un cielo acuático. La primera: una imagen congelada del tiempo; el segundo: una imagen del cielo hecho agua,
la eternidad devuelta al tiempo. Entre estos dos extremos vive el arte de
Soriano.

Para mí es imposible hablar de la pintura de Juan Soriano sin hablar
de su persona. Son realidades distintas pero inseparables. Lo conocí hace
más de cuarenta años, recién llegado de Guadalajara. Me deslumbró inmediatamente. Sentí que era un ser venido de muy lejos. No de otro planeta
sino de las profundidades del tiempo. Un ser muy antiguo y, simultáneamente, muy joven. Un muchacho de mil años, un viejo de veinte. Venía
de la antigüedad más antigua y había nacido apenas ayer. ¿A qué se parecía —a qué se parece— Juan Soriano? He dudado en el tiempo del verbo
—parecía o parece— porque en su persona el ayer es hoy y el hoy es la
máscara del haber sido. Soriano es una paradoja andante y, sorpresa mayor, una paradoja que pinta y que habla. Pinta como habla y habla como
pinta: con desenfado, con gracia, con arco iris y con noches, con amane-
ceres, con desesperación, con alegría, iluminado a ratos y a ratos oscuro,
a veces carcajada, otras aullido, otras serena sonrisa... Ya he contestado a
mi pregunta: Soriano se parecía y se parece al cohete. Es un disparo que
perfora el cielo nocturno, una centella que rasga la sombra, una exhalación que asciende y se deshace en una lluvia de astros diminutos de todos
los colores que arden, brillan y caen en la vasta noche del origen. Soria-
no-cohete y Soriano-nube de luciérnagas en la luz dudosa del atardecer.

Soriano pinta como habla y habla como llama. Parpadeo de la llama
rodeada de sombra: la pintura de Soriano es la pregunta silenciosa que la
llama hace a la sombra, la conciencia al tiempo. Es la pregunta perpetua
del hombre ante la vida, los años, los días, el instante, los otros cuerpos,
las otras almas. Pero en esa pregunta está ya dibujada, con tinta invisible, la
respuesta: la obra de arte no es sino vida resuelta en forma, tiempo transfigurado. La respuesta de Soriano es su obra y su obra no es sino una variación más, única y sorprendente, de la respuesta inmemorial que da la
vida a la vida.

México, 1987

HISTORIAS DE AYER

Nos hemos reunido para recordar la exposición de retratos y estudios de Guadalupe Marín del pintor Soriano. La exposición tuvo lugar en la Galería Misrachi, en 1962. Se trata de un hecho artístico que, como todos los que de verdad cuentan, fue tanto una consecuencia de la evolución personal de Soriano como de ciertos cambios en el arte de México durante esos años. Así pues, hay que situar esa exposición en su momento histórico. Es lo que me propongo hacer, muy brevemente. En «El precio y la significación», un ensayo de 1963, recogido en *Los privilegios de la vista,* he tratado el tema con cierta extensión.[1] Repetiré un poco lo que ahí digo pero añadiré unas cuantas cosas.

Los cambios se iniciaron, en el dominio literario, hacia 1949. En los años siguientes, entre 1950 y 1960, aparecieron algunos libros de poesía, algunos ensayos y algunas novelas y cuentos que transformaron decisiva e irrevocablemente a la literatura mexicana. Al mismo tiempo, surgieron varios pintores cuya obra rompía abiertamente con la tradición del muralismo y con el arte ideológico y político. Dos hechos contribuyeron al gran cambio. El primero fue la publicación de la *Revista Mexicana de Literatura,* dirigida por Carlos Fuentes y Emmanuel Carballo en su primera época (en la segunda participaron Tomás Segovia, Juan García Ponce, José de la Colina y otros). En sus páginas se dio a conocer la joven literatura mexicana y la literatura viva del mundo; además, comenzó una crítica del «arte comprometido» y del «socialismo real» que, veinte años después, se continuaría con mayor claridad y decisión en *Plural* y en *Vuelta.* El otro hecho fue la fundación del grupo teatral Poesía en voz alta, origen del teatro contemporáneo de México, algo que con frecuencia callan nuestros desmemoriados críticos y cronistas. En esa gran explosión que fue Poesía en voz alta, Juan Soriano tuvo una responsabilidad y una participación esenciales.

Durante esos años los escritores y los pintores tuvieron que enfrentarse a dos dogmatismos que muchas veces se presentaban juntos: el nacionalismo y el «realismo socialista». Ambas tendencias se habían convertido en catecismos ideológicos y en recetarios artísticos. Una variante del «realismo socialista», en boga entonces, fue el «arte comprometido», que era una simplificación de las ideas de Sartre sobre este asunto. Hay que

---

[1] Véase en este volumen, pp. 709-725.

decir que esas ideas, por su vaguedad, se prestaban a las simplificaciones. Los escritores del grupo Contemporáneos habían sido las primeras víctimas de los doctrinarios y sus alguaciles; unos se habían refugiado en sus casas y otros en las oficinas de la alta burocracia (Novo en el periodismo). Algunos entre ellos callaron, otros continuaron su obra, como Pellicer, con gran talento pero sin cambios notables. El país de las letras se había transformado, después de las agitaciones de años anteriores, en una monarquía constitucional, regida por un gran y afable escritor: Alfonso Reyes. Un régimen civilizado y tolerante pero blando. A fuerza de condescendencia sonriente Reyes había perdido el gusto por la crítica. No nos defendía, a los independientes, de las ofensas y los atropellos de los sectarios como, antes, tampoco había defendido a los Contemporáneos. Más bien ocurrió lo contrario: teníamos que defenderlo de los pinchazos y mordeduras de los fanáticos. En las artes visuales la situación era distinta: allá las cabezas eran dos tribunos intolerantes, Rivera y Siqueiros, rodeados de una milicia de críticos y publicistas rígidos y ríspidos. Sin embargo, frente a los tribunos y su demagogia había surgido una figura excepcional, por su talento y por la novedad de lo que hacía: Rufino Tamayo. Naturalmente, Tamayo no fue el único artista independiente y apenas si debo recordar a Mérida, Castellanos, María Izquierdo, Rodríguez Lozano y otros. Pero la gran rebelión estética y la renovación más profunda y radical estaba representada por la figura de Tamayo, el solitario, que vivía en el extranjero.

Yo trabé amistad con Rufino y Olga en Nueva York, en 1945; después en París, en 1949, continuó nuestra relación. Descubrí que, a pesar de pertenecer a una generación anterior a la mía, nos unían ciertas coincidencias en materia estética que eran, en realidad, hondas afinidades. Colaboré activamente en la organización de su primera exposición en París, en 1950. Pedí y obtuve los dos textos de presentación, uno de André Breton y otro de Jean Cassou, que aparecieron en el catálogo y que fueron una consagración internacional de su obra. Por cierto, me costó trabajo convencer a Breton. Admiraba a Tamayo pero no quería figurar en un catálogo que también firmaba Jean Cassou, al que tildaba de estalinista. Por fortuna, precisamente Cassou acababa de romper con los comunistas y había defendido a Tito, excomulgado como traidor en esos días. Esto bastó para que Breton cediese y nos entregase a Benjamin Péret y a mí su texto. Por mi parte, escribí un largo ensayo publicado en *Ars* de París, *Sur* de Buenos Aires y en el suplemento que dirigía Benítez en *Novedades* de México. En esas páginas intenté situar la pintura de Tamayo frente a la estética de los muralistas. Creo que es el primer ensayo sobre este tema; los otros de distintos críticos y escritores, entre ellos uno excelente de Villaurrutia, se refieren exclusivamente a la pintura de Tamayo, sin relacionarla con el pasado inmediato ni verla en su contexto histórico. Recuerdo todo esto porque son hechos que con frecuencia se ocultan o se desfiguran. Algunos y algunas de los que ahora exaltan a Tamayo, son los mismos y las mismas que en aquellos años nos denunciaban, a él y a sus amigos, como «arte puristas» reaccionarios y cosmopolitas decadentes. Aplaudo que hayan cambiado de parecer pero creo que nos deben una explicación. Si es de sabios cambiar de opinión, es de engreídos e impenitentes no confesarlo... En fin, estos rápidos apuntes pueden dar una idea de la atmósfera que respiraba el joven Soriano al despuntar esa década.

En el otoño de 1952 fui trasladado de Tokio a Berna (era entonces segundo secretario del Servicio Exterior de México). Decidí detenerme por unos pocos días en Roma y visitar a un amigo que admiraba y al que no veía desde hacía diez años: Juan Soriano. En otro lugar he contado cómo nos conocimos en 1938, él recién llegado de Guadalajara y yo de regreso de España y su guerra. Nuestro breve encuentro en Roma fue memorable por varias razones. Él había sido testigo de la lenta desecación de la vida artística de México: los poetas ahogados en una alambicada retórica de reflejos, imitándose a sí mismos y a sus predecesores inmediatos; los novelistas presos en un falso realismo nacionalista hecho de situaciones, personajes y paisajes convencionales; los pintores doblemente paralizados por la estética estridente y machacona del arte ideológico y por las recreaciones anémicas de un costumbrismo no menos falso que el realismo de los novelistas; los intelectuales repitiendo fórmulas ideológicas y estereotipos sentimentales, costra y cáscara progresista de lo que había sido la Revolución mexicana. Todo esto lo había impulsado a salir para respirar aire fresco en Europa. Experiencias semejantes me habían llevado a dejar el país en 1943. Esos años de ausencia fueron los de un cambio radical en mis creencias y gustos estéticos, así como en mis convicciones y actitudes morales y políticas. Mi estancia en Nueva York me había abierto los ojos ante la gran aventura del arte moderno durante la primera mitad del siglo; en París había participado en el periodo final del surrealismo y en las grandes discusiones filosóficas y políticas de la segunda posguerra; había explorado otros territorios poéticos y unos meses antes de mi llegada a Roma había aparecido un pequeño libro mío: *¿Águila o Sol?*; por último, regresaba de la India y de Japón. Después de este apresurado recuento es fácil comprender la emoción que sentimos al volver a vernos.

Durante nuestros paseos en aquel otoño de Roma —apenas frío y apenas dorado— conversamos largamente acerca de la situación en México y de las novedades artísticas europeas y norteamericanas. En esos años triunfaba en París el «abstraccionismo lírico», llamado también «pintura informal», que era una variante un poco endulzada del áspero expresionismo-abstracto de Nueva York. Nunca fui muy partidario del abstraccionismo —aunque siempre he admirado a Kandinsky y no dejan de impresionarme algunos de los pintores «gestuales» norteamericanos— pero en aquellos años me entusiasmaba —y todavía me conmueve— una lección del arte moderno que puede condensarse así: el artista digno de este nombre debe *arriesgarse*. (Precisamente, la situación del arte contemporáneo en Nueva York y en los otros centros mundiales hoy me desazona porque ha desaparecido casi totalmente la noción de *riesgo*. Triunfo del mercado: el precio en lugar de la significación.) Es difícil evocar en unas cuantas frases aquellas horas exaltadas. Recuerdo mi entusiasmo, tal vez un poco misionero y un mucho porfiado; recuerdo también, y sobre todo, la inteligencia eléctrica de Juan Soriano y su risa, a ratos sardónica y otras magnética. Al año siguiente, en 1953, regresé a México. Comenzó entonces un combate que aún no ha terminado y uno de cuyos protagonistas cardinales ha sido y es Juan Soriano. Él regresó al año siguiente y ese mismo año, en 1954, presentó una exposición en la Galería de Antonio Souza, compuesta por una serie de cuadros luminosos, casi todos inspirados por un viaje que había hecho a Creta, antes de volver a nuestro país. Fue su segundo nacimiento de pintor.

Antes de seguir, conviene recordar que la Galería de Antonio Souza fue uno de los centros del arte vivo de esos años. En sus salas expusieron, además de Soriano, pintores como Cuevas, Lilia Carrillo, Felguérez y, si no me equivoco, Gerzso y Gironella. Y allí expuso, por última vez, antes de morir, Wolfgang Paalen. La exposición de Soriano fue un estallido de luz, colores y formas encendidas. Pasión y poesía. Creo que fue uno de los grandes momentos de su pintura y uno de los grandes momentos de la pintura de esa década tan rica en obras y personalidades. Cuadros como grandes abanicos de luz: *Apolo y las musas* (dos versiones), serpientes marinas y astrales, toros, peces, ciclistas, hélices, ruedas, cohetes —y la presencia de las dos grandes fuerzas cósmicas, el mar y el sol. En los años siguientes continuó con una sucesión de obras deslumbrantes. Pienso en el escultor: es un escándalo que no se haya reparado como es debido en este notable aspecto de su trabajo. Pienso igualmente en el animador de Poesía en voz alta, no sólo en el director artístico sino en el cable de alta tensión que fue Soriano en la vida del grupo. Éstos son los antecedentes de la exposición que hoy recordamos gracias a la publicación del libro *Retratos y visiones*.

Al finalizar el año de 1959 volví a dejar México. Regresé, por dos semanas, en 1962. Llamé inmediatamente a Juan y él, a los pocos días, me llevó a su estudio para mostrarme los retratos de Lupe Marín que había hecho en los últimos meses. Al verlos, sentí de nuevo la gran emoción que había experimentado en 1954, aunque la nueva serie de cuadros era muy distinta. No el mar ni el sol del Mediterráneo: la desnudez del altiplano de México y sus cielos altos. Precisión del dibujo, geometría y equilibrio, casi escultóricos, de los volúmenes. No una fiesta como la de 1954 sino algo más hondo y complejo: un ritual. Por una parte, una encarnizada investigación plástica y psicológica de una persona viva que era asimismo un personaje legendario: Lupe Marín; por otra, la investigación transformada en una serie de imágenes que no hay más remedio que llamar litúrgicas. Composiciones, descomposiciones y recomposiciones de una figura femenina; en el transcurso de esas metamorfosis, aparecían (aparecen) distintas revelaciones del ser profundo de la mujer. Revelaciones del fondo psíquico del que brotan los fantasmas, los mitos enterrados y los arquetipos. Contemplar esos cuadros era (y es) participar en un ritual. El viejo misterio de la mujer desvelado y vuelto a velar: pintura de enigmas visibles y palpables. Iconos sacrílegos.

México, 1989

[«Juan Soriano» se publicó en *Al paso*, Seix Barral, Barcelona, 1992.]

Un nuevo pintor: Pedro Coronel

La creación artística es aventura. El primer verso, la primera pincelada, son un primer paso en lo desconocido. Paso siempre irreparable, siempre imborrable. Nunca es posible regresar al punto de partida. Atrás y adelante se abren abismos. Y no hay nada en torno nuestro, excepto el espacio ávido, el silencio de la página o del lienzo en blanco. Pero el artista verdadero presiente cuál es su destino final. Le basta cerrar los ojos para recordar: allá lejos los colores cantan y las formas se unen o separan —bosque de humo, ciudad de niebla, mujer de bruma—, deshechos apenas las manos los rozan. Crear es poblar el mundo vacío con esas imágenes un día entrevistas y que sólo cesan de perseguirnos cuando encarnan en un cuadro o en un poema.

Asistimos hoy a una nueva aventura. Tras diversos titubeos ante lo *conocido-desconocido* que lo fascina, Pedro Coronel se ha arriesgado a dar el primer paso. Y ya no podrá retroceder. Sin duda él sabe mejor que nosotros adónde quiere ir y qué le espera al final de su viaje. Pero los cuadros que ahora expone nos dicen ya que se dirige hacia sí mismo, hacia su propia verdad, esa verdad que no será del todo suya hasta que él mismo no se confunda totalmente con ella.

Pintura solicitada por muchas tentaciones, sensibilidad —o mejor: sensualidad, en la acepción más libre y salvaje del término— que no se rehúsa a las experiencias más contradictorias; asimismo, pintura que poderosamente tiende a una síntesis de todo lo aprendido y todo lo soñado; sensibilidad que no teme ser habitada por presencias ajenas porque sabe que toda influencia, si lo es de verdad y la sufre alguien digno de ella, no es nunca un obstáculo sino un punto de partida. Si fuésemos críticos diríamos que Coronel está a la altura de sus modelos. Sólo que así habríamos dicho la mitad de la verdad. La otra la constituyen ese poder recreador de formas, ese gran apetito de mundo —espacios, colores, volúmenes, cosas tangibles— que delata siempre al pintor auténtico, esa valentía y arrojo con la materia y, en fin, esa inocencia apasionada. Pasión: palabra clave en el universo de Coronel. En su pintura reina la pasión. Frente al arte de propaganda y al arte abstracto, Coronel nos muestra que la verdadera fuente de la poesía y la pintura está en el corazón. Pasión se llama la fuerza que lucha contra la pesadez mineral de las grandes figuras que invaden algunas de sus telas; pasión lo que arde en sus colores hasta no ser sino un resplandeciente trozo de materia desollada, en un cielo deshabitado; y el lento movimiento de sus azules y rojos —cubriendo sus cuadros como un sol que extiende su plumaje en el centro del cielo, como un mar que despliega su manto hirviente sobre una playa de piedra— es pasión magnífica y suntuosa. Todas las reservas y las dudas del espectador desaparecen ante este candor poderoso. ¿Es necesario añadir que muy pronto Pedro Coronel será uno de nuestros grandes pintores?

México, 1954

[«Un nuevo pintor: Pedro Coronel» se publicó en *Las peras del olmo*, UNAM, México, 1957.]

Presentación de Pedro Coronel

La uniformidad empieza a ser una de las características del arte contemporáneo. El estilo absorbe a la visión personal: la manera congela al estilo; la fabricación, en fin, sucede a la manera. Se dirá que la situación no es nueva. Lo es para nuestra época. Durante más de cincuenta años el arte moderno no cesó de asombrar o de irritar; hoy, cuando logra vencer el cansancio del espectador, conquista apenas una tibia aprobación. A medida que disminuye el poder expresivo de las obras, aumenta el frenesí especulativo de la crítica. Todo se puede decir frente a obras que no dicen nada. Pero «decir todo» equivale a «decir nada»: la algarabía intelectual termina por fundirse con el silencio de los objetos.

Otro tanto ocurre con las denominaciones. A veces son meros rótulos; otras, como en el caso del expresionismo-abstracto o del «arte informal», el primer término niega al segundo: el resultado no es el sinsentido sino el contrasentido. Las significaciones se evaporan porque la realidad misma que se pretende designar se ha desvanecido. Los movimientos que fundaron el arte moderno eran realidades vivientes y por eso tenían *nombres* (algo muy distinto de las denominaciones): surrealismo, cable conductor de energía espiritual, puente suspendido entre este mundo y los otros; expresionismo, voluntad de estilo de la pasión; arte abstracto, búsqueda de los arquetipos, alquimia y geometría. Tránsito del nombre a la marca: del dadaísmo, sinsentido lleno de sentido, al «arte otro», significación insignificante.

En el pasado los objetos de uso (desde las casas hasta las prendas de vestir) eran durables; las obras de arte (desde los templos y palacios hasta los poemas) postulaban la inmortalidad. Hoy los objetos se consumen apenas se producen. Hannah Arendt señala que la idea de objeto (algo que se usa) desaparece, sustituida por la de alimento (algo que se consume).[1] Por el camino de la industria los objetos se han reintegrado al círculo vital, eminentemente animal: producción, consumo, producción. La degradación del objeto ha precipitado la de la obra de arte en artículo de consumo. No sólo la pintura y la escultura forman parte del proceso circular; también el cine y gran parte de la arquitectura, el teatro y la novela obedecen al ritmo biológico-industrial de producir para consumir y consumir para producir. Gracias al mercado, que unifica la variedad de los productos, el consumo se universaliza. La valía, aquello que hace único a cada producto, se transforma en el precio, esto es, en aquello que hace posible el intercambio de objetos diferentes.

Una de las intuiciones más asombrosas de los dadaístas, sobre todo frente a la ingenuidad de los futuristas italianos y rusos, consistió en su tentativa por interrumpir el proceso: crear o presentar objetos que negasen la idea de producción y consumo, obras que fuesen inasimilables y, literalmente, indigeribles.[2] La rebelión dadaísta no fue tanto un ataque a la producción artística como a la noción de consumo. Por eso fue una embestida contra el espectador, contra el público. Pero el dadaísmo afirmaba aquello mismo que negaba. La negación se operaba frente a un público: para privar al público del consumo era necesaria la presencia de los consumidores. Todo nihilismo es circular: la negación del público no podía ser sino espectacular. En los últimos años hemos presenciado tentativas aisladas de restauración dadaísta (máquinas de pintar y otras). Ninguna de ellas ataca la idea de consumo. La rebelión se transforma en pasatiempo.[3]

En una entrevista reciente en la televisión de Filadelfia, se preguntó a Marcel Duchamp sobre la actitud que deberían adoptar los artistas ante esta situación. Contestó sin vacilar: «desaparecer de la superficie, volver al *underground*». La dificultad estriba en que ya no hay *underground*. La sociedad moderna ha suprimido el arriba y el abajo, el aquí y el allá. No hay espacio. Nadie está solo pero tampoco nadie está acompañado. No hay *underground* porque no hay *ground*. La vida privada se ha vuelto la vida

---

[1] *The Human Condition*, 1958.

[2] Los orígenes del dadaísmo son alemanes, franceses y angloamericanos. El futurismo nació en países sin técnica o con una incipiente (Italia y Rusia).

[3] La máquina que se destruye a sí misma, gran hallazgo de los neodadaístas en los días en que escribí esta nota, se ha convertido ahora en un juguete que las tiendas de la Quinta Avenida venden a un dólar. El proceso circular del mercado, que convierte en cosas a las obras de arte, hoy se cumple más fácilmente porque los artistas en lugar de hacer obras *patentan procedimientos*.

pública por excelencia. Nada está escondido pero nada está presente. La presentación simultánea de todos en un mismo espacio anula la presencia: todo es invisible.

Quizá la respuesta consiste en regresar a la obra. Este regreso implica un cambio en la actitud del artista, no sólo ante el mundo y sí mismo sino sobre todo frente a su trabajo. La obra sobrevive al mercado y al museo. También sobrevive al creador: «Todo poema se cumple a expensas del poeta». Me parece que ya empieza a ser visible este cambio en varios artistas jóvenes, franceses y extranjeros, que trabajan en París. Aunque no forman un grupo ni se conocen entre sí, todos ellos tienen nostalgia de la obra. No les interesa la producción de cuadros, sino la creación de un mundo dueño de su propia coherencia. Entre ellos se encuentra Pedro Coronel.

Este joven artista mexicano pinta porque se propone *decir.* Para Coronel la pintura es significación, esto es, materia transfigurada por la creación humana. Por otra parte, sabe que la significación, mejor dicho: las significaciones, no consisten en aquello que el artista quiere decir sino en lo que la obra realmente dice. Las significaciones brotan tanto de la voluntad del artista como de la del espectador: ambas se entrecruzan en la obra. Un poema, un cuadro, una escultura son lugares de encuentro, el espacio en donde las miradas se enlazan. No cualquier espacio sino el territorio de elección de la mirada, el campo de gravitación del *re-conocimiento.* La obra es ese lugar abierto que hace posible la conjunción de las miradas; pero es un lugar que nunca alcanzamos del todo: se abre a los ojos y no lo tocamos. Siempre más allá: la distancia constituye a la obra. Entre el artista y su cuadro, entre el cuadro y el espectador hay una barrera invisible que nadie traspasa. La obra tiene vida propia, una vida que no es la del artista ni la del que la mira; por eso puede ser contemplada indefinidamente por las sucesivas generaciones de los hombres. Los significados de la obra no se agotan en lo que significa para este o aquel. La obra se niega al consumo pero, gracias a la distancia, se abre a la comprensión.

No me propongo desentrañar lo que dicen las obras de Coronel. Sería presuntuoso. Además, los significados cambian. El sentido de una obra no reside en lo que dice la obra. En realidad ninguna obra *dice;* cada una, cuadro o poema, es un decir en potencia, una inminencia de significados que sólo se despliegan y encarnan ante la mirada ajena. Sin ojos que lo miren no hay cuadro. Y sin cuadro, sin esa potencialidad de significados que duermen en las formas, los ojos no tendrían, literalmente, nada que ver. Hacemos las obras y después ellas nos hacen. Coronel concibe la pintura como una constelación de significados, como un lenguaje. Sólo que se trata de un lenguaje que, apenas se constituye, apenas se transforma de materia bruta en materia animada, recobra su autonomía y se desprende del creador. Si Coronel no es un médium, es un medio. La pintura, la poesía, se sirven de Coronel para manifestarse. La relación de este artista con la pintura es erótica, mejor dicho: amorosa, en el sentido en que reconoce la existencia de la obra como una realidad autónoma. La obra no existe sin Coronel, pero sin la obra no existe Coronel. El cuadro le da (nos da) otra existencia. Si el espectador desea penetrar en la pintura de Coronel debe reproducir esta relación perpetuamente creadora. El secreto de una obra reside tanto en ella como en el que la contempla.

Coronel se inició como escultor. En 1946 vino a París por primera vez y desde esa época empezó a dedicarse más y más a la pintura. Esa primera visita le reveló el arte moderno. Como en el caso de Tamayo y Lam, el descubrimiento de la pintura universal le dio una comprensión más honda del arte de su pueblo. Coronel se dio cuenta muy pronto de que esa reconquista del pasado precolombino y de sus supervivencias no era sino un primer paso; el otro, el decisivo, consistía en penetrar en sí mismo. Así, el arte antiguo de México —escultura, arquitectura y los restos de la pintura— no es el punto de partida de la obra de Coronel. Aunque muchas de sus telas (no las mejores) muestran la influencia monumental y a veces abigarrada del arte antiguo de México, su inspiración viene de otra parte: su mundo personal, que es también el de su pueblo. Esa fuente, la misma que alimentó a mayas, toltecas, zapotecas y aztecas, no se ha cegado del todo. Está viva en las artes populares, en los trajes, en las costumbres y en las fiestas. Recubierta por el cristianismo y las ideologías modernas, fluye como una vena subterránea. Pero los ojos de Coronel no se detienen mucho en las apariencias. No le interesa el folklore local: busca la presencia secreta, la fuente escondida. Sus mejores cuadros no se parecen al arte antiguo ni al popular: son una resurrección, una convocación de fantasmas e imágenes análogos, aunque no idénticos, a los que desvelaron a los artistas precolombinos y a sus descendientes. Análogos porque brotan del mismo fondo; diferentes porque no son ya imágenes sagradas, revelaciones de poderes implacables, sino irrupciones, apariciones de los fantasmas que nos habitan. Esos fantasmas son los mismos para todos los hombres; y en cada hombre, en cada artista, encarnan de una manera diferente.

La actividad artística tiene una relación indudable con el exorcismo. El artista quiere deshacerse de sus obsesiones; en cuanto lo logra, advierte que se ha convertido en un hacedor de fantasmas. Pero la palabra *obsesión* no es la que conviene a la pintura de Coronel. Pasión: sensualidad, violencia, alegría solar y trágica, soberanía del rojo y el amarillo. Esa pasión también es melancolía, sentimiento agudo de la soledad y, como una flor inesperada, la presencia delicada de la muerte. La muerte transfigura a la pasión, le quita la venda de los ojos, le da lucidez y conciencia de sí misma. La pasión de Coronel es lúcida: se sabe mortal. Por eso quiere inmortalizarse, durar. No la inmortalidad del artista sino la de su pasión: a esto tiende toda obra. Doble metamorfosis: la pasión transfigura a los objetos que desea; el arte, la obra, transfigura a la pasión. Vía de salud: la obra no es un testimonio de la duración del artista sino de la permanencia de los hombres.

París, mayo de 1961

[«Presentación de Pedro Coronel» es un texto escrito a partir de la exposición de Pedro Coronel en la Galerie Le Point Cardinal, en París, en 1961. Se publicó en *Puertas al campo*, UNAM, México, 1966.]

Pedro Coronel

Siento doblemente la muerte súbita de Pedro Coronel: pierdo a un amigo y nos deja un artista que estaba en plena creación. Aún tenía mucho que pintar y esculpir... Conocí a Pedro en París, en 1946. Fuimos muy amigos y juntos descubrimos el arte moderno. Tal vez yo le ayudé un poco en esa búsqueda. En aquella época era sobre todo un escultor pero en esos años se inclinó más y más hacia la pintura, aunque sin olvidar nunca su primer oficio. Yo fui testigo y un poco cómplice de su gradual desprendimiento de la academia en que se había convertido el muralismo mexicano y de su búsqueda de un arte más suyo y personal. Sus años en París le ayudaron a encontrarse a sí mismo y a descubrir sus fuentes de inspiración, que a mi juicio fueron la escultura precolombina de México, Brancusi y algunos pintores de la escuela de París, entre ellos el surrealista Victor Brauner (también influido por el arte antiguo de México, especialmente por los códices).

En 1954 me tocó escribir la presentación de su segunda exposición en México. Me parece que Rulfo hizo la de la primera. Ese texto subrayaba lo que llamé su «candor poderoso». Años más tarde, en 1961, escribí el texto del catálogo de su primera exposición en París. Recuerdo particularmente esas páginas porque en ellas me atreví por primera vez a señalar el ocaso de la vanguardia, es decir, de lo que llaman los críticos norteamericanos el «modernismo» en la poesía y las artes, un tema que ahora está de moda en los Estados Unidos y en Europa.

En la historia del arte mexicano moderno la figura de Pedro Coronel tiene un lugar destacado: con él y con otros pintores de su generación, como Soriano y Gerzso, se consuma la ruptura con el muralismo mexicano. Los antecedentes fueron, como es sabido, la rebelión de dos grandes pintores, Rufino Tamayo y Carlos Mérida, así como el ejemplo de una figura aislada, Frida Kahlo. Pero fue la generación de Coronel la que, por su acción, dejó el camino libre a los nuevos pintores: Cuevas, Felguérez, Gironella, Rojo, Lilia Carrillo, García Ponce y otros. ¿Qué decir de la obra de Pedro Coronel? A veces su gusto por lo monumental y su amor por cierto simbolismo cósmico más bien retórico oscureció sus grandes dotes: la solidez escultórica, el dibujo poderoso y la vivacidad del color. Su cualidad fundamental fue la energía vital, una suerte de «alegría solar». Sus mejores cuadros me hacen pensar en aquellos versos de López Velarde sobre Zacatecas, la ciudad en donde nació Pedro: «Un cielo cruel y una tierra colorada».

[«Pedro Coronel» se publicó en *Vuelta*, núm. 104, México, julio de 1985.]

Las obvisiones de Alberto Gironella

Entre la palabra y la imagen visual, entre los oídos y los ojos, hay un continuo ir y venir. Al oír las palabras del poeta vemos, súbita aparición, la imagen evocada. La vemos con la mente, con el ojo interior. Y del mismo modo: al ver las formas y los colores del cuadro, los oímos como si fuesen palabras dichas en una lengua desconocida pero que en ese instante, no sabemos cómo, comprendemos. Palabras silenciosas y a las que, también, oímos con la mente.

En un soneto a un tiempo cruel y sensual, Lope de Vega pinta con palabras violentas y suntuosas el sacrificio de Holofernes. Los versos se enlazan y desenlazan, regidos por el ritmo, iluminando aquí y allá, como si fuesen reflectores, los distintos aspectos de la escena: la tienda del caudillo, las pesadas cortinas rojas, la luz vacilante de los hachones, los vasos rotos, la mesa derribada, las manchas de vino y sangre en el mantel, el sueño mineral de los soldados y, sobre la cama revuelta, el cuerpo enorme del guerrero decapitado. El soneto es una corriente verbal, un rumor poderoso que avanza hasta que, bruscamente, desemboca en una visión que nos sobrecoge por su instantánea fijeza: vemos a Judith trepada sobre las piedras de la muralla, rodeada de noche y empuñando como una lámpara atroz la cabeza recién cortada de su enemigo:

> Cuelga sangriento de la cama al suelo
> el hombro diestro del feroz tirano
> que opuesto al muro de Betulia en vano
> despidió contra sí rayos al cielo.
>
> Revuelto con el ansia el rojo velo
> del pabellón a la siniestra mano,

> descubre el espectáculo inhumano
> del tronco horrible convertido en hielo.
>
> Vertido Baco, el fuerte arnés afea,
> los vasos y la mesa derribada,
> duermen las guardas que tan mal emplea;
>
> y sobre la muralla coronada
> del pueblo de Israel, la casta hebrea
> con la cabeza resplandece armada.

La última línea tiene la vivacidad del relámpago: la hebrea «con la cabeza resplandece armada». Este soneto evoca —o mejor: convoca— las imágenes de la pintura de Rubens. Podía haber sido firmado no por el poeta español sino por el pintor flamenco. Es pintura escrita, del mismo modo que hay palabras pintadas.

El arte de Alberto Gironella se sitúa en la intersección entre la palabra y la imagen. Cuando era joven, escribió poesía; después, se dedicó a la pintura —sin dejar de ser poeta. Su caso no es único y en nuestro siglo, para no hablar de los grandes ejemplos del pasado, algunos admirables artistas han sido simultáneamente poetas y pintores: Max Ernst, Paul Klee, Hans Arp, Henri Michaux. La obra escrita de Duchamp es inseparable de su obra visual y la poesía contemporánea debe a Picasso algunos textos violentos como un improperio y delirantes como una pesadilla. Alberto Gironella se inserta en esta tradición pero, dentro de ella, su posición es singular. Lo es tanto por la índole de su obra como por el carácter extremo y apasionado de su tentativa. Poesía y pintura son artes que se despliegan en territorios opuestos: el reino de la poesía es el tiempo y el de la pintura el espacio; la poesía se oye y la pintura se contempla: el poema transcurre y al transcurrir cambia, mientras que el cuadro siempre es idéntico a sí mismo. Sin embargo, la facultad que rige a pintura y poesía es una; aunque el pintor se sirve de los ojos y el poeta de la lengua, ojos y lengua obedecen a la misma potencia: la imaginación. En esto Gironella también es único: como sucede con otros pintores, en su obra la imaginación es la potencia que comunica a la poesía con la pintura, sólo que no como un puente que une a dos orillas sino como un abrazo que fuese un combate.

A diferencia de otros pintores-poetas, Gironella no es poeta de palabras sino de imágenes visuales. Con esto quiero decir que concibe al cuadro no sólo ni exclusivamente como una composición plástica sino como una metáfora de sus obsesiones, sueños, cóleras, miedos y deseos. Para este pintor el cuadro es un espejo, pero un espejo mágico que, alternativamente feliz y nefasto, desfigura y transfigura las imágenes. El cuadro se transforma en poema y se ofrece al espectador como un manojo de metáforas entrelazadas. Aunque esas metáforas no son verbales sino visuales, obedecen a las mismas leyes rítmicas de las metáforas poéticas. En la pintura de Gironella los colores y las formas *riman:* aparecen y desaparecen, se enlazan y desenlazan según las leyes de repetición y variación del verso. El *eco* tiene una función cardinal en la obra de Gironella y consiste en la repetición casi maníaca de ciertas imágenes, sometidas a deformaciones y mutilaciones inquietantes. El eco es la manifestación rítmica de la obsesión. Más exactamente, es una metáfora de la obsesión: a través de repeticiones y variaciones la imagen obsesiva se convierte en ritmo.

Alberto Gironella es pintor de nacimiento: piensa, siente y habla en líneas, colores y formas; asimismo, y con la misma fatalidad, es un poeta al que su imaginación lo lleva más allá de la vista. Sus ojos de pintor sirven a sus obsesiones: sus cuadros son *obvisiones.* Su imaginación no se contenta con presentar: quiere decir y, con frecuencia, *dice.* Pero lo dice sin caer jamás en la literatura y fiel a sus propios recursos plásticos. La pintura de Gironella no cuenta ni relata: es una descarga de imágenes que provoca en el espectador otra descarga. No es una pintura para leer, como la de muchos de sus contemporáneos; es una pintura que, al mismo tiempo, debemos ver y oír. A través de esas imágenes mudas *habla la otra voz,* la voz que no oímos con los oídos sino con los ojos y con el espíritu. Por eso no es accidental el interés maravillado con que André Breton saludó la primera exposición de Gironella en París, hace ya cerca de veinte años: en esos cuadros el poeta francés reconoció la misma pregunta que el surrealismo se había hecho. La misma pregunta, no la misma respuesta. Fue un reconocimiento en la *diferencia.*

Cada pintor sostiene un diálogo con algunas obras del pasado. Diálogo hecho de oposiciones y afinidades, diálogo íntimo, amoroso y polémico, casi siempre implícito, sobrentendido. El de Gironella es abierto y explícito. En realidad, es inexacto llamar diálogo a la relación que tiene Gironella con ciertas obras del pasado: Velázquez, Goya, El Greco, Valdés Leal y también (y con no menos pasión) con obras de figuras menores como Antonio Pereda. Relación sin palabras, más cerca de la religión que del arte —una religión sin más allá pero con todos los terrores y las voluptuosidades de la religión— y que asume, como sucede con frecuencia en las grandes pasiones, las formas ambiguas de la adoración y el vituperio, el incienso y el escupitajo. La pintura concebida como un ritual sacrílego. El siglo xx ha destruido casi enteramente las fronteras entre crítica y creación. La crítica no sólo es creadora por sí misma sino que ya es parte de la creación artística y abundan las novelas, los poemas y aun los cuadros que contienen una crítica a otras obras (o su propia autocrítica). El arte moderno, desde el romanticismo, es un arte polémico. Mejor dicho: el arte moderno es moderno porque es polémico. Casi siempre esa polémica se expresa como crítica de la tradición. La actitud de Gironella ante la gran pintura española se inserta dentro de esta perspectiva. Sin embargo, hay una diferencia: su crítica es indistinguible de la devoción y la devoción de la furia vengativa. El tratamiento que inflige a obras como la *Reina Mariana, Las Meninas, El entierro del conde de Orgaz* o las *Vanitas* de Valdés Leal, está más allá de la crítica: es una suerte de liturgia de la tortura. La violencia pasional convierte al diálogo crítico en monólogo erótico en el que el objeto del deseo, cien veces destruido, renace cien veces de sus escombros. Asesinatos y resurrecciones, ritos interminables de la pasión.

Con el mismo gesto con que borró las diferencias entre creación y crítica, el arte moderno anuló la distinción entre obra original y traducción. La cita literaria o plástica y el empleo de fragmentos de obras ajenas incrustadas en la propia son procedimientos usuales de poetas, pintores y músicos. Apenas si necesito recordar los *collages* literarios de Eliot y Pound, los dos iniciadores de este método de composición.[1] En esto la práctica de Gironella se distingue de nuevo por su radicalismo pasional. Las citas de Eliot y Pound son de orden literario, religioso o político y sirven para ilustrar un punto de vista; las citas de Gironella no tienen más propósito que satisfacer a su deseo. Son un cuerpo a cuerpo en el que cada abrazo es una ordalía, una prueba de amor. A la obra de Gironella le conviene, levemente modificado, el título de un célebre ensayo de Michel Leiris: *La pintura considerada como una tauromaquia*. Gironella *torea* a las obras del pasado y muy pocas veces uno de sus toros ha regresado

---

[1] En realidad, los verdaderos iniciadores fueron los poetas «simultaneístas» franceses, especialmente Apollinaire. Pero los *collages* del poeta francés están hechos con fragmentos de conversación —lo que se oye en la calle o en un restaurante— mientras que los poetas angloamericanos introducen la cita literaria recóndita.

vivo al corral. Esta pasión de Gironella merece el calificativo de *feroz*, en el sentido que daba Baudelaire a este adjetivo. La ferocidad es, en cierto modo, la contrapartida animal del entusiasmo espiritual y de ahí que aparezca, complemento contradictorio, en las grandes pasiones religiosas, eróticas y artísticas. Es una pasión que, si ha dominado a inquisidores y verdugos, también ha inspirado a mártires y amantes. Además, nos ha dejado unos cuantos inolvidables poemas, novelas, cuadros, textos: Goya y Picasso, Baudelaire y Rimbaud, Quevedo y Swift, Michaux y Cioran. A diferencia de la ferocidad de los tiranos y los criminales, la de los artistas se ejerce contra los fantasmas de su imaginación, es decir: contra ellos mismos. Esos cuadros de Velázquez o Pereda que incansablemente, como un amante feroz y fanático, Gironella marca, tatúa, apuñala, pinta y despinta, son él mismo.

El amor extremado y extremoso es también amor por los extremos. Gironella es contradictorio y vive sus contradicciones sin tratar de atenuarlas o resolverlas en síntesis ilusorias. A su pintura delirante y visionaria opone una visión realista. Sólo que ese realismo encarnizado descuartiza literalmente a la realidad y la convierte en un delirio más. La realidad deja de ser creíble y se vuelve una invención grotesca y abominable. El humor de Gironella desciende directamente de Valle-Inclán y Solana, Gómez de la Serna y Buñuel: arte del disparate. Más que un arte: una moral. Pero moral en el sentido de Nietzsche, que vio en Séneca a un torero de la virtud. Definir al disparate español no es menos difícil que definir al humor británico. Para el *Diccionario de autoridades* es «un hecho o dicho fuera de propósito o razón». Por mi parte, yo diría algo distinto: el disparate es una exageración de la razón, un llevarla hasta sus últimas e irrazonables consecuencias. Es una exageración que le da la razón a la sinrazón. Exageración: el disparate es un disparo, una descarga, una eyaculación. Dialéctico, el disparate es una operación circular del espíritu a cuyo término la razón queda convicta de sinrazón y la realidad de irrealidad. El disparate vuelve inverosímil a la realidad. Según Bergamín el disparate es un estilo, y cita como ejemplo a la arquitectura barroca, «disparate en piedra». A mí me parece que el disparate, más que un estilo, es una rebelión; es el disparo del hombre contra su destino disparatado y contra el gran disparate en que concluyen nuestros disparates: la muerte. Dije que Gironella prefería, antes que darles soluciones quiméricas, vivir sus contradicciones. Tal vez debería haber dicho que para Gironella el único método dialéctico de solución de las contradicciones es el disparate.

Por eso pinta, gran disparate, y por eso, disparate mayor, pinta el acto mismo de pintar.

Uno de los momentos más tensos y ricos, poética y plásticamente, de la pintura de Gironella, está compuesto por esa serie que tiene por tema *El sueño del caballero* y cuyo punto de partida es una pintura de Pereda. Esas obras son notables, en primer término, por su calidad pictórica, infrecuente mezcla de furia y maestría. Las figuras y los objetos que aparecen en esas composiciones —el ángel y el caballero dormido, la máscara y el cráneo, el cofre de joyas y la pistola, el reloj y las cartas, las monedas desparramadas y el libro abierto, la esfera terrestre: alegorías del tiempo y sus trampas— son verdaderas apariciones, quiero decir, seres y cosas habitados por un ánima. Gironella es ciudadano de un mundo que él ha inventado y que, a su vez, lo ha inventado a él. Ese mundo es fantasmal y sólido, es de aquí y es de allá. Lo habitan gañanes y ángeles, doncellas y vampiros, íncubos y notarios. Espectros palpables que gozan de buena salud; los hemos visto, a ellos y a ellas, vestidos y desnudos, en las páginas de los diarios y revistas de los cinco continentes. Son nuestros contemporáneos. Con ellos se codean y a veces se acoplan trasgos, quimeras y hombres y mujeres pálidos que vienen de lejos, casi siempre vestidos a la usanza del siglo xvii, ellas de pelo negro y carne nácar y todos con los estigmas de la melancolía: están enamorados de la muerte.

El mundo de Gironella —pienso sobre todo en la serie *El sueño del caballero*— tiene más de una analogía con el mundo de *Terra Nostra*, la novela de Carlos Fuentes. El parecido nace del encuentro de dos sensibilidades poderosas, pero opuestas, en un centro magnético y contradictorio: México. Un México que no es México sino la Sevilla de Valdés Leal y la Granada de la Cartuja, esa prodigiosa y fúnebre construcción en la que la piedra se vuelve azúcar y el azúcar polvo de huesos pecadores molidos en los molinos del diablo. Un México español sin cesar de ser la Gran Tenochtitlan de los aztecas, cubierta por su doble manto de plumas y sangre. El siglo de Gironella es el siglo dorado de la pudrición hispánica, el xvii, pero un xvii fuera del tiempo de la historia, un siglo xvii que se roe sin cesar las entrañas y que salta de un siglo a otro, de pronto al siglo xx y otras al xix, tiempo en que el ángel barroco de la melancolía se transforma en doña Marina y su quimérico imperio de oro y jade, doña Marina en una catira —la mulata rubia, la blonda negra, la muerte vivaz y desnuda como el agua—, la catira en el oscuro objeto de nuestro deseo que tiene la misma cara que Conchita —la bailarina de flamenco de la película de Buñuel—, la Conchita en una Quimera y... Distintas apariciones de América, el gran sueño español del que sólo la muerte nos despierta. América-vulva, América-vagina, América-piedra-de-sacrificios, América-tumba, América-trono-y-estercolero, reina y puta, América de Donne (*my kingdom safeliest when with one man manned*), que no es un continente sino una mujer, que no es una mujer sino un ánima en pena. El sueño del Caballero es nuestro sueño. ¿Soñamos al tiempo? ¿El tiempo nos sueña, somos su sueño? Gironella responde a estas preguntas con una cita de Reverdy: *el sueño es un jamón*. Hay dos versiones de ese cuadro y en las dos, mientras el Caballero sigue dormido, el ángel se ha convertido en un lujoso esqueleto alado y una mujer desnuda aparece tendida sobre la mesa, en actitud de entrega lasciva, como una alegoría más, la más deseable y terrible, de la vanidad de esta vida. Sólo es real la vida/Sólo es real la muerte. Pero otro cuadro comenta el sueño del Caballero con un refrán popular: «Camarón que se duerme, se lo lleva la corriente». El Caballero no oye, el Caballero sigue dormido y la mujer desnuda sigue tendida y el esqueleto alado de la muerte sigue siendo el testigo de la escena. ¿El testigo o el autor? No, el autor es un pintor que no se llama ni Gironella ni Pereda sino Orbaneja, pintor de Úbeda, esos cerros que están entre Ningunaparte y Cualquierlado. ¿Fin de la historia del Caballero y su sueño, alegoría final de la alegoría? No, hay otro cuadro que yo veo como el comentario último, la moraleja de esta alegoría voluptuosa y fúnebre: *El sueño del caballero* es un grabado del papel con que se envuelve el mazapán de Toledo. El Sueño (papel de envoltura), obra de Orbaneja, Artista pintor, *Pinxit*. El pintor no pinta sus sueños: sus sueños lo pintan. Orbaneja pinta al Caballero dormido y mientras lo pinta sueña que él es el Caballero y sueña su sueño: descubrir, conquistar, dormir, ser enterrado en América. Gironella pinta a Orbaneja pintando un cuadro de Pereda en el que aparece un Caballero dormido y en cuyo sueño aparece un ángel, encarnación de la muerte y desencarnación del tiempo. El ángel es la catira y doña Marina, América y Conchita, la Quimera alada que se desmorona en un montón de huesos y podre. Gironella se pinta a sí mismo al pintar a Orbaneja repintando y despintando al sueño descomunal e irrisorio del Caballero.

En un libro curioso e inteligente sobre los locos, los bufones y los enanos de los Austria, el poeta Moreno Villa dice que el siglo XVII fue el de la domesticidad de los locos. Añado: domesticidad dorada. Los locos y los enanos de los Austria —Moreno Villa contó 123 durante los 180 años que duró la dinastía: cerca de uno por año— no sólo recibían dádivas y dinero de sus señores sino títulos palaciegos. Algunos incluso tuvieron influencia política. Suprema distinción: los locos llevaban los nombres de la familia real y hubo uno que se llamó don Juan de Austria, como el vencedor de Lepanto. Es revelador que hasta el siglo XVIII la distinción entre *loco* y *bufón* fuese más bien vaga; no es menos indicativo que bufones y locos fuesen llamados también «hombres de placer». Precisamente la noción de *placer* sería expulsada del circuito social un siglo más tarde. Hombres de placer, los locos y los bufones hablaban impunemente, impulsados por el deseo de hablar y sin pensar en las consecuencias de sus palabras. Así, la figura del bufón con su gorro y sus cascabeles sólo en apariencia es el reverso de la figura del poeta. El bufón y el poeta son «hombres de placer» y encarnan el mito de la *irresponsabilidad* de la palabra original. Por ellos habla una voz impersonal, colectiva, anterior a los individuos, las jerarquías y las convenciones sociales. El mito opuesto, el de la responsabilidad del artista, es un mito moderno, protestante y capitalista, que los marxistas han heredado y canonizado. Por boca del bufón y del poeta habla la voz inmemorial de las pasiones, los delirios, los deseos, los temores, los dioses y los diablos, las obsesiones y las distracciones, los deseos y las cóleras —la voz de todos los poderes que nos habitan y nos lanzan fuera de nosotros mismos en busca de Américas fantasmales. Es justo que don Juan de Austria, el Loco, se llame como don Juan de Austria, el Príncipe; es justo que el pintor Alberto Gironella se llame a veces Orbaneja y otras El Caballero dormido sobre un sillón de cuero una noche del año del mil seiscientos y tantos.

México, marzo de 1978

[«Las obvisiones de Alberto Gironella» se publicó en *Sábado* (suplemento literario de *unomásuno*), núm. 38, México, 5 de agosto de 1978.]

Günther Gerzso, *Grieta*, 1992.

Juan Soriano, *Caracol*, 1992.

Alberto Gironella, *Festín a Buñuel*, 1975.

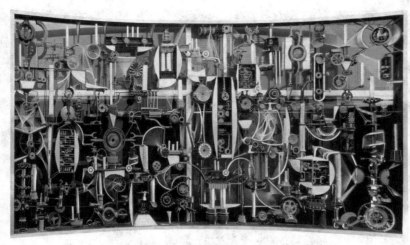

Manuel Felguérez, *La invención destructiva*, 1964.

José Luis Cuevas, *Pareja núm.* 7, 1981.

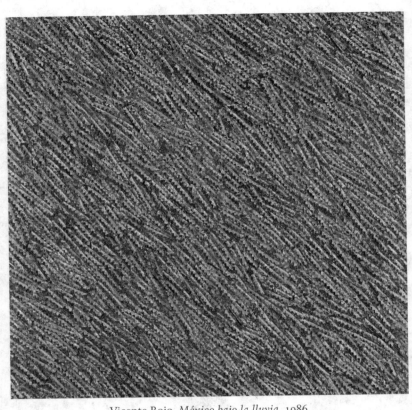

Vicente Rojo, *México bajo la lluvia*, 1986.

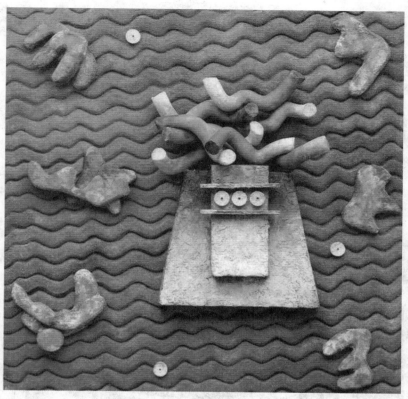

Brian Nissen, *Manantial* (de la serie *Mariposa de obsidiana*), 1981.

Marie José Paz, *La pluma azul*, 1991.

El espacio múltiple: Manuel Felguérez

Entre 1960 y 1970 Manuel Felguérez, escultor y pintor, realizó una poderosa y numerosa obra mural. Algunas de esas composiciones son extraordinarias tanto por sus dimensiones como por el rigor y la novedad de la hechura. Pienso particularmente en el gran mural del cine Diana y, sobre todo, en la admirable composición del edificio que alberga a la Concamin. Esta última es un vasto e intrincado juego de palancas, tornillos, ruedas, tornos, ejes, poleas y arandelas. Sorprendente imagen del movimiento en un instante de reposo, ese fantástico engranaje evoca inmediatamente el mundo sobrecogedor de la *Oda triunfal* de Álvaro de Campos. Sin embargo, como para confirmar una vez más que entre nosotros los mejores esfuerzos están condenados a la indiferencia pública, casi nadie ha querido enterarse de la importancia y la significación de estas obras. Desde la rebelión de Tamayo contra el muralismo ideológico, la mayoría de nuestros buenos artistas apenas si han hecho incursiones en el arte público. El único que opuso al muralismo tradicional una concepción distinta del muro fue Carlos Mérida. En dirección distinta a la de Mérida, aunque en cierto modo complementaria, Manuel Felguérez ha hecho otro arte mural, de veras monumental, en el que la pintura se alía a la escultura. Pintura mural escultórica o, más exactamente, relieve policromado.

El nuevo muralismo de Felguérez rompió tanto con la tradición de la Escuela Mexicana como con su propia obra juvenil. Sus primeras obras se inscriben dentro del informalismo y el tachismo, tendencias estéticas predominantes en su juventud. Pero ya desde entonces una mirada atenta habría podido descubrir, debajo del informalismo no figurativo de aquellos cuadros, una geometría secreta. El expresionismo-abstracto, más que destruir, recubría la estructura racional subyacente. No es extraño que un orden invisible sostuviese aquellas construcciones y destrucciones pasionales: Felguérez es ante todo un escultor y viene del constructivismo. Sus preocupaciones plásticas están más cerca de un Zadkine o un Gabo que de un Pollock o un De Kooning. Su predilección por la geometría lo llevó a la arquitectura y ésta al arte público. El espacio arquitectónico no sólo obedece a las leyes de la geometría y a las de la estética sino también a las de la historia. Es un espacio construido sobre un espacio físico que es asimismo un espacio social. Hacia 1960 Felguérez se interesa menos y menos en la producción de cuadros y esculturas para las galerías y busca la manera de insertar su arte en el espacio público: fábricas, cines, escuelas, teatros, piscinas. No se propuso, naturalmente, repetir las experiencias del arte ideológico —patrimonio de los epígonos sin ideas— y menos aún *decorar* las paredes públicas. Nada más ajeno a su temperamento ascético y especulativo que la decoración. No, su ambición era de índole muy distinta: mediante la conjunción de pintura, escultura y arquitectura, inventar un nuevo espacio.

Los años de consolidación del régimen nacido de la Revolución mexicana (1930-1945) fueron también los del gradual apartamiento de las corrientes universales en la esfera del arte y la literatura. Al final de este periodo el país volvió a encerrarse en sí mismo y el movimiento artístico y poético, originalmente fecundo, degeneró en un nacionalismo académico no menos asfixiante y estéril que el europeísmo de la época de Porfirio Díaz. Los primeros en rebelarse fueron los poetas y, casi inmediatamente, los siguieron los novelistas y los pintores. Entre 1950 y 1960 la generación a que pertenece Felguérez —Cuevas, Rojo, Gironella, Lilia Carrillo, García Ponce— emprendió una tarea de higiene estética e intelectual: limpiar las mentes y los cuadros. Aquellos muchachos tenían un inmenso apetito, una curiosidad sin límites y un instinto seguro. Rodeados por la incomprensión general pero decididos a restablecer la circulación universal de las ideas y las formas, se atrevieron a abrir las ventanas. El aire del mundo penetró en México. Gracias a ellos los artistas jóvenes pueden ahora respirar un poco mejor.

Después, en la década siguiente, cada uno prosiguió su aventura personal y se enfrentó a sus propios fantasmas. Temperamento especulativo que desmiente por la claridad, precisión y profundidad de su pensamiento el célebre dicho de Duchamp («tonto como un pintor»), Felguérez terminó este periodo de búsqueda exterior con una búsqueda interior. No en busca de sí mismo sino en busca de otra plástica. El resultado de ese examen crítico fueron los relieves policromos de 1960-1970. Esta experiencia, como era de preverse en un artista tan lúcido y exigente consigo mismo, lo llevó a otra experiencia: la constituida por las obras que componen esta exposición y que el artista, acertadamente, ha llamado *El espacio múltiple*.

Con sus nuevas obras Felguérez pasa del espacio público del muro al espacio multiplicador de espacios. A partir de una forma y de un color de dos dimensiones, por sucesivas combinaciones tanto más sorprendentes cuanto más estrictas, llega al relieve y del relieve a la escultura. Tránsito lógico que es también metamorfosis de las formas y construcción visual. Cada forma es el punto de partida hacia otra forma: espacio productor de espacios. El artista disuelve así la separación entre el espacio bidimensional y el tridimensional, el color y el volumen.

El espejo, que es el instrumento filosófico por excelencia: emisor de imágenes y crítico de las imágenes que emite, ocupa un lugar privilegiado en los objetos plásticos de Felguérez: es un re-productor de espacios. Otra nota distintiva: el artista no concibe al *múltiple* como mera producción en serie de ejemplares idénticos; cada ejemplar engendra otro y cada una de esas reproducciones es la producción de un objeto realmente distinto. El arte público de Felguérez es un arte especulativo. Juego de la variedad y de la identidad, el gran misterio que no cesa de fascinar a los hombres desde el Paleolítico. En la regularidad cósmica —revoluciones de los cuerpos celestes, giros de las estaciones y los días— se enlazan repetición y cambio. *El espacio múltiple* de Felguérez es una analogía plástica e intelectual del juego universal entre lo uno y lo otro: las diferencias no son sino los espejismos de la identidad al reflejarse a sí misma; a su vez, la identidad sólo es un momento, el de la conjunción, en la unión y separación de las diferencias.

En *El espacio múltiple* Felguérez hace la crítica de su obra de muralista-escultor. A través de esa crítica logra una nueva síntesis de su doble vocación, la especulativa y la social. Su análisis de las formas se resuelve en una suerte de conceptualismo, para emplear un término de moda, que podría acercarlo a la descendencia de Duchamp. Pero el conceptualismo de esos artistas es una desencarnación y Felguérez tiende precisamente a lo contrario: su arte es visual y táctil. No es un texto que habla sino un objeto que se muestra. Las proposiciones de Felguérez no nos entran por los oídos sino por los ojos y el tacto: son cosas que podemos ver y tocar. Pero son cosas dotadas de propiedades mentales y animadas no por un mecanismo sino por una lógica.

Los espacios múltiples no dicen: silenciosamente se despliegan ante nosotros y se transforman en otro espacio. Sus metamorfosis nos revelan la racionalidad inherente de las formas. Los espacios literalmente se hacen y edifican ante nuestros ojos con una lógica que, en el fondo, no es distinta a la de la semilla que se transforma en raíz, tallo, flor, fruto. Lógica de la vida. *Formas-ideas*, dice Felguérez, excelente crítico de sí mismo. Pero no hay nada estático en ese mundo: las formas, imágenes de la perfección finita, producen por la combinación de sus elementos metamorfosis infinitas. No un espacio para contemplar sino un espacio para construir otros espacios. Un arte que tiene el rigor de una demostración y que, no obstante, en las fronteras entre el azar y la necesidad, produce objetos imprevisibles. Los objetos de Felguérez son proposiciones visuales y táctiles: una lógica sensible que es asimismo una lógica creadora.

Cambridge, Mass., 16 de noviembre de 1973

[«El espacio múltiple: Manuel Felguérez» se publicó en *In/mediaciones*, Seix Barral, Barcelona, 1979.]

Descripción de José Luis Cuevas[1]

José Luis Cuevas (Puma, León mexicano o gato montés: *Felis concolor*). Artista carnívoro cuya atracción principal reside en su gracia flexible, sus movimientos sinuosos, la ferocidad elegante de su dibujo, la fantasía grotesca de sus figuras y los resultados con frecuencia mortíferos de sus trazos. Este artista pasa, en un abrir y cerrar de ojos, sin causa aparente, de momentos de reposo plácido a otros de furia relampagueante. Los artistas de esta familia felina suelen ser osados, temerarios y, al mismo tiempo, pacientes y solícitos; después, sin transición, salvajemente crueles. La natural sutileza del ejemplar que describimos roza con la crueldad. Esta mezcla contradictoria le ha conquistado la admiración general pero también la envidia y el resentimiento de muchos.

Es originario del hemisferio occidental; a veces se le encuentra en el golfo de Hudson y otras en los llanos de la Patagonia. Sin embargo, recientemente ha emigrado a Lutecia y ha comenzado a aterrorizar a los vecinos y vecinas del XVI *arrondissement*. Es el rival del jaguar, el león, el águila, el rinoceronte, el oso, el unicornio y las otras grandes bestias de presa que merodean por las selvas del arte. Es el enemigo natural de las víboras de cascabel, los ratones, las ratas, los pavorreales, los zopilotes y los otros críticos, pintores y literatos que se alimentan de cadáveres y otras inmundicias. Lo menos parecido a este artista: los tlaconetes.

Su figura es popular en los anales de la hechicería y el folklore. En algunos poblados ha sido divinizado, sobre todo entre las llamadas «sectas furiosas», como las bacantes y las ménades; en ciertos barrios de las afueras, eternamente crepusculares, su nombre es anatema y lo exorcizan con el antiguo método del «ninguneo» y con el no menos antiguo del ladrido.

[1] Para una futura *Historia natural de los artistas mexicanos*.

Poderosamente construido, aunque no de gran talla, sus movimientos son rápidos y bien coordinados. Su ágil imaginación se complementa con su sentido del equilibrio: cuando salta para dar el zarpazo o se precipita de una altura, cae siempre de pie. Su cerebro es grande y su lengua es capaz de arrojar proyectiles verbales con gran puntería, lo que la convierte en un arma ofensiva y defensiva de gran alcance. Pero sus miembros más especializados y eficaces son los ojos y las manos. Los ojos están adaptados a tres funciones: clavar, inmovilizar y despedazar. El artista clava con la mirada a su víctima, real o imaginaria; a continuación la inmoviliza en la postura más conveniente e, inmediatamente, procede a cortarla en porciones pequeñas para devorarla. Canibalismo ritual.

Las manos, especialmente la derecha, completan la operación. Provista de un lápiz o un pincel, guiada por los ojos e inspirada por la imaginación, la mano traza sobre el papel figuras y formas que, de una manera imprevisible, corresponden a la víctima, pero ya transfigurada y vuelta *otra*. Esta segunda parte de la operación consiste simplemente en la resurrección de la víctima, convertida en obra de arte.

Cazador solitario, sus hábitos son nocturnos; su retina es extrasensitiva por la presencia de una crecida dosis de imaginación que la hace brillar en la oscuridad como si fuese un faro. Su olfato está desarrolladísimo. Sus hábitos sexuales, muy conocidos, confirman la ley fourierista de la «atracción apasionada» o universal gravitación sexual de los cuerpos. El pensamiento de este artista está regido por los principios del magnetismo y la electricidad.

México, 10 de marzo de 1978

[«Descripción de José Luis Cuevas» se publicó en *In/mediaciones*, Seix Barral, Barcelona, 1979.]

El diablo suelto: Antonio Peláez

Constelación del deseo y de la muerte
Fija en el cielo cambiante del lenguaje
Como el dibujo obscenamente puro
Ardiendo en la pared decrépita.

Conocí a Antonio Peláez cuando tendría unos diecisiete años. Acababa de regresar de España y vivía con uno de sus hermanos, el escritor Francisco Tario, mi vecino y amigo. Un día Francisco me dijo: «Toño pinta y me gustaría que vieses lo que hace. Como él no se atreve a mostrarte sus cosas, lo mejor será que las veas cuando no esté en casa». Unos días después Francisco y Carmen, su mujer, me llamaron: Antonio había salido y ellos me esperaban para enseñarme las pinturas. Lo primero que me sorprendió fue la singular (ejemplar) indiferencia de aquel muchacho frente al arte que dominaba aquellos años. Pero si en sus cuadros no había reminiscencias de los muralistas y sus epígonos, en cambio sí era indudable que había visto con una *sensibilidad inteligente* la pintura de Julio Castellanos y la de Juan Soriano. Esas preferencias indicaban una doble pasión: la voluntad de orden y el impulso poético. La geometría y el juego. En sus cuadros de adolescente ya estaban las semillas de su obra futura. Se me ocurrió que a José Moreno Villa —poeta, pintor y crítico de arte: tres alas y una sola mirada de pájaro verderol— le interesaría conocer la pintura de Antonio. No me equivoqué. Se conocieron y unas pocas semanas más tarde Peláez trabajaba en el estudio de Moreno Villa. Mientras pintaban, oían jazz, bebían jarros de cerveza y el viejo poeta español recordaba a García Lorca o a Buñuel, a Juan Ramón o a Gómez de la Serna. Así empezaron los años de aprendizaje de Antonio Peláez, pintor y amigo de los poetas.

No creo que el tímido surrealismo de Moreno Villa haya dejado huellas en la pintura de Antonio. Creo, sí, que su conversación y su poesía le abrieron ventanas. Más tarde hubo un encuentro decisivo: Rufino Tamayo. Después, viajes: París, Madrid, Nueva York, Milán, Llanes, Salónica, Constantinopla. Otros encuentros: Micenas y Tàpies, un montón de pedruscos golpeados por el Cantábrico y Rothko, Dubuffet y un insoportable mediodía en Maine Street, en Olivo Seco, Arizona. Viajar para ver, ver para pintar, pintar para vivir. Un día el pintor se quedó solo consigo mismo: fin del aprendizaje, comienzo de la exploración interior. Había abierto los ojos para ver el mundo: los cerró para verse a sí mismo. Cuando los abrió de nuevo, había olvidado todo lo aprendido. Los cuadros de esta exposición son el resultado de ese desaprendizaje.

El espacio que configuran la mayoría de las telas de Antonio Peláez es otro espacio: el muro urbano. Pared de colegio o de prisión, de patio de vecindad o de hospital; superficie que es más tiempo que espacio, sufrida extensión sobre la que el tiempo escribe, borra y vuelve a escribir sus signos adorables o atroces: las pisadas del amanecer, las huellas de las rodillas desolladas de la noche, la violencia que germina bajo un párpado entreabierto, el horror que deshabita una frente, la memoria que golpea puertas, la memoria que palpa a tientas la pared. Peláez pinta el espacio del espacio: el cuadro es la pared y la pared es el cuadro. Espacio donde se despliegan los otros espacios: el mar, el cielo, los llanos, el horizonte, otra pared. La función del muro es doble: es el límite del mundo, el obstáculo que detiene a la mirada; y es la superficie que la mirada perfora. Los ojos, guiados por el deseo, trazan en el muro sus imágenes, sus obsesiones. La mirada lo convierte en un espejo magnético donde lo invisible se vuelve visible y lo visible se disipa. El cuadro es una pared: la casa de lo azul, el jardín de las esferas y los triángulos, la torre de los soles, la cal que guarda las huellas digitales de la luz. En el cielo rosado del cuadro amanece un paisaje —más exactamente: el presentimiento de un paisaje— iluminado apenas por un sol infantil que sale por entre las grietas que han hecho en el muro las uñas de los días. La pared es el mundo reducido a unos cuantos signos: orden, lujo, calma, voluptuosidad: hermosura.

Las cuatro palabras que acabo de citar (Baudelaire) se asocian en parejas contradictorias: orden/lujo, calma/voluptuosidad. El orden es un valor que alcanza su perfección cuando no le falta ni le sobra nada; el lujo es una demasía, un exceso: el lujo transtorna al orden. La calma es la recompensa espiritual del orden, pero la voluptuosidad la altera: la agitación del placer transforma en jadeo a la calma. El lujo y la voluptuosidad son transgresiones del orden y la calma. Unos son potencias sensuales, corporales; los otros son valores intelectuales, morales. El orden es economía, la sensualidad es gasto vital; uno es proporción visual, la otra es oscuridad sexual. En la pintura de Peláez la transgresión del orden por la sexualidad se expresa por la irrupción de un niño que pintarrajea el cuadro con monos obscenos, araña los colores, pincha los volúmenes, traza figuras indecentes o agresivamente idiotas sobre los triángulos y hexágonos sacrosantos, viola continuamente los límites del cuadro, pinta al margen garabatos y así vuelve irrisoria o inexistente la frontera entre el arte y la vida. La crítica pueril opera dentro del cuadro-pared y lo convierte en una verdadera pared-cuadro. El rito público de la pintura se transforma en la transgresión privada del *graffito*. El cuadro del pintor Peláez sufre continuamente la profanación del niño Peláez. Esa profanación a veces es la agresión de la sexualidad fálica; otras veces, las más, se manifiesta como vuelta a la sexualidad pregenital, perversa y poliforme: erotización infantil de todo el cuerpo y todo el universo. La libido pregenital es risueña, paradisiaca y total; vive en la indistinción original, antes de la separación de los sexos y las funciones fisiológicas, antes del bien y el mal, el yo y el tú. Antes de la muerte. Es la gran subversión. La gran pureza.

Como otros pintores de nuestra época, Antonio Peláez ha sentido la fascinación de la pared. En su caso no se trata de una predilección estética sino de una fatalidad psíquica. Como todo artista auténtico, Peláez ha transformado esa fatalidad en una libertad y con esa libertad ha construido una obra. Su pintura nos seduce por las cualidades estéticas que designan las palabras orden y calma; también por la sobriedad —lujo supremo. Pero la verdadera seducción es de orden moral: el artista se propone poner en libertad al niño que todos llevamos dentro. Antonio Peláez podría decir como Wordsworth: «el hombre es el hijo del niño». Los poderes infantiles son los poderes del juego. Esos poderes son terribles y son divinos: son poderes de creación y destrucción. Los niños, como los dioses, no trabajan: juegan. Sus juegos son creaciones y destrucciones, lo mismo si juegan en un excusado o en Teotihuacan. En la pared metafísica de Peláez las inscripciones delirantes, obscenas o indescifrables son la transcripción de las danzas, los prodigios, los sacrificios, los crímenes y las copulaciones que nos relatan las mitologías. Los garabatos del niño son la traducción al lenguaje del cuerpo de los cuentos de la creación y destrucción de los mundos y los hombres. Todos los días y en todas las latitudes los niños repiten *(re-producen)* en sus juegos los mitos sangrientos y lascivos de los hombres. Todos los días los padres y los maestros —jueces y carceleros— castigan a los niños. La pintura de Peláez es la venganza del niño que ha tenido que pasar horas y horas de cara a una pared. El muro del castigo se volvió cuadro y el cuadro se volvió espacio interior: lugar

Arte contemporáneo

de revelación no del mundo que nos rodea sino de los mundos que llevamos dentro. Los soles infantiles que arden en la pintura-pared son explosiones psíquicas; no son signos, no son legibles —salvo como los signos de un estallido. Son las devastaciones y resurrecciones del deseo. El desaprendizaje de Antonio Peláez fue la reconquista de la mirada salvaje del niño.

México, 27 de agosto de 1973

[«El diablo suelto: Antonio Peláez» se publicó en *In/mediaciones*, Seix Barral, Barcelona, 1966.]

Pinturas de Rodolfo Nieto

El poeta Juan Ramón Jiménez decía: «hay que ser entusiasta con los jóvenes, exigente con los maduros, implacable con los viejos». Confieso que el método me parece más pedagógico que crítico. Cierto, los muchachos merecen estímulo; pero toda obra, cualquiera que sea la edad del artista, ha de ser juzgada con entusiasmo, exigencia y de una manera implacable. Con entusiasmo porque sólo podemos hablar con verdad de aquello que nos inspira y apasiona; con exigencia porque nuestro amor ha de ser lúcido y debe someter a prueba al objeto que de tal modo nos arrebata; y nuestro juicio tiene que ser implacable porque, dentro de este aquí y este ahora, es un juicio absoluto. No importa que la obra, considerada perfecta un día, bajo otra luz nos revele flaquezas que no advertimos al principio; o que nuestra comprensión, cerrada durante años ante aquel poema o este cuadro, descubra de pronto que la opacidad no estaba en ellos sino en nuestro espíritu. No digo que nuestros juicios efectivamente sean absolutos; afirmo que todo juicio, si de veras lo es, tiende a ser absoluto. Y esto por dos motivos. Uno: la necesidad interior del lector, espectador u oyente, que busca siempre en la obra de arte un más allá o un más acá (llámense como se llamen esos extremos: perfección, maravilla, vacío, beatitud, horror, esencia, realidad). Y el otro: las obras de arte no tienen edad o, mejor dicho, aspiran a no tenerla; aunque son tiempo quieren ser más que tiempo —sin dejar de serlo: instantes absolutos. Nada más natural que nos exijan opiniones simultáneamente instantáneas y absolutas.

Después de escrito el párrafo anterior, ¿qué decir de las pinturas de Rodolfo Nieto? Como joven, merecería estímulo. Como artista, lo que pide y merece es un juicio entusiasta, exigente e implacable. Procuraré justificar mi entusiasmo; si lo consigo, habré sido lúcido —única manera, en arte, de ser implacable.

Conocí a Rodolfo Nieto y a su mujer cuando acababan de llegar de París, hace unos tres años. Parecían dos pájaros o dos ardillas, perdidos en la ciudad. Pensé que eran demasiado frágiles. Olvidaba que ahí donde la piedra se rompe, el grano crece; ahí donde la punta de acero se embota, la gota de agua perfora un camino. Vivían en un cuartito de la Ciudad Universitaria. Tenían un gato, una guitarra y unos cuantos libros. Rodolfo trabajaba sin cesar. Lo vi pintar cientos de cuadros y cubrir de líneas todos los trozos de papel que caían en sus manos. A los pocos meses, casi todas aquellas obras desaparecían. Con la misma pasión inflexible con que las había creado, las desechaba. El estudio, inmaculado siempre, volvía a quedarse desnudo. El ascetismo me inspira cierta desconfianza, pero tanto rigor, aliado a tanta juventud, me impresionó. Pronto descubrí que su exigencia no era inhumana. La destrucción de unos cuadros, como si se tratase de un holocausto ritual, provocaba la aparición de otros. Su rigor alimentaba una incesante alegría de crear. Se mantenía así en un continuo equilibrio, nunca demasiado seguro de sí, nunca por completo desfalleciente, siempre con la cara seria y los ojos sonrientes. Avanzaba con gran velocidad y, al cabo de la jornada, no había cambiado de lugar. En realidad, giraba en torno de sí mismo. Buscaba su centro. Aún lo busca.

Rodolfo Nieto es mexicano. En su caso esto es un dato —como la fecha de nacimiento o el color del pelo— no una definición ni una estética. Su mexicanismo —si en verdad existe lo que llaman carácter nacional o racial— es secreto e involuntario, algo más dado que buscado. No le hubiera sido difícil, por lo demás, pescar (ésa es la palabra) en el mar del pasado precolombino y extraer de sus profundidades dos o tres novedades milenarias. O recoger las migajas del arte popular de su provincia y ofrecer con esos restos un banquete a los hambrientos de arcaísmo o exotismo. Para lograr ciertos efectos basta un poco de olfato y de habilidad maliciosa. Se dirá que Tamayo descubrió un mundo de relaciones espaciales en la antigua escultura mexicana y que su color tiene una viva correspondencia con el arte popular. Pero eso fue, más que un descubrimiento, una creación auténtica. Algo irrepetible. La tradición en las artes se define por la invención; cada obra realmente importante es única y en su esencia inimitable. Inclusive dentro de un estilo o una manera, lo que cuentan son las variaciones: la historia de un estilo es la de sus cambios. Al prohibirse la facilidad del gesto de imitación, Nieto se salvó de la impostura moral. Con la misma sencillez con que se negó a manufacturar objetos curiosos, se rehusó a convertirse en un objeto de curiosidad.

Nada más alejado de su actitud que esa ingenua, aunque indecente, superchería que consiste en pasearse por los salones de los civilizados con un atavío de salvaje de vitrina.

Junto a la tentación del folklore, la otra acaso más poderosa del objeto *up to date*, es decir, la tentación del folklore urbano.[1] La primera es una nostalgia de lo que nunca fuimos; la segunda es una rabiosa avidez de presente. Es la seducción del vacío porque el presente nunca se nos da como presencia sino como acto. Su esencia es ser posibilidad y por eso no tiene forma o, lo que viene a ser lo mismo, tiene mil formas a la vez. El presente es literalmente invisible. Nunca se presenta y sólo se hace presente cuando deja de ser acto y se transfigura en obra. Mientras vivimos no nos damos cuenta de que vivimos. En las pausas del vivir —recreaciones de la memoria o creaciones de la imaginación— lo vivido encarna en una presencia que al fin podemos contemplar.

El amor por el presente es fúnebre en su vivacidad. En su forma más extendida es la moda (máscara de la muerte, decía Leopardi). En sus expresiones más osadas y lúcidas es el elemento trágico del arte moderno (pienso en la poesía de Apollinaire). Algunas de las obras más vitales de los últimos años —las que no son repeticiones sin riesgo de los gestos de los dadaístas y surrealistas— están atravesadas, por decirlo así, por este gran apetito de morir. Ahora bien, el folklore contemporáneo tiene en común con el folklore tradicional su tendencia a cubrir el hueco del presente no con la presencia sino con sus atributos, con aquello que la engendra o que la evoca. Por eso, en su forma más pura, es más un acto que una obra. Otras veces es un simulacro, una ceremonia en torno a una ausencia. O es un hacer pintura sin pintar (como en el *collage*, el gran hallazgo de los maestros modernos). Si se piensa que la esencia de la pintura es la presencia —la presentación ante los ojos, cualquiera que sea lo que se presenta a condición de ser la apariencia pintada y no la cosa misma—, no es difícil advertir que esta tendencia, por los medios que emplea o por los resultados a que llega, es un ir más allá de la pintura. La resistencia de Nieto ante este camino se inspira sin duda en las mismas razones de su repulsa del arcaísmo. A pesar de su juventud —¿o a causa de ella?—, escogió lo más difícil: quedarse en la pintura, ir hacia la presencia.

Vivimos en un mundo repleto de objetos que se disputan nuestra atención. Unos nos amenazan, otros nos sonríen. Son las dos caras de la

[1] O sea, *pop art* y sus aledaños.

ciudad. La industria lanza todos los días combinaciones de formas, sonidos y colores que de esta o aquella manera nos invitan a usar las cosas; y con pareja abundancia, por todas partes se levantan muros y letreros que nos advierten: no hay paso. Alto y adelante, obstáculos y convites, constituyen un sistema de señales. Y todo está a la vista. Sólo que la distancia entre las cosas y el hombre, que es lo que hace posible la visión y la reflexión, ha cesado prácticamente de existir. Roger Munier ha dedicado hace poco un penetrante ensayo a esta «civilización de la mirada» que, en realidad, ha perdido la visión: son los objetos los que nos miran e hipnotizan.[1] Mundo abigarrado de signos, más que de imágenes, del que ha desaparecido aquello que podemos contemplar sin miedo de ser poseído o sin avidez de poseer —aquello que no se gasta con el uso: las presencias. Nadie sabe adónde se han ido pero todos sabemos que se fueron por el mismo hoyo que se tragó a las esencias.

Desde hace más de medio siglo —o sea con cierto retraso, ya que la poesía y la filosofía lo descubrieron antes— la pintura se enfrenta a esta situación y, por decirlo así, nos la ha hecho visible: al abrirnos los ojos, nos reveló que no había nada que ver. Inmediatamente, con el mismo encarnizamiento, se dedicó a inventar otra vez las presencias. Es inútil discutir si lo ha conseguido o no. La pintura moderna es un acto de fe. Yo diría que su tentativa no le ha devuelto al mundo su presencia, pero le ha dado al hombre la posibilidad de verse a sí mismo como un inagotable surtidor de visiones. Y así, la pintura se ha convertido en un rival de la poesía y la música, artes más libres de la apariencia exterior. Desde esta perspectiva el caso de Nieto me entusiasma y me intriga. Dije que escogió lo más difícil: quedarse en la pintura. Esto significa empezar por el principio: saber que no hay presencias. Saberlo con los ojos y con el espíritu: aceptar ser un principiante. Nieto lo sabe y no tiene miedo de serlo. Los cuadros que nos muestra, sin orgullo y sin rubor, son cuadros de un principiante. ¿Principia algo en ellos?

Líneas, trazos, pinceladas y, en general, el ritmo de sus formas, es rápido y tiende a la espiral o al torbellino. En el centro o en un extremo del cuadro el movimiento se fija, sin congelarse, en una prefiguración de ojos, bocas, picos. A veces los trazos negros o blancos, sobre un fondo vibrante de color, hacen pensar en una escritura de huesos, danza de esqueletos a la luz de los fuegos de artificio. Sus colores van de lo solar a lo

[1] *Contre l'image*, Gallimard, 1963.

lunar con una intensidad que se detiene justo al borde de la violencia. Mariposas, plumas, sedas —un mundo de espectros coloridos y en el que aparecen de pronto una garra, unas uñas, un fémur, una boca cruel. Lo delicado y lo terrible. Y todo como si desde el fondo de la tela —cálido, sacudido por ondas sombrías o centelleantes— ascendiese un oscuro deseo de encarnación que nunca llega a cumplirse, a saciarse, en una forma final. Animación que se resuelve en fijeza y horror. Pintura lírica, en el sentido en que las cosas están más sugeridas que dichas. En los *gouaches* abundan —aunque también aparecen, con menos frecuencia, en los óleos— alusiones a un mundo fantástico, principalmente animal. El arte de Nieto se inspira en la tradición visionaria de la pintura y la poesía.

Gran enamorado de la literatura de imaginación, Nieto ha ilustrado un libro de Jorge Luis Borges *(Zoología fantástica)* con una comprensión y una sensibilidad admirables. Su devoción por el escritor argentino, y por otros poetas de la misma familia espiritual, confirma la impresión que producen sus cuadros: estamos ante un artista en el que la imaginación ocupa un lugar central. Pero imaginación es una palabra demasiado vasta. En su caso se trata de lo que podría llamarse *razón fantástica*. O sea: una fantasía en la que lo maravilloso es el resultado de una necesidad lógica. Paso a paso, de manera gradual e inexorable, se nos conduce por un sinuoso corredor a cuyo término nos espera una imagen (o una proposición) que, aceptada por la razón, es intolerable para el espíritu. Los mejores cuadros de Nieto son evocaciones o convocaciones de esa imagen final. Experiencia que consiste, para decirlo apresuradamente, en mostrarnos el carácter indescifrable de la realidad. Para este joven la pintura no es sino una manera de conjurar esa presencia que se esconde en cada cosa y en cada ser, que no está en ninguna parte y que nos sale al paso en los lugares y en los momentos más inesperados. Rodolfo Nieto ha puesto sus grandes e indudables dones de pintor al servicio de su visión interior. Esta exposición podría llamarse: Ejercicios de Contemplación. La presencia —no la que inventamos sino la que descubrimos, la que llevamos dentro— está a punto de aparecer en estos cuadros.

Delhi, 7 de diciembre de 1963

[«Pinturas de Rodolfo Nieto» es el texto de presentación de Rodolfo Nieto, en el catálogo de su primera exposición en París (Galerie de France), en 1964. Se publicó en *Puertas al campo,* UNAM, México, 1966.]

Pintura mexicana contemporánea

Hay expresiones engañosas. Por ejemplo, *pintura moderna:* tiene la edad del siglo. Otra denominación ambigua: *Escuela de París.* No fue realmente una escuela sino una sucesión de tendencias y maneras, un conjunto de movimientos en los que participaron decisivamente grandes pintores de distintos países: españoles, italianos, holandeses, alemanes, rusos. El carácter cosmopolita de la Escuela de París subraya, precisamente, su modernidad. Mejor dicho, subraya su carácter paneuropeo: la pintura moderna nació, casi simultáneamente, en París y en Múnich, en Milán y en Petrogrado, para citar sólo a los centros de irradiación más conocidos. Fue una de las últimas expresiones de esa Europa que nació en el siglo XVIII y que, no sin desgarramientos, sobrevivió hasta 1914 sólo para ser destruida por los nacionalismos imperialistas. Después de la primera Guerra Mundial, uno a uno se apagaron los focos del arte moderno, salvo el de París. Aunque es un fenómeno que no ha sido estudiado todavía, es razonable atribuir la extinción de esos movimientos a la combinación de dos circunstancias adversas. La primera: entre todas las ciudades en donde surgieron movimientos artísticos de importancia, la única verdaderamente internacional era París; la segunda: las revoluciones y contrarrevoluciones que triunfaron en Rusia, Italia y Alemania eran enemigas consustanciales del arte moderno y, sobre todo, de dos de sus principios cardinales: el internacionalismo y la libertad de creación. No es extraño, así, que las distintas y contradictorias tendencias que habían hecho del arte moderno un todo vivo, emigrasen y se concentrasen en París. Era la única gran ciudad europea libre y que, desde el principio del siglo, a diferencia de Londres, estaba abierta a todos los vientos del arte. La segunda guerra acabó con París como centro mundial; fue el fin del periodo puramente europeo del arte del siglo XX.

El movimiento artístico moderno nació en Europa pero pronto conquistó a los otros continentes. La expansión comenzó en América: en 1913 se celebró en Nueva York una gran exposición *(Armory Show)*, en la que los artistas europeos de vanguardia mostraron sus obras por primera vez fuera del Viejo Continente. Sin embargo, hubo que esperar más de treinta años para que el arte norteamericano se desprendiese del europeo y dejase de ser un mero reflejo provincial. Lo mismo sucedió en otras partes. La excepción fue México: aquí surgió, hacia 1920, un arte moderno con caracteres propios e inconfundibles. Entre 1920 y 1940 el arte mexicano combinó, no pocas veces con fortuna, dos elementos en apariencia irreductibles: un vocabulario estético internacional y una inspiración nativa. Los artistas mexicanos adoptaron y recrearon ciertas tendencias del arte de esa época, especialmente el expresionismo. La reelaboración de esas tendencias fue muchas veces poderosa y original: más que un trasplante fue una metamorfosis. La fusión fue fecunda porque el elemento natural, el suelo y el cielo en que crecieron esos estilos, fue no tanto una naturaleza como una historia. Quiero decir: una naturaleza —gentes, cosas, formas, colores, paisajes, atmósfera— vista y vivida a través de una historia singular e irreductible a la historia europea. Conjunción de dos descubrimientos: los artistas mexicanos descubrieron el arte moderno al mismo tiempo en que, por obra de la Revolución de México, descubrían la realidad oculta pero viva de su propio país. Sin ese doble descubrimiento no habría existido el movimiento pictórico mexicano. La Revolución reveló a los mexicanos la realidad de su tierra y su historia; el arte moderno enseñó a los artistas a ver con ojos nuevos esa realidad.

En su mejor momento la pintura mexicana fue una vertiente original del arte de la primera mitad del siglo. Hacia 1930 alcanzó su mediodía; después, como todos los movimientos, comenzó a declinar, aunque no sin antes haber influido en varios conocidos pintores norteamericanos que más tarde abrazarían el expresionismo-abstracto. La pintura mexicana fue víctima de una doble infección, dos supersticiones que fueron dos prisiones: la ideología y el nacionalismo. La primera cegó la fuente de la renovación interior: la libertad y la crítica; la segunda cerró las puertas de la comunicación con el exterior. Esclerosis y repetición: los pintores comenzaron a imitarse a sí mismos. Hacia 1940 un grupo de artistas notables rompió el aislamiento, renunció a la retórica ideológica y decidió explorar por su cuenta dos mundos: el de la pintura universal y el suyo propio. Estos artistas no sólo cambiaron y renovaron el arte mexicano sino que a ellos les debemos algunas de las obras mejores.

Al mismo tiempo, en Nueva York, el arte norteamericano, representado por poderosas personalidades, apareció como el heredero directo de la vanguardia europea. Continuidad y, asimismo, ruptura: el expresionismo-abstracto se presentó como una síntesis y una superación del automatismo pasional surrealista y de las geometrías neoplatónicas de la pintura abstracta. Al expresionismo-abstracto sucedió una tendencia menos vigorosa, el *pop art,* que en su desenfado recordó a Dadá, aunque aligerada de pasión metafísica y ya sin fascinación ante la muerte.

Durante esos años Nueva York ocupó el lugar central que París había tenido antes de la segunda Guerra. Sin embargo, las diferencias eran (y son) enormes. En realidad, desde hace ya bastante tiempo, Nueva York ha sido antes que nada el teatro —o más exactamente: el circo— de la descomposición de la vanguardia. En menos de treinta años, después de convertirse en una academia, es decir: en procedimiento y manera, la vanguardia se ha transformado en moda. El arte como objeto, a un tiempo, de uso y de especulación financiera. Nueva York sigue siendo un centro, pero no hay que confundir la hegemonía del mercado con la fertilidad, la imaginación y la facultad de creación.

La verdad es que debe renunciarse a la superstición de los centros: la creación artística, en todas las épocas, ha sido rebelde lo mismo a la uniformidad que a la centralización. Los mejores periodos artísticos han sido los de la coexistencia de diversos focos de creación; los estilos locales son siempre vivaces mientras que en los imperiales triunfa la máscara sobre el rostro vivo. Desde hace más de veinte años hemos sido testigos del renacimiento de escuelas, movimientos, tendencias y personalidades que pertenecen a una nación o a una ciudad, no a un centro mundial. Es un fenómeno que se despliega en dirección contraria al proceso de centralización que ha terminado por esterilizar a los artistas y uniformar a sus creaciones. La existencia simultánea de distintos focos nacionales, verdaderos ejes en relación unos con otros pero autónomos, es un movimiento análogo al que se advierte en otros campos: la política, la religión, la cultura. Más que un regreso es una resurrección. Estos movimientos, probablemente, le devolverán la salud al arte moderno. La salud: la diversidad, la espontaneidad, la auténtica originalidad, que es algo muy distinto a la engañosa novedad. Es alentador que uno de los primeros sitios en que se ha manifestado esta saludable reacción haya sido, justamente, España.

La situación de México no es esencialmente distinta a la que he descrito en forma sumaria. Nuestros artistas han sufrido, como todos, la fascinación y el vértigo del centro mundial pero, en general, han sabido ser fieles a sí mismos. Las tradiciones propias, que en el caso de México dan una suerte de gravedad espiritual al país, han sido un factor de equilibrio. Equidistantes de la seducción del mercado mundial, que da dinero y fama pero seca el alma, y de la fácil complacencia del provinciano que se cree el ombligo del mundo, nuestros pintores deben, al mismo tiempo y sin contradicción, conservar su herencia y cambiarla, exponerse a todos los vientos y no cesar de ser ellos mismos. Es un desafío al que se enfrenta cada generación y al que todas responden de una manera distinta.

Los ocho artistas que hoy exponen en Madrid, en un recinto del Banco Exterior de España, representan sin duda la porción central de nuestra pintura contemporánea. Gracias a ellos el arte mexicano de esta década posee carácter y diversidad, osadía y madurez. Tal vez faltan, para mi gusto, dos o tres nombres, pero no sobra ninguno: la exposición reúne a un conjunto de artistas que en sus obras nos muestran no sólo lo que es hoy la pintura mexicana sino lo que, en algunos casos, será mañana. Aunque las disyuntivas estéticas han sido y son las mismas para todos, las obras de cada uno de estos artistas expresan una visión individual del mundo y de la realidad. En contra de mis deseos, no puedo referirme a ninguno de ellos en particular: el objeto de estas páginas es, más bien, *situarlos* en su contexto histórico y dentro de la perspectiva contemporánea. Por otra parte, he escrito varios estudios y poemas sobre casi todos ellos. Así, sólo debo repetir lo que he dicho varias veces: si se quiere saber lo que es la pintura viva de México, hay que ver las obras de estos pintores. Agrego que, entre ellas, se encuentran algunas que son centrales en el arte contemporáneo de América Latina.

Los artistas mexicanos que hoy presentan sus obras en España tuvieron, primero, que apropiarse el lenguaje de la pintura contemporánea y, después, hacerlo suyo. En esto procedieron como todos los artistas jóvenes del mundo. Además, han tenido que hacer frente a una circunstancia singular: son hombres de la segunda mitad del siglo xx pero pintan en un país en el que el pasado milenario es todavía un presente vivo (apenas si necesito recordar, por ejemplo, la persistencia y la vitalidad de las artes populares). ¿Se puede ser un artista de su tiempo y de su país cuando ese país es México? La respuesta a esta pregunta no es unívoca. Cada una de las obras de los ocho artistas es una respuesta, cada respuesta es distinta y cada una es válida. La pluralidad y aun el carácter contradictorio de esas respuestas no les quita validez. Tampoco invalida a la pregunta. Cada respuesta la cambia y, sin anularla, la transfigura. La pregunta es la misma siempre y, no obstante, en cada caso es distinta. En verdad, la pregunta no es sino un punto de partida: responderla es internarse en lo desconocido, descubrir una realidad enterrada o descubrirnos a nosotros mismos.

Por más diversas y desemejantes que sean las obras con que estos pintores responden a la informulada pregunta que les hace la realidad mexicana, hay un elemento que los une y que, en cierto modo, es una contestación que los engloba a todos: el arte no es una nacionalidad pero, asimismo, no es un desarraigo. El arte es irreductible a la tierra, al pueblo y al momento que lo producen; no obstante, es inseparable de ellos. El arte escapa de la historia pero está marcado por ella. La obra es una forma que se desprende del suelo y no ocupa lugar en el espacio: es una imagen. Sólo que la imagen cobra cuerpo porque está atada a un suelo y a un momento: cuatro chopos que se elevan del cielo de un charco, una ola desnuda que nace de un espejo, un poco de agua o de luz que escurre entre los dedos de una mano, la reconciliación de un triángulo verde y un círculo naranja. La obra de arte nos deja entrever, por un instante, el allá en el aquí, el siempre en el ahora.

México, 27 de septiembre de 1983

[«Pintura mexicana contemporánea» es el texto de presentación de la exposición *Pintado en México*, Madrid, 1983. (Artistas: Günther Gerzso, Juan Soriano, Manuel Felguérez, Alberto Gironella, Vicente Rojo, Roger von Gunten, José Luis Cuevas y Francisco Toledo.) Se publicó en *Pintado en México*, Fundación Banco Exterior de España, Madrid, 1983.]

El azar y la memoria:
Teodoro González de León

México ha sido siempre tierra de arquitectos, desde la época precolombina hasta el día de hoy. Casi todas nuestras ciudades y muchos de nuestros pueblos poseen edificios y monumentos notables, algunos de ellos en verdad grandiosos. Es sorprendente el número de esas construcciones y conjuntos urbanos, milagrosos supervivientes de las devastaciones del tiempo, las catástrofes naturales y, sobre todo, la incuria y la barbarie de los hombres. Admirable continuidad de tres milenios y no menos admirable variedad de estilos artísticos, técnicas de construcción y géneros religiosos, civiles y privados. En el periodo contemporáneo, a pesar de los desastres y de los graves errores de las tres últimas décadas, varios arquitectos de gran talento han enriquecido esta gran tradición mexicana. Algunos han merecido reconocimientos internacionales y apenas si debo recordar a Luis Barragán y a Pedro Ramírez Vázquez. Entre ellos uno de los más destacados es Teodoro González de León, al que hoy tenemos la alegría de recibir en El Colegio Nacional. Las obras de González de León son numerosas y diversas —edificios públicos y de apartamentos, museos, centros cívicos, plazas, jardines, residencias— y están esparcidas en la ciudad de México, en la provincia y en el extranjero. La arquitectura es un arte colectivo y algunas de estas obras han sido realizadas en colaboración con otros arquitectos, como Abraham Zabludovsky, pero la gran mayoría han sido concebidas por él únicamente y ejecutadas bajo su sola dirección.

Es imposible para un lego como yo hablar con autoridad de las técnicas arquitectónicas de Teodoro González de León. No lo es decir que sus construcciones me impresionan por la sobria elegancia de su diseño, la economía de sus líneas y la solidez armoniosa de sus volúmenes. Formas simples y bien plantadas sobre la tierra; no un arte clasicista sino un arte moderno inspirado en la lección de los clásicos: orden, medida, proporción. Voluntad de forma que nunca llega al desbordamiento y que con frecuencia alcanza la plenitud. Esos edificios ejercen sobre nosotros una doble influencia, física y moral: los ojos gozan y la mente se serena. Dije que la arquitectura de González de León me impresiona; la palabra es inexacta y debería haber dicho: *me seduce.* Ante ella siento la misma atracción, mitad afectiva y mitad racional, que experimento ante ciertas obras musicales y algunos poemas y cuadros. Es difícil definir la naturaleza de esta seducción; sin embargo, no creo equivocarme si digo que está hecha de la alianza de dos movimientos opuestos: la gravedad, esa fuerza invisible que ata las formas al suelo, y el ritmo que las aligera y nos da la ilusión de contemplar una danza inmóvil.

Formas para ser vividas y habitadas pero, asimismo, formas para ser vistas. González de León no sólo es arquitecto sino pintor, como su maestro Le Corbusier. En sus pinturas y ensamblajes encuentro de nuevo la unión entre una inteligencia que ama la claridad y una sensibilidad que se complace en el juego rítmico de las líneas, los volúmenes y los colores. Precisión que no excluye sino invita al azar. Espacios que se despliegan como proposiciones geométricas, colores vivos y nítidos, pintura que hace pensar, a veces, en Juan Gris y, otras, en Fernand Léger. Apenas enunciadas, estas afinidades se disipan: no estamos ante una pintura-pintura sino ante una pintura arquitectónica. Mejor dicho: ante la traducción, en dos dimensiones y sobre una superficie plana, del mundo tridimensional de la arquitectura. Más de una vez he oído a González de León lamentarse porque hoy no se cubren los edificios con una capa de encendida pintura, como era costumbre en la antigua Grecia, en la India y en Mesoamérica. No sé si tiene razón: el Palacio Nacional se ha escapado de un baño tricolor y la catedral de la púrpura cardenalicia. Tal vez se trata de una *boutade:* estoy seguro de que es mayor su lealtad a los materiales que su afición al color. La veracidad, me dijo alguna vez, es la virtud mayor de la arquitectura moderna. La construcción debe mostrar de qué está hecha: piedra, metal, madera. Lo más alejado de González de León es el barroco, sus tramoyas coloridas y sus incendios congelados.

La mención de Grecia y Mesoamérica me lleva a señalar un tercer aspecto de la personalidad de González de León: su afición a la historia del arte. Si no hubiese sido el artista que es, habría sido un notable crítico o un historiador de esta disciplina. Una afición inteligente y apasionada en la que, otra vez, me sorprende la interpenetración entre el entendimiento y la sensibilidad, el saber y el sentir. Vasos comunicantes: su arquitectura se nutre de su pintura y ambas de su pensamiento. Hay varias maneras de pensar y González de León piensa, sobre todo, en formas, volúmenes y ritmos. Sin embargo, es capaz de trasladar esa proporciones plásticas a proposiciones lógicas. *Rara avis* en nuestros días: un artista que piensa con claridad y hondura, como lo ha mostrado en la magnífica lección inaugural que acabamos de oír. Aplaudo su valor en tocar un asunto que a todos nos apasiona y nos duele: la situación de la ciudad de México. Aplaudo también su rigor racional. Su crítica ha sido incisiva y, por esto mismo, terapéutica. El tema lo requiere.

Antes de continuar, debo hacer una confesión. Acepté con agrado el encargo de responder con unas palabras a esta conferencia de González de León, con la que inicia sus actividades como miembro de El Colegio Nacional. A pesar de que desde hace muchos años lo admiro y soy amigo suyo, el agrado se transformó inmediatamente en temor. No es difícil comprender la causa de mi aprehensión. La arquitectura ha sido, desde mi adolescencia, una de mis grandes aficiones; he pasado muchas horas y muchos días visitando monumentos antiguos y modernos, lo mismo en México que en otras partes del mundo. En esas excursiones fatigué mis piernas, no mis ojos ni mi entendimiento: la arquitectura nos hace sentir y pensar el espacio, los espacios. Es materia vuelta forma y forma vuelta pensamiento. También es tiempo, historia. La arquitectura es una sabiduría. Pero una cosa es mirar y admirar templos, palacios, fuentes, jardines, puentes, terrazas, torres y acueductos, otra es hablar de ellos con un poco de saber y de competencia. Así pues, mi respuesta, fatalmente, tiene que limitarse a comentar breve y humildemente algunas de las ideas que ha expuesto hoy Teodoro González de León.

Hemos aprendido muchas cosas esta noche. La primera fue saber que las ciudades son el resultado de la combinación armónica de cuatro factores: el azar, el diseño, el tiempo y la memoria colectiva. Es revelador —y más: saludable— que González de León haya mencionado en primer término al azar. Es un elemento que había sido desdeñado e incluso omitido tanto en muchos cursos universitarios como en los escritos de numerosos intelectuales, sin duda por los determinismos en boga durante los últimos años. En el ámbito de la historia, el arte y las ciencias sociales esos determinismos son ilusorios, quiméricos. La realidad más reciente, una vez más, lo ha mostrado; desde hace más de dos décadas, con iluminada certeza, muchos intelectuales e ideólogos mexicanos han proclamado el advenimiento del socialismo como una necesidad histórica inevitable;

los cambios que ahora ocurren en los países impropiamente llamados de la Europa del Este (su nombre tradicional es Europa Central) los han desmentido cruelmente. Lo más curioso es que algunos se aferran a sus creencias con una terquedad que no se sabe si es hija del fanatismo o de la soberbia; es frecuente leer en la prensa artículos en los que sus autores saludan esas transformaciones como «triunfos del socialismo». Es triste y es ridículo, es decir, doblemente triste. Aclaro, ante las no imposibles y apresuradas o aviesas interpretaciones: el socialismo puede ser o no ser deseable pero no es inevitable. No es ni será el resultado de unas pretendidas leyes históricas sino de la concurrencia de varias circunstancias, entre ellas la voluntad humana. Y quien dice *voluntad humana* dice azar, accidente. La historia es el dominio de lo imprevisible... No menos saludable es la distinción que ha hecho González de León entre diseño impuesto por decisión gubernamental y diseño como ordenación del conjunto urbano. Dos males contradictorios: el diseño impuesto por una autoridad despótica transforma el orden urbano en uniformidad carcelaria; la especulación privada y el capricho de los propietarios degradan la fisonomía de las ciudades y lesionan su ser mismo.

No hay tiempo para referirse, y es lástima, a la descripción que ha hecho González de León de los tres grandes momentos de la ciudad de México: el precolombino, el novohispano y, entre 1920 y 1950, la nueva integración urbana. La tercera parte de su conferencia ha sido un diagnóstico, a un tiempo valiente y doloroso, de la situación actual. El azar reaparece pero, en este caso, como una influencia nociva. Conjunción de dos circunstancias: el centralismo y la explosión demográfica. Nuestro centralismo es milenario: nace en Teotihuacan y Tenochtitlan, se consolida con los Borbones y se fortifica, primero, con Porfirio Díaz y, después, durante el periodo posrevolucionario. En las últimas décadas ha llegado a su apogeo pues es político, económico y cultural. En cuanto a la explosión demográfica: todavía hace quince años nuestros gobernantes, aconsejados y justificados por sociólogos e ideólogos universitarios, se rehusaban obstinadamente a reconocer la influencia negativa del crecimiento excesivo de la población en el desarrollo económico y social de países como el nuestro. El azar no ha sido una calamidad natural sino el resultado de un vicio histórico, el centralismo, y de la ceguera intelectual y política de nuestras clases dirigentes. Debo mencionar otros dos factores, igualmente adversos: la oposición de la Iglesia y la moral de muchos mexicanos, es decir, el «machismo».

El terrible deterioro de la ciudad de México se debe a la disyunción entre tres de los factores que señala González de León: el azar, el diseño y la memoria colectiva. El diseño —o sea: la ordenación gubernamental— fue tardío; la autoridad intervino cuando gran parte del mal ya estaba hecho, por la acción corrosiva del inmoderado aumento de la población y la desenfrenada especulación urbana. Aparte de ser tardío, el diseño gubernamental consistió en una serie de medidas a corto plazo y con frecuencia contradictorias. Además, la ciudad ha padecido la imposición de las fantasías faraónicas de algunos de nuestros gobernantes. Subrayo que la opinión pública muy pocas veces fue escuchada y que casi nunca tuvo la posibilidad de expresarse. La ausencia de verdaderas prácticas democráticas ha contribuido poderosamente al desastre urbano.

Por último, la colusión entre el afán de lucro de los traficantes del urbanismo y la pérdida de la memoria histórica. La desmemoria colectiva es una dolencia mundial; en México es particularmente grave pues afecta a todas las clases sociales y, sobre todo, a los jóvenes. Así como en ciertos monumentos y edificios públicos de nuestra ciudad hay huellas visibles del pesado y grandilocuente arte estaliniano, en los conjuntos residenciales de la clase media y de la clase acomodada es palpable la imitación de la arquitectura de los Estados Unidos. No la mejor. Los modelos no han sido ni Nueva York ni Chicago sino Los Ángeles y varias poblaciones texanas. A su vez, los pobres recién llegados que habitan la periferia de la ciudad, cortados sus lazos con la cultura tradicional, imitan las imitaciones de los ricos. Caricaturas de caricaturas. Nuestro nacionalismo es jactancioso pero grita ¡viva México! con los ojos fijos en el exterior.

La pérdida de la memoria colectiva es un fenómeno psicológico y social de extraordinaria complejidad. Aunque sus causas son múltiples, me parece que una de las principales es el colosal fracaso de nuestro sistema educativo. Los niños y los jóvenes han perdido la noción del pasado y con ella la del porvenir; no saben de dónde vienen y por esto tampoco saben adónde quieren ir. Los hemos desposeído de una parte de su ser. Sin embargo, el fondo común de las sociedades —creencias, sentimientos, imágenes, valores— es de tal modo resistente a la erosión del tiempo y al desgaste histórico que, en los momentos en que todo parece perdido, aflora de las profundidades con misteriosa energía. Durante los temblores de 1985 fuimos testigos de uno de esos momentos de resurrección de la escondida pero viva solidaridad de nuestro pueblo. William James relata que presenció algo semejante durante el terremoto de San Francisco, en 1906. En uno y otro caso se trata de súbitas reapariciones de la memoria colectiva. Si hay una tarea urgente en México, esa tarea es la reconstrucción del «alma nacional», como se llamaba antes al conjunto de tradiciones, creencias y valores que sustentan a las sociedades. Es una tarea no únicamente educativa y política: nos atañe a todos y muy especialmente a los intelectuales. En la sociedad moderna la función de la clase intelectual es triple: la específica de su profesión o especialidad; la crítica moral y política; y, en el caso de los escritores y los artistas, la creación. La literatura y las artes son hijas de la Memoria, y las obras que inspira la Memoria tienen la propiedad de despertar a los pueblos y recordarles qué y quiénes son. La lección inaugural de Teodoro González de León ha sido un ejemplo memorable de lo que podemos y debemos hacer. Le doy las gracias.

México, 18 de noviembre de 1989

[«El azar y la memoria: Teodoro González de León» se publicó en *Al paso*, Seix Barral, Barcelona, 1992.]

La espuma de las horas:
Marie José Paz

Hace más de quince años que soy testigo de una labor apasionada y secreta. Marie José recoge todo género de pequeños objetos y desechos, papeles de distintos colores y texturas, cintas, estampillas postales, botones, hebillas, alfileres, viejos grabados, fotos (a veces tomadas por ella misma: un centímetro de asfalto, un charco y su archipiélago de burbujas, un papel arrugado como la Sierra Madre), ilustraciones de libros y revistas, etiquetas, billetes y boletos, programas de teatro, cerillos, etiquetas, cajetillas —los residuos y los despojos que cada día abandona el oleaje del tiempo. La espuma de las horas... Marie José corta y recorta, pega y despega, raspa y alisa, pinta y repinta, hace, deshace y rehace hasta que todos esos trozos se juntan sobre una cartulina y, atraídos por el imán de la imaginación, forman configuraciones de colores y ritmos. Unas son cristalizaciones de sustancias translúcidas flotando en la memoria y otras son solidificaciones de la luz, el viento, el pensamiento.

Flora de agujas, vegetaciones regidas por la obsesión de un triángulo y la excentricidad de una elipse; pirámides ópticas; rascacielos de aberraciones cromáticas; encrucijadas de las perspectivas; universos hechos de una gota de agua y otra de tinta; espejos donde navega la mirada y la razón se extravía; desiertos inmensos en un milímetro de celuloide; jardines de teléfonos; timbres verdes, azules y amarillos; gnomos de celofán con botones de números romanos; trapecios de hilos y madejas de transparencias; príncipes y princesas de papel de estraza; hélices bailarinas; zarabandas de reflejos, ecos, formas; rodajas con alas: ¡libélulas! —objetos animados que, sin decir una sola palabra, nos hablan en dialectos desconocidos que nosotros, sin entenderlos, al punto comprendemos.

La vocación comienza con un llamado. Es un despertar de facultades y disposiciones que dormían adentro de nosotros, y que, convocadas por una voz que viene de no sabemos dónde, despiertan y nos revelan una parte de nuestra intimidad. Al descubrir nuestra vocación nos descubrimos a nosotros mismos. Es un segundo nacimiento. Por esto muchos artistas cambian el nombre que les dieron sus padres por otro, el de su vocación. El nuevo nombre es una señal, mejor dicho, una contraseña que les abre el camino hacia una región oculta de su persona. Vocación viene de *vocatio*: llamamiento; a su vez, *vocatio* es un derivado de *vox*. La palabra designó al principio, dice el *Diccionario de autoridades*, «a la inspiración con que Dios llama a un estado de perfección, especialmente al de religión». Dios tiene distintas maneras de llamar y, como refiere la Biblia, muchas son mudas: señales silenciosas, signos que debemos descifrar.

Aunque el significado religioso de vocación se ha extendido a otros campos, sobre todo a los del arte y el pensamiento, la palabra designa, en todos los casos, a dos actos correlativos: el llamado y la respuesta. ¿Quién o qué nos llama? No lo sabemos a ciencia cierta; es un agente exterior, una fuerza, un hecho en apariencia insignificante pero cargado de sentido, una palabra oída al azar, qué sé yo; no obstante, aunque viene de fuera, se confunde con nosotros mismos. La vocación es el llamado que un día, señalado entre todos, nos hacemos y al que no tenemos más remedio que responder, si queremos realmente ser. El llamado nos obliga a salir de nosotros mismos. La vocación es un puente que nos lleva a otros mundos que son nuestro verdadero mundo.

La vocación de Marie José nació una tarde del otoño de 1971, en Nueva York. Joseph Cornell, al saber por Dore Ashton, amiga suya y nuestra, que teníamos deseos de conocerlo en persona, nos invitó a visitarlo en su casa. Nos habíamos carteado unos años antes, cuando nosotros vivíamos en la India y a él le habían dado un premio de escultura en la primera Bienal de Delhi. Dore y su hija nos acompañaron. Llegamos a eso de las cinco de la tarde. Cornell vivía en Queens, en Utopia Parkway, una calle larga y anónima como para probar la inanidad de todas las utopías. Una casita de madera despintada, un prado mustio, tres escalones y una puerta. Tocamos. Nos abrió Cornell en persona. Canoso, levemente encorvado, lento de palabras y movimientos. Vestía un traje gris oscuro y camisa blanca sin corbata. Cara alargada y huesuda, rasgos acusados, ojos profundos y melancólicos (¿de qué color?), reserva, ironía, cierta excentricidad y un aire de venir del otro lado de la realidad.

Atravesamos una salita con muebles indescriptibles y un espejo empañado entre dos fotografías borrosas, cruzamos un pasillo crujiente con un armario atestado de libros y cajas, bajamos por una escalerilla empinada y llegamos al sótano. Era su estudio. Dos o tres piezas espaciosas como la cueva de Alí Babá y, como ella, repletas de maravillas. Con ademanes corteses y tímidos Cornell nos mostraba aquellas construcciones frágiles y prodigiosas. Parecía asombrado de que fuesen obras suyas. Estalactitas no de agua sino de tiempo —pero tiempo transmutado en visiones. Marie José estaba fascinada. No me equivoco si digo que *reconocía* esos objetos. Se reconocía. A Cornell también lo fascinó Marie José. El hechizo fue recíproco. ¿Veía en ella a una reencarnación de Carlota Grissi o a una patinadora escapada de un cuento de Selma Lagerlöff? ¿Y ella vio en él a un viejo mago capaz de resucitar lo mejor de la niñez: la facultad de maravillarse? No lo sé. Pero sé que, esa tarde, ella *vio* su vocación.

Regresamos a Cambridge, en donde entonces vivíamos. Al poco tiempo Marie José recibió un sobre que contenía un mensaje misterioso. Una ocurrencia de Cornell. Ella contestó con otro. Hubo un breve intercambio de señales, contraseñas y enigmas, interrumpido por nuestro retorno a México y después por la muerte de Cornell en 1972. Volvimos a Cambridge, a otro apartamento. Marie José comenzó a componer *collages*, ensamblajes y «construcciones poéticas», como llamaba Miró a esos objetos en tres dimensiones. Unos pocos amigos vieron esas obras. Entre ellos Roman Jakobson. Como es sabido, le interesaban las artes visuales y más de una vez señaló las afinidades entre su teoría fonológica y el cubismo; en uno y otro caso se trataba de sistemas de relaciones, en la primera entre fonemas y en el segundo entre líneas, formas y volúmenes. Los *collages* de Marie José lo cautivaron inmediatamente porque vio que en ellos operaba el mismo principio de asociaciones y correspondencias entre objetos en apariencia diferentes. Es el principio cardinal de las artes, singularmente de la poesía, pero que anima a todos los sistemas.

Para los estoicos el universo era un *sistema,* es decir, un conjunto de elementos distintos que forman un todo orgánico. En este sentido puede decirse que un poema, una sonata o una pintura son sistemas como el sistema solar, el respiratorio, el nervioso o el molecular. Tenía razón Jakobson: cada uno de los *collages* de Marie José es una metáfora y los más logrados entre ellos son pequeños universos autosuficientes, verdaderos sistemas de relaciones visuales y poéticas. El entusiasmo de Jakobson la animó a proseguir. Elizabeth Bishop fue otro testigo de sus primeras tentativas. Su ojo era certero, visión de poeta y de pintor. Sentía una afinidad extraña pero no inexplicable por artistas como Schwitters, gran maestro del *collage*. Elizabeth se sintió inmediatamente atraída por las composiciones de Marie José, regidas por fuerzas psíquicas análogas a las de sus poemas: fragmentos y partículas errantes que el imán de la imaginación convoca, asocia y transforma en objetos dotados de vida propia.

Hablé antes de sistema y recordé a los estoicos; ahora menciono a la palabra *simpatía*, con la que los mismos estoicos designaban a las fuerzas de atracción universal que unen a los elementos y a los seres. Simpatía: amistad cósmica... Otros pocos amigos —Mark Strand, Robert Gardner y algunos más— también la estimularon. Sin embargo, a pesar de sus instancias (y de las mías), se rehusó durante años a mostrar al público sus obras. Ahora, al fin, ha cedido. Para celebrar su decisión escribo estas líneas.

Los *collages* y ensamblajes de Marie José, todos de reducidas dimensiones, construidos con los materiales frágiles que la casualidad y el deseo nos regalan, son el resultado insólito del trabajo y del juego. Las dos actividades son contradictorias: el juego redime al trabajo y el trabajo da dignidad al juego. La variedad de maneras, asuntos y técnicas de Marie José es natural en una obra realizada durante más de quince años. A pesar de su diversidad, lo primero que sorprende es la unidad. No unidad de concepto sino de sensibilidad y visión. Estas dos palabras la definen: sensibilidad es sensación, instinto, emoción; visión es la sensación hecha forma, la emoción transformada en objetos que percibimos, simultáneamente, con los sentidos y con la mente.

Los antiguos usaban la palabra fantasía para designar a esta facultad que convierte las sensaciones en formas; los modernos la llamamos imaginación. El aspecto central de esta facultad es su aptitud para descubrir relaciones entre las cosas y así inventar o crear objetos nuevos. El arte de Marie José es un ejemplo de esta facultad: combina formas y elementos disímbolos, descubre una relación oculta entre ellos y los une en un verdadero *concierto* visual que no excluye las oposiciones, las disimetrías y el humor. Transforma las sensaciones en visión y la visión en un objeto vivo. Esos objetos a veces nos sorprenden y otras nos hacen soñar o reír (el humor es uno de los polos de su obra). Signos que nos invitan al viaje inmóvil de la fantasía, puentes hacia lo infinitamente pequeño o hacia las lejanías galácticas, ventanas que dan a un *no-where*. El arte de Marie José es un diálogo entre el aquí y el allá.

Configuraciones de formas y colores sobre una cartulina inmóvil: su quietud es una pausa, a la manera de la mariposa que reposa un instante sobre una flor vertiginosa. Mundo en movimiento —¿hacia dónde? Rascacielos que se encienden y se apagan, escaleras que ascienden y se desvanecen allá arriba o descienden y se transforman en túneles de ecos que se pierden en el silencio, escaleras que suben y bajan —¿hacia dónde? Brújulas, velas, barcos, mapas giratorios bajo relojes parados y soles detenidos —¿hacia dónde? Patinadoras que se deslizan sobre una pista de puntos suspensivos, equilibristas que marchan sobre la línea del horizonte, baile de reflejos, pájaros, flechas, volantines, cometas —¿hacia dónde? Criaturas y formas que caminan, vuelan, nadan y se mecen suspendidas entre quietud y movimiento, hijas del vértigo —¿hacia dónde? Signos que trazan una interrogación y dudan entre quedarse aquí o irse allá. Pero ¿dónde es aquí, dónde es allá?

México, 1990.

[«La espuma de las horas: Marie José Paz» se publicó en *Al paso*, Seix Barral, Barcelona, 1992.]

Rostros en el espejo:
Repertorio de artistas en México

Un repertorio —o como se decía antes: reportorio— es una suerte de prontuario, un libro abreviado, en el que se dan noticias de sucesos, cosas o personas notables. El repertorio colinda, por una parte, con el diccionario; por la otra, con la historia. Lo que distingue al repertorio del diccionario no sólo es la brevedad de las noticias sino su carácter cerrado, por decirlo así. En general, los diccionarios abarcan más asuntos y temas, están abiertos siempre a lo desconocido, a lo por llegar. En rigor son infinitos. De ahí que para estar al día nuestras enciclopedias tengan que rehacerse periódicamente. En cambio, el repertorio, aunque sujeto también a cambios y adiciones, es mucho más estable. El principio que lo inspira no es el cambio sino la permanencia. Las relaciones entre el repertorio y la historia no son menos íntimas: el repertorio es una historia abreviada de este o aquel asunto. Pero lo distingue de la historia, más radicalmente aun que en el caso del diccionario, el orden en que se presentan las materias, que no es el cronológico. Un libro de historia nos cuenta la sucesión en el tiempo de las obras, las cosas y los hombres: primero hubo el sembrador, después el arado tirado por animales y más tarde el tractor. En el repertorio los acontecimientos y los hombres no aparecen según la sucesión temporal ni en relación entre ellos sino aislados. Al lector le toca, si lo desea, insertar cada tema y cada persona en sus circunstancias históricas. Intersección entre el diccionario y la historia, el repertorio es, simultáneamente, un punto de partida y un punto de referencia. También es una visión sintética de una realidad heterogénea.

El *Repertorio de artistas en México* de Guillermo Tovar de Teresa y sus colaboradores cumple a la perfección con estas exigencias. No es un diccionario de artistas ni tampoco es una historia del arte mexicano. Sus propósitos son claros y sus límites definidos: noticias sobre los artistas que han trabajado en nuestro país, sean mexicanos o extranjeros, desde el siglo XVI hasta nuestros días. Esas noticias son, a un tiempo sucintas y completas; además, no pocas veces contienen informaciones nuevas y que no aparecen en otras obras. Dos virtudes en apariencia contradictorias se conjugan en este libro: el rigor y la amplitud. El repertorio de Tovar no es una antología, quiero decir, no es una selección de los mejores artistas sino una presentación de todos aquellos que han realizado su obra, o parte de ella, en nuestro país. Están todos los que tienen que estar, a condición de que nos hayan dejado una obra y de haber alcanzado cierta notoriedad, así sea mínima. Guillermo Tovar es un historiador y un crítico de arte; sin estas condiciones no habría podido llevar a cabo esta empresa; sin embargo, ha tenido el talento y la prudencia de poner entre paréntesis sus dones de historiador y de crítico. No cuenta ni juzga: presenta.

Debo señalar otra característica del *Repertorio de artistas en México*. El arte mexicano comenzó con las primeras comunidades humanas que poblaron nuestro territorio hace más de tres mil años, de modo que tiene una antigüedad de varios milenios. Sin embargo, el *Repertorio* se refiere únicamente al periodo que comienza al otro día de la Conquista, en el siglo XVI, y que termina, provisionalmente, con los artistas nacidos en la primera mitad del siglo XX. Tovar explica la razón: el arte mesoamericano es anónimo y su libro es un repertorio de nombres, vidas y obras. Es cierto. Además, contamos con muchas historias del arte mesoamericano, algunas excelentes. En cambio, uno de los grandes méritos de este libro es explorar e iluminar un continente mal conocido: el del arte del periodo novohispano. Tovar ha dedicado a ese periodo varias obras fundamentales. En ese campo el *Repertorio* es un instrumento precioso y no sólo de divulgación sino de conocimientos inéditos. Un instrumento de doble precisión, por decirlo así: la del mapa y la de la brújula.

Tal vez no sea del todo ociosa una observación al margen: aunque cuenta, por lo menos, con dos mil años, el arte mesoamericano se define por su extraordinaria unidad y continuidad. Entre las obras de los llamados *olmecas* y los aztecas hay, sí, muchos cambios pero todos ellos son desarrollos de una misma visión del mundo. Esa visión apenas si cambió en el transcurso de dos milenios. Lo mismo debe decirse, con ciertas salvedades, de los estilos artísticos. No ignoro, por supuesto, todo lo que separa a una obra maya de una zapoteca o totonaca; señalo que todas ellas pertenecen al mismo universo y son derivaciones del mismo estilo. El arte mesoamericano se distingue no sólo por su poderosa originalidad —no se parece a ninguna de las artes de las otras grandes civilizaciones antiguas en Asia y en el Mediterráneo— sino asimismo por su continuidad. Un arte sin rupturas en el que cada comienzo es una reiteración o un regreso al punto de partida. Soberanía de lo colectivo y lo tradicional. La Conquista fue una ruptura no sólo política: fue el fin de una civilización y el comienzo de otra. Es imposible ignorar los lazos que nos unen al arte mesoamericano; también lo es desconocer nuestras profundas y radicales diferencias. Ese mundo, hoy en ruinas, es y no es nuestro. En el siglo XVI comenzó otra historia, otra aventura humana.

La nueva civilización, tanto en el dominio de las artes como en los de los otros órdenes de la historia, se caracteriza por la preeminencia de lo individual. Aunque la Iglesia y la monarquía impusieron una ortodoxia, los cambios fueron numerosos y continuos, especialmente los artísticos. Subrayo que todos ellos fueron el resultado de tendencias encarnadas en grupos de innovadores. Con el individualismo y el cambio, apareció la heterogeneidad. La civilización mesoamericana vivió aislada de las otras hasta la llegada de los españoles; las del Viejo Mundo, al contrario vivieron una experiencia histórica diametralmente opuesta: la constante presencia del *otro*, el choque de culturas diversas, la conversión a creencias y filosofías extrañas, la adopción de técnicas extranjeras. Los españoles que llegaron a México eran los herederos de una historia compleja y accidentada: los iberos, los griegos y los fenicios, los romanos, los visigodos, los árabes... Multiplicidad de culturas, religiones y lenguas. Ese pasado en perpetua ebullición, aunque al principio moderado por la doble acción de la Iglesia y la Corona, se resolvió al fin en la preeminencia del cambio sobre la continuidad y de lo individual frente a lo colectivo. El *Repertorio* de Tovar registra con precisión esta nueva realidad: en cuatro siglos se han sucedido en México muchos estilos artísticos y dentro de ellos (a veces en contra de ellos), más de seiscientos artistas. En sus obras combaten, triunfan o pactan los estilos y las tendencias más diversas. Por último, lo decisivo: el temperamento personal.

La historia de nuestro arte ha sido la del continuo encuentro entre tendencias de fuera y tradiciones locales, ambas animadas y transformadas en obras singulares por la acción del agente creador: el artista. Así, el título de este libro es una definición: *Repertorio de artistas en México*. En algunos casos, encuentro de un artista extranjero con la realidad mexicana; en otros, la mayoría, encuentro de los artistas mexicanos con un estilo universal. El arte de México es el resultado del choque entre los estilos, que son siempre colectivos, y los temperamentos individuales. Este libro no nos cuenta la historia del arte mexicano sino la de sus protagonistas. No es un mero catálogo: es un espejo que, al interrogarlo, nos devuelve los muchos rostros que son el rostro de México.

México, a 13 de octubre de 1995.

[«Rostros en el espejo: *Repertorio de artistas en México*» se publicó como prólogo al libro de Guillermo Tovar de Teresa, *Repertorio de artistas en México: Artes plásticas y decorativas*, tomo I, Bancomer, México, 1995.]

TRIBUTOS

Ser natural

A Rufino Tamayo

1

Despliegan sus mantos, extienden sus cascadas, desvelan sus profundidades, transparencia torneada a fuego, los azules. Plumas coléricas o gajos de alegría, deslumbramientos, decisiones imprevistas, siempre certeras y tajantes, los verdes acumulan humores, mastican bien su grito antes de gritarlo, frío y centelleante, en su propia espesura. Innumerables, graduales, implacables, los grises se abren paso a cuchilladas netas, a clarines impávidos. Colindan con lo rosa, con lo llama. Sobre sus hombros descansa la geometría del incendio. Indemnes al fuego, indemnes a la selva, son espinas dorsales, son columnas, son mercurio.

En un extremo arde la media luna. No es joya ya, sino fruta que madura al sol interior de sí misma. La media luna es irradiación, matriz de madre de todos, de mujer de cada uno, caracol rosa que canta abandonado en una playa, águila nocturna. Y abajo, junto a la guitarra que canta sola, el puñal de cristal de roca, la pluma de colibrí y el reloj que se roe incansablemente las entrañas, junto a los objetos que acaban de nacer y los que están en la mesa desde el Principio, brillan la tajada de sandía, el mamey incandescente, la rebanada de fuego. La media fruta es una media luna que madura al sol de una mirada de mujer.

Equidistantes de la luna frutal y de las frutas solares, suspendidos entre mundos enemigos que pactan en ese poco de materia elegida, entrevemos nuestra porción de totalidad. Muestra los dientes el Tragaldabas, abre los ojos el Poeta, los cierra la Mujer. Todo es.

2

Arrasan las alturas jinetes enlutados. Los cascos de la caballería salvaje
dejan un reguero de estrellas. El pedernal eleva su chorro de negrura afilada. El planeta vuela hacia otro sistema. Alza su cresta encarnada el último
minuto vivo. El aullido del incendio rebota de muro a muro, de infinito a infinito. El loco abre los barrotes del espacio y salta hacia dentro de
sí. Desaparece al instante, tragado por sí mismo. Las fieras roen restos
de sol, huesos astrales y lo que aún queda del Mercado de Oaxaca. Dos
gavilanes picotean un lucero en pleno cielo. La vida fluye en línea recta,
escoltada por dos riberas de ojos. A esta hora guerrera y de sálvese el que
pueda, los amantes se asoman al balcón del vértigo. Ascienden suavemen-
te, espiga de dicha que se balancea sobre un campo calcinado. Su amor
es un imán del que cuelga el mundo. Su beso regula las mareas y alza las
esclusas de la música. A los pies de su calor la realidad despierta, rompe
su cáscara, extiende las alas y vuela.

3

Entre tanta materia dormida, entre tantas formas que buscan sus alas, su
peso, su otra forma, surge la bailarina, la señora de las hormigas rojas, la
domadora de la música, la ermitaña que vive en una cueva de vidrio, la hermosa que duerme a la orilla de una lágrima. Se levanta y danza la danza de
la inmovilidad. Su ombligo concentra todos los rayos. Está hecha de las
miradas de todos los hombres. Es la balanza que equilibra deseo y saciedad, la vasija que nos da de dormir y de despertar. Es la idea fija, la perpetua arruga en la frente del hombre, la estrella sempiterna. Ni muerta
ni viva, es la gran flor que crece del pecho de los muertos y del sueño de
los vivos. La gran flor que cada mañana abre lentamente los ojos y contempla sin reproche al jardinero que la corta. Su sangre asciende pausada
por el tallo tronchado y se eleva en el aire, antorcha que arde silenciosa
sobre las ruinas de México. Árbol fuente, árbol surtidor, arco de fuego,
puente de sangre entre los vivos y los muertos: todo es inacabable nacimiento.

Cara al tiempo[1]

A Manuel Álvarez Bravo

Fotos,
    tiempo suspendido de un hilo verbal:
Montaña negra/nube blanca,
                 Muchacha viendo pájaros.
Los títulos de Manuel
          no son cabos sueltos:
son flechas verbales,
          señales encendidas.
El ojo piensa,
        el pensamiento ve,
la mirada toca,
        las palabras arden:
Dos pares de piernas,
          Escala de escalas,
Un gorrión, ¡claro!,
          Casa de lava.
Instantánea
       y lenta mente:
lente de revelaciones.
Del ojo a la imagen al lenguaje
(ida y vuelta)
          Manuel fotografía
(nombra)
        esa hendedura imperceptible
entre la imagen y su nombre,

---

[1] Las palabras en cursiva son títulos de fotografías de Manuel Álvarez Bravo.

la sensación y la percepción:
el tiempo.

La flecha del ojo
justo
en el blanco del instante.
Cuatro blancos,
cuatro variaciones sobre un trapo blanco:
lo idéntico y lo diferente,
cuatro caras del mismo instante.
Las cuatro direcciones del espacio:
el ojo es el centro.
El punto de vista
es el punto de convergencia.

La cara de la realidad,
la cara de todos los días,
nunca es la misma cara.
Eclipse de sangre:
la cara del obrero asesinado,
planeta caído en el asfalto.
Bajo las sábanas de su risa
esconden la cara
Las lavanderas sobrentendidas,
grandes nubes colgadas de las azoteas.

¡Quieto, un momento!
El retrato de lo eterno:
en un cuarto oscuro
un racimo de chispas
sobre un torrente negro
(el peine de plata
electriza un pelo negro y lacio).

El tiempo no cesa de fluir,
el tiempo
no cesa de inventar,
no cesa el tiempo

de borrar sus invenciones,
                              no cesa
el manar de las apariciones.
                              Las bocas del río
dicen nubes,
              las bocas humanas
dicen ríos.
            La realidad tiene siempre otra cara,
la cara de todos los días,
                            la que nunca vemos,
la otra cara del tiempo.

Manuel:
        préstame tu caballito de palo
para ir al otro lado de este lado.
La realidad es más real en blanco y negro.

Reversible

A Alberto Gironella, pequeño homenaje
de admiración grande

En el espacio
                estoy
dentro de mí
                el espacio
fuera de mí
                el espacio
en ningún lado
                estoy
fuera de mí
                en el espacio
dentro
        está el espacio
fuera de sí
                en ningún lado
estoy
        en el espacio
etcétera

Totalidad y fragmento

A José Luis Cuevas

En hojas sueltas
      arrancadas cada hora
hoja suelta cada hora
         José Luis
traza un pueblo de líneas
           iconografías del sismo
grieta vértigo tremedal
        arquitecturas
en ebullición demolición transfiguración
sobre la hoja
      contra la hoja
desgarra acribilla pincha sollama atiza
acuchilla apuñala traspasa abrasa calcina
pluma lápiz pincel
      fusta vitriolo escorpión
conmemora condecora
        frente pecho nalgas
inscribe el santo y seña
        el sino
el sí y el no de cada día
su error su errar su horror
su furia bufa
      su bofa historia
su risa
     rezo de posesa pitonisa
la filfa el fimo el figo
el hipo el hilo el filo

desfile baboso de bobos bubosos
tarántula tarantela
                tarambana atarantada
teje trama entrelaza
                líneas
sinos
        un pueblo
            una tribu de líneas
vengativo ideograma
                cada hora
una hoja
        cada hoja
página del juicio final
                de cada hora
sin fin
        fragmento total
que nunca acaba
                José Luis dibuja
en cada hoja de cada hora
                    una risa
como un aullido
                desde el fondo del tiempo
desde el fondo del niño
                    cada día
José Luis dibuja nuestra herida

Sueño de plumas

A Marie José

La mano azul
se ha vuelto pluma dibujante.
Arriba nace el Fuji,
vestido de blanco.
Ladera de yerbas altas:
brotan tres pinos y un fantasma.
Unas golondrinas preguntan por la luna.
Abajo, duermen plumas aceradas
en un lecho de terciopelo ajado:
semillas que sueñan su resurrección.
Serán, mañana, surtidores

París, mayo de 1991

Créditos de láminas

EN COLOR

PLIEGO I
(entre pp. 106 y 107)

Arte tántrico, *Postura sexual Cakra Āsana*, gouache sobre papel. 37 x 23 cm, Nepal, siglo xviii. Colección Ajit Mookerjee, Nueva Delhi.

Pablo Picasso, *Figures au bord de la mer* [Figuras al borde del mar], 1931, óleo sobre tela, 130 x 195 cm. Musee Picasso, París. D. R. PABLO PICASSO / SOMAAP / México / 2014. Foto: René-Gabriel Ojéda © RMN-Grand Palais / Art Resource, NY.

Joan Miró, *Nocturn* [Nocturno], 1940, témpera, gouache, óleo y pastel sobre papel. 46 x 30 cm. Serie *Constelaciones*. Cortesía de Fundació Joan Miró, Barcelona.

Max Ernst, *La Ville entière* [La ciudad entera], 1936, óleo sobre tela, 60 x 81 cm. D. R. © MAX ERNST/SOMAAP / México / 2014.

André Breton, *Objet à fonctionnement symbolique* [Objeto de aparición simbólica], 1931, diversos materiales. 31.5 x 41.5 x 29 cm, París. Cortesía de Jean Jaques Lebel.

Jasper Johns, *Land's End* [Finisterre], 1989, pastel sobre grabado sobre papel, 104.8 x 74.8 cm. Colección del artista. © Jasper Johns / Licensed by VAGA, New York, NY.

Eduardo Chillida, *Elogio del horizonte,* 1990, hormigón, altura: 10 m. Cerro de Santa Catalina, Gijón. Foto: Alejando Braña. D. R. © EDUARDO CHILLIDA / SOMAAP /México / 2014.

Martín Ramírez, *Sin título, c.* 1950, crayola y lápiz sobre papel, 194 x 94 cm. Cortesía del autor.

PLIEGO II
(entre pp. 194 y 195)

Marcel Duchamp, *Nu descendant un escalier n.º 2* [Desnudo descendiendo una escalera n.º 2], 1912, óleo sobre tela, 146 x 89 cm. Philadelphia Museum of

Art, The Louise and Walter Arensberg Collection, 1950. Foto: The Philadelphia Museum of Art / Art Resource, NY. D. R. © MARCEL DUCHAMP / SOMAAP / México / 2014.

Marcel Duchamp, *Mariée* [Novia], 1912, óleo sobre tela, 89.5 x 55 cm, Philadelphia Museum of Art, The Louise and Walter Arensberg Collection, 1950. Foto: The Philadelphia Museum of Art / Art Resource, NY. D. R. © MARCEL DUCHAMP / SOMAAP / México / 2014.

Escuela de Verona, *El triunfo de Venus*, Italia, siglo XV. Museo del Louvre, París. Foto: Erich Lessing / Art Resource, NY.

Hans Holbein, *Les Ambassadeurs* [Los embajadores], 1533, óleo sobre madera, 207 x 209.5 cm. National Gallery, Londres. Foto: © National Gallery, London / Art Resource, NY.

Imagen tántrica de Kali, *Mahāvidyā Cinnamastā*, gouache sobre papel, 30 x 21 cm, Rajasthan, siglo XVIII. Colección Ajit Mookerjee, Nueva Delhi.

Marcel Duchamp, *La Mariée mise à nu par ses célibataires, même...* [La novia puesta al desnudo por sus solteros, aun...] (Gran vidrio), 1915-1923, óleo, barniz, hoja de plomo, hilo de plomo y polvo sobre dos placas de vidrio (quebradas) cada una montada entre dos paneles de vidrio, con cinco hilillos de vidrio, hoja de aluminio, marco de madera y acero, 272.5 x 175.8 cm. Tate Gallery, Londres. Foto: Tate, London / Art Resource, NY D. R. © MARCEL DUCHAMP / SOMAAP / México / 2014.

Marcel Duchamp, *Étant donnés: 1er La Chute d'eau, 2ème Le Gaz d'éclairage* [Dados: 1.º La Cascada, 2.º El Gas de alumbrado] (Ensamblaje), 1946-1966, montaje de diversos materiales: una vieja puerta de madera, ladrillos, terciopelo, madera, cuero extendido sobre un armazón metálico, ramas, aluminio, hierro, vidrio, plexiglás, linóleo, algodón, lámparas eléctricas, lámparas de gas (tipo Bec Auer), motor, etc., 242.5 x 177.8 x 124.5 cm. Philadelphia Museum of Art. Foto: The Philadelphia Museum of Art / Art Resource, NY. D. R. © MARCEL DUCHAMP / SOMAAP / México / 2014.

PLIEGO III

(entre pp. 300 y 301)

Rodolphe Bresdin, *Le Bon Samaritain* [El buen samaritano], 1861, litografía, 56.1 x 43.9 cm. Colección particular.

Edvard Munch, *Madonna*, 1894-1895, óleo sobre tela, 136 x 110 cm. National Gallery, Oslo. Foto: Scala / Art Resource, NY. D. R. © EDVARD MUNCH/SOMAAP/ México/2014.

Josef Šíma, *Europa*, 1927, óleo sobre madera, 80 x 65 cm. Galería Nacional, Praga. D. R. © JOSEF ŠÍMA / SOMAAP / México / 2014.

Pierre Alechinsky, *Central Park*, 1965, acrílico sobre papel con anotaciones en tinta sobre tela, 162 x 193 cm. Cortesía del autor.

Max Ernst y Leonora Carrington, *Rencontre* [Encuentro], *c.* 1939-1940, óleo sobre tela, 54 x 65 cm. Colección particular.

Remedios Varo, *La llamada*, 1961, óleo sobre masonita, 151.4 x 67.6 cm. D. R. © REMEDIOS VARO / SOMAAP / México / 2014.

Valerio Adami, *Lilliputian Boat-lake (Central Park)*, 1990, acrílico sobre tela, 197.5 x 264 cm. Foto: Michel Nguyem. Cortesía del autor.

Eliot Porter, *Paper Flower Wreaths* (Coronas de flores de papel), 1987. Iglesia de Xocchel, Yucatán. © 1990 Amon Carter Museum of American Art.

PLIEGO IV
(entre pp. 354 y 355)

Claude Monet, *Les peupliers* [Los chopos], 1891, 81.9 x 81.6 cm. The Metropolitan Museum of Art, Nueva York. Foto: © The Metropolitan Museum of Art. Image source: Art Resource, NY.

Marcel Duchamp, *Portrait ou Dulcinée* (Retrato o Dulcinea), 1911, óleo sobre tela, 146 x 114 cm. Philadelphia Museum of Art, The Louise and Walter Arensberg Collection, 1950. Foto: © The Philadelphia Museum of Art / Art Resource, NY. D. R. © MARCEL DUCHAMP / SOMAAP / México / 2014.

Roberto Matta, *Le Vertige d'Éros* [El vértigo de Eros], 1944, óleo sobre tela, 195.6 x 251.5 cm. The Museum of Modern Art, Nueva York. D. R. © ROBERTO MATTA / SOMAAP / México / 2014. Foto: © The Museum of Modern Art / Licensed by SCALA / Art Resource, NY.

Balthus, *La Phalène* [La falena], 1959, pintura al temple sobre madera, 162 x 130 cm. Musee National d'Art Moderne, Centre Georges Pompidou, París.D. R. © BALTHUS / SOMAAP / México / 2014. Foto: Jacques Faujour © CNAC/MNAM/Dist. RMN-Grand Palais / Art Resource, NY.

Joseph Cornell, *Sin título (Hôtel du Nord)*, *c.* 1950-1951, construcción de caja, 49.5 x 34.2 x 25.4 cm. © The Joseph and Robert Cornell Memorial Foundation / Licensed by VAGA, New York, NY. Foto: Bill Jacobson. Imagen cortesía de Pace Gallery, NY.

Robert Motherwell, *Para Octavio Paz*, 1987, litografía y pintura sobre papel hecho a mano, 104.5 x 70 cm. Colección del artista. © Visual E.G.A.P., Barcelona 1992.

Créditos de láminas

Antoni Tàpies, *Quadrant de pols blava* [Cuadrante de polvo azul], 1959, procedimiento mixto sobre tela, 81 x 100 cm. Colección Friedrich Heslt, Weiden, Alemania. D. R. © ANTONIO TÀPIES/SOMAAP/México/2014.
Robert Rauschenberg, *Para Octavio Paz*, 1990, pintura, foto y *collage* sobre lino montado en papel, 162 x 122 cm. © Robert Rauschenberg Foundation/ Licensed by VASA, New York, NY.

PLIEGO V
(entre pp. 424 y 425)

Arte olmeca, *Pectoral*, cabeza grabada en jade verde, periodo Preclásico Medio (1000-600 a.C.), 10.5 x 10.9 cm. Museo Británico, Londres.
Cultura del Golfo de México, Veracruz, *Palma*, perfil de cabeza humana con oreja, periodo Clásico, piedra, altura: 36 cm. Museo Nacional de Antropología. Reproducción autorizada por el Instituto Nacional de Antropología e Historia.
Cultura del Golfo de México, Veracruz, *Caritas sonrientes*, periodo Clásico (siglos VI a IX). Museo Nacional de Antropología. Reproducción autorizada por el Instituto Nacional de Antropología e Historia.
Arte teotihuacano, *Brasero en forma de templo* (...) La máscara de la deidad en el centro, periodo Clásico (200-600), escultura en barro, altura: 48 cm. Museo Nacional de Antropología. Reproducción autorizada por el Instituto Nacional de Antropología e Historia.
Arte maya, *Trompeta ritual*, Caracol marino con insiciones de cinabrio, periodo Clásico Temprano (250-400), 29.3 x 13.4 cm. Cortesía de Kimbell Art Museum, Fort Worth, Texas.
Arte maya, *Visión de la reina Xoc*, periodo Clásico Tardío (725), piedra caliza, 130 x 86 x 10 cm. Dintel de Yaxchilán, Chiapas. Museo Británico, Londres.
Arte zapoteca, Monte Albán, Oaxaca, *Urna funeraria*, Cerámica policroma. Monte Albán II, periodo Clásico Temprano (100-200), altura: 80 cm. Museo Nacional de Antropología. Reproducción autorizada por el Instituto Nacional de Antropología e Historia.
Arte maya, *Numen de la orden «los caballeros águilas»*, fragmento de «La batalla», mural, Posclásico Temprano (900). Cacaxtla, Tlaxcala. Foto: Gianni Dagli Orti/The Art Archive at Art Resource, NY. Reproducción autorizada por el Instituto Nacional de Antropología e Historia.

PLIEGO VI
(entre pp. 512 y 513)

Cruz atrial del convento de San Agustín de Acolman, 1560, piedra, brazo horizontal: 120 cm. Foto: Javier Hinojosa. Reproducción autorizada por el Instituto Nacional de Antropología e Historia.
Fachada del convento de San Agustín de Acolman, 1569. Foto: Javier Hinojosa. Reproducción autorizada por el Instituto Nacional de Antropología e Historia.
Altar de la iglesia del ex convento de Tepotzotlán, Estado de México, 1755. Foto: Jorge Vértiz. Reproducción autorizada por el Instituto Nacional de Antropología e Historia.
Ángeles de la iglesia de Santa María Tonantzintla, siglo XVII. Foto: Gianni Dagli Orti / The Art Archive at Art Resource, NY. Reproducción autorizada por el Instituto Nacional de Antropología e Historia.
Miguel Cabrera, 1) *De español e india, mestisa*, 1763, óleo sobre tela, 132 x 101 cm. Escuela mexicana, Museo de América, Madrid. 2) *De español y mestisa, castisa*, 1763, óleo sobre tela, 132 x 101 cm. Foto: SCALA / Art Resource, NY. Escuela Mexicana, Museo de América, Madrid. 7) *De español y albina, torna atrás*, 1763, óleo sobre tela, 132 x 101 cm. Escuela mexicana. Colección particular. 8) *De español y torna atrás, tente en el ayre*, 1763, óleo sobre tela, 132 x 101 cm. Escuela mexicana. Colección particular.
Anónimo, *Retrato de Sor Ana María de San Francisco y Neve*, 1750-1768, óleo sobre tela, 180 x 120 cm. Iglesia de Santa Rosa de Viterbo, Querétaro, México. Foto: Lourdes Almeida. Reproducción autorizada por el Instituto Nacional de Antropología e Historia.
Ignacio María Barrera, *Retrato de doña Juana María de Romero*, 1794, óleo sobre tela, 142 x 116 cm. Museo Nacional de Historia. Reproducción autorizada por el Instituto Nacional de Antropología e Historia.
Manuel Tolsá, *Estatua ecuestre de Carlos IV*, 1795, bronce. Foto: Bob Schalkwijk. Reproducción autorizada por el Instituto Nacional de Antropología e Historia.

PLIEGO VII
(entre pp. 562 y563)

Juan Cordero, *Retrato de doña Dolores Tosta de Santa Anna*, 1855, óleo sobre tela, 220 x 150 cm. Museo Nacional de Arte, México. Reproducción autorizada por el Instituto Nacional de Bellas Artes y Literatura, 2014.

José María Estrada, *Retrato de don Miguel Arochi y Baeza*, 1850, óleo sobre tela, 79.8 x 51.5 cm. Museo Nacional de Arte, México. Reproducción autorizada por el Instituto Nacional de Bellas Artes y Literatura, 2014.

Hermenegildo Bustos, *Autorretrato*, 1891, óleo sobre lámina, 34 x 24 cm. Reproducción autorizada por el Instituto Nacional de Bellas Artes y Literatura, 2014. Imagen cortesía del Instituto de Investigaciones Estéticas, UNAM.

Hermegildo Bustos, *Retrato de Joaquina Ríos de Bustos*, siglo XIX, óleo sobre tela, 36 x 25 cm. Reproducción autorizada por el Instituto Nacional de Bellas Artes y Literatura, 2014. Imagen cortesía del Instituto de Investigaciones Estéticas, UNAM.

José María Velasco, *El valle de México*, 1875, óleo sobre tela, 157 x 226 cm. Museo Nacional de Arte, México. Reproducción autorizada por el Instituto Nacional de Bellas Artes y Literatura, 2014.

José María Velasco, *Candelabro de Oaxaca*, 1887, óleo sobre tela, 62 x 46 cm. Museo Nacional de Arte, México. Reproducción autorizada por el Instituto Nacional de Bellas Artes y Literatura, 2014.

José Guadalupe Posada, *Todo lo vence el amor*, grabado en metal, 26.4 x 19.6 cm. Apareció en 1903 en un programa del teatro Arbeu. Colección Taller de la Gráfica Popular.

José Guadalupe Posada, *¡Feliz Año Nuevo!*, 1893, grabado en metal, 166 x 175 cm. Colección Taller de la Gráfica Popular.

PLIEGO VIII
(entre pp. 672 y 673)

José Clemente Orozco, *Indio vendado* (de la serie *Los teules*), 1947, mural, piroxilina sobre masonita, 195 x 132 cm. Reproducción autorizada por el Instituto Nacional de Bellas Artes y Literatura, 2014. Cortesía del Instituto Cultural Cabañas, Guadalajara, Jalisco.

Diego Rivera, *Germinación*, 1926-1927, mural, fresco, 3.54 x 3.48 m. Capilla de la Universidad Autónoma de Chapingo, Estado de México. Foto: Bob Schalkwijk. D. R. © 2014 Banco de México, "Fiduciario" en el Fideicomiso relativo a los Museos Diego Rivera y Frida Khalo (Av. 5 de Mayo, 2, Col. Centro, Del. Cuauhtémoc 06059, México, D. F.)

David Alfaro Siqueiros, *Mujer con metate*, 1931, óleo y piroxilina sobre arpillera, 101 x 76 cm. Colección Banco Nacional de México.

Rufino Tamayo, *Naturaleza muerta con pie*, 1928, óleo sobre tela, 58 x 51 cm. Colección Andrés Blaisten, México. Foto: Bob Schalkwijk. © D. R. Rufino Tamayo / Herederos / México / 2014 / Fundación Olga y Rufino Tamayo, A. C. México.

Rufino Tamayo, *Mujer llamando*, 1941, óleo sobre tela, 91 x 61 cm. © D. R. Rufino Tamayo / Herederos / México / 2014 / Fundación Olga y Rufino Tamayo, A. C. Imagen cortesía de Collection of Michael Audain and Yoshiko Karasawa.

Frida Kahlo, *La tierra misma o Dos desnudos en la jungla*, 1939, óleo sobre metal, 25 x 30.1 cm. Colección Mary-Anne Martin / Fine Art, Nueva York. D. R. © 2014 Banco de México, "Fiduciario" en el Fideicomiso relativo a los Museos Diego Rivera y Frida Khalo (Av. 5 de Mayo, 2, Col. Centro, Del. Cuauhtémoc 06059, México, D. F.)

María Izquierdo, *El circo*, 1939, gouache sobre papel, 40 x 49 cm. Colección Banco Nacional de México.

Manuel Álvarez Bravo, *Retrato de lo eterno*, 1935, fotografía, 18.5 x 15 cm. © Colette Urbajtel / Archivo Manuel Álvarez Bravo, S. C.

PLIEGO IX
(entre pp. 762 y 763)

Günther Gerzso, *Grieta*, 1992, óleo sobre masonita, 54 x 65 cm. Colección particular.

Juan Soriano, *Caracol*, 1992, bronce, 68 x 69 x 25 cm. Colección particular.

Alberto Gironella, *Festín a Buñuel*, 1975, pintura objeto, 187 x 118 x 40 cm. D. R. © ALBERTO GIRONELLA / SOMAAP / México / 2014. Imagen cortesía de Emiliano Gironella.

Manuel Felguérez, *La invención destructiva*, 1964, mural, pedacería de maquinaria y latón e hilos de plástico, 4 x 8 m. Concamin, México. Cortesía Museo Manuel Felguérez.

José Luis Cuevas, *Pareja núm. 7*, 1981, tinta y acuarela sobre papel, 26 x 24 cm. Cortesía Museo José Luis Cuevas.

Vicente Rojo, *México bajo la lluvia*, 1986, técnica mixta, 140 x 140 cm. Cortesía del autor.

Brian Nissen, *Manantial*, 1981, técnica mixta, 122 x 122 x 85 cm. Cortesía del autor.

Marie José Paz, *La Plume bleue* [La pluma azul], 1991, objeto-*collage*, 38 x 42 x 15 cm. Imagen cortesía de Círculo de Lectores, Barcelona.

EN BLANCO Y NEGRO

Marcel Duchamp, *Nu sur une échelle* [Desnudo sobre una escalera], 1907-1908, lápiz sobre papel, 29,5 x 21,5 cm. Colección Robert Jullien, París. D. R. © MARCEL DUCHAMP / SOMAAP / México/2014 (p. 149, izquierda).

Marcel Duchamp, *Nu sur une échelle* [Desnudo sobre una escalera], 1907-1908, lápiz sobre papel, 29.5 x 21.5 cm. Colección particular, París. D. R. © MARCEL DUCHAMP / SOMAAP / México/2014. (p. 149, derecha).

Marcel Duchamp, *Ready-mades:*

— *Trébuchet* [Trampa], 1917, perchero de madera y metal, fijado al suelo, 11.7 x 100 cm. Musee National d'Art Moderne, Centre Georges Pompidou, París. D. R. © MARCEL DUCHAMP / SOMAAP / México / 2014. Foto: © CNAC/MNAM/ Dist. RMN-Grand Palais / Art Resource, NY (p. 159).

— *Porte-bouteilles ou Séchor à bouteilles ou Hérisson* [Portabotellas o Secador de botellas o Erizo], 1914, botellero de hierro galvanizado. Musee National d'Art Moderne, Centre Georges Pompidou, París. MARCEL DUCHAMP / SOMAAP / México / 2014. Foto: © CNAC/MNAM/Dist. RMN-Grand Palais / Art Resource, NY (p. 159).

— *Fontaine* [Fuente], 1917, urinario de porcelana. 360 x 480 x 610 mm. Tate Gallery, Londres. D. R. © MARCEL DUCHAMP / SOMAAP / México / 2014. Foto: Tate, London / Art Resource, NY (p. 159).

— *Peigne* [Peine], 1916, peine de acero gris, 16.6 x 3.2 cm, Philadelphia Museum of Art, The Louise and Walter Arensberg Collection, 1950. D. R. MARCEL DUCHAMP / SOMAAP / México / 2014. Foto: The Philadelphia Museum of Art / Art Resource, NY (p. 160).

— *Porte-chapeau* [Percha para sombreros)], 1917, percha para sombreros suspendida del techo, 23.5 x 14 cm. Musee National d'Art Moderne, Centre Georges Pompidou, París. D. R. © MARCEL DUCHAMP / SOMAAP / México / 2014. Foto: © CNAC/MNAM/Dist. RMN-Grand Palais / Art Resource, NY (p. 160).

— *Why not sneeze Rrose Sélavy?* [¿Por qué no estornudar Rrose Sélavy?], 1921, mármol, madera, termómetro, jibia, 12.4 x 22.2 x 16.2 cm, Philadelphia Museum of Art, The Louise and Walter Arensberg Collection, 1950. D. R. © MARCEL DUCHAMP / SOMAAP / México / 2014. Foto: The Philadelphia Museum of Art / Art Resource, NY (p. 160).

— *Roue de bicyclette* [Rueda de bicicleta], 1913, rueda de bicicleta, 129.5 x 63.5 x 41.9 cm, The Museum of Modern Art, Nueva York, The Sidney and Harriet Janis Collection. D. R. © MARCEL DUCHAMP / SOMAAP / México / 2014. Foto:

Digital Image © The Museum of Modern Art/Licensed by SCALA/Art Resource, NY (p. 160).

Marcel Duchamp, *Mariée* (Novia), 1965, grabado 8/30, 26.6 x 11,7 cm. Colección Timothy Baum, EUA. D. R. © MARCEL DUCHAMP /SOMAAP/México/2014 (p. 166).

Marcel Duchamp, *Voie Lactée* [Vía Láctea], 1965, 33 x 50 cm. D. R. © MARCEL DUCHAMP /SOMAAP/México/2014 (p. 169).

Marcel Duchamp, *Neuf maules mâlic* [Nueve moldes machos], 1914-1915, vidrio, plomo, pintura acrílica y acero barnizado, 66.9 x 101.2 cm. Musee National d'Art Moderne, Centre Georges Pompidou, París. D. R. © MARCEL DUCHAMP / SOMAAP/México/2014. Foto: Philippe Migeat © CNAC/MNAM/Dist. RMN-Grand Palais/Art Resource, NY (p. 171).

Marcel Duchamp, *Glissiére (Chariot, Moulin à eau et Patins)* [Corredera (Carrito, Molino de agua y Patines)], 1965, grabado 8/30, 24.5 x 14 cm. Colección Timothy Baum, EUA. D. R. © MARCEL DUCHAMP /SOMAAP/México/2014 (p. 172).

Marcel Duchamp, *Tamis* [Tamices], 1965, grabado 8/30, 17.5 x 13.3 cm. Colección Timothy Baum, EUA. D. R. © MARCEL DUCHAMP /SOMAAP/México/2014 (p. 174).

Marcel Duchamp, *Moulin de Chocolat* [Molino de chocolate], 1965, grabado 8/30, 25.7 x 33 cm. Colección Timothy Baum, EUA. D. R. © MARCEL DUCHAMP / SOMAAP/México/2014 (p. 175).

Marcel Duchamp, *Témoins oculistes* [Testigos oculistas], 1920, grabado 8/30, 14 x 9.4 cm. Colección Timothy Baum, EUA. D. R. © MARCEL DUCHAMP / SOMAAP/México/2014 (p. 175).

Diagrama de Richard Hamilton basado en el grabado *El Gran vidrio* (completo) de Duchamp, 1965. D. R. © MARCEL DUCHAMP /SOMAAP/México/2014 (pp. 176-177).

Marcel Duchamp, *Le Bec Auer* (2ª versión), 1968, grabado sobre papel Japón, 42.2 x 25 cm. Colección particular, París. D. R. © MARCEL DUCHAMP /SOMAAP/México/2014 (p. 213). *La Suspensions (Bec Auer)* [La suspensión], 1903-1904, dibujo al carbón, 22.4 x 17.2 cm. Colección particular, París.D. R. © MARCEL DUCHAMP /SOMAAP/México/2014 (p. 213).

Diana Lucifera, escultura en mármol, altura: 166 cm. Museo Arqueológico Nacional, Nápoles (p. 221).

Marcel Duchamp, *Étant donnés le gaz d'eclairage et la chute d'eau* [Dados el gas de alumbrado y la cascada], 1948-1949, cuero pintado sobre relieve en yeso, montado sobre terciopelo, 50 x 31 cm, Moderna Muscet, Estocolmo. D. R. ©

Créditos de láminas

MARCEL DUCHAMP / SOMAAP / México / 2014. Foto: Cameraphoto Arte, Venice / Art Resource, NY (p. 222).

Marcel Duchamp, *La Marieé mise à nu* [La novia puesta al desnudo], 1968, grabado sobre papel Japón (2ª versión), 50.5 x 32.5 cm. D. R. © MARCEL DUCHAMP / SOMAAP / México / 2014 (p. 224).

Grégoire Huret, *Composiciones de cuadros «alargados»*, 1672. Colección particular (p. 235).

Jean-François Nicerón, Diagrama tomado de *La perspective curieuse*, París, 1638. Science & Society Picture Library (pp. 236-237).

Emmanuel Maignan, *Aparato y procedimientos de ejecución de la gran composición anamorfósica de la Trinité-des-Monts de Roma*, 1648. Colección particular (pp. 236-237).

Salomon de Caus, *Anamorfosis de un actor sosteniendo una máscara*, 1612. Colección particular (p. 238).

Jean-François Nicerón, *Anamorfosis cilíndrica de San Francisco de Paula*, propuesta III, 1638. Colección particular (p. 238).

Marcel Duchamp, *À regarder (l'autre côté du verre) d'un oeil, de près, pendant presque une heure* [Para mirar (del otro lado del vidrio) con un ojo, de cerca, durante casi una hora], 1918, óleo sobre papel de plata, cable de plomo y lentes de aumento en soporte de vidrio (quebrado), 49.5 x 39.7 cm, montado entre dos paneles de vidrio dentro de un marco de metal, 51 x 41.2 x 3.7 cm, sobre una base de madera pintada, 55.8 cm. The Museum of Modern Art, Nueva York, The Sidney and Harriet Janis Collection. Foto: Digital Image © The Museum of Modern Art / Licensed by SCALA / Art Resource, NY. D. R. © MARCEL DUCHAMP / SOMAAP / México / 2014 (p. 243).

ÍNDICE DE NOMBRES

Este índice incluye nombres de autores y personajes reales (en VERSALITAS), de divinidades y de personajes míticos y literarios (en redondas), de obras literarias y artísticas, poemas y revistas (en *cursivas*) y de artículos, partes de obras, etc. (en redondas y «entre comillas»). Después del título de la obra se cita el nombre de su autor entre paréntesis.

Índice de nombres

Índice general

LOS PRIVILEGIOS DE LA VISTA
II. Arte de México

EL ÁGUILA, EL JAGUAR Y LA VIRGEN. INTRODUCCIÓN
A LA HISTORIA DEL ARTE DE MÉXICO

ARTE PRECOLOMBINO

Obras Completas IV. Los privilegios de la vista,
de Octavio Paz, se terminó de imprimir y encuadernar
en noviembre de 2014 en Impresora y Encuadernadora Progreso
S. A. de C. V. (IEPSA), Calz. San Lorenzo, 244; 09830, México, D. F.
La edición, al cuidado de Alejandra García,
consta de 5 000 ejemplares.